AdI
Annali d'Italianistica
Arizona Center for Medieval & Renaissance Studies
Arizona State University
Lattie F. Coor Hall #4438
PO Box 874402
Tempe, AZ 85287-4402

http://www.ibiblio.org/annali   e-mail: annali@asu.edu

Annali d'italianistica, Inc., was founded at the University of Notre Dame in 1983, and in 1989 it moved to the Department of Romance Studies at the University of North Carolina at Chapel Hill. It is currently housed at the Arizona Center for Medieval & Renaissance Studies, at Arizona State University.

FOUNDER & EDITOR IN CHIEF
Dino S. Cervigni
The University of North Carolina at Chapel Hill, Professor Emeritus

ASSOCIATE EDITOR
Anne Tordi, PhD, *The University of North Carolina at Chapel Hill*

CO-EDITORS
Norma Bouchard, *San Diego State University*
Alessandro Carrera, *University of Houston*
Jo Ann Cavallo, *Columbia University*
Carmine Di Biase, *Jacksonville University*
Jonathan Druker, *Illinois State University*
Valerio Ferme, *Northern Arizona University*
Chiara Ferrari, *College of Staten Island, The City University of New York*
L. Scott Lerner, *Franklin and Marshall College*
Massimo Lollini, *Oregon University*
Dennis Looney, *The University of Pittsburgh*
Carlo Lottieri, *Università degli Studi di Siena*
Federico Luisetti, *University of St. Gallen*
Gaetana Marrone, *Princeton University*
Cristina Mazzoni, *The University of Vermont*
Olimpia Pelosi, *SUNY, Albany*
Luca Somigli, *The University of Toronto*
John Welle, *The University of Notre Dame*

© 2018 by Annali d'Italianistica, Inc.
ISSN 0741-7527
ISBN 978-0-86698-861-2

ADVISORY BOARD

Andrea Battistini, *Università degli Studi di Bologna*
Francesco Bruni, *Università di Venezia*
Giuseppe A. Camerino, *Università del Salento*
Paolo Cherchi, *University of Chicago*
Louise George Clubb, *University of California, Berkeley*
Vincenzo De Caprio, *Università della Tuscia, Viterbo*
Giulio Ferroni, *Università della Sapienza, Roma*
Valeria Finucci, *Duke University*
John Gatt-Rutter, *La Trobe University (Melbourne)*
Walter Geerts, *Universiteit Antwerpen*
Antonio Lucio Giannone, *Università del Salento*
Willi Hirdt, *Universität Bonn*
Christopher Kleinhenz, *University of Wisconsin, Madison*
Edoardo A. Lèbano, *Indiana University*
Alfredo Luzi, *Università di Macerata*
Albert N. Mancini, *The Ohio State University*
Ennio Rao, *The University of North Carolina, Chapel Hill*
Paolo Valesio, *Columbia University*
Rebecca West, *The University of Chicago*
Antonio Vitti, *Indiana University, Bloomington*

Annali d'Italianistica

Vols. 1–21 are available for free consultation at www.archive.org/details/annali

Editorial Policy

Annali d'Italianistica seeks to promote the study of Italian literature in its cultural context, to foster scholarly excellence, and to select topics of interest to a large number of Italianists. Monographic in nature, the journal is receptive to a variety of topics, critical approaches, and theoretical perspectives. Each year's topic is announced ahead of time, and contributions are welcome. The journal is published in the fall of each year. Manuscripts should be submitted electronically as attachments in Word. Authors should follow the MLA style for articles in English; articles in Italian should conform to the *AdI* style sheet. Visit the journal's website (www.ibiblio.org/annali) for further information on the contributions' style. For all communications concerning contributions, address the Editor, *Annali d'Italianistica*, ACMRS, PO Box 874402, Tempe, AZ 85287-4402, or email: annali@asu.edu.

Notes & Reviews

This section occasionally publishes essays and review articles on topics treated in previous volumes of *Annali d'Italianistica*.

Italian Bookshelf

Italian Bookshelf is edited by Dino S. Cervigni and Anne Tordi. The purpose of *Italian Bookshelf* is to identify, review, and bring to the attention of Italianists recent studies on Italian literature and culture. *Italian Bookshelf* covers the entire history of Italian literature and reviews books exclusively on the basis of their scholarly worth. To this purpose, junior and senior colleagues will be invited to collaborate without any consideration to academic affiliation and with an open attitude toward critical approaches. Contributions to this section are solicited. Scholars who intend to contribute are encouraged to contact the editors. Book reviews, to be submitted electronically, should be sent to the Editor. For inquiries, email annali@asu.edu. The Journal's Website: www.ibiblio.org/annali.

The tables of contents of all issues are available online. As of volume 16 (1998), each issue's introductory essay and all book reviews are available online with their full texts. As of the 2008 issue, book reviews are published exclusively online.

ANNALI D'ITALIANISTICA
2020
Volume 38

Nation(s) and Translation

Guest Editors
NORMA BOUCHARD AND VALERIO FERME

CALL FOR PAPERS
Essays are sought for a special issue of *Annali d'Italianistica* (2020) entitled "Nation(s) and Translation." Contributions that explore how translation, as a cultural practice, has been inherently tied in Italian literary and cultural history to the politics of nationhood are welcome as are contextualized investigations and debates over the intersection of nation-building and translation by intellectuals from different periods of Italian cultural history.

Description of the Volume
Starting with Dante's conjoining the idea of "Italy" in the *Divine Comedy* with the creation of a national language to bridge linguistic, but obviously political, differences in the *De vulgari eloquentia*, and moving through the *questione della lingua* that animated both Trissino's translation of the latter text, and Annibale Caro's impressive translation of another nation-building, foundational text such as Virgil's *Aeneid* in the 16th century, translation has been deeply imbricated with ideas of Italian nationhood. This notion became even more obvious in the course of the 18th and 19th centuries when concepts of national genius, national character and national spirit that traverse the writings of Lord Shaftesbury, Montesquieu, Henry St John Bolingbroke, Jean-Jacques Rousseau, and Johann Gottfried Herder, started to animate the translation agendas of Italy's intellectual circles. As a result, translations from German, French and English became common as did those from Latin and especially Greek epics.

Following the French Revolution, the upheaval of Napoleon's Italian campaigns on the orders of the Ancient Régime, and the Restoration that ensued after the Congress of Vienna (1815), the peninsula's long tradition of cultural nationalism became increasingly wedded to demands for political sovereignty, autonomy and self–determination. A growing cohort of writers rekindled the cultural nationalism tied to the Tuscan literary language and the Classical heritage while others pursued innovation in the Italian language by looking North rather than to canonical "Italian" texts and the elitist and outdated linguistic strictures codified by the *Accademia della Crusca*. Perhaps no other debate illustrates the tensions of 19th-century translation nationalism than the so-called "polemica classico-romantica" that took place after the publication of Madame de Staël's "On the Manner and Use of Translations" in the journal *Biblioteca italiana* in 1816. Spurred by her enthusiasm for Northern Romanticism, Madame de Staël encouraged Italians to abandon revisiting Classical languages and Graeco-Latin literatures and start translating the works of Northern European writers instead. While few intellectuals, such as Pietro Borsieri, sided with Madame de Staël, others were decidedly less favorable. Among the latter, were Carlo Botta, Pietro Giordani, Giovanni Berchet, and even the young Giacomo Leopardi.

The Unification of Italy in 1861 only intensified these debates, as exemplified by Massimo D'Azeglio's apocryphal phrase, "l'Italia è fatta, gli italiani sono ancora da farsi," and by the diverging positions upheld by Alessandro Manzoni and the scholar Isaia Ascoli: the translation of dialects into the contemporary language of the educated classes of Tuscany — the famous "sciacquatura in Arno" of Manzoni's *I promessi sposi* — versus the translation into the literary language modeled upon 14th-century Tuscan writers. But in the years when the "poetry" of the Risorgimento was steadily being replaced by the "prose" of the post-Risorgimento, translation from other European languages also emerged as a powerful tool to subvert and question a political and territorial unification that had defeated federalist, radical, republican, neo-guelphic, and democratic solutions to establish a monarchic government in the 19th-century tradition of bourgeois liberalism.

In this complex socio-cultural milieu of *fin-de-siècle* Italy, translation continued to play a significant, if changed role. Naples and Milan became the new capital cities of translation, issuing French and English social humanitarian novels by Eugène Sue, Charles Dickens, Victor Hugo, Honoré de Balzac, the Goncourt brothers, Guy de Maupassant, and Émile Zola. Translations of Fantastic and Gothic stories — the same stories that had been the target of the polemic that followed Madame de Staël's article — became quite popular in Italian magazines and literary journals. These translations enabled, at least in part, the forging of the aesthetic program of the anti-establishment movement of the *Scapigliatura* between the 1860s and 1870s, which played a crucial role in advancing post-unification culture. In the abnormality and uneasiness elicited by unconventional plots and the uncanny "otherness" of pathological, abnormal characters cultivated by these genres, authors such as Iginio Ugo Tarchetti, Arrigo Boito, Carlo Dossi, Emilio Praga, and Paolo Valera, among others, found a means to question the reality of the newly unified nation-state and the hegemony of an industrial bourgeoisie now in the making, becoming cultural mediators of writers ranging from E. T. A. Hoffmann, Mary Shelley, and Heine to Charles Baudelaire, Henry Murger, Théophile Gautier and Edgar Allan Poe, whose works were read, translated, and disseminated. In the process, however, the *scapigliati* also opened another path in the cultural history of Italy: translation as an act of symbolic resistance against the inherited nation — a project that would become ever more compelling with the fall of the Liberal State following the appointment of Benito Mussolini as a Prime Minister in 1922 and the translation of such American authors as Erskine Caldwell, William Faulkner, Sinclair Lewis, Herman Melville, William Saroyan, and John Steinbeck mostly by Elio Vittorini and Cesare Pavese.

In the post-World War II era, the forging of the first republican nation would once again draw upon a robust translation agenda, most notably of American literature, to reopen national culture after the autarchy of Fascism while pursuing a difficult modernity and modernization. More recently, migrations and globalization have clearly evinced the tight bond that exists between nation and translation in a country where that bond has always been challenged by regional and political fractioning. Once again, translation is emerging as an essential gesture in imagining a nation that is irreducibly multi-cultural, multi-ethnic, diasporic, transnational and postcolonial.

Timelines

All contributions will be refereed. Immediate inquiries and early submissions are most welcome. Deadline for submission is September 30, 2019. Publication: fall 2020. Essays, not to exceed 25 double-spaced pages (typically between 6,000 and 10,000 words), can be written in Italian or English. They should conform to the style-sheet criteria set forth by *Annali d'Italianistica* for "Notes" and "Works Cited."

Prospective contributors should address all inquiries to both editors:

Norma Bouchard
San Diego State University
nbouchard@sdsu.edu

Valerio Ferme
Northern Arizona University
Valerio.Ferme@nau.edu

ANNALI D'ITALIANISTICA
Volume 36, 2018

The New Italy and the Jews:
From Massimo D'Azeglio to Primo Levi

Edited by
Jonathan Druker and L. Scott Lerner

---

xxi   Jonathan Druker and L. Scott Lerner
        Introduction

I. JEWS AND THE MAKING OF THE NEW SOCIETY

1   **L. Scott Lerner**
      Massimo D'Azeglio and the New Italy in the Jewish Mirror

29   **Sara Airoldi**
       Liberalism, Zionism, and Fascism: Alfonso Pacifici's "Ebraismo integrale"

49   **Emanuel Rota**
       Parlare del tempo al tempo dell'Olocausto: l'impossibile *Heimat* ferrarese di Giorgio Bassani

67   **Alberto Melloni**
       Il discorso di Giovanni Paolo II nel Tempio Maggiore di Roma: redazioni e significati di un testo chiave

II. JEWISH IDENTITY IN THE NEW ITALY

97 **Francesco Spagnolo**
Sounds of Emancipation: Politics, Identity, and Music in 19th-century Italian Synagogues

127 **Carlotta Ferrara degli Uberti**
Sperimentazione e normatività: periodici ebraici italiani e letteratura fra Otto e Novecento

153 **Gabriella Romani**
Erminia Fuà Fusinato: A Jewish Patriot in Rome (1871–76)

175 **Alberto Cavaglion**
Ebraismo e patriottismo del paesaggio

III. JEWISH TRAGEDY ON THE NATIONAL AND INTERNATIONAL STAGE

193 **Elèna Mortara**
Cronache e *performances*, 1858–1860: il caso Mortara nei diari e documenti ebraico-italiani dell'epoca

217 **Michael Sherberg**
Habeas corpus: American and Italian Responses to the Mortara Affair

235 **Jesse Rosenberg**
Guilt and Operatic Atonement in Post-Holocaust Italy

IV. JEWS AND ITALIAN NATION-BUILDING

261 **Alessandro Grazi**
Divergent Jewish Approaches to Italian Nationalism and Nation-Building

283 **Matteo Perissinotto**
Il difficile equilibrio tra identità ebraica e patriottismo durante la Grande Guerra

305 **Paolo Pellegrini**
Jews Ennobled by the Savoys: The Role and Relationships of a Minority in Unified Italy

327   **Ernest Ialongo**
Nation-Building through Antisemitism: Fascism and the Jew as the Internal Enemy

V. ITALIAN MEMORY AND THE JEWS: THE HOLOCAUST AND BEYOND

351   **Gabriele Boccaccini**
Luigi Ferri: il bambino scomparso di Auschwitz

375   **Jonathan Druker**
Primo Levi's Editions of *Se questo è un uomo* and the Evolution of Italian Holocaust Memory, 1947–1958

395   **Alexis Herr**
Fossoli di Carpi and the Many Faces of Holocaust Memory in Postwar Italy

415   **Marco Di Giulio**
Negotiations of Jewish Memory: Rome's Holocaust Museum and the *Progetto Traduzione Talmud Babilonese*

Italian Bookshelf
www.ibiblio.org/annali

Edited by
Dino S. Cervigni and Anne Tordi

with the collaboration of
Alessandro Grazi
(*Leibniz Institute of European History, Mainz*)
Monica Jansen
(*Department of Languages, Literature and Communication, Utrecht University*),
Enrico Minardi
(*School of International Letters and Cultures, Arizona State University*)

REVIEW ARTICLES

441 Michelangelo Picone. *Studi danteschi*. Memoria del tempo. Collana di testi e studi medievali e rinascimentali diretta da Johannes Bartuschat e Stefano Prandi. A cura di Antonio Lanza. Premessa di Marcello Ciccuto, Presidente della Società Dantesca Italiana. Ravenna: Longo, 2017. Pp. 774. (Roberta Morosini, *Wake Forest University*)

445 *Those Who from Afar Look Like Flies. An Anthology of Italian Poetry from Pasolini to the Present. Tome I, 1965–1975*. Ed. Luigi Ballerini and Beppe Cavatorta. Toronto: University of Toronto Press, 2017. Pp. 2051. (Enrico Minardi, *Arizona State University*)

GENERAL & MISCELLANEOUS STUDIES

453 Matteo Brera e Susanna Grazzini (a cura di).*"Tu se' lo mio maestro e 'l mio autore"*. *Dieci studi su autorship e intertestualità culturale*. Firenze: Franco Cesati Editore, 2017. Pp. 181. (Roberto Risso, *Clemson University*)

455 Cristina Caracchini e Enrico Minardi, a cura di. *Il pensiero della poesia*. Firenze: Firenze University Press, 2017. Pp. 206. (Andrea Matucci, *Università di Siena*)

457 Giulio Giovannoni. *Tuscany beyond Tuscany. Rethinking the City from the Periphery*. Firenze: Didapress: Dipartimento di Architettura Università

degli Studi di Firenze, 2017. Pp. 182. (Olimpia Pelosi, *State University of New York at Albany*)

463 Matteo Farina. *Facebook and Conversation Analysis: The Structure and Organization of Comment Threads.* London: Oxford: Bloomsbury Academic, 2018. Pp. i-vi + 225. (Matteo Brera, *University of Toronto*)

465 Teresa Fiore. *Pre-Occupied Spaces. Remapping Italy's Transnational Migrations and Colonial Legacies.* New York: Fordham University Press, 2017. Pp xi + 251. (Melissa Coburn, *Virginia Polytechnic Institute and State University*)

467 Julia C. Fischer, ed. *Breaking with Convention in Italian Art.* Cambridge: Cambridge Scholars Publishing, 2017. Pp. 175. (Rachel Miller, *California State University, Sacramento*)

470 Paul F. Grendler. *The Jesuits and Italian Universities 1548–1773.* Washington: The Catholic University of America Press, 2017. Pp. 505. (Paolo Cherchi, *University of Chicago*)

473 Hermann W. Haller. *Tutti in America. Le guide per gli emigrati italiani nel periodo del grande esodo.* Firenze: Franco Cesati Editore, 2017. Pp. 338. (Cinzia Marongiu, *Johannes Gutenberg Universität,* Mainz)

475 Christina Höfferer. *A Literary Journey to Rome: From the Sweet Life to the Great Beauty.* Newcastle upon Tyne: Cambridge Scholars Publishing, 2017. Pp. 115. (Michela Barisonzi, *Monash University*)

478 Serenella Iovino, Enrico Cesaretti, and Elena Past, eds, *Italy and the Environmental Humanities: Landscapes, Natures, Ecologies.* Charlottesville (VA): University of Virginia Press, 2018. Pp. 266. (Thomas Simpson, *Northwestern University*)

480 Samuele F. S. Pardini. *In the Name of the Mother: Italian Americans, African Americans, & Modernity, from Booker T. Washington to Bruce Springsteen.* Hanover: Dartmouth College Press, 2017. Pp. 280. (Joey Nicoletti, *SUNY Buffalo State College*)

482 Mario Perniola. *Estetica italiana contemporanea. Trentadue autori che hanno fatto la storia degli ultimi cinquant'anni.* Milano: Bompiani, 2017. Pp. 272. (Sergio Ferrarese, *The College of William and Mary*)

485 Ilario Quirino. *Dove l'acqua del Tevere s'insala: analisi sul sacrificio di Pier Paolo Pasolini.* Cosenza: Edizione Alimena Orizzonti Meridionali, 2016. Pp. 189. (Louise Barnett, Professor emerita, *Rutgers University*)

487 Victoria Surliuga. *Ezio Gribaudo: Il mio Pinocchio*. Coordinamento editoriale: Paola Gribaudo. Pistoia: Edizioni Gli Ori, 2017. Pp. 132. (Silvio Aman, *Independent Scholar*)

489 Barbara Tutino. *Paola Gribaudo: One Thousand and One of These Books*. Milano: Skira, 2018. Pp. 84. (Victoria Surliuga, *Texas Tech University*)

492 Antonio C. Vitti, and Anthony Julian Tamburri, eds. *The Mediterranean Dreamed and Lived by Insiders and Outsiders*. Saggistica 25. New York, NY: Bordighera Press, 2017. Pp. 255. (Giusy Di Filippo, *Wellesley College*)

JEWISH STUDIES

494 Francesca Bregoli. *Mediterranean Enlightenment. Livornese Jews, Tuscan Culture, and Eighteenth-Century Reform*. Stanford: Stanford University Press, 2014. Pp. 318. (Federico Dal Bo, *Marie Curie postdoctoral fellow at the Autonomous University of Barcelona*)

496 Francesca Bregoli, Carlotta Ferrara degli Uberti & Guri Schwarz, eds. *Italian Jewish Networks from the Seventeenth to the Twentieth Century. Bridging Europe and the Mediterranean*. Basingstoke (UK): Palgrave Macmillan, 2018. Pp. 239. (Alessandro Grazi, *Leibniz Institute of European History, Mainz*)

499 Enrico Castelnuovo. *The Moncalvos*. Trans. Brenda Webster and Gabriella Romani. San Antonio: Wings Press, 2017. Pp. 236. (Alessandro Grazi, *Leibniz Institute of European History, Mainz*)

501 Anna Dolfi, a cura di. *Gli intellettuali/scrittori ebrei e il dovere della testimonianza. In ricordo di Giorgio Bassani*. Firenze: Firenze UP, 2017. Pp. 740. (Paolo Cherchi, *University of Chicago*)

505 Vivian Liska. *German-Jewish Thought and its Afterlife. A Tenuous Legacy*. Bloomington: Indiana University Press, 2016. Pp. 201. (Federico Dal Bo, *Marie Curie postdoctoral fellow at the Autonomous University of Barcelona*)

FILM STUDIES

509 Frank Burke, ed. *A Companion to Italian Cinema*. West Sussex, Malden, MA: Wiley Blackwell, 2017. Pp. 648. (Srecko Jurisic, *University of Split, Croatia*)

511 Silvia Carlorosi. *A Grammar of Cinepoiesis: Poetic Camera of Italian Cinema*. Lanham: Lexington Books, 2015. Pp. 189. (Chiara De Santi, *Farmingdale State College SUNY*)

513 Marco Olivieri e Anna Paparcone. *Marco Tullio Giordana. Una poetica civile in forma di cinema.* Soveria Mannelli: Rubbettino, 2017. Pp. 234. (Stefania Lucamante, *The Catholic University of America*)

517 Vetri Nathan. *Marvelous Bodies: Italy's New Migrant Cinema.* Purdue Studies in Romance Literatures 70. West Lafayette (IN): Purdue University Press, 2017. Pp. 266. (Daniele Forlino, *Southern Methodist University*)

MIDDLE AGES & RENAISSANCE

520 Rossana Fenu Barbera. *Dante's Tears: The Poetics of Weeping from "Vita nuova" to the "Commedia".* Biblioteca dell'"Archivium Romanicum" Serie I: Storia, Letteratura, Paleografia 468. Firenze: Leo S. Olschki, 2017. Pp. XVIII + 206. (Madison U. Sowell, *Southern Virginia University*)

522 John C. Barnes & Daragh O'Connell, ed. *Dante and the Seven Deadly Sins: Twelve Literary and Historical Essays.* Dublin: Four Courts Press, 2017. Pp. 359. (Ellie Emslie Stevens, *Pepperdine University*)

525 W. Scott Blanchard and Andrea Severi, eds. *Renaissance Encyclopaedism: Studies in Curiosity and Ambition.* Toronto: Centre for Reformation and Renaissance Studies, 2018. Pp. 467. (Paolo Gattavari, PhD candidate, *University College London*)

527 Antonello Borra, trans. and ed. *Guittone d'Arezzo: Selected Poems and Prose.* Toronto: University of Toronto Press, 2017. Pp. 241. (Aniello Di Iorio, PhD. Candidate, *University of Wisconsin, Madison*)

530 Matteo Bosisio. *Verità, amore, responsabilità. Le figure femminili ne "Il Torrismondo".* Palermo: Euno Edizioni, 2017. Pp. 168. (Marianna Orsi, PhD, *Indiana University, Bloomington*)

531 Christopher D. Cook. *The 1965 United States Dante Stamp.* Columbus, OH: Silver Anchor Press, 2017. Pp. 88. (Christian Dupont, *Boston College*)

534 Valentina Denzel. *Les Mille et un visages de la virago. Marphise et Bradamante, entre continuation et variation.* Paris: Classiques Garnier, 2016. Pp. 617. (Jo Ann Cavallo, *Columbia University*)

536 Anton Francesco Doni. *I Marmi.* Edizione critica e commento a cura di Carlo Alberto Girotto e Giovanna Rizzarelli. Firenze: Leo Olschki, 2017. Vol. I, pp. V–XXXIV, 375; vol. II, 378–942. (Paolo Cherchi, *University of Chicago*)

540   Philippe Guérin e Anne Robin (a c. di). *Boccaccio e la Francia. Boccace et la France*. Firenze: Cesati, 2017. Pp. 372. (Paolo Rigo, *Università degli studi Roma Tre*)

543   Pierangela Izzi. *Dante nella memoria dei poeti. Dal comico al riso tragico*. Foggia: Edizioni del Rosone, 2016. Pp. 208. (Paolo Cherchi, *University of Chicago*)

546   David A. Lines e Eugenio Refini. *Aristotele fatto volgare. Tradizione aristotelica e cultura volgare nel Rinascimento*. Pisa: Edizioni ETS, 2014. Pp. 345. (Gabriele Bucchi, *Université de Lausanne*)

548   Rodney Lokaj. *Two Renaissance Friends: Baldassarre Castiglione, Domizio Falcone, and their Neo-Latin Poetry*. Tempe, Arizona: ACMRS, 2015. Pp. 372. (Loren Eadie, *University of Wisconsin, Madison*)

551   Joseph Manca. *Subject Matter in Italian Renaissance Art: A Study of Early Sources*. Tempe, AZ: Arizona Center for Medieval and Renaissance Studies, 2015. Pp. 228. (Maria Gonnella-Traub, *Neumann University*)

553   *The Poetry of Burchiello. Deep-fried Nouns, Hunchbacked Pumpkins, and Other Nonsense*. Translation and Introduction by Fabian Alfie and Aileen A. Feng. Tempe: Arizona, Arizona Center for Medieval and Renaissance Studies, 2017. Pp. 313. (Olimpia Pelosi, *State University of New York at Albany*)

559   Diana Robin, and Lynn Lara Westwater, eds. *Ippolita Maria Sforza: Duchess and Hostage in Renaissance Naples: Letters and Orations*. The Other Voice in Early Modern Europe: The Toronto Series, Vol. 55. Tempe, AZ: ACMRS, 2017. Pp. 229. (Aria Zan Cabot, *Southern Methodist University*)

561   Deanna Shemek, ed. and trans. *Isabella d'Este: Selected Letters*. The Other Voices in Early Modern Europe 54. Toronto: Iter Press, 2017. Pp. 691. (Francesca Silva, PhD candidate, *The City University of New York*)

SEVENTEENTH, EIGHTEENTH, & NINETEENTH CENTURIES

564   Edward Milton Anderson. *Ariosto, Opera, and the 17th Century: Evolution in the Poetics of Delight*. Firenze: Leo S. Olschki, 2017. Pp. 278. (Christen Picicci, *Colorado State University*)

566   Francesca Calamita, *Linguaggi dell'esperienza femminile. Disturbi alimentari, donne e scrittura dall'unità al miracolo economico*. Padova: Il Poligrafo, 2015. Pp. 226. (Daniela Bombara, *Università di Messina*)

569   Maurizio Capone. *Nievo e Tolstoj. Le confessioni d'un italiano e Guerra e Pace: un confronto inedito.* Roma: Mario Luzi Editore, 2017. Pp. 354. (Stefania Gargano, *Università degli Studi di Siena*)

572   Silvia De Santis. *Blake and Dante — A Study of William Blake's Illustrations of the Divine Comedy Including His Critical Notes.* Roma: Cangemi Editore International, 2018. Pp. 143. (Paolo Cherchi, *University of Chicago*)

576   Cinzia Gallo. *Spigolature letterarie tra Ottocento e Novecento.* Padova: Il Poligrafo, 2017. Pp. 160. (Ilaria Muoio, *Dottorato di ricerca, Università di Pisa*)

578   Christopher Graney. *Setting Aside All Authority: Giovanni Battista Riccioli and the Science against Copernicus in the Age of Galileo.* Notre Dame: University of Notre Dame Press, 2015. Pp. 270. (Mary Migliozzi, *Villanova University*)

581   Patrizia Salvetti. *Rope and Soap. Lynchings of Italians in the United States.* Bordighera Press, New York, 2017. Pp. 188. (Federica Colleoni, *Università di Bergamo*)

583   Elisabetta Selmi e Enrico Zucchi (a cura di). *Allegoria e teatro tra Cinque e Settecento: da principio compositivo a strumento esegetico.* Biblioteca del Rinascimento e del Barocco 12. Bologna: I Libri di Emil, 2016. Pp. 400. (Lucia Gemmani, *Indiana University, Bloomington*)

586   Iginio Ugo Tarchetti. *Paolina (Mysteries of the Figini Lodge).* Traduzione dall'italiano di Jonathan R. Hiller. Wellesley, MA: Dante University of America Press, 2017. Pp. 120. (Alessandro Cabiati, *King's College London*)

589   Anita Virga. *Subalternità siciliana nella scrittura di Luigi Capuana e Giovanni Verga.* Firenze University Press, 2017. Pp. 214. (Giordana Poggioli-Kaftan, *Marquette University*)

TWENTIETH & TWENTY-FIRST CENTURIES: LITERATURE, THEORY, CULTURE

591   Alberto Comparini. *La poetica dei Dialoghi con Leucò di Cesare Pavese.* Sesto San Giovanni (MI): Mimesis, 2017. Pp 224. (Alberto Bianchi, *Wheaton College, MA*)

594   Luca Cottini. *I passaggi obbligati di Italo Calvino. Autobiografia, memoria, identità.* Ravenna: Longo Editore, 2017. Pp. 136. (Marzia Beltrami, *Durham University*)

596 Fred L. Gardaphè. *Read 'em and Reap: Gambling on Italian American Writing.* Via Folios 123. New York, NY: Bordighera, 2017. Pp. 262. (Cinzia Marongiu, Ph.D. Candidate, *Johannes Gutenberg Universität, Mainz*)

597 Dacia Maraini. *USA 1964–2017. An Italian Reportage.* Ed. and compiled Michelangelo La Luna. Rossano (Italy): conSenso Publishing, 2018. Pp. 400. (Enrico Minardi, *Arizona State University*)

600 Fulvio Orsitto e Federico Pacchioni (a cura di). *Pier Paolo Pasolini. Prospettive americane.* Pesaro: Metauro Edizioni, 2015. Pp. 366. (Francesca Parmeggiani, *Fordham University*)

603 Andrea Raimondi. *The Many Voices of Contemporary Piedmontese Writers.* Newcastle upon Tyne: Cambridge Scholars Publishing, 2016. Pp. 211. (K. E. von Wittelsbach, *Cornell University*)

605 Giose Rimanelli. *Il mestiere del furbo. Panorama della narrativa italiana contemporanea* [1930–1959]. A cura di Eugenio Ragni. New York: Bordighera Press, 2016. Pp. 229. (Federica Capoferri, *John Cabot University*)

607 Thea Rimini (a cura di). *Tabucchi postumo. Da "Per Isabel" all'archivio Tabucchi della Bibliothèque nationale de France.* Bruxelles: Peter Lang, 2017. Pp. 169. (Walter Geerts, *Universiteit Antwerpen*)

609 Serena Todesco. *Tracce a margine. Scritture a firma femminile nella narrativa storica siciliana contemporanea.* Gioiosa Marea: Pungitopo, 2017. Pp. 723. (Daniela Bombara, *Università di Messina*)

612 Caterina Verbaro. *Pasolini nel recinto del sacro.* Roma: Giulio Perrone Editore, 2017. Pp. 240. (Ugo Perolino, *Università degli Studi "Gabriele d'Annunzio", Pescara*)

POETRY & FICTION

614 Luigi Fontanella. *Il dio di New York. Romanzo.* Bagno a Ripoli, Firenze: Passigli Editori, 2017. Pp. 280. (Dino S. Cervigni, *The University of North Carolina, Chapel Hill*)

617 Giuseppe Sgarbi. *Il canale dei cuori.* Milano: Skira, 2018. Pp. 163. (Olimpia Pelosi, *State University of New York at Albany*)

620 Angelo Spina. *Il cucchiaio trafugato.* New York: Bordighera Press, 2017. Pp. 171. (Katja Liimatta, *The University of Iowa*)

622 Grazia Verasani. *Quo Vadis, Baby?* New York: Italica Press, 2018. Pp. 164. (Enrico Minardi, *Arizona State University*)

BRIEF NOTICES

624 Muhsin J. Al-Musawi. *The Medieval Islamic Republic of Letters. Arabic Knowledge Construction.* Notre Dame (IN): University of Notre Dame Press, 2015. Pp. 449.

625 Filippo Orioles. *Il riscatto d'Adamo nella morte di Gesù Cristo.* Edizione critica di Salvatore Bancheri con la collaborazione di Johnny L. Bertolio. Mineola (NY): Legas, 2015. Pp. 171.

625 Frank Polizzi. *A New Life with Bianca. Sonnets.* Illustrated with engravings by Michael McCurdy. Italian translations by Chiara Curtoni. Sicilian translations by Nino Provenzano. Afterword by Anthony Di Renzo. New York: Bordighera, 2015. Pp. 48.

626 Ignazio Silone. *Il seme sotto la neve.* Edizione critica a cura di Alessandro La Monica. Firenze: Le Monnier Università, 2015. Pp. 758.

626 Lewis Turco. *The Hero Enkidu. An Epic.* New York: Bordighera, 2015. Pp. 100.

627 Valerio Ferme. *Women, Enjoyment, and the Defense of Virtue in Boccaccio's Decameron.* New York: Palgrave Macmillan, 2015. Pp. 248.

Jonathan Druker and L. Scott Lerner

Introduction

Between the two poles of Massimo D'Azeglio and Primo Levi this volume examines the itinerary of union and disunion between modern Italy and its Jews. On the eve of the Revolution of 1848, D'Azeglio, calling on Pope Pius IX to abolish the Jewish ghetto of Rome and emancipate the Jews, explicitly connected the status of Italian Jewry to the project of Italian unification and nationhood. "The cause of Jewish regeneration," he declared, was "strictly united with that of Italian Regeneration." D'Azeglio's dual campaign on behalf of Italian Jewry and Italian unification stands as the point of departure for this volume, which addresses these and many other questions related to the place of Italian Jewish culture and history in the birth and development of the Italian nation from the nineteenth-century Risorgimento to the present. Did the project of Italian nationhood depend on a symbolic union of Italian Jews, who sought full participation in the new state, with those non-Jewish Italians who viewed the abolition of the ghettos as a *sine qua non* of the "New Italy"? In other words, was modern Italy founded on a true universality, which was only made meaningful by embracing the Jews as the bearers of difference? Or was it founded on difference *and* exclusion? That is, did the New Italy of the Risorgimento and Unification betray itself when it gave way to Fascism, the Lateran Pacts, the Racial Laws and the roundups? Or did the liberal patriotism of the earlier period evolve inexorably into these forms?

Primo Levi's place in today's Italy marks the conceptual point of arrival for this volume (even though several essays within it focus on historical and cultural events since his death in 1987). As one of the world's most influential Holocaust writers, and one the best known of Italian Jews, Levi has exerted a strong influence on how the Holocaust has been understood and remembered in Italy. The inclusion on the national 2010 *maturità* exam of an excerpt from the introduction to his *La ricerca delle radici* — a personal anthology of favorite passages by favorite authors — suggests that, in contemporary Italian culture, Levi functions not only as an Auschwitz survivor, but also as a unique moral voice and canonical literary figure whose works enrich the national patrimony. The strong embrace of Levi offers some evidence that Italian Jews have successfully reintegrated into the fabric of Italian society in the post-war period.

The essays collected here explore a wide range of topics over nearly two centuries, from the 1840s to the present. Despite this variety, these essays feature multiple points of contact and many shared concerns. Any number of possible itineraries through this anthology thus open themselves up to readers. Certainly, one could usefully read the contributions to this volume by broad chronological period, from the late Risorgimento, to the Unification, to the Liberal state, to Fascism, to the post-War period up the present. The editors have chosen instead to highlight a somewhat different set of intersections by organizing them topically: Jews and the Making of the New Society; Jewish Identity in the New Italy; Jewish Tragedy on the National and International Stage; Jews and Italian Nation-Building; and Italian Memory and the Jews: The Holocaust and Beyond.

The image on the cover of this volume is a night-time photo of the Mole Antonelliana, Turin's most notable landmark and so familiar a national monument that it appears on the Italian version of the two-cent euro coin. This edifice functions as a singular icon that links two key figures in this volume, Massimo D'Azeglio and Primo Levi, within a real and metaphorical geography that is both obvious and hidden. As most inhabitants of Turin but few others know, the Mole Antonelliana was conceived in 1862 as a synagogue, more or less coincident with the birth of Italy itself, when Turin was still the capital city. For its first decade and a half, the unfinished building continued to rise, year-by-year, far beyond its original design and ever closer to the heavens, as though carried aloft by the infinitely expansive ego of its architect, Alessandro Antonelli (1798–1888). The recently emancipated Jewish community had intended it, in a practical sense, as a functioning place of worship, and symbolically as a testament to the new era, the new nation, the end of the ghettos and the dawn of an age of equality, in which even the Jews could take their distinctive place on the urban landscape. Yet it nearly bankrupted its Jewish owners and the city purchased it in 1877 as a future monument to their native son and Italy's first king, Vittorio Emanuele II. Later, it would take on yet another part in the drama of modern Italy as the National Museum of Italian Independence. The Mole Antonelliana found what may be its true calling only relatively recently, when it became the National Museum of the Cinema and thus, as it were, the virtual screen onto which the nation's stories are projected.

While it was still a synagogue, the Mole had paid silent tribute to Roberto D'Azeglio who had led the campaign for the emancipation of Turin's Jewry in 1847 and 1848, just as his brother Massimo had done on a national scale. A century later Primo Levi would declare that the Jews of Turin regarded the Mole with "ironical and polemical affection." In short, the Mole had a record of remarkable achievement but had also betrayed its own foundational plans — not unlike the New Italy itself in its relation (although not exclusively so) to Italian Jews.

I. Jews and the Making of the New Society

When Risorgimento patriots envisaged the New Italy in terms of national regeneration, they aimed at nothing less than the creation of a new society. In the years before national unification, the movement for Jewish emancipation arose as both a consequence and a condition of this national project. Italian Jews viewed themselves as having an important stake in this society, as equal members and co-creators, and they constituted its most visible minority. At crucial junctures, modern Italian society would define and understand itself in relation to this Jewish minority. The four essays gathered in the first section focus on moments of self-definition, crisis, and reconciliation in the historical arc of Italian society, from its largely intellectual origins in the Risorgimento to the early twentieth century, the Fascist period, and the 1980s.

Within two years of the election of Pope Pius IX in 1846, restrictions on the press were greatly relaxed, popular national guards (*guardie civiche*) were authorized, and constitutions were promulgated in the Papal States, Naples, Tuscany and Piedmont. Soldiers, militias and volunteers from across the peninsula came together to wage a war of independence in the name of both the pope and the Piedmontese king. As Scott Lerner recounts in "Massimo D'Azeglio and the New Italy in the Jewish Mirror," this extraordinary — and ephemeral — moment of national unity also propelled campaigns for equal rights for Italy's Jews, still mostly confined to physical ghettos. Describing the role of the "Jewish mirror" first in authoritarian Christian and then in liberal society, Lerner focuses on the liberal Catholics led by D'Azeglio, who, although with little appreciation for Judaism or belief that it would survive, came to see their vision for a New Italy as inseparable from the principle of Jewish equality. The Jewish cause in 1847–48, Lerner argues, thus became a practical and conceptual laboratory for the development of the founding principles of liberal society in Italy. By design, Lerner's essay not only advances a specific argument on D'Azeglio's foundational role in the creation of modern Italy, but also broadly frames the topic of the entire volume.

Almost immediately following emancipation, Jewish leaders grew concerned that the opportunities to participate fully in society were leading Italian Jews to become distanced from their Jewish communities and from Judaism. By the turn of the century, a few Jews, like Alfonso Pacifici, were denouncing a crisis of assimilation and proposing bold alternatives. In "Liberalism, Zionism, and Fascism: Alfonso Pacifici's 'Ebraismo integrale,'" Sara Airoldi explains that Pacifici saw the freedoms of liberalism as the cause of assimilation, even if he acknowledged that liberal reforms had enabled Jews to escape the ghettos. As a means of achieving Jewish renewal combined with Italian patriotism, Pacifici advocated a return to an "illiberal" society in which religious leaders would regain broad powers over their communities. As Airoldi shows, Pacifici, who believed that a right of sovereignty belonged to all religions, would have been pleased to see a Jewish equivalent of the 1929 Concordat between the Church and the Fascist regime. Eventually, however, his admiration for the spiritual idea of the nation that he found in Fascism gave way to a deep concern about its ethno-religious and racist nationalism.

In contrast to Pacifici, who found fault with liberal society because it resulted in the alienation of Jews from Jewishness, Giorgio Bassani's *Romanzo di Ferrara*—in Emanuel Rota's reading—paints a picture of the "clamoroso fallimento del tentativo del nazionalismo italiano di creare una casa comune." In "Parlare del tempo al tempo dell'Olocausto: l'impossibile *Heimat* ferrarese di Giorgio Bassani," Rota examines the phatic language of everyday conversation, in Bassani's fiction, as a fundamental component of human sociability. In the right circumstances, according to Rota, the social rituals, mannerisms and banal conversations of phatic language can sustain a community and overcome the wall of otherness among its members. In Bassani's Ferrara during the years of Nazi collaboration, deportations and their aftermath, however, such social exchanges can mask imminent violence and betrayal. Rota's reading exposes Bassani's Ferrara as a community divided by pervasive walls that were only temporarily forgotten in the process of Jewish emancipation that was part of the construction of the modern nation. When society is composed of executioners and victims, Rota concludes, the everyday conversations that can hold a national community together become a "bestemmia."

The last essay in this group, by Alberto Melloni, focuses instead on an historic act of reconciliation, with profound implications for society, between the Catholic Church and the Jewish community of Rome, which had co-existed near the banks of the Tiber for two millennia. In "Il discorso di Giovanni Paolo II nel Tempio Maggiore di Roma: redazioni e significati di un testo chiave," Melloni tells the story of the events leading up to Pope John Paul II's 1986 visit to the synagogue that stands within the former ghetto. After the war, the Second Vatican Council (1962–65) had taken an unprecedented stride toward the reversal of its portrayal of Jews and Judaism, and twenty years later John Paul II drew on the Council's authority to emphasize that the Church's understanding of its relationship to Judaism had radically evolved. Melloni underscores how the pope's language revealed that the theology of supersessionism, which the Church historically applied in relation to Judaism, had finally been overturned. The original version of the speech, Melloni points out, contained a stronger self-accusation on behalf of the Church, whereas the final version more emphatically condemned antisemitism by *anyone*—implicitly including "il papa del caso Mortara e il papa del caso Zolli": Popes Pius IX and Pius XII.

II. Jewish Identity in the New Italy

To be Jewish in old-regime European societies had social and legal implications that extended well beyond the sphere of religious beliefs. A Jew necessarily belonged to a corporate body—a historic *nazione ebrea* or a *università israelitica*—that brought access to legal privileges, including the possibility of residing and working within the territory controlled by a sovereign ruler. Such privileges also came with constraints, regarding place of residence, marriage, occupation, clothing, schooling, travel, and social interactions outside the Jewish community. To provide for their indigent and care for their ill, Jews ran their own charitable organizations; in the event of a conflict with a non-Jew, the community represented its individuals. As a general rule, it was impossible to live in society without doing so either as a Christian or as a Jew. Once Jews became the recipients of equal civil rights, however, their relationship with the state and with society ceased to depend on their condition of being Jewish. Within a Christian-majority society the new freedom that they had thus attained as individuals presented a significant challenge for their collective identity as Jews. At a time, moreover, when most Jews, like many Italians, so strongly identified with the new state that they cultivated a religion of the *patria*, the kind of attachment that they would maintain to their Jewish community became an open question. The four essays gathered in this section address this modern question of Jewish identity.

Francesco Spagnolo shows how the post-emancipation "soundscape" became a medium through which Italian Jews could engage with the broader culture and also ensure continuity between the Jewish past and present. His essay on "Sounds of Emancipation: Politics, Identity and Music in 19th-century Italian Synagogues" traces a previously unidentified oral recording produced by a Jewish cantor from Casale Monferrato in 1954 back to its origin as an occasional composition intended to commemorate the emancipation of the Jews of Piedmont in 1848. Compositions like this one contributed to a new genre called *musica sacra,* in which Jews and Christians could come together within the walls of the hundred or so Italian synagogues of the era. Through comparative analyses of both text and music — poetic meter, and melodic and rhythmic patterns — Spagnolo reveals that the author-composer created a profoundly Jewish work, rooted in Jewish sources (the Bible) and current events (emancipation), while also finding inspiration in Italian culture and correspondences with Manzoni's tragedy *Il conte di Carmagnola,* Solera and Verdi's opera *Nabucco,* and Mameli's national hymn *Fratelli d'Italia.*

In addition to creating a new musical genre, Italian Jews in the "età dell'integrazione" — from the 1840s to the end of the Liberal period — also developed a new type of fiction writing as a way of reinforcing both a Jewish and an Italian identity. As Carlotta Ferrara degli Uberti shows in "Sperimentazione e normatività: periodici ebraici italiani e letteratura fra Otto e Novecento," author-rabbis took up their pens as short story writers in order to help Italian Jewry navigate the transition to modern society. The aims of these works, according to Ferrara degli Uberti, were both normative and apologetic; that is, they were intended to help guide Jewish readers on issues like marriage, love and intergenerational change, while also representing Italian Jewish life in a positive light, overturning the negative portrayals that had been rampant in non-Jewish popular culture. Despite their unexceptional literary quality, these stories constituted an important experimental laboratory for Jewish identity.

From the institutional center of Jewish identity, in synagogue music and Jewish periodical literature, Gabriella Romani shifts the focus to the "position of social liminality" occupied by Erminia Fuà Fusinato, the first Jewish woman to hold an official government appointment in unified Italy. In "Erminia Fuà Fusinato: A Jewish Patriot in Rome (1871–76)," Romani paints a portrait of her subject — a Risorgimento poet and inspector of schools — that contrasts with extant scholarship by drawing attention to Fuà Fusinato's Jewish origin and Jewish identity. Unlike most of her peers, Fuà Fusinato wanted to marry out of love; the only way she could do so, before emancipation, was by converting to

Catholicism. Romani argues that Fuà Fusinato never truly embraced her new religion, however, and may have maintained a Jewish identity that she felt obligated to conceal in her poetry and public life. Her story, with the complex questions of identity that it presents, is exemplary of the "multiple routes" Italian Jews took in their journey "out of the ghetto."

The last of the essays in this group, by Alberto Cavaglion, shifts the perspective once more by offering a broad canvas of Italian-Jewish writers between Unification and the Second World War through a very particular — and highly original — lens, that of their identificatory attachment to the Italian landscape. The landscapes to which Cavaglion refers, in "Ebraismo e patriottismo del paesaggio," may belong to the natural world, but they may also be products of human society: "uno scoglio, un vicolo, una bottega, le tende di un mercato." Instead of engaging with the politics and "principi essenziali della società liberale," Jews of the Liberal period, Cavaglion argues, chose to adapt themselves to the surrounding landscape, "calandosi in una nuova realtà." This sort of patriotism, perhaps unavoidably naive, left them ill-prepared for the tragedies of history that would follow. Cavaglion then turns to Giorgio Bassani's novel *Il giardino dei Finzi-Contini* as an illustration of how, for a later generation, all that remained of this love for Italy were the images of a family mausoleum, dust-covered family documents, and buried memories.

III. Jewish Tragedy on the National and International Stage

The path toward Italian unification depended on few single events as much as on the meeting in July 1858 between the French Emperor Napoleon III and the Prime Minister of Piedmont-Sardinia, Count Cavour. That encounter resulted in a secret plan to force Austria out of Italy and to annex three-quarters of the Papal States to the Kingdom of Sardinia, soon to be the Kingdom of Italy. A likely key factor in impelling the French emperor to assume this role in the expansion of Piedmont — and Italy — at the expense of the temporal power of the pope was the attitude of the Pius IX in the *caso Mortara*. Just a month earlier, papal authorities had forcibly removed six-year-old Edgardo Mortara from his Jewish family after learning that a Christian household servant had secretly baptized him. Rather than granting any of the petitions to release the boy, Pius IX protected him personally and regarded the salvation of his soul as the sacred duty of the Church, whatever the cost. The Mortara family's tragedy, and the international outrage it provoked, placed the question of Christian-Jewish relations and the status of Italy's unemancipated Jews (outside the Kingdom of Sardinia, where they obtained emancipation in 1848) on an unprecedented stage of public attention. Building on the landmark study by David Kertzer, the first of this section's essays sheds new light on the Mortara affair by examining the contrasting reactions of Italian Jewish communities. A second essay looks at the representation of this international *cause célèbre* in the American press and as source material for a politically engaged theatrical staging of the story in Italy in 1871. In the final essay the perspective shifts to a second tragic stage and the representation of Jews in post-Holocaust Italian opera.

In "Cronache e *performances*, 1858–1860: il caso Mortara nei diari e documenti ebraico-italiani dell'epoca," Elèna Mortara brings renewed attention to a variety of Italian-Jewish responses to the Mortara affair. These range from reports held in the archive of the Jewish community of Rome to unpublished private diaries and letters written by important members of that community, to contemporary articles that appeared in the Piedmont-based newspaper *L'educatore israelita*. While some of the private documents from Rome record quiet efforts to persuade the Vatican to release the child to his family, other documents testify to a clamorous outpouring of recrimination from many quarters in northern Italy and abroad against the child's kidnappers. What emerges from Elèna Mortara's analysis is that Italy became a kind of theatrical stage where domestic and international entities "performed" their political positions publicly. Moreover, the fight to defend the violated rights of the Mortara family became intertwined with the larger aims of the Risorgimento, as exemplified by the fundamental principle that people of all faiths must be accorded equal rights.

Michael Sherberg's "*Habeas corpus*: American and Italian Responses to the Mortara Affair" recounts *The New York Times*'s thorough reporting on the affair, and, on the newspaper's opinion pages, the moral opprobrium it directed toward the Vatican. This trans-Atlantic coverage testifies to the global impact of the scandal. Understanding the case as a dispute between paternal rights and the authoritarian power exercised by the Papal States, the *Times* seemed to endorse implicitly the unification of Italy under a secular government. A different kind of contemporary response was offered by Riccardo Castelvecchio's *La famiglia ebrea*, an 1871 play based loosely on the Mortara affair, but now explicitly linked to Risorgimento politics. In Castelvecchio's telling, the abducted child's father is a rabbi and an active supporter of the movement to unify Italy. Drawing on Biblical references, the play employs the Exodus story to link the liberation of one Jewish family with the liberation of all Italian families, who will eventually live together in harmony in a secular state.

In "Guilt and Operatic Atonement in Post-Holocaust Italy," Jesse Rosenberg closely analyzes three Italian operas composed in the aftermath of the Holocaust that focus on Jewish themes and characters, and on antisemitism old and new. In the definitive 1966 version of *Il mercante di Venezia* (1961), Mario Castelnuovo-Tedesco recasts Shylock as a tragic hero by concluding his opera with Shylock's defeat, instead of with the happy lovers' scene that ends Shakespeare's play. In this way, Rosenberg argues, Castelnuovo-Tedesco — a Jew forced into exile by the Fascist-era Racial Laws — took his defiant artistic revenge by presenting Italian audiences with a tragic opera about a reviled Italian Jew, and by pointedly rejecting Shakespeare's happy ending. Rosenberg then turns to Franco Mannino's *La speranza* (1970), an opera set during World War II and based on an incident from the composer's life, in which a Jewish friend committed suicide in response to the oppressive restrictions of the Racial Laws. Finally, in Sandro Fuga's *Confessione*, which premiered in 1971, a partisan fighter condemned to execution by the Nazis makes his "confession" to his Jewish comrade, who has entered the prison disguised as a priest. Rosenberg contends that the opera dramatizes, in words and music, the religious affinity that unites the two comrades, despite their cultural differences.

IV. Jews and Italian Nation-Building

The four wide-ranging articles clustered in part IV address questions that are crucial to the intellectual aims of this volume. How did Italian Jews understand their role in the creation of modern Italy? Was the embrace of the secular state and democracy consistent with the aims of Judaism or detrimental to them, especially with the rise of Zionism? At the same time, how did powerful social and political institutions, specifically the Savoy monarchy and the Fascist regime, understand the role of Jews in building and developing modern Italy?

Alessandro Grazi, in "Divergent Jewish Approaches to Italian Nationalism and Nation-Building," compares the life and writings of two prominent intellectuals at work during the Risorgimento and its aftermath to characterize two contrasting versions of Jewish Italian nationalism inflected by regional differences. David Levi (1816–1898), living in Piedmont, fully embraced the Risorgimento on which the emancipation of Italy's Jews depended. He believed that Enlightenment values harmonized perfectly with Judaism, understood as a set of universal principles — God, the Law and the People — that had been rediscovered by proponents of the French Revolution. Rabbi Samuel David Luzzatto (1800–1865), living in relative freedom under Habsburg rule in Padua, was also a proud Italian and supporter of the Risorgimento. However, he believed that civic emancipation was not urgent and feared that it would weaken his compatriots' Jewish identity by reducing it to a purely private religious sphere. The fundamental distinction between these two representative figures, Grazi concludes, is that the Risorgimento and emancipation necessarily coincided for Levi, whereas Luzzatto conceived of them as separate questions.

Matteo Perissinotto discusses the complex relationship between Jewish identity and Italian patriotism during the First World War in "Il difficile equilibrio tra identità ebraica e patriottismo durante la Grande Guerra." To show that there was no single Italian Jewish response to the conflict, Perissinotto draws on an array of primary sources to track the evolving views of the different groups within the Jewish community. The perspectives he illustrates range from the rabbinic establishment to the new Comitato delle Comunità Israelitiche Italiane, and from the Zionists, with their internationalist-socialist perspective, to the secular assimilationists. Sensitive to accusations of insufficient patriotism and "double loyalty" — that is, to both Italy and to a hoped-for Jewish state — Italian Jews who supported the war argued that sending Jewish soldiers to fight under Italy's flag constituted the final stage of Jewish emancipation and the ultimate fruition of the Risorgimento.

Paolo Pellegrini contends, in "Jews Ennobled by the Savoys: The Role and Relationships of a Minority in Unified Italy," that patents of nobility served as a reward to Italian Jews who played prominent roles in building the new state, and in consolidating it both domestically and internationally. Furthermore, the entry of Jews into unified Italy's upper social echelons advanced the secularization of society and demonstrated the new Liberal state's commitment to equal rights and tolerance of difference. Bringing a comparative perspective to his research, Pellegrini finds that, especially in the Liberal period (1861–1922), the Royal House of Savoy granted more hereditary honors to its Jewish subjects than other European monarchs. However, the situation changed radically during the rise of Fascism and the subsequent dismantling of the Liberal state with the endorsement of Vittorio Emanuele III.

In "Nation-Building through Antisemitism: Fascism and the Jew as the Internal Enemy," Ernest Ialongo shows that the Fascist regime's late turn to antisemitic policies was largely motivated by instrumental, political purposes rather than authentic, culturally rooted ones. The Regime rallied the nation against a convenient internal enemy, the Jews, to try to bolster the Italians' weak national consciousness. Ialongo further demonstrates that scapegoating minorities for the sake of nation-building and the consolidation of political power was a routine practice since Italy's 1861 unification. In fact, Mussolini's anti-Jewish policies were comparable to the Liberal government's assault on southern Italian rebels in the 1860s, anarchists in the 1870s, and Sicilian rebels and the radical left in the 1890s. While Mussolini's anti-Jewish policies shocked assimilated Italian Jews to be labeled as outcasts who could never be true Italians, other political and ethnic minorities, likewise labeled different and dangerous, had already suffered similar ostracisms in the furtherance of political aims.

V. Italian Memory and the Jews: The Holocaust and Beyond

The four articles in part V are studies of Holocaust memory and forgetting, in Italy and beyond, from the perspective of the victims, but also in the service of evolving national narratives. For decades, Italians generally disavowed Italy's culpability for the persecution and deportation of its Jewish citizens, laying blame on a small number of Fascists and on the Nazis, who occupied Italy after the collapse of the Fascist regime. However, by the early 2000s, Italians generally embraced the nation's complicity in the Holocaust and commemorated its tragic events. More recently, as Holocaust memory has become institutionalized, some Jews have sought to move beyond their victim status by recovering the positive legacy of Italian Jewish heritage and history.

Gabriele Boccaccini sheds new light on the story of a child survivor of the Holocaust who seemed to have mysteriously disappeared after the war in "Luigi Ferri: il bambino scomparso di Auschwitz." Through a careful analysis of numerous unpublished documents, Boccaccini shows that Ferri's "disappearance" — actually, his self-imposed silence — resulted from a progressive alienation from his Jewish identity, which began under Fascism and continued during his imprisonment in Auschwitz. Boccaccini's account illustrates the vagaries of Nazi and Fascist racial laws, which determined who was Jewish in arbitrary ways. Ferri had a Jewish father and a Catholic mother, who saw to his baptism by the Church, which made him an "Aryan" under Fascist law. However, once he arrived at Auschwitz, Ferri had further incentive to detach himself completely from his Jewish parentage and to hide his identity. Under Nazi law, Ferri was a *Mischling* and would have been subject to extermination had he not passed as a Gentile. It is in this way, Boccaccini argues, that Luigi Ferri "disappears": the child survives Auschwitz with a new identity that completely erases his ties to his Jewish past. With this essay, Boccaccini recovers the complex case of this once-famous survivor for our collective memory.

In "Primo Levi's Editions of *Se questo è un uomo* and the Evolution of Italian Holocaust Memory, 1947–1958," Jonathan Druker contends that the definitive 1958 edition of Levi's canonical memoir differs significantly from the 1947 edition. While the first edition focuses almost exclusively on documenting Nazi crimes against humanity, the second edition incorporates more remembrances of individual victims and scenes of altruistic friendship, as well as more autobiographical elements. Taken together, these revisions indicate Levi's shift in self-perception from "witness" to "author." Druker links Levi's impetus for adding the new material to the evolution of Holocaust memory in Italy in the first dozen years after the war, and, especially, to commemorations related to the tenth anniversary of the defeat of Fascism in 1955. Druker concludes that the added passages introduce notes of optimism that affect how Levi's testimony has been interpreted. The impact of these changes is worth registering because *Se questo è un uomo* has exerted such a strong influence on how the Holocaust has been remembered and understood in Italy.

Alexis Herr undertakes a "microhistory" of the postwar uses of Fossoli, the Italian-German concentration camp from which about 3,000 Jews were deported in 1944. Until 1970, Fossoli served variously as a refugee camp, a home for war orphans, and a temporary refuge for ethnic Italians exiled from Istria and Dalmatia. In "Fossoli di Carpi and the Many Faces of Holocaust Memory in Postwar Italy," Herr argues that these benevolent uses of Fossoli, and its later dilapidated state, overwrote the tragic history of the site, fostering instead the myth of *Italiani, brava gente*. For almost six decades, this specious concept for describing Italian national character in overly positive terms occupied the symbolic and literal spaces where the memory of Italy's role in the Holocaust should have resided. More recently, significant memorials to the victims of Fossoli have been constructed. While two of these well-intentioned efforts fail to distinguish between Jewish and non-Jewish deportees who sojourned in the camp, the restoration of a former Fossoli barrack in 2001, and the exhibit it holds, begin to address this complex history, including the facts about Italian complicity in the Holocaust.

Marco Di Giulio compares two ongoing projects designed to promote Jewish history and culture in Italy in "Negotiations of Jewish Memory: Rome's Holocaust Museum and the *Progetto Traduzione Talmud Babilonese*." He gives a thorough account of the so-far unsuccessful attempt, over the course of fifteen years, to build a national Holocaust museum in Rome. A divisive concept even within the Jewish community itself, the museum project continues to be stymied by local and national political fractures. Meanwhile, a more successful ongoing project, organized by the Jewish community of Rome and well supported by the Italian state, is the page-by-page effort to translate the massive Babylonian Talmud into Italian for the first time. Di Giulio argues that the Jewish community strongly backs the Talmud translation project because it promises to regenerate Italian Jewry's cultural, intellectual, and religious heritage, thus offering a positive expression of Jewish identity to counterbalance the negative representations of Jews as passive victims that inevitably arise in the context of Holocaust commemorations.

Di Giulio's article serves as a fitting conclusion to this volume, which begins with Massimo D'Azeglio's assertion in 1848 that the "regeneration" of Italy's Jews and the regeneration of the entire nation are linked. After all, translating the Babylonian Talmud into Italian not only renews Italian Jewish heritage, but it also places a touchstone of universal knowledge on the shelf holding Italy's precious national literature, alongside Dante and Primo Levi.

Illinois State University   *Franklin and Marshall College*

L. Scott Lerner

Massimo D'Azeglio and the New Italy in the Jewish Mirror

Abstract: The imperative of "making Italians" has gone down in history as the lesson of Massimo D'Azeglio. However, a different declaration, equating Jewish with Italian regeneration, better conveys his vision for a New Italy. By engaging in the campaign for Jewish civil rights in 1847–48, D'Azeglio and other — often Catholic — liberals put their ideas about the distinction between faith communities and liberal societies into action. The old-order society that they aimed to reform had been reinforced by a self-image of Catholicism in the mirror of Jewish Others. D'Azeglio is best understood as using a new Jewish mirror to develop his alternative vision for society. The ultimate goal of the campaign on behalf of the Jews was not to convert or assimilate them, even though the liberals generally assumed that Judaism was an anachronism and had been superseded by Christianity. Rather, by making the case for elevating the Jew to the status of equal member of society, they defined the foundational principles of the new order.

Keywords: Liberal society, New Italy, Jewish mirror, Massimo D'Azeglio, Jewish emancipation, Risorgimento, Christian-Jewish relations, regeneration, *fare gli Italiani*.

> [L]a causa della Rigenerazione Israelitica è strettamente unita con quella della Rigenerazione Italiana.
> (Massimo D'Azeglio, *Dell'emancipazione* 56)

Massimo D'Azeglio and the Foundation of Liberal Society in Italy

Does Italian society rest upon a foundation that dates from the establishment of the New Italy in the nineteenth century? Or does the very idea of such a foundation belie an American as opposed to an Italian perspective? In the United States, despite the intensity of partisan divides, the concept of a foundation, in a national, historical and political sense — of founding principles and founding thinkers — retains a currency that in Italy it may have lost or never fully attained. The views of the Revolutionary-era author and statesman Alexander Hamilton, for example, quite apart from his fame as the title character of a hit musical, continue to guide the evolution of American law and society. Hamilton's interpretation of the United States Constitution, as American historian Edmund S. Morgan writes, "still carries almost as much authority as the Constitution itself" (34). In contrast, a figure who could be seen as Hamilton's Italian counterpart, the Risorgimento patriot Massimo D'Azeglio, has gone down in Italian history mostly for the oft-quoted maxim *Fatta l'Italia, bisogna fare gli Italiani*—a declaration, it turns out, that he never made (Hom 1–9; Soldani and Turi 17). The question is really twofold: to what extent are we justified in speaking of founding principles for modern Italy, and where should we look for such principles?

To frame the first question in relation to D'Azeglio is to begin to provide an answer to both of these questions. First, however, it will be necessary to disengage D'Azeglio's legacy from the expression *Fatta l'Italia, bisogna fare gli Italiani*. Far from bearing witness to a founding history of modern Italian society, this apocryphal declaration mythologizes D'Azeglio's views on the New Italy in the service of a type of nationalism that was not his. D'Azeglio's principal concern, instead, was to see a united Italy take form as a liberal society.

"Liberal society" is not a term one finds employed during the Italian Risorgimento, but it conveys the central idea, which D'Azeglio shared with other liberals as well as republicans, that the relationships within a free society do not resemble the bonds that unite communities. These thinkers envisaged a social order in which individuals would *belong* to communities but *participate* in society by right and by contract. Communities too, including those of the great majority, would participate freely in society, but they could not, or could no longer, be permitted to rule over society. Society would thus open itself to communities but also stand apart from them—and even, when necessary, in defiant opposition to them.

As I will argue, for D'Azeglio and other Italian patriots these principles crystallized in 1847–48 in a relation and a reflection, as in a mirror. They came to life most fully in the convergence of liberal theory and its implementation, in the encounter between liberal Catholics and Jews. Indeed, for a statement of D'Azeglio's central vision for the New Italy we should look not to *Fare gli Italiani* but rather to a declaration he made in late 1847 in *Dell'emancipazione civile degl'Israeliti* (1847):

> [L]a causa della Rigenerazione Israelitica è strettamente unita con quella della Rigenerazione Italiana.
>
> (*Dell'emancipazione* 56)

At first blush, this formulation, pertaining to the small Jewish minority within the future state, may appear limited in scope, hardly able to compete with the much more famous *Fare gli Italiani* as an expression of D'Azeglio's vision for Italy. The strange trajectory of *Fare gli Italiani* distorted his vision, however, while his appeal for the united regeneration of Italians and Jews speaks centrally to the kind of society he strove to create. Nineteenth-century thinkers — Kenan Malik has observed — "were concerned not with the strangers who crossed their countries' borders but with those who inhabited the dark spaces within them" (24). As Catholic liberals like D'Azeglio understood, one creates a liberal society by seeing oneself in the mirror of the inhabitants of the dark spaces near one's own.

In contrast to this nineteenth-century emphasis on "determining the kind of society they want[ed] to create," early twenty-first century Europeans, according to Malik, are more concerned "with defining the community to which they belong" (24). Recently, the months preceding and following the victory of the *Lega* and *Movimento Cinque Stelle* in the Italian national elections of 2018 provide a ready case in point. They have been marked by a backlash against pro-migrant policies and actions that distinguished Italy from some of its European neighbors, such as an erosion of popular support for the European Union, and discrete acts of aggression toward individuals perceived as outsiders. Certainly, modern Italian society has taken a circuitous path forward since D'Azeglio's day, transitioning politically from the Risorgimento to the liberal state, to the fascist regime, and to the post-war republic, and in terms of its religious culture from Unification under the scepter of an excommunicated king, to the re-alliance of church and state with the Lateran Pacts of 1929, to the reforms of Vatican II (1962–65) and the revised Concordat of 1984. One purpose of this essay is to return to the beginning of this national trajectory in order to highlight certain foundational principles of liberal society in Italy, which D'Azeglio and his peers developed in relation to the rights and status of Jews.

Descending from a traditionally Catholic noble family in Piedmont, D'Azeglio (b. 1798–d. 1866) became a nationally known figure thanks to the popularity of his Risorgimento paintings and novels, especially *Ettore Fieramosca*, published in 1833.[1] Between 1846 and 1848 he published a series of important political pamphlets: *Degli ultimi casi di Romagna, Proposta d'un programma per l'opinione nazionale italiana*, and *I lutti di Lombardia*. Among the works of this period, although much less frequently cited in biographical accounts, was also

---

[1] On the contributions of the cultural fields to the discourse of the nation, see Banti, *La nazione del Risorgimento*.

Dell'emancipazione civile degl'Israeliti. From 1849 to 1852, as prime minister of Sardinia, he presided over the wide-scale liberalization of Piedmont that would lay important groundwork for the future Kingdom of Italy. Although he continued to fill political roles after ceding the prime minister's seat to Count Camillo Cavour (b. 1810–d. 1861), D'Azeglio's influence subsequently waned. His opposition to the expansion of Italy south of Rome and to Rome as the nation's capital left him out of sync with the Cavour era. To look through his lens is thus to eschew the scholarly tendency to take the creation of the liberal state as the main point of departure for critical examination of the idea of liberal Italian society. To focus on its founding principles more than post-Unification actions helps us identify this liberal foundation as the one whose core tenets are today under attack.

The vision for a liberal society began to take form as early as the 1790s, when modern Italy arose as an idea and as an aspiration,[2] and culminated in the establishment of the nation-state in 1861. At the beginning of this seventy-year range the perspectives are too varied to be understood as a coherent vision while at the end, in the presence of a national constitution, the foundational principles have already been coded into law. Between these two poles, the period from July 1847 to May 1848 stands out as something of a micro-laboratory, a mixture of theory and practice, in which the contours of liberal society were articulated and debated with particular intensity. These ten months surrounding the First War of Independence saw Italians from Catania to Trent rally in the name of Pope Pius IX and the Piedmontese king, Carlo Alberto, in support of a new Italy.[3] The rulers of Tuscany, Piedmont, the Papal States, and Naples eased restrictions on the press, allowed for civic guards, and promulgated the first constitutions. The idealistic clergyman, philosopher, and politician Vincenzo Gioberti, who had envisaged Italy as a confederacy of states headed by the pope, was widely viewed as the architect of the future state. Often referred to as the neo-Guelphist illusion, his vision began to collapse on April 29, 1848, when Pius IX, hailed as the liberal pope since his election two years earlier, declared that he was first and foremost the leader of the Catholic world and thus only secondarily an Italian prince. As such, he could not declare an offensive war on Austria — another

---

[2] See, for example, the responses to the call by the General Administration of Lombardy for reflections on the question, "Quali dei governi liberi convenga alla felicità dell'Italia?" (Saitta).

[3] Pius IX reigned from 1846 to his death in 1878. Carlo Alberto I (b. 1798–d. 1849) was King of Sardinia and Duke of Savoy.

Catholic nation and the main obstacle to Italian Unification — or any other state ("Allocuzione").[4]

The papal allocution of April 29 signaled the end of the dream of a new Italy united under both a king and pope, and the beginning of the intra-Catholic conflict that would create a national schism between the liberal Catholics, who favored a progressive social order based on the separation of church and state, and Catholic conservatives, who followed the increasingly reactionary line of the papacy, represented by Pius IX. In this conflict, the major Catholic powers of the region, France and Austria, along with the Italian states, had a sizeable stake, while virtually the entire Italian population was more or less directly implicated. The only ones who might be seen as marginal were the non-Catholics: the Waldensians and the Jews. Their small numbers and separate religion made them unlikely players in this intra-Catholic conflict. The Jews in particular, however, found themselves squarely at the center of it.

"Fare gli italiani" and the Uses of Risorgimento Liberalism

The story of D'Azeglio's apocryphal saying offers a glimpse of the ways in which Risorgimento liberalism has been represented in Italy over the century and a half since Unification.[5] The expression *Fatta l'Italia, bisogna fare gli Italiani* was coined in 1896, three decades after D'Azeglio's death. As Simonetta Soldani and Gabriele Turi have observed, this occurred "nel pieno della crisi di identificazione del paese" produced by the defeat of Italian troops in the first Ethiopian campaign (17). Indeed, it was only the year before, on the twenty-fifth anniversary of the Breach of Porta Pia, that the Twentieth of September 1870 was established as a national holiday, an act that infuriated the Church and would be abolished when Church and State were reconciled through the Lateran Pacts thirty-four years later. In reality the most likely inventor of the expression was Ferdinando Martini (b. 1841–d. 1928), a former Minister of Education who would become Governor of Eritrea, Minister of the Colonies, senator under

---

[4] The prevailing view among historians has long been that the Giobertian proposition of a confederacy of Italian states presided over by the pope never had a real chance of success because Pius IX had never been the liberal pope that he was so widely assumed to be. To judge by the reactionary turn of his papacy following the Revolution of 1848, this interpretation has obvious merit, although a similar argument for an inevitable resistance to change could also be made for the House of Savoy, which was solidly reactionary during the Restoration before allowing itself to be transformed as the principal agent of liberal reform.

[5] In her study of Jewish-Italian self-representation in liberal Italy, entitled *Fare gli ebrei italiani*, Carlotta Ferrara degli Uberti adapts D'Azeglio's formula to encompass the theme of the cultural integration and the minority identity of Italian Jewry of the period.

Mussolini, and a signatory of the *Manifesto of Fascist Intellectuals*.[6] At the time when the so-called "Sinistra storica," or Historical Left, was preoccupied with the question of nationhood, the maxim evoked the difficulty of creating the new nation and the will to do so (Soldani and Turi 17). It became a prime example of the language of nationhood (Dickie 19). After 1896 *Fatta l'Italia, bisogna fare gli Italiani* continued on a journey all its own until, under Fascism, it came to stand for the national project, as part of what Stephanie Hom calls the fascist "reinvention and reappropriation of the Risorgimento in all of its representations" (9).

The lofty valuation that Risorgimento liberalism had enjoyed thanks to its association with the liberal state and fascism largely collapsed with the fall of the regime. Although the defenders of liberalism, in the school of Benedetto Croce, took pains to distinguish liberalism from fascism, they struggled to compete with critiques by Gaetano Salvemini, Denis Mack Smith, and the Marxist followers of Antonio Gramsci.[7] The liberal state could hardly emerge unscathed from the examinations, carried out from diverse perspectives, of its repressive measures, corruption, and failure to address the "Southern Question," as well as from the argument that it had put the nation on a straight course toward fascism. Revisionist historians subsequently stressed that only a nearly impossible combination of authoritarianism and liberalism could offer liberal leaders hope for success (Riall, "Progress and Compromise" 211–12). Recently, an influential historian, Alberto Maria Banti, has reaffirmed the causal relationship between the Risorgimento and fascism, arguing that Risorgimento discourse already contained the roots of the hard nationalism that would follow.[8] As for D'Azeglio and *Fare gli Italiani*, among historians it became "a commonplace to argue that the liberal state failed to 'make Italians'" (Carter 240).

In her reconstruction of the expression *Fatta l'Italia, bisogna fare gli Italiani*, Hom shows that the passage in *I miei ricordi* that served as its indirect source reveals a concern, not for the creation of a nation or nation state per se, but rather

---

[6] For biographical information on Martini, see Romanelli.

[7] For a discussion of the historiography regarding the liberal state see Carter.

[8] In *Sublime madre nostra* and *L'onore della nazione*, Banti draws a line from Risorgimento discourse to the hard-nationalist ideologies of colonialist and fascist Italy, indirectly contributing to a post-war scholarly tendency to exclude the Risorgimento vision for a new social order from discussions of the principles and fate of Italian society today. In contrast, Banti's sometime-collaborator, the historian Paul Ginsborg, underscores what he views as pertinent today in the writing of Risorgimento intellectuals. Norma Bouchard faults Ginsborg's project for "unexamined assumption about who and what constitutes a nation" (7), while Maurizio Isabella qualifies Banti's position by pointing out that the republicans were "only too mindful of the difference between wars of conquest, condemned out of hand even in the case of colonial ventures, and wars of emancipation" (430).

for national character and the need for Italians to fulfill their duties within the new society (4–7).⁹ D'Azeglio's perspective belongs to a broad vision for a new social order, for the rights and obligations associated with it, and for the character of a nation that belonged to it. It was essentially this vision that was regarded as foundational during the fascist and post-fascist periods by another group whose stature was on the rise: those who had fought fascism and nazism in the name of liberty and then set out to establish the new republic as its guarantor.

The intensity and the longevity of this republican claim to the legacy of the Risorgimento was especially apparent in the fall of 2000, the year of the Roman Jubilee. In August, an exhibit at the annual meeting in Rimini of the lay Catholic organization Communion and Liberation (whose members are called *ciellini*) had depicted the Catholic adversaries of the fledgling Italian state as the real heroes of the Risorgimento. The reaction in the mainstream press proved fierce. In the *Corriere della sera* the ex-partisan and towering figure of Italian journalism Indro Montanelli (b. 1909–d. 2001) decried the exhibit as "il rinnegamento di tutto il capitolo risorgimentale della nostra Storia e l'esaltazione delle forze sanfediste che cercarono d'impedirlo fino all'apoteosi del Papa che se ne fece campione." *La repubblica*'s founder and long-time editor Eugenio Scalfari reacted no less indignantly in a front-page editorial entitled, "I briganti benedetti dai ciellini." And on page one of *La stampa* Alessandro Galante Garrone (b. 1909–d. 2003) countered with a manifesto signed by sixty-six intellectuals.¹⁰

Like Montanelli and Scalfari, Galante Garrone was a well-known public intellectual, having penned a dozen works of modern Italian history and contributed editorials to *La stampa* for forty-five years. He had been an early supporter of the anti-Fascist resistance movement *Giustizia e Libertà* and, like Montanelli, a member of the *Partito d'Azione*. Both organizations had found inspiration in the Risorgimento republicanism of Giuseppe Mazzini as opposed to the liberalism of Massimo D'Azeglio. On the question of religion and society, however, the legacies of Risorgimento liberalism and post-fascist republicanism aligned. Galante Garrone had been raised in a liberal Catholic family that had been outraged by what he would call the "immondo mercato della religione" that Pope Pius XI made with Mussolini ("La morale laica").¹¹ The exhibit in Rimini, he

---

⁹ Having independently reached a similar conclusion, Silvana Patriarca reminds us that D'Azeglio's memoir was the best known work in its genre in nineteenth-century Italy and was "endlessly anthologized in the textbooks of the new state" (*Italian Vices* 136, 52).

¹⁰ "Risorgimento denigrato"; also see "Risorgimento: scrittori e storici laici."

¹¹ On the relationship between the Church under Pope Pius XI and Mussolini, see Kertzer.

wrote in *La stampa,* amounted to a distortion of history and a "provocazione inaccettabile per l'Italia civile." Indeed, it was part of an even broader "aggressione [. . .] contro i principi laici e liberali che costituiscono parte fondante della Costituzione repubblicana." These founding principles of the "primo" Risorgimento had inspired a "secondo" Risorgimento, the Resistance, and made possible the re-establishment of free Italian society, liberated from the yoke of totalitarianism.[12]

Evoking the signatories to Galante Garrone's appeal, an Italian news agency drew special attention to Amos Luzzatto, president of the Union of Italian Jewish Communities, and Paolo Ricca, a Waldensian theologian and pastor. Their inclusion in the list of signatories, along with other Italian-Jewish intellectuals, established an unmistakable continuity between the present moment and the Risorgimento-era campaigns in support of religious minorities who had not yet received equal rights — what D'Azeglio, referring to the case of the Jews, had called "la causa della rigenerazione israelitica." This continuity was visible even in the names on the list of signatories: in addition to Amos Luzzatto, who was a direct descendant of Samuel David Luzzatto (see the essay by Grazi in this volume) another signatory, Elèna Mortara — who is a contributor to this volume — belonged to the family of Momo and Edgardo Mortara.[13] Nor was this the first time that Galante Garrone's actions had had a significant impact on the relationship between Italy and Italian Jewry. Half a century earlier, in 1947, he had urged Franco Antonicelli, the founder of the small publishing house De Silva, to publish Primo Levi's *Se questo è un uomo* after the manuscript had been rejected by Einaudi.[14] The intersection between a commitment to the principles of liberal society and the perspective of non-Catholic minorities provided another example of how Galante Garrone's second Risorgimento mirrored the original. In both cases, critical to this debate about Italian society was the position of Italy's Others.

---

[12] These protests, it should be noted, drew their own criticism. A historian at the *Istituto del sacro cuore* in Milan, Cesare Mozzarelli, provided a rebuttal under the headline, "L'Italia laica si è desta, ma si dia una calmata." And Franco Cardini, a specialist in the history of the Crusades, declared that "Gli studiosi cattolici non sono di serie B." In general, these exchanges were more evocative of what Manuel Borutta has called the "culture wars" that developed after the papal allocution of April 29, 1848 than the pansocietal solidarity that preceded it. In 2018 *Comunione e Liberazione* is associated with a pro-immigrant, pro-Europe and Italian-Muslim position, as the declarations on these issues by one of the movement's leaders, Giorgio Vittadini, make clear (Ascione).

[13] For this volume Elèna Mortara has contributed an essay on the "Mortara affair," as has Michael Sherberg.

[14] On the issue of the publication of Levi's *Se questo è un uomo,* I refer to the study of Baldini, listed in the Works Cited, and the essay by Druker in this volume.

Italy's Original Others
In the wake of Benedict Anderson's notion of a nation as a socially constructed community, the *italianità* that was the longed-for outcome of the nationalist project and the implicit goal behind "making Italians" came to be exposed as a myth and powerfully debunked.[15] "Sul Mediterraneo non si va a cercare la pienezza di un'origine, ma a sperimentare la propria contingenza" (xxiv), wrote Franco Cassano in 1996, while Graziella Parati and Donna Gabaccia called attention to Italy's cultures of migration and diaspora shortly thereafter.[16] Other studies delved into the representations and stereotypes associated with southerners (Dickie; Moe). As they have increasingly challenged the ideology of Italianness, scholars have set out to rectify the belief that Italy, the seat of the Roman Empire, the site of its transition to Christianity, and the centuries-long capital of Western Christendom, was home to a fairly homogeneous culture and population.[17] From the false promise of sameness, the gaze has shifted to the urban peripheries and colonies, to southerners, asylum patients, and nomads of the "margins" (Forgacs). With a few exceptions — Cassano's view of Mediterranean culture or Barbara Spackman's account of an Italian convert to Islam in the 1830s — the perspectives offered have been situated after Italian Unification in 1861.

While it may be true — as Cassano writes — that "Il nostro 'noi' è pieno di altri" (xxv), for more than three centuries leading up to the unified nation one group in particular stood for centuries in planned and visible counterpoint to the would-be homogeneous Italian "we": the Jews.

The earliest Jewish settlement in Italy, which occurred in Rome, predates the Jewish-Roman Wars and the defeat of Judea in 70 CE, which is commemorated by the Arch of Titus in the Roman Forum. The Jewish community of Rome is said to have been in continuous existence ever since, which would make it the oldest continuous community of the Jewish diaspora and the second-oldest Jewish community, after Israel-Palestine. Toward the end of the fifteenth century it is estimated that 50–60,000 Jews inhabited 350 urban and rural localities across the peninsula. As many as half were in Sicily and two-thirds south of Rome. The expulsions ordered in conjunction with the Spanish Inquisition (1492) in Spain, Portugal and the Spanish-controlled areas of Italy, including Sicily and Naples, resulted in a substantially smaller and considerably more

---

[15] Anderson's *Imagined Communities* first appeared in 1983.

[16] Among the many excellent contributions to this burgeoning field, see also, more recently, Fiore.

[17] The title of Cristina Lombardi-Diop and Caterina Romeo's anthology captured this new direction succinctly: *Postcolonial Italy: Challenging National Homogeneity*.

mixed Jewish population. Historically "Italian" Jews found themselves together with new arrivals from the Spanish and Portuguese diaspora, southern Italy, Germany, and France. In the sixteenth century the popes of Rome expelled the Jews from much of the Papal States but tolerated their presence in Rome, Ancona, and Avignon, while taking increasingly forceful measures to separate them from the Christian community and to broadcast their inferior status.[18] The establishment of the Roman Jewish ghetto by Pope Paul IV with the bull *Cum nimis absurdum* in 1555, during the Counter-Reformation, further institutionalized this ideology of separation and inferiorization and would serve as a model to be followed across the peninsula and beyond.[19]

The institution of the Jewish ghetto, in its Roman context and subsequently as it spread across central and northern Italy, can be properly understood only if placed in relation to what medieval Christian authors called the *Sancta res publica christiana*. According to this notion, developed by the eleventh-century Pope Gregory VII and his followers,

> the Church could no longer be content with fostering the growth of the inner man in every Christian, while leaving it up to monarchs and princes to rule society as they pleased. It was now its responsibility to bring the entire universe to acknowledge the kingship of Christ, by embodying itself in visible structures and by resorting, if necessary, to power.
>
> (Vauchez 67–68)

Well before the ghetto era the Jews were assigned a prominent role in this theater of "visible structures" with which Christianity aimed to govern not only individual souls but society itself in its real-world presence. In 1215 the Fourth Lateran Council stipulated that Jews and Saracens had to wear distinctive clothing, lest intercourse, in both senses of the term, with Christians unknowingly occur. In Italy sumptuary laws often required a *segno ebraico* or Jewish badge.[20] Beginning in the sixteenth century, the ghettos provided an even more effective means of

---

[18] Calimani provides a useful overview of these demographic trends (519–25).

[19] On the institution of the Roman ghetto, see Stow, *Catholic Thought*. For an example of how other rulers followed the Roman model created by Paul IV, gathering Jews into ghettos, see Siegmund's study of the ghetto of Florence.

[20] Most recently see Cassen, "Origins and Symbolic Meaning of the Jewish Badge" in *Marking the Jews* 20–49.

distinguishing Jews and Muslims from Christians as a way of reinforcing and protecting the Christian character of society.[21]

Like any minorities within a majority society, Jews, Muslims, and Waldensians could be familiar to members of the majority in two ways: by direct encounter with individual exponents of the minority group or by means of the representation and ideation of the group within the majority culture. Because the Waldensians were concentrated in Piedmont, while Muslims in Italy tended to be itinerant individuals rather than established communities, Catholic Italians were more likely to encounter Jews than either of these other groups. Encounters with Jews could take place either in a major city, like Livorno, Florence, Rome, Venice, Bologna, or Ancona, or in any number of smaller cities, towns and even villages across Tuscany, Piedmont, the Veneto, and the Papal States. In northern or central Italy in the early modern period, Jews were more familiar than these other Others, even if a substantial portion of the Catholic population never crossed paths with any of them at all.[22]

Christian Italy's Jewish Mirror

When it came to encountering Others through the idea or representation of them within the majority culture, the position of the Jews was unique thanks to their prominent place in the central narrative of Christianity and the ubiquity of their representation throughout Catholic culture. Historically, Christianity, having originated in the religion of ancient Israel, had had to find a way of resolving the questions implicitly raised by its relation to Jews and Judaism, questions which struck at the very heart of its identity. Because the Jews had not acknowledged the divinity of Jesus, Christianity had to demonstrate that Christians had displaced Jews as the people of God. This task was performed by the theology of supersessionism, which viewed Christians and Christianity not only as coming after the ancient Israelites but as taking their place as the New Israel.[23] Christian

---

[21] Stow explains that the bull "brought together the brunt of past legislation" introduced in the early Middle Ages and "perfected" in the eleventh and twelfth centuries (*Anna and Tranquillo* 117).

[22] This issue also concerns additional minority groups not defined by religion. A scholarly anthology devoted to minority groups — Milner's *At the Margins: Minority Groups in Premodern Italy* — explores this question in considerable depth. The volume adopts an expansive definition of minorities, calling needed attention to people who found themselves at very different kinds of margins. The assembled list — prostitutes, slaves, nuns, foundlings, mountaineers, the elderly, and Jews — appears as striking for what it does not contain as for what it does.

[23] As Alberto Melloni shows in his essay in this volume, Pope John Paul II drew on the authority of the Second Vatican Council (1962–65) to overturn the theology of supersessionism in his speech in the Great Synagogue of Rome (1986).

typologies systematically portrayed the stories of the Hebrew Bible — the Old testament — as attaining their fulfillment in those of the New. The Augustinian concept of the Jewish witness to the Christian truth and the legend of the wandering Jew, symbol of a people punished as "Christ killers," enabled Christian culture to account for the continuing existence of the Jews many centuries after the advent of the new religion. The sumptuary laws and the ghettos served not only to keep the faithful separate and safe from admixture, but also to visibly advance Christian truth-claims.

In the era of the Italian ghettos, the cityscape itself recounted this story. On the eve of Unification, seventy-five percent of the Jewish population inhabited forty-one walled ghettos dispersed throughout the territories of the future state. Almost invariably, the ghettos were located in city centers in close proximity to cathedrals. In tandem, these pairings of the most squalid and the most majestic monument of the city depicted a striking contrast between ill fortune and good or, even worse, divine cursing and providential blessing. Indeed, they made the urban landscape of Italy — as it appears in medieval cathedrals in France, Germany and England — into a vast façade that shows a female figure, *Ecclesia*, the Church, standing straight and tall, adorned by a crown and bearing a staff topped with a cross. Across from her stands *Synagoga*, her beauty a testament to her pre-Christian glory, her bowed stance and covered eyes representing her blindness to Christian truth. The *Ecclesia-Synagoga* pair tells the story of the two Testaments and the story of Israel. On one side, *Synagoga* represents the children of Israel before the birth of Jesus; on the other stands the Church, which now occupies the station of *verus Israel*.

In the Christian pictorial tradition, the ancient *Ecclesia-Synagoga* pair became triumphal only in the late twelfth and thirteenth centuries in response to the migratory influx of Jews whose religious life made an implicit counter-claim to the supersessionist narrative at the heart of Christian theology.[24] Indirectly, the ghettos, too, owed their existence to this medieval Christian world-view and the long arm of the Fourth Lateran Council (1215). As we have seen, however, it was only in the sixteenth to eighteenth centuries that the ghettos were actually created, by the on-again, off-again zealousness of the early modern popes, legislators of the Counter-Reformation. The cathedral-ghetto pairs in Italy, like their *Ecclesia-Synagoga* counterparts, testified unmistakably to the Christian order that was the bedrock of pre-Enlightenment west-European societies. When

---

[24] On the *Ecclesia-Synagoga* pairing in medieval Europe, see the excellent study by Rowe; in relation to this discussion, see 1–3, 15–78 in particular.

this order came under attack, so did the cathedrals and so did the ghettos. The French Revolutionaries assaulted the cathedrals, and the Napoleonic armies abolished the ghettos. The Restoration (1814–1848) reinstituted the ghettos, however, and the modern nation could emerge only once Italy itself had come out of what contemporaries increasingly saw as its own ghetto, which is to say from a world view held over from the Middle Ages.

By separating the Christian community from the Jews walled off within it, the Jewish ghettos reinforced the image of a homogeneous, not pluralist society. Although, outside of Italian geographical areas under Spanish control, the Italian states did not expel the Jews, one of the principal aims of ghettoization — and the House of Catechumens that often accompanied it — was to convert them.[25] From a theological point of view, conversion was superior to expulsion, for it not only assured a homogeneous Christian population; it also neatly confirmed the Christian supersessionist narrative. As a conversionary system, ghettoization largely proved ineffective, however, and a second aim of the ghettos remained critical: to build a wall of impermeability around the community of Catholic faithful. To this end, contacts between Christians and Jews were legally regulated and countless restrictions were placed on the Jews. In practice, rather than ensuring a strict, physical separation, the ghetto, like the *segno ebraico*, did not isolate or identify Jews so much as shame them as the old Israel who refused to accept the Christian claim on the new Israel. During the Counter-Reformation, especially, a Jew did not have to take purposeful action in order to be seen as provoking and offending Christianity and Christian society. It was enough for a Jew to appear as the equal of the Christian, even during Carnival. By making clear in myriad ways the inferior status of the Jew, the ghetto provided a visible structure that *showed* how the Jews were suffering a divine punishment. In this way, the minority population legitimated the norms of the majority within a shared yet adversarial foundation narrative. By the Restoration period, however, as the dream of Italian independence and unification took hold, old-regime Catholic society and Enlightenment ideals for the new nation stood in conflict. For this reason, Italians initially embraced Pius IX, hailed as the "liberal pope." In him resided the means of reconciling the future nation's Catholic identity and its aspiration to form a free and equal national society.

During both the ghetto and liberal periods, the Jews were visibly positioned in society in the mirror of the Catholic order. Yet their role was even more critical.

---

[25] The House of Catechumens (*Casa dei catecumeni*) was an institution established by Pope Paul III in 1543 in Rome, which spread also to other Italian cities, to house Jews or Muslims with the intent to persuade and even force them to convert to Christianity. On the practice of forced baptisms, see Caffiero.

The ghetto served *as* the mirror, first enabling society to perceive correctly its own profoundly Catholic order, and then reflecting the ways in which the nation continually reconceived its identity as a Catholic community within a liberal society. In other national contexts, the idea of seeking to understand the modern nation-state through the prism of its Jewish minority is not without precedent. Ronald Schechter has argued that a small Jewish minority provided the French Enlightenment and Revolutionary thinkers with the perfect test case: "[. . .] if the Jews could improve, a fortiori, anyone could improve" (8). As Maurice Samuels has shown, the defense of a "right to difference" subsequently endured as a hallmark of French universalism in the two centuries that followed. In Italy, however, the universalism that could guarantee a decisive separation between Church and State proved too weak to prevail. Many of the Church's adversaries were hostile or indifferent to Christianity — in Italy as in France and elsewhere in Europe — but the majority of the Italian proponents for Enlightenment-style reforms maintained some level of personal connection to the Catholic religion. They came with a new vision for both Catholicism and the nation. Elements of Christian culture that were once part of the old cathedral-ghetto society coexisted and sometimes vied with the Enlightenment principles that Risorgimento leaders saw as the sole means of creating a pluralistic society.

The New Italy and the Jews
In March 1847 Pius IX eased restrictions on the press in the Papal States; in May Leopold II followed suit in Tuscany. Soon thereafter, a number of liberal newspapers were founded, providing a forum for an unprecedented, free exchange of ideas that exerted considerable influence on public opinion — among the educated classes and even among the illiterate population that gathered in public squares to listen to articles read from them. Despite certain differences among these newspapers — some were more Catholic than others — they advocated the separation of religious and government institutions. As a case in point, on July 2, in the maiden issue of Florence's *La patria*, Raffaello Lambruschini published an editorial entitled "Degli Uffizi del Clero nei presenti tempi," in which he declared that the authority and privileges that would make the Church "uno stato nello stato e sopra lo stato" were irrevocably canceled. Twelve days later, the same newspaper published the first of several letters by Salvatore Anau, a Jewish notable from Ancona, who advocated equal rights for the Jews, including the free exercise of any profession, free and equal access to education, the right to reside where they chose, and an end to the ghettos (7–10).

Presented with an introductory note by Lambruschini (5–6), Anau's letter was the first in a series of articles, letters, and editorials in the Tuscan press in support of universal civil rights for Jews. On July 17 the editors of *L'Italia* announced that "la causa israelitica" would be one of the objectives of the newspaper. When, on September 5, thousands took to the streets to celebrate the newly authorized *Guardia civica* — a body of armed citizens recruited to maintain public order and defend public freedoms — some 300 people entered the ghetto to proclaim their support for Jewish emancipation (Sandoni 17). Three days later an extraordinary event took place: Jews and non-Jews gathered together in one of the ghetto synagogues as part of a *Festa degli Israeliti di Firenze per l'istituzione della Guardia civica*. On September 9 the leadership of the Jewish communities of Livorno and Florence, who were taken by surprise by the rapid development of events, began organizing formal petitions to the Grand Duke for Jewish emancipation. In quick succession and by month's end, *Il corriere livornese*, *L'alba*, *La patria*, and *Il popolo* came out in favor of equal civil rights for Jews.[26] An article in *L'alba* summed up the situation:

> Un gran movimento si opera in Italia per la emancipazione degl'Israeliti: da ogni parte giungono indirizzi e petizioni; dappertutto il popolo dà segni di vivissima simpatia per questi *paria* della società cristiana.
>
> ("Gl'israeliti")

In his memoir Giuseppe Montanelli, founder of *L'Italia* and *triumviro* of Livorno in 1849, observed:

> Acquistarono i giornali toscani dentro e fuori moltissima autorità. Non c'era luoguccio dove qualcuno non ne andasse, e nei giorni di festa le popolazioni, raccolte sulle piazzette dei villaggi, ne ascoltavano la lettura con avidità e raccoglimento. [. . .] La parola del giornalista governava l'opinione, sradicava dagli animi pregiudizii e repugnanze secolari; basta dire che, predicando l'emancipazione israelitica, mosse le plebi livornesi a dare l'amplesso della fratellanza ancora agli ebrei, coi quali prima ce l'avevano a morte.
>
> (296)

In Montanelli's account, the evolution in public opinion regarding the status of Italian Jews provides the singular example of the liberalization of society by means of the newly created press.

---

[26] See: "Emancipazione israelitica"; "Gl'israeliti"; Lambruschini, "Le leggi intorno agli ebrei"; "Petizione per l'emancipazione israelitica"; De' Bardi; Sandoni 19–24.

In October, the Jewish community of Florence began an additional public relations campaign: an appeal to the city to erase the words "ghetto vecchio" and "ghetto nuovo" from the street names of the historic Jewish quarter "perché male si addicono alla moderna Civilizzazione" ("Nazione Isdraelitica" *sic*). In response, the city went a major step further by proposing these names instead of the politically neutral ones suggested by the Jewish community: "Piazza della Emancipazione," "Piazza della Fraternità" "Piazza della Unione," and "Piazza del Risorgimento" ("Variazione di Denominazione"). By November, 9000 Catholics and Jews had signed petitions in Livorno and Florence advocating Jewish emancipation (Sandoni 29). And at the end of December Massimo d'Azeglio, the widely respected Piedmontese nobleman and liberal leader, published in Florence his *Dell'emancipazione civile degl'Israeliti* — a public appeal to Pius IX in Rome — thus bringing the "causa della Rigenerazione israelitica" united with the "causa della Rigenerazione italiana" to a national stage.

D'Azeglio's "Regeneration": A Bridge between Parallel Universes

D'Azeglio was not the only major promoter of the Jewish rights in mid-century Italy, but it was he who made the strongest and most visible case in his long, argumentative essay addressed to the pope.[27] The essay followed in a line of "apologies for the Jews" that had appeared in France and Germany at the end of the eighteenth century. In fact, D'Azeglio's reference to Jewish regeneration echoed the title of the most famous of the French works, the *Essay on the Regeneration of the Jews* by the Abbé Grégoire (1788). D'Azeglio's text mirrored Grégoire's essay by describing the long history of wrongs committed against the Jews within west-European Christian societies. Writing in the present tense D'Azeglio declared: "[. . .] per colpa nostra, sono gli Israeliti ridotti a queste tristi ed abbiette condizioni" (*Dell'emancipazione* 38). Italian Christians, he stressed, had a moral duty to right these wrongs and grant the same freedoms and opportunities to Jews that they themselves enjoyed. For D'Azeglio, as for Grégoire, promotion of the Jewish cause provided another opportunity to redefine Christianity itself as a moral religion rooted in charity and love, in which judgment belongs to God while religious and other freedoms should be guaranteed for all:

> Ognuno di noi, dunque, tenda la mano ai nostri fratelli Israeliti: li ristori de' dolori, dei danni degl'ingiusti scherni che fecero loro soffrire non dirò i

---

[27] The history of the Jewish emancipation movement in Italy is recounted in Luzzatto Voghera, *Il prezzo dell'uguaglianza*.

Cristiani (chè un tale nome non si conviene a chi rinnega o falso il sommo tra i precetti di Cristo, la Carità), ma coloro che avevano e, pel fatto delle riferite persecuzioni, non meritavano il titolo di Cristiani.

(56–57)

Depicting in alarming detail the squalor imposed on the Jews of the Roman ghetto (22–27), D'Azeglio appealed to the pope to liberate the Jews in conformity with Christian ideals. None of these ideas was original, but the appeal circulated widely and it mattered greatly that the views expressed were followed by D'Azeglio's name. What was original, not only in Italy but within western Europe, was the idea that the national cause and the Jewish cause were united.

When used in the context of the campaign for Jewish rights, the concept of regeneration had been vexed from the moment of its introduction on the eve of the French Revolution. In the national competition organized by the Royal Academy of Metz on the question, "Are there means of rendering the Jews happier and more useful in France?" Grégoire, who would become an influential Jacobin leader shortly thereafter, had advocated "regenerating" the Jews: improving them, integrating them within society, and, he hoped, eventually enabling their conversion to Christianity. (In his motion on the floor of the National Assembly, he made no mention of conversion, speaking only about rights.)[28] In contrast, Grégoire's fellow prize-winner, Zalkind Hourwitz, expressed a decidedly different perspective: "Until it is proven that the Jews are truly degenerate, I hardly see the necessity, or even the possibility, of regenerating them" (85; my translation). Despite their divergent views, both Grégoire and Hourwitz addressed regeneration as a specifically Jewish question; that is, as part of a debate about how Jews ought to be treated within predominantly Christian societies and what expectations should be placed on them as they became full and equal members of those societies. Nearly a quarter century later, the merits of a specifically Jewish regeneration were still being debated (Berr).

"Regeneration," however, was hardly *only* a Jewish question. On the contrary, it constituted one of the foremost ideas of the French Revolution, extending well beyond the Jews to the remote corners of revolutionary discourse. Initially referring to the regeneration *of* something — of the administration, the public order, the state, France — it eventually became "a program without limits, at once physical, political, moral, and social, which aimed for nothing less than the creation of a 'new people'" (Ozouf 781). From France, the "trope of

---

[28] On Grégoire's wish to see the Jews convert in the context of his advocacy for the Jews, see Lerner 205–10.

regeneration" crossed into Italy, where, as Silvana Patriarca observes, it "was even more widely used than 'Risorgimento' to refer to the goal of patriotic action." Despite its association with republicanism, even conservative liberals adopted it because it reinforced the idea that Italian character had to be reshaped (*Italian Vices* 50). D'Azeglio frequently employed the term in the broader Italian context, as a means of defining nationhood in societal terms, based on the principles of a liberal society:

> Ogni parola, ogni scritto, ogni atto che servirà a spegnere le ripulsioni tra le classi ed i ceti, tra la cittadinanza e la nobilità, tra il laicato e il sacerdozio; ogni cosa che tenda alla conciliazione degli animi (e ne sono principali origini la giustizia che rispetta l'altrui diritto [...]); ogni cosa che tenda a spegnere una favilla di discordia, è un beneficio alla Causa italiana, è un passo verso la nostra rigenerazione.
>
> (*Proposta d'un programma* 30)

Until D'Azeglio explicitly joined them together, Jewish regeneration and Italian regeneration had thus belonged to separate realms, but they had reflected directly upon one another. Without the national movement, there could be no change for the Jews; without the test case of Jewish emancipation, the Italian program for a liberal society risked becoming more rhetorical than real.

The New Italy's Jewish Mirror

The campaign for Jewish civil rights offered Italian liberals a ready-made image of how modern society could be liberated from the rules and logic of the *ancien régime*. The Jewish cause provided an opportunity to wage an important battle in the campaign against the entrenched powers of theocratic society. In this sense, to see themselves in the Jewish mirror was simple enough, as an editorial in the Florentine newspaper *L'alba* made clear in 1847: "[...] è tempo di sciogliere le catene agli altri se non vogliamo sentire il pondo delle antiche catene" ("Gl'israeliti"). The condition of their Jewish neighbors was a reflection of their own "antiche catene," and by lifting the chains from the Jews they would break the chains of feudal society that bound everyone to the *Sancta res publica christiana* or to any other authoritarian regime.

More powerful than the somewhat hackneyed metaphor of the throwing-off of chains was a new trope that reflected the progressivism of the day: emancipation. As early as the 1820s, the term "emancipation" was used to evoke the liberation and independence of Italy. In the press at mid-century one also finds the term employed in reference to subjects as diverse as Waldensians, women, Catholics in England, Piedmont and the *Statuto Albertino,* and Hungary. Yet the principal association, largely displacing even references to the national cause, was with the Jews. D'Azeglio's use of the term appears as a case in point. In 1846 he referred to the "emancipazione della nostra Penisola" (*Casi di Romagna* 157) and he then repeatedly employed the term in his *Dell'emancipazione civile degl'Israeliti* before it disappeared from his collected political writings.[29]

As long as reform remained dressed in the language of cast-off chains and regeneration, it hewed to the paradigm of the French Revolution. With the trope of emancipation, however, the Italian case diverged from its French model. Whereas any late feudal society could be a candidate for regeneration and liberation from old-regime powers, "emancipation" evoked both the Italian and Italian-Jewish situations in their particularity: emancipation from a foreign occupier; emancipation from discriminatory laws and practices. Even more than "regeneration," the term thus also provided a potent mirror image of the nation and the Jews. Why then, we might ask, did D'Azeglio declare that the cause of Jewish regeneration, and not emancipation, was united with its Italian counterpart? One explanation is that "regeneration" was the more popular concept, but something else was also likely in play. "Emancipation," referring to the liberation of a people, had an epic quality and a familiar set of stories attached to it: those of the ancient Israelites. With the current moment of social justice and political reform, religious beliefs and stereotypes that had taken centuries to evolve would thus converge.

Among the best known and most effective mimetic representations of the Risorgimento are those examples in which Italian patriots, exploiting this parallel emancipation, promoted their cause by clothing themselves in the garb of the ancient Israelites. Two stories in particular from the Old Testament became paradigms for Italian independence and nationhood. The first, the Exodus narrative, which recounted the journey of the Israelites from slavery in Egypt to freedom in the Promised Land and a new society based on the Mosaic Laws, was adopted as a narrative of self-representation by Italian republicans and neo-Guelphists

---

[29] Similarly, in his *Storia d'Italia, dal 1815 al 1850,* Giuseppe La Farina (b. 1815–d. 1863), who had been the editor of the popular Florentine newspaper *L'alba,* cites a typical address to King Charles Albert during the first War of Independence that contains this phrase: "[...] si tratta di emancipazione e d'indipendenza; si tratta del nome italiano" (85). The term "emancipation" then appears three more times in Farina's *Storia d'Italia* to refer to the campaigns on behalf of the Jews (108, 174, 201). An early use of "emancipation" to refer to Italy can be found, for example, in the title that a group of expatriates gave themselves in the 1820s: *Comitato per l'emancipazione italiana* (Isabella, *Risorgimento* 36). After 1859 the term "emancipation" would also be used in relation to medicine (Ceni) and organized labor (see De Felice on Felice Albani's newspaper).

alike. Giuseppe Mazzini cast himself in the role of the new Moses, founder of the nation (186), vying for the role with the pope ("Indirizzo"). The second Old Testament narrative of emancipation proved even more central to the history of the Italian Risorgimento. This was the biblical story of the yearned-for return of the people of Israel from Babylonian captivity to their *patria* in Jerusalem. When Giuseppe Verdi's chorus from *Nabucco*, "Va pensiero," emerged as the signature expression of the longing for Italian nationhood, the image of Italians as exiled Jewish slaves became one of the most familiar metaphors of the Risorgimento.[30]

For a number of years during the late 1840s and 1850s, *Nabucco*, which premiered at La Scala on 9 March 1842, was staged in municipal theaters that stood only a short distance from a Jewish ghetto, just as the movement for Jewish emancipation was garnering broad popular support. One can only wonder what sort of mirroring may have been taking place as theater-going Italian patriots identified with the Moses story and especially with the *ebrei* (Hebrews/Jews) of the Verdian opera. Was theirs an identificatory mirroring? As they saw themselves as Jewish slaves in Babylon, longing for emancipation, did they also identify with the plight of the ghetto Jews down the street? Did they see themselves, on some level, as both Hebrew slaves and ghetto Jews? Was their vision for pluralistic society based in some way on a view of themselves in the garments — literally and metaphorically *nei panni* — of the Jewish vendors of second-hand clothes?[31]

Jews and the Founding Principles of Italian Liberal Society

While it is true that the deep gaze of Christian supersessionism in the pre-Vatican II culture of nineteenth-century Italy did not prevent contemporary Jews from being referred to as the children of Israel and the people of Moses, even the most liberal Catholics viewed their Jewish neighbors as an anachronism at best. With few exceptions, it seems most liberal Catholics assumed, as had the Abbé Grégoire seventy years earlier, that once emancipated, the Jews would eventually convert to Christianity as part of the wave of progress and enlightenment that was engulfing Italy and all of Europe. Massimo D'Azeglio himself, who more effectively than anyone else had turned public opinion in their favor, apparently

---

[30] As Parker has shown, Verdi's chorus did not assume this central role in the national drama beginning with its 1842 première, as had long been assumed (*Arpa d'or* 84), but scholars are generally in agreement that it nonetheless did so sometime between 1848 and 1860. Among other contributions to this debate, see Martin 127 and Parker, "Verdi Politico."

[31] In addition to the quest for emancipation, non-Jewish Italians shared with these Jews, moreover, feelings of shame and humiliation produced by more powerful groups that treated them as inferiors (Patriarca, "A Patriotic Emotion: Shame and the Risorgimento").

did not hold the Jewish religion in high esteem. Lambasting democrats in a pamphlet from 1861, he wrote: "Mi fanno l'effetto degli Ebrei che stanno aspettando il Messia, mentre è 1861 anni che è nato!" (*Questioni urgenti* 19).[32] For his part, Raffaello Lambruschini, the liberal Catholic who launched the debate on Jewish rights by publishing Anau's letter in *La patria,* framed a subsequent pair of letters with a clear statement of belief in supersessionism. He explained that he viewed "il Vecchio Testamento come l'aurora, e il Testamento Nuovo come il sole di quella rivelazione" and found "nella legge nuova il compimento della mosaica, e la ragione e la norma per l'abolizione di prescrizioni e riti mosaici" ("Risposta").

Declarations like these were published by many of the liberal Catholics who campaigned ardently on behalf of the Jews.[33] Unquestionably, they failed to conform to the aspiration articulated by the leader of the Florentine Jews, Beniamino Consolo, on the cusp of the unexpected movement for Jewish emancipation. Speaking in one of the synagogues of the ghetto to an audience of Christians and Jews a few days after hundreds of Christians had entered the Jewish quarter in solidarity with their neighbors, Consolo had declared:

> Questa moderna Civiltà [. . .] nel nostro godimento de' civili diritti ci vuol liberi nelle azioni, negli usi e nell'osservanza della Religione nostra: essa, lontana dall'intentare dispregio o violenza alla fede de' nostri padri, vuol che noi possiamo non più mesti né addolorati, ma con nobile orgoglio annunziarci figli d'Israel.
>
> (*Festa degli Israeliti* 10–11)

Whether the spirit of the modern civilization envisaged by D'Azeglio and his liberal Catholic peers truly contained the wish that emancipated Jews could proclaim themselves children of Israel "con nobile orgoglio," is uncertain. Whether they intended violence toward the Jewish faith probably depended on what defined the term. That some continued to harbor a degree of disdain, or perhaps merely dismissiveness, is indisputable. Despite the euphoria generated by their faith in progress and enlightened reform, it is hard to imagine that it could have

---

[32] In the essay on emancipation D'Azeglio makes this further statement: "A voler ridurre gl'Israeliti ad abbracciar la fede di Cristo, dovevamo, ad esser razionali, porre invece immensa cura onde non potessero tenersi nè offesi nè oltreggiati da noi" (31). The implicit, unexpressed, yet all-inclusive subject ("noi") of the infinitive "voler" which depends on the verb in the first person plural in the imperfect tense ("dovevamo"), and the context — an appeal to the pope to end the ghetto — make it difficult to attribute to D'Azeglio an intent to use emancipation as a means of converting Jews. For a somewhat contrasting interpretation, see Gadi Luzzatto Voghera 106.

[33] For a partial list of these declarations, see Luzzatto Voghera 105–06.

been otherwise. Centuries of anti-Jewish beliefs and prejudices in religious and popular culture could not easily be undone.

Consolo got the other half of his declaration right, however; there was no question that those who promoted this "moderna Civiltà" by lobbying for the Jews intended for the Jews to be absolutely free "nelle azioni, negli usi e nell'osservanza" of their religion. On this crucial point, the principles of the liberal society that these Italians envisaged were unambiguous, and the very individuals who expressed the hope or expectation that emancipated Jews would choose to convert to Christianity were sometimes those who expressed these principles most succinctly:

> [È] degno di libertà solo chi sa concederla.
> (Bardo de' Bardi)

> [D]iamo libertà se vogliamo mostrarci degni di libertà.
> ("Emancipazione israelitica")

And in these words, addressed to the pope in the late spring of 1848 by a group of disillusioned new-Guelph leaders, one could almost wonder which nation — Italian or Jewish — was intended:

> [N]essuno ha dato ad una nazione il diritto di tenere schiava un altra [sic] nazione.
> ("Indirizzo")

In Tuscany, in particular, the history of Jewish emancipation reads much like that of modern Italy in general: as a series of dramatic reversals. Tuscan Jews received universal civil rights equal to those of Catholics in February 1848. They then lost them in 1852 in negotiations between the government of Leopold II and that of Pius IX (Martina 227–60). With Unification, those rights would be restored, and with the Racial Laws of 1938 they would be lost. The campaign for Jewish emancipation in 1847 and 1848, however, ought to be viewed as laying an enduring foundation, in principle, for liberal society in modern Italy. That the advocates for the free and equal membership of Jews in society did not identify with the Jews illustrates their principles better than if they had. As Patriarca has aptly observed, for D'Azeglio the question "was not one of 'making Italians' in the sense of making them culturally homogeneous so that they would recognize their common Italianness," but rather of "regenerating them to make them worthy members of their new *patria*" (*Italian Vices* 52). The aspiration to form a united and independent nation was indistinguishable from the commitment to create a liberal society within it.

To welcome Jews as equal members of society was to undo the *Sancta res publica christiana*, not because Catholic Italians could identify with Jews, but because they could not. In this way, a distinction was created between the free, pluralist society that they sought and the discrete communities within it, including their own. It was in this sense, that of the principled foundation of a liberal society, that the cause of Jewish regeneration was united with that of Italian regeneration. D'Azeglio and his peers were the precursors of all those who, in recent decades, have set out to disprove the idea that Italian society is homogeneous rather than pluralist. He and his peers laid the intellectual foundation for a pluralist society that was brutally betrayed by the Racial Laws of 1938 and their aftermath and that has come under renewed attack with the rise in popularity of anti-migrant and anti-European views.

Franklin and Marshall College

Works Cited

Anau, Salvatore. *Della emancipazione degli ebrei. Lettere.* n.p. [1847].

Anderson, Benedict. *Imagined Communities: Reflections on the Origin and Spread of Nationalism.*1983. Rev. ed. London: Verso, 2006.

Ascione, Marco. "Vittadini (Cl): "I 5 Stelle assenti al Meeting? Con noi non vogliono parlare." *Il corriere della sera.* August 16 2018. https://www.corriere.it/politica/18_agosto_17/vittadini-cl-5-stelle-assenti-meeting-noi-non-vogliono-parlare-03d6e8d4-a18c-11e8-b0c1–5746f5751ec2_print.html

Baldini, Anna. "Primo Levi and the Italian Memory of the Shoah." *Issues in Contemporary Jewish History. Journal of Fondazione CDEC.* Ed. Quest Editorial Staff. *Quest* n. 7 July 2014. http://www.quest-cdecjournal.it/focus.php?id=361#_ftnref15

Banti, Alberto Maria. *La nazione del Risorgimento. Parentela, santità e onore alle origini dell'Italiaunita.* Torino: Einaudi, 2000.

———. *L'onore della nazione. Identità sessuali e violenza nel nazionalismo europeo dal XVIII secolo alla grande guerra.* Torino: Einaudi, 2005.

———. *Sublime madre nostra. La nazione italiana dal Risorgimento al Fascismo.* Roma: Laterza, 2011.

De' Bardi, Bardo [Leopoldo Cempini]. "Della emancipazione israelitica." *La rivista di Firenze* (28 September 1847): 1–2.

Berr, Berr-Isaac. "Réflexions sur la régénération complète des Juifs en France." 1806. Vol. 8 of *La Révolution française et l'émancipation des Juifs*. 8 vols. Paris: EDHIS, 1968.

Borutta, Manuel. "Culture Wars in Risorgimento Italy." Patriarca and Riall 191–213.

Bouchard, Norma. "'Which and Whose Italy?': Responding to Paul Ginsborg's *Salviamo l'Italia*." *California Italian Studies* 3.2 (2012): 1–8.

Caffiero, Marina. *Forced Baptisms: Histories of Jews, Christians and Converts in Papal Rome*. Trans. Lydia G. Cochrane. Berkeley: U of California P, 2012.

Calimani, Riccardo. *Storia degli ebrei italiani*. 3 vols. Vol. 1. Milano: Mondadori, 2013.

Carter, Nick. "Rethinking the Italian Liberal State." *Bulletin of Italian Politics* 3.2 (2011): 225–45.

Cassano, Franco. 1996. *Il pensiero meridiano*. Roma: Laterza, 2005.

Cassen, Flora. *Marking the Jews in Renaissance Italy: Politics, Religion, and the Power of Symbols*. Cambridge: Cambridge UP, 2017.

"La causa israelitica." *L'Italia*. [Firenze] 17 luglio 1847: 20.

Ceni, Antonio. *Sull'influenza dell'emancipazione italiana al progresso delle mediche discipline*. Pavia, 1859.

Croce, Benedetto. *A History of Italy: 1871–1915*. Oxford: Clarendon P, 1929.

D'Azeglio, Massimo. *Ettore Fieramosca ossia la disfida di Barletta*. Firenze, 1833.

———. *Degli ultimi casi di Romagna*. Canton Ticino, 1846.

———. *Dell'emancipazione civile degl'Israeliti*. Firenze: Felice Le Monnier, 1848.

———. *I lutti di Lombardia*. Firenze: Felice Le Monnier, 1848.

———. *I miei ricordi*. Firenze: G. Barbèra, 1867.

———. *Proposta d'un programma per l'opinione nazionale italiana*. Firenze: Felice Le Monnier, 1847.

———. *Questioni urgenti*. Firenze: G. Barbèra, 1861.

De Felice, Renzo. "Albani, Felice." *Dizionario biografico degli italiani*. Vol. 1 (1960). http://www.treccani.it/enciclopedia/felice-albani_(Dizionario-Biografico)/

Dickie, John. *Darkest Italy: The Nation and Stereotypes of the Mezzogiorno, 1860–1900*. New York: Palgrave Macmillan, 1999.

"Emancipazione israelitica." *L'alba*. [Firenze] 13 September 1847: 158.

Ferrara degli Uberti, Carlotta. *Fare gli ebrei italiani. Autorappresentazioni di una minoranza (1861–1918)*. Bologna: Il Mulino, 2011.

———. *Making Italian Jews: Family, Gender, Religion and the Nation, 1861–1918*. London: Palgrave Macmillan, 2017.

Festa degl'Israeliti di Firenze per la istituzione della Guardia nazionale. [Firenze, 1847.]

Fiore, Teresa. *Pre-Occupied Spaces: Remapping Italy's Transnational Migrations and Colonial Legacies.* New York: Fordham UP, 2017.

Forgacs, David. *Italy's Margins: Social Exclusion and Nation Formation Since 1861.* Cambridge: Cambridge UP, 2014.

Gabaccia, Donna R. *Italy's Many Diasporas.* London: UCL P, 2000.

Galante Garrone, Alessandro. "Risorgimento denigrato: Ritornano gli sconfitti dalla storia." *La stampa.* Torino. 27 settembre 2000: 1.

———. "La morale laica." 2000. Rpt. *La repubblica.it.* http://www.repubblica.it/2003/j/sezioni/spettacoli_e_cultura/galantegarrone/micro/micro.html

Gentile, Giovanni. "Manifesto degli intellettuali italiani." *Il popolo d'Italia.* 2 April 1925: 1.

Ginsborg, Paul. *Salviamo l'Italia.* Torino: Einaudi, 2010.

Gioberti, Vincenzo. *Del primato morale e civile degli Italiani.* Brusselle: Meline, Cans, 1843.

"Gl'israeliti." *L'alba* [Firenze] 20 September 1847: 170.

Grégoire, Henri. *Essai sur la régénération physique, morale et politique des Juifs.* Metz, 1789.

———. "Motion en faveur des Juifs." *L'Abbé Grégoire, évêque des Lumières.* Ed. Frank Paul Bowman. Paris: France-Empire, 1988. 21–43.

Hom, Stephanie Malia. "On the Origins of Making Italy: Massimo D'Azeglio and 'Fatta l'Italia, bisogna fare gli Italiani.'" *Italian Culture* 31.1 (2013): 1–16.

Hourwitz, Zalkind. *Apologie des Juifs en réponse à la question; "Est-il des moyens de rendre les Juifs plus heureux et plus utiles en France?"* Paris, 1789.

"Indirizzo dei Rappresentanti degli Stati Italiani [a Sua Santità Pio IX]." *La rivista di Firenze* 10 May, 1848: 174.

Isabella, Maurizio. "Emotions, Rationality and Political Intentionality in Patriotic Discourse." *Nations and Nationalism* 15.3 (2009): 427–33.

———. *Risorgimento in Exile: Italian Émigrés and the Liberal International in the Post-Napoleonic Era.* Oxford: Oxford UP, 2009.

Kertzer, David. *The Pope and Mussolini: The Secret History of Pius XI and the Rise of Fascism in Europe.* New York: Random House, 2014.

La Farina, Giuseppe. *Storia d'Italia dal 1815 al 1850.* Sec. ed. Vol. 2. Milano: Casa ed. ital. Guigoni, 1861.

Lambruschini, Raffaello. *Carteggio Lambruschini-Vieusseux*. 6 vols. Vol 5. Ed. Veronica Gabrielli. Firenze: Fondazione Spadolini Nuova Antologia Le Monnier, 2000.

———. "Degli Uffizi del Clero nei presenti tempi." *La patria*. [Firenze] 2 July 1847.

———. "Le leggi intorno agli Ebrei" *La patria* [Firenze] 22 September 1847: 174.

———. "Risposta." "All'egregio dott. Grillenzoni"; "Al sig. M. Fano" di Salvatore Anau. *La patria*. [Firenze] 12 October 1847.

Lerner, Lawrence Scott. "Beyond Grégoire: A Third Discourse on Jews and the French." *Modern Judaism* 21.3 (2001): 199–215.

Lombardi-Diop, Cristina, and Caterina Romeo. *Postcolonial Italy: Challenging National Homogeneity*. New York: Palgrave Macmillan, 2012.

Luzzatto Voghera, Gadi. *Il prezzo dell'uguaglianza. Il dibattito sull'emancipazione degli ebrei in Italia (1781–1848)*. Milano: FrancoAngeli, 1998.

———. "'Primavera dei popoli' ed emancipazione ebraica: due lettere dell'aprile 1848." *Rassegna mensile di Israel* 64:1 (1998): 83–86.

Mack Smith, Denis. *Italy: A Modern History*. Ann Arbor: U Michigan P, 1973.

Malik, Kenan. "The Failure of Multiculturalism: Community Versus Society in Europe." *Foreign Affairs* 94.2 (2015): 21–32.

Martin, George Whitney. "Verdi, Politics, and 'Va pensiero': The Scholars Squabble."*Opera Quarterly* 21.1 (2005): 109–32.

Martina, Giacomo. *Pio IX e Leopoldo II*. Roma: Pontificia U Gregoriana, 1967.

Mazzini, Giuseppe. "D'alcune cause che impedirono finora lo sviluppo della libertà in Italia." *Scritti politici editi ed inediti di Giuseppe Mazzini*. Vol. 1. Imola: Galeati, 1907. 147–221.

"Meeting Cardini a Montanelli: non odiamo Garibaldi." http://www1.adnkronos.com/Archivio/AdnAgenzia/2000/08/24/Politica/MEETING-CARDINI-A-MONTANELLI-NON-ODIAMO-GARIBALDI_115700.php

Milner, Stephen J., ed. *At the Margins: Minority Groups in Premodern Italy*. Minneapolis: U of Minnesota P, 2005.

Moe, Nelson. *The View from Vesuvius: Italian Culture and the Southern Question*. Berkeley: U of California P, 2002.

Montanelli, Giuseppe. *Memorie Sull'Italia e Specialmente Sulla Toscana dal 1814 al 1850*. 2 vols. Sec. ed. Vol 1. Torino, 1853.

Montanelli, Indro. "La resurrezione del 'buon italiano.'" *Il corriere della sera* 13 September 2000: 1.

Morgan, Edmund S. "The Whirlwind." Review of *Alexander Hamilton* by Ron Chernow. *The New York Review of Books*. 23 Sept. 2004: 34–37.

Mozzarelli, Cesare. "L'Italia laica si è desta, ma si dia una calmata." https://dipartimenti.unicatt.it/storia-moderna-2000-l-italia-laica-s-e-desta-ma-si-dia-unacalmata

"Nazione Isdraelitica. Domanda di cancellazione dei Cartelli di varie denominazioni di piazze etc., cioè di Ghetto Vecchio etc., ammessa sotto condizione." *Archivio storico del Comune di Firenze*. 22 October 1847. CA 55, p. 620.

Ozouf, Mona. "Regeneration." *A Critical Dictionary of the French Revolution*. Ed. François Furet and Mona Ozouf. Trans Arthur Goldhammer. Cambridge, Mass: Harvard UP, 1989. 781–90.

Parati, Graziella. *Mediterranean Crossroads: Migration Literature in Italy*. Madison, NJ: Fairleigh Dickinson UP, 1999.

Parker, Roger. *Arpa d'or dei fatidici vati: The Verdian Patriotic Chorus in the 1840s*. Parma: Istituto Nazionale di Studi Verdiani, 1997.

———. "Verdi Politico: A Wounded Cliché Regroups." *Journal of Modern Italian Studies* 17.4 (2012): 427–36.

Patriarca, Silvana. *Italian Vices: Nation and Character from the Risorgimento to the Republic*. Cambridge: Cambridge UP, 2010.

———. "A Patriotic Emotion: Shame and the Risorgimento." Patriarca and Riall 134–51.

———, and Lucy Riall, eds. *The Risorgimento Revisited: Nationalism and Culture in Nineteenth-Century Italy*." New York: Palgrave Macmillan, 2012.

"Petizione per l'emancipazione israelitica" *L'Italia* [Firenze]18 September 1847: 60.

Pio IX. "Allocuzione *Non Semel* (29 aprile 1848)." https://w2.vatican.va/content/pius-ix/it/documents/allocuzione-non-semel-29-aprile-1848.html

Riall, Lucy. "Progress and Compromise in Liberal Italy." *Historical Journal* 38.1 (1995): 205–13.

"Risorgimento: scrittori e storici laici contro revisionismo cattolico. Manifesto firmato da Galante Garrone, Consolo, Luzzatto, Stajano." http://www1.adnkronos.com/Archivio/AdnAgenzia/2000/09/26/Cultura/RISORGIMENTO-SCRITTORI-E-STORICI-LAICI-CONTRO-REVISIONISMO-CATTOLICO_170900.php

Romanelli, Raffaele. "Martini, Ferdinando." *Dizionario bibliografico degli Italiani*. 71 (2008). http://www.treccani.it/enciclopedia/ferdinando-martini_(Dizionario Biografico)/

Rowe, Nina. *The Jew, the Cathedral, and the Medieval City: Synagoga and Ecclesia in the Thirteenth Century.* Cambridge: Cambridge UP, 2011.

Saitta, Armando. *Alle origini del Risorgimento: i testi di un "celebre" concorso (1796).* 3 vols. Roma: Istituto Storico Italiano, 1964.

Salvemini, Gaetano. "Introductory Essay." Salomone xiii–xxii.

Samuels, Maurice. *The Right to Difference: French Universalism and the Jews.* Chicago: U Chicago P, 2016.

Sandoni, Luca. "Dai privilegi all'uguaglianza, andata e ritorno. Le "Università Israelitiche" toscane e l'effimera emancipazione quarantottesca (1847–1852)." *Annali della Scuola Normale Superiore di Pisa. Classe di Lettere e Filosofia.* 5.1 (2013): 5–47.

Salomone, William. *Italy in the Giolittian Era: Italian Democracy in the Making, 1900–1914.* Philadelphia: U of Penn P, 1960.

Scalfari, Eugenio. "I briganti benedetti dai ciellini." *La repubblica.* 23 August 2000: 1.

Schechter, Ronald. *Obstinate Hebrews: Representations of Jews in France, 1715–1815.* Berkeley: U of California P, 2003.

Siegmund, Stephanie Beth. *The Medici State and the Ghetto of Florence: The Construction of an Early Modern Jewish Community.* Stanford: Stanford UP, 2006.

Soldani, Simonetta, and Gabriele Turi, eds. *Fare gli Italiani: scuola e cultura nell'Italia contemporanea.* Bologna: Il Mulino, 1993.

Spackman, Barbara. "Italiani DOC? Passing and Posing from Giovanni Finati to Amara Lakhous." *California Italian Studies* 2.1 (2011). https://escholarship.org/uc/item/9tp6d268.

Stow, Kenneth. *Anna and Tranquillo: Catholic Anxiety and Jewish Protest in the Age of Revolutions.* New Haven: Yale UP, 2016.

———. *Catholic Thought and Jewish Papal Policy, 1555–1593.* New York: JTS, 1977.

"Variazione di Denominazione ad alcune Piazze e Strade dette Ghetto Nuovo e Vecchio." *Archivio storico del Comune di Firenze.* 13 April 1848. CA 56, 181–85.

Vauchez, André. *The Spirituality of the Medieval West: From the Eighth to the Twelfth Century.* Trans. Colette Friedlander. Kalamazoo: Cistercian Publications, 1993.

Sara Airoldi

Liberalism, Zionism, and Fascism: Alfonso Pacifici's "Ebraismo integrale"

Abstract: This article presents and analyzes the evolution of Alfonso Pacifici's "ebraismo integrale" between the mid-1920s and 1934. Pacifici (1889–1983), the early 20th century mastermind of cultural Zionism in Italy, conceived "ebraismo integrale" as a practical religious, cultural and political program for re-engaging secular Italian Jews with a renewed religious orthodoxy and Jewish nationalism. The ideology was conceived and spread among Italian Jews during the last decades of the liberal age, the period of Italian history between 1861 and 1922, during which Jews integrated into the fabric of Italian society and politics. However, since "ebraismo integrale" drew on hierarchical, antidemocratic principles, Pacifici initially viewed Fascism as a compatible ideology, and he strongly endorsed the 1929 Lateran Treaty, which ratified the function of religion as a nation-building tool. Ultimately, Pacifici and the Zionists were charged with "dual loyalty" by the Fascist press. In response, Pacifici defended "ebraismo integrale" and Zionism by specifying that Judaism bestowed on the Jews their identity as a people beyond and before their citizenship in the nation-state.

Key words: Alfonso Pacifici, Zionism, Fascism, Nationalism, Liberalism, Jewish identity.

Preamble

Zionism is a fascinating lens through which to observe the dynamics of the shaping and reshaping of Jewish identity in early 20th-century Italy. By reframing Jewishness as an ethno-national heritage, the nascent Jewish nationalism of the period sought a new paradigm of Jewish self-understanding that legitimated Jewish particularism while maintaining a distinct Italian identity.

In this study I will discuss the nature of Italian Jewish identity as articulated by Alfonso Pacifici, mastermind of the Jewish cultural renaissance in Italy in the first three decades of the 20th century (Airoldi; A. Piattelli, "Repertorio biografico" 225–26). I will analyze the evolution of his thought between the mid-1920s and 1934 with the objective of showing how the model of Jewish identity he conceived — while not void of ideological contradictions and paradoxes — was both supported and deeply challenged by the changes in the socio-political context brought about by Fascism.

Pacifici's understanding of Jewish identity rested on the combination of ethnicity and citizenship. The former designated the belonging of the Jewish people, defined by shared cultural heritage, religious affiliation and common history. The latter described simultaneously a political construct and a cultural experience which, historically, linked the Jews to the Italian motherland. At first, Fascism's integrated notion of ethnicity and citizenship corroborated Pacifici's ideas, but eventually led to the exclusion of the Jews, and other religious minorities, from complete participation in the life of the nation.

The first section of this article focuses on Pacifici's "ebraismo integrale," an ideology and a cultural project aimed at countering Jewish secularization with the restoration of traditional Judaism. This proposed model of Jewish identity demanded a deep commitment to Jewish religiosity while preserving patriotism and the integration of the Jews into the fabric of Italian culture and history.

The second section discusses the ambivalent intellectual relationship between Pacifici's "ebraismo integrale" and Fascist ideology. On the one hand, the authoritarian model appealed to him for its traditionalism, its spiritual idea of the nation and its apparent correspondence with the ideology behind "ebraismo integrale." On the other hand, Pacifici considered Fascist totalitarianism undeniably incompatible with "ebraismo integrale" because it imposed an ethno-religious and racist nationalism which excluded *a priori* any alternative form of national identity within the State.

The third section of the article discusses Pacifici's response to the Lateran treaty in 1929. Pacifici claimed that by centralizing religion as a fundamental element of national cohesion, the treaty overcame the secularism, individual freedom, liberty, and equality so characteristic of the liberal age, all of which had undermined Jewish religious practice. However, Pacifici also acknowledged that the Lateran Treaty strengthened the hegemony of the totalitarian state, resulting in a drastic reduction of the independence that had benefited religious minorities. It was the liberal state that freed Jews from the ghettos and gave Judaism a legal status equal to Catholicism. This ambivalent stance on liberalism reflects the hybrid identity of Alfonso Pacifici, both and simultaneously an Italian and a Zionist Jew. As an Italian Jew, he admired liberalism *for* its secularism, which he considered the necessary condition for Jewish emancipation. And yet, as a religious Zionist, he criticized liberalism *because of* its secularism, which he viewed as one of the main catalysts of Jewish assimilation.

The radicalization of the Fascist totalitarianism in the 1930s, together with Pacifici's growing commitment to Zionism, led him to a refashioning of "ebraismo integrale," which I explore in the final section of the article. When Fascist propaganda provocatively challenged Italian Jews to choose between their Italian identity and their Zionism, Pacifici defined Zionism as an extra-political phenomenon which concerned Jewish existence as a whole and bestowed on the Jews their identity as a people, beyond and before any other experience of belonging, including that offered by the nation-state. In this perspective, Jewish identity was an all-encompassing condition that determined the point of departure for every action — religious, cultural, and political. In issuing this statement, Pacifici addressed the Fascist charge of "dual loyalty" by reasserting his paradigm for Jewish identity, specifically for the Italian Jews who did not emigrate to Palestine, a paradigm which still combined Jewish belonging with Italian patriotism.

"Ebraismo integrale" in a Historical Context

Alfonso Pacifici was born in 1889 into a middle-class, assimilated Jewish family from Pisa. He (re)discovered Judaism almost by chance during high school (Pacifici, *La nostra sintesi* 76), and, from that moment on, he was committed to a project of Jewish cultural and spiritual renaissance through Zionism. His approach was so radical and thorough that he came to embody a model of orthodoxy that was rare in Italy, making him a unique figure in Italian Jewry.

At the beginning of the century, he studied at the Faculty of Law of Pisa and, simultaneously, he attended the Rabbinical College of Florence, where he received a traditional Jewish education that encompassed the Bible, Jewish history, and Talmudic Law. In 1915, he concluded his religious studies and was appointed *maskil* (A. Piattelli, "Repertorio biografico" 225), an honorific title meaning "scholar," which was originally used to refer to those individuals who adhered to the Jewish Enlightenment movement (the *Haskalah*) and who sought to restore Judaism in modern society. The following year, Pacifici served as a military rabbi providing spiritual assistance and religious services to the Jewish soldiers fighting in WWI (Pacifici, "Verso il nostro domani"), and, together with Dante Lattes, another pivotal figure of Italian Zionism, he founded *Israel*, a weekly magazine of Jewish and Zionist culture that soon became Italian Jewry's official voice (V. Piattelli 36–43).

In 1910 Pacifici wrote his famous book-length essay, *La nostra sintesi-programma*, which conveys the fundamental tenets of his ideology and the cornerstones of his model of Jewish identity.[1] In the book, he blamed assimilation not only for detaching Jews from their heritage but also for leading them to understand and to experience Judaism through categories such as "religion" and "nation" borrowed from the culture of the surrounding society (39). Judaism, he claimed, is a unique and incomparable historical phenomenon, which can be comprehended and put into practice only through the Jewish principle of *nafshenu*, which means "our soul." The concept belongs exclusively to Judaism and designates the particular relationship of responsibility that links the individual to the collective. Accordingly, the survival of the Jewish people relies on each person's fulfilment of religious practices and familiarity with Jewish tradition (158–59).

The only way to secure the existence of the Jewish people, therefore, was to counter assimilation with Pacifici's notion of integral Judaism, or "ebraismo integrale," an ideology and a tangible operational project aimed at bringing Judaism back into contemporary life (Pacifici, "Per un classicismo ebraico"). For Pacifici, the way to make Judaism a decisive factor of identity was not through "reform," which demanded the adjustment of the Jewish millennial heritage to modernity, but through "restoration," which, on the contrary, entailed the meticulous observance of all ritual practices and a solid understanding of Talmudic Law.

Establishing an orthodox paradigm of identity, one very similar to that proposed by the international religious Zionist party of Agudat Israel (Mittelman 93–141), was extremely problematic and challenging in Italy, where Zionism was a minority movement and where Jews, as a result of the integration into the nation, were deeply secularized (Cavaglion 377–92; Del Canuto; Della Seta 1323–29).[2] In November 1924, the legendary Jewish Youth Congress took place in Livorno, where two entangled issues were addressed: the meaning of Jewish belonging in modernity and the function of Zionism for Italian Jews (Astrologo and Del Canuto 339–47; Bidussa 245–48; Toscano, *Ebraismo e antisemitismo* 99–107). Alfonso Pacifici opened the meeting with a lecture entitled, like his famous essay, "La nostra sintesi-programma," during which he invited the

---

[1] Pacifici's essay was written and printed for the first time in 1910. However, it reached a wider audience only in the second half of the 1950s, when Pacifici, then settled in Jerusalem, conceived a book series, titled *Israel Segullà: cinquant'anni intorno a un'idea*, to re-edit all his most important essays and books. The book *La nostra sintesi-programma* was republished in 1955. The quotations in this present article are taken from the 1955 edition.

[2] Agudat Israel is an ultra-Orthodox political party in Israel. It was founded in Katowiz (now Katowice, Poland) in 1912 to represent observant Jews who did not identify with the Zionist movement. It was intended to serve as a political tool to preserve ultra-Orthodox customs, both in the Diaspora and in the land of Israel, and to protect the observant lifestyle from modernity, secularism, and Zionism.

participants to ask themselves two questions: "Who are we?" and "How shall we act?"

The answer to the first question, he argued, could be only: "Jews." Historically, Jews had forgotten the specificity of their belonging, that is, the fact of being simultaneously both depositories and harbingers of the fate of all Jewish people. Instead, they had identified themselves with such secular values as "la dea Natura, la dea Necessità, il dio Progresso, la dea Ragione e la dea Nazionalità," which constituted the legacy of all humankind. In contrast, he maintained, there was only one principle that belonged exclusively to Judaism that could dictate the system of belief and determine the actions of the Jews within the world: *Torah*, that is, the teachings contained in the Hebrew Bible. To fulfill their identity, therefore, Jews should transform Judaism into an integral part of their life and consecrate their existences to religiosity ("La nostra sintesi" 2–3).

By positing Judaism as an exclusive and all-encompassing experience and sphere of belonging, the ideology of "ebraismo integrale" seemed to pose a theoretical challenge to Italian Jewry's post-emancipation paradigm of identity, based on the deep identification of the Jews with the Italian nation and on the preservation of Jewish heritage, as Hughes writes, as a form of a "residual ethnic consciousness" (151).[3] Pacifici confronted the issue and removed all doubt: the commitment to "ebraismo integrale" did not make the Jews less Italian; on the contrary, it would make them better citizens because Judaism was a reservoir of universal principles that complemented their ongoing patriotic devotion, making them loyal citizens of the Italian homeland.

Two Forms of "Integralism": From Congruence to Conflict

Pacifici's pattern of Jewish identity, which encompassed the national and the ethnic aspect, found fertile ground during the Liberal age, that is, at a time when the pivotal values of nationalism were those of individual freedom and the rigid separation between the State and the Church.

However, the situation changed drastically not too many years after WWI. After its rise to power in 1922, Fascism overturned the liberal nationalist paradigm and replaced it with a form of organicist nationalism, based on an understanding of national belonging as a primordial attachment stemming from such

---

[3] The past twenty years witnessed a major shift in Italian scholarship on Italian Jewry. The narrative of a linear path towards emancipation was replaced by a new understanding, which emphasizes the multifaceted nature of the process of negotiating a new national identity. Important studies which stress the complex struggle over how to combine Italian citizenship with the retention of Jewish identity are Ferrara degli Uberti 169–233, Toscano, "Risorgimento ed ebrei" 59–70, and Pavan and Schwarz 20–21.

elements as kin, blood and customs. The foundational political values of this form of nationalism — the myth of the State, the absolute supremacy of the Italian nation, and, from 1929, Catholicism — were all fundamental changes bound to affect Jews, as scholars like Sarfatti point out. The change in the dominant political ideology brought to the fore an analytical and historical question about the fate of "ebraismo integrale" under Fascism. Pacifici's conception of Judaism as an all-embracing system conflicted with the very essence of totalitarianism, which, by definition, could not and did not allow for any alternative form of nationalism or ethnic identity.

This tension can be understood as a clash between two conceptual systems that might appear contradictory but were ultimately very similar, not simply at a lofty discursive level, but also at the deeper ideological level. However, it would be inappropriate and historically erroneous to consider "ebraismo integrale" as a Jewish adaptation or a translation of Fascist ideology, not only because Pacifici had conceived "ebraismo integrale" long before the raise of Fascism, but also because his approach towards Fascist ideology was subtler than a mere intellectual appropriation. Indeed, he adopted some of the *topoi* of Fascist discourse, emptied them of their original significance, and adjusted them to the purposes of a Jewish nationalist narrative. One could argue that this process of "cultural appropriation" and redefinition patently contradicted Pacifici's idea of the uniqueness of Judaism. However, a close look at the evolution of his thought in the second half of the 1920s shows that a certain osmosis was quite inevitable. It was Pacifici himself who defined his conception of Judaism as "profondamente e radicalmente antidemocratica" ("E uno sguardo più generale"). He thought that Fascist ideology offered a suitable conceptual reservoir to articulate this preference for top-down hierarchy because, ultimately, the embodiment of an absolute paradigm of national identity was at stake in both systems.

In October 1925 Alfonso Pacifici took part in the Congress of the Jewish Communities of Italy with a lecture on the role of the Jewish community in modernity. After the Jews' emancipation, which took place with Italy's unification, he claimed, the focus of Jewish life had been the secular world; consequently, Jewish communities had lost their role as social and cultural aggregators and had thus become mere institutional bodies devoid of authority. The only possibility for the realization of a Jewish renaissance was through the restoration of the Jewish community to its antique function of *nazione ebrea* — the representative body of *all* of the Jewish people within a given territory. To achieve the goal, he wrote, the community should be granted such an extended executive and legislative power that più nulla di ebraico le rimanga estraneo, ma tutto, istituzioni di cultura, problemi di cultura, problemi spirituali, correnti, tendenze [...] trovi nella comunità la sua espressione e il suo campo di esplicazione.

("Il V congresso delle comunità israelitiche")

This statement echoes Gentile's slogan "tutto nello Stato e niente al di fuori dello Stato"—"everything within the State and nothing outside of the State" (23)—which synthesized the Fascist theory of the State as a universal body supervising every aspect of national life. This discursive affinity does not make Pacifici a supporter of the myth of the State, which, on the contrary, he had always rejected as a possible solution to the "Jewish Question" because, historically, Jews had proved to be a people without a state (Pacifici, *La questione nazionale* 29–32). The similarity, rather, epitomizes the mechanism of appropriation of a category of thought which best suited Pacifici's conviction that the community should be the space where Jewish nationality was articulated.

According to Pacifici, to fulfill such a goal the administration and organization of the community should be delegated to the rabbi, who was the embodiment of "ebraismo integrale" and could supervise all the institutions in the name of Judaism (Pacifici, "Gli insegnamenti di un episodio" 3–4). The authoritative model to which the rabbi should aspire, Pacifici affirmed publicly, was that of the *podestà* ("Podestà se maestro" 6); that is, the authoritarian mayor endowed with full executive and legislative power which the Fascist regime created in 1926 to replace the system of democratically elected town councils. At the beginning of 1927, Italian Jewry contemplated the possibility of introducing the *podestà* figure as the head of the Jewish communities, and had, in Alfonso Pacifici, one of its most supportive proponents.[4] The Italian Jews adjusting to the Fascist authoritarian system, in his view, would trigger the realization of "ebraismo integrale" in two fundamental ways: on the one hand, by endowing with undivided authority the rabbi, who was the herald of *Torah*; and, on the other hand, by depriving the masses, constituted by assimilated Jews, of decision-making power.

The Fascist regime kept Pacifici under constant observation because of his Jewish nationalist ideology and, in the spring of 1927, a clash between the two "integral" ideologies erupted. In March, Pacifici met in Florence with Aimé Pallière, president of the World Union of Jewish Youth, to discuss a plan for cooperation between the Italian and the French branches of the movement.

---

[4] Memorandum of the meeting of the board of the Union of the Jewish Community of Italy, 9 January, 1927, Archivio dell'Unione delle Comunità Ebraiche Italiane (hereafter AUCEI), Box 1, Folder "Comitato 1927."

The Fascist newspaper *La tribuna* fueled a controversy, remarking that such meetings proved that the Jews were devoted to an international organization plotting against the Italian nation ("In margine" 2) The Jewish community of Florence, guided at that time by a Fascist board, dissociated itself from Pacifici and reaffirmed the faithful patriotism that linked Florentine Jews to the regime (Toscano, *Ebraismo e antisemitismo in Italia* 166–68).

Pacifici addressed his response mainly to the Jews of Florence because he considered their formal detachment from Zionism and Judaism more serious and deplorable than the diatribes of the Fascist newspaper. His reaction was at once precautionary and fierce: he articulated a paradigm of identity that confirmed the affection of the Jews for the Italian motherland and simultaneously valued and differentiated the Jews' own national specificity. The members of the board, Pacifici explained, committed the pitiful mistake of denying their commitment to the project of "ebraismo integrale" to emphasize instead a belonging to the Italian nation in which nobody trusts them ("in cui nessuno li crede"). This act of self-annihilation, he continued, was futile for two fundamental reasons: first of all, because "ebraismo integrale" and "il più acceso nazionalismo italiano" were similar ideologies, as they were both centered on the idea of nation and had antiquity as a cultural element that legitimized their ideological claims. Secondly, Jewish belonging was innate and, as such, unquestionable and incontrovertible. It stemmed from the perennial process of self-identification with a heritage and history that could not be stopped, substituted for, or even influenced by any other experience of identity. Jews, therefore, had to acknowledge living in two different, yet not conflicting, existential dimensions: that of citizenship, which made them faithful subjects and thus excellent citizens of the state ("egregi cittadini dello stato"), and that of ethnic nationality, which made each Jew simultaneously a descendant and an ancestor of the Jewish people (Pacifici, "Biur chamez" 1).

Pacifici's stance was met by Italian Jewry with a high degree of skepticism, and the contrast was highlighted in 1928 when the community of Florence decided to commemorate the tenth anniversary of the end of WWI by placing a plaque in memory of the Jewish soldiers from Florence who had perished "per la grandezza della patria che per noi è l'Italia" (Nahon 241–42). As a response, Pacifici noticed that eight years before, in 1920, the community had already affixed a similar plaque to honor those Jewish Italian citizens who "sacrarono il loro sangue per l'avvento di un'Italia più grande e d'un Israele libero e unito e di una umanità migliore e più pura." The two inscriptions, he stressed, were patently different because the new one deliberately neglected the reference to

Israel in favor of emphasizing only the Jews' affiliation to Italy. The omission, he maintained, arose from a mistaken understanding of the concept of homeland by assimilated Jews, who conceived and experienced it in mere "territorial terms" as a cult of devotion to a precise geographical space. The proper Jewish comprehension of homeland, Pacifici explained, was devoid of spatial implications because Jews were a people without a territory; homeland, therefore, had to be understood as "la terra per la quale si vive, la terra per la quale si muore" ("The Land for which we live, the Land for which we die"); that is, as a spiritual bond based on commitment and sacrifice. As Jews had perished for Italy's sake during the wars of independence and during WWI, he affirmed, so they would fight in the future in the land of Israel with a spade in one's fist ("con la vanga in pugno") and, in both cases, it would be "morte per la difesa dell'onore e della terra"; that is, the sacrifice of one's life for the sake of the homeland ("Dalle comunità d'Italia").

The Jews of Florence, on the contrary, saw Jewish nationalism and patriotism as incompatible experiences of belonging. The "nation," in their view, was one and undivided: it was Italy, and it deserved a deep and complete devotion. Judaism defined for them a complementary dimension of identity, which could exist only at a personal and familial stage, without influencing the identification of the Jews in the public sphere.

The Fascist newspaper *Il popolo di Roma* exploited the dispute between Pacifici and the board of the Jewish Community of Florence to reinforce its anti-Zionist campaign. Pacifici's elaboration on the meaning of homeland was presented as proof of the innate dichotomy of Zionist Italian Jews, which would have made them enemies of the Italian nation until they clarified whether Judaism determined only religious belonging or also implied national affiliation ("Replica ai sionisti" 1–2).

In December 1928, Pacifici responded to the Fascist accusations by publishing on the front page of *Israel* some key passages from his 1910 essay *La nostra sintesi-programma*, focusing on the impossibility of defining Judaism as either, and exclusively, a nation or a religion (Pacifici, "Quel che io scrivevo"). Examined through the frame of the simultaneous changes in the ideological and nationalist background in Italy, Pacifici's stand seems a prescient political act. The historical time was the winter of 1928, a few months before the ratification of the Lateran Treaty, which sealed the pact between the Kingdom of Italy and the Holy See, settling the "Roman Question" and establishing the Catholic religion as the religion of the State. From that perspective, affirming, as Pacifici did, that Jewish belonging engendered neither exclusively national identity nor exclusively religious identity, meant categorizing Judaism as a historical phenomenon that escaped the new nationalist paradigm created by the treaty, which rested on the total correspondence between religious belonging, nationality and citizenship.

Pacifici's Critique of Liberalism and the Effect of the Lateran Treaty
Pacifici spoke out explicitly and in depth on the Lateran Treaty immediately after its official ratification, which took place on 11 February 1929. He wrote two articles focused on what were, in his view, the two fundamental issues brought into focus by the agreement: the political success of the Church and the historical relationship between Jews and liberalism.

In the first article, entitled "Restaurazione" ("Restoration"), Pacifici analyzed the Lateran Treaty from the perspective of the Church, emphasizing all those aspects that could also have been exemplary for Judaism. The Treaty, first of all, legitimated the "right of sovereignty" proper to all religions, not solely of Catholicism but also of Judaism. The Vatican's ultimate success after a long and restless struggle begun in 1871 proved for Pacifici that the authority and the power of religious bodies was bound to triumph, and Jewish communities should keep on fighting to accomplish the same goal.

Moreover, Pacifici applauded Article 1 of the Lateran Treaty which, by giving the city of Rome the special character of "centro del mondo cattolico e meta di pellegrinaggio" ("center of the Catholic world and destination of pilgrimage") endowed a "limitatissimo spazio sulla superficie terrestre" with a spiritual and political power that spread throughout the whole Catholic world. That scenario, Pacifici recognized, epitomized the concept of "spiritual center" elaborated on by the Russian Zionist thinker Ahad Ha'Am, who believed the creation of a Jewish cultural center in the land of Israel would reinforce and unify Jewish life in Diaspora. Now that the theory had proved to be not simply practicable but also successful, it was time, Pacifici claimed, for the Jews to actualize the teachings of their leading thinkers to hasten the Jewish renaissance ("Restaurazione").

In the second article, Pacifici examined the Lateran Treaty from the perspective of the State. On the one hand, the agreement ratified the function of religion as a nation-building tool, which was already a pivotal tenet of the ideology of "ebraismo integrale." That process leading to the "clericalization" of Italian nationalism, moreover, had the inestimable merit of eradicating the secularization that had dominated during the liberal age, also deeply influencing the practices of self-identification among the Jews. On the other hand, Pacifici recognized that the Lateran Treaty enabled the full realization of "il carattere totalitario dello Stato," and that such an evolution would necessarily influence the Jewish condition. Within a totalitarian state, now unified under Catholicism, there would be no more room left for those "sacche di nichilismo spirituale" which, during the liberal age, had guaranteed religious minorities, among which were the Jews, the freedom to practice their religion and to benefit from all of the rights of citizenship (Pacifici, "In regime di concordato").

Pacifici's dichotomous view of liberalism reflected the constitutive hybridity of modern Jewish identity. As an Italian Jew, he looked at liberalism as the political ideology that enabled the Jews' access to citizenship and their full integration into the nation precisely for its agnostic and universal nationalism (Toscano, *Un'identità* 4–8). As a Zionist Jew committed to a form of religious Zionism, he considered these same aspects as catalysts of Jewish assimilation and, for this reason, he welcomed the spiritual change inspired by Fascism for its potential beneficial influence on Judaism.

The Fascist regime took advantage of the essay on the Lateran Treaty and the State, and its considerations on the fate of religious minorities within a totalitarian state, to block the publication of *Israel* (Piattelli, "David Prato" 172). The magazine was officially suspended for reasons related to the budget, but it was clear that the true cause was Pacifici's radical form of Jewish nationalism (*Rassegna mensile d'Israel* 18 April 1929: 1). This idea was corroborated by an intermediary, who explained that the necessary condition for the reopening of the magazine was "l'esclusione dell'apologia di sionismo" (Foà, Letter to Pacifici).

At first, Pacifici attempted the path of negotiation and wrote to Mussolini to schedule a meeting and seek clarification. In the letter, he emphasized his "simbiosi intellettuale" with Fascism and reassured Mussolini that the purpose of his Zionism was not that of "l'affossamento dell'interezza italiana" but that of restoring "l'interezza ebraica"; therefore, he would be "più che lieto" to resume his role as director of *Israel* (Pacifici, Letter to Giuseppe Bottai). One cannot avoid asking why Pacifici stressed this synergy with Fascist ideology and repeated his defense of Zionism even though it was obvious that Mussolini considered him *persona non grata* and viewed his Jewish nationalism as a threat to, and a negation of, the Italian nation. A credible explanation is that Pacifici turned to the "strategy of affinity" to earn Mussolini's benevolence. However, the choice of the word "entirety" ("interezza") to refer both to the Italian and the Jewish nationality suggests that this affinity was not only a matter of political strategy but revealed also the correspondence between two ideologies centered on an ethno-cultural and religious conception of the nation.

In answer to Pacifici's overture, Mussolini refused to meet him, and *Israel* was shut down from February until May 1929. During the forced break, Pacifici wrote a new book on the most important of the Jewish prayers titled *Shemà Israel*. As we understand from his personal correspondence, the publication of the book was a political act:

> [...] nel 1929 concepii la serie di articoli sullo *Shemà* per coprire le cose con qualcosa di apparentemente inattuale. Il titolo di *Mamlechet HaCohanim veGoi Kadosh* (regno di sacerdoti e popolo santo) era rivolto contro Mussolini, in risposta alla sua stupida insolenza contro di noi, venditori di cose vecchie.
> (Pacifici, Letter to Joseph Colombo)

> [...] in 1929 I conceived the collection of articles on the *Shemà* to conceal the matter with something apparently old. The title of *Mamlechet HaCohanim veGoy Kadosh* (A kingdom of priests and holy people) was directed against Mussolini, in response to his stupid irreverence against us, peddlers of old things.

It seemed that exegesis was the only available means to overcome censorship and convey an ethical and political message. The prayer *Shemà*, Pacifici explained in the opening, encompasses the principles that "regolano la vita intera, in ogni aspetto," from labor to ethics, including politics and economy (*Discorsi* 39). The purpose of unveiling the deep meaning of the prayer that speaks only and specifically to the Jews, therefore, was that of offering them the only moral, social and ideological paradigm of existence through which they could experience and express their belonging to the Jewish nation.

Reductio ad unum

At the beginning of the 1930s, Pacifici seriously pondered the idea of emigrating to the land of Israel, which, until then, had been barely contemplated by Italian Jews, except in the isolated and fortunate case of Enzo Sereni and his wife, Ada Ascarelli Sereni, who left Italy in 1927 (Bondy 78–82). Pacifici considered the solution for a set of different reasons. In the first place, he was aware that the orthodox model of Jewish identity would never suit Italian Jews and had more chances to be put into practice in the land of Israel, where each act would be one of *kedushà* (that is, sanctification) (Letter to Gualtiero Cividali). Then, the recent developments within the regime demonstrated that "ebraismo integrale" was totally incompatible with totalitarianism. Finally, but not less important, diplomatic questions in Palestine were making the issue of emigration urgent, both from a political and moral point of view. In response to the 1929 Arab riots, and with the intention of avoiding clashes between the Jewish and the Arab populations, the colonial secretary Lord Passfield issued the White Paper of October 1930, which limited official Jewish immigration to Palestine. This measure, Pacifici claimed, violated the Jewish right of returning to the land of Israel, which was conferred by God and had also been ratified by international diplomacy at the San Remo Conference in 1920. Free emigration was a real moral imperative because it represented the only means through which Jews could reaffirm their historical right to exist as a nation and tangibly contribute to the realization of Zionism ("Dieci anni dopo" 1; "Non può mai essere illegale" 5–6).

Pacifici, however, did not opt for emigration because he believed that, without his presence and activity, Judaism would certainly perish in Italy. To avoid such an unfortunate scenario, he committed to some different and new projects aimed at fostering the renaissance of Judaism at least among the most conscious elements of Italian Jewry. In 1931, for example, together with Leo Levi, a very talented young Jew from Turin, Pacifici conceived the "Jewish camping" (Levi, *Contro i dinosauri* 9–44). The project, which lasted until 1939, consisted of gathering a group of Jewish Italian teenagers in a lodge in the Alps for a month to train them in the practice of "ebraismo integrale" in everyday life (Marzano 49–59; M. Savaldi 1121–52). He took part in person in the first session in 1931 and in the second one in 1932, supervising meticulously the fulfillment of all the ritual duties such as the daily moments of prayers, compliance with the dietary laws, observance of the Sabbath rest and the use of the Hebrew language (Pacifici, "Il campeggio"; "Dopo Fraina").

Pacifici devoted himself to the camping project because he thought that youth could be the driving force for the renaissance of Italian Jewry and, above all, because he believed that camping could serve as the foundation of a greater project: a *yeshiva*; that is, a Jewish institution that focuses on the study of traditional Jewish texts, primarily the *Talmud* and the *Torah* (Levi, Letter to Alfonso Pacifici). In 1930, Pacifici had taken part in the cultural activity of the *yeshiva* Ez Chaim, established in Montreux, Switzerland, by the Lithuanian rabbi Elihau Botscko (Pacifici, "Il Talmud" 7). That encounter had been very challenging, as he immediately understood that Italian Jews never would or could undertake such a radical and strict model of orthodoxy. However, seeing a Jewish traditionalist microcosm in the heart of Western Europe was, for Pacifici, the most evident proof that the synthesis between modernity and tradition was possible and could constitute the path for the return of Italian Jews to Judaism (Pacifici, *Interludio* 86).

The structural conditions of Italian Jewry, however, prevented the realization of Pacifici's dream of establishing an Italian *yeshiva* and encouraged him to look at the more viable and immediate project of founding a religious *haksharà*, an agricultural center where young Jews would not only receive technical and cultural skills for settling in a kibbutz in Israel, but would also be instructed in orthodox Judaism (Marzano 70–77). Until that moment, this training had been monopolized by the Zionist Socialist party, which had indoctrinated pioneers into the cult of labor, while purposefully ignoring spirituality. However, Pacifici, who nurtured a messianic conception of the emigration, believed that religious education was essential because life in Palestine would be devoted exclusively to the realization of *Torah* and the restoration of the ancient kingdom of Israel (B. Savaldi, Letter to Alfonso Pacifici).

In the spring of 1934, the option of emigration burst into Pacifici's life in an unpredictable way. In March, thirty-nine men, including eleven Jews, were arrested at Ponte Tresa for suspected anti-Fascist activities (Sarfatti 68–70; Levi, "Sui 'fatti' di Torino" 125–34). Then, on 10 April 1934, the newspaper *Regime fascista* published an incendiary article entitled, "Decidersi" ("Choose"), which demanded that Zionist Jews decide whether they wanted to be "good Italians" or Zionists. In the latter case, the newspaper stated, they would lose their "positions and the reputation" they enjoyed in Italy (Canosa 152).

Two days later Pacifici responded to the Fascist regime with an article he also, provocatively, entitled "Decidersi." He argued that Jews in general, as well as those among them who were Zionists, could not choose between Judaism and Italian identity because Judaism was a phenomenon beyond politics. It was the very essence of Judaism, a supreme and inextinguishable program of life ("supremo e inestinguibile programma di vita") that bestowed on the Jews their identity as a people. That program, and the identity which it generated, infused every aspect of the Jews' lives, including their experience as Italian citizens. In this way, Pacifici posited Judaism as the necessary condition for the existence of the Jews, not solely as humans but also as Italians.

In effect, Pacifici proposed a sort of *reductio ad unum*, conceiving Jewish identity as an all-encompassing experience of belonging. Judaism, for him, was the point of departure for the Jews' actions in all aspects of their lives, from politics to culture to citizenship. In stating this principle, he denied the Fascist charge of Jewish "dual loyalty," while offering Italian Jews a path to identity which combined Jewish belonging with patriotic affiliation. Pacifici clarified also that

Zionist political activities were still completely legal in Italy, and if Jewish nationalism became illegal and Jews were asked to choose between the two constitutive dimensions of identity — the Jewish and the Italian — they would surely opt for the former, because Judaism demanded total compliance from its descendants ("Decidersi" 3–4).

In 1934, a month after he signed the article, Pacifici emigrated to Palestine and settled in Jerusalem (Pacifici, Letter to Gualtiero Cividalli). He conceived this emigration as the supreme fulfillment of the *Torah* and as the final step towards the realization of "ebraismo integrale." The decision of making *'alyà* — that is, emigration to the land of Israel — implicitly involved the choice between Judaism and Italian identity, determining the triumph of the former over the latter. Aware of the fact that the majority of Italian Jews would not follow his example, he attempted to accommodate his radical model of identity to the more prudent path followed by most Italian Jews, who lived their Judaism as a private experience of belonging. The paradigm he proposed was a reconciliation between Jewish and Italian identity in the name of the universal value of the Jewish heritage, which was, theoretically, a way to preserve the Jews' attachment to the Italian homeland and, at the same time, to affirm the supremacy of Judaism in their lives.

Conclusion

Alfonso Pacifici was a pivotal figure of Italian Jewry who was simultaneously committed to an innovative path towards Jewish nationalism while embracing an orthodox Jewish identity within a specifically Italian context. What made him unique was the crucial role he attributed to religion and to religious practice for the awakening of Jewish nationality, which patently differed from the secularized attitude of the majority of Italian Jews. However, the devotion to religious Judaism was, for Pacifici, completely compatible with the duties of Italian citizenship and did not undermine Jews' devotion to the universal values of the Italian motherland.

What emerges from the study of his ideology and his experience — which have garnered little attention in scholarship until now — is that even in his form of Jewish nationalism, which postulated Judaism as an all-inclusive dimension of identity, Jewish belonging and Italian affiliation were not posed in oppositional terms; instead they were reconciled and integrated. My analysis shows the implications of this integration for Jewish Italian identity during the Fascist period. It is notable that Pacifici adopted some concepts and symbols of Fascist ideology and worked them into his narrative of Jewish national rejuvenation. Although it could be paradoxical and debatable, I explain this mechanism as the outcome of the similarity between Fascist ideology and Pacifici's "ebraismo integrale," which were both, ultimately, forms of nationalism based on an ethno-cultural and spiritual idea of the nation. The proof of this affinity is the regime's struggle against Pacifici, which was engendered by the fact that Fascist totalitarianism, in its very essence, did not legitimize any alternative forms of national identity.

The Lateran Treaty triggered a dichotomous reflection on the nation. On one hand, it seemed to effectuate Pacifici's conception of a spiritual nation, where nationality and religious belonging coincided. On the other hand, it obliterated the fundamental heritage of liberalism, which had been the necessary condition for the emancipation and the integration of the Jews, in that its ecumenical and secular principle of nationality granted the right of citizenship to all individuals. With the radicalization of Fascist antisemitism, reconciling Italian identity with Jewish belonging was very difficult, especially at a theoretical level. However, Pacifici's 1934 face-off with Fascism proposed a way to cope with the issue without sacrificing either of the two spheres of belonging. His *reductio ad unum* was meant to preserve the traditional Jewish Italian paradigm of identity based on the correspondence between nationality and citizenship by positing the inclusion of Italian identity within Judaism.

The racial laws and the deportation put a sudden and catastrophic end to the Jewish integration into the Italian nation. Even though he was abroad, Pacifici never ceased to follow with deep concern the situation of the Italian Jews and to search an explanation — if ever an explanation could be found — for the genocide. For him, the Shoah was both the final outcome of Jewish assimilation and the divine punishment for the Jews' sinfulness, portending the end of the covenant between God and the Jewish people (*La nostra sintesi* 374). In that perspective, Pacifici saw himself as a prophet in his own land, as the unheard bearer of a message of salvation carried by "ebraismo integrale," which Italian Jews had deliberately and voluntarily neglected. Now that the tragedy had happened, Pacifici believed, Jews had only one possible option: committing to the restoration of cultural and religious life by embracing "ebraismo integrale."

He figured two possible paths towards "ebraismo integrale." The first was emigrating to the land of Israel, as he himself had done before the enactment of the racial laws. Pacifici finally decided to settle in Jerusalem, which, for the presence of several ultra-orthodox communities, he viewed as the ideal place within which to put into practice "ebraismo integrale" (Pacifici, Letter to Joseph Prato). He committed to several cultural initiatives, among which the most important and successful was joining *Doresh Zion,* a legendary religious school, where boys of modest background were educated in Hebrew, Talmud and Scripture. Particularly, he undertook to establish the first women's section of the school, believing that educating young women in orthodox Judaism would lead to the reinforcement of the social institution of the family and of the Jewish people as a whole. He accomplished the project in 1939, when the first students of the section, known as the *Margaliot,* were enrolled ("Derishat Zion" 44–45).

The second path was that of the restoration of Jewish cultural and community life in Italy. Pacifici never considered the Diaspora as a punishment; instead he thought that life outside the land of Israel was a historical condition which God imposed to ensure the perpetuation of Judaism and the survival of the Jewish people across space and time (*La nostra sintesi* 370–71). Instead of considering emigration to Israel as the ultimate accomplishment of Jewish identity, Pacifici argued that Jews should focus on re-establishing Jewish communities in Italy and on rejuvenating their personal attachment to Judaism.

The topic of developing Jewish life in the Diaspora became central in Pacifici's thought particularly after the foundation of the state of Israel in 1948, which he judged with deep skepticism. In his view, with the establishment of the State, Jews had achieved national redemption through a solution adopted by many other peoples in history. In doing so, he argued, they deliberately gave up their distinctive existential condition as a diasporic people and reduced Jewish identity to a mere territorial issue, while, in his view, Jewish identity should be conveyed only through an existential experience like "ebraismo integrale," based on personal attachment to Jewish beliefs and ritual practices (*La nostra sintesi* 23).

The Vidal Sassoon International Center for the Study of Antisemitism, Jerusalem

Works cited

Airoldi, Sara. "Practices of cultural nationalism. Alfonso Pacifici and the Jewish Cultural
Renaissance in Italy 1910–1916." *Quest. Issues in Contemporary Jewish History* 8 (November 2015). http://www.quest-cdecjournal.it/about.php?issue=8.

Astrologo, Aldo, and Francesco Del Canuto. "Livorno 1924. Una rivoluzione in seno all'ebraismo italiano." *Rassegna mensile di Israel* 41 (luglio-agosto 1975): 339–47.

Bidussa, David. "Tra avanguardia e rivolta. Il sionismo in Italia nel primo quarto del Novecento." *Oltre il Ghetto. Momenti e figure della cultura ebraica in Italia tra l'Unità e il fascismo*. Ed. David Bidussa, Amos Luzzatto, and Gadi Luzzatto Voghera. Brescia: Morcelliana, 1992. 155–279.

Bondy, Ruth. *Enzo Sereni. L'emissario*. Ed. Sarah Kaminisky and Maria Teresa Milano. Aosta: Le Château, 2010.

CAHJP. Central Archives for the History of the Jewish People. Jerusalem.

Canosa, Romano. *A caccia di ebrei. Mussolini, Preziosi e l'antisemitismo fascista*. Milano: Mondadori, 2006.

Cavaglion, Alberto. "Gli ebrei e il sionismo." *Stato nazionale ed emancipazione ebraica*. Ed. Francesca Sofia and Mario Toscano. Roma: Bonacci, 1992. 377–92.

Del Canuto, Francesco. *Il movimento sionistico in Italia dalle origini al 1924*. Milano: Federazione Sionistica Italiana, 1974.

Della Seta, Simonetta. "Il movimento sionistico." Corrado Vivanti. *Storia d'Italia. Gli ebrei in Italia*. Vol II. *Dall'emancipazione a oggi*. Torino: Einaudi, 1997. 1323–68.

Ferrara degli Uberti, Carlotta. *Making Italian Jews. Family, Gender, Religion and the Nation 1861–1918*. London: Palgrave MacMillan, 2017.

Foà, Carlo. Letter to Alfonso Pacifici. 15 March 1929. CAHJP. Box P172. Folder 9.

Gentile, Emilio. *La via italiana al totalitarismo. Il partito e lo stato nel regime fascista*. Roma: Carocci Editore, 2008.

Hughes, Henry Stuart. *Prisoners of the Hope. The Silver Age of Italian Jews, 1924–1974*. Cambridge: Harvard UP, 1983.

"In margine. Andiamo adagio." *La tribuna* 3 April 1927: 2.

Levi, Leo. *Contro i dinosauri. Scritti civili 1931–1972*. Ed. Arturo Marzano. Napoli: L'Ancora del Mediterraneo, 2011.

———. Letter to Alfonso Pacifici. 13 July 1932. CAHJP. Box P172. Folder 127.

———. "Sui 'fatti' di Torino del 1934." Guido Valabrega. *Gli ebrei in Italia durante il fascismo*. Milano: Centro di Documentazione Ebraica Contemporanea, 1962. 125–34.

Marzano, Arturo. *Una terra per rinascere. Gli ebrei italiani e l'emigrazione in Palestina prima della guerra (1920–1940)*. Genova: Marietti, 2003.

Mittelman, Alan. *The Politics of Torah: The Jewish Political Tradition and the Founding of Agudat Israel*. New York: State University of New York Press, 1996.

Nahon, Umberto. "La polemica antisionista del *Popolo di Roma* nel 1928." *Scritti in memoria di Enzo Sereni. Saggi sull'ebraismo italiano*. Eds. Daniel

Carpi, Attilio Milano and Umberto Nahon. Gerusalemme: Fondazione Sally Mayer, 1970. 216–53.

Pacifici, Alfonso. "Biur Chamez." *Israel* 14 April 1927: 1.

———. "Il campeggio." *Israel* 27 August 1931: 7.

———. "Dalle comunità d'Italia. Firenze." *Israel* 28 November 1928: 4.

———. "Decidersi." *Israel* 12 April 1934: 3–4.

———. "Derishat Zion" *Rassegna Mensile di Israel* 16 (giugno-agosto 1950): 41–53.

———. "Dieci anni dopo." *Israel* 22–29 May 1930: 1.

———. *Discorsi sullo Shemà*. Gerusalemme: Taoz, 1953.

———. "Dopo Fraina." *Israel* 8 September 1932: 5–6.

———. "E uno sguardo più generale." *Israel* 26 July-1 August 1927: 2.

———. "In regime di concordato." *Israel* 28 February 1928: 1–2.

———. "Gli insegnamenti di un episodio." *Israel* 28 April 1927: 3–4.

———. *Interludio. Cinquant'anni intorno a un'idea*. Gerusalemme: Taoz, 1959.

———. Letter to Giuseppe Bottai, Minister of Corporations. March 1929. CAHJP. Box P172. Folder 9.

———. Letter to Gualtiero Cividali. 20 January 1919. CAHJP. Box P40. Folder 21.

———. Letter to Gualtiero Cividalli. 13 July 1934. CAHJP. BoxP172. Folder A20.

———. Letter to Joseph Colombo, 11 November 1968. CAHJP. Box P172. Folder 78.

———. Letter to Joseph Prato, 22 January 1935. CAHJP. Box P172. Folder 10.

———. "Non può mai essere illegale una immigrazione di figli di Israele in Terra di Israele." *Israel* 7 December 1935: 5–6.

———. "La nostra sintesi-programma." *Israel* (20 November 1924): 2–3.

———. *La nostra sintesi-programma. Vol I di Israel Segullà*. Gerusalemme: Taoz, 1955.

———. *Per non morire. Enzo Sereni. Vita, scritti e testimonianze*. Milano: Federazione Sionistica Italiana, 1973.

———. "Per un classicismo ebraico." *La settimana israelitica* 27 October 1911: 3.

———. "Podestà se maestro." *Israel* 21 September 1927: 6.

———. "Quel che io scrivevo diciassette anni fa." *Israel* 20–27 December 1927: 1–2.

———. *La questione nazionale ebraica e la guerra europea. Estratto a cura del comitato fiorentino "Pro Ebrei oppressi."* Firenze: n.p., 1917.

---. "Il V congresso delle comunità israelitiche italiane. Qualche impressione." *Israel* 5 November 1925: 3–5.

---. "Restaurazione." *Israel* 14 February 1929: 1.

---. "Il Talmud in una villa del re." *Israel* 30 June-6 July 1930: 7.

---. "Verso il nostro domani." *Israel* 11 May 1916: 3.

Pavan, Ilaria, and Guri Shwarz. *Gli ebrei in Italia tra persecuzione fascista e reintegrazione post-bellica*. Firenze: La Giuntina, 2001.

Piattelli, Angelo. "David Prato, una vita per l'ebraismo." *Rassegna mensile di Israel* 89 (gennaio-dicembre 2013): 109–232.

---. "Repertorio biografico dei rabbini d'Italia dal 1861 al 2011." *Rassegna mensile di Israel* 76 (gennaio-febbraio 2010): 185–286.

Piattelli, Valentina. *"Israel" e il sionismo in Toscana negli anni Trenta*. In *Razza e fascismo. La persecuzione contro gli ebrei in Toscana (1938–1943)*. Ed. Enzo Collotti. Roma: Carocci, 1999. 35–79.

"Replica ai sionisti." *Il popolo di Roma*, 16 Dec. 1927: 1–2.

Sarfatti, Michele. *The Jews in Mussolini's Italy: From Equality to Persecution*. Madison, WI: University of Wisconsin Press, 2007.

Savaldi, Bruno. Letter to Alfonso Pacifici. 30 October 1933. CAHJP. Box P172. Folder 157.

Savaldi, Marcello. "I campeggi ebraici (1931–1938)." *Storia contemporanea* 6 (dicembre 1988): 1121–52.

Toscano, Mario. *Ebraismo e antisemitismo in Italia. Dal 1848 alla guerra dei sei giorni*. Milano: Franco Angeli, 2003.

---. "Risorgimento ed ebrei: alcune riflessioni sulla nazionalizzazione parallela." *Rassegna mensile di Israel* 64 (gennaio-aprile 1998): 59–70.

---, ed. *Un'identità in bilico: l'ebraismo italiano tra liberalismo, fascismo e democrazia*. *Rassegna mensile di Israel* 1/2 (gennaio-agosto 2010).

Emanuel Rota

Parlare del tempo al tempo dell'Olocausto: l'impossibile *Heimat* ferrarese di Giorgio Bassani

Abstract: At the beginning of the 20th century, Ferrara, Giorgio Bassani's hometown, appeared as a successful case of integration between Italian majorities and minorities. In the local dimension of Italy's small city life, politeness, mannerisms and personal contacts seemed to provide the key to the successful conclusion of the emancipation of the Italian Jewry. Giorgio Bassani provided a mimetic portrayal of Ferrara's social rituals and of their ultimate failure to preserve the illusion of a common fatherland for all Italians. This article looks at Bassani's realist representation of Ferrara's sociability through the use of phatic expressions, chronotopes, and local tropes to debunk the myth that Bassani was a nostalgic apologist for provincial Italy. The ultimate failure of Ferrara to prevent the mass murder of its Jewish citizens emerges, in Bassani's work, not as the result of external forces, but from the inadequacy of its social strategy to create a real community among its citizens.

Key Words: Giorgio Bassani, Ferrara, emancipation, Italian Jews, Holocaust, *Heimat*, Phatic language, chronotopes, realism.

Preambolo

Giorgio Bassani è stato, secondo solo a Primo Levi, il narratore dell'esperienza degli Ebrei italiani in quei decenni della guerra civile europea che Eric Hobsbawm definì "l'età degli estremi". Come nel caso di Levi, l'opera di Bassani si colloca programmaticamente in un confine incerto fra storia, memoria e letteratura, che adotta gli stilemi della letteratura realista per rappresentare i propri temi. A differenza di Levi, la cui vita di testimone-scrittore fu marcata dai mesi passati ad Auschwitz, Bassani, che ebbe la fortuna di scampare ai campi di concentramento, portò la sua testimonianza sugli elementi più mondani del fallimento del processo di emancipazione ebraica nella prima metà del Novecento italiano. Ferrara, la città protagonista e, metaforicamente, autrice di gran parte della sua opera letteraria, permise a Bassani di fare il ritratto dell'inesorabile e drammatico fallimento di quel processo di emancipazione che lo Stato nazionale italiano aveva promesso a tutti i propri cittadini, indipendentemente dalla loro specifica identità culturale o religiosa.[1] Il romanzo di Ferrara, l'opera in molti libri che consacrò il valore di Bassani testimone-scrittore, è il romanzo del fallimento di una *Heimat* italiana e del processo nazionale di costruzione di una patria comune per tutti i cittadini italiani.

Questo fallimento, come ricostruisco nelle pagine di quest'articolo, viene analizzato e presentato da Bassani attraverso una tecnica mimetica, che riproduce nel testo, attraverso alcuni tropi, tanto le tecniche che la società ferrarese aveva impiegato per gestire la propria interna diversità, quanto il terribile fallimento di queste tecniche nel Novecento. Le mura, il monumento-cronotopo e la chiacchiera educata (cioè phatica) sono tanto figure retoriche nelle storie di Bassani quanto tecniche retoriche adottate dai cittadini ferraresi per costruire la loro piccola patria. Le mura che separano la città dal contado, i monumenti che dovrebbero produrre una memoria comune, le anodine conversazioni sul clima fra estranei che occupano lo stesso spazio costituiscono il sogno di Ferrara come una comunità integrata. La moltiplicazione dei muri, la trasformazione dei cronotopi in eventi riattivatori del trauma, e l'insufficienza della conversazione educata presentano il fallimento comune fra ebrei e gentili, fra minoranze e maggioranze di questa Ferrara. Contrariamente a quanto spesso viene affermato da critici severi della letteratura di Bassani il realismo mimetico che egli adopera non celebra una comunità borghese esistente ma ne segnala il fallimento pur con la nostalgia per un progetto di vita in comune. Il mio articolo ricostruisce in termini generali, ma con esempi specifici, questa rappresentazione del fallimento di una *Heimat* ferrarese in alcuni dei racconti e dei romanzi di Giorgio Bassani.

Le mura e *Heimat*

La prima età moderna a Ferrara si era distinta per la persecuzione della diversità culturale, ponendo fine, dopo l'incorporazione della città nei domini papali, a secoli di accoglienza e tolleranza. Il XVII secolo aveva visto la costruzione delle mura del ghetto che, dal 1624, costringeva gli ebrei ferraresi a vivere separati dai loro concittadini cristiani, come era già accaduto ai loro correligionari veneziani

---

[1] La decisone di Bassani di unire le sue opere narrative sotto il titolo *Il romanzo di Ferrara* suggerisce non solo che Ferrara è la protagonista che unisce le storie raccontate, ma anche, nell'ambiguità della preposizione "di" in italiano, che Ferrara ne è, per così dire, l'autrice. I romanzi di Bassani diventano "il romanzo di Ferrara."

e romani. Le truppe rivoluzionarie francesi prima e lo stato nazionale italiano poi avevano eliminato il ghetto e ne avevano distrutto le mura di cinta. Gran parte della comunità ebraica, tuttavia, aveva continuato a vivere nello stesso quartiere cittadino, nelle vie che i lettori di Bassani hanno imparato a conoscere bene — via Mazzini, via Vignatagliata, via Vittoria — ma i muri fisici non esistevano più e il processo di emancipazione della comunità ebraica sembrava progredire in concerto con la costruzione dello stato nazionale, aconfessionale e liberale. A Ferrara la nazionalizzazione degli ebrei sembrava così completa da sopravvivere e farsi complice dello squadrismo e del violento nazionalismo fascista, al punto che Renzo Ravenna, ebreo, fu podestà di Ravenna dal 1926 al 1938 (Pavan e Cavaglion). Poi le leggi razziali posero fine, tragicamente, al processo di emancipazione che si era aperto con il Risorgimento italiano. La separazione legale che divideva cristiani e ebrei riportava il ghetto nella storia di Ferrara, rivelando che l'abbattimento delle sue vecchie mura non era bastato ad abbattere le divisioni che separavano le diverse comunità ferraresi.

Il *romanzo di Ferrara* è, a partire dal titolo del primo libro, *Dentro le mura*, per culminare nel muro di cinta della villa Finzi Contini, un profluvio di muri e mura. Valga ad esempio questo passaggio, tratto da uno dei racconti di *L'odore del fieno*, dove Bassani descrive il cimitero ebraico cittadino:

> [...] delimitato torno a torno da un vecchio muro perimetrale alto circa tre metri, il cimitero israelitico di Ferrara è una vasta superficie erbosa, così vasta che le lapidi, raccolte in gruppi separati e distinti, appaiono nel complesso assai meno numerose di quanto non siano. Dal lato est, il muro di cinta corre a ridosso dei bastioni cittadini, fitti ancor oggi di grossi alberi.
> (25)

Ferrara emerge come uno spazio creato da mura concentriche, costituito dalle mura medievali della città, le mura abbattute del ghetto, le mura del cimitero ebraico che separano, anche da morti, ebrei e cristiani, a cui si aggiungono le mura delle diverse sinagoghe che dividono la stessa comunità ebraica, o i muri di classe e di genere che Bassani si sforza di aprire e svelare nella sua opera, portando il lettore all'interno dei vari muri cittadini. Questi muri, che la generazione del padre di Giorgio ne *Il Giardino dei Finzi Contini* aveva creduto essersi ridotti a scelte identitarie private nel quadro di una comune nazione italiana, riassunsero la loro funzione di esclusione o di fragile protezione con il ritorno del razzismo dello stato fascista (Sarfatti 95–167). Nel processo di queste trasformazioni, come cercherò di evidenziare nella seconda metà di quest'articolo, l'elemento più elementare che costituisce le comunità umane — le chiacchiere anodine fra coloro che convivono nello stesso spazio — venne stravolto e pervertito dall'esperienza lacerante del razzismo di stato e dello sterminio. Non solo la concezione umanistico/illuministica dell'uomo è messa in crisi dall'esperienza della Shoah, come ha osservato Jonathan Druker nella sua lettura di *Se questo è un uomo*, ma anche la Romantica concezione della comunità e dei suoi rituali (Druker 15–88).

Ferrara, come spazio comune e concreto in cui le divisioni della prima modernità sembravano poter sopravvivere come nostalgiche memorie archeologiche, è il luogo di un clamoroso fallimento del tentativo del nazionalismo italiano di creare una casa comune, una *Heimat*. Come ha spiegato Alon Confino a proposito della Germania, il concetto di "*Heimat*" dovette la sua introduzione nel lessico politico tedesco dopo l'unificazione del 1871 al tentativo degli intellettuali tedeschi di trovare un punto di coordinazione fra l'esperienza di identità locale degli abitanti del nuovo Reich e la nuova identità nazionale (Confino 42–86). L'idea trasmessa da questo concetto e termine intraducibile, *Heimat*, serviva a rappresentare lo stato nazionale tedesco come il risultato di un'unione articolata di molteplici e diverse identità locali, che si univano per dare vita ad un'unica, grande *Heimat* tedesca: una comunità che sussumeva, preservandole, le diverse comunità locali.

La Ferrara protagonista dell'opera di Bassani presenta molti tratti in comune con il progetto culturale della *Heimat* tedesca, tanto nel suo tentativo di offrire una combinazione di identità locali e nazionali quanto nella evoluzione etnico-razzista del concetto di comunità a partire dall'adozione di politiche razziste da parte del regime fascista. Bassani offre testimonianza della progressiva evoluzione della natura della comunità locale di cui fa parte: da elemento inclusivo delle varie identità locali e nazionali ad elemento esclusivo e discriminatorio nei confronti di ogni identità minoritaria e, in particolare, della sua comunità ebraica.

Le mura della città e i muri in città costituiscono l'elemento più esplicito per connettere tanto il locale concreto quanto il nazionale "immaginato", un concetto elaborato da Benedict Anderson. Seguendo allora il tropo dei muri bassaniani si vede in che modo emerge il processo di inclusione e di esclusione che la *Heimat* ferrarese ha attraversato dall'unificazione d'Italia alla fine della Seconda Guerra Mondiale. Le mura medievali e rinascimentali della città, una presenza oggettiva fondamentale per chiunque si trovi a Ferrara e per tutti i lettori dell'opera di Bassani, offrono testimonianze inesorabili del passato locale della città estense, in cui la fortificazione serviva a proteggere la città-stato della tradizione medievale e rinascimentale italiana, minacciata egualmente dal contado che la circondava e da potenze forestiere, italiane o straniere che fossero.

Le mura del ghetto ebraico della città, che costituiscono una presenza non solo reale ma anche fantasmatica e immateriale nella vita della comunità ebraica ferrarese, testimoniano tanto il processo di emancipazione quanto la sua ultima fragilità. Il muro di cinta della villa dei Finzi Contini, che costituisce una riedizione volontaria di una separazione ghettizzata all'interno della comunità ferrarese, testimonia l'impotenza di un ritorno al passato segregato come meccanismo di difesa dalla più larga comunità nazionale della modernità europea. Nell'opera di Bassani il tentativo nazionale di incorporare e neutralizzare le mura che separano le diverse micro-comunità italiane ne svela il fallimento e il riapparire delle più pericolose divisioni e violenze fra i diversi gruppi, rivelando la fragilità del progetto di una *Heimat* nazionale rispettosa delle diverse *Heimat* storiche.

Bassani usa i muri, o le tombe etrusche all'inizio de *Il giardino dei Finzi Contini*, come cronotopi che trasformano la percezione della Storia da una progressione lineare di passato, presente e futuro in una serie di tunnel che connettono il passato e il presente in una successione di flashback. Come Bakhtin ha spiegato teoreticamente, questi cronotopi sono luoghi nella geografia di una comunità dove il tempo e lo spazio si intersecano e fondono ("points in the geography of a community where time and space intersect and fuse" 7) ma anche, come nel caso della Ferrara ebraica, la comunità che manteneva questi luoghi comuni è stata distrutta dal razzismo di stato e dalla Shoah.

Per questo, nell'opera di Bassani, il flashback e il cronotopo riportano i lettori all'esperienza dello sterminio e non ad una casa comune. Come nei progettati flashback filmici in bianco e nero delle retate degli ebrei ferraresi che Bassani voleva assolutamente presenti nella versione cinematografica de *Il giardino dei Finzi Contini* ("Il mio giardino tradito") o come la fisicità dei muri che separano e dividono le comunità invece di offrire l'esperienza di "sentirsi a casa", i monumenti e la memoria agiscono come eventi riattivatori di un trauma in cui il cronotopo forza la ripetizione emotiva della violenza subìta. Letterariamente Bassani rappresenta il fallimento della comunità Ferrara attraverso il fallimento dei suoi cronotopi. Anche dopo la fine della guerra, la lapide in via Mazzini eretta nel 1945 per memorializzare le vittime della Shoah o il luogo del massacro fascista del 15 dicembre 1943 non assurgono al ruolo di spazi di una memoria comune, ma si rivelano come monumenti di una memoria divisa, o di una rimozione dalla memoria.

Proprio il racconto dell'uccisone di undici antifascisti nel centro di Ferrara intitolato *Una notte del '43*, pubblicato in *Dentro le mura*, è uno dei molti capolavori della rappresentazione artistica del disfacimento della comunità di Ferrara ad emergere dall'opera di Bassani. Nella storia che chiude i cinque racconti ferraresi le vicende personali più provincialmente mondane — amori e desideri liceali, visite ai bordelli, infedeltà e pettegolezzi — si mescolano e danno forma storica concreta alla Storia che passa per Ferrara. La vicenda dell'unico testimone oculare alla strage e del suo rifiuto di testimoniare, a guerra finita, sugli autori della strage si intreccia con la storia matrimoniale e medica dello stesso testimone. Questi è testimone perché è paralizzato ed è ridotto a guardare fuori dalla finestra aspettando la moglie di cui egli conosce l'infedeltà. Egli è paralizzato perché, probabilmente, come ci fa intendere lo scrittore, ha contratto la sifilide perdendo la verginità nella sua visita a un bordello durante la Marcia su Roma che portò Mussolini al potere e quindi anche alla proclamazione delle leggi razziali. La visita al bordello è il risultato dell'insistenza di uno dei capi squadristi di Ferrara che diviene poi sia il responsabile dell'assassinio di un capo fascista locale sia l'organizzatore del massacro ordito per vendicare l'assassinio del capo fascista stesso. Il luogo del passeggio e del chiacchiericcio cittadino divengono il luogo del massacro. La Marcia su Roma diviene il momento in cui si forgiano complicità sulla base di visite ai bordelli e dove si contraggono malattie veneree e complicità politiche di lunga durata. Il silenzio di chi ha visto il massacro da una finestra si mescola al silenzio sull'infedeltà della moglie del testimone. Le gelosie e le ambizioni personali diventano un capitolo della guerra civile italiana. La pazzia del (mancato) testimone può essere attribuita tanto all'evoluzione della sua malattia quanto al peso del suo fallimento personale e morale.

Il racconto consente una facile analisi degli elementi intorno ai quali Bassani costruisce le storie del *Romanzo di Ferrara*. Un cronotopo — in questo caso il muro su cui sono presenti le tracce delle pallottole usate per fucilare gli antifascisti — riporta costantemente coloro che parteciparono agli eventi al tempo della traumatica violenza, in un classico esempio di quello che Dominick LaCapra ha chiamato lo "acting out" del trauma (21–22). La consapevolezza del muro e delle sue tracce divide gli abitanti di Ferrara dai forestieri che visitano la città e che si muovono nello spazio del cronotopo senza sapere o poter vedere di essere entrati in uno spazio sacro. La comunità traumatizzata dalla violenza rifiuta di riconoscere che la violenza proviene dall'interno stesso della comunità e immagina che gli autori della strage siano persone che non appartengono alla loro comunità, dei forestieri, nonostante l'evidenza del contrario. L'incapacità della comunità di accettare e dire la verità sul proprio fallimento e sulla violenza che essa contiene e causa produce un disturbo permanente che mantiene la città di Ferrara, la comunità che vi abita e il cronotopo che credono essersi sviluppato all'interno di essa come uno spazio condiviso fra carnefici e vittime e nel contempo come permanentemente divisivo. Il presunto ritorno alla normalità dello spazio, fisico e cronotipico, dove è avvenuta l'esecuzione è stregato dai fantasmi dei cadaveri nella mente disturbata del testimone oculare e di tutti i testimoni indiretti.

Lo stile banale di Bassani

Questo nucleo di storia e memoria traumatica si concretizza nell'opera di Bassani in una prosa che abbraccia senza mascheramenti poetici il cicaleccio e la banale mondanità delle conversazioni e delle strategie che rendono Ferrara una comunità. L'esperienza storica degli eventi avviene negli spazi mondani e banali della quotidianità, e la lingua che sostiene e descrive queste esperienze storiche ha la quotidianità e la banalità della *Heimat*.

Il realismo necessario alla testimonianza degli eventi storici che portano all'esplosione della violenza e del razzismo nella provincia italiana non lascia spazi per passaggi poeticizzanti, come il monologo di Lucia nell'"Addio ai Monti", per citare l'esempio più famoso di trasfigurazione poetica nella tradizione realista della letteratura italiana. Come Bassani ha affermato con forza nella sua polemica contro la sceneggiatura usata da De Sica nel suo film basato su *Il giardino dei Finzi Contini*, le persone che egli ha descritto nei suoi romanzi erano persone vere, e ogni imprecisione storica, dettata da esigenze didattiche o emotive, gli sembrava eticamente inaccettabile ("Il mio giardino tradito"). Per questo le conversazioni che si svolgono nei suoi racconti restituiscono al lettore un senso di familiarità e, talvolta, anche di banalità che i critici non hanno mancato di rilevare con occasionale cattiveria.

Italo Calvino fornisce un esempio di questa ferocia della critica assai meglio della più famosa accusa rivolta a Bassani di riprodurre la letteratura commerciale e sentimentalistica di una delle più note autrici di romanzi d'appendice del XX secolo, Liala, scrittrice di grande successo di una letteratura di massa. In una lettera del 1958 che Calvino scrisse all'editore francese François Wahl, egli dice:

> C'è oggi si può dire una corrente della letteratura italiana che io definisco [. . .] neo-flaubertiana, che trae effetti di sgomento metafisico da una fotografia minuziosa della provincia con la malinconia dell'antifascista deluso dal presente. Cassola ne è l'esponente più disperato e naturale; Bassani il più cosciente e intellettuale. (Ma il loro neo-flaubertismo [. . .] li porta, non alla perfezione stilistica ma alla trascuratezza. Entrambi sono indifesi dalla frase di uso comune dalla banalità linguistica. In Cassola, che non lo fa apposta, questo diventa l'incanto maggiore del suo stile. In Bassani, che forse lo fa apposta, diventa un fondo grigio, su cui spiccano le sue compiacenze di composizione).
>
> (Calvino 553)

Il riferimento di Calvino a Flaubert e il fastidio per la "banalità linguistica" contengono gli elementi cruciali di una polemica contro il verismo letterario che trovarono, dieci anni dopo la lettera di Calvino, un famoso esito nell'analisi di Barthes dell'"effetto di realtà" in Flaubert e Michelet (Barthes 141–48). Il banale, esteticamente superfluo, che Barthes identificherà come l'elemento stilistico che produce, con la sua apparente inutilità strutturale, l'effetto di realtà, è, nella critica di Calvino a Bassani, una scelta "cosciente e intellettuale" (Calvino 553) ma egualmente trascurata nei suoi risultati.

Senza ricostruire nella sua interezza la genealogia della posizione di Calvino sulla "banalità" linguistica, bisogna ricordare che la critica strutturalista ha spesso definito la letteratura come una violenza fatta alla lingua della quotidianità. Roman Jakobson, per esempio, ha scritto che la letteratura rappresenta una forma di "violenza organizzata commessa contro il discorso ordinario" ("organized violence committed on ordinary speech" Eagleton 2). I formalisti russi Viktor Shklovsky, Roman Jakobson e Boris Tomashevsky hanno sottolineato come la letteratura si distingua dalle altre forme di scrittura proprio attraverso un processo di deformazione della lingua quotidiana che la intensifica, torce e ribalta, producendo uno straniamento del quotidiano reso non-familiare (Eagleton 2). Il familiare reso non-familiare, lo *Heimlich* trasformato nello *Un-Heimlich*, per recuperare in tedesco la comune radice fra *Heim-lich* e *Heim-at*, sarebbe la normale funzione della letteratura in un mondo in cui il familiare viene postulato come stabile, e lo straniante come il risultato di un'operazione estetica (Royle 1–38). Celebrare il mondo così come è, invece di costringere i lettori ad interrogarsi sul mondo, non sarebbe letteratura, quanto propaganda ideologica conservatrice, tesa a rassicurarli della bontà della loro vita presente.

La lingua phatica e i suoi limiti
Come ho cercato di dimostrare nella prima parte di questo saggio, tuttavia, Bassani non scrive, usando i canoni della letteratura realista, di una *Heimat* che è, ma di una che è stata violentemente distrutta. Le chiacchiere banali della quotidianità ferrarese lasciarono il posto allo sterminio dei cittadini di tradizione ebraica e, in generale, alla violenza contro le minoranze politiche, religiose e sessuali. Le conversazioni da bar e da liceo, da tennis club e da biblioteca che Bassani riprodusse nel *Romanzo di Ferrara* non celebrano una comunità ingenua e noiosa, perbenista e rassicurante, ma danno il senso di una familiarità e una convivenza che non si opposero alla discriminazione prima e all'omicidio poi.

Come si scopre dalla lettura di *Una notte del '43*, la familiarità di vita quotidiana fra fascisti e minoranze, che gli osservatori ingenui potevano credere prova del fatto che gli autori della strage fossero forestieri, servì agli assassini per organizzare facilmente la retata delle vittime, trovandole in luoghi che sarebbero stati sconosciuti ai forestieri. Adattando l'abusata espressione di Hannah Arendt alla realtà descritta da Bassani, la banalità del male apparve sostituirsi alla banalità della vita quotidiana senza che il linguaggio della comunità registrasse una qualche trasformazione epica. Alla banalità del linguaggio si sostituì piuttosto la violenza e il silenzio: il silenzio delle vittime, dei carnefici e, in molti casi, anche di gran parte dei testimoni.

La critica a Bassani da parte di Calvino, e del gruppo '63 poi, non è quindi tanto ingiustificata quanto ingiusta. L'esperienza del fascismo e della Shoah avrebbero dovuto riaprire anche in Italia una riflessione sulla letteratura e sul linguaggio che sottolineasse le differenze fra Flaubert e Bassani. Questa riflessione, diversa dalla riflessione sulla letteratura come testimonianza, deve trarre vantaggio della riflessione sulla banalità del linguaggio della comunità, piuttosto che limitarsi a considerare la banalità un fallimento poetico. Il ruolo sociale e linguistico delle conversazioni banali merita, vista anche la riconosciuta consapevolezza teorica di Bassani, un'analisi più dettagliata di quanto la condanna pronunciata da Calvino suggerisca.

Come evidenziato da Bronislaw Malinowski in un suo famoso articolo su "The Problem of Meaning in Primitive Languages", le conversazioni e le espressioni che egli chiamò "phatiche", e che costituiscono il repertorio dei luoghi comuni di ciascuna cultura — "Questo è un inverno freddo", "Piove da tre giorni" e simili —, esistono in tutte le comunità e costituiscono un elemento fondante della socialità umana. Nella convincente ricostruzione dell'antropologo americano, le espressioni phatiche servono a contenere la possibilità che le interazioni con gli altri si trasformino in conflitti a fronte della minacciosa imperscrutabilità del silenzio. Quando ci si trova nello stesso spazio con uno sconosciuto, sia questo un ascensore o il fuoco di un accampamento, lo scambio di frasi vuote dal punto di vista del contenuto e convenzionali dal punto di vista dello stile consentono di stabilire un contatto senza esporsi o creare reazioni forti. Le espressioni phatiche, in altre parole, sono strutturalmente usate per ridurre il livello di estraniamento che l'alterità produce e, conseguentemente, svolgono una funzione opposta al lavoro di straniamento che, secondo la critica formalista e strutturalista, deve essere prodotta dalla letteratura.

Quanto viene affermato da Malinowski sull'importanza delle espressioni vuote e formalizzate nella negoziazione della diversità deve essere integrato, nel caso della Ferrara descritta da Bassani, dalla cruciale considerazione sulla asimmetrica relazione di potere fra maggioranze e minoranze. La lingua phatica del *Romanzo di Ferrara*, quando parlata dalle minoranze, non è solo quella descritta dall'antropologo americano, ma anche quella che fu l'oggetto delle considerazioni etiche del testo su *La dissimulazione onesta* scritto da Torquato Accetto nel Regno di Napoli della dominazione spagnola.

Accetto si chiese quale comportamento gli onesti potessero o dovessero adottare in una società ingiusta. Gli innocenti vivono una vita pericolosa in una società corrotta; perciò è necessario per loro difendersi. A fronte della dominante ipocrisia dei comportamenti, Accetto riconosceva che, se non diventava vera e propria menzogna, la dissimulazione poteva essere "onesta", quando consentiva ai dominati di sfuggire alla violenza dei dominanti. Come aveva suggerito Benedetto Croce scegliendo di ripubblicare il testo seicentesco nel 1928, la vita delle minoranze sotto il fascismo aveva ridato attualità al tema della "dissimulazione onesta".[2]

Bassani è stato l'autore italiano che più ha mostrato nelle sue opere letterarie il ruolo delle espressioni phatiche nella vita di una comunità, illustrandone tanto la funzione quanto i limiti nel prevenire che le barriere fra le diverse comunità si attivino e producano violenza. La storia del Dottor Fadigati, il protagonista de *Gli occhiali d'oro*, offre l'esempio più trasparente del ruolo svolto dalle vuote comunicazioni cortesi nelle relazioni fra minoranze e maggioranze.[3] Il testo istituisce un evidente parallelo fra due minoranze, ebrei e omosessuali, la cui posizione nella comunità di cui fanno parte è precariamente preservata dal rispetto delle buone maniere e dalla temporanea censura dell'ostilità e della violenza che centinaia di espressioni phatiche operano. La maggioranza è tollerante di Fadigati/minoranza fin tanto che la minoranza si accetta come tale senza "dare scandalo" osservando con precisione le regole formali della convivenza che la maggioranza adotta. Una forma di cortese "dissimulazione onesta" mantiene la violenza potenziale sotto scacco a lungo, anche se non per sempre. I muri che dividono la comunità sono ben visibili, ma la loro funzione non è quella di separare permanentemente la comunità, bensì quella di consentire alla comunità di continuare a convivere.

[2] *La dissimulazione onesta* è un testo di Torquato Accetto originariamente pubblicato a Napoli sotto la dominazione spagnola in cui l'autore argomenta a favore dell'onestà del non dire e del dissimulare in presenza di una asimmetrica relazione di potere fra dominanti e dominati. Benedetto Croce scelse di ripubblicare il testo nel 1928 ritenendolo attuale nel nuovo contesto fascista.

[3] Per una lettura psicoanalitica che porta l'analisi in una direzione molto diversa dalla mia ma egualmente convincente, si veda Lucienne Kroha, *The Drama of the Assimilated Jew: Giorgio Bassani's Romanzo di Ferrara*.

Fintantoché Fadigati mantiene la sua diversità in un ghetto, egli è libero di circolare come chiunque altro nella comunità, grazie al suo sapiente uso di espressioni fatiche e al formale rispetto delle norme della convivenza civile della maggioranza. Una volta scoperta l'omosessualità di Fadigati, infatti, la comunità eterosessuale ferrarese non esclude il medico da sé, solo in virtù della rigorosa separazione fra la vita pubblica del dottore, contrassegnata dalle formali buone maniere, e la sua vita sessuale, ben visibile ma confinata alla notte e a spazi specifici. Come scrive Bassani, la posizione sociale del medico omosessuale si manteneva grazie al "palese impegno che aveva sempre messo e continuava tuttavia a mettere nel dissimulare i suoi gusti, nel non dare scandalo" (*Gli occhiali d'oro* 19). In una società ineguale, la violenza che minaccia le minoranze è sempre una possibilità concreta, e la rappresentazione delle strategie linguistiche adottate per diminuire la possibilità di una soluzione violenta ha un valore tanto etico quanto artistico se fatta con l'accuratezza di Bassani.

L'episodio che narra la storia dell'incontro e della relazione fra Fadigati e il gruppo di studenti universitari di cui fa parte il narratore del romanzo offre una sovrabbondanza di esempi di questa tecnica di Bassani che oscilla fra dissimulazione e espressioni fatiche. Pur viaggiando sullo stesso treno semi deserto, i giovani e il medico occupano uno spazio separato e reso invalicabile dall'età, dalla specifica posizione sociale e, nell'espressione di uno dei giovani protagonisti, dal fatto che Fadigati è "un vecchio finocchio" (37). L'espressione gergale e insultante rivela l'ostilità per la diversità che è, nonostante la sua volgare violenza, condivisa senza freni inibitori fra i membri del gruppo, giovani e, si suppone, eterosessuali, a fronte del vecchio omosessuale. Conscio della propria diversità, Fadigati inizialmente sceglie di stare "segregato durante l'intero tragitto nel vagone di seconda classe" (38). Quando finalmente il medico trova il coraggio di stabilire un contatto, "non trova di meglio che uscire in qualche osservazione sulla 'giornata deliziosa, quasi primaverile'... Sono frasi generiche, banali, dette a mezza voce e non rivolte ad alcuno di noi in particolare, ma a tutti in blocco e a nessuno" (41). Stabilito il contatto, però, risulta chiaro, non appena uno dei giovani sceglie di rispondere chiamando Fadigati "dottore", che la barriera che li separa non è quella che separa degli sconosciuti che si guardano con diffidenza, non sapendo quanto fidarsi gli uni degli altri, ma un muro fra persone della stessa comunità e "salta subito fuori la verità: cioè che ci conosce tutti benissimo, lui, nomi e cognomi, nonostante il fatto che in pochi anni siamo diventati dei giovanotti" (42). Fra discussioni sul tempo che consentono di evitare le pressanti discussioni sui tempi in cui si trovano a vivere i protagonisti, la comunità ferrarese prolunga il più possibile la sua esistenza prima delle proprie tragedie. Come rilevato da Eugenio Montale, che dissentiva politicamente e artisticamente dal giudizio di Calvino, Bassani ha rappresentato senza timori il mondo borghese di Ferrara proprio quando l'interesse per il mondo borghese aveva raggiunto uno dei suoi minimi storici. Quanto sfuggì tanto a Calvino quanto a Montale, nel loro posizionarsi nello scontro di classe del dopoguerra italiano, è che l'esperienza delle leggi razziali e dell'olocausto non è interamente commensurabile allo scontro fra borghesi e anti-borghesi attraverso il quale tanta parte degli intellettuali italiani interpretava la storia d'Italia e d'Europa.

Pierpaolo Pasolini, non uso a misurare le parole, confessava il suo personale sgomento di fronte alla capacità di Bassani di descrivere non solo il mondo borghese, "ma descriverlo addirittura 'rivivendo' i loro discorsi: cioè citando continuamente le loro frasi fatte, i loro luoghi comuni: tutti nascenti da un'ideologia atroce: conservatorismo, ben pensare, consumismo paleocapitalistico" (14). L'equazione ideologica "fascismo=borghesia", anche nel suo contrario montaliano, trasforma la descrizione di Bassani dei rituali e delle espressioni della *Heimat* ferrarese in una semplice nostalgia per il tempo prima delle leggi razziali, come se Bassani avesse ignorato il fatto che quella comunità fosse fallita da se stessa, senza l'intervento di misteriosi agenti forestieri. A differenza dei suoi critici, Bassani fu consapevole che *non* si poteva scrivere, come fece Pasolini, "a parte la persecuzione razziale e la 'diversità' ebraica oggettivamente funzionanti in qualsiasi momento storico," come se la persecuzione razziale e la "diversità ebraica" fossero "a parte".

Quando diventa personaggio dei propri racconti, Bassani non nega (e perché dovrebbe?) la ferita di essere stato escluso da una biblioteca, da un circolo del tennis, dai rapporti erotici tanto con chi non voleva mischiarsi con gli ebrei quanto con chi, come Micol Finzi Contini, si rifiuta di farsi dettare il proprio destino amoroso dalla propria identità culturale. A differenza di chi, come i Finzi Contini, ha sempre vissuto all'interno di un muro nella convinzione di un eterno antisemitismo, e a differenza della figura del padre di Giorgio, che aveva abbracciato senza resistenza l'emancipazione nazionale italiana degli ebrei, Bassani riconosce l'esistenza delle barriere, apprezza il tentativo di attraversarle e scavalcarle offerto anche dalle buone maniere borghesi, ma riconosce il fondamentale fallimento delle buone maniere e delle espressioni phatiche nel mantenere in vita una comunità a fronte della violenza reale della discriminazione prima e dello sterminio poi.

Per chi voglia prestare attenzione, è Bassani, quando è una voce nei suoi racconti, che dice ai lettori che le espressioni vuote, dopo il passaggio delle leggi razziali nel 1938, non sono più rassicuranti, ma complici. Si veda, ad esempio, la discussione delle chiacchiere nel racconto "Una corsa ad Abbazia" ne *L'odore del fieno*. Il protagonista, trovatosi solo durante l'estate, vorrebbe rinverdire la sua relazione con Adriana, una precedente morosa, anche se, o forse proprio perché, le Leggi Razziali lo vietano.

Nonostante la volontà di farsi accettare dalla donna e dalla sua famiglia così da poter soddisfare i propri desideri sessuali adolescenziali, Bassani, narratore/protagonista del racconto, si rifiuta di seguire le regole della dissimulazione onesta. La madre di Adriana, che pure conosce la volontà di lui, non si oppone alla visita che egli fa, improvvisamente, alla figlia, e lo riceve nonostante la pericolosa situazione creata dal divieto di relazioni amorose fra ebrei e gentili. Nella conversazione che segue all'incontro, nel contesto vacanziero di un buon albergo dal sapore borghese, asburgico e dignitoso, il protagonista si irrita "ad ascoltarla, a guardarla esibire sconciamente il suo ottuso, egoistico ottimismo materno, borghese, così tipicamente emiliano agrario, nonché goi!" (*L'odore del fieno* 21). Insofferente di quel chiacchiericcio borghese che i suoi famosi critici, negativi o positivi che fossero, lo accusavano di riprodurre, il protagonista trova "necessario contraddirla, sostenere che, invece, la guerra sarebbe certamente scoppiata, e che anche 'noi', non meno certamente, saremmo stati coinvolti nell'immenso massacro generale" (21). Pur preservando il generale senso del decoro, "c'era mancato poco che non litigassero, insomma, lui e la signora Trentini" (21). Questo, nonostante si possa argomentare che, nel clima creato dalla vita in un regime totalitario alla vigilia di una nuova guerra mondiale, la donna possa apparire quasi coraggiosa, incontrando in pubblico e come un amico di famiglia lo spasimante ebreo della figlia. Dal punto di vista del protagonista, che in considerazione della conoscenza storica degli eventi successivi è condiviso anche dal lettore, le espressioni phatiche della signora non solo non bastano a creare una relazione fra i due, ma provocano reazioni aggressive nel protagonista. Nel contesto di una discussione sulla guerra e la discriminazione razziale, le chiacchiere vuote servono a mascherare la violenza reale che sta per scoppiare e che già si esercita sulle minoranze.

La lingua phatica e il suo fallimento
Ancora più cruciale, perché più sottile e foriera di un potenziale disorientamento morale, è la relazione fra normalità e conversazioni phatiche quando la

questione si osservi dal punto di vista del desiderio di ritorno alla normalità dopo la guerra. Laddove critici anti-borghesi come Calvino e Pasolini hanno visto una continuità fra la banalità della lingua borghese, ipocrisia e fascismo, Bassani ha rappresentato una importante distinzione fra minoranze e maggioranze all'interno della stessa comunità, separando la dissimulazione dei carnefici da quella delle vittime. Nel racconto del ritorno dell'unico scampato alla morte fra i deportati ebrei di Ferrara, Geo Josz, nelle pagine più drammatiche scritte da Bassani sulla memoria divisa della sua *Heimat* perduta, la cruciale differenza fra perpetratori e vittime, fra il desiderio di ritorno alla normalità dei primi rispetto a quello dei secondi, fra ipocrisia e cortesia, esplode nello schiaffo a freddo che la vittima dà al carnefice nell'episodio cruciale del racconto intitolato *Una lapide in via Mazzini*, che fa parte di *Dentro le mura*.

In una narrazione che avrebbe dovuto essere tenuta presente dai feroci critici anti-borghesi di Bassani, egli, in questo racconto, trasforma la descrizione della cortesia in una sarcastica rappresentazione della deficienza morale dei borghesi ferraresi. Chi partecipò delle Leggi Razziali del 1938, egli ricorda, era "gente per il resto quasi sempre per bene" (*Dentro le mura* 41) fino ad allora ed erano gli stessi che avevano ucciso e approfittato, vendendo e comperando le spoglie degli ebrei perseguitati. Per costoro, il semplice essere in vita di Geo, monumento vivente dello sterminio, costituisce una minaccia alla propria vita perché essi erano stati gli assassini di tutti quelli che avevano subito il destino di Geo negli anni della guerra e dell'occupazione tedesca. Il silenzio di Geo su ciò che vuole, sul proprio futuro, costituisce una ragione di paura e di sgomento per gli ex carnefici, che trovano nel volto del sopravvissuto la ragione di una possibile punizione. Il loro essere "per bene" e, in fondo, così banali e provinciali, non gli ha affatto impedito, come nella vicenda narrata in *Una notte del '43*, di diventare dei feroci assassini.

Bassani, nella prima parte del racconto, racconta del desiderio di un ritorno alla normalità di Geo. Egli, derubato della sua comunità, prova fastidio "per ogni segno che gli parlasse, a Ferrara, del passaggio del tempo, e dei mutamenti anche minimi da esso portati nelle cose" (42), e prova, con ostinato desiderio, a rioccupare il proprio spazio sociale ed emotivo. Così facendo, però, Geo testimonia a tutta la città la perdita irreparabile che l'antisemitismo di Stato e lo sterminio hanno provocato. Prima dell'episodio che lo vede dare due schiaffi a un vecchio collaborazionista nazista, Geo prova a tornare nel mondo che non c'è più, per poi consegnarsi alla memoria e alla rievocazione della memoria dei morti.

Fintantoché Geo sembra intento ad un ritorno nella comunità da cui è stato violentemente espulso, il suo parlare è tutto incentrato su di un chiacchiericcio frivolo. Geo non parla di politica o di sterminio, ma si caratterizza per un ritornello che sembra un'innocente mania, sulle barbe e sulla loro eccessiva lunghezza dopo la guerra. In attesa di riprendere il suo posto, nella casa paterna occupata, negli affari, nella città, nella sua famiglia, Geo produce quello che sembra un involontario senso di straniamento non con le sue parole, ma nella strana relazione fra il proprio corpo, che sembra grasso, le sue parole, che sembrano phatiche, e la consapevolezza che la comunità ha della tragedia di cui è stato una delle vittime.

Il secondo atto, simmetricamente opposto al primo, vede invece Geo incapace e ostinatamente ostile a qualsiasi conversazione socialmente educata, permanentemente impegnato a ricordare a sé e agli altri la tragedia di cui è stato vittima e testimone. Al bar del centro, alla balera, al circolo, vale a dire in tutti i luoghi deputati alle attività frivole e di svago, Geo, infine, col suo corpo magrissimo, commensurato all'esperienza del campo di concentramento, monopolizza la conversazione e impedisce la vuota socialità. Persino al casino che, dice Bassani, "era rimasto l'unico luogo, in fondo, dove ci si potesse riunire senza che le opinioni politiche si mettessero di mezzo ad avvelenare i rapporti tra le persone: e si passavano le serate come una volta, per lo più limitandosi a chiacchierare, o a giocare a ramino con le ragazze" (54). In questo luogo dove la comunità maschile ferrarese dimenticava le proprie divisioni in nome di un'animalesca alleanza senza contenuto, Geo prova, respinto, a forzare la conversazione sullo sterminio. La comunità ferrarese, per esplicitare quello che Bassani racconta senza commento, sembra ancora capace di ricostituirsi, mettendo tra parentesi le proprie divisioni, ma la perdita è, moralmente e umanamente, irreparabile. La comunità è solo una menzogna frutto di una fittizia dimenticanza e di un'attiva esclusione dallo spazio comune.

Nel mezzo del dramma di Geo, a farne insieme da spartiacque narrativo e da cifra interpretativa, vi è l'episodio dei due sonori schiaffi che Geo assesta sulle guance del vecchio simpatizzante nazista, il conte Scocca, e che si dipana sulla dinamica fra espressioni phatiche e i loro limiti accettabili. Le spiegazioni dei ferraresi che assistono all'improvviso attacco di Geo si concentrano su una possibile violazione delle barriere temporali o personali attraverso una piccola espressione stereotipata e phatica.

Il conte Scocca, chiacchierano i ferraresi in una delle spiegazioni fornite, sarebbe improvvisamente apparso a Geo, sorprendendolo, per così dire, con la sua presenza. Oppure, secondo altri, Scocca, in risposta alla presenza di giovani donne sulla passeggiata della città, avrebbe fischiettato "Lili Marlèn" [sic], una canzone irrimediabilmente legata alla guerra e alla Germania (50). In entrambi i casi, il cronotopo in cui la vittima e il carnefice si incontrano avrebbe aperto, come il muro dei fucilati, una ferita in grado di connettere improvvisamente passato e presente. Questo improvviso incontro avrebbe restituito completezza alla memoria della passata Ferrara in cui Geo sembrava voler ritornare a rivivere: una Ferrara dove c'è spazio morale per lo zio fascista munito di barba fascista, ma dove non possono convivere pacificamente sterminatori e sterminati.

La spiegazione alternativa che Bassani riporta separatamente a sottolineare la sottile differenza dalle precedenti, suggerisce che a mettere assassini e vittime le une di fronte alle altre non sarebbe stato un atto involontario del conte o il caso, ma un atto volontario di Scocca. Questi, secondo alcuni, avrebbe salutato Geo, esclamando "Guarda guarda: non sarai mica Geo Josz, il figlio del mio amico Angiolino?!" e, a questo saluto, avrebbe fatto seguito una conversazione sulla fine dei genitori di Geo, mondana e normale nei toni, in tutto simile alle conversazioni di maniera dei cittadini ferraresi, "non diversi all'aspetto da una normale coppia di cittadini che sostano su un marciapiede a discorrere del più e del meno in attesa che venga buio" (51). In questa versione degli eventi, gli osservatori specificano, il conte non avrebbe commesso alcuna scorrettezza formale, neppure quelle attribuitegli da coloro che riferivano la versione con la canzone, e il comportamento di Geo sarebbe stato quindi il risultato della sua "bizzarria". Secondo questa spiegazione, infatti, i ferraresi, pur senza sapere nulla di antropologia linguistica, si sarebbero sorpresi senza riuscire a spiegarsi come una conversazione intesa ad affermare una relazione sociale e a diminuire l'ostilità del silenzio, sia potuta sfociare in un atto di violenza nonostante il rispetto formale delle regole di una conversazione phatica. Per loro, si intuisce, gli schiaffi di Geo appaiono simili a quelli che un concittadino ci desse durante una conversazione sulle stagioni: immotivati e bizzarri. Proprio la frase phatica che, nel caso di Fadigati aveva aperto lo spazio per un avvicinamento e un riconoscimento fra la maggioranza e la minoranza, risulta qui responsabile di un avvicinamento che opera un'inaccettabile violenza, confondendo vittime e carnefici.

Conclusione

Nella conclusione del racconto, in cui Bassani offre la sua interpretazione dell'episodio, il lettore non scopre nulla di nuovo, giacché non vi è modo di scoprire altri fatti, ma solo che, dal punto di vista di chi volesse provare a capire Geo, non vi è alcuna bizzarria nel suo comportamento. A fronte di una conversazione vuota, Bassani scrive, la questione dell'identità propria e del proprio interlocutore si può aprire ad una domanda esistenziale: "Che cosa faccio, io, qui con costui? Chi è costui? Ed io che rispondo alle sue domande, e intanto mi presto al suo gioco, io, chi sono?" (55). La risposta a queste domande, piuttosto che alle "domande insistenti seppure cortesi", erano stati gli schiaffi, e avrebbe potuto essere un "urlo furibondo disumano", come a sottolineare che, a fronte dell'umanità negata, la più umana delle attività, la conversazione vuota, la comunicazione per la comunicazione, diventa impossibile.

Se viste alla luce di una distinzione fra carnefici e vittime e, soprattutto, alla luce di una domanda esistenziale sulla propria identità umana nella comunità in cui si è nati e da cui si è stati violentemente espulsi, le chiacchiere riprodotte da Bassani non sono più "borghesi". O forse lo sono se per "borghesi" si intendono, in modo ingenuo, gli abitanti di quella piccola *Heimat* italiana che Bassani rappresenta nel *Romanzo di Ferrara* — una comunità pervasa da muri e da tensioni che vengono scavalcati e temporaneamente dimenticati nel processo di emancipazione legata alla costruzione della modernità nazionale italiana, ma che diviene una comunità impossibile per i sopravvissuti alla Shoa. Fra gli schiaffi di Geo e il suo scomparire da Ferrara dopo aver tentato, invano, di occupare la memoria della città che rinasce nel dopoguerra vi è un'ovvia continuità logica. La comunità, semplicemente, non è più possibile e il suo rituale più comune, la chiacchiera vuota, nel costringere gli interlocutori a confrontarsi nella propria comune umanità, diventa moralmente inaccettabile. L'espressione phatica, proprio perché serve a limitare la violenza superando il muro dell'alterità, diviene una bestemmia quando la comunità è fra carnefici e vittime.

University of Illinois at Urbana-Champaign

Works Cited

Accetto, Torquato. *Della dissimulazione onesta*. A cura di Salvatore S. Nigro. Genova: Costa & Nolan, 1983.

Anderson, Benedict R. O'G. *Imagined Communities: Reflections on the Origin and Spread of Nationalism*. Rev. ed. London; New York: Verso, 2006.

Bakhtin, M. M. *The Dialogic Imagination: Four Essays*. A c. di Michael Holquist. Trad. Caryl Emerson e Michael Holquist. U of Texas P. Slavic Series 1. Austin: U of Texas Press, 1981.

Barthes, Roland. *The Rustle of Language*. Trad. Richard Howard. Berkeley: U of California P, 1989.

Bassani, Giorgio. *Dentro le mura*. Milano: Mondadori, 1985.

———. *Di là dal cuore. Opere*, a cura di Roberto Cotroneo. "I Meridiani." Milano: Mondadori, 1998.

———. *Il giardino dei Finzi-Contini*. IV ed. Torino: Einaudi, 1999.
———. "Il giardino tradito." In *Di là dal cuore*.1984. In *Opere*, a cura di Roberto Cotroneo. "I Meridiani." Milano: Mondadori, 1998. 1255–65.
———. *Gli occhiali d'oro*. Elefanti. I ed. Milano: Garzanti, 1986.
———. *L'odore del fieno*. Prima edizione nell "Universale Economica." Milano: Universale Economica Feltrinelli, 2013.
———. *Il romanzo di Ferrara*. Milano: Mondadori, 1980.
Calvino, Italo. *Lettere 1940–1985*. I Meridiani. I ed. A cura di Luca Baranelli. Milano: Mondadori, 2000.
Confino, Alon. *The Nation as a Local Metaphor:* Württemberg, *Imperial Germany, and National Memory, 1871–1918*. Chapel Hill: U of North Carolina P, 1997.
Druker, Jonathan. *Primo Levi and Humanism after Auschwitz: Posthumanist Reflections*. New York, NY: Palgrave Macmillan, 2009.
Eagleton, Terry. *Literary Theory: An Introduction*. Anniversary ed. Minneapolis: U of Minnesota P, 2008.
Hobsbawm, E. J. *The Age of Extremes: A History of the World, 1914–1991*. I Vintage Books ed. New York: Vintage Books, 1996.
Kroha, Lucienne. *The Drama of the Assimilated Jew: Giorgio Bassani's "Romanzo di Ferrara."* Toronto: U of Toronto P, 2014.
LaCapra, Dominick. *Writing History, Writing Trauma*. Baltimore: Johns Hopkins UP, 2014.
Malinowski, Bronislaw. "The Problem of Meaning in Primitive Languages." In C. K. Ogden e I. A. Richards. *The Meaning of Meaning: A Study of the Influence of Language upon Thought and of the Science of Symbolism*. VIII ed. New York: Harcourt, Brace & World, 1946. 296–336.
Montale, Eugenio. "Vita e morte di Micòl." *Il Corriere della Sera* (28 Febbraio 1962).
Pasolini, Pier Paolo. "Bassani: Storia di un delirio." *Tempo: settimanale di politica, letteratura e arte* XXX, 47 (16 novembre 1968): 14.
Pavan, Ilaria e Alberto Cavaglion. *Il podestà ebreo: la storia di Renzo Ravenna tra Fascismo e Leggi Razziali*. Storia e società. I ed. Roma: Laterza, 2006.
Royle, Nicholas. *The Uncanny*. New York: Routledge, 2003.
Sarfatti, Michele. *The Jews in Mussolini's Italy: From Equality to Persecution*. George L. Mosse Series in Modern European Cultural and Intellectual History. Madison: U of Wisconsin P, 2006.

Alberto Melloni

Il discorso di Giovanni Paolo II
nel Tempio Maggiore di Roma:
redazioni e significati di un testo chiave

Sinossi: Grazie alla disponibilità delle ultime versioni preparatorie il discorso pronunciato da Giovani Paolo II nella sinagoga di Roma il 13 aprile 1996 può essere compreso nella sua portata: atto di ricezione del Vaticano II e testimone delle questioni allora irrisolte del dialogo ebraico-cristiano.

Parole chiave: Jewish-Christian relations – Papacy – Judaism – Vatican II – *Nostra Aetate* – Elder Brothers – Shoah

"Fratelli maggiori": con questa espressione Giovanni Paolo II, ospite del Tempio Maggiore di Roma il 13 aprile 1986, segnava una tappa rilevante della relazione fra chiesa di Roma ed ebraismo, prendendo voce proprio là dove si erano consumate alcune fra le vicende più crudeli della vessazione cattolica ai danni dei figli di Israele. Lì al cuore del ghetto erano state applicate le legislazioni reclusive e la disciplina delle conversioni forzate (Caffiero): l'apertura delle sue porte era stata giudicata da Pio IX come il segno di una "rivoluzione" che spezzava la sudditanza ritenuta essenziale alla preservazione non del regime di cristianità, ma del cristianesimo (Miccoli); attorno a quella comunità l'antisemitismo della "Civiltà cattolica" aveva costruito un registro retorico (Raggi and Taradel) e, a valle delle leggi fasciste di persecuzione propedeutiche allo sterminio, la razzia del 16 ottobre aveva colpito trovando la santa Sede ferma in quel silenzio al quale una tendenza storiografica ritiene di dover "sottrarre" gli episodi di soccorso dato agli ebrei di Roma da case religiose (Moro; Riccardi); lì, molti anni dopo, si era consumato un eccidio palestinese (Laffin) deprecato con parole di circostanza proprio da Giovanni Paolo II, inclusa l'espressione del generico dolore per la morte di "un bambino", al quale non si sentiva il bisogno di dare almeno il suo nome.

Quella espressione — "fratelli maggiori" — colpì l'immaginario collettivo e la capacità di plasmarlo della stampa mondiale: quelli che la preghiera del venerdì santo corretta da Giovanni XXIII aveva chiamato per secoli "perfidi giudei", facendo diventare un termine tecnico sulla alterità di fede ("per-fides") un dispregiativo proprio perché utilizzato contro gli israeliti, venivano riconosciuti come fratelli. Ignoranza della bibbia e sincerità delle intenzioni fecero sì che quasi nessuno cogliesse l'ambiguità di quella espressione e il potenziale supersessionista che conteneva, come si evince dalla letteratura fornita da Robbins.

Ma pochi colsero l'altra espressione chiave — priva di ambiguità e di potenziali distorsioni — usata in quella circostanza da papa Wojtyła: la condanna dell'antisemitismo "di quandunque e di chiunque" ripetuta due volte, nel quale affiorava il desiderio di far proprio, senza esitazioni e senza attenuazioni, il *mea culpa* per quella piaga della chiesa curata dal Concilio. Così, con la dichiarazione *Nostra Ætate*, portò a conclusione l'iter avviato da Giovanni XIII per un *De Judæis* che rompesse con una tradizione di antisemitismo o, come ama dire oggi qualcuno, praticando una distinzione in intenzioni dall'esito identico, di "antigiudaismo".

Le premesse
Delle premesse storiche e dottrinali di quel discorso sono già state studiate le fonti di maggior peso sia archivistico che memorialistico e ne ho potuto tracciare le linee fondamentali (Melloni, "Rav Toaff" 95–119): divenute più comprensibili mano a mano che la relazione asimmetrica come quella che lega il cristianesimo all'ebraismo — la chiesa non può pensarsi né teologicamente né storicamente senza l'ebraismo, mentre l'ebraismo non ha bisogno della chiesa per sapere cos'è l'alleanza (Melloni, "Nostra Aetate") — s'è palesata nel "discorso" storico e teologico del cattolicesimo. La Shoah e il modo in cui il futuro Papa Roncalli ne visse le fasi e le conseguenze segnarono un punto di svolta rispetto alla previgente stilizzazione diplomatica e alla cornice dottrinale che la riempiva (Porat; Melloni, *Tra Istanbul*). E dal suo impulso benedicente, il Concilio e il segretariato affidato all'anziano biblista tedesco, il cardinale Augustin Bea, SJ, derivarono quel primissimo schema *De Judæis*, bocciato dalla commissione preparatoria centrale con modi rudi, e occultato in un paragrafo della dichiarazione sulle religioni non cristiane che ne avrebbe potuto segnare in modo più marcato la lettura, anziché annacquare il legame ebraico-cristiano in un più diluito brodo inter-religioso, un paragrafo che mostrava la peculiarità di quel nesso

asimmetrico la cui prospettiva intrinseca ne faceva il sacramento di tutte le alterità (Melloni, "Nostra Aetate").

La genesi materiale della visita è più frastagliata: c'è infatti una intervista fatta da *Shalom*, la rivista della comunità ebraica romana, all'inizio del pontificato wojtyliana a un non meglio identificato "negoziante di tessuti": secondo lui "c'è un gesto che il papa polacco potrebbe fare e che gli ebrei capirebbero e apprezzerebbero subito. Perché un giorno, passando in macchina sul lungotevere davanti alla sinagoga, non si ferma un momento a rendere omaggio alla lapide dei deportati?" ("Ebrei e Polonia"). Questo cortocircuito fra il ricordo del Roncalli benedicente e razzia del ghetto impiegherà molto tempo a diventare un'agenda. Il papa stesso infatti fa *richiesta* — ne è latore il cardinal vicario Poletti, ma all'iniziativa non manca la regia di padre Duprey e di mons. Mejía —[1] di un incontro con gli esponenti della comunità romana (Toaff, *Perfidi giudei* 227–36). La richiesta viene molto apprezzata da una comunità che per secoli aveva dovuto chiedere di vedere il nuovo pontefice o i suoi governanti per esserne umiliata in un rito *ad hoc*. L'incontro dell'8 febbraio 1981 ha luogo a margine della visita pastorale del papa alla parrocchia di san Carlo ai Catinari, dopo un invito accolto formalmente dai rabbini e dalla dirigenza della comunità romana. Protocollare, definirà Toaff l'invito,[2] e seguito da una sbrigativa dichiarazione del papa che risponde alla richiesta di Luciano Tas di mandare un messaggio attraverso la rivista ("a tutti i vostri connazionali, gli ebrei d'Italia, di Roma che sono i nostri fratelli, ecco *Shalom shalom*"). Con quel "connazionali" che sulla bocca di altri avrebbe potuto suonare come un grossolano scivolone linguistico e quel "fratelli" dei cristiani di Roma ancora imprecisato, la richiesta di una visita si fa più forte:

> È troppo chiedere — si domanda qualcuno — ad un papa che visita, città, nazioni e continenti, di fermarsi un momento nel quartiere che prima vide il sorgere di mura disonoranti per la chiesa e poi la razzia nazista?
>
> ("Il rabbino e il papa")

---

[1] Nell'Archivio del Segretariato per l'Unità dei Cristiani, Città del Vaticano, 919/86 esiste una lettera di ringraziamento di Mejía al parroco ("Il rabbino e il papa"); in una intervista a G. Cardinale, Mejía inverte l'ordine dei desideri e aggiunge una motivazione di carattere politico che non trova riscontri: "Sì, era accaduto nel febbraio 1981. Il rabbino capo aveva espresso il desiderio di incontrare Giovanni Paolo II anche per manifestare la sua solidarietà e sintonia col Papa proprio nel periodo in cui in Italia si discuteva animatamente sulla questione dell'aborto in vista del referendum. L'occasione si presentò nel corso della visita alla parrocchia di San Carlo ai Catinari, vicino al Ghetto. L'incontro avvenne in sacrestia, con una discrezione richiesta da ambo le parti."

[2] Toaff riporta le parole del papa sulla "sofferenza" degli ebrei nelle quali vede l'adempimento di una sua condizione per l'incontro (*Perfidi giudei* 227–29).

Ma l'accenno di dialogo rimane gelato dalla irruzione sulla scena della diplomazia dell'OLP: la posizione di mons. Hilarion Cappucci, il colloquio del 18 marzo 1981 fra Faruk Kaddumi e mons. Casaroli, la tensione affiorata durante il massacro di Sabra e Chatila del 16–17 settembre 1982 con una strage di palestinesi perpetrata da un esercito cattolico e posta in capo ad Israele ("Shalom" 15.8 (1982): 1), l'udienza papale a Yasser Arafat del 15 settembre, a breve distanza dall'assalto di un commando dell'OLP che fa fuoco sugli ebrei all'uscita dalla sinagoga di Roma per farne strage, il 9 ottobre. Assalto sul quale il papa pronuncia parole d'esecrazione l'indomani, durante l'*Angelus*, banalmente incastonate in un discorsetto d'occasione, rimasto nella sua struttura vistosamente inalterato dopo la tragedia del giorno innanzi.[3]

Il cambio
Solo col 1985 le cose cambiano: *Nostra Aetate*, riletta celebrativamente nella primavera del 1985 in un convegno all'Angelicum di Roma, aduna il 17–18 aprile in quella facoltà teologica dei domenicani, B'nai Berith, l'Anti-Defamation League, Pro Unione e il Sidic. In quella sede il cardinale Johannes Willebrands annuncia i *Sussidi per una corretta presentazione degli ebrei e dell'ebraismo nella predicazione e nella catechesi della chiesa cattolica* (Levi 16) preparati inutilmente dalla commissione Mejía per la visita papale di maggio in Belgio e Olanda e resi noti a giugno. L'11 novembre, durante il convegno dell'Amicizia ebraico-cristiana a Roma, vengono diffusi dati sbalorditivi sull'ignoranza del clero cattolico riguardo al contenuto di *Nostra Aetate*, e si decide di chiedere per lettera ai cardinali Johannes Willebrands e Roger Etchegaray un passo del sinodo convocato per il XX° della fine del concilio.

Soprattutto Arrigo Levi, riprende in quel convegno la questione di un gesto pontificio che parli al fedele comune:[4]

---

[3] All'*Angelus* Wojtyła ricorda l'anniversario dell'apertura del Concilio e la beatificazione di Maximilian Kolbe, e solo dopo aver esaurito questi argomenti fa menzione dell'attentato senza citare il nome del piccolo Gay Taché: "La tragica sorte di tanti ebrei soppressi senza pietà nei campi di concentramento ha avuto già la condanna, ferma ed irrevocabile, della coscienza dell'umanità. Ma purtroppo ancora nel nostro tempo si ripetono episodi criminosi di odio antisemita. Con cuore profondamente addolorato penso al bambino ebreo che ieri ha perso la vita qui a Roma e alle altre persone ferite nell'esecrando attentato alla sinagoga. Nel rinnovare la mia viva deplorazione per tale agghiacciante atto terroristico, affido a Dio misericordioso questa vittima innocente, invocando conforto per i suoi genitori e familiari, la guarigione per i feriti, ed esprimendo sentita solidarietà alla comunità ebraica romana" ("Angelus Domenica 10 ottobre 1982").

[4] In interviste posteriori — la corrispondenza di Rav Toaff si trova in una zona pericolante dell'Archivio storico della Comunità ebraica di Roma (poi ASCER) e ad un primo controllo non sembra contenere i carteggi degli anni Ottanta — Mejía ha parlato di una telefonata risalente ad alcuni anni prima

ed io mi sono detto: ma è possibile che questo papa che ha girato tutto il mondo [...] non abbia fatto quel piccolo passo attraverso il Tevere? Senza un gesto clamoroso, io valuto il fallimento di questi pur importanti documenti [scil. *Nostra Aetate* e i *Sussidi*]

"Il Convegno all'Angelicum"

Un auspicio — pubblicamente eroso dalla *querelle* su un Carmelo di Auschwitz[5] — dietro il quale si collocano i contatti fra Rav Toaff e mons. Mejía. È probabile che anche altre figure e circoli di dialogo diversi abbiano giocato la loro parte durante assaggi previ e forse ancora ignoti, ma è col filo della commissione per i rapporti religiosi con l'ebraismo che inizia ad imbastire l'incontro in sinagoga. Non sappiamo con precisione da quando se ne stesse parlando, ma è certo che la proposta di un tale inedito contatto si palesa il 21 gennaio 1986,[6] durante una riunione (forse conviviale) fra Giovanni Paolo II e i suoi principali collaboratori: quel martedì la seduta discute della visita del pontefice a Los Angeles (che sarà effettuata durante il viaggio negli Usa del 1987). Sono senz'altro presenti il segretario di Stato Agostino Casaroli, il sostituto della II sezione Martínez Somalo, probabilmente l'altro sostituto, certamente mons. Mejía, forse il segretario particolare ed altri. Molti anni dopo, e ormai cardinale, il prelato argentino lo ricorda così:

---

dell'evento nella quale avrebbe accennato al rabbino capo del desiderio Giovanni Paolo II di far visita alla sinagoga: notizia che mal s'accorda con la lamentata assenza di una presenza ufficiale della chiesa nei primi tre anniversari dell'assalto del 9 ottobre 1982; non va comunque dimenticato che prima della riforma della curia del 1988 i segretariati conservano una loro alterità rispetto ai metodi e allo stile curiale e che dunque è possibile che dei *pourparler* amicali abbiano assunto un significato diverso *post eventum*.

[5] Divenuto di pubblico dominio a fine 1985, il progetto di un insediamento cattolico nel perimetro del KL fa riaffiorare diffidenze profonde: la partecipazione al progetto di un ex poliziotto collaborazionista belga come Adrian Van Coppenole o di ex militanti nazistoide come Arthur De Bruyne o il fatto che *Kirche im Not*, l'organizzazione che raccoglie i fondi, suggerisca di leggere i bollettini di Georges Albertini, un petainista notorio, e di Yaroslav Stesko, ex ministro di una repubblica ucraina filo-nazista — tutto spinge a decifrare nella infelice idea l'ombra di una rivincita contro la memoria della Shoah, contro la quale il papa polacco non prende immediatamente posizione ("Ad Auschwitz"; "Un centro di preghiera?").

[6] Dice Toaff in una intervista del 1996: "Per arrivare alla visita in Sinagoga del 13 aprile 1986 c'è voluto un lungo lavoro di preparazione, sia per il Vaticano, sia per la comunità. Ricordo con piacere il grande e discreto lavoro svolto da uomini come monsignor Jorge Mejía, che in quel tempo era segretario della pontificia commissione per i rapporti con l'ebraismo, come il mio amico vescovo Clemente Riva, presidente della commissione diocesana romana per l'ecumenismo. Da parte nostra, ricordo che, oltre a preparare la comunità ebraica romana, consultammo il rabbinato europeo al gran completo nel corso di una teleconferenza. Tutti i rabbini interpellati si mostrarono entusiasti dell'idea" (La Rocca, "Il ricordo commosso").

> Era il gennaio del 1986 e venni invitato ad un pranzo di lavoro con il Pontefice assieme ai vertici della segreteria di Stato. Si parlava di un futuro viaggio negli Stati Uniti e sinceramente non capivo perché ero stato convocato. Fino a quando venne introdotta una questione sollevata dall'arcivescovo di Los Angeles, se cioè si poteva prevedere una visita nella Sinagoga di quella metropoli. Il Papa chiese il mio parere, e dissi che se il vescovo di Roma doveva visitare una Sinagoga forse era meglio iniziare con quella della sua città. Giovanni Paolo II approvò subito l'idea e mi chiese se era realizzabile. Per un attimo mi morsi la lingua, ma poi risposi che dovevo chiedere al rabbino capo Toaff. Il Papa mi chiese di farlo.
>
> ("Avvenire", 17 gennaio 2010)

La proposta viene recapitata a Rav Toaff prima della fine del mese di gennaio, forse a voce: questi la esamina con una rapidità che la dice lunga su quanto un tale spiraglio fosse stato preparato e atteso. Infatti, sentito il consiglio o una giunta di consiglio,[7] propone che l'incontro avvenga il 23 febbraio (Saban 135); ma in quella data il papa, di rientro dal viaggio in India, ha già in programma la visita alla parrocchia di san Filippo Neri in Eurosia.

Ai primissimi di febbraio giunge una proposta probabilmente più formale, di cui a tempo debito è informata anche la stampa ("L'arte di arrangiarsi" 14): il rabbino ne discute con la giunta del consiglio presieduto da Giacomo Saban che in una riunione del 5 febbraio approva la proposta all'unanimità. Viene anche indicata una data compresa, dice lo scarno verbale, "fra il 1° e il 23 aprile", forse avendo già ottenuto in teleconferenza il parere favorevole del consiglio dei rabbini capo d'Europa.[8] Anche se mons. Clemente Riva ricorda confusamente d'essere latore di un appunto di conferma al papa,[9] è per le vie formali che, mentre Giovanni Paolo II è in India, si fissa la data della visita del papa in sinagoga al 13

---

[7] . Nell'archivio ASCER risulta un solo verbale mutilo per la seconda proposta (cfr. *Infra*).

[8] In ASCER si trova il verbale della seduta, ma non gli allegati ai quali il verbale rinvia, scomparsi dall'archivio; altrove si accenna al verbale per l'unanimità della decisione ("L'arte di arrangiarsi" 14). Prima o dopo ci dev'essere stata la consultazione con i rabbini capo europei in teleconferenza: probabilmente la stessa nella quale si approva la lettera al papa contro il Carmelo ad Auschwitz su cui verremo fra poco e di cui si veda Toaff, *Perfidi giudei* 236.

[9] Lo stesso Riva ricorda il lavoro svolto e descrive così il proprio ruolo: "Quando prospettai al Santo Padre e al rabbino capo della Comunità ebraica di Roma Elio Toaff, l'idea di un incontro in Sinagoga fui subito incoraggiato ad andare avanti e con grande entusiasmo da ambo le parti". L'ausiliare di Roma si attribuisce anche il merito di aver portato al papa la risposta: "Per non dare troppo nell'occhio" — è sempre il racconto di Riva — quel giorno mi avvicinai al Santo Padre per salutarlo. Senza farmene accorgere, gli consegnai una lettera nella quale gli comunicavo la disponibilità della comunità all'incontro"; La Rocca afferma, come cosa detta nell'intervista, che l'incontro avvenne a Sant'Ippolito, dove però Wojtyła andò in visita il 12 febbraio 1984 ("Intervista ad Orazio La Rocca")!

aprile 1986, periodo dell'anno liturgico greve dei funesti ricordi dell'accusa del sangue per l'ebraismo.[10]

L'appuntamento viene custodito nel segreto per cinque settimane, durante le quali si definiscono i primi dettagli. Toaff redige una proposta di agenda che *non* prevede la sosta alla lapide della razzia del 1943 e fissa soltanto l'ordine nel quale saranno pronunciati i tre discorsi previsti: il presidente della comunità, poi il rabbino capo, infine il papa (Saban 135).

Il discorso

L'annuncio suscita una ondata di commenti, che pesano nella redazione del discorso papale, che è responsabilità di mons. Mejía (il che non esclude che abbia commissionato o avuto tracce ampie o brevi): questa prima stesura (che in sinossi indicherò con α) è certamente completata il 2 aprile. Il testo sarà rivisto in almeno tre riprese da mani interne al pontificio consiglio e forse fra il 3 e il 9 e produce tre battiture a macchina (indicate in sinossi come β - γ - δ). È già chiuso quando, il 10 aprile, la segretaria della comunità ebraica E. Sylvie Rossi manda in Vaticano il testo degli indirizzi di Rav Toaff e del presidente Saban, insieme al programma definitivamente validato dell'incontro e della preghiera comune.[11]

Mentre il contesto della visita è stato già studiato, la struttura del discorso e delle sue varianti penso meriti un approfondimento. La traccia Mejía soddisfa quasi tutte le richieste implicite o esplicite del rabbino capo: evoca quei temi — l'eredità roncalliana, il Concilio, il *wording* di *Nostra Aetate*, la confessione di colpa — che avevano fatto parte della preparazione della visita e del discorso stesso.

All'inizio del discorso il pontefice riconosce perciò che "il merito prevalente" di questo gesto storico era stato di Rav Toaff, pronto nell'"aver accolto il progetto di questa visita", alla quale il papa rivela però di aver pensato "da tempo": nulla autorizza a dire che si tratti di un artificio retorico per non apparire troppo inerte rispetto alla iniziativa del rabbino capo o se ci sia stato effettivamente un vero piano; evocare questo "tempo" di maturazione dà comunque un senso al fatto che l'incontro con la comunità ebraica più prossima fosse giunto solo a quel punto.

---

[10] La visita del 1986 venne infatti a cadere fra la Pasqua cristiana e il Pesach ebraico, nel periodo cioè nel quale la comunità ebraica era esposta all'accusa dell'omicidio rituale, come ricorda Meghnagi (20).

[11] È E. Sylvie Rossi che trasmette questi materiali, probabilmente collocati fra le carte Toaff non ancora accessibili in ASCER.

E nello svolgimento dell'allocuzione papa Wojtyła si mette nella scia di Giovanni XXIII per ribadire senza tentennamenti l'insegnamento del Vaticano II: anzi Giovanni Paolo II quando cita la cruciale formula di deplorazione dell'antisemitismo coltivato "in ogni tempo e da chiunque", si sofferma e ripete la frase, quasi che stesse improvvisando: è invece un'accentuazione del copione dattiloscritto ("ripeto: da *chiunque*"[12]) che deve suonare e suona come una confessione di colpa dell'istituzione e non dell'oratore. Al di là del *wording*, insomma, il modo in cui il testo viene letto punta a conquistare una fiducia che Wojtyła sa di doversi guadagnare, come papa e come polacco: c'è una istanza di sincerità, di immediatezza disarmata, di resezione d'ogni secondo fine che viene colta e salutata con applausi lunghi e calorosi.

È questa fiducia che rende tollerabile la definizione degli ebrei come "fratelli maggiori": il titolo più ambiguo della tradizione biblica ed evangelica, nel quale tutti percepiscono non un mascherato supersessionismo, o peggio ancora l'evocazione della allegoria del fratello non prodigo della parabola del padre misericordioso del vangelo di Luca, ma il contrario: un riconoscimento di dignità, una reversione di quella teologia agostiniana della minorità perpetua dell'ebreo che lo consegnava in balia dei cristiani nel diritto canonico classico, una attestazione di rispetto che non poteva che andare oltre le parole.

Al puntuale richiamo conciliare degli interlocutori il papa risponde commentando tre punti chiave di *Nostra Aetate*[13] in un esempio di recezione accrescitiva della dichiarazione. Egli sottolinea infatti (i) la qualità intrinseca del rapporto fra chiesa ed ebraismo, che dunque ne definisce anche la radicale asimmetria, (ii) la cancellazione del pregiudizio sulla colpa ebraica (con il richiamo del giudizio di Dio sui discriminatori), e infine (iii) lo scardinamento di ogni teologia della reiezione con l'affermazione della irrevocabilità dell'alleanza che costituisce lo snodo teologico dirimente. Questi punti dal valore "perenne" sono stati — spiega il papa — strumentati dai documenti del 1974 e del 1985 prodotti dalla commissione per i rapporti religiosi con l'ebraismo ai quali il pontefice offre il proprio generoso *endorsement*.

Nell'ultima parte del suo discorso, invece, il vescovo di Roma riprende un tema più legato alla sua *forma mentis*, ma anche più accettabile da quella parte

---

[12] Il filmato, ora in *TecheRai*, mostra che Giovanni Paolo II legge il "da chiunque", si ferma e poi scandisce "ripeto: da chiunque" fissando l'assemblea, che risponde con un applauso; nel dattiloscritto del discorso diffuso dalla comunità e dalla sala stampa sia la ripetizione dell'inciso sia la sua introduzione col "ripeto" erano previsti. Un giornalista Rai presente all'incontro ha raccolto alcune testimonianze sulle impressioni degli ascoltatori (Gulli).

[13] Per l'uso del Concilio II si veda il commento pubblicato nel 1972 in Polonia e tradotto in italiano dopo l'elezione a papa (Wojtyla,).

dell'ebraismo che considera il dialogo possibile solo su un piano a-teologico o preter-teologico: così papa Wojtyla enuncia una comunanza "valoriale" (vita, libertà, diritti, giustizia, pace e poi il decalogo) fra ebrei e cristiani in modo molto rapido, per finire sul tema dell'amore fraterno come *télos* della vita comune nella stessa città.

E conclude con una citazione del Salmo 135 letto in italiano e anche in ebraico, il che dà un tocco commovente alla lettura, anche se si tratta di una citazione che omette un emistichio chiave, quello che chiama il sacerdozio e Israele alla lode — "lo dica la casa di Aronne" —, infatti, viene saltato...

Le varianti

Questo dunque il senso e lo spessore del testo nella sua forma finale: che è quella che, al di là di ogni retroscena redazionale, costituisce la posizione assunta dal papa in questa storica occasione.

Ma proprio l'accessibilità di quel retroterra consente di cogliere quelli che sono stati i punti nei quali il discorso ha subito le torsioni più rilevanti: una accurata analisi delle versioni[14] infatti mostra tre tipi di interventi sul primo testo, di segno diverso. A volte, infatti, si tratta di correzioni che collegano quell'atto all'insieme del magistero wojtyliano, secondo scrupoli e stilemi tipici della cancelleria pontificia; altre volte si tratta di ritocchi che migliorano il testo depurandolo da possibili ambiguità o potenziali equivoci specie disegno supersessionista; altre volte si tratta di incisioni piccole che moderano punti e spunti dai quali difendersi.

i) varianti di carattere "cancelleresco"

Alcune varianti hanno una funzione tutta interna al "discorso" cattolico, come al • 4 la introduzione della formula "pastore della chiesa universale" accanto al titolo di "vescovo di Roma". Anche la introduzione del • 18 con l'autocitazione della visita ad Auschwitz rientra in una nota prassi della cancelleria papale novecentesca, che fa citare al papa altri papi, o in subordine se stessi. Più avanti al • 36 dedicato al linguaggio della catechesi β sostituisce il verbo "aggiornare" con

---

[14] Ho diviso il testo secondo la ripartizione indicata prima in testo α del 2 aprile, i testi β, γ, δ stesi fra il 3 e il 9 aprile: la divisione in paragrafi (che indico con un numero e con il segno •) è stata guidata solo dalla esigenza di creare di puntatori per i punti in cui il testo mostra delle modificazioni e non ha alcun significato intrinseco.

"adeguare", in un passo che richiama ancora le antiche istanze di Jules Isaac sulla necessità di rivisitare la catechesi antiebraica.[15]

I • 41–43 sono una addizione di β che rimane intatta (con anche il recupero di una indecisione al • 41 sulla figura di Gesù) fino al testo finale: riguardano posizioni molto scontate sul dialogo e i suoi princìpi. Allo stesso modo l'intero • 48 in cui si propone una solidarietà ebraico-cristiana nella lotta con la modernità è introdotto solo da γ e mostra la esigenza, che affiora anche altrove, di introdurre nel testo temi "wojtyliani" classici.

Il riferimento di • 52 ai "mali di Roma", che evocava il titolo del celebre convegno voluto da Paolo VI per la sua diocesi (Impagliazzo), diventa un più prosaico riferimento ai "problemi" della città che colpiscono tutti e chiamano tutti ad una "responsabilità", secondo α, o almeno ad una "collaborazione" secondo β al • 55, che attenua anche le loro conseguenze (al • 58 dove da β in poi non li si considera più "laceranti").

ii) migliorie

Altre varianti sono solo frutto del progresso redazionale come il richiamo al testo del Rav Toaff che viene introdotto solo dopo averlo letto (• 9). Oppure attenuano espressioni ritenute improprie dal punto di vista protocollare (al • 6 il papa viene fatto dire un rispettoso "con" anziché un più confidenziale "insieme" al rabbino); mentre al • 14 si decide alla fine di parlare di una "legittima pluralità" piuttosto che di una "sana pluralità" che nel ricorso all'aggettivo "sano" evocava una distinzione intransigente (applicata a vari temi, ad es. "sano" nazionalismo contro nazionalismo "esasperato") non più accettabile dopo che era stata applicata all'antisemitismo da *La civiltà cattolica* negli anni Trenta e si sposta il riferimento al sangue versato al • 19.

Il cruciale • 16 — quello nel quale c'è la ripetizione solenne della condanna dell'antisemitismo di ogni tempo e di chiunque — costituisce una riscrittura di γ: le prime due versioni, infatti, si limitavano ad un ricorso ad una storiografia — non del tutto inesatta, ma totalmente ideologica — che diceva migliore di altre la situazione degli ebrei di Roma.

Può rientrare in questo novero di migliorie la cassazione già da β del • 21 che contiene una singolare lettura di Mt 5, 23–24 in cui prima di offrire il sacrificio è necessario riconciliarsi col fratello che "ha qualcosa contro di te": immagine ambigua perché si presta ad una lettura che ribalta le responsabilità. E così pure

---

[15] Il riferimento del tempo era Pierrard, ora Tobias.

la cancellazione della fine del • 28 in cui una citazione di Mt 11, 29 si presta ad una estraneità di Israele al popolo escatologico.

Con un diverso uso delle virgolette viene citato in • 30 il passo Rm 11, 28–29 in cui "vocazione", "doni" e la loro "irrevocabilità" che nel testo α sono distinti come "pilastri" dell'atteggiamento cristiano verso Israele, mentre da β in poi rimangono inseriti nella citazione del versetto per intero come concatenati.

Al • 62, dopo aver detto che i cristiani ricevono la osservanza della Torah da Israele viene tolto l'inciso "e ne siamo fieri" che poteva apparire una allusione supersessionista.

iii) attenuazioni
Altre modificazioni invece sono attenuazioni che toccano anche questioni di sostanza: è significativo che salti il • 12, nel quale la versione Mejía proponeva di confessare le "colpe" (la parola non apparirà mai altrove) della chiesa:

> Infatti un'altra eredità gravava su di noi cattolici, questa purtroppo assai negativa nei confronti degli Ebrei e non solo degli Ebrei di Roma. È bene riconoscere qui, davanti al Signore, in questa circostanza solenne che noi cattolici abbiamo avuto molte colpe nei riguardi dei nostri fratelli Ebrei.

Al posto di questo periodo, però, il • 13 introduce il primo richiamo epocale a Giovanni XXIII e al Vaticano II come apertura di un "periodo" di cui la visita vuole essere l'inveramento.

Costituisce una incisione abbastanza profonda al *wording* del testo α la cancellazione della chiusa del • 15: i fatti che "puntano verso di noi il dito accusatore" diventano solo "gravemente deplorevoli", con una scelta linguistica che vuole evidentemente mettersi al riparo del famoso "deplorat" di *Nostra Aetate*. A compensazione, viene aggiunto un intero • 17 di rincrescimento sulla Shoah, espresso con una serie di specificazioni che documentano bene la difficoltà di esprimere una posizione che il papa dice di ripetere "ancora una volta": l'esecrazione

> per il genocidio decretato durante l'ultima guerra contro il popolo ebreo e che ha portato all'olocausto di milioni di vittime innocenti.

La terrificante definizione della Shoah come "olocausto", poi assunta grazie alla televisione americana anche dal linguaggio comune, non era quella che ci si doveva aspettare da un cristiano, che come gli ebrei deve sapere che il Cielo non può accettare che un termine del culto prescritto dalla Legge possa essere assimilato allo sterminio: e se anche il *wording* del genocidio non è del tutto lineare ("decretato"?), il riferimento più rivelatore è quello alle vittime "innocenti": espressione tipica del linguaggio ecclesiastico in guerra per indicare le vittime collaterali o gli uccisi da azioni che sono ontologicamente inassimilabili alle Shoah.

La correzione posta al • 20 è molto piccola ma significativa: Mejía aveva scritto un paragrafo sull'asilo offerto dalle case religiose: "gesto spontaneo" lo definiva la versione α, che però viene subito corretto in "significativo". La prima dizione, infatti, faceva intendere (con maggiore o minore verità storica è *quæstio disputata*) che il soccorso prestato ai perseguitati non avesse altra regia che una compassione profondamente iscritta nei cuori e dunque fosse spontanea; mentre il qualificarla come "significativa" lasciava aperta la porta alla possibile rivendicazione di quel soccorso al papato di Pio XII.

Al • 32 che segue la citazione già evocata di Rm 11, β toglie il destinatario dell'insegnamento apostolico: "ai fratelli e ai figli di questa chiesa".

Conclusione

Com'era ovvio che fosse, il discorso del 13 aprile 1986 porta dunque in sé i segni di quella che α chiamava "mutua alienazione", come se si fosse trattato di una distanza simmetrica: così non era; e il "sangue" tolto dalla redazione β in poi fa capire come riconoscere fino in fondo la natura e la spietatezza con cui la chiesa di Roma aveva espresso il proprio potere, dice ciò che era in gioco.

D'altronde aver fatto cadere le espressioni di autoaccusa, ma aver introdotto in quel modo la citazione conciliare che stigmatizzava l'antisemitismo di "chiunque" — inclusi dunque il papa del caso Mortara e il papa del caso Zolli — mostra come rispetto al discorso davvero sia il Vaticano II a fornire una prospettiva dirimente.

In una chiesa come quella italiana che proprio sulla memoria della Shoah e la presa di coscienza del suo antisemitismo aveva ancora molto cammino da fare (Melloni, "La Chiesa Cattolica"), quel discorso e la sua redazione aprono uno squarcio sulla lentezza malcerta dei cammini di conversione, anche quando riguardano le istituzioni.

Università di Modena-Reggio Emilia

Opere citate

"Ad Auschwitz non si addice il convento." *Shalom* 18.1 (1985): 1–3.

"L'arte di arrangiarsi ovvero lo stellone (a sei punte)." *Shalom* 20: 4 (1986): 14.

Bialer, Uri. "Israel and *Nostra Aetate*: The View from Jerusalem." *Nostra Aetate. Origins, Promulgation, Impact on Jewish-Catholic Relations. Proceedings of the International Conference, Jerusalem, 30 October – 1 November 2005. Essays*, A cura di Neville Lamdan e Alberto Melloni. Münster: LIT Verlag, 2005. 63–86.

Caffiero, Marina. *Battesimi forzati: storie di ebrei, cristiani e convertiti nella Roma dei papi*. Roma: Viella, 2004.

"Un centro di preghiera? Lo mettano anche gli ebrei." *Shalom* 19.1 (1986): 9.

Cardinale G. "Il testimone." *Avvenire* (17 Jan. 2010).

"Ebrei e Polonia ieri e oggi." *Shalom* 12.9 (1978): 4.

Felice, Flavio, a cura di. *Alle fonti del rinnovamento. Studio sull'attuazione del Concilio Vaticano II*. Edizioni San Paolo. Soveria Mannelli: Rubettino, 2007.

Giovanni Paolo II. "Angelus Domenica 10 ottobre 1982." https://w2.vatican.va/content/john-paul-ii/it/angelus/1982/documents/hf_jp-ii_ang_19821010.html

Gulli, L. *Papa Wojtyła e "i Fratelli maggiori"*. Roma: Nova Itinera, 2005.

Impagliazzo, Marco. "Il dissenso cattolico e le minoranze religiose." *L'Italia repubblicana nella crisi degli anni settanta*. A cura di Fiamma Lussana e Giacomo Marramao. Soveria Mannelli: Rubettino, 2003. 231–52.

"Intervista ad Orazio La Rocca." *La Repubblica* (31 Marzo 1999): 28.

Isaac, Jules. *L'Enseignement du mépris. Vérité historique et mythes théologiques*. Paris: Fasquelle, 1962.

Laffin, John. *Die P. L. O. zwischen Terror und Diplomatie*. Altstätten: Panorama, 1982.

La Rocca, Orazio. "Il ricordo commosso e grato della storica visita di Giovanni Paolo II nella sinagoga di Roma. Intervista a Elio Toaff." *Tracce* 4 (1996): 1.

Levi, Arrigo. "Il convegno all'Angelicum." *Shalom* 18.10 (1985): 16–17.

Marotta, Saretta. *Augustin Bea: gli anni della pazienza (1949–1961)*. In stampa.

Marrus, M. R. "Le Vatican et les orphelins juifs de la Shoah." *L'Histoire* 307 (2006): 1–12.

Melloni, Alberto. "La chiesa cattolica e la sua storia davanti alla Shoah nell'Italia repubblicana." *Storia della Shoah*. A cura di Marina Cattaruzza, Marcello Flores, Simon Levi Sullam e Enzo Traverso. Torino: UTET, 2009. 288–318.

———. ירושתיה וחבמב עורא לע תורעה – תפרצב םירזנממ םידוהי םידלי תאצוה, 'מע 147–124 2009, רבמצד 87, תשרומ, תיתורושקת הרעס דקומב [*Pius XII and 1946 Jewish Children in France. Observations on a Test Case for History from the Eye of a Media Storm.*] In "Yalkut Moreshet, Journal for the History of Antisemitism." New Haven: Yale, 2009. 124–47.

———. "Nostra Aetate and the Discovery of the Sacrament of Otherness." *The Catholic Church and the Jewish People: Recent Reflections from Rome.* A cura di Phillip A. Cunningham, Norbert J. Hofmann, Joseph Sievers. New York: Fordham UP, 2007. 129–50.

———. "Rav Toaff e la ricezione del concilio, Il papa e il Vaticano II nella sinagoga di Roma." *Elio Toaff, un secolo di vita ebraica in Italia.* A cura di Anna Foa. Torino: Zamorani, 2010. 95–119.

———. *Tra Istanbul, Atene e la guerra. A. G. Roncalli vicario e delegato apostolico. (1935–1944).* Genova: Marietti, 1993.

Miccoli, Giovanni. *Antisemitismo e cattolicesimo.* Brescia: Morcelliana, 2013.

Moro, Renato. *La Chiesa e lo sterminio degli ebrei.* Bologna: Il Mulino, 2002.

Pierrard, Pierre. *Juifs et catholiques français: de Drumont à Jules Isaac (1886–1945).* Paris: Fayard, 1970.

Porat Dina. "Tears, Protocols and Actions in a Wartime Triangle: Pius XII, Roncalli and Barlas." *Cristianesimo nella storia* 27 (2006): 599–632.

Quando il Papa andò in Sinagoga: atti del convegno in occasione del ventennale della visita del Papa alla Sinagoga di Roma, 4–5 aprile 2006. Serie Accademia polacca delle scienze, biblioteca e centro di studi di Roma, 122. A cura di Silvano Facioni e Laura Quercioli Mincer. Roma: Accademia polacca delle scienze, Biblioteca e Centro di studi a Roma; Comunità ebraica di Roma, 2008.

"Il rabbino e il papa." *Shalom* 14.2 (1981): 3.

Raggi, Barbara e Ruggero Taradel. *La segregazione amichevole. La civiltà cattolica e la questione ebraica 1850–1945.* Roma: Editori Riuniti, 2000.

Riccardi, Andrea. *L'inverno più lungo: 1943–1944: Pio XII, gli ebrei e i nazisti a Roma.* Roma: Laterza, 2008.

Robbins, Jill. *Prodigal Son/Elder Brother.* Chicago: U of Chicago P, 1991.

Saban, Giacomo. "13 aprile 1986: cosa è cambiato." In Facioni e Quercioli Mincer, *Quando il papa andò in sinagoga* 135.

Toaff, Elio. *Perfidi giudei, fratelli maggiori.* Milano: Mondadori, 1987.

Tobias Norman, C. *Jewish Conscience of the Church, Jules Isaac and the Second Vatican Council.* Prefazione di Gregory Baum. London: Palgrave MacMillan by London Springer, 2017.

Wojtyla, K. *Alle fonti del rinnovamento. Studio sull'attuazione del Concilio vaticano secondo.* Roma: LEV, 1981. 118, 281.

	α	β	γ	δ
1	Progetto di			
2	Allocuzione del Santo Padre in occasione della visita alla Sinagoga di Roma / Domenica 13 aprile 1986			
3	Signor Rabbino capo della comunità israelitica di Roma, Signora Presidente dell'Unione delle comunità israelitiche italiane, Signor presidente delle comunità di Roma, Signori rabbini, Cari amici e fratelli ebrei e cristiani, che prendete parte a questa storica celebrazione 1. Vorrei prima di tutto, insieme con voi, ringraziare e lodare il Signore che ha "disteso il cielo e fondato la terra" (cf. Is 51, 16) e che ha scelto Abramo per farlo padre di una moltitudine di figli, numerosa "come le stelle in cielo" e "come la sabbia che è sul lido del mare" (Gen 22, 17; 15, 5), perché ha voluto nel mistero della sua provvidenza, che questa sera si incontrassero			
4	qui in questa grande ed illustre sinagoga il Vescovo di Roma e il capo della chiesa cattolica, e la comunità ebraica che vive in questa città quasi da sempre. Ed è doveroso ringraziare anche	qui in questa grande ed illustre sinagoga il Vescovo di Roma e \<Pastore universale\> della Chiesa cattolica, e la comunità ebraica che vive in questa città quasi da sempre. Ed è doveroso ringraziare anche		in questo vostro "Tempio maggiore" la comunità ebraica che vive in questa città, fin dal tempo dei romani antichi, e il Vescovo di Roma e Pastore universale della Chiesa cattolica. Sento poi il dovere di ringraziare
5	il Rabbino capo, prof. Elio Toaff, che ha accolto con gioia, fin dal primo momento, il progetto di questa visita e che ora mi riceve con grande apertura di cuore e con vivo senso di ospitalità;			
6	insieme a lui		e con lui	

	α	β	γ	δ
7	ringrazio tutti coloro che, nella comunità ebraica romana, hanno reso possibile questo incontro e si sono in tanti modi impegnati affinché esso fosse nel contempo una realtà e un simbolo. Grazie quindi a tutti voi. "Todà rabbà" (= grazie tante).			
8	qui in questa grande ed illustre sinagoga il Vescovo di Roma e <Pastore universale> della Chiesa cattolica, e la comunità ebraica che vive in questa città quasi da sempre. Ed è doveroso ringraziare anche			
9				– come or ora ha ricordato il Rabbino capo –
10	fece fermare la macchina per benedire la folla di ebrei che uscivano da questo stesso Tempio. E vorrei raccoglierne l'eredità in questo momento, trovandomi non più all'esterno bensì, grazie alla vostra [f. 3^2] generosa ospitalità, all'interno della Sinagoga di Roma.			
11	3. Quanto tempo è occorso, però, perché si potesse fare questo passo in apparenza così semplice.			
12	Infatti un'altra eredità gravava su di noi cattolici, questa purtroppo assai negativa nei confronti degli Ebrei e non solo degli Ebrei di Roma. È bene riconoscere qui, davanti al Signore, in questa circostanza solenne che noi cattolici abbiamo avuto molte colpe nei riguardi dei nostri fratelli Ebrei.			

	α	β	γ	δ
13			Questo incontro conclude un lungo periodo sul quale occorre non stancarsi di riflettere per trarne gli opportuni insegnamenti	3. Questo incontro conclude, in certo modo, dopo il pontificato di Giovanni XXIII e il Concilio Vaticano II, un lungo periodo sul quale occorre non stancarsi di riflettere per trarne gli opportuni insegnamenti
14	Si può dire che le circostanze storiche erano quelle che erano e che alla comune accettazione di una sana pluralità sul piano sociale, civile e religioso si è pervenuti con grandi difficoltà, e purtroppo a prezzo di molto sangue.		Certo le circostanze storiche furono quelle che furono: alla comune accettazione di una sana pluralità sul piano sociale, civile e religioso si è pervenuti con grandi difficoltà.	Certo non si può, né si deve, dimenticare che le circostanze storiche del passato furono ben diverse da quelle che sono venute faticosamente maturando nei secoli; alla comune accettazione di una legittima pluralità sul piano sociale, civile e religioso si è pervenuti con grandi difficoltà

	α	β	γ	δ
15	Comunque le disposizioni legali e gli atti singoli di discriminazione, di limitazione della libertà religiosa, di oppressione anche sul piano della libertà civile, e altri ancora nei confronti degli Ebrei, se esaminati alla luce della storia, soprattutto in questa città di Roma, e in questo stesso luogo dove adesso sorge il Tempio Maggiore, puntano contro di noi il dito accusatore.	La considerazione dei secolari condizionamenti culturali non potrebbe tuttavia impedire di riconoscere che gli atti di [f. 3³] discriminazione, [f. 3¹] di ingiustificata limitazione della libertà religiosa, di oppressione anche sul piano della libertà civile, nei confronti degli ebrei, sono stati oggettivamente manifestazioni deplorevoli.	La considerazione dei secolari condizionamenti culturali non potrebbe tuttavia impedire di riconoscere che gli atti di [f. 3³] discriminazione, [f. 3¹] di ingiustificata limitazione della libertà religiosa, di oppressione anche sul piano della libertà civile, nei confronti degli ebrei, sono stati oggettivamente manifestazioni gravemente deplorevoli.	La considerazione dei secolari condizionamenti culturali non potrebbe tuttavia impedire di riconoscere che gli atti di [f. 3³] discriminazione, [f. 3¹] di ingiustificata limitazione della libertà religiosa, di oppressione anche sul piano della libertà civile, nei confronti degli ebrei, sono stati oggettivamente manifestazioni gravemente deplorevoli.
16	5. Siamo però consapevoli, voi e noi, che lungo tanti secoli di convivenza sull'uno e sull'altra sponda del Tevere, non tutto è stato negativo. Anzi gli storici dicono che, almeno fino a un certo momento, la situazione degli Ebrei a Roma era assai migliore di quanto potesse essere in altre città o stati italiani ed esteri.	Siamo però consapevoli, voi e noi, che lungo tanti secoli di convivenza sull'uno e sull'altra sponda del Tevere, non tutto è stato negativo. Anzi gli storici dicono che, almeno fino a un certo momento, la situazione degli Ebrei a Roma era assai migliore di quanto potesse essere in altre città o stati italiani ed esteri.	Sì, ancora una volta, per mezzo mio, la Chiesa, con le parole del ben noto decreto *Nostra Aetate* (n. 4), "deplora gli odi, le persecuzioni e tutte le manifestazioni dell'antisemitismo dirette contro gli ebrei ogni tempo da chiunque"; anche e particolarmente, dai cristiani e dai cattolici	Sì, ancora una volta, per mezzo mio, la Chiesa, con le parole del ben noto decreto *Nostra Aetate* (n. 4), "deplora gli odi, le persecuzioni e tutte le manifestazioni dell'antisemitismo dirette contro gli ebrei ogni tempo da chiunque"; ripeto: "da chiunque".

	α	β	γ	δ
17			Una sentita parola di deplorazione vorrei anche qui esprimere per il genocidio decretato durante l'ultima guerra contro il popolo ebreo e che ha portato all'olocausto di milioni di vittime innocenti.	Una parola di esecrazione vorrei una volta ancora esprimere per il genocidio decretato durante l'ultima guerra contro il popolo ebreo e che ha portato all'olocausto di milioni di vittime innocenti.

α	β	γ	δ
18			Visitando il 7 giugno 1979 il lager di Auschwitz e raccogliendomi in preghiera per le tante vittime di diverse nazioni, mi sono soffermato in particolare davanti alla lapide con l'iscrizione in lingua ebraica, manifestando così i sentimenti del mio animo. "Questa iscrizione suscita il ricordo del popolo, i cui figli e figlie erano destinati allo sterminio totale. Questo popolo ha la sua origine da Abramo che è padre della nostra fede come si è espresso Paolo di Tarso. Proprio questo popolo che ha ricevuto da Dio il comandamento "non uccidere", ha provato su se stesso in misura particolare che cosa significa l'uccidere. Davanti a questa lapide non è lecito a nessuno di passare oltre con indifferenza" (Insegnamenti 1979, p. 1484).

	α	β	γ	δ
19				Anche la Comunità ebraica di Roma pagò un alto prezzo di sangue
20	Ed è stato quasi un gesto spontaneo, seppur carico di tanti significati nei confronti del passato e del futuro che, negli anni bui della persecuzione nazifascista le porte dei nostri conventi, delle nostre chiese, del Seminario romano, di edifici della Santa Sede e dello stesso Vaticano si siano spalancate per offrire rifugio e salvezza a tanti ebrei di Roma, braccati dai persecutori.	Ed è stato certamente un gesto significativo che, negli anni bui della persecuzione nazi-fascista le porte dei nostri conventi, delle nostre chiese, del Seminario romano, di edifici della Santa Sede e dello stesso Vaticano si siano spalancate per offrire rifugio e salvezza a tanti ebrei di Roma, braccati dai persecutori.	Ed è stato certamente un gesto significativo che, negli anni bui della persecuzione razziale le porte dei nostri conventi, delle nostre chiese, del Seminario romano, di edifici della Santa Sede <e dello stesso Vaticano> si siano spalancate per offrire rifugio e salvezza a tanti ebrei di Roma, braccati dai persecutori.	Ed è stato certamente un gesto significativo che, negli anni bui della persecuzione razziale le porte dei nostri conventi, delle nostre chiese, del Seminario romano, di edifici della Santa Sede e della stessa Città del Vaticano si siano spalancate per offrire rifugio e salvezza a tanti ebrei di Roma, braccati dai persecutori.
21	Sì, ciò è tutto vero. Resta però il fatto che con i nostri fratelli più vicini a noi, dopo quelli cristiani, non ci siamo comportati sempre e ovunque, neanche a Roma, come Gesù, maestro e modello dei cristiani, ci ha comandato di comportarci. Basti accennare al ben noto brano del Vangelo di Matteo, nel sermone della montagna, dove si dice, in un testo d'altronde tutto intriso di formule ebraiche: "Se dunque presenti la tua offerta sull'altare e lì ti ricordi che tuo fratello ha qualche cosa contro di te, lascia lì il tuo dono davanti all'altare e vai prima a riconciliarti con il tuo fratello e poi torna ad offrire il tuo dono" (Mt 5, 23–24). Vorrei che questa visita alla Sinagoga di Roma fosse vista e interpretata alla luce di questo e di altri precetti evangelici.			

	α	β	γ	δ
22	Su questa strada ci ha incamminato, come dicevo, l'esempio di alcuni miei predecessori, ma anche di		4. L'odierna visita vuole recare un deciso contributo al consolidamento dei buoni rapporti tra le nostre due comunità, sulla scia degli esempi offerti da	
23	tanti uomini e donne di entrambe le nostre comunità che si sono impegnati e si impegnano tuttora, perché i nostri rapporti non siano improntati a vecchi pregiudizi, ma alla vera entità della "parentela e del		tanti uomini e donne, che si sono impegnati e si impegnano tuttora, dall'una e dall'altra parte, perché siano superati i vecchi pregiudizi e si faccia spazio al riconoscimento sempre più pieno di quel "vincolo" e di quel	
24	"comune patrimonio spirituale" che esistono tra Ebrei e Cristiani. [f. 4°]		"comune patrimonio spirituale" che esistono tra Ebrei e Cristiani. [f. 4°]	
25	Avete certo capito che ho citato il famoso paragrafo n. 4, della Dichiarazione conciliare *Nostra Aetate* sui rapporti tra la Chiesa e le religioni non cristiane.		È questo l'auspicio che già esprimeva il paragrafo n. 4, che ho ora ricordato, della dichiarazione conciliare *Nostra Aetate* sui rapporti tra la Chiesa e le religioni non cristiane.	
26	La svolta decisiva nei rapporti della Chiesa cattolica con l'Ebraismo, e con i singoli Ebrei, si è avuta con questo breve ma lapidario paragrafo. [f. 4³] Siamo tutti consapevoli che, tra le molte ricchezze di questo numero 4 della *Nostra Aetate*, tre punti sono specialmente rilevanti. [f. 4¹] Vorrei sottolinearli qui, davanti a voi, in questa circostanza veramente unica. Il primo è che la Chiesa <di Cristo>[1] scopre il suo "legame" con l'Ebraismo "scrutando il suo proprio mistero" (cfr. *Nostra Aetate* ib.). La religione ebraica non ci è "estrinseca", ma in un certo qual modo, è "intrinseca" alla nostra religione. Abbiamo quindi verso di essa dei rapporti che non abbiamo con nessun'altra religione. Siete i nostri fratelli prediletti e, in un certo modo, si potrebbe dire i nostri fratelli maggiori. Il secondo punto rilevato dal Concilio è che agli Ebrei, come popolo, non può essere imputata alcuna colpa atavica o collettiva, per ciò "che è stato fatto nella passione di Gesù" (cfr. *Nostra Aetate* ib.). Non indistintamente agli ebrei di quel tempo, non a quelli venuti dopo, non a quelli di adesso.			
27	Così cade	Cade perciò.		È quindi inconsistente

α	β	γ	δ
28 ogni pretesa giustificazione teologica di misure discriminatorie o, peggio ancora, persecutorie. Il Signore giudicherà ciascuno "secondo le proprie opere", gli Ebrei come i Cristiani. E sarà forse più severo con chi si professa seguace di Gesù "mite e umile di cuore" (cfr. Mt 11, 29) che non con gli altri.	ogni pretesa giustificazione teologica di misure discriminatorie o, peggio ancora, persecutorie. Il Signore giudicherà ciascuno "secondo le proprie opere", gli Ebrei come i Cristiani (cf. Rm 2, 6) [[E sarà forse più severo con chi si professa seguace di Gesù "mite e umile di cuore" (cfr. Mt 11, 29) che non con gli altri.]]	ogni pretesa giustificazione teologica di misure discriminatorie o, peggio ancora, persecutorie. Il Signore giudicherà ciascuno "secondo le proprie opere", gli Ebrei come i Cristiani (cf. Rm 2, 6).	ogni pretesa giustificazione teologica di misure discriminatorie o, peggio ancora, persecutorie. Il Signore giudicherà ciascuno "secondo le proprie opere", gli Ebrei come i Cristiani (cf. Rm 2, 6).
29 Il terzo punto che vorrei sottolineare nella Dichiarazione conciliare è [[proprio]] la conseguenza del secondo; non è lecito dire, nonostante la coscienza che [f. 6°] la Chiesa ha della propria identità, che gli ebrei sono "reprobi o maledetti", come se ciò fosse insegnato, o potesse venire dedotto dalle Sacre Scritture [[(cfr. *Nostra Aetate*, ib.)]], dell'Antico come del Nuovo Testamento (cfr. *Nostra Aetate* ib.). Anzi, aveva detto prima il Concilio, in questo stesso brano della *Nostra Aetate*, ma anche nella Costituzione dogmatica Lumen Gentium (n. 16), citando San Paolo nella lettera ai Romani (Rm 11, 28–29), che gli ebrei "rimangono carissimi a Dio",			
30 la sua "vocazione" e i suoi "doni" sono infatti "irrevocabili".	la cui "vocazione" e i cui "doni" sono "irrevocabili". [f. 5]	che li ha chiamati con una "vocazione irrevocabile". [f. 5]	
7.	5.	5.	
31 Su questi tre pilastri poggiano i nostri rapporti attuali. Nell'occasione di questa visita alla vostra Sinagoga, io desidero riaffermarli e proclamarli nel loro valore perenne		Su queste convinzioni poggiano i nostri rapporti attuali. Nell'occasione di questa visita alla vostra Sinagoga, io desidero riaffermarle e proclamarle nel loro valore perenne	
32 ai fratelli e ai figli di questa Chiesa.		È infatti questo il significato che si deve attribuire alla mia	
33 È infatti questo il significato che si deve attribuire alla mia [[graditissima]] visita in mezzo a voi, Ebrei di Roma. Non è certo perché le differenze tra noi siano ormai superate che sono venuto tra voi. Sappiamo bene che			
34 questo non è il caso.		così non è.	

	α	β	γ	δ
35	Anzitutto, ciascuna delle nostre religioni, nella piena consapevolezza dei molti legami che la uniscono <all'altra>, e in primo luogo di quel "legame" di cui parla il Concilio, vuole essere riconosciuta e rispettata nella propria identità, al di là di ogni sincretismo e di ogni equivoca appropriazione. Inoltre è doveroso dire che la strada intrapresa è ancora agli inizi, e che quindi ci vorrà ancora parecchio, nonostante i grandi sforzi già fatti da una parte e dall'altra, per sopprimere ogni forma seppur subdola di pregiudizio, per			
36	aggiornare		adeguare	
37	ogni maniera di esprimersi e quindi per presentare sempre e ovunque, a noi stessi e agli altri, il vero volto degli ebrei e dell'Ebraismo, come anche dei cristiani e del Cristianesimo, e ciò ad ogni livello di mentalità, di insegnamento e di comunicazione. A questo riguardo, vorrei ricordare ai miei fratelli e sorelle della Chiesa cattolica, anche di Roma, il fatto che gli strumenti di applicazione del Concilio in questo campo preciso sono già a disposizione di tutti, nei due documenti pubblicati rispettivamente nel 1974 e nel 1985 dalla Commissione della Santa Sede per i Rapporti religiosi con l'Ebraismo. Si tratta soltanto di studiarli con attenzione, di immedesimarsi nei loro insegnamenti e di metterli in pratica.			
38	Forse ci sono ancora fra di noi altre difficoltà o divergenze che mi limito ad accennare, frutto sia dei secoli di mutua alienazione, sia anche di posizioni diverse e di atteggiamenti non facilmente componibili in materie complesse e delicate.		Restano forse ancora fra di noi difficoltà di ordine <pratico>, che attendono di essere superate <sul piano delle relazioni fraterne>: esse [f. 6³] sono frutto sia dei secoli di mutua [f. 6¹] incomprensione, sia anche di posizioni diverse e di atteggiamenti non facilmente componibili in materie complesse e importanti.	
39	D'altronde, è il caso di dire, nessuna questione è chiusa, nessuna porta è sigillata, nessun atteggiamento pratico deve essere giudicato assolutamente immutabile.			
40			A nessuno sfugge che la divergenza fondamentale fin dalle origini è l'adesione di noi cristiani alla persona e all'insegnamento di Gesù di Nazaret,	

	α	β	γ	δ
41		il, quale, secondo la nostra fede, ha adempiuto la missione del Messia, ci ha rivelato Dio in modo impareggiabile e ha compiuto gesti decisivi per la nostra salvezza e quella del mondo intero.	che rimane per sempre, anche per voi, una delle grandi Figure dell'ebraismo.	figlio del vostro popolo, dal quale sono nati anche Maria Vergine, gli apostoli, "fondamento e colonne della Chiesa", e la maggioranza dei membri della prima comunità cristiana.
42		Ma questa adesione si pone nell'ordine della fede, cioè nell'assenso libero dell'intelligenza e del cuore guidati dallo Spirito, e non può mai essere oggetto di una pressione esteriore, in un senso o nell'altro; è questo il motivo	Ma questa adesione, fondata su segni decisivi per la nostra coscienza, è nell'ordine della fede, cioè nell'assentimento libero della ragione e del cuore illuminati dalla grazia, e non deve mai essere oggetto di una pressione esteriore, in un senso o nell'altro. È questo il motivo	Ma questa adesione si pone nell'ordine della fede, cioè nell'assenso libero dell'intelligenza e del cuore guidati dallo Spirito, e non può mai essere oggetto di una pressione esteriore, in un senso o nell'altro; è questo il motivo
43	8.		per il quale noi siamo disposti ad approfondire il dialogo in lealtà e amicizia, nel rispetto delle intime convinzioni degli uni e degli altri, prendendo come base fondamentale gli elementi della rivelazione che abbiamo in comune, come "grande patrimonio spirituale" (cf. *Nostra Aetate*, 4). 6. Occorre dire, poi, che	
44	le vie aperte alla nostra collaborazione, alla luce della comune eredità tratta dalla Legge e dai profeti, sono varie e			

	α	β	γ	δ
45	decisive.		importanti. <Vogliamo ricordare anzitutto>	
	Una collaborazione, vorrei dire, in favore dell'uomo,		una collaborazione in favore dell'uomo,	
	della sua vita [f. 8°] piena,		della sua vita dal concepimento fino alla morte naturale,	
46	della sua dignità, della sua libertà, dei suoi diritti, del suo svilupparsi in una società non ostile, ma amica e favorevole, dove regni la giustizia e dove, in questa nazione, nei continenti e nel mondo, sia la pace a imperare, lo shalom auspicato dai legislatori, dai profeti e dai saggi d'Israele			
47	, ai quali – oso dire – penso che appartenga anche Gesù.			

α	β	γ	δ
48			Vi è poi il problema morale, il grande campo dell'etica individuale e sociale. Siamo tutti consapevoli quanto sia acuta la crisi su questo punto nel tempo in cui viviamo. In una società spesso smarrita nell'agnosticismo e nell'in-dividualismo e che soffre le amare conseguenze dell'egoismo e della violenza, Ebrei e Cristiani sono depositari e testimoni di un'etica segnata dai 10 Comandamenti, nella cui osservanza [f. 7] l'uomo trova la sua verità e libertà. Promuovere una comune riflessione e collaborazione su questo punto è uno dei grandi doveri dell'ora.	Vi è, più in generale, il problema morale, il grande campo dell'etica individuale e sociale. Siamo tutti consapevoli quanto sia acuta la crisi su questo punto nel tempo in cui viviamo. In una società spesso smarrita nell'agnosticismo e nell'in-dividualismo e che soffre le amare conseguenze dell'egoismo e della violenza, ebrei e cristiani sono depositari e testimoni di un'etica segnata dai dieci Comandamenti, nella cui osservanza l'uomo trova la sua verità e libertà. Promuovere una comune riflessione e collaborazione su questo punto è uno dei grandi doveri dell'ora.
49	E qui		E finalmente	
50	vorrei rivolgere il pensiero a questa Città dove convive la comunità dei cattolici con il suo Vescovo, la comunità degli ebrei con le sue autorità e con il suo Rabbino capo. Non sia la nostra soltanto una "convivenza" di stretta misura, quasi una giustapposizione,			

	α	β	γ	δ
51	oppure un limitato e occasionali incontro.		intercalata da limitati e occasionali incontri, ma sia essa animata da amore fraterno.	
52	9. I mali di Roma sono tanti e molto profondi. Voi lo sapete bene		7. I problemi di Roma sono tanti. Voi lo sapete bene	
53	come me e ne patite gli effetti sulla vostra carne come noi, cattolici, sulla nostra. E molti altri che non appartengono né alla vostra né alla nostra fede ne sono vittime.	come me e ne portate le conseguenze insieme con noi, cattolici. Sono problemi che toccano anche altri. [f. 7]		
54			Ciascuno di noi, alla luce di quella benedetta eredità a cui prima accennavo,	
55	sa di essere responsabile di venire incontro,		sa di essere tenuto a collaborare, in qualche misura almeno, alla	
56	in qualche misura almeno, a questi mali.	soluzione di tali annosi problemi.	loro soluzione	
57	Cerchiamo, per quanto possibile, di farlo insieme; che da questa mia visita e da questa nostra raggiunta concordia e serenità sgorghi, come il fiume che Ezechiele vide sgorgare dalla porta orientale del Tempio di Gerusalemme (cf. Ez 47, 1 ss.), una sorgente fresca e benefica che aiuti a sanare le piaghe			
58	da cui Roma è lacerata.		di cui Roma soffre.	
59	Nel far ciò, mi permetto di dire, saremo fedeli ai nostri rispettivi impegni più sacri, ma anche a quel che [f.9°] più profondamente ci unisce e ci raduna: la fede in un solo Dio che "ama gli stranieri" e "rende giustizia all'orfano e alla vedova" (cf. Dt 10, 18),			
60	e ci comanda di amarli anche noi (cfr. *ibid.*, e Lev. 19, 18. 34).		impegnando anche noi ad amarli e a soccorrerli (*ibid.* e² cf. Lev 19, 18. 34).	
61	I cristiani hanno imparato questa volontà del Signore dalla Torah da voi qui venerata. E ne siamo fieri.		I cristiani hanno imparato questa volontà del Signore dalla Torah, che voi qui venerate, e da Gesù che ha portato fino alle estreme conseguenze l'amore domandato dalla Torah.	

α	β	γ	δ
62	8. Non mi rimane adesso che rivolgere, come all'inizio di questa mia allocuzione, gli occhi e la mente al Signore, per ringraziarlo e lodarlo per questo felice incontro e per i beni che da esso già scaturiscono, per la ritrovata fratellanza e per la nuova più profonda intesa [f. 8³] tra di noi qui a Roma, e tra la Chiesa e l'Ebraismo		
63	ovunque, per il	dappertutto, in ogni Paese, a	
64	beneficio di tutti. Perciò vorrei dire con il salmista, nella sua lingua originale che è anche la vostra ereditaria: hodû la Adonai ki tob / ki le olam hasdo / yomar-na Yisrael / ki le olam hasdo / yomer-na yir'è Adonai ki le olam hasdo (Sal 118,1-2.4) "Celebrate il Signore, perché è buono: /perché eterna è la sua misericordia. / Dica Israele che egli è buono: / eterna è la sua misericordia. / Lo dica chi teme Dio: / eterna è la sua misericordia (Sal 118, 1-2. 4). Amen.		

Francesco Spagnolo

Sounds of Emancipation:
Politics, Identity, and Music in 19th-century Italian Synagogues

Abstract: As emancipated Jews joined Italy's mainstream cultural, economic and political life, their centuries-old traditions became confined to the realm of the synagogue. There, Italian Jews could explore their modern identity without fully breaking away from the past. Liturgical music of this epoch, handed down in oral tradition and manuscript sources, presents a fascinating link between the age of the ghettos and modern times. Musica sacra, a new kind of "sacred music" composed for the synagogue, sonically represented the aspirations of the era. Inside the new "monumental" synagogues, composers wrote music inspired by opera, church liturgy, and Risorgimento marches, sung by choirs with organ accompaniment. This essay focuses on a now forgotten liturgical repertoire especially created to mark the 1848 Emancipation with annual synagogue celebrations that included a dedicated ritual, new poetry (in Hebrew and in Italian), and new music that is reminiscent of Italy's own national anthem.

Key Words: Synagogue, music, poetry, liturgy, ethnomusicology, 1848, Risorgimento.

Prologue: A Musical Fragment

Years ago, while researching the archival sound recordings that the Italian-Israeli ethnomusicologist Leo Levi (1912–1982) made as part of his original efforts to document Italy's Jewish musical memory,[1] I came across a short fragment (61 seconds in all) sung in Hebrew, with the undecipherable incipit *nal nav cal*. It immediately stood out as a unique representative of a musical repertoire of its own. The recording had been made in a studio of the RAI (Italian National Radio) headquarters of Turin on February 28, 1954, and the informant was Alessandro Segre of Casale Monferrato.[2] A note, spoken by Levi himself in

---

[1] See Spagnolo, *Italian Jewish Musical Traditions*; "Italian Jewish Musical Memory"; "Musiche in contatto."

[2] Fondo Leo Levi, Racc. 52: 45 (Reel III:13), Archivi di Etnomusicologia, Accademia Nazionale di

Italian at the beginning of the track, stated: "Inno per l'indipendenza italiana, composto in modo speciale in Piemonte nel 1858" ("Hymn for Italian independence especially composed in Piedmont in 1858").

As I listened to this brief recording many times over, I struggled to decipher its text, and attempted to identify its melodic structure. The text was not part of the normative liturgy, and I could not refer to any prayer book to determine its lyrics. The performance followed a regional variant of the Italian pronunciation of Hebrew, which the informant pronounced with a heavy Piedmontese accent (Artom, "Miftah ha'ivrit"; "La pronuncia dell'ebraico"; "Leḥeqer dibburam"). In transliterating the Hebrew text, I tried to ascertain each word. It proved a daunting task as the pronunciation did not conform to the usual standards, and the phonetics of the informant made lexical identification outright impossible at times:

[nal nav cal] ba-shamayyim [abitu] / malak[h] ḥesed ia'uf [licradenu]
ka-baraq yarutz oraḥ [inenu] / [nomed] sham el ragle [earim]
[nanve] eretz ba-shefel yeshevu / el qolo [menafar idnoreru]
mi-yado va-ḥayyim [icadevu] / ezraḥim [nal lukhod akhorim]
[tzidcod] el [amoshian] saperu / [h]a-yom pesaḥ lakhem [anivrim]
[tzidcod] el [amoshian] saperu / [h]a-yom pesaḥ lakhem [anivrim]

This type of transliteration — which provides readers with the rare opportunity of imagining the "sound" of Piedmontese Hebrew, and thus to appreciate the extent of Italian Jewish regional traits — would eventually prove itself helpful in allowing a singer to recite the text anew, should the occasion arise. (A version of this hymn, with a reconstructed instrumental accompaniment, was performed by the chorus of Congregation Shearith Israel in New York City in 2004.) What immediately became clear was that the text followed, as customary in Hebrew poetry from Italy, Italian metric canons (Carmi 52–57). However, it was impossible to leverage it towards fully identifying the corresponding Hebrew text, and thus ascertaining its complete meaning. The hymn seemingly spoke of heavens (*shamayim*), angels of mercy (*malakh ḥesed*) and lightning (*baraq*), of land (*eretz*), citizens and citizenship (*ezraḥim*), and Passover (*pesaḥ*), but its general sense was as fragmentary as the sound recording itself.

I felt a bit more certain about the music. Both listening to the recording and transcribing it in musical notes yielded a familiar soundscape (see Table 1 at the end of essay).

Santa Cecilia, Rome; Leo Levi Collection, Y131, National Sound Archives, NLI (National Library of Israel), Jerusalem; published in Spagnolo, *Italian Jewish Musical Traditions*, no. 42.

Once reconstructed from the failing memory and trembling voice of the informant, the melody sounded unmistakably like a Risorgimento march tune. At this point, Leo Levi's general assessment of the piece (a "hymn for Italian independence") seemed to be appropriate. Predictable in both rhythmic and melodic structures, it was easy to determine that the music of this mysterious Hebrew hymn squarely belonged in the paramilitary repertoire of 19th-century political anthems, a repertoire until recently despised by mainstream Italian culture, perhaps because it was believed to have foreshadowed the soundscapes of Italian Fascism (Monterosso; Sachs).[3] Notwithstanding the awkward Hebrew of the text, my listening experience was immediately informed by the close kinship between the hymn and Italy's own national anthem, "Il canto degli italiani," or the "The Song of the Italians." Better known as "Inno di Mameli" or by its incipit as "Fratelli d'Italia," the anthem had been composed in Turin in 1847 by Michele Novaro (1818–1885), on the lyrics by Goffredo Mameli (1827–1849). The nascent Italian Republic provisionally adopted it as its national anthem almost a century later in 1946. Like its Hebrew counterpart, the lyrics of "Inno di Mameli" are also complex and somewhat obscure to contemporary readers. Most Italians are familiar with its opening verses (this translation, along with all the following ones, is mine):

Fratelli d'Italia,
L'Italia s'è desta
Dell'elmo di Scipio
S'è cinta la testa.
Dov'è la vittoria?
Le porga la chioma
Ché schiava di Roma
Iddio la creò.

(Brothers of Italy, Italy has awakened and bound herself with Scipio's helmet. Where is Victory? Let Victory lend her its hair for God created it a slave of Rome.)

While the two poems do not coincide from a metric standpoint — an anapestic decasyllable in the Hebrew hymn, and an amphi-brachic hexasyllable in the Italian anthem — their respective melodies immediately appeared to be closely related to one another in structural terms. A comparative musical transcription of the opening phrases demonstrates this affinity (Table 2).

---

[3] Early references to musical connections between the Risorgimento and Fascism were brought forth by Franco Fortini (1917–1993) in his commentary to the documentary *All'armi siam fascisti!* (Italy, 1962).

This mix of familiarity and mystery, which had started with a minute-long archival recording from long ago — out of a collection comprising close to fifty hours and over one thousand recorded items — sent me down an unexpected research path. What I did not know at the time was that this research would result in uncovering long-forgotten sounds, revolutionary texts in Hebrew and Italian, and a micro-history of Jewish Piedmont at the time its ghettos were being dismantled.

The short Hebrew hymn recorded by Leo Levi provides a paradigmatic case study in Italian Jewish music, as its performance is related to a wealth of oral, written, and literary sources documenting Italian synagogue life. It reveals an intimate aspect of the history of Italian cultural life, as represented by one of its most rooted minorities, that can only be elucidated by a multidisciplinary approach combining ethnomusicology, historical musicology, archival research, and cultural history, with Jewish and Italian studies, as Adler has suggested ("La Musique juive" 87–88).

More broadly, this research also sheds light on a concerted attempt to forge, along with Italy's own national and Jewish identities, a new repertoire of synagogue song created in unison by Jewish and non-Jewish Italian intellectuals and musicians. Through this new musical corpus, history, politics, and theology all found pride of place. In turn, this soundscape helps paint a picture of the emancipation of the Jews of Italy that is set in stark contrast with the widespread "assimilationist" interpretations it has garnered among historians (Luzzatto Voghera 13–21). Instead, it frames the emancipation as a wide-ranging project, in which the synagogue and its sounds became a new arena of intercultural encounter.

Music and Italian Jewish Cultural Identity

What became immediately clear, on the basis of a contextual study of Leo Levi's fieldwork and research interests in Italian Jewish musical traditions, was that somehow this unidentified fragment was part of the larger history of synagogue song in Italy. The expression "Italian Jewish musical traditions" refers to a vast musical corpus consisting of numerous distinct liturgical and paraliturgical traditions of various origins, continuously in contact with a broad range of influxes and in constant evolution over a long period of time, which developed in the many Jewish communities of the Italian peninsula and the areas where Jews who had lived in Italy for a long time decided to reside. This complex and fascinating musical world, documented in written and oral sources, still remains today one of the widest uncharted areas of Jewish music. As a subcultural manifestation of

Italian musical culture, characterized by defined national and regional traits, the Jewish musical traditions that developed on Italian soil constitute a fascinating example of what Mark Slobin calls "micromusics of the West," or "small music" that are enveloped in larger and more established musical systems (Slobin xiii).

The musical history of the Italian Jewish communities is long, fascinating, and rife with contradictions. In punctuating all major aspects of Jewish life, from personal and family rituals to the public sphere, music is a crucial indicator of cultural identity across time and space. The earliest known written Jewish musical documents *tout-court* originate from Italy (Adler, *Hebrew*; Spagnolo, "Scritto in italiano"), and the Italian peninsula is the prime site of a multicultural Jewish musical encounter that began taking shape in the early modern period. Over the span of several centuries, this encounter produced an unprecedented interaction between distinct Italian, Ashkenazi, rights and Sephardic traditions of synagogue song and Italian music, with its innumerable cultural, regional and linguistic differences.

As a prime indicator of cultural identity, synagogue music thus embodies the countless visible and invisible identities of the Jews of Italy. By examining the Jewish soundscape — the combination of performance styles, genres and repertoires, as well as the characteristics of musical events taking place in the synagogues — we can thus gain a broader understanding of Italian Jewish life as a whole and see how Jews have attempted to represent themselves in their own communities and within Italian society at large. Although confined to a closely delimited aspect of social interaction (the synagogue and the Jewish home), Italian Jewish liturgical traditions do not constitute a closed musical world. On the contrary, they are in constant rapport with other musical expressions, including music specifically composed for the synagogue, non-Jewish liturgical music, and a variety of non-Jewish popular and art music forms. Moreover, by virtue of its central position in worship and in life cycle celebrations, liturgical music inevitably encounters, reflects, and influences a wide variety of non-musical aspects of Jewish life. As a key component of traditional Jewish lore — centered on the public recitation of the Hebrew Bible and of the texts included in the liturgy and in the paraliturgical celebration of life-cycle events (births, circumcisions, weddings, death) — music is an important indicator of the elements of continuity that inform social and cultural change. By paying close attention to the dynamic relationship between sounds and traditional Jewish texts, we can thus attempt to identify how Jewish individuals, families, and communities have related (and continue to relate) to their personal and collective past, and at the same time how they have coped with the challenges presented by Italian society and modern life.

Heard across time and space, Italian Jewish music can therefore be understood as a portal into the daily life of the ghettos, as well as a cultural marker of the configuration of the many local and regional Jewish identities that have developed and evolved within Italy itself as Jews entered its society at full title in the 19th century. At the same time, by at once marking and bridging the distance between the liturgy of the church and that of the synagogue, music also reflects the very public and highly politicized conflicts and hidden consonances between Judaism and Christianity. Inside the synagogue, music has thus reflected the unique cultural symbiosis between Jews and Italy that gained universal musical prominence through the notes of Giuseppe Verdi's *Nabucco* (1842).

From the Ghetto Into the Synagogue: The Advent of *Musica Sacra*

Beginning in the late 18th century, with the emancipatory changes brought about by the Napoleonic conquests in northern Italy, Jewish life in Italy underwent dramatic changes. The long process of emancipation, engineered by the House of Savoy, culminated in the *Statuto Albertino*, a constitution promulgated by Charles Albert of Savoy (1798–1849), King of Sardinia, on March 4, 1848. In its ensuing Letters patent, the law granted full civil and political rights to all Jewish residents of the Kingdom, and abolished the ghettos (March 29, 1848). The process continued well into the 19th century, with the opening of the Roman ghetto following the breach of Porta Pia (September 20, 1870), and extended civil rights to all Jews across the Peninsula.

These events, which effectively put an end to the Age of the Ghettos, were amply reflected in various aspects of Jewish musical production (Seroussi, "Singing Modernity" 165–166). The full participation of Jews in Italy's social, professional, intellectual, and political life had dramatic consequences on the framework of traditional Jewish life. The general process of urbanization that began in Italy at this time also prompted the relocation of Jews from small centers and ancient communities into large cities and modern communities. These processes had a particular impact on the life of the Italian synagogue. As traditions were progressively abandoned in the Jewish home, and the urban areas that once had housed the Jewish ghettos were either abandoned, renovated, or simply no longer perceived as an environment still suited to Jewish life, the synagogue increasingly became the main focus of Jewish life. Such changes brought about the transformation of old rituals and the creation of new ones that could accommodate the needs and wants of a newly emancipated population. The transition from the "old" to the "new" was emphasized by a dramatic increase in musical composition for the synagogue. By the mid-19th century — a time in which German Jewish intellectuals were engaged in defining the very notion of "Jewish music" (Bohlman, "Inventing Jewish Music") — a "new genre" of Jewish musical composition emerged across Italy: that of *musica sacra*.

The expression *musica sacra* was probably coined in Piedmont, where it appeared in the Jewish press as early as the 1850s. It can be found in the titles of several collections of synagogue songs of this period. Among these are *Pezzi vari [di] Musica Sacra*, for Tenor and Bass, by composers Bonajut Treves (1796 or 1818–1883) and Ezechiello Levi (1826–1889) of Vercelli (NLI Mus. Coll. Vercelli 110); *Canto sacro Ebaico* [sic] *composto e dedicato dal Maestro Smolz al molto illustre Signore Salvatore Benedetto Artom* (NLI Mus. Coll. Casale 9a); and the *Canti Sacri della Comunità Israelitica di Alessandria* collected by Cantor Marco Amar in 1892 (NLI Coll. Mus. Alessandria nos. 1–2).[4]

Broadly speaking, *musica sacra* generally referred to a whole new body of recently written compositions for soloists and choirs with instrumental accompaniment that were inserted into preexisting rituals by means of juxtaposition. Musical composition did not completely take over the liturgy. Instead, it became a recurrent "novelty item" featured alongside traditional, and monophonic, synagogue song.

Such innovations certainly did not go unnoticed. A heated debate took place, finding an ideal forum in the Jewish press of the time. The monthly journals published since 1845 in various Italian communities present us with a wealth of musical information and offer the vivid image of a thriving synagogue life (Spagnolo, "La stampa periodica"). In the pages of *La rivista israelitica* (from now on, *RI*; Parma, 1845–1847), *L'educatore israelita* (*EI*; Vercelli, 1853–1874), *Corriere israelitico* (*CI*; Trieste, 1862–1914), *Il vessillo israelitico* (*VI*; Casale Monferrato, 1874–1922), and others, rabbis and lay community leaders posed pointed questions and offered provocative solutions. Should they reformulate the old rituals, and find a middle ground between tradition and innovation? Would the new sound of music composed for the synagogue help to replace the music of the ghettos, or at least allow it to be re-shaped into a repertoire less permeated by the humiliating memories of past persecution? How did the non-Jews

---

[4] These titles are similar to those found in contemporary music manuscript sources from Livorno studied by Seroussi ("Livorno" 137–139). See for example *Musica sacra di Livorno*... (Mus. Add. 6); *Shabbat. Musica sacra[...]* (Mus. Add. 7); *Canti Sacri per i Giorni Penitenziali e Festivi*... (Mus. Add. 8) in the Birnbaum Collection (Hebrew Union College, Cincinnati).

who regularly attended services in the newly built, or renovated, synagogues (Lerner) react to Jewish rituals? Could women, and their voices, find a role in this new liturgical world? Did all this innovation imply renouncing the richness of Italy's many local Jewish customs, and the heritage of the Renaissance that came with them? Finally, would this new music succeed in attracting Jews back into synagogues, now that society at large held a greater appeal than traditional Jewish life?

And yet, not *all* liturgy was revised. The same news reports also tell us which new compositions were introduced, and by whom, where and when. By contrast, they also inform us about what remained unchanged. An enlightening report from Turin, published in a Jewish periodical in 1882, relates how the writer, "armed" with a pocket watch, timed the newly reorganized liturgy, noting that it ran noticeably longer than it previously had, in spite of the reformers' lament that traditional services were too long and unattractive (*Mosè* [1882]: 56–57).

Not everyone agreed with the modifications of the ritual, and a sort of "liturgical revival" soon developed countrywide. Old melodies were collected and local customs raised ethnographic interest. The collection of Livornese synagogue tunes, published by Federico Consolo in 1892 and known to Jewish music scholars as the primary if not only source about Italy's Jewish musical traditions (Idelsohn), was not an isolated endeavor. Traditional tunes were thus preserved, along with the creation of newer ones. Moreover, each community continued to develop its own music, thus fostering the sense of local identity that characterized Italian Jewry through history. Thanks to the mid-to-late 19th century rediscovery of older sources, and the subsequent process of re-converting polyphonic compositions into orally transmitted monophonic tunes, the double standards of those times still echo in the field recordings made by Leo Levi, as well as in the Italian synagogue music of today.

Taken as a whole, written musical sources reveal how 19th-century synagogue life gave place to what could be termed a "liturgical compromise," or a ritual agenda that encompassed both preservation and innovation. According to this unexpressed covenant, certain ritual occasions (typically the Sabbath and the High Holy Days) remained devoted to the preservation of older, orally transmitted repertoires, while others (especially the Festivals and the Sabbath celebrations associated with them) became the *locus* of musical innovation. With few exceptions, all extant choral musical compositions written since the beginning of the 19th century are in fact settings of liturgical texts related to the festivals of Passover, *Sukkoth* and *Shavuot*. The remaining ones are original compositions for new rituals. Among these were the marking of political occasions, inter-faith gatherings, and the advent of the Bat Mitzvah for girls on the model of the Bar Mitzvah for boys. Pioneered by the communities of Modena in 1844 or 1845 and Verona in 1846, soon followed by almost all other major Italian congregations, these newly crafted religious confirmation celebrations took place in the synagogue and marked the opening of the male space of worship to the female voice (see *Archives israélites* 5 [1844]: 343; *RI* 1.2 [1845]: 136, and 1.10 [1847]: 620–23; and *EI* 11 [1863]: 167).

The innovative impetus that characterized Italian Jewish synagogue music throughout the Emancipation all but vanished beginning in the 1920s, and especially after the Second World War. Most 19th-century musical innovations were progressively removed from the ritual, and the newly composed repertoires of *musica sacra* either disappeared or were transformed in melodies that could be performed by one voice, in a monodic style that was perceived to be more "traditional."

Sources

Our knowledge of Italian Jewish musical life in modern times derives from the combined consideration of an array of oral, written, and literary sources.

Oral sources, constituted by archival recordings and the lore of living culture bearers (often, but not exclusively, professional synagogue cantors and rabbis), document the development of local oral traditions of liturgical and paraliturgical song in the many Jewish communities scattered throughout the Italian peninsula. Jewish communities, and at times individual families, kept these traditions alive with a varying degree of accuracy by each community (or family), transmitting into the present the ritual diversity that had characterized Italian Jewry throughout the modern period. Several local variants of historical Italian, Ashkenazi, Sephardic and French liturgical customs (*minhagim*, plural of the Hebrew, *minhag*, literally, "conduct") remained in the oral tradition, but progressively disappeared over time, either because the communities that maintained them vanished due to urbanization, assimilation, or persecution, or because originally distinct traditions merged with one another, creating new musical and liturgical hybrids. The degree to which oral traditions disappeared between the 19th and 20th centuries is staggering. A statistical survey from 1865–1866 attested to the existence of one hundred and eight synagogues or other places of worship located in sixty-six different Italian centers (F. Servi, *EI* XIII/1865: 364–366 and XIV/1866: 363–364). By the end of the 20th century, only a handful of

Jewish communities maintained an independent oral tradition and even fewer continued to have distinct Italian, Sephardic or Ashkenazi liturgical traditions.

The field recordings made during the 1950s by Leo Levi and preserved at Rome's Accademia di Santa Cecilia and Jerusalem's National Sound Archives of the National Library of Israel (NLI), make possible the reconstruction of a fragmentary soundscape. The recordings include musical testimonies from twenty-seven distinct liturgical traditions, preserved in the Jewish communities of twenty-four Italian locations, many of which were already extinct at the time the recordings were made. Regardless of their number, these oral sources are invaluable, as they convey a first-hand account of actual Italian Jewish musical life. With the corroboration of written sources, they can help to pinpoint the repertoires and performance styles in the synagogue and Jewish homes, and thus constitute a primary evidence of Jewish daily life in Italy in modern times.

Manuscript and printed sources documenting Jewish music in Italy between the 16th and 18th centuries are relatively rare (Adler, *Hebrew*). They include both original liturgical compositions, among which are the settings of Hebrew texts by Salamone Rossi, *Hashirim asher li-shlomoh* (Venice, 1622–23), as well as transcriptions of synagogue songs from the oral tradition, such as Benedetto Marcello's in *Estro poetico-armonico* (Venice, 1724–27). Beginning with the first decades of the 19th century, however, musical production increased dramatically, and by mid-century virtually each Italian congregation commissioned, collected, and preserved in its archives tens of new polyphonic compositions specifically devoted to synagogue worship. Additionally, since the 1880s, individual musicians and researchers began transcribing synagogue melodies, leaving them in manuscript form. Among these were Marco Amar in Alessandria (see his *Raccolta di Cantici tradizionali della Comunità Israelitica di Alessandria*, 1892, Ms. NLI Coll. Mus. Alessandria nos. 1–2; also in a ms. copy dated 1926, titled *Canti Sacri della Comunità Israelitica di Alessandria*, at Archivio Terracini, Turin); Davide Ghiron in Casale Monferrato (see *VI* LIX/1911: 351–353); and Amadio Disegni in Rome (see *VI* LXVI/1918: 39–40). Some musical transcriptions were also published in book form (Consolo; Piattelli). A recent survey of manuscript sources from Piedmont alone, for example, unearthed over seven hundred musical scores including compositions from the music archives of six Jewish communities, today preserved in communal and university archives in Italy, Israel and the United States (Spagnolo, *Musical Traditions*; see also Moffa). These materials are essential to understanding to which degree the changes brought about by the emancipation prompted Italian Jews to innovate their liturgical "sound" by commissioning musicians to write for the synagogue and by collecting Jewish liturgical works by other European composers.

The musical contents of these manuscripts allow us to reconstruct a lost synagogue sound, reminiscent of an array of non-Jewish musical worlds, set to the Hebrew texts of the liturgy. Melodies evoking opera (and operetta) and the liturgy of the Catholic Church were sung by small choirs of children and adults (at times also including women), accompanied by the organ or the harmonium. The names of the composers, and often the performers, appear together with the scores. Among them were: local amateurs whose desire to write and perform music was often accompanied by monetary donations to the community; Jewish professionals; and non-Jewish instrumentalists and composers who also worked for the Catholic Church, in government, or in opera houses. The scope of the music collections of the Italian Jewish communities is strikingly wide-ranging and revealing of the breadth of the musical and cultural interests of their leaderships. Because copies of musical scores were often shared among different congregations, and composers traveled from city to city, music collections also helped to form a social and cultural network that connected Jewish communities with one another in Italy and in Europe, and with the non-Jewish world.

Research in Italian Jewish music also draws on literary sources, such as liturgical texts (both manuscript and print), rabbinic *responsa*, personal and communal papers, letters, and, since the 19th century, many news items that appeared in the Italian (and at times European) Jewish press. These materials provide often essential contextual information, ranging from the dates and details of synagogue performances, establishment of choirs, and special liturgical ceremonies, to full-fledged debates about the role of music in synagogue life, the impact of modernity on traditional repertoires, and the involvement of Jewish musicians in the Italian and European music scene.

From *[nal nav cal]* to "L'Emancipazione israelitica"

Research on the ethnographic recording by Leo Levi, the 61-second long Hebrew text with incipit *[nal nav cal]* sung to a Risorgimento melody, involves the interplay of a host of oral, written, and literary sources documenting the evolution of Jewish music in Italy.

Archival research allowed me to identify this short recording as an orally transmitted rendition of a bilingual Hebrew-Italian poem by Rabbi Giuseppe Levi Gattinara, written to celebrate the emancipatory Letters patent (March 28, 1848), and published in 1852. According to the Piedmontese pronunciation of the Hebrew letter *'ayin* as *nain*, the mystery *incipit* of the recording, *nal nav cal*, corresponds to the Hebrew incipit of the poem: *'al 'av qal*. The poem was sung during a yearly ritual known in Hebrew as *ḥag ha-ḥerut*, "Holiday of Freedom" (Spagnolo, *Italian Jewish Musical Traditions* 27–28). In turn, the correct identification of the Hebrew incipit led to a manuscript documenting the liturgical texts that informed this ritual and provided further insights about the musical background of the field recording. These connections lead to a broader understanding of the role of music in the invention of a new liturgical tradition celebrating a turning point in Italian, Piedmontese, and Jewish history during the Risorgimento (Shulvass).

The text sung in Levi's field recording, delivered by Alessandro Segre in 1954, coincides with the first Hebrew stanza of the bilingual poem penned by Rabbi Gattinara, who was not new to bilingual endeavors. The rabbi had previously published in Casale, in Italian, an ode to King Carlo Alberto, titled "Al re Carlo Alberto e al popolo piemontese: inno degli israeliti casalesi" ("To King Carlo Alberto and the Piedmontese people: Hymn of the Casale Jews"), likely in 1847. This poem was a "traduzione dall'ebraico" ("a translation from Hebrew"), but, unfortunately, the Hebrew version was not printed with it. In Italian, "Al re Carlo Alberto. . ." also appeared in a collection of poetic and prose texts dedicated to the King and to the Risorgimento, edited by Giorgio Briano (1812–1874) and published in Turin in 1847 or 1848 (Briano 153–154). It is important to note that this collection, which was kindly brought to my attention by Scott Lerner, also included "Fratelli d'Italia" by Mameli and Novaro (under the title, "Inno Nazionale," or "National Anthem," Briano 81–82).

A few years later, in 1852, Levi Gattinara issued Italian and Hebrew versions of a new poem. Specifically dedicated to the theme of Jewish emancipation, the poem appeared under the lengthy title, "L'Emancipazione israelitica. Inno ebraico da recitarsi annualmente il XXIX marzo nell'Oratorio Israelitico di Casale e dallo stesso tradotto in poesia italiana" ("The Israelite Emancipation. Hebrew Hymn to be recited annually on March 29th in the Israelite Temple of Casale, translated by the same [author] in Italian poetry"). The Italian text of "L'Emancipazione" was then reissued in 1858. This latter version was studied by Robert Melzi, who analyzed its many literary allusions and mistakenly attributed the authorship to Giuseppe Levi (Vercelli 1814–1874). The latter, also a rabbi, was the editor of *L'educatore israelita* together with Rabbi Esdra Pontremoli (Ivrea 1818-Vercelli 1888).

The double incipit of the poem is, in Hebrew, *'al 'av cal bashamayim habitu. . .* ("A light cloud they saw in the sky. . ."), and, in Italian, *Quasi lampo, su fulgida nube*... ("Almost as lightning, on a shining cloud..."; see Table 3 at the end of essay).

The Informant, the Author, the Poem, and (Perhaps) the Composer

The musical memory represented in Leo Levi's field recording is of great relevance to the history of Italian Jewish Music. Alessandro (Avram) Segre, born in 1904, was the son of Rabbi Ezechiele Segre (1877–1941), and the older brother of Rabbi Augusto Segre (b. 1915), author of an important autobiographical essay published in his *Memories of Jewish Life*. Ezechiele had followed in the footsteps of Salamone Debenedetti (1831 or 1832–1910) and Jacob Samuel Levi (1834–1897) as cantor (Heb. *ḥazan*) of the synagogue of Casale Monferrato, where he served as assistant Rabbi (under Rabbi Giuseppe Abram Levi, b. 1879, son of cantor Jacob Samuel Levi and father of the ethnomusicologist Leo Levi), scribe, ritual slaughterer, and Hebrew-school teacher, informally since 1910, and officially beginning in 1921. At his death in 1941, Ezechiele was effectively the last rabbi of Casale Monferrato. His own musical legacy, and thus that of his son Alessandro, went deep into the history of Casale Jewry: an orphan, he had been raised by his maternal grandfather, Gershon Israel Deangeli, whose family members had been extremely involved in Casale synagogue music, fulfilling a variety of cantorial roles. After the end of the Second World War and the Holocaust, which had decimated the community, Alessandro Segre became *de facto* Leo Levi's main informant for the Casale tradition. In fifty-eight recorded items, Alessandro preserved what was left of a centuries-old musical tradition that followed the Ashkenazi rite with ties to other Ashkenazi communities in Italy since the early modern period, and that had also produced important Hebrew musical cantatas in the 18th century (Adler, "Sheloshah teqasim").

Giuseppe Levi Gattinara (Vercelli 1813-Casale Monferrato 1855), Chief Rabbi of Casale Monferrato from 1834 until his death, was a pioneering scholar of Italian Jewish studies, and a champion of the cause of Jewish Emancipation in Piedmont (Levi Gattinara, "Varietà"; Luzzatto Voghera 161). The cultural range of Rabbi Gattinara's knowledge and the span of his political interests are well represented in his poetry.

The two poems presented by Levi Gattinara under the title "L'Emancipazione israelitica" comprise eight stanzas each, and the anapestic decasyllable verses follow the same meter both in Hebrew and in Italian. The meter, characterized by accents falling on the 3rd, 6th and 9th syllables of each verse, was common in opera librettos since the 17th century, but gained enormous currency in 19th-century

Italian poetry. Eventually known as "*decasillabo manzoniano*," it appears in two foundational choral works that are part of the Italian literary canon of the first half of the century. Both works directly addressed the theme of Italy's unification. In the chorus of the second act of the tragedy, *Il Conte di Carmagnola* (1820), Alessandro Manzoni (1785–1873) wrote against fratricidal wars among Italians serving conflicting political powers, and expressed hope for national unity and brotherhood (*Siam fratelli; siam stretti ad un patto*, or "We are brothers; we are bound to a covenant"). The chorus, "Va' pensiero," in the third act of the opera *Nabucco* (1842) by Giuseppe Verdi (1813–1901) on the libretto by Temistocle Solera (1815–1878) calls for a "homeland, beautiful and lost" (O, mia patria, sì bella e perduta!), and is often considered as Italy's "other" national anthem (on choral works in the music of Risorgimento, see Gosset).

A comparison among verses drawn from each of the four texts (Manzoni, Solera, and Gattinara's Hebrew and Italian versions of the poem) is emblematic of Levi Gattinara's poetic references:

S'ode a DEstra uno SQUILlo di TROMba
                                   (Manzoni, *Il conte di Carmagnola*, Act. 2)

Va', penSIEro, sulL'Ali doRAte
                                 (Solera, *Nabuccodonosor*, Part III, 1842)

'al 'av QAL bashaMAyim haBItu
                                 (Levi Gattinara, *L'Emancipazione israelitica*, 1848: Hebrew text)

Quasi LAMpo, su FULgida NUbe
                                 (Levi Gattinara, *L'Emancipazione israelitica*, 1848: Italian text)

It is not hard to imagine why Manzoni and Solera's patriotic works could be inspirational, or that the lyrics from *Nabucco* could serve as a model for Levi Gattinara. Verdi's music is featured in the musical archive of at least one Piedmontese community (Vercelli), attesting to its direct role within Jewish communal life.[5] The literary references in Levi Gattinara's bilingual poem are "foundational" in their own right, ranging from the Bible to Tacitus; they also provide a narrative flow that surveys Jewish history from Abraham to Piedmont, praising King Carlo Alberto and underlining the enormous advantages he would receive from emancipating the Jews.

The highly allegorical language of the poem is already manifest in the first Hebrew stanzas, which coincide with the text recorded by Leo Levi:

---

[5] "Preludio, Scena ed Aria, Dio di Giuda nell'opera Nabuccodonosor" (Ms. NLI Mus. Coll. Vercelli 101), and "Coro di profughi scozzesi nell'opera Macbeth" (Ms. NLI Mus. Coll. Vercelli 102).

'al 'av qal ba-shamayim habitu	A light cloud they saw in the sky
malakh ḥesed ya'uf liqratenu	An angel of mercy flew to us
ka-baraq yarutz oraḥ hinenu	As lightning [it] sped our way
'omed sham el ragle he-harim	And stands there at the feet of the mounts [Piedmont]
'anve-eretz ba-shefel yeshevu	The humbles of the land sat in the pits
el qolo me-'afar yit'oreru	To his voice from the dust they awoke
mi-yado va-ḥayyim yikatevu	By his hand in life they will be inscribed
ezraḥim 'al luḥot ha-ḥorim	Citizens onto the tablets [of the Law]
tzidqot el ha-moshi'a saperu	Tell of the just deeds of a redemptive God
ha-yom pesaḥ lakhem ha-'ivrim (x2)	Today is Passover for you, o Hebrews

In Levi Gattinara's Hebrew text, Italian places, laws, and political occasions found Hebrew (and biblical) equivalents. The poem thus refers to Piedmont in Hebrew as *ragle he-harim*, literally, "the feet of the mounts." Citizenship is inscribed on tablets that directly recall Mosaic Law revealed at Mount Sinai. And the Emancipation is to be celebrated as a new Passover, a renewed redemptive passage from slavery to freedom due to divine intervention.

A similar poetic sensibility can be detected in the corresponding stanzas of the parallel Italian poem (of which we have no extant sound recording):

Quasi lampo, su fulgida nube	As lightning on a light cloud
Vola l'Angiol di pace messaggio	The Angel, message of peace, flies
Sotto l'Alpi s'arresta quel raggio,	Under the Alps the ray stops
E n'imporpora il limpido ciel.	And reddens its clear sky
Egli è sceso, lo annunzian le tube	He came down, the trumpets announce him
Del redento Piemonte ai confini;	To the borders of a redeemed Piedmont
Già dal fango i reietti, i tapini	And now from the mud the outcast, the miserable
Sorgon liberi al patto novel	Rise free to the new covenant
Ai portenti — divini crescenti	To the growing divine miracles
Nuova Pasqua, festeggia, o Israel	A new Passover/Easter shall you celebrate, o Israel

In the Italian text, the Letters patent are referred to as a new Covenant (*patto*), which appears to redeem *both* the outcast Jews and Piedmont itself. And divine intervention, by means of royal decree, is to be celebrated as a new *Pasqua*. It is important to note that the latter, in Italian, may refer to both the Jewish

Passover and the Christian Easter. The Hebrew and Italian texts thus seem to try to establish a common poetic and political ground, bridging two overlapping cultures and finding unity between Judaism and Christianity. In this ideological landscape, the Emancipation of the Jews is one with the revolutionary ideals of the Risorgimento, and the musico-liturgical performance of the poem inside a synagogue appears to be directed at all Piedmontese, Jewish and Christian alike.

Levi Gattinara's attempt at combining synagogue liturgy and national politics was not unique. His poem was not the only one that addressed the complexity of 19th-century Italian Jewish history through Hebrew text and synagogue song. Literary and archival sources present us with a broader landscape that went far beyond the confines of Casale Monferrato's synagogue. Carlo Alberto of Savoy (1798–1849), King of Sardinia, had signed the Letters patent on March 29, 1848 (or 24 Adar Sheni, 5608, in the Hebrew calendar), in the midst of the Risorgimento wars. This date soon became an occasion for synagogue commemorations throughout Piedmont, and later in the whole country. The occasion was celebrated annually, in conjunction with secular date of the calendar — and *not* according to the Jewish calendar, as is customary in synagogue liturgy — until the advent of Fascism in the 1920s. The Jewish press of the time provides detailed descriptions of such events. From these we learn that each year Italian rabbis and intellectual personalities wrote Hebrew poems celebrating Italy's *grandeur* and the Jewish contributions to the country. Rabbi Levi Gattinara was an enthusiastic promoter of the Emancipation. His poem, written in 1848, was probably the first of its kind. The first issue of *L'educatore israelita*, which appeared in the spring of 1853, promptly described the ceremonies, along with their impact on society at large:

> Piemonte: *Anniversario dell'Emancipazione*
> La ricorrenza del giorno 29 marzo che, ora sono già cinque anni mercè la regale e cittadina giustizia, segnò la civile redenzione degli Israeliti Piemontesi, colla soave ricordanza chiamò tutti i correligionarii alle più solenni dimostrazioni della interna gioia e riconoscenza. Nei sacri templi con inni di ringraziamento al Padre comune di tutti gli uomini, nelle case, con effusione di domestiche tenerezze, nel civile consorzio con elargizioni a tutte le classi dei concittadini sofferenti versavasi dagli animi la pienezza del contento. Così il sentimento religioso e il patrio amore, e la carità intrecciavansi in ammirabile armonia.

> ("Piedmont: *Anniversary of the Emancipation*
> (It is already five years that the anniversary of the 29th of March marks the civil redemption of the Jews of Piedmont [that was achieved] thanks to royal and civic justice. The sweet recurrence called all coreligionists to solemnly

demonstrate their inner joy and gratitude. The fullness of their happiness poured out of every soul: in the sacred Temples, through hymns of gratitude towards the Father of all mankind, in the private homes, with a display of affections, and in the social arena, through donations to all classes of needy fellow citizens. Thus, religious feelings, love for the homeland, and charity were all tied in admirable harmony").

(*EI* I/1853: 122)

In Casale Monferrato, the ceremony marking the anniversary of the Emancipation of 1848 was developed into a set ritual under the influence of Rabbi Gattinara himself, during his tenure as Chief Rabbi of the congregation. An undated 19th-century Hebrew manuscript from Casale, kept at the Jewish Theological Seminary in New York, and catalogued under the comprehensive title *tefilot le-ḥagim u-le-iru'im shonim* ("Prayers for various festivals and occasions," JTS Ms. 10561), offers a detailed description of the liturgical setting. The manuscript also provides a name for the new liturgy itself: *ḥag ha-ḥerut*, Hebrew for "Festival of Freedom." This name bears a direct reference to Passover, which in synagogue liturgy is described as *zman ḥerutenu*, or "the time of our freedom." The manuscript (folios 34–35) states how, each year, the commemoration "falls on March 29, and is celebrated on the following Shabbath." The new ritual included a processional of all Torah scrolls, "like on *simḥat torah*," the recitation of Psalms 98, 113, and 115 (fol. 33), and was concluded (fol. 35) by the "song *'al 'av qal...*" (i.e., Levi Gattinara's hymn), intoned by the cantor, "who will pray as during a Festival Day [*yom tov*]." The same manuscript also includes the liturgy for another politically inspired occasion, established by Levi Gattinara in 1849 and called *purim shel ha-ashkenazim*, or "Purim dei tedeschi" (Foa).

In 1898, when the fiftieth anniversary of the Emancipation was celebrated across Italy, the poem by Rabbi Gattinara was still being sung (in Hebrew) in Casale Monferrato, to an unspecified musical setting:

Tempio illuminato e adobbato a festa. Canto dell'*athà oréda* e di un inno ebraico, stupendo per concetti e stile purissimo biblico, scritto nel 1848 dall'Eccell.mo Rabbino Gattinara, eseguito egregiamente dal *Hazan* Salomone Debenedetti. Estrazione e processione di tutte le bibbie. *Mi sceberah* (benedizione al Re e alla Com.) e sermone patriottico pronunciati dal Rab. Mag. L'orazione di *Arvid* come nelle feste solenni. Concorso immenso. Soddisfazione generale. Distribuzione di L. 50 ai poveri israeliti.

(*VI* XLVI/1898: 86)
("The Temple's lights were lit like on a holiday. The [liturgical poem], *atah 'oreta lada'at*, along with a Hebrew hymn, marvelous in its content and in its pure Biblical style, written in 1848 by the esteemed Rabbi Gattinara, were beautifully sung by the *ḥazan*, Salomone Debenedetti. All Torah scrolls were taken on a processional. The rabbi recited a *mi sheberakh* [prayer invoking God's blessing] for the King and the Community, and gave a patriotic sermon. '*Arvit* [Evening Service] was recited as on the High Holy Days. Attendance was overwhelming. All were pleased. 50 Liras were donated to the Jewish poor").

The same news report also briefly described similar ceremonies that had taken place in numerous cities around the country. The cities were listed, after Casale Monferrato, in alphabetical order, and included Acqui, Alessandria, Asti, Chieri, Cuneo, Ferrara, Firenze, Fossano, Genova, Milano, Napoli, Nizza Monferrato, Padova, Parma, Pitigliano, Trino Vercellese, Venezia, Vercelli, and (not in alphabetical order) Mantua. The last information about the yearly celebration of the *ḥag ha-ḥerut* in Casale Monferrato dates from 1913 (*VI* LXI/1913, 596–597).

Considering that Levi Gattinara's poem was in use for well over fifty years, it is therefore not surprising that its traces remained in the oral tradition of Casale Monferrato, as documented in Levi's field recording. The contextual evidence confirming its authorship and its specific liturgical setting allows us to better understand the musical content of this important testimony, even as the composer of the music remains anonymous.[6]

The composition and performance of various Italian and Hebrew hymns for the *ḥag ha-ḥerut* (Festival of Freedom) is documented in four additional distinct manuscript musical compositions that are included in the archival collections of the Piedmontese Jewish community kept at the NLI in Jerusalem. Three of these compositions are from Casale Monferrato itself, and were written by the two main composers active in the community between the 1840s and the 1870s: Eugenio Testa and "Maestro Smoltz." Both composers were not Jewish. A fourth composition, likely from Vercelli, was the work of a local Jewish composer, Bonajut Treves:

1. "Inno Per le Mancipazioni" (*sic*) is an undated composition (NLI Mus. Coll. Vercelli 85) by Bonajut Treves, on a Hebrew poem by an anonymous author

---

[6] Previous research did not succeed in fully assessing the historical and liturgical context of this piece. Levi ("'al haqlatat") dated it in 1855; Piattelli (*Canti liturgici ebraici del Piemonte* 45) described it as an "inno per l'Indipendenza italiana [del] 1858" (a "hymn for the Italian independence [from] 1858," following, but not crediting, Levi's own spoken annotation in the recording itself); and Melzi did not address either the Hebrew text or the liturgical context of the poem.

(possibly, Giuseppe Raffael Levi, 1802–1885, Chief Rabbi of Vercelli in 1836–1885). The music is set for solo baritone, mixed choir (SATB), and organ accompaniment. According to a news report from 1898, this composition was written in 1848 (*VI* XLVI/1898: 86–88).

2. The "Inno [. . .] per la festa nazionale israelitica di Casale Monferrato" (Ms. NLI Mus. Coll. Casale, no. 9f) is an undated composition by Smoltz on a Hebrew hymn by an anonymous author, set for solo tenor, male choir, and orchestral accompaniment (string and wind instruments). The manuscript was dedicated to "Giuseppe Vitta," most likely Giuseppe Raffaele Vitta (1773–1858), son of a prominent member of the community of Casale in the 18th century, Emilio Vitta (1754–1820), and himself a *deputato* of the *Università* of Montferrat and a deputy to the Jewish Assembly in Paris. The dedication on the manuscript enables dating the composition to the decade 1848–1858 (between the Emancipation and Giuseppe Vitta's death). Emilio Vitta's role in the Casale community is documented in congregational records (see *Pinqas* leaves 93 ff.), while documents about his son Giuseppe are listed by R. Segre (xcviii, and nos. 3390, 3444, 3455).

3. "L'Emancipazione: canto degli israeliti" (NLI Mus. Coll. Casale, no. 15b) was another composition by Smoltz, set to a poem in Italian by a (yet unidentified) Professor D. Cinquino. The manuscript, undated, is a setting for solo sopranos and female choir with orchestral accompaniment (string and wind instruments).

4. "Inno pel ḥag ha-ḥerut 1876: All'onorevole amministrazione israelitica omaggio dell'autore. Inno ebraico: Parole del Rabbino G. Levi Gattinara musicato da Eugenio Testa" (NLI Mus. Coll. Casale, no. 8), is a setting of the Italian version of Levi Gattinara's hymn from 1876. The composition by E. Testa, set for a three-part male choir (TTB) and harmonium accompaniment, was performed that year in Casale on April 1 (*VI* XXIV/1876: 141).

Investigating the identities of the composers of these works is highly revealing of the intercultural and political texture underlying the new synagogue ritual. Bonajut (or "Bonajutino") Treves (Vercelli 1796 or 1818-Biella 1883), was the heir to one of the wealthiest Jewish families in Vercelli (R. Segre no. 3465). As a young man, likely before the Emancipation of 1848, Treves enjoyed the support of his family and attended the Conservatory of Naples, where he studied with leading opera composer Saverio Mercadante (1795–1870). Upon his return to Vercelli, he devoted his musical creativity, *pro bono*, to the synagogue of his hometown. The earliest available notice of Treves's regular musical activity there was published in 1853 (*EI* I/1853: 153).

Eugenio Testa, a choir director, organist and composer, was active in the synagogue of Casale Monferrato from 1876 (XXIV/1876: 141). He was also Maestro di Cappella at the Cathedral of Casale during the 1880s, where he composed works like *Tantum Ergo* (published by Ricordi in 1888).

Very little can be said about the identity of "Maestro Smoltz" (at times spelled "Smolz"), whose work for the synagogue of Casale Monferrato was extensive. The correct attribution of the composer's first name, which depending on the extant manuscripts could have been "Giuseppe" or "Antonio," remains obscure, and points to the possibility that several (perhaps related) musicians with the same last name were hired by the congregation at different times (see NLI Mss. Mus. Coll. Casale 15b: "Giuseppe Smoltz;" 15a: "A. Smoltz;" and Var. 56: "Antonio Smoltz"). Circumstantial evidence, such as the Canfari sheet music paper of the manuscript collection, *1844. Versetti posti in musica dal Maestro Smoltz per Contralto e Coro* (Archivio Terracini, Torino), points to his activity in northern Italy, between Torino, Casale Monferrato and Milano, towards the first half of the 19th century (on Torino's Canfari typography see Chiosso). Another Smoltz named Innocenzo was also active in Milan around 1850 where he is listed as *"maestro concertatore"* for the opera *La fioraja* by Antonio Top of Form Cagnoni (1828–1896).

The numerous manuscript synagogue works by "Maestro Smoltz" comprise a host of musical compositions for the Festivals (especially Passover and *simḥat torah*), several of which include scores intended for orchestral performances. The manuscript *1844. Versetti posti in musica* alone includes the alto choral part of thirty-seven different compositions for the *hallel* service, for *simḥat torah*, and for the Sabbath. Non-Jewish compositions attributed to a "Maestro Smoltz" (again, lacking a first name) found in Italian libraries are all secular in nature. They include chamber music, such as duets for cembalo and violin, dedicated to various female performers. Most interestingly, the composer also authored an *Ode*, written by Marco Faustino Gagliuffi, and adapted by the renowned opera librettist Felice Romani (1788–1865). An Italian patriot, Gagliuffi (1765–1834), had been a protagonist in the events of the Roman Republic of 1798. The *Ode* was performed in honor of the arrival of Emperor Franz I of Austria (1778–1835) in Milan in 1825. The fact that the community of Casale would hire a composer involved in writing occasional music for the visit of a (foreign) dignitary is revealing of the role attributed to *musica sacra* in the public representation of Piedmont's Jewish society at the time of the Emancipation. While liturgical in nature, *musica sacra* was intended for public synagogue celebrations attended by both Jews and non-Jews together. Its aesthetics bridged Jewish, Catholic, and secular worlds, and its sound was the common denominator that unified both communities.

Following literary evidence, it is quite possible that several other compositions were created for this purpose during the second half of the 19th century, and additional composers were involved in their creation. However, none of the musical settings featured in the extant manuscripts correspond to the oral variant of the performance of Levi Gattinara's hymn recorded by Leo Levi as remembered by Alessandro Segre.

Conclusions

While the remaining compositions are not the sources of the melody found in Levi's field recording, their presence in the synagogue archives of Casale Monferrato and Vercelli suggests that other versions of Rabbi Levi Gattinara's hymn were composed over the years, especially in or shortly after 1848, when the ceremony originated. It is likely that one of these versions, whose original music score went missing, became popular enough to be incorporated into the oral tradition, and thus transmitted into the 20th century, when the ceremony of the *ḥag ha-ḥerut* was no longer celebrated. A manuscript version of this melody, however, was included (without title, numbering or any other identifier) in one of the copies of Cantor Marco Amar's collection of synagogue songs from Alessandria (*Canti sacri della comunità israelitica di Alessandria*, Ms. Archivio Terracini, dated 1926, p. 29). This manuscript is the only written source corresponding to Levi's field recording, and its existence further corroborates the validity and the importance of the oral source.

The musical character of the piece recorded by Levi fully reflects the literary scopes of Gattinara's text. As already suggested, the simple, repetitive melody and the marching rhythm of this work are intimately connected with the musical style of the Italian Risorgimento, and are closely related to "Il canto degli italiani," or "Inno di Mameli," composed in Turin in 1847. An emblematic cultural product of the Risorgimento, "Il canto degli italiani" embodies the confluence of popular and elite musical cultures in a time of social change (Miller 656–568; Biorci). While there is no documentation substantiating the authorship of the setting of the Hebrew text of Rabbi Levi Gattinara's "L'Emancipazione israelitica," it is possible to assume that it was the work of a musician active during the decade of the Emancipation, and fully aware of the musical creativity of the time. The style of this composition is coherent with that of other sources in the Casale synagogue collection, especially those written by "Maestro Smoltz." Given Smoltz's copious production for the congregation, it is likely that he wrote this setting as well.

The musical association between the Hebrew hymn "L'Emancipazione israelitica" and "Il canto degli italiani" holds a great symbolic power. By incorporating the music of the Risorgimento in its synagogue ritual, the Jewish community of Casale Monferrato — through the activism of its rabbinic authority, Giuseppe Levi Gattinara — brought the sounds and the political values of the surrounding non-Jewish world within its secluded walls. The bi-lingual nature of the poem — printed with the Hebrew and Italian metrically homogenous texts graphically facing one another — added a further symbolical layer. The ritual setting, falling outside the scope of the Jewish ritual calendar, was at the same time reminiscent of the normative and celebratory liturgy of the Festivals. The entire ceremony of the *ḥag ha-ḥerut* can thus be seen as a *translation* of the Risorgimento into musico-liturgical terms. By espousing the cause of the Risorgimento, the congregation fostered the values of the Emancipation and of its confluence in mainstream Italian culture and society, but also adapted them to its own particular Jewish values and languages.

Table 4 presents a comparison between a written source of the hymn from Ms. Archivio Terracini, *Canti sacri della comunità israelitica di Alessandria*, and an oral source, transcribed from Levi's field recording. Additionally, the table highlights further affinities between these two settings of "L'Emancipazione israelitica" and Michele Novaro's "Il canto degli italiani." This comparison further substantiates the co-territorial component of the oral tradition of Casale Monferrato, showing how the new sounds of the Jewish Emancipation and the new sounds of the Risorgimento were closely interrelated. This melodic connection, which spoke to all Piedmontese regardless of their religious affiliations, brings forth the synagogue as a place of continued cultural creativity. It also points to the synagogue as a shared sacred space in which Jews and Christians could coexist, and celebrate the political ideals of a new world in which all citizens could be equally represented. Finally, it allows us to understand the synagogue and its sounds as an integral aspect of the soundscape of the rest of the Italian territory, far from the walls of the synagogue, and those of the ghetto.

University of California, Berkeley

Table 1: Transcription of the Hebrew hymn, incipit [*nal nav cal*], highlighting recurring structural patterns.

Table 2: Comparison between the structural melodic and rhythmic patterns of the opening phrase of the Hebrew hymn [*nal nav cal*] (above), and "Il canto degli Italiani" by M. Novaro.

Table 3: *L'emancipazione israelitica*, bi-lingual poem by Rabbi Giuseppe Levi Gattinara, Cassone, Turin 1852, p. 1.

L'EMANCIPAZIONE ISRAELITICA

INNO EBRAICO

DA RECITARSI ANNUALMENTE IL XXIX MARZO

Nell'Oratorio Israelitico di Casale

COMPOSTO

DAL RABBINO G. LEVI GATTINARA

E DALLO STESSO TRADOTTO IN POESIA ITALIANA

Quasi lampo, su fulgida nube
Vola l'Angiol di pace messaggio,
Sotto l'Alpi s'arresta quel raggio,
E n' imporpora il limpido ciel.
    Egli è sceso; lo annunzian le tube
    Del redento Piemonte, ai confini;
    Già dal fango i reietti, i tapini
    Sorgon liberi al patto novel.
        Ai portenti - divini crescenti
        Nuova Pasqua, festeggia, o Israel.
Furon crudi, i tuoi casi, e tremendi,
O più antico dei popoli vivi;
Ma una storia alle genti tu scrivi
Ch' è maestra di sante virtù.
    Pura stirpe d'Abramo, tu rendi
    Degno omaggio a quel Grande, a quel Pio,
    Che nel culto educò d'un sol Dio,
    Dell'Oriente le rozze tribù.
        E quel culto - nel cuor sempre scolto,
        D'alta gloria Israel per te fu.
Nulla valser l'inique catene,
Nulla l'aspro servaggio d'Egitto,
Anche schiavo, il tuo spirito invitto
Un Dio solo credette, adorò.

עַל עָב קַל בַּשָּׁמַיִם הַבִּיטוּ
מַלְאָה חֶסֶד יָעוּף לִקְרָאתֵנוּ
בַּבָּרָק יָרוּץ אֹרַח הִכֵּנוּ
עוֹמֵד שָׁם אֶל רַגְלֵי הֶהָרִים.
    עַנְוֵי־אֶרֶץ בַּשֵּׁפֶל יָשְׁבוּ
    אֶל קוֹלוֹ מֵעָפָר יִתְעוֹרְרוּ
    מִיָּדוֹ בַּחַיִּים יָקָתֵבוּ
    אֶזְרָחִים עַל לֻחוֹת הַחוֹרִים.
        צִדְקוֹת אֵל הַמּוֹשִׁיעַ סַפֵּרוּ
        הַיּוֹם פֶּסַח לָכֶם הָעִבְרִים.
עַם קַדְמוֹן מִכָּל־עַם מִי בָּאָרֶץ
הֵן רַבּוֹת כְּפִלְאוֹת צָרוֹתֶיהָ
אָמְנָם כְּמוֹ יוֹפִיעַ זִכְרָךְ
עַם הָיִיתָ מוֹפֵת הָעַמִּים.
    בֵּן עוֹבֵד אֵל אֶחָד אֵין כָּמֹהוּ
    בֶּן אַבְרָם אֶת אָבִיךָ כִּבַּדְתָּ
    לֹא פָּנִיתָ לְהֶבֶל לַחוֹתוֹ
    מִימֵי קֶדֶם דּוֹרוֹת עוֹלָמִים:
        אֵל אֶחָד אֵל אָבִיךָ עֲבַדְתָּ
        וּלְקָנְיוֹ הִתְהַלַּכְתָּ תָמִים.
לִנְחָשְׁתַּיִם הֻגְּשׁוּ רַגְלֶיךָ
אַךְ כִּנְפוֹל עַם כָּבֵד לֹא כְּפַלְתָּ
עֶבֶד חָם לֵאלֹהָיו יַחֲלֹף
מַה יַּעֲצָל לָהּ אָדָם כִּי תִירָא?

Sounds of Emancipation · 121

Table 4: *L'Emancipazione israelitica*. Comparison among three sources: 1. Ms. AT *Canti sacri...* (1926): 29; 2. Field recording by Leo Levi (informant Alessandro Segre, 1954, AESC R52: 45; NSA Y0131); 3. Opening and conclusive melodic elements from *Il canto degli italiani* by M. Novaro (1847).

Works Cited

Adler, Israel. "La Musique juive." *Précis de musicologie*. Ed. Jacques Chailley. Paris: Presses Universitaires de France, 1984. 86–101.

——. "Sheloshah teqasim musiqaliim lehosha'na rabah baqehilat qasaleh monferato (1732, 1733, 1735)" *Yuval: Studies of the Jewish Music Research Center*. Vol. 5. *The Abraham Zvi Idelsohn Memorial Volume*. Jerusalem: Magnes Press, The Hebrew University of Jerusalem: 51–137 (Hebrew Section).

——. *Hebrew Notated Manuscript Sources up to circa 1840. A Descriptive and Thematic Catalogue with a Checklist of Printed Sources*. With the assistance of Lea Shalem. RISM BIX1. 2 vols. Munich: G. Henle Verlag, 1989.

Amar, Marco. *Raccolta di cantici tradizionali della comunità israelitica di Alessandria, 1892*. Ms. NLI Coll. Mus. Alessandria nos. 1–2.

Archives israélites. Revue mensuelle, religieuse, historique, biographique, bibliographique et littéraire, Paris, 1840–1935.

Artom, Elia S. "La pronuncia dell'ebraico presso gli Ebrei d'Italia." *Rassegna mensile di Israel. Volume speciale in memoria di Federico Luzzatto* 28.3–4 (1962): 26–30.

——. "Le-ḥeqer dibburam yehude piemonteh." *Eretz yisrael* [Studies in Memory of Umberto Cassuto] 3 (1954): 261–65 (Heb.).

——. "Miftaḥ ha'ivrit etzel yehude italyah." *Leshonenu* 15 (1947): 52–61 (Heb.).

Biorci, Grazia, ed. *La musica del Risorgimento a Genova (1846–1847): gli inni patriottici della Biblioteca Universitaria*. Genova: Compagnia dei Librai, 2006.

Bohlman, Philip. "Inventing Jewish Music." *Studies in Honor of Israel Adler. Yuval: Studies of the Jewish Music Research Center* 7. Ed. Eliahu Schleifer and Edwin Seroussi. Jerusalem: Magnes Press, 2002. 33–74.

Brauer, Chiara. *Luigi Scotti editore di musica a Milano (1783–1960)*. MA Thesis. Università degli Studi di Pavia, 2000.

Briano, Giorgio. *Dono nazionale. Scelte prose e poesie in esultanza e gratitudine per le riforme accordate da S. M. Carlo Alberto re di Sardegna*. Torino: Canfari, [1847?].

Cagnoni, Antonio. *La fioraja: melodramma giocoso in tre atti*. Based on a libretto by Giorgio Giachetti, Milano: G. Ricordi, 1853.

Carmi, T., ed. *The Penguin Book of Hebrew Verse*. 1981. London: Penguin, 2006.

Chiosso, G. *Repertorio degli editori per la scuola nell'Italia dell'Ottocento*. Milano: Editrice Bibliografica, 2002.

Consolo, Federico. *Sefer shire yisrael. Libro dei canti di Israele. Antichi canti liturgici del rito degli ebrei spagnoli*. Firenze: Tipografia Bratti & C., 1892.

Corriere israelitico (CI). Trieste, 1862–1914.

L'educatore israelita (EI). Vercelli, 1853–1874.

Florio, Patrizia. "La produzione degli editori Carulli (Milano 1822–1832)." *Fonti musicali italiane* 2 (1997): 69–94.

Foa, Salvatore. "Per il centenario del Purim dei tedeschi nella comunità di Casale Monferrato." *Rassegna mensile di Israel* 15 (1949): 260–66.

Gosset, Philip. "Becoming a Citizen: The Chorus in 'Risorgimento' Opera." *Cambridge Opera Journal* 2.1 (March 1990): 41–64.

Idelsohn, Abraham Zvi. *Gesänge der orientalischen Sefardim; zum ersten Male gesammelt, erläutert und herausgegeben [...] Hebräisch-Orientalischer Melodienschatz*. Vol. 4. Berlin: Benjamin Harz Verlag, 1923.

Lerner, Scott L. "The Narrating Architecture of Emancipation." *Jewish Social Studies* 6.3 (2000): 1–30.

Levi, Leo. "'al haqlatat 500 manginot yisrael be italiyah." *Yeda-'am. Journal of the Folklore Society in Israel* 3.1 (April 1955): 58–66.

Levi Gattinara, Giuseppe. *Al re Carlo Alberto e al popolo piemontese: inno degli israeliti casalesi*. Casale: Corrado, [1848 or 1849].

———. *L'Emancipazione israelitica. Inno ebraico da recitarsi annualmente il XXIX marzo nell'Oratorio Israelitico di Casale e dallo stesso tradotto in poesia italiana*. Torino: G. Cassone, 1852. Biella: Tipografia Ardizzone, 1858.

———. "Varietà degli ebrei in Italia e della loro condizione politico-civile antica e moderna." "I. I quattro primi secoli dell'Era Volgare." *L'educatore israelita* I/1853: 246–51; "II. Il medio Evo" *L'Educatore Israelita* II/1854: 203–08; 235–38; 263–66; 306–08; 335–38.

Luzzatto Voghera, Gadi. *Il prezzo dell'uguaglianza. Il dibattito sull'Emancipazione degli ebrei in Italia (1781–1848)*. Milano: FrancoAngeli, 1998.

Mameli, Goffredo. *Canto nazionale*, ms. 1847, Museo del Risorgimento, Genova; digitally available via Wikimedia Commons at https://commons.wikimedia.org/wiki/File:Image-Inno_di_Mameli_2.jpg (accessed 9.1.2017).

Melzi, Robert. "Un inno bilingue ebraico-italiano di Giuseppe Levi Gattinara: L'Emancipazione israelitica." *Rassegna mensile di Israel* 54.3 (1988): 581–92

Miller, Marion S. "Popular and Elite Musical Culture in a Revolutionary Context." *History of European Ideas* 11 (1989): 565–71.

Moffa, Rosy. *Fondi musicali dell'archivio ebraico Terracini: Fondo Saluzzo, Fondo Alessandria, Manoscritti di musica sinagogale dell'Ottocento.* Lucca: Libr. musicale italiana, 2012.
Monterosso, Raffaello. *La musica nel Risorgimento.* 1948. Ed. Maria Adelaide Bartoli Bacherini. Firenze: LoGisma, 2011.
Mosè. *Antologia israelitica.* Corfu, 1878–1885.
Piattelli, Elio. *Canti liturgici di rito spagnolo del Tempio Israelitico di Firenze.* Firenze: Giuntina, 1992.
———. *Canti liturgici ebraici del Piemonte.* Roma: De Santis, 1986.
———. *Canti liturgici ebraici di rito italiano, trascritti e commentate.* Roma: De Santis, 1967.
Pinqas of Casale Monferrato, 1590–1782 (with entries dated until 1795). New York: Library of the Jewish Theological Seminary of America, MS 3956.
Rivista israelitica (RI). Parma, 1845–1847.
Sachs, Harvey. *Music in Fascist Italy.* London: Weidenfeld and Nicolson, 1987.
Segre, Augusto. *Memories of Jewish Life: From Italy to Jerusalem, 1918–1960.* Trans. Steve Siporin. Lincoln: University of Nebraska Press, 2008.
Segre, Renata. *The Jews in Piedmont.* Jerusalem: The Israel Academy of Sciences and Humanities, Tel Aviv University, 1986–1990.
Seroussi, Edwin. "Livorno: A Crossroads in the History of Sephardic Religious Music." *The Mediterranean and the Jews. Society, Culture and Economy in Early Modern Times.* Ed. Elliot Horowitz and Moises Orfali. Ramat-Gan: Bar-Ilan University Press, 2002: 138–39.
———. "Singing Modernity: Synagogue Music in Nineteenth- and Early Twentieth-Century Italy." *Acculturation and Its Discontents: The Jews of Italy from Early Modern to Modern Times.* Ed. David Myers and Peter Reill. Toronto: U of Toronto P: 164–82.
Servi, Flaminio, "Studi statistici." *L'Educatore Israelita* XIII/1865: 364–366 and XIV/1866: 363–364.
Shulvass, Moshe. "Tefilot 'ivriot le-hatzlahat milḥamot ha-shiḥrur." *Scritti in memoria di Sally Mayer (1875–1953). Saggi sull'ebraismo italiano.* Ed. Umberto Nahon. Jerusalem: Fondazione Sally Mayer, Scuola superiore di studi ebraici (Milano), 1956: 208–13. (Heb. section).
Slobin, Mark. *Subcultural Sounds: Micromusics of the West.* Middletown (CT): Wesleyan UP, 1993.
Smoltz, Maestro. *Ode: Udite! Ecco, ecco... unanimi, del professor Gagliuffi volgarizata dal sig. Felice Romani allusiva all'entrata in Milano di S. M. L'Imperatore Francesco I.* Milano: Giuseppe Antonio Carulli, 1825. (Library

of the Conservatory of Milan, A.55.171.4; Biblioteca Nazionale Marciana, Venice, Misc. Mus. 1388).

Spagnolo, Francesco, ed. *Italian Jewish Musical Traditions from the Leo Levi Collection (1954–1961)*. Jerusalem and Roma: The Jewish Music Research Centre at the Hebrew University and Accademia Nazionale di Santa Cecilia, 2001.

———. "Italian Jewish Musical Memory. The Recordings of Leo Levi." *I beni culturali ebraici in Italia*. Ed. Mauro Perani. Ravenna: Longo, 2003. 215–20.

———. "La stampa periodica ebraica come fonte per la ricostruzione della vita sinagogale nell'Italia dell'Emancipazione." *Materia giudaica* 9.1–2 (2004): 265–73.

———. *The Musical Traditions of the Jews in Piedmont, Italy*. Diss. The Hebrew U of Jerusalem, 2007.

———. "Musiche in contatto: le tradizioni ebraiche in Italia nelle registrazioni di Leo Levi, questioni metodologiche e prospettive di ricerca." *Musica e religione. EM. Annuario degli archivi di etnomusicologia della Accademia Nazionale di Santa Cecilia*. Roma: Squilibri, 2006. 83–107.

———. in italiano, ascoltato in ebraico. A proposito delle fonti scritte della musica ebraica in Italia." *Ebraismo in musica. Da Mantova all'Europa e ritorno*. Ed. Stefano Patuzzi. Mantova: Di Pellegrini, 2011. 87–101.

Testa, Eugenio. *Tantum Ergo a tre voci [...] di Eugenio Testa Maestro di Cappella alla Cattedrale di Casale Monferrato*. Milano: Ricordi, 1888.

Il vessillo israelitico (VI). Casale Monferrato, 1874–1922.

CARLOTTA FERRARA DEGLI UBERTI

Sperimentazione e normatività:
Periodici ebraici italiani e letteratura fra Otto e Novecento

Abstract: This essay analyzes the structure and function of the literary texts published by the main Jewish periodicals in Liberal Italy. It explores them as part of a polyphonic conversation, an experimental debate on identity, a redefinition of boundaries, an endless search for a balance between integration and preservation of Jewish peculiarities. This textual production, of low literary quality and mainly written by rabbis and teachers, had a clear normative and moral character: it depicted models of positive and negative behavior, intending to sketch the ideal modern Italian Jew/Jewess. Literature, or better domestic fiction, allowed for a consciously vague but insistent reference to the existence of a collective Jewish identity that should be preserved after emancipation, through — among other things — the condemnation of intermarriage.

Keywords: Jews, integration, emancipation, acculturation, literature, periodicals, stereotypes, representations, marriage, race, Zionism.

1. I periodici ebraici italiani[1]

Come tutti i loro omologhi, anche i periodici ebraici ottocenteschi e primo-novecenteschi erano costellati di brani letterari, che si avvicendavano ad articoli di genere più serio o serioso e che trattavano di religione, società, problemi interni delle comunità ebraiche, più raramente politica italiana o estera, storia, cronaca locale. Questo articolo si interroga sulla struttura, sulle caratteristiche e soprattutto sulla funzione di questo tipo di letteratura, che ritengo una fonte importante attraverso la quale mettere a nudo e decostruire le caratteristiche e i punti di frizione della narrazione identitaria ebraico-italiana, ancora quasi del tutto ignorata dagli studiosi, subito dopo l'emancipazione.[2] Nel numero iniziale del

---

[1] Per un primo elenco dei periodici ebraici italiani è ancora utile Attilio Milano (1938).

[2] Sul tema vedi Ferrara degli Uberti, *Fare gli ebrei italiani* (2011) di cui è disponibile una traduzione inglese dal titolo *Making Italian Jews* (2017). Fa eccezione Carlo Tenuta, che ha pubblicato alcune

primo periodico ebraico italiano, "La rivista israelitica", pubblicata a Parma fra il maggio 1845 e l'ottobre 1847, il direttore Cesare Rovighi cominciò l'editoriale in cui spiegava la natura e gli scopi del suo progetto con la parola "educazione", che considerava "fondamento precipuo della società" (19). Occorre ricordare che Rovighi (1820-1890) fu una figura poliedrica di agitatore culturale, militare, patriota, molto lontano dalla fisionomia tipica dei direttori dei periodici ebraici che furono eredi de "La rivista israelitica", perlopiù rabbini e maestri. Funzione della rivista da lui ideata doveva essere ingentilire gli Israeliti e spingerli ad occuparsi di lettere, scienze, arti e professioni liberali, in pieno accordo con un programma di rigenerazione al centro del quale c'erano l'incivilimento degli ebrei e lo svecchiamento delle pratiche religiose, non certo l'ebreizzazione delle belle lettere (Di Porto 1999).[3] Nel suo editoriale programmatico il direttore menzionava esplicitamente la volontà di pubblicare brani letterari:

> I racconti in forma di novelle od altro, che, talvolta originali talvolta tradotti, inseriremo in questo giornale, allevieranno per la varietà la gravità degli altri argomenti. Dovranno però questi racconti essere sempre in relazione coll'opera nostra; quando dipingeranno i costumi famigliari, quando la storia d'un uomo, quando quella di un'epoca, quando le funzioni religiose; e tutte si prenderanno ad argomento quelle cose che più all'uopo si crederanno opportune, allo scopo d'istruire dilettando.
>
> (Rovighi 25-6)

Non puro intrattenimento, dunque, ma uno strumento funzionale a ribadire il progetto educativo e culturale del periodico, i racconti costituivano il proseguimento della missione con mezzi più dolci e indiretti, ma non per questo meno efficaci.[4]

"L'educatore israelita" iniziò le sue pubblicazioni nel 1853 a Casale Monferrato, nel Piemonte sabaudo che si avviava a diventare motore del progetto di unificazione nazionale e che aveva già concesso nel 1848 la piena parificazione giuridica agli ebrei. In questo contesto i direttori Esdra Pontremoli

---

riflessioni di taglio molto diverso rispetto alla mia prospettiva analitica. Alberto Cavaglion ha proposto osservazioni interessanti in *L'autobiografia ebraica in Italia fra Otto e Novecento*.

[3] Sul ruolo del concetto di rigenerazione nel dibattito sull'emancipazione vedi per l'Italia Luzzatto Voghera 1998.

[4] In realtà "La rivista israelitica" pubblicò, nella sezione dedicata ai racconti, solo due puntate di *Smeralda*, ambientato nella Spagna del 1491, senza indicazione dell'autore. Nella sezione *Letteratura*, presente in ogni fascicolo, trovano ospitalità commenti biblici, sermoni rabbinici e articoli sulle istituzioni educative ebraiche nell'Italia dell'epoca, ovvero una letteratura ebraica più in linea con la tradizione, almeno sul piano formale.

e Giuseppe Levi[5] — entrambi in possesso di titolo rabbinico — crearono un periodico che aveva l'aspirazione di sostenere la minoranza nella transizione verso l'unificazione nazionale e nella definizione di un'ebraicità italiana, o di un'italianità ebraica (Di Porto 2000). Nel 1874, alla morte di Giuseppe Levi, il ruolo di direttore venne assunto da Flaminio Servi (Ferrara degli Uberti, *Flaminio Servi*), anch'egli rabbino, che decise di cambiare il titolo della rivista in "Il vessillo israelitico" ma di mantenere una continuità ideale con il progetto del fondatore e primo direttore, Cesare Rovighi. Il nuovo nome sottolineò il passaggio ad una fase in cui l'emancipazione e il processo di nazionalizzazione potevano essere dati per acquisiti e irrevocabili, e lo scopo principale del periodico divenne illustrare — sia nel senso corrente di spiegare sia in quello più antiquato di dare lustro — l'ebraismo e il significato dell'essere ebrei.[6]

Sulle pagine de "L'educatore israelita" veniva spesso esplicitamente discusso il tema della conciliabilità fra ebraicità, cittadinanza e modernità politica dopo l'emancipazione, in anni in cui le guerre che avrebbero portato all'unificazione nazionale e al suo consolidamento erano ancora in corso. "Il vessillo israelitico" invece dette in qualche modo per scontata questa conversazione, rivolgendosi a ebrei che erano già cittadini, e si soffermò in maniera più insistita su due temi solo apparentemente contraddittori: la necessità di mostrare ai concittadini che gli ebrei erano degni di fiducia, e la difesa dall'assimilazione. I destinatari di questo progetto erano in primo luogo gli stessi ebrei e poi gli altri italiani.[7] Le sezioni di cronaca testimoniano un vivo interesse per ciò che avveniva in Europa e negli Stati Uniti, ma gli ebrei italiani che desideravano inserirsi in una conversazione transnazionale lo facevano soprattutto per mezzo di scambi epistolari con altri rabbini e intellettuali e/o collaborando direttamente con i periodici francesi e tedeschi.[8] "Il vessillo israelitico" continuò le pubblicazioni fino al 1922, quando chiuse abbastanza bruscamente per motivi che — mi sembra utile precisare — non hanno nulla a che vedere con l'arrivo al potere di Mussolini nell'ottobre dello stesso anno. La rivista aveva da qualche tempo esaurita la sua

---

[5] Giuseppe Levi è noto per la sua *Autobiografia di un padre di famiglia*. È interessante notare che in quest'opera, destinata a un pubblico ampio, non si trova cenno dell'ebraicità dell'autore.

[6] Sulla copertina della rivista troviamo una citazione dal Salmo 60, v. 6, sia in caratteri ebraici che in traduzione italiana: "Tu hai dato a quelli che ti temono una bandiera per illustrarsi" (Ferrara degli Uberti, *Fare gli ebrei* 47).

[7] Di Porto 2001 and 2002; Ferrara degli Uberti, *Fare gli ebrei*.

[8] Sulla dimensione transnazionale della riflessione intellettualmente più alta vedi Facchini 2018; sulle reti di comunicazione dei rabbini italiani vedere Salah 2012. Non esiste per ora uno studio complessivo degli articoli di autori italiani pubblicati sui periodici ebraici francesi, tedeschi o inglesi.

missione programmatica, che era strettamente legata alla prospettiva liberale ottocentesca, di cui seguì le sorti.[9]

A partire dal 1862 un altro periodico ebraico, "Il corriere israelitico", iniziava le sue pubblicazioni a Trieste per iniziativa di Abram Vita Morpurgo (1813-1867).[10] Pur essendo austriaco da un punto di vista politico e territoriale, "Il corriere israelitico" era scritto in italiano e si occupava principalmente dell'ebraismo della penisola, con un occhio di riguardo al contesto di lingua tedesca.[11] Inizialmente di impostazione tutto sommato non molto dissimile da quella de "Il vessillo israelitico", "Il corriere israelitico" assunse dal 1896 un carattere marcatamente pro-sionista. Nel 1898 questa svolta ideologica fu rafforzata dall'arrivo a Trieste di Dante Lattes, allora ventiduenne, che avrebbe poi tenuto la direzione della rivista dal 1903 al 1915 e si sarebbe gradualmente affermato come una delle voci più influenti all'interno dell'ebraismo italiano.[12] È importante ricordare che fino al secondo dopoguerra il sionismo restò appannaggio di una minoranza molto attiva, all'interno della quale il pensiero di Lattes — peraltro sempre poco articolato e con caratteristiche da agitatore culturale più che da intellettuale compiuto — conviveva con altri approcci.[13]

A partire dagli anni 1890 i due maggiori periodici ebraici italiani — "Il vessillo israelitico" e "Il corriere israelitico" — divennero rivali e si scontrarono con toni spesso molto accesi. "Il vessillo israelitico" restò sempre contrario ad un sionismo organizzato e rumoroso, che usava senza timidezza il lessico della nazionalità, anche se fu sensibile alla causa dei correligionari perseguitati dell'Europa dell'Est.[14] Nonostante la rivalità, i due periodici condividevano una buona parte dei collaboratori che passavano senza apparente turbamento da una testata

---

[9] In maniera solo apparentemente paradossale si può stabilire un legame fra "Il vessillo" e "La nostra bandiera", il periodico degli ebrei fascisti pubblicato fra 1934 e 1938, in particolare sulla presentazione del sionismo come concausa dell'antisemitismo e sull'insistenza sul patriottismo ebraico. Su "La nostra bandiera" vedi Ventura 2002; Sarfatti 2000: 106–08; De Felice 1997: 151–57. Gli anni Venti non sono stati ancora molto studiati. Alcuni spunti interessanti in Armani 2017.

[10] Sulle peculiarità del contesto triestino vedi Dubin 1999 e Catalan 2000.

[11] Vedi B. Di Porto 2004. Più recente Bencich 2017, che ha però un tono fortemente apologetico.

[12] Per ampie notizie biografiche su Latttes si veda il *Dizionario biografico degli Italiani* e Luzzatto Voghera 1992.

[13] Sul sionismo italiano, vedere Bidussa 1989; Cavaglion 1997; Della Seta e Carpi 1997; Brazzo 2007; Ferrara degli Uberti 2017: 169–232.

[14] Non esiste ancora uno studio complessivo né sulla filantropia ebraica italiana né sulle mobilitazioni in favore degli ebrei perseguitati fra fine Ottocento e primo Novecento. Luigi Luzzatti, nella sua veste di politico e uomo delle istituzioni, lavorò molto soprattutto per gli ebrei rumeni (Facchini 2016). Per una riflessione sulle connessioni transnazionali dell'ebraismo italiano vedi Bregoli, Ferrara degli Uberti, Schwarz 2018.

all'altra.[15] "L'educatore israelita", "Il vessillo israelitico" e "Il corriere israelitico" non furono l'unica voce dell'ebraismo italiano organizzato e in un certo qual modo istituzionale fra gli anni Cinquanta dell'Ottocento e la Grande Guerra, ma rappresentarono un punto di riferimento per una parte delle élite religiose, culturali e amministrative, mettendo in luce i tentativi di creare una tribuna pubblica in cui riflettere da ebrei sulle sfide della modernità, dell'integrazione e della secolarizzazione.

Purtroppo non abbiamo dati precisi sulla tiratura e sul numero di abbonamenti di questi periodici. Solo per "Il corriere israelitico" c'è un dato di circa 500 copie segnalato da Tullia Catalan (2003: 54). Ciò che sappiamo è che tutte le comunità, grandi e piccole, ricevevano almeno una copia di queste riviste e la mettevano a disposizione, e che tutti i fascicoli venivano spediti anche ad alcune associazioni ebraiche internazionali come ad esempio l'Alliance Israélite Universelle. Pur non essendo in grado di offrire dati precisi, possiamo senza dubbio affermare che ogni copia veniva letta da più persone, se non altro per le cronache locali, sempre molto dettagliate (soprattutto nel caso de "Il vessillo israelitico"), che svolgono una sorta di servizio pubblico segnalando eventi come nascite, morti, matrimoni, lauree, premi scolastici. Come elemento aggiuntivo abbiamo le lettere dei lettori, che compaiono non in tutti ma in molti fascicoli. Scrivono spesso maestri, professori o liberi professionisti, quasi esclusivamente uomini, o almeno sono le loro lettere che vengono più frequentemente pubblicate. In un ragionamento sulla rilevanza di questi periodici mi pare decisivo ricordare che agli occhi del mondo non ebraico tali riviste finivano per rappresentare la posizione degli ebrei italiani, a prescindere dalla loro reale rappresentatività. È un meccanismo che osserviamo anche oggi.

2. Funzione e struttura dei brani letterari

La prima domanda da porsi è perché la letteratura pubblicata da questi periodici è importante per uno storico, nonostante sia di assai scarsa qualità e ci siano pochi dati certi sulla sua ricezione. Ciò che accomuna questi testi è l'ebraicità esplicitamente dichiarata dei protagonisti e, salvo rarissime eccezioni, dell'autore. L'interesse di questa produzione testuale risiede nel fatto che ci aiuta ad entrare in quello che ho chiamato altrove il laboratorio identitario dell'ebraismo

---

[15] Merita ricordare che nel caso italiano, al contrario di quanto avviene nel resto d'Europa e negli Stati Uniti, non vi sono scissioni in diverse denominazioni e ufficialmente tutte le comunità restano ortodosse. Sulla cosiddetta mancata riforma vedere Artom 1976; Cavaglion 1998; Luzzatto Voghera 1993 e 1998: 167–85; Salah 2012: 1–55.

italiano (e in una certa misura europeo) nell'età dell'integrazione. Maurice Samuels ha utilizzato una formula analoga, descrivendo la letteratura ebraica francese fra 1830 e 1870 come un "laboratory for experimenting new identities" (5). La letteratura bassa, d'appendice, sembra riflettere più e meglio di quella alta il comune sentire di un'epoca, la diffusione di alcune immagini e stereotipi, l'intreccio fra razionalismo e irrazionalismo. Si può interpretare come una forma di ricezione e rielaborazione ultra semplificata dei dibattiti letterari e scientifici e della propaganda politica, come una cassa di risonanza che trasmette, amplifica e naturalmente altera significati e messaggi.[16]

Mentre gli studi sulla letteratura in ebraico sono da qualche tempo in piena fioritura, con un'attenzione sempre crescente alle influenze della letteratura occidentale non solo sulla letteratura ebraica ma anche sulle pratiche e sui comportamenti delle comunità dell'Europa dell'Est,[17] gli scritti degli aspiranti romanzieri e narratori ebrei dell'Europa occidentale ottocentesca non hanno attirato l'attenzione di molti studiosi. Nel 2010 sono stati pubblicati due contributi fondamentali ad opera di Maurice Samuels e Jonathan Hess, rispettivamente per quanto concerne la Francia fra il 1830 e il 1870 e la Germania fra il 1837 e il 1890. Entrambi riconoscono l'importanza della stampa periodica come mezzo di diffusione di questi testi ma si concentrano poi direttamente sugli autori e, nel caso di Hess, sulle diverse tipologie di intreccio. Hess in particolare insiste giustamente sul fatto che i testi da lui analizzati nascono con la missione di creare una "Jewish community through print": una definizione che si applica perfettamente anche al caso italiano (19 e 21). Si trattava di dare forma, di plasmare una comunità ebraica che si stava modificando per influenza dei mutamenti del contesto politico culturale, trovando una nuova definizione, non statica ma in continua evoluzione, dell'ebraismo, dell'ebraicità e dell'integrazione.

Nei testi che troviamo sulle testate italiane è ancor più evidente che abbiamo di fronte una letteratura che aspira esplicitamente a creare modelli e orizzonti normativi che talora affiancano e talora contrastano quelli della società maggioritaria. La scrittura non è affatto libera e affidata all'estro creativo, ma si qualifica come pedagogica e morale/moralistica. Gli autori, in maggioranza italiani, sono rabbini o maestri delle scuole ebraiche, non scrittori e letterati di professione, ma troviamo anche numerose traduzioni di testi stranieri, principalmente tedeschi

---

[16] Si vedano in proposito Bonavita 2009 e gli altri lavori dello stesso autore; Hess 2010: 13: "Popular Jewish culture was [...] much more committed to Judaism".

[17] Il recente volume di Naomi Seidman indaga ad esempio "the intersection between literature and romantic practices, studying the effects of European literary and sexual conventions on Jewish sexual structures" (6).

o yiddish (soprattutto su "Il corriere israelitico"). Il rabbino che si fa scrittore di fiction è di per sé un curioso prodotto della modernità ed un sintomo che la finzione letteraria è considerata un utile strumento di comunicazione — forse più efficace dei più tradizionali sermoni — che in qualche misura potrebbe essere considerata un'evoluzione della scrittura di *midrashim*.[18] Rabbini o meno, questi scrittori si presentano come figure autorevoli e custodi di una cultura sempre meno condivisa dalla massa dei correligionari che non conosce nemmeno una parola di ebraico e a cui propongono una lettura della realtà e un orizzonte di valori. La trasposizione letteraria di questioni complesse come secolarizzazione, emancipazione e integrazione permette un livello di coinvolgimento emozionale dei lettori che è qualitativamente diverso rispetto a quello che si può raggiungere attraverso gli appelli alla razionalità e le spiegazioni erudite.

È mia convinzione che per la comprensione del ruolo di questa produzione letteraria sia importante considerare non tanto la storia e la biografia del singolo autore, quanto il contesto materiale e testuale in cui veniva pubblicata e letta. Ne consegue che per me l'autorialità non è uno dei principali oggetti di analisi, mentre i periodici sono allo stesso tempo sfondo e strumento chiave di interpretazione. I racconti e le novelle sono parte di un discorso corale e polifonico la cui rilevanza deriva dalla molteplicità delle voci. Salvo poche eccezioni, è difficile individuare nei periodici ebraici italiani personalità e intellettualità forti e capaci di plasmare un discorso culturale e identitario originale. Pur tuttavia la polifonia di autori, generi testuali e temi costruisce un quadro significativo seppur non esauriente dei problemi e dei fermenti che animavano il mondo ebraico italiano dell'epoca.[19]

Una dimensione presente anche se a mio parere secondaria di questa operazione culturale riguarda la controffensiva rispetto alle rappresentazioni spesso non benevole dell'ebreo nella letteratura italiana ed europea. È un punto che fu evidenziato fra gli altri da Alessandro Arbib su "L'educatore israelita", in un articolo pubblicato nel 1858:

> Un racconto di costumi israeliti scritto da un israelita e con israeliti dipinti, quali sono, e non come taluni credono che siamo, potrebbe esser cagione che la nostra nazione venisse in talune parti più stimata di quello che sventuratamente lo sia, né più ci venisse gittato in faccia il nome di *ebreo* come un affronto, quando s'imparasse a conoscere che sia questo Ebreo veramente.
> (161)

---

[18] L'introduzione al volume di Hess è opportunamente intitolata "When Rabbis Became Novelists" (1–25).

[19] Ho raccontato alcuni aspetti di questa polifonia nel mio studio intitolato *Fare gli ebrei*.

L'idea che occorra una letteratura di tipo realistico e documentaristico confligge con l'esortazione che troviamo nello stesso articolo, rivolta ai "poeti", di "cantare le glorie d'Israello" (160). Mi pare che questa contraddizione colga bene un'ambiguità di fondo dei testi letterari di cui ci stiamo occupando, che si presentano come descrizioni della realtà ebraica (presente o passata) mentre ne sono reinterpretazioni volutamente semplificatorie a scopo apologetico e normativo.

Come i suoi predecessori Levi e Pontremoli,[20] Flaminio Servi esortò i suoi correligionari perché si cimentassero nella scrittura di racconti, romanzi e poesie, ma egli fu ancora più chiaro nel sottolineare l'importanza di creare testi in grado di parlare direttamente agli italiani offrendo chiavi di lettura e riferimenti relativi alla specifica storia, cultura, geografia della penisola. Per dirla con le sue parole, "compratori italiani han diritto e vaghezza di roba italiana" (Servi 1867: 42): un modo di ricordare, fra l'altro, che l'ebraicità non era alternativa ma complementare all'appartenenza nazionale. Servi del resto aveva pubblicato fra 1864 e 1865 un lungo racconto intitolato *Religione e Patria*, ambientato nel 1859 nel pieno delle guerre per l'unificazione nazionale. La sua era la riproposizione in chiave ebraica di un intreccio collaudato: il protagonista, il giovane Guglielmo, combatte per la patria italiana e incontra il grande amore nell'infermiera Giulia, anch'ella fervente patriota, con cui convola a nozze solo dopo avere scoperto che anche lei è ebrea.[21]

Volendo suddividere i racconti pubblicati sulla base dell'ambientazione, dei protagonisti o del tipo di intreccio potremmo individuare un numero limitato di generi. Le novelle storiche ambientate in età lontane si svolgono prevalentemente nell'antica Roma, nell'antico Egitto o nella Spagna immediatamente precedente o successiva al 1492, mentre quelle di ambientazione più contemporanea sono quasi sempre situate in Italia. Per quanto riguarda l'intreccio, è tipica la rappresentazione di uno scontro generazionale e di un contrasto fra il periodo pre- e post- emancipazione.[22] Altri temi molto frequenti sono le feste ebraiche, spiegate attraverso la messa in scena di un ritratto familiare; l'amore e il matrimonio, con un'attenzione particolare al problema di chi può o deve sposarsi e con chi (Ferrara degli Uberti, *Fare gli ebrei* 53–84); la tragedia dei profughi orientali,

---

[20] Entrambi si cimentarono con il genere letterario. Pontremoli, in particolare, pubblicò su "L'educatore israelita" quattordici brani letterari — alcuni dei quali molto brevi — fra 1863 e 1869. Per alcuni riferimenti (non una lista completa) vedere la bibliografia citata alla fine del saggio.

[21] Analizzo il racconto nel mio studio *Fare gli ebrei* 53–56.

[22] Sullo scontro generazionale si veda Ferrara degli Uberti, *Fare gli ebrei* 37–42.

protagonisti più frequenti a partire dalla fine del secolo.[23] Vanno poi aggiunte le traduzioni, soprattutto dal tedesco o dallo yiddish, di autori noti — ad esempio Shalom Aleichem, Leopold Kompert,[24] Sacher Masoch[25] — e meno noti. Il gruppo delle novelle storiche è senz'altro il meno numeroso e quello meno esplicitamente didascalico, anche se vi ricorre il tema del marranesimo che può essere interpretato come una metafora della condizione ebraica post emancipazione.[26] Ho deciso qui di tralasciare l'analisi delle traduzioni, per questioni di spazio e perché richiede riferimenti parzialmente diversi.

Il genere letterario adottato dalla stragrande maggioranza degli autori è quello del cosiddetto romanzo domestico, un modello moderno e duttile che mette al centro della narrazione relazioni, sentimenti e famiglie. Un'estesa letteratura ha analizzato la diffusione e la popolarità di questo genere mettendole in relazione con l'ascesa della borghesia come classe dominante e con la fascinazione ottocentesca per l'individuo, nonché con la graduale codificazione di nuove immagini del femminile e del maschile.[27] Al centro c'è una famiglia borghese con un'impostazione patriarcale sanzionata dalla legge, in cui le relazioni di genere e quelle intergenerazionali sono fortemente asimmetriche. Nel suo successo di lungo periodo, il romanzo domestico registra sia l'ascesa di questo modello, sia il principio della sua crisi, nella rappresentazione di faglie di frizione, di momenti in cui la modernità, il caso o la personalità dell'individuo intervengono a creare fratture e squilibri. Analogamente, i racconti ebraici sono allo stesso tempo una reazione alla modernità e un sintomo della sua forza.

Dell'importanza della famiglia nell'Ottocento europeo — come realtà sociale, come luogo di attualizzazione e composizione dei conflitti di genere e di generazione, come figura del diritto e come metafora della nazione —, hanno scritto molto storici, letterati, sociologi e demografi. Nella storia degli ebrei dopo l'emancipazione la famiglia è anche il luogo della conservazione dell'identità di minoranza, non solo e non necessariamente sul piano religioso.[28] La

---

[23] Ascheim ha tematizzato la costruzione della figura dell'*Ostjuden* nella cultura tedesca in un volume ancora molto utile, mentre non esiste uno studio analogo per il caso italiano.

[24] Su Kompert mi limito qui a rimandare a Hess 72–110 e alla bibliografia ivi segnalata. Sul tema della "Ghetto fiction" in Francia vedi Samuels 193–238.

[25] Sugli scritti a tema ebraico di questo personaggio controverso vedere Biale.

[26] Ad esempio Hess 26–71.

[27] Ha fatto molto discutere a questo proposito il controverso volume di Nancy Armstrong.

[28] Nell'impossibilità di offrire una bibliografia completa, mi limito a ricordare per il contesto italiano: Banti 2000 e 2006; Porciani. Per il contesto ebraico italiano: Armani e Schwarz; Ferrara degli Uberti 2017. Sul piano metodologico Kaplan è sempre un riferimento ineludibile.

conciliazione fra l'essere ebreo e l'essere cittadino venne articolata sul piano della distinzione fra la sfera privata, cui appartengono famiglia, strategie matrimoniali e religione, e sfera pubblica, palcoscenico sul quale si sviluppa il cittadino (rigorosamente maschio). Ciò implicava un ripensamento della storia e della natura stessa dell'ebraismo e il ridimensionamento dell'identità collettiva — dell'idea di popolo derivante dalla narrazione biblica. La cornice liberale, che postulava proprio una separazione fra sfera pubblica e sfera privata, sembrava favorire questa risistemazione.

Il primo nucleo della collettività è la famiglia nella sua continuità intergenerazionale, e questo rende il romanzo/racconto domestico il genere ideale per offrire una chiave di lettura di come gestire l'integrazione e la sopravvivenza della minoranza. In questa cornice i personaggi sono rappresentati in situazioni note ai lettori, simili a quelle comuni nella letteratura contemporanea e nella vita quotidiana, il che ne esalta l'integrazione culturale e sociale e allo stesso tempo offre lo sfondo per metterne in luce una forma di alterità religiosa, storica, e in una certa misura di sangue, come vedremo.[29]

3. Le storie: ambizione, amori, impegno

3.1. *Ermanno, o lo spettro dell'assimilazione*

Il tema dell'assimilazione è affrontato di petto nella novella Una confessione, scritta da Giuseppe Levi e pubblicata su "L'educatore israelita" nel 1863. Il racconto è ambientato in un luogo non meglio precisato della Germania, ma l'autore tiene a sottolineare che si tratta solo di un escamotage pratico, per "isfuggire l'eventualità di qualsiasi allusione" (6). Ermanno W. fa visita al rabbino Anselmo Bern che ha appena terminato il digiuno di Kippur. Fin dal principio ci viene comunicato chiaramente che la comunità stava attraversando una fase difficile a causa della "rilassatezza disciplinare che il torrente delle idee e della vita aveva portato" (6), così come si stabilisce immediatamente dal rapporto generazionale fra i protagonisti: il rabbino è descritto come vecchio, grave, venerabile, mentre Ermanno è giovane e incapace di controllare le sue emozioni. È altrettanto chiaro che Emanno viene da una famiglia ricca, che nel nome dell'integrazione sociale si è distaccata dalla comunità e ha smesso di frequentare il culto pubblico,

---

[29] Nella storiografia americana è molto comune parlare di etnicità — ethnicity — per accennare ad una differenza che non si può definire solo in termini culturali e religiosi. Si tratta di una categoria vaga, il che la rende utile ma anche molto problematica, ed è quasi completamente assente dal dibattito italiano. Non potendo per motivi di spazio dilungarmi su questo punto, ho deciso di non utilizzarla.

facendo della propria appartenenza ebraica un dato completamente privato, che emerge solo nell'educazione dei figli. Nonostante gli agi, il giovane non è felice perché sente che la sua alterità viene percepita dagli altri che lo accolgono nella migliore società con freddezza e solo in virtù delle sue ricchezze, perché "in faccia a certi cristiani tutti gli ebrei sono d'una condizione sola e sempre al di sotto delle più alte" (11). L'unica via d'uscita appare allora la conversione, che gli viene suggerita da un amico cristiano.[30] Il giorno del battesimo è già fissato, quando Ermanno ha una sorta di rivelazione mistica sull'esistenza di Dio, che chiama in causa la salvezza individuale e l'onore della famiglia. Folgorato, il giovane comprende la gravità del suo errore. La frase di chiusura del racconto ci dice che Ermanno, "senza abbandonare la società cristiana, curò pure con affetto e simpatia la società de' confratelli, e fu de' più zelanti per l'onore, pel bene, pel progresso israelitico" (16).

La storia presenta diversi elementi interessanti, che si collegano alla missione de "L'educatore israelita". Abbiamo da un lato la blanda denuncia di una diffidenza della società cristiana nei confronti degli ebrei, una denuncia che è indebolita dalla fittizia ambientazione tedesca che pare scagionare i concittadini italiani. Il vero bersaglio polemico non sono i cristiani, ma gli ebrei che si lasciano tentare dalla modernità intesa come indifferenza religiosa, individualismo e arrivismo che possono portare fino al matrimonio misto e alla conversione. Quello dell'ebreo che cerca di nascondersi in un mimetismo che rievoca quello forzato dei marrani dopo il 1492 è un tema classico di questa letteratura.[31] Nell'Italia ottocentesca la ragione di questo mimetismo — ci dicono i testi che stiamo analizzando — non è più tanto la paura di discriminazione e persecuzione quanto la vergogna per un'ebraicità che è vista come un residuo del passato, legato ad un'immagine di passività, scarsa virilità e subalternità. La tentazione del mimetismo e del nascondimento è spesso associata alla condizione dei più giovani, nati liberi cittadini italiani con la possibilità di sfruttare un inedito universo di opportunità. Consapevoli dei propri diritti e trascinati dall'entusiasmo e dalle energie giovanili, crescono privi di una coscienza collettiva o meglio con una coscienza generazionale che è italiana e non ebraica. Non avendo bisogno della protezione e della mediazione istituzionale garantite dalle comunità fino all'emancipazione, e spinti per di più dall'istinto di autoaffermazione tipico dell'età, i

---

[30] Sulle conversioni in Italia in età contemporanea abbiamo studi di impostazione diversa, non facilmente comparabili: Al Kalak e Pavan; Allegra 1991 e 1996; Armani 2006: 289–307; Marconcini; Salvadori.

[31] Il tema è stato discusso fra gli altri da Hess 26–71.

giovani rappresentano allo stesso tempo una promessa per il futuro e una minaccia di estinzione. La soluzione proposta non è la chiusura in un nuovo ghetto informale, ma un ideale equilibrio in cui l'ebreo emancipato e cittadino può inserirsi nella società senza distaccarsi dai correligionari e dalla vita di comunità, ma anzi divenendo un modello per i suoi correligionari e per i non ebrei. Viene richiesta un'assunzione di responsabilità da parte dell'individuo, che proprio in virtù della modernità politica e culturale è divenuto il portatore di diritti e doveri e a cui è richiesto di farsi simbolo di un'integrazione senza assimilazione. Nella loro brevità, alcune di queste storie ricordano il genere del romanzo di formazione. Talora, come in questo caso, il percorso di crescita del protagonista è precoce e lascia aperta la possibilità di una vita piena; a volte invece il racconto descrive crisi di coscienza che giungono sul letto di morte, quando non si può più sfuggire alla necessità di tracciare un bilancio della propria esistenza e dei valori che la hanno sostenuta.[32]

Lo stesso messaggio veniva espresso negli articoli di riflessione sull'attualità, e i testi di argomento propriamente religioso sono un'altra tessera del medesimo mosaico, che ha per obiettivo di spiegare che essere ebrei è compatibile con il patriottismo, con il progresso scientifico e in ultima analisi con la modernità. Gli autori cercano un precario equilibrio fra il richiamo ad un passato romanticizzato fatto di solidarietà intracomunitaria e di rispetto delle tradizioni e dei riti religiosi e l'esortazione rivolta ai contemporanei di inserirsi nel mondo, di farsi un nome, di servire la patria.

3.2. *Emma e Alessandro: un amore esemplare*
L'amore e il matrimonio sono protagonisti di tanti racconti, come accade anche nella letteratura non ebraica e come è tipico nel genere del romanzo domestico. In questo caso però è quasi sempre presente una chiarissima agenda educativa, ben esplicitata da Flaminio Servi in una nota del 1874:

> Narriamo fatti avvenuti in Italia dacché il matrimonio misto fu ammesso. [...] di romanzo qui ombra non v'è [...]. Ed ora incominciamo sperando che gli esempi storici, da noi raccolti, giovino alcun poco a illuminare la gioventù che corre dietro a vane larve senza pesarne le conseguenze [...].
>
> (Servi 44)

Era solo l'inizio di una lunghissima campagna contro i matrimoni misti, ufficialmente ammessi nel quadro legislativo italiano dal Codice Civile entrato in

---

[32] Ricordo a titolo di esempio Curiel 1899; Coen; Racah.

vigore nel 1866, che aveva istituito il matrimonio civile.[33] Servi tiene a precisare che è sua intenzione pubblicare storie vere ma si tratta di una *fictio*, assai comune nella narrativa verista e naturalista, poiché in realtà sia "L'educatore israelita" che "Il vessillo israelitico" ospiteranno racconti di fantasia.[34] Nelle storie che hanno per oggetto intrecci d'amore e matrimoni, l'esito — *happy ending* o infelicità — è legato inevitabilmente e si può dire esclusivamente alla natura esogamica o endogamica dell'unione: in altre parole, solo se entrambi i protagonisti sono ebrei la loro vita insieme sarà coronata da successo. Non viene mai tematizzato il problema di ebrei appartenenti a denominazioni diverse (riformati vs. ortodossi), né quello delle unioni fra ebrei di nazionalità differenti. L'unica variabile è quella delle differenze di classe che potrebbero costituire un ostacolo ad unioni endogamiche a causa della diffusa pratica di usare lo strumento matrimoniale per costruire alleanze commerciali o come trampolino di ascesa sociale. In questi casi la posizione degli autori è compatta e univoca: le famiglie non dovrebbero frapporsi ad un amore fra giovani ebrei, e dovrebbero essere pronte ad accogliere un ragazzo povero ma bravo e onesto (meglio ancora se rabbino), o una ragazza onorata, virtuosa e pia, sia pur senza dote.[35] L'amore è esaltato come forza che deve travolgere ogni considerazione opportunistica, ma solo quando è un amore giusto, permesso, kasher, ovvero tra due ebrei. In questi casi i testi raggiungono picchi di liricità romantica stucchevole, appesantita dalla scarsa perizia degli autori che riproducono senza alcuna capacità di rielaborazione cliché correnti.

Esempio tipico di un amore modello è la storia di Alessandro (i cui genitori si chiamano, non a caso, Abramo e Sara) ed Emma in una novella di Guglielmo Lattes pubblicata da "Il vessillo israelitico" nel 1910 e intitolata *Il Cantico dei Cantici*.[36] Alessandro è "uomo di studio e di meditazione" (156), non bello,

---

[33] Il matrimonio civile introdotto nella legislazione dell'Italia unitaria con il Codice Pisanelli era indissolubile, il che generò un interessante dibattito sulla sua compatibilità con la libertà religiosa. Per il versante ebraico di questa discussione vedi Capuzzo; Ferrara degli Uberti, *Fare gli ebrei* 161–77.

[34] Cristina Savettieri, che ringrazio, mi ha ricordato quanto fosse diffuso l'uso di questo dispositivo nella letteratura settecentesca, poi in quella verista e naturalista.

[35] La novella *Il vaglio dei Torres*, di Guglielmo Lattes (1909), rappresenta bene questo filone. I coniugi Torres allontanano tutti i pretendenti alla mano della loro bella figlia tanto che alla fine questa scappa con un cristiano (per giunta povero). Sull'opportunità di un matrimonio con un giovane rabbino vedere Colonna.

[36] Nato nel 1857, Guglielmo Lattes era fratellastro per parte di padre di Dante Lattes. Di profonda cultura religiosa, non conseguì il titolo rabbinico e fu a lungo professore presso le scuole della comunità ebraica di Livorno (G. Lattes 1922). Collaborò in maniera intensa soprattutto con "Il vessillo israelitico" e pubblicò molti racconti, alcuni dei quali raccolti in due volumi: *Cuore d'Israele* (1908) e *Dall'East End... al Cantico dei cantici* (1910). L'antologia del 1908 si richiama esplicitamente al *Cuore* di De Amicis, pubblicato per la prima volta nel 1886.

gracile, dal pallore caratteristico dell'intellettuale e di un certo stereotipo ebraico ripreso qui in chiave positiva, e rende felici e orgogliosi i genitori conseguendo il titolo rabbinico. Cresciuto con Emma, un'orfana accolta e amata come una figlia, le fa da maestro instaurando fin dall'infanzia una relazione affettuosa ma chiaramente asimmetrica che si trasforma in amore quando Alessandro si accorge che la sua compagna di giochi è diventata una donna dalla "bellezza modesta, il cui potere era, principalmente, morale" (157). Nella scena della dichiarazione d'amore, che segna l'apice narrativo della novella, viene chiaramente delineato un modello femminile che è perfettamente congruente con l'ideale della moglie e madre — colta ma non troppo, capace di educare i figli ma contenta del suo ruolo subordinato — cui si aggiunge una dimensione ebraica sostanziata dalla fede religiosa e dall'appartenenza ad un popolo. Una dimensione collettiva, questa, cui si allude senza mai definirne la natura:

> Il nostro popolo — pensavo, ascoltando dalla tua voce la tradizione dei nostri libri e l'esposizione chiara delle idee fondamentali dell'ebraismo, così bene assimilate da te — il nostro popolo ha bisogno di donne, che ti somiglino. Oh tante donne ebree come te, tante educatrici come te, tante madri come te!... e Israele sarà veramente il primo fra i popoli! [...]
>
> — *Annizzanim nirù vaarez, nghet azzamir ighiang, vecol ator nismang bearzenu.* (I fiori appaiono sulla terra, l'ora del canto è giunta, e s'ode la voce della tortora nella nostra contrada.....)
>
> E, poi, traendola a sé e parlandole ancora quel linguaggio, che ella perfettamente intendeva, le disse, con impeto d'amore:
>
> — *Ma jafid umà nangamte, aavà, batanganughim!* (Quanto sei bella, quanto sei cara, o amore fra tutte le delizie!)
>
> Ed ella, dolcemente, teneramente, nella soavità della lingua sacra:
>
> — *Vediglò ngalai aavà.* (E il vessillo che egli mi alza è *amore!*)
>
> (160)

Alessandro ricorre, per dichiararsi, all'ebraico del Cantico dei Cantici — significativamente traslitterato e tradotto per i lettori de "Il vessillo israelitico" — e Emma dà prova di essere all'altezza di questo amore rispondendo nella stessa lingua e sullo stesso tono. È difficile non vedere in questo racconto l'influenza indiretta di *L'amore di Sion* di Abraham Mapu, considerato il primo romanzo ebraico, pubblicato nel 1853 e immediatamente tradotto in moltissime lingue. Come è stato sottolineato recentemente da Naomi Seidman, l'amore appassionato fra i protagonisti Amnon e Tamar traduce per la prima volta in ebraico un modello romantico occidentale, che avrà un'influenza dirompente su come gli ebrei dell'Est Europa immaginarono l'amore, le relazioni di genere, il matrimonio nella seconda metà del secolo (Seidman 21–69). Gli ebrei italiani non avevano bisogno di questa mediazione perché il loro inserimento nella cultura italiana ed europea era pienamente realizzato già prima dell'emancipazione e avevano a disposizione romanzi di ogni foggia e stile nelle lingue originali e in traduzione. Mapu, e altri autori che nella seconda metà del secolo scrissero in ebraico e in yiddish, offrirono però strumenti utili per declinare ebraicamente i modelli già noti, che furono piegati ad esprimere una identità di minoranza. La familiarità rassicurante delle situazioni, delle formule e delle trame, particolarmente evidente nei prodotti letterari di basso livello, doveva permettere di avvicinare il lettore o la lettrice e di rendere più efficace il messaggio normativo riguardante l'endogamia.[37]

Se fondamento della famiglia è comunanza di valori, di fede, di pratiche che derivano dalla condivisione dell'essere ebrei e dell'essere minoranza in un paese cristiano, l'unione mista rappresenta un vero e proprio tradimento della famiglia e della collettività. Il tema del conflitto fra diritti del singolo e diritti della comunità, fra destino comune del popolo — nazione, razza, stirpe a seconda dei momenti — e moderni diritti dell'uomo e del cittadino trova espressione implicita ma significativa, dunque, soprattutto nei racconti che ci parlano del matrimonio, considerato come struttura di base sia della società italiana che della comunione ebraica e come primo elemento di definizione dei confini della comunità.[38] Nei racconti che narrano amori misti fra cristiani ed ebrei abbiamo solo due esiti possibili. Il percorso che gli autori indicano come positivo è la

---

[37] Le ricerche sull'incidenza del matrimonio misto nell'Italia ottocentesca e primo novecentesca sono frammentarie e condotte con metodologie diverse, il che le rende difficilmente sommabili e comparabili (Bachi; Della Pergola; Foà; Armani 2006: 241). Enrica Asquer ha condotto una ricerca sul caso milanese ma i risultati non sono ancora stati pubblicati. Bisogna ricordare però che, al contrario di quanto avviene nelle rappresentazioni letterarie, il matrimonio misto non vuol dire sempre uscita definitiva dalla famiglia, dalla comunità, dalle reti di relazione ebraiche e occorrerebbe indagare il fenomeno su più generazioni.

[38] Nel suo studio sulla Francia Samuels parla di una nuova "ideology of solidarity binding French Jews to each other and to Jews abroad" che avrebbe fatto la sua comparsa nella letteratura ebraica francese fra la restaurazione e la terza repubblica come espressione della necessità di bilanciare l'universalismo dei diritti e l'affermazione di un particolarismo di gruppo. Sarebbe interessante spingersi oltre il 1870 per verificare come cambiano i linguaggi con la fine del secolo nel caso francese. È interessante a questo proposito Malinovich, che si occupa però degli anni Venti del Novecento. Non sono a conoscenza di lavori analoghi sul periodo 1870–1920.

rinuncia all'amore romantico e la sottomissione alle esigenze della comunità. Se invece prevalgono il sentimento individualistico e la passione, la punizione è inevitabile. Arriva sotto forma di incomprensione fra i coniugi, con inevitabile tentativo del coniuge cristiano di sopraffare l'ebreo, oppure assume le sembianze inquietanti di figli deformi e devianti, come se il comune destino si prendesse una rivincita nei confronti dell'individuo ribelle (Ferrara degli Uberti, *Fare gli ebrei* 74–77).

L'appartenenza ebraica nelle novelle italiane di fine secolo e dei primi del Novecento viene rappresentata attraverso una precisa caratterizzazione dei personaggi che riguarda sia i comportamenti che l'aspetto fisico. Così la figura dell'ebreo pallido, gracile, con naso pronunciato, non bello o di una bellezza non canonica, viene spesso riproposta per descrivere giovani virtuosi e pii come l'Alessandro che abbiamo incontrato nella novella di Lattes (Ferrara degli Uberti, *Fare gli ebrei* 65–73). La bella ebrea, generalmente con folta chioma bruna e pelle leggermente abbronzata, banalmente orientaleggiante, o pallida e riecheggiante un immaginario decadente, popola questi racconti come personaggio positivo, protagonista o di amori felici o della rinuncia all'amore quando il sentimento avrebbe portato all'esogamia (Ferrara degli Uberti, *Fare gli ebrei* 71–84). Nelle descrizioni fa la sua comparsa sempre più insistita a partire dagli anni Ottanta dell'Ottocento un linguaggio che evoca il sangue, la stirpe, la razza. Il riferimento alla razza è utilizzato costantemente anche nei testi non letterari per spiegare l'esistenza e la necessità di una collettività ebraica unita non solo da una comune spiritualità ma anche da una condivisa materialità corporea. "Razza" diventa qui la versione tardo ottocentesca di "popolo ebraico", e deriva la sua legittimazione dalla popolarità acquisita nell'ambito scientifico.[39] La descrizione di tratti che inscrivono nel corpo l'appartenenza contribuisce a trasmettere al lettore, in poche parole e in modo pre-razionale, il senso di un destino comune ineluttabile.[40]

Nelle sue ricerche sul razzismo Riccardo Bonavita ha sottolineato la continuità fra la letteratura ottocentesca e quella fascista per quanto riguarda la

---

[39] Dell'immensa letteratura su questo punto segnalo solo il recente contributo di McMahon, una storia transnazionale delle classificazioni razziali e delle loro connessioni con i nazionalismi.

[40] Michael Marrus è stato fra i primi a segnalare l'uso di un linguaggio razziale in senso autoreferenziale da parte degli ebrei francesi sul finire dell'Ottocento. Oggi la bibliografia è più nutrita — Efron, Leff e Malinovich (2005) e Hart sono solo alcuni fra i titoli a disposizione — ma non esiste che io sappia una ricerca di ampio respiro che si concentri direttamente sui testi letterari in ogni caso nazionale. Malinovich studia gli anni Venti, segnalando l'ambivalente uso del lessico della razza nella letteratura ebraica francese, anche qui spesso legata al tema del matrimonio misto, mettendolo in relazione alla crescita dell'antisemitismo.

costruzione dell'ebreo inteso come essenza astorica e stereotipata. L'ebreo, il negro e l'arabo esistono come "personaggi letterari, serbatoio di dispositivi retorici, stereotipi, ventagli di azioni possibili, di possibili romanzeschi, di habitus immaginari" (197), e questa loro esistenza — per quanto priva di materialità corporea — ha un'influenza reale sull'immaginario e sulle relazioni.[41] Queste riflessioni valgono anche per le immagini dell'ebreo costruite e proposte dalla letteratura ebraica, che si sviluppano in relazione con e spesso attingono al repertorio antisemita che faceva parte del senso comune europeo. La stereotipia, enfatizzata dalla scarsa maestria della maggior parte degli scrittori improvvisati, ha molteplici funzioni. Ripropone immagini familiari di facile riconoscibilità per il lettore, e scardina il potenziale negativo di alcuni tipi antigiudaici attraverso un meccanismo di riappropriazione. Mette in scena una continuità astorica e antistoricistica fra l'ebreo moderno e l'ebreo del passato, con l'aspirazione di rappresentare un'essenza immutabile.

3.3. Sionismo

Il sionismo, pur restando a lungo in Italia come altrove un fenomeno minoritario, mutò in parte i linguaggi dell'appartenenza e le modalità di affrontare il tema del rapporto fra pubblico e privato. La frattura, talora violenta nei toni ma non dirompente sul piano delle relazioni e delle pratiche sociali, assunse almeno in parte i caratteri di uno scontro generazionale. La maggior parte dei sionisti più rumorosi era giovane — si pensi al Dante Lattes degli esordi o ad Alfonso Pacifici[42] — e al di là del dato puramente anagrafico era portatrice di una diversa coscienza generazionale. Nel lessico adottato dai sionisti ritroviamo l'uso di "stirpe", "razza", ma anche un recupero dell'idea di nazione ebraica che modernizza e laicizza il popolo eletto di derivazione biblica, esplicitando il dilemma della conciliazione fra due diversi tipi di appartenenza.

Il confronto/scontro fra le diverse anime dell'ebraismo italiano sul tema del sionismo non viene quasi mai tematizzato nei testi letterari, mentre è sviscerato in articoli spesso molto polemici. Proprio perché si tratta di un'evenienza rara, è particolarmente interessante un racconto firmato Riccardo — quasi certamente Riccardo Curiel — e intitolato *Pasqua. Lescianà abbà biruscialaim*, pubblicato da "Il corriere israelitico" nel 1899.[43] La scena si svolge in una casa ebraica italiana

---

[41] Sarebbe interessante mettere il suo lavoro, che in Italia non è stato ancora ripreso, a confronto con il volume (a suo tempo pionieristico) di Bryan Cheyette a proposito della letteratura e società inglese e con il ricco filone di questi studi sul piano internazionale.

[42] Su Pacifici vedi il recente contributo di Airoldi del 2015.

[43] Riccardo Curiel era figlio di Aronne Curiel, direttore de "Il corriere Israelitico" fra 1867 e 1903.

dove un rabbino, nella veste di patriarca e capo di famiglia, si accinge a presiedere il *seder* pasquale dopo avere condotto le preghiere al Tempio. Fra gli invitati c'è il fidanzato della figlia, introdotto come il "giovane professore" (262). Queste due qualifiche esplicitano immediatamente da un lato la diversa appartenenza generazionale, dall'altro la piena integrazione sociale e culturale del futuro genero. La rappresentazione di incontri spesso difficili fra cultura religiosa (patrimonio dei più vecchi) e pensiero moderno (patrimonio dei più giovani) è un altro dei topoi di questa letteratura.[44] Prima della cena assistiamo ad un'accesa discussione scatenata dal fatto che il giovane è un attivo sostenitore del sionismo, mentre secondo il rabbino questo è "un'utopia, nobile utopia forse, ma ineffettuabile" (262). Della donna che li unisce, come figlia e futura sposa, sappiamo solo che è "bruna, alta, flessibile, [...] di una bellezza affascinante" (262). Anche di sua madre, del resto, abbiamo solo un breve accenno all'avvenenza. Quando si siede a tavola e comincia a recitare il *Kiddush* — la santificazione del vino — il patriarca è fermo nelle sue convinzioni e ha già pronto un discorso antisionista che intende pronunciare il giorno seguente al Tempio. Il racconto procede poi a narrare in maniera molto didascalica le diverse fasi del *seder*, che rappresentano per il rabbino una continua rivelazione: per la prima volta egli vede il sionismo come possibile erede delle aspirazioni di libertà degli schiavi, come compimento della storia dell'Esodo. Siamo di fronte ad una vera e propria conversione:

> Tutto il rito di quella sera gli tornava alla mente, ma egli pensava: quante volte non ho pianto questa sera per la nazionalità perduta d'Israele, quanto volte non ho pregato Dio di voler concedere al suo popolo la sua libertà, la sua indipendenza, quante volte non ho espressa la speranza che questo sogno, questo ideale avesse potuto avverarsi... Ed egli aveva pregato, certo, in buona fede e dunque, perché il giorno seguente avrebbe dovuto smentirsi, affermare che non erano possibili, che non erano razionali gli ideali del Sionismo? Perché? Nel suo dovere di ebreo e di rabbino, non doveva egli forse credere che tutto ciò fosse possibile, effettuabile?
>
> *Lescianà abbà biruscialaim...* [...] Ed il Rabbino si volse e vide il giovane professore presso la sposa; il giovane parlava dolcemente a bassa voce, e la bella figlia d'Israele sorrideva, sì, sì... quelle erano le forze del Giudaismo [...].
> (263–64)

---

[44] Un esempio molto calzante, sia pur non italiano, è il racconto di Sacher Masoch *Zwei Arzte* (1892) che "Il corriere Israelitico" tradusse e pubblicò nel 1902 con il titolo *I due medici*. In un paesino della Boemia il mondo del vecchio talmudista Mebous Kohn è turbato dall'arrivo del giovane medico Leopoldo Pfeffermann, che cura i malati del circondario servendosi dei più recenti ritrovati scientifici.

Il racconto è un'esplicita forma di propaganda, ma è interessante come la forma letteraria renda immediatamente chiari alcuni passaggi che avrebbero richiesto un'articolazione e problematizzazione maggiore in altre forme di scrittura. In poche righe sono evocati integrazione, importanza della famiglia e del rito domestico, asimmetrie di genere, rapporti generazionali, passaggio di testimone dal rappresentante tradizionale dell'autorità religiosa, il rabbino, ai più giovani e vigorosi ebrei moderni integrati nella società maggioritaria. Allo stesso tempo la storia mette in luce una peculiarità del sionismo italiano, che fu nella maggioranza delle sue articolazioni un sionismo religioso, fondato su un programma di riscoperta e riappropriazione storica e culturale.

4. Note conclusive

A conclusione di questo scorcio analitico sulla letteratura pubblicata nei periodici ebraici italiani del secondo Ottocento e primo Novecento mi sembra possibile tracciare un percorso, sia pure non lineare. Siamo partiti da Cesare Rovighi, che negli anni Quaranta auspicava una rigenerazione degli ebrei che passasse attraverso l'educazione e che puntasse ad un ammodernamento della cultura e delle pratiche ebraiche e al rafforzamento degli studi che oggi chiameremmo secolari nelle comunità della penisola. Ad emancipazione ottenuta e con le lotte risorgimentali alle spalle, assistiamo ad una parziale chiusura della minoranza su se stessa, ad un restringimento delle prospettive visuali che si fa sempre più marcato sulla fine del secolo quando l'elemento della lotta contro l'assimilazione pare assumere dimensioni preponderanti. La letteratura si fa spesso portavoce di un'idealizzazione del passato recente e della condanna di una modernità che si manifesta nella valorizzazione dei capricci individuali a scapito della collettività, anche se i linguaggi usati sono moderni nella declinazione dell'elemento nazionale, così come nella frequente adozione di una stereotipia connotata in senso razziale. Con la sua capacità di parlare in maniera più diretta alle emozioni ad un livello pre-razionale, la letteratura — anche in questa versione bassa — si conferma luogo di una sperimentazione secolarizzata, che trasmette simultaneamente una pluralità di significati difficili da far convivere in altri tipi di scrittura. Restano da approfondire sia le peculiarità nazionali di questa produzione, sia gli scambi transnazionali e la circolazione di testi e di tropi narrativi e stilistici nella letteratura ebraica europea fra Ottocento e primo Novecento.

University College London

Opere citate

Airoldi Sara. *Practices of Cultural Nationalism. Alfonso Pacifici and the Jewish Renaissance in Italy (1910-1916)*. In Catalan Tullia e Facchini Cristiana (a c. di). *Portrait of Italian Jewish Life (1800s-1930s)*. "Quest. Issues in Contemporary Jewish History" 8 (2015): 136-58.

Al Kalak Matteo e Pavan Ilaria. *Un'altra fede. Le Case dei catecumeni nei territori estensi (1583-1938)*. Firenze: Olschki, 2013.

Allegra Luciano. *Modelli di conversione*. "Quaderni storici" 3 (1991): 901-15.

———. *Identità in bilico. Il ghetto ebraico di Torino nel Settecento*. Torino: Zamorani, 1996.

Arbib Alessandro. *Della poesia e della letteratura italiana. Considerate come mezzo d'incivilimento e progresso israelitico*. "L'educatore israelita" (1858): 164-66.

Armani Barbara. *Il confine invisibile. L'élite ebraica di Firenze 1840-1914*. Milano: Franco Angeli, 2006.

———. *Il linguaggio del "sangue". Identità, "razza" e nazione nella stampa ebraica italiana (1901-1936)*. "Contemporanea" 2 (2017): 177-212.

Armani Barbara e Schwarz Guri (a c. di). *Ebrei borghesi. Identità familiare, solidarietà e affari nell'età dell'emancipazione*. Numero monografico. "Quaderni storici" 114 (2003).

Armstrong Nancy. *Desire and Domestic Fiction. A Political History of the Novel*. New York: Oxford University Press, 1987.

Artom M. Emanuele. *Tentativi di riforma in Italia nel secolo scorso e analisi del fenomeno nel presente*. "Rassegna Mensile di Israel" 7-8 (1976): 355-66.

Ascheim Steven E. *Brothers and Strangers. The East European Jew in German and German Jewish Consciousness, 1800-1923*. Madison: The University of Wisconsin Press, 1982.

Bachi Roberto. *La demografia degli ebrei italiani negli ultimi cento anni*. Roma: Istituto Poligrafico dello Stato, 1931.

Banti Alberto M. *La nazione del Risorgimento. Parentela, santità e onore alle origini dell'Italia unita*. Torino: Einaudi 2000.

———. *L'onore della nazione. Identità sessuali e violenza nel nazionalismo europeo dal XVIII secolo alla Grande Guerra*. Torino: Einaudi 2006.

Bencich Marco. *Il Sionismo a Trieste dalle origini agli anni Trenta*. In Miriam Davide e Pietro Ioly Zorattini (a c. di), *Gli ebrei nella storia del Friuli Venezia Giulia. Una vicenda di lunga durata*. Firenze: Giuntina 2017: 221-35.

Biale David. *Masochism and Philosemitism: The Strange Case of Leopold von Sacher-Masoch*. "Journal of Contemporary History" 17 (1982): 305-23.

Bidussa David. *Il sionismo in Italia nel primo quarto del novecento. Una "rivolta culturale"?* "Bailamme" (1989): 168–205.
Bonavita Riccardo. *Spettri dell'altro. Letteratura e razzismo nell'Italia contemporanea.* Bologna: Il Mulino, 2009.
Brazzo Laura. *Angelo Sullam e il sionismo in Italia tra la crisi di fine secolo e la guerra di Libia.* Città di Castello: S. E. Dante Alighieri, 2007.
Bregoli Francesca, Ferrara degli Uberti Carlotta e Schwarz Guri (a c. di), *Italian Jewish Networks from the Seventeenth to the Twentieth Century. Bridging Europe and the Mediterranean.* London: Palgrave Macmillan, 2018 (di prossima pubblicazione).
Capuzzo Ester. *Gli ebrei nella società italiana. Comunità e istituzioni tra Ottocento e Novecento*, Roma: Carocci, 1999: 145–64.
Catalan Tullia. *La Comunità ebraica di Trieste (1781–1914). Politica, società e cultura.* Trieste: LINT, 2000.
———. *La "primavera degli ebrei". Speranze e delusioni di Ebrei italiani del Litorale e del Lombardo Veneto nel 1848–1849.* "Zakhor. Rivista di storia degli ebrei d'Italia" 6 (2003): 35–66.
Cavaglion Alberto. *Tendenze nazionali e albori sionistici.* In Corrado Vivanti (a c. di), *Storia d'Italia. Dall'emancipazione a oggi.* Vol. 2 di *Annali 11. Gli ebrei in Italia.* Torino: Einaudi, 1997: 1291–320.
———. *Qualche riflessione sulla "mancata Riforma".* In Mario Toscano (a c. di), *Integrazione e identità. L'esperienza ebraica in Germania e Italia dall'Illuminismo al fascismo.* Milano: Franco Angeli, 1998: 152–66.
———. *L'autobiografia ebraica in Italia fra Otto e Novecento. Memoria di sé e memoria della famiglia: osservazioni preliminari.* "Zakhor. Rivista di storia degli ebrei d'Italia" 3 (1999): 171–77.
Cheyette Bryan. *Constructions of "the Jew" in English Literature and Society. Racial Representations, 1875–1945.* Cambridge: Cambridge University Press, 1993.
Coen Alessandro. *Il Purim di un Professore.* "Il corriere israelitico" 4 (1906): 119–20.
Colonna Ernesto Davide. *Il giovane rabbino.* "Il vessillo israelitico". 62 (1914): 128–35, 409–14.
[Curiel] Riccardo. *Espiazione.* "Il corriere israelitico" 1 (1899): 21–23.
———. *Pasqua. Lescianà abbà biruscialaim.* "Il corriere israelitico" (1899): 262–64.
De Amicis Edmondo. *Cuore. Libro per i ragazzi.* Milano: Treves, 1886.

De Felice Renzo. *Storia degli ebrei in Italia sotto il fascismo*. Torino: Einaudi, 1997 [1961]: 151–57.

Della Pergola Sergio. *Jewish and Mixed Marriages in Milan, 1901–1968*. Jerusalem: Institute of Contemporary Jewry, 1972.

Della Seta Simonetta e Carpi Daniel. *Il movimento sionistico*. In Corrado Vivanti (a c. di), *Storia d'Italia. Dall'emancipazione a oggi*. Vol. 2 di *Annali 11. Gli ebrei in Italia*. Torino: Einaudi, 1997: 1321–68.

Di Porto Bruno. *La "Rivista Israelitica" di Parma. Primo periodico ebraico italiano*. "Materia Giudaica" 5 (1999): 33–44.

———. *Il giornalismo ebraico in Italia. "L'educatore israelita"* (1853–1874). "Materia Giudaica" 6 (2000): 60–90.

———. *Il giornalismo ebraico in Italia. Un primo sguardo d'insieme al "Vessillo israelitico"*. "Materia Giudaica" 1 (2001): 104–09.

———. *"Il Vessillo israelitico". Un vessillo ai venti di un'epoca tra Otto e Novecento*. "Materia Giudaica" 2 (2002): 349–84.

———. *"Il corriere israelitico": uno sguardo d'insieme*. "Materia Giudaica" 1–2 (2004): 249–63.

Dubin Lois. *The Port Jews of Habsburg Trieste. Absolutist Politics and Enlightenment Culture*. Stanford: Stanford University Press, 1999.

Efron John. *Scientific Racism and the Mystique of Sephardic Racial Superiority*. "The Leo Baeck Institute Year Book" 1 (1993): 75–96.

Facchini Cristiana. *Living in Exile:* Wissenschaft des Judentums *in Italy (1890s-1930s)*. In Francesca Bregoli, Carlotta Ferrara degli Uberti e Guri Schwarz (a c. di), *Italian Jewish Networks from the Seventeenth to the Twentieth Century. Bridging Europe and the Mediterranean*. London: Palgrave Macmillan, 2018 (in press).

———. *Luigi Luzzatti and the Oriental Front: Jewish Agency and the Politics of Religious Toleration*, in Tullia Catalan e Marco Dogo (a c. di). *The Jews and the Nation-States of Southeastern Europe from the 19th Century to the Great Depression. Combining Viewpoints on a Controversial Story*. Newcastle upon Thyne: Cambridge Scholars Publishing, 2016: 227–45.

Ferrara degli Uberti Carlotta. *Fare gli ebrei italiani. Autorappresentazioni di una minoranza (1861–1918)*. Bologna: Il Mulino, 2011.

———. *Flaminio Servi*. In Fabio Levi (a c. di). *Gli ebrei e l'orgoglio di essere italiani*. Torino: Zamorani, 2011: 61–101.

———. *Making Italian Jews. Family, Gender, Religion and the Nation 1861–1918*. London: Palgrave Macmillan, 2017 [Trans. of *Fare gli ebrei italiani*].

Foà Chiara. *Gli ebrei e i matrimoni misti. L'esogamia nella comunità torinese (1866–1898)*. Torino: Zamorani, 2001.

Hart Mitchell B. *Jews and Race. Writings on Identity and Difference, 1880–1940*. Lebanon NH: Brandeis University Press: 2011.

Hess, Jonathan M. *Middlebrow Literature and the Making of German-Jewish Identity*. Stanford: Stanford University Press, 2010.

Kaplan Marion A. *The Making of the Jewish Middle Class. Women, Family, and Identity in Imperial Germany*. New York: Oxford University Press, 1991.

Lattes Dante. *L'Esodo, di René Franchin — La Figlia, di Arturo Foà*. "Il corriere israelitico" 39 (1904): 318–21.

Lattes Guglielmo. *Cuore d'Israele. Libro per ragazzi israeliti*. Casale Monferrato: Tipografia Rossi e Lavagno, 1908.

———. *Il vaglio dei Torres*. "Il vessillo israelitico" 57 (1909): 316–21.

———. *Dall'East End… al Cantico dei Cantici. Scritti e racconti del novellatore israelita*. Casale Monferrato: Tipografia Rossi e Lavagno, 1910.

———. *Il Cantico dei Cantici*. "Il vessillo israelitico" 58 (1910): 156–61.

———. *Memorie di un insegnante*. Asti: Tipografia Editrice Segre, 1922.

Leff Lisa e Malinovich Nadia (a c. di). *Jewish Racial Self-Fashioning in Comparative Perspective*. Special issue. "Jewish History" 1 (2005).

Levi Giuseppe. *Una confessione. Novella*. "L'educatore israelita" 11 (1863): 6–16.

———. *Il cielo rivelato a un mortale. Novella fantastica*. "L'educatore israelita" 14 (1866): 33–38.

———. *L'ultimo voto di un errante merciaiuolo*. "L'educatore israelita" 14 (1866): 237–41 e 257–61.

———. *Una cena pasquale e il profeta Elia. Fantasia*. "L'educatore israelita" 15 (1868): 97–103.

———. *La religione del cuore. Parabola*. "L'educatore israelita" 18 (1870): 7–10.

———. *Autobiografia di un padre di famiglia*. Firenze: Succ.ri Le Monnier, 1868.

Luzzatto Voghera Gadi. *La formazione culturale di Dante Lattes*. In David Bidussa, Amos Luzzatto e Gadi Luzzatto Voghera, *Oltre il ghetto. Momenti e figure della cultura ebraica in Italia tra l'Unità e il fascismo*. Brescia: Morcelliana, 1992: 17–95.

———. *Cenni storici per una ricostruzione del dibattito sulla riforma religiosa nell'Italia ebraica*. In "Rassegna Mensile di Israel" 1–2 (1993): 47–70.

———. *Il prezzo dell'eguaglianza. Il dibattito sull'emancipazione degli ebrei in Italia (1781–1848)*. Milano: Franco Angeli, 1998.

Malinovich Nadia. *Race and the Construction of Jewish Identity in French and American Jewish Fiction of the 1920s.* "Jewish History" 1 (2005): 29–48.

Marconcini Samuela. *Per amor del cielo. Farsi cristiani a Firenze tra Sei e Settecento.* Firenze: Firenze University Press, 2016.

Marrus Michael. *The Politics of Assimilation. A Study of the French Jewish Community at the Time of the Dreyfus Affair.* Oxford: The Clarendon Press, 1971.

McMahon Richard. *The Races of Europe. Construction of National Identities in the Social Sciences, 1839–1939.* London: Palgrave Macmillan, 2016.

Milano Attilio. *Un secolo di stampa periodica ebraica in Italia.* "Rassegna Mensile di Israel" 7–9 (1938): 96–136.

Pontremoli Esdra. *Una martire. Novella storica.* "L'educatore israelita" 11 (1863): 46–53, 75–84, 97–104.

———. *I figli d'Alessandria. Novella storica.* "L'educatore israelita" 11 (1863): 130–36, 175–80, 242–47.

———. *Dialogo di morti.* "L'educatore israelita" 12 (1864): 191–95.

Porciani Ilaria (a c. di). *Famiglia e nazione nel lungo Ottocento italiano. Modelli, strategie, reti di relazione.* Roma: Viella 2006.

Racah Gino. *Pentimento eroico.* "Il corriere israelitico" (1906): 48–51.

Rovighi Cesare. *Discorso preliminare.* "La rivista israelitica" 1 (1845): 1–28.

Sacher Masoch Leopold von. *I due medici.* "Il corriere israelitico" (1902): 163–66.

Salah Asher. *Introduzione.* In Salah Asher (a c. di), *L'epistolario di Marco Mortara (1815–1894). Un rabbino italiano tra riforma e ortodossia.* Firenze: La Giuntina, 2012: 1–55.

Salvadori Roberto G. *Gli ebrei toscani nell'età della Restaurazione (1814–1848). Uscire dal ghetto: divenire ricchi, divenire cristiani, divenire italiani.* Firenze: Centro Editoriale Toscano, 1993.

Samuels Maurice. *Inventing the Israelite. Jewish Fiction in Nineteenth-Century France.* Stanford: Stanford University Press, 2010.

Sarfatti Michele. *Gli ebrei nell'Italia fascista. Vicende, identità, persecuzione.* Torino: Einaudi, 2000.

———. *The Jews in Mussolini's Italy. From Equality to Persecution.* Madison: The University of Wisconsin Press, 2006, [Trans. of *Gli ebrei nell'Italia fascista.*]

Seidman Naomi. *The Marriage Plot. Or, How Jews Fell in Love with Love, and with Literature.* Stanford: Stanford University Press, 2016.

Servi Flaminio. *Religione e patria.* "Il vessillo israelitico" (1864): 75–78, 106–10, 133–36, 271–75, 297–301, 328–33; (1865): 71–74 e 115–17.

———. *Non è più tempo che Berta filava, ovvero L'intolleranza religiosa. Racconto storico originale.* "L'educatore israelita" (1867): 41–46, 85–88, 97–101, 146–47, 206–08, 272–74, 321–27.

———. *Del matrimonio misto. Bozzetti storici.* "Il vessillo israelitico" (1874): 41–44.

Smeralda. Racconto. "La rivista israelitica" 2 (1845): 146–35; 3–4 (1845): 232–48.

Tenuta Carlo. *Da mio esilio non sarei mai tornato, io. Profili ebraici tra cultura e letteratura nell'Italia del Novecento.* Roma: Aracne, 2009.

———. *Il silenzio della Levi. Razzismo, appartenenza e nascondimento in una novella di Gino Racah.* "Intersezioni" 1 (2013): 69–79.

Ventura Luca. *Ebrei con il Duce. La nostra bandiera 1934–1938.* Torino: Zamorani, 2002.

Gabriella Romani

Erminia Fuà Fusinato: A Jewish Patriot in Rome (1871–76)

Abstract: The first Jewish woman to be appointed to an official institutional position in unified Italy, Erminia Fuà Fusinato lived and worked in Rome as a school reformer in 1871–1876. During this time she inspected schools in the provinces of Rome and Naples, founded in Rome a high school for women, and started a series of lectures for the cultural and professional advancement of women. In order to marry a man with whom she had madly fallen in love, the poet Arnaldo Fusinato, in 1856 she converted to Catholicism, a faith, however, she never practiced. This essay argues that the story of Erminia Fuà Fusinato illustrates the challenges encountered during the post-unification period by Jewish public figures seeking integration into an Italian society which, however, allowed little space for public display of religious or ethnic diversity.

Key Words: Allosemitism, Catholic Church, Jewish identity, exogamic marriages, public schooling, Racial Laws, Rome, secularism, Italianness, women's education, women's employment.

> Chi cambia di fede è maledetto da quelli che lascia e disprezzato da quelli a cui va.
>
> (Those who change faith are cursed by those they leave and despised by those they embrace.)
>
> (Pincherle 340)

A Preamble

A poet and educator, Erminia Fuà Fusinato (1834–1876) was raised in a liberal Jewish family from the Veneto region and converted to Catholicism in order to marry, against her parents' will, Arnaldo Fusinato, whose poetry and political ideals she deeply admired. Hailed by contemporaries as "la donna dei tempi nuovi" ("the woman of modern times"), but almost forgotten after her death, Erminia Fuà Fusinato has recently been at the center of several studies, which examine her role as a poet during the Risorgimento and as an educator and institutional figure in the aftermath of Italy's political unification (Piazza 22).[1] Almost no mention, however, may be found in these studies about her cultural and ethnic identity as a Jewish woman, as if with marriage and conversion she had seamlessly integrated into the majority society. This lack of critical interest towards her Jewishness may be interpreted as part of an historiographical tradition, recently challenged by historians for its unproblematic view of nineteenth-century Italy's relationships to Jews,[2] which obfuscates the reality of those Jews who, in the words of Isaiah Berlin, "stood facing a new and by no means friendly world," and belonged to that first generation of gifted and ambitious Jews seeking "admission to the outer world" (322). An ambitious woman who became a prominent school reformer in spite of her lack of any formal education,[3] Fuà Fusinato belongs to that generation of Italian Jews who served in public office in the aftermath of Italy's political unification. She considered herself first and foremost an Italian and prided herself on living, as Lodovico Mortara put it, "da *cittadino* e vedere accolta l'opera mia come quella di un *italiano*" ("as a *citizen* and having my work be viewed as that of an *Italian*") (61, author's italics).

Like other secular Jews of her generation who married outside of her community, Erminia Fuà Fusinato never abjured her Jewish origins. She strongly identified with her Italian identity, never practiced Catholicism, and her Jewishness — though not publicly demonstrated — nevertheless played a role in her professional and personal life. This particularly proved the case when she moved to Rome and attempted to reform a school system that, not only in the

---

[1] For recent studies on Erminia Fuà Fusinato, see: Savini, Pes, Leuzzi, Mori, Filippini, Bianconi, Finotti.

[2] Among the scholars who challenged the idea of a natural integration of Jews in post-unification Italy, see Gunzberg, Caviglia, Luzzatto Voghera, and Toscano.

[3] Born in Rovigo on October 23, 1834, Erminia Fuà grew up in Padua and never formally attended schools. She received a basic education at home in the way of informal lessons given to her by an uncle, and through readings from the library of her cultured and middle-class family. In 1856 she eloped to Venice in order to marry Arnaldo Fusinato, who was not Jewish. At this time she was already writing poems which would eventually be published in various periodicals, such as *La ricamatrice, Illustrazione italiana, Corriere delle dame, L'emporio pittoresco, Nuova antologia*. She also published essays in *Il giornale delle donne, La donna, Cornelia, Gazzetta d'Italia, Nuova antologia*. After marriage, the Fusinato family settled in Castelfranco Veneto, but in 1864 first Arnaldo and then Erminia with their three children moved to Florence to escape arrest from the Austrian police. In Florence they gravitated around the main intellectual circles of the city. Here Erminia promoted and eventually secured the publication of *Confessioni di un ottuagenario (1867)* by Ippolito Nievo, the Risorgimento writer who tragically died in a shipwreck in 1861, and a close family friend. After a disastrous financial investment made by Arnaldo Fusinato, the family experienced serious economic distress and Erminia accepted Minister Correnti's offer to move to Rome in 1871 and work as school inspector. During this time she became involved in various professional initiatives, among which the creation of a high school for women and a series of Sunday lectures for the advancement of women's education. Through her work in Rome, she was able to support her family. She died in Rome in 1876. For more biographical information see Ghivizzani and Molmenti.

new Italian capital, but all over the Italian territory, had until then been firmly controlled by the Catholic Church. Institutional and pedagogical efforts to promote a public national school system — which as an educator she embraced wholeheartedly — were not surprisingly opposed by conservative Catholic forces, especially when the reforms involved women's education. With the premise, therefore, that in spite of her conversion Erminia Fuà Fusinato did not sever ties from her Jewish origins, two main questions will be explored in this essay: how do we understand Fuà Fusinato's Jewishness in the context not only of her personal and professional life, but also in the memorialization of her literary and institutional figure? And, more generally, what was her legacy as an Italian woman of Jewish origin within the post-unification cultural efforts to modernize Italy and to reshape the national discourse on social disparities and gender roles?

The Price of Integration: Jews and Italianness

As the story goes, Erminia Fuà met Arnaldo Fusinato in 1854 during a cultural soiree her parents held in their house. They fell in love and married two years later, soon after her conversion to Catholicism. The decision to convert was most likely dictated by practical necessity: before Italy's political unification in 1861, when the possibility of a civil marriage did not yet exist,[4] the Jewish member of a religiously mixed couple had to convert in order for the wedding to be carried out and for the marriage to be officially registered (Ungari, Foà). Joined by their political commitment to the Italian nation and coming from liberal families with little attachment to religious orthodoxy, Fuà and Fusinato saw in their marriage the celebration of a new type of union between kindred souls. Their marriage was based on a sense of liberation from the constraints imposed by old traditions and on their belief in the patriotic ideals of "patria, famiglia e libertà" ("country, family and freedom"), whereby individuals, whether Catholic or Jewish, men or women, socially and morally coalesced around the family, seen as a microcosm of the Italian nation (Seymour 3).[5] At a time when the marriage of a young woman, in both Jewish and Catholic families, was still under the tight control

---

[4] Civil marriages became mandatory only after the promulgation of the 1865 Pisanelli Family Law (*Codice civile del Regno d'Italia*), Italy's first civil code after the formation of the Kingdom of Italy.

[5] Arnaldo Fusinato was strongly anticlerical, and possibly an atheist — a stance that he, a poet, expressed in his political poems (Baldacci and Innamorati; Balduino 943–46). Little is known about Erminia's family's religious practices. Her family was well integrated in the social and cultural life of Padua, where they regularly organized soirees attended by local artists and patriots. Their initial opposition to their daughter's marriage to a Catholic man, however, demonstrates that, although liberal and well-integrated, they maintained a strong connection to their Jewish roots.

of parents, and not too uncommonly arranged by them, by marrying a man of her own choice the young Erminia had demonstrated a self-determination rarely found among her peers — an act that she proudly defended throughout her life.[6]

Mixed marriages were uncommon before the 1860s, yet they were perceived and presented in Jewish and Catholic publications as a most pressing problem in society.[7] Twenty-four articles, for instance, appeared on this topic in *L'Educatore israelita* between 1853 and 1874. Fearing assimilation into the majority society, the Jewish community intensified a cultural campaign that criticized mixed marriages and emphasized the role that Jewish women ought to play in the family as the main cultural and religious educators of children (Foà 47).[8] In her study on mixed marriages in late nineteenth-century Piedmont, Chiara Foà describes marrying outside of one's religion as a brave and rather risky act for women of that era, because it could have easily resulted in becoming an outcast, not only from the community but from one's own family as well. Fuà Fusinato remained close to her family throughout her life, as both her poems and diary attest;[9] but what Chiara Foà describes as an unavoidable destiny of ambiguity and a position of social liminality for those who married outside of the Jewish community certainly applies to Fuà Fusinato as well (13–14).

This situation of liminality became more enhanced during the years Fuà Fusinato spent in Rome, where, as an Italian woman of Jewish origin, promoting the secularization of the school system, she positioned herself between a Jewish community that no longer considered her one of its own[10] and the Catholic

---

[6] In a letter to her friend Anna Mander, written when her sister Eloisa got engaged to a Jewish engineer chosen by their parents, she wrote: "Invidio le ragazze che possiedono la virtù d'appagare anche in questo (nell'andare a marito) il desiderio dei genitori, ma duolmi sentire ch'io non potrei dare la mia fede ad uno che non avesse il mio cuore" ("I envy those girls who are able to satisfy their parents' will (in taking a husband), but I am afraid that I could not give my faithfulness to someone who does not own my heart.") (quoted in Ghivizzani, XXII).

[7] For literary representations of mixed marriages between Jews and Christians, see: Orvieto, Castelnuovo, and Pirandello.

[8] On endogamic and exogamic Jewish marriage see Miniati, Ferrara degli Uberti, and Vitale.

[9] See Erminia Fuà Fusinato's poems: "A mio fratello Enrico nel giorno della sua laurea nelle Matematiche"(1856), "Quattordici anni dopo. Allo stesso" (1870), "A' miei genitori, per le nozze della sorella Elvira" (1863), "A mio padre. Nel suo giorno onomastico" (1871) in *Versi*.

[10] The 1875 "Bibliografia femminile israelitica italiana" published by the *Vessillo israelitico*, for instance, does not include the name of Erminia Fuà Fusinato for reasons which the anonymous writer describes: "Avremmo volentieri fatto parola della Fuà Fusinato, che nacque nostra, ma l'amore ce la rapì e ai suoi scritti e al suo nome, meritamente celebrato, applaudiamo col cuore, ma col cuore afflitto" ("We would have gladly mentioned Fuà Fusinato, who was born as one of us, but whom love took away from us and whose writings and name, deservingly celebrated, we applaud with our heart, though an afflicted one") (*Vessillo israelitico* 23.8 [1875]: 238).

world that mistrusted and, in its most intransigent fringe, demonized Jews (converted or not) as the main fomenters of a destructive modernization of the country (Dickie 20).[11] No longer officially a member of the Jewish community, and yet not really Catholic either, since she did not practice Catholicism, Fuà Fusinato personified in her life choices and ideas an ambivalence which illustrates well what Zygmunt Bauman has termed "allosemitism" — "the practice of setting the Jews apart as people radically different from all the others" and one of which "anti-Semitism is but an offshoot or a variety"(143). "Allosemitism," a term originally coined by the Polish critic Artur Sandauer, has, according to Bauman, "a radically ambivalent attitude," in the sense that it expresses "the great fear of modern life towards indetermination, unclarity, uncertainty, in other words ambivalence [...]" (149–50). When applied to post-unification Italian history, the concept of "allosemitism" sheds important light on how Italian Jews, whether religiously or culturally attached to their Jewishness, even in the absence of violent and explicit acts of anti-Semitism, could still be viewed as being inherently different, not fully Italian. Suffice to mention, to illustrate this point, the famous cases of Alessandro D'Ancona and Isacco Pesaro Maurogonato, whose nominations, respectively, to Chair of the Italian department at the University of Pisa and to Finance Minister, were considered by adversaries as incompatible with their Jewish identity.[12] A supposed incompatibility between Italianness and Jewishness was perceived even among lay and progressive intellectuals, as demonstrated by Paolo Mantegazza's controversial article published in the popular *Fanfulla della domenica,* in which the famous anthropologist suggested that Jews should stop practicing circumcision in order to erase their difference and symbolically seal the deal, made by patriots during the Risorgimento, which pledged equality and progress for all. "Dichiaratevi," he wrote, "nascendo eguali a noi, e noi ci diremo a voi eguali. [...] noi ci sentiremo fratelli nella grande famiglia della civiltà europea, che deve avere come un'unica mira il progresso" ("Declare yourselves equal to us, when you are born, and we will say that we are equal to you [...] we shall feel like brothers in the great family of European civilization, which should have progress as its only aim").[13] Espousing what Mario Tedeschi has termed "uguaglianza senza diversità" ("equality without diversity"), Mantegazza

---

[11] The lay-Catholic cultural confrontation accompanying the Risorgimento and the aftermath of Italy's unification has been described as a form of "cultural wars" (Dickie 20).

[12] For further details on the D'Ancona and Maurogonato cases, see Canepa 166; Molinari 37–38; Schächter 115.

[13] Two Jewish public figures, Beniamino Soria and Leone Carpi, refuted Mantegazza's argument by presenting examples of well-integrated Jewish historical figures, respectively, with "La razza ebrea davanti

envisioned homogeneity as a necessary stage in the path towards a progress which could not afford religious or ethnic diversity (29). To be Jewish, in this syllogism, meant to be bearing the brunt of difference, as Bauman suggested (150) — a liability that translated into the formula, "ebrei in casa, cittadini fuori" ("Jews at home, citizens in public"), which many Jewish public figures adopted in post-unification Italy (Ferrara degli Uberti 14–15). As a woman of Jewish origin, Erminia Fuà Fusinato was well aware of the social and political implications of her Jewishness and chose to keep it private, as a most intimate matter of her personal life. In spite of this, her Jewish identity remained entrenched in the general perception of her public persona both during and after her life.

Fuà Fusinato championed the cause of unified Italy with its vision of a national cohesive identity, choosing to understate her Jewish ethnic particularity. This attitude meant conforming to a general ideological stance according to which one's national identity would supersede all ethnic, religious and regional differences. As Alberto Cavaglion has aptly pointed out, for first-generation Italian Jews, the desire to keep one's Jewishness private was the natural result of a memory still strongly alive with past discriminations and of an awareness that freedom had been conquered at the cost of many sacrifices (1031). Such freedom, as Luigi Luzzatti, a contemporary of Fuà Fusinato argued, could only be preserved in a secular state where religious freedom would determine all other liberties, as Luzzati wrote: "il fato di tutte le altre libertà" ("the destiny of all other freedoms") (8). Unlike Fuà Fusinato, Luzzatti did not convert to Catholicism, but like her he was a secular Jew from Veneto, who strongly believed in the moral force of religion — a morality that would confer dignity and respect upon all faiths.[14] Fuà Fusinato also deemed religion a moral necessity, especially in the process of educating the new nation, as she wrote in her moral lessons:

alla storia" in *Fanfulla della domenica* (October 4, 1885) and "La schiatta ebrea davanti all'umanità I and II" in *Domenica del Fracassa* (December 13 and 20, 1885).

[14] Famously, Luigi Luzzatti (1841–1927) wrote in a letter to Monsignor Ugo Bonamartina, who was trying to convert him to Catholicism: "Io sono Monsignore fuori da tutte le Chiese, dall'Ebraica nella quale crebbi e dalle altre. Ma metà della mia vita scientifica e pubblica l'ho attraversata e l'attraverso a studiare le religioni fondamentali, che sono in ogni periodo storico le forme di più alta moralità operante. E mi paragono a un'ape umana che sugge il miele da tutti i fiori celesti e non è ancora morta. Della fede mia ho profondo rispetto, dopo averne perduto la fede ardente: ma quando mi si rimprovera l'origine ebraica torno a sentirmi ebreo di fronte all'ingiuria e allo scherno [...]. Nessuno deve cercarmi di convertirmi. Alla mia età e con le mie perenni meditazioni sulla filosofia e sulla fede, non sarebbe cosa possibile. Monsignore, mi consideri come un eretico che, se fosse capace, si farebbe banditore di una nuova fede, condensatrice delle virtù di tutte le altre." ("I am, Monsignor, outside of all faiths, from the Jewish one in which I grew up and from others. But I devoted half of my scientific and public life to studying the fundamental religions, which provide in any historic period the highest form of operating morality. And I compare myself to a human bee which produces honey from all heavenly flowers and who is not dead yet. I have a profound respect for my faith, even after having lost a strong belief, but

Adoriamo il bene sotto una forma spirituale, ed avremo quella fede che fa sopportare ogni dolore, sostenere ogni sacrificio che il dovere ci chieda, che non vuole transazioni con la propria coscienza, e ci fa necessaria la virtù come l'aria e la luce.

(Ghivizzani, SE 49)[15]

(Let's pursue goodness in its spiritual form, and we'll have a faith that allows us to sustain any pain or sacrifice that duty may demand of us — a faith that does not negotiate with our own conscience and that makes virtue as necessary as air or light.)

She thought religious tolerance to be a fundamental right for individual freedom — a freedom not so easily obtainable for a woman of her generation and for which she had made courageous choices and many sacrifices. Her story and profile as a secular Jewish Italian woman underscore the complexity of the process of integration, the reality, as Mandel writes, of the "multiple routes Jews took 'out of the ghetto,'" and the ambivalent, if not strained relationships, Italy entertained with its Jewish minority during the post-unification period (72).

Like other democratic patriots of her time, Erminia Fuà Fusinato embraced a secular idea of personal and collective identity; but as the first woman of Jewish origin to gain access to institutional governance in unified Italy, she was unique, unlike any other woman of similar rank, social background and political convictions. To begin with, she lacked the Catholic education of her peers, perhaps one of the reasons she was asked to go to Rome as a reformer in 1871; she also demonstrated a literacy and cultural preparation uncommon even among middle-class women, and, in spite of her moderate ideological stance and married status, she lived the life of a rather independent woman for the time.[16] The combination of all these elements conjured the creation of the image of a "new Italian woman," or "la donna più colta d'Italia" ("the most cultured woman in Italy"), as she was defined by one of her biographers and for which she was known during her life time and for generations to come (Pascolato 14). But her novelty rested on the recognition not only of her personal achievements but also of her

---

when I am reproached for my Jewish origin, the scorn and accusation make me feel Jewish again [...]. Nobody should try to convert me. At my age and with my perennial meditation of philosophy and faith, it would not be possible. Monsignor, consider me a heretic who, if he could, would start a new religion, condensing the virtues of all the others.) Quoted in Franchini xii.

[15] From now on, Ghivizzani's edition of Fuà Fusinato's *Scritti educativi* will be referred to as *SE*, and her *Scritti letterari*, as *SL*.

[16] She moved to Rome in 1871 by herself, where she began her professional career as an educator, and lived there alone until her husband and daughter joined her in 1874.

Jewishness. While people were well aware of her conversion, during her lifetime she continued to be considered Jewish, as attested by a letter of Giosuè Carducci, who in 1874 referred to her as "poetessa ebrea" ("Jewish poet") in a disparaging comment about her poetry.[17] And even after her death, she remained Jewish in the public perception. A couple of events connected to the promulgation of the Racial Laws in 1938 are revealing in this regard. The Padua high school for women "Erminia Fuà Fusinato" was renamed "Amedeo di Savoia Duca d'Aosta" in 1943, as part of the process of eradication of any Jewish presence, physical or nominal, from the Italian school system after 1938.[18] And in Rome, even though in 1934 the city had commissioned the sculptor Nino Cloza to produce a bust that would commemorate her and be positioned on the Pincio promenade, next to St. Catherine of Siena, the city authorities later deemed it inappropriate to add the sculpture of a Jewish woman next to national glories, and still today the bust sits in the basement of a municipal building (Cremona et al. 78).

It is only in her personal diary, written in the last few years of her life and published posthumously, that we gain a deeper sense of her connection to her Jewishness, both in terms of familial relations and cultural association, as Erminia Fuà Fusinato makes frequent references to Jewish individuals and members of her family of origin. These entries describe her strong affection for her father, her nostalgia for her parental home, and the sadness she felt for having caused pain to her parents when she married without their consent. She also includes descriptions of encounters with Jewish acquaintances, recounted as exemplary figures of a religious tolerance and humanistic thought she considered integral to the advancement of social progress in Italy. On November 2, 1875, for instance, she wrote:

> L'altro ieri ho assistito alla premiazione degli Asili Infantili Israelitici, cerimonia sempre cara, ma che trattandosi d'Israeliti, e qui a Roma, pareva quasi strana. Oh! La tolleranza, la vera fratellanza, l'amore comune alla comune istruzione, che cosa santa e bella! E si voleva far credere che Iddio, il padre di tutti, potesse

---

[17] In a private letter to his lover Lidia (Carolina Cristofori Piva), Carducci wrote begrudgingly about the publication of Fuà Fusinato's volume of poems in 1874: "Le poesie della signora Erminia sono stampate da Le Monnier con una prefazione del senatore Marco Tabarrini, consigliere di stato [...] che fa da prelusore alla poetessa ebrea! Come sono stupidi tutti!" ("The poems of signora Erminia were printed by Le Monnier with an introduction by Senator Marco Tabarrini, a state counsellor [...] who writes an introduction to a Jewish poet! How stupid they all are!") ("Lettera 1696" 16).

[18] The school "Erminia Fuà Fusinato," founded in 1891 in Padua, and renamed "Amedeo di Savoia Duca D'Aosta" in 1943, regained its original name only in 1968. The school was then merged in 1998 with the "Istituto di Istruzione Superiore Concetto Marchesi." On the history of the school, see Poppi 73–75, Simone and Targhetta 25–66, and Segre 20.

condannare chi non l'adorasse in un dato modo, benché buono di cuore, benché santo nelle opere!. . . . Oh quanto questa età è più felice delle passate!

(quoted in Molmenti 158–59)

(The day before yesterday I attended the award ceremony at the Jewish Nursery Schools, a ceremony always dear to me, but which, regarding Jews and here in Rome, seemed almost strange. Oh tolerance, true brotherhood and shared love towards a common education, what a beautiful and sacred idea! And they wanted us to believe that God, the father of all, could condemn those who didn't pray in a certain way, although they are good at heart, and holy in their deeds. Oh, this time is so much happier than those past!)

On December 3, 1875, she wrote about Julie Salis Schwabe, an English Jewish woman of German origin, famous for her philanthropic efforts in Italy (Waddington). A British representative of the Italian Ladies' Philanthropic Association, Salis Schwabe had donated a substantial amount of money to Garibaldi's military campaigns. After Italy's unification, she had also contributed to the founding of Froebelian schools for the poor in Naples.[19] Fuà Fusinato highly respected her for her philanthropic initiatives but also for her humanistic approach to religion — a stance commonly embraced by secular Jews for its emphasis on the moral rather than dogmatic aspect of religion:

Vidi oggi, dopo quasi un anno quella santa donna della Schwabe. Parlandomi della questione della religione, mi disse: "Io adoro la fede di Abramo, la saggezza di Mosè e l'amore di Cristo, ecco la mia Trinità." Se in ogni città nostra vi fosse una di queste donne così operosa nel bene, l'Italia sarebbe redenta. Mi vergogno del poco che facciamo per aiutarla in ciò ch'ella fa per noi. Quanto siamo meno di Lei!

(Quoted in Molmenti 159)

(I saw today, after almost a year, that saintly woman Schwabe. Speaking to me about the question of religion, she said: "I adore the faith of Abraham, the wisdom of Moses and the love of Christ, this is my Trinity." If in each of our cities we had one of these women who work for the good of others, Italy would be saved. I am ashamed of how little we do to help her in what she does for us. We are so much less than she is!)

---

[19] Friedrich Froebel (1782–1852) was a German pedagogue, renowned for his writings and theories on pre-school children education. He is credited with having created the concept and word of kindergarten. He had been a pupil of the Swiss pedagogue Johann Heinrich Pestalozzi, whose educational methods were used by Erminia Fuà Fusinato's uncle in his teachings to her.

Started during the summer of 1871, her diary chronicles her most intimate thoughts, aspirations, and concerns during the time she lived in Rome, a city where she felt vulnerable and isolated. "Sono agitata, incerta, temo di me stessa, mi sento sola, nuova a questo incarico che parmi superiore alle mie forze fisiche e intellettuali" ("I feel agitated, uncertain, I fear myself, I feel lonely, new to this task which seems superior to my physical and intellectual forces") (quoted in Ghivizzani, *SL* 5).

Living and working in Rome turned out to be a daunting task for her and a source of a mental and physical debilitation, which caused her sickness and eventually death on September 30, 1876. In a poem, "Il tarlo" ("The Woodworm"), written during those years but published posthumously, Erminia Fuà Fusinato expressed an anxiety which gives voice to an internal struggle that was seemingly tearing her apart, gnawing at her, as the title suggests. Considered one of her most accomplished artistic endeavors, "Il tarlo" was written in 1874 during a summer visit to her Jewish family in Veneto, and before going back to Rome where she would soon start directing the Scuola superiore femminile, a high school for women. In her poem, she talks about the presence of a woodworm gnawing at the wardrobe in her room — a silent but conspicuous company during her sleepless nights which brings her to compare the insect's erosion of the wood to a torment she was feeling in her heart:

> Spesso tra veglie amare
> Ascoltando il tuo metro
> Sì monotono e tetro
> Ad un povero cor soglio pensare
> Ove pur penetrava un tarlo audace
> Che senza tregua roderlo si piace."
>
> (*Versi* 297–98)[20]

> (Often in sleepless hours
> Listening to your rhythm
> So monotonous and sad
> I think continually of an unhappy heart
> Wherein, too, a bold worm penetrated
> And there is pleased to gnaw incessantly.)

Marta Savini interprets this poem as "il segno di un turbamento, di una crisi sofferta nel chiuso della coscienza" ("the sign of a perturbation, of a crisis suffered

---

[20] For the English translation of the poem, see Allen, Kittel, and Jewell 34–37.

within one's conscience") as the result of a solitude the poet and educator was feeling in Rome where she had been living alone and had to fend for herself against the blows inflicted by "ambienti non sempre a lei ben disposti" ("environments not always well disposed towards her") (42–43, 61). A diary entry confirms, without explaining, her deep frustration with her life in Rome. On Nov 30, 1874, she wrote: "Eppure i forti sdegni in questi giorni mi fervono in petto, ché davanti alla debolezza, alla malvagità, alla viltà umana, c'è in me qualche cosa che sorge a protestare" ("And yet, my indignation these days boils in my chest, because in front of weakness, evil and human cowardice, there is in me something that surges in protest") (Ghivizzani, *SL* 48). In the poem, written only a couple of months earlier than her diary entry, her indignation assumes more subdued tones as her frustration is replaced by a sense of defeat when confronting a strategy of self-concealment she can no longer sustain. "Di fuori il riso e la vernice, e ognora / Di dentro il tarlo e legno e cor divora" ("Outside the smile, the varnish, and all the while / Inside, the worm consumes both wood and heart") she wrote, expressing a sorrow consuming her from the inside like a well-kept secret. Commenting on this poem, Finotti suggests that this conflict was the outcome of the poet's intuition that the world of Romantic and Risorgimento ideals was doomed to vanish, although the critic remains vague as to what ideals she regrets were disappearing (211). Was she talking about the disappointments she was experiencing in Rome as she was realizing the limits of a vision for a secular Italian identity she so valued, but for which she was making too many compromises? Was this crisis the result of an internal struggle between wanting to be seen as an Italian and, at the same time, recognizing the importance of the intimate connection she maintained with her Jewishness? Was she expressing the profound unease she felt at the idea of returning to Rome, and having to conceal a Jewishness which was rekindled every time she visited her parents' family in Veneto?

The Creation of a Public School System in Rome after 1870

Fuà Fusinato moved to Rome on August 28, 1871, charged by the then Minister of Education, Cesare Correnti, with the task of inspecting schools in the provinces of Rome and Naples (Ghivizzani, *SL* XLVI). Before moving to Rome, however, between February and March of 1871, she spent a month in Naples and wrote five articles, "Intorno le condizioni di Napoli," ("On the conditions of Naples"), published in the *Gazzetta d'Italia*, in which she provided an overall description of the city, "un vero incanto" ("truly enchanting"), her impressions of its political climate — "qui la parte dei liberi pensatori ha di fronte i clericali più inviperiti" ("here the side with the free thinkers is opposed by the most virulent clericals") — and of its economic disparities: "qui l'estremo della miseria e il colmo dell'opulenza" ("here you find extreme poverty and the utmost wealth") (Ghivizzani, *SL* 117–18). In one of these articles she described her visit to the college of San Vincenzo Ferreri, an old convent for poor orphan girls, and praised Duke Edoardo Crivelli for a speech in which he championed the separation of the old nuns from the young school girls, "l'istruzione delle quali è ora interamente affidata a buone maestre laiche" ("whose education is now entirely provided by good lay teachers") and for introducing the study of literature while preventing the sale of the girls' sartorial work for profit "a beneficio d'istituzioni clericali, avverse alle aspirazioni del paese" ("to the benefit of clerical institutions, which oppose the country's aspirations") (Ghivizzani, *SL* 124). While the Duke's speech remained a mere promise for still quite some time[21] — the new Italian government's reforming efforts towards the "educandati" (religious colleges for women) proceeded very slowly (Franchini 21–22) — Fuà Fusinato's articles reveal her strong support for secularizing schools, a stand that surely made her unwelcome in Rome where she was about to move in a few months.

At the end of August 1871, she began inspecting schools in Rome and its province (Leuzzi 104). Soon after she received the official nomination as teacher of Italian literature for the "Conferenze magistrali femminili," a series of conferences aimed at offering professional training to teachers. Three years later in 1874, she became the Director of the newly founded Scuola superiore femminile, one of only two schools of this kind in the whole of Italy (the other was in Florence) that was intended to provide young women with a secondary education supposedly comparable, if not in content at least in prestige, to the *liceo*, still exclusively attended by male students (Di Bello et al. 137). During her inauguration speech for the second academic year of the school, in front of 100 young women, Fuà Fusinato illustrated what she considered the core mission of public schooling: the formation of a national consciousness and unity within the newly created Italian nation — no easy task, as she was about to learn. She said:

> Molte di voi sortirono in Roma i natali, altre coi destini della patria furono dalle famiglie condotte a questa illustre città che di ospitarle si allieta. È per tale modo che pur sui banchi della nostra scuola si rafforzeranno sempre meglio

---

[21] Only a few years later, in 1877, the same school in Naples that so enthused Fuà Fusinato was described by Jessy White Mario as having gone back to religious teachers and teachings (113–14).

quei sacri legami di affetto che rendono indissolubile l'unità nazionale compiutasi sotti gli auspici della gloriosa casa Savoia.

(*Nella solenne inaugurazione* 5)

(Many of you were born in Rome, others with the fate of the country were brought by their families to this illustrious city which is pleased to give them hospitality. It is because of this that at our school desks sacred ties of affection will be stronger and will render indissoluble our national unity, which was created under the auspices of the glorious Royal House of Savoy.)

Envisioning Rome as a monarchic and secular capital, Fuà Fusinato was endorsing the idea of the "Third Rome" — a new and modern city projected towards the future and disengaged from its past legacy as the center of Christianity and antiquity. But to modernize Rome and its educational system meant to antagonize Catholic conservative forces which resisted any reform and change to the status quo.

The proclamation of Rome as the new capital of Italy on February 3, 1871 set in motion a process of urban transformation that saw a sharp increase in the city's population. Much of this growth resulted from an influx of northerners, commonly referred to as *buzzurri* (uncouth) — a negative and derisive term used in clerical newspapers and by the Roman population (Pesci 199).[22] Bureaucrats, politicians, journalists, patriots, all descended upon Rome and, slowly with them, their families and children, who had to be educated in local schools. Before 1870, the educational system of the city offered a variety of school options, some private and others parochial, mostly at the elementary level.[23] Based on the axiom, "meno istruzione e più educazione," women's education in pre-1870 Rome was limited to the teaching of basic reading, catechism and domestic work (Manacorda 2). Teachers in women's schools themselves had very limited education and professional training insofar as the main requirement for them to teach was that they "avessero compiuto i 21 anni di età e fossero di buona condotta e istruite nella dottrina cristiana" ("they were supposed to be of 21 years of age, certified for good conduct and instructed in the Christian doctrine") (Volpicelli 394). In a letter to a friend in Florence written on September 2, Fuà Fusinato expressed her dismay at what she found during

---

[22] Between 1870 and 1881, the population of Rome rose from 240,000 to 300,000 inhabitants (Caracciolo 82).

[23] For the school system in Rome, see Pesci 218–21, Volpicelli, and Manacorda.

her school inspections and the difficulties she encountered in making a positive impact on the educators:

> Visito monasteri, faccio discorsi morali alle suore, cerco di mettere qualcheduna delle idee, degli affetti nostri in quelle menti ristrette, in quei cuori soffocati dal nascere! [...] Predicare a Roma questo è veramente qualche cosa d'ardito [...] ma io non mi sgomento, perché se non riuscirò a far del bene, ne avrò almeno il desiderio vivissimo.
>
> (Ghivizzani, *SL* XLVII)

(I visit monasteries, give moral speeches to nuns, I try to put some of our ideas and affections in those closed minds, in those hearts suffocated at birth! To preach this in Rome is really something daring...but I am not discouraged, because if I cannot bring some goodness, I will at least feel its vivid desire.)

Nuns were reluctant, if not outwardly opposed, to implement any change, and families as well were hesitant to send their children to public schools, presented in Catholic satirical newspapers as "scuole di ateismo" ("schools of atheism") or schools for Jews (Volpicelli 403). The first task, therefore, for educators was to convince families of the physical and moral safety of public schooling. And although the Italian government sought to adopt in Rome a conciliatory relationship with the Catholic Church—"La parola d'ordine del governo era proprio questa di usare prudenza e accortezza" ("the governement's watchword was to just use prudence and carefulness") (Volpicelli 399)—the first decades of Rome as capital of Italy were characterized by a strong polarization between conservative and democratic forces which expressed their antagonism in street fights and vitriolic articles published in partisan newspapers (Bartolini 18).

Among the various clerical publications, *Civiltà cattolica* became the most authoritative cultural voice of the Roman Catholic Church and, more generally, of Catholic conservative thought. Founded in Naples in 1850 by the Jesuit Carlo Maria Curci, under the auspices of Pius IX, *Civiltà cattolica* enjoyed a large readership—more than 6000 subscribers at the end of the first trimester—and promoted the defense of traditional values against the advancement of liberalism, secularism, and modernization, all seen as the expressions of secret conspiracies by the enemies of Christianity. These enemies were frequently identified with Free Masons and Jews (Taradel and Raggi 4). Any efforts to educate women were viewed as attempts to undermine the very foundation of Christian society, the family, where women fulfilled their natural and primary social role, and they were thus strongly opposed. In the early 1870s, for instance, *Civiltà cattolica* ran a series of four articles titled "Una moderna educatrice della donna italiana," in response to Rosa Piazza's *Della educazione ed istruzione della donna italiana. Pensieri*; the series was published in *La donna*, a progressive newspaper which was popular among middle-class female teachers and educators, and to which Fuà Fusinato herself had been a contributor (Pisa 26).[24] Denouncing Piazza for wanting to "trasformare le femmine in politichesse e liberalesse" ("transform women into pseudo-political and liberal ladies"), the anonymous writer of these articles rejected any reforms to women's education, seen as an instrumental attempt on the part of the "impresa massonica di scristianizzare l'educazione della donna, sotto scusa di italianizzarla" ("Masonic enterprise to dechristianize women under the excuse of Italianizing them") ("Una moderna educatrice della donna italiana III" 534, 683). This was the climate in which Fuà Fusinato began to work in 1871 as a school inspector, teacher, and reformer in Rome. Ultra-conservative Catholic forces did not, of course, control the educational efforts of the new national government. Nevertheless, their influence and attempts to discredit reformers were pervasive during those years (1870–1873) of virulent antisemitism (Toscano 27). Several articles in contemporary periodicals attest to the criticism and attacks Erminia Fuà Fusinato received while she was in Rome. *La voce della verità* ridiculed her support of the notion of evangelical charity as a value to instill among young teachers, presumably on the basis that a Jewish woman lacked authority in Christian matters (Droulers et al. 79), while the *Unità cattolica* dubbed her despairingly "donna professoressa" ("woman professor"). Both conservative Catholic publications had limited sales but far-reaching influence and circulation.[25] It should not come as a surprise if, in this environment of social and religious tension in post-unification Rome, Fuà Fusinato kept her Jewishness private. As an educational reformer who deeply cared about being viewed as an Italian and about secularizing the public-school system, she simply could not afford seeing her reactionary opponents further antagonize her on the basis of her ethnic identity.

---

[24] Rosa Piazza (1845–1914) was the first woman to teach pedagogy at the University of Padua. She wrote for the journal *La donna* and knew well Fuà Fusinato, for whom she worked as secretary during the 8th pedagogical congress in Venice in 1872 and whom she commemorated in a speech delivered at the Ateneo Veneto on February 15, 1877 after Fuà Fusinato's death.

[25] On post-unification Catholic publications, see Tagliaferri.

The New Italian Woman

Erminia Fuà Fusinato was ideologically a moderate thinker and reformer. Like the majority of Italian women, she opposed legal emancipation for women, and thought that the real fight women ought to prioritize was emancipation from poverty and prejudice. Her vision, however, of women's role in society was also rather innovative for a woman of her generation. Influenced by Positivist thought in education, in particular that of Raffaello Lambruschini (1788–1873),[26] whom she had known in Florence in the 1860s, Fuà Fusinato conceived of women's education as part of the process of national progress. Unlike material goods, education, she argued in her *Lezioni di morale*, cannot be taken away from you: "[. . .] sono beni su cui nulla può fare la fortuna" ("they are valuables against which fortune has no power") — a lesson she had probably heard innumerable times during her childhood, growing up in a Jewish family (Ghivizzani, *SE* 42). Her Jewish upbringing provided her with ideas and experiences which later informed her vision for women's education and professional development. Already in the first half of the nineteenth-century, when Erminia was a girl growing up in Veneto and was educated at home by her uncle, the issue of women's education dominated Jewish periodicals. Educating women was considered a crucial element in the community's efforts to advance economically but also to bring social justice to its most vulnerable members. Beginning in the 1850s, many Jewish communities responded to this call for action by creating schools, often inspired by the Froebelian educational model, and laboratories. Schooling had both a moral and utilitarian purpose: it was meant to combat indolence and vice, but also to provide women with a dignified future as mothers and educators (Miniati 40–48).

Erminia Fuà Fusinato's overall literary and pedagogic production may be said to have been inspired by two converging ideas: women's education developed within a secular notion of *italianità*, and women's employment presented as an opportunity for self-improvement and material support to the family. Starting with the premise that by women's emancipation she intended mainly an emancipation from ignorance and prejudice, "ch'è fonte perenne di ogni materiale e morale miseria" ("the eternal source of all material and moral misery") (Ghivizzani, *SE* 318), Fuà Fusinato considered education a primary way for

---

[26] Raffaello Lambruschini was an enlightened Catholic priest and educator, close to Saint-Simonian thought and the positivistic intellectual circles gravitating around the Gabinetto Vieusseux in Florence. Critical of the Church's conservative positions, he favored women's education, public schooling for all, and the practice of religion understood as an experience to be lived in the intimacy of one's own conscience. For his biography, see Conti.

women to pursue self-improvement and, ultimately, achieve economic stability. In particular she was concerned that unmarried women were vulnerable to economic uncertainty and, as a consequence, to unhappiness. Young women of middle-class families, she maintained, unable to rely on the financial security of the upper-classes, were not infrequently forced by their parents to marry according to economic considerations rather than personal propensity, as she wrote in "L'educazione della donna":

> La mancanza di una dote e della capacità di procurarsi una onorevole e proficua occupazione condanna una infinità di giovanette a celibato perpetuo, e ne consiglia taluna a dare la propria mano di sposa a tale che non ama, accettando il matrimonio come scampo alla miseria"
> (Ghivizzani, SE 319–20)

> ("The lack of a dowry and of the ability to gain an honorable and profitable occupation, condemns an infinite number of young women to eternal celibacy, and even pushes some of them to marry someone they do not love, accepting marriage as a way out of poverty".)

Another central point of her educational reforms was her emphasis on women's right to work, so that if faced with financial hardship, they could provide for their family. While elaborating these ideas, she was certainly thinking about her personal story, as she had accepted Minister Correnti's offer to work in Rome at a moment of grave financial distress after her husband's loss of a large sum of money in an unsuccessful investment in Florence.

Conclusions

On May 11, 1882, the lives of two women, Matilde Serao and Erminia Fuà Fusinato serendipitously converged. Still at the beginning of her career as a journalist and novelist, Serao attended on that day the unveiling of the monumental tomb commemorating Erminia Fuà Fusinato at the Verano cemetery in Rome, six years after her death. Sent by the daily *Capitan Fracassa* to cover an event where all the city dignitaries and institutional representatives were in attendance, Serao took issue with Senator Marco Tabarrini's commemorative speech. In her article, "Per giustizia," published two days later, Serao criticized the senator for contrasting "la buona signora, la poetessa affettuosa, la educatrice pia" to the living women writers "che non si vergognano di scrivere nei giornali, anche di politica" ("the good lady, the affectionate poetess, and pious educator [. . .] who are not ashamed to write in newspapers even about politics") (Melis 122).

Serao's indignation against Tabarrini and his instrumental use of Erminia's memory to criticize contemporary women still enlightens today. What is striking in Serao's criticism of Tabarrini is how the process of Erminia Fuà Fusinato's memorialization, which started immediately after her death and was magnified in 1882 with the erection of a monument, was perceived as an act of betrayal to her historical memory. Serao's exposition of the flaws contained in the efforts to memorialize Fuà Fusinato is hardly found in the literature devoted to the poet and educator. Institutional commemorations and biographies of Erminia have usually presented her as an exemplary figure of moderation and piety, purposefully placed within a Risorgimento iconography of Italian mothers which were, as Banti demonstrated, not uncommonly infused with the language and images of sacredness and sacrifice inherited from Italy's Catholic past (120). While it is not clear to what extent Fuà Fusinato identified with her Jewish identity outside of the personal sphere, it is rather clear that she did not consider herself Catholic. Her memorial in the Verano cemetery is the ultimate testimonial to this statement. The statue of Erminia Fuà Fusinato, still standing in all its majestic simplicity, does not include a cross, unlike all other nearby monuments built around the same time. This simple fact ought to at the very least raise some questions, when one deals with a biographic and historiographic tradition that present her as unproblematically integrated into Italian society. She did not identify with Catholicism because she was a secular Jewish woman who sought to reconcile the secularism of her national identity with the cultural heritage she inherited from her family of origin. Indeed, "la donna nuova," she was an exceptional woman, far ahead of her time. A study of her life and writings has much to tell us not only about Italy's relations with its minorities but also about the many facets of Jewish integration in post-unification Italy.

Seton Hall University

Works Cited

Allen, Beverly, Muriel Kittel, and Keala Jane Jewell, eds. "Erminia Fuà Fusinato, The Woodworm." *Italian Feminist Poems from the Middle Ages to the Present: A Bilingual Anthology*. New York: Feminist Press at the City University of New York, 1986. 34–37.

Baldacci, Luigi, and Giuliano Innamorati, eds. "Arnaldo Fusinato." *Poeti minori dell'Ottocento*. Tome 2. Napoli: Riccardo Ricciardi Editore, 1963. 943–46.

Balduino, Armando, ed. "Fusinato." *L'Ottocento*. Tome 2. Padova: Piccin Nuova Libraria, 1990. 1052–64.

Banti, Alberto Mario. *La nazione del Risorgimento. Parentela, santità e onore alle origini dell'Italia unita*. Torino: Einaudi, 2000.
Bartolini, Francesco. *Roma: dall'Unità a oggi*. Roma: Carocci, 2008.
Bauman, Zygmunt. "Allosemitism: Premodern, Modern, Postmodern." *Modernity, Culture and "the Jew."* Ed. Bryan Cheyette and Laura Marcus. London: Polity Press, 1998. 143–56.
Berlin, Isaiah. "Benjamin Disraeli, Karl Marx and the Search for Identity." *Against the Current: Essays in the History of Ideas*. Princeton: Princeton UP, 2013. 317–60.
Bianconi, Simona. *L'autobiografia italo-ebraica tra il 1848 e il 1922: memoria di sé, identità, coscienza nazionale*. Stuttgart: Ibidem-Verlag, 2009.
Canepa, Andrew. "Emancipazione, integrazione e antisemitismo in Italia. Il caso Pasqualigo." *Comunità* (July 1975): 166–203.
Caracciolo, Alberto. *Roma capitale. Dal Risorgimento alla crisi dello Stato liberale*. Roma: Editori Riuniti, 1999.
Carducci, Giosuè. *Edizione nazionale delle opere. Lettere (1874–1875)*. Vol 9. Bologna: Zanichelli, 1944.
Castelnuovo, Enrico. *I Moncalvo*. Milano: Treves, 1908.
Cavaglion, Alberto. "I vecchi e i giovani. Due generazioni ebraiche a confronto tra Otto e Novecento." *Annali dell'Istituto italiano per gli studi storici* 27 (2012–2013): 1025–38.
Caviglia, Stefano. *L'identità salvata. Gli ebrei di Roma tra fede e natione 1870–1938*. Roma: Laterza, 1996.
Conti, Fulvio. "Lambruschini, Raffaello." *Dizionario Biografico degli Italiani. Treccani*. 63 (2004) http://www.treccani.it/enciclopedia/raffaello-lambruschini_(Dizionario-Biografico)/ , accessed 15 April, 2018.
Cremona, Alessandro, Sabina Gnisci, and Alessandra Ponente, eds. *Il giardino della memoria. I busti dei grandi italiani al Pincio*. Roma: Artemide Edizioni, 1999.
Dahl, José David Lebovitch. "The Role of the Roman Catholic Church in the Formation of Modern Anti-Semitism: La civiltà cattolica, 1850–1879." *Modern Judaism. A Journal of Jewish Ideas and Experience* 23.2 (May 2003): 180–97.
Di Bello, Giulia, Andrea Mannucci, and Antonio Santoni Rugiu. *Documenti e ricerche per la storia del Magistero*. Firenze: Luciano Manzuoli Editore, 1980.
Dickie, John. "Antonio Bresciani and the Sects: Conspiracy Myths in an Intransigent Catholic Response to the Risorgimento." *Modern Italy* 22.1 (2017): 19–34.

Droulers, Paul, Giacomo Martina, and Paolo Tufari, eds. *La vita religiosa a Roma intorno al 1870*. Roma: Università Gregoriana Editrice, 1971.

Ferrara degli Uberti, Carlotta. *Fare gli ebrei italiani. Autorappresentazioni di una minoranza (1861-1918)*. Bologna: Il Mulino, 2011.

Filippini, Nadia Maria. "Amor di patria e pratiche di disciplinamento. Erminia Fuà Fusinato." *Di generazione in generazione. Le italiane dall'Unità a oggi*. Roma: Viella, 2014. 73-86.

———. "Erminia Fuà Fusinato: la poetessa del cuore." *L'altra metà del Risorgimento. Volti e voci di patriote venete*. Ed. Nadia Maria Filippini and Liviana Gazzetta. Verona: Cierre Edizioni, 2011. 63-65.

Finotti, Fabio. "Erminia Fuà Fusinato." *Le stanze ritrovate. Antologia di scrittrici venete dal Quattrocento al Novecento*. Venezia: Eidos, 1994. 208-18.

Foà, Chiara. *Gli ebrei e i matrimoni misti. L'esogamia nella comunità torinese (1866-1898)*. Torino: Silvio Zamorani editore, 2001.

Franchini, Sandro, ed. *Chiesa, fede e libertà religiosa in un carteggio d'inizio Novecento: Luigi Luzzatti e Paul Sabatier*. Venezia: Istituto Veneto di Scienze, Lettere ed Arti, 2004.

Fuà Fusinato, Erminia. *Nella solenne inaugurazione del II anno accademico della Scuola Superiore Femminile. Parole della direttrice. Campidoglio, 22 novembre 1874*. Roma: Tipografia Fratelli Pallotta, 1874.

———. *Versi*. Milano: Carrara, 1879.

Ghivizzani, Gaetano, ed. *Erminia Fuà Fusinato. Scritti educativi*. Milano, Paolo Carrara, 1880.

———, ed. *Erminia Fuà Fusinato. Scritti letterari*. Milano: Paolo Carrara, 1882.

Gunzberg, Lynn. *Strangers at Home. Jews in the Italian Literary Imagination*. Berkeley: U of California P, 1992.

Leuzzi, Maria Cristina. *Erminia Fuà Fusinato. Una vita in un altro modo*. Roma: Anicia, 2008.

Luzzatti, Luigi. *La libertà di coscienza e scienza*. Milano: Fratelli Treves, 1909.

Luzzatto Voghera, Gadi. *Il prezzo dell'eguaglianza. Il dibattito sull'emancipazione degli ebrei in Italia*. Milano: FrancoAngeli, 1998.

Manacorda, Mario Alighiero. "Istruzione ed emancipazione della donna nel Risorgimento." *L'educazione delle donne. Scuole e modelli di vita femminile nell'Italia dell'Ottocento*. Ed. Simonetta Soldani. Milano: Franco Angeli,1991.

Mandel, Maud. "Assimilation and Cultural Exchange in Modern Jewish History." *Rethinking European Jewish History*. Ed. Jeremy Cohen and Moshe

Rosman. Portland (OR): The Littman Library of Jewish Civilization, 2009. 72–92.

Mantegazza, Paolo. "La questione antisemitica." *Fanfulla della domenica* 7.38 (September 20, 1885).

Melis, Rossana. "Matilde Serao: una scrittura quotidiana." *Di generazione in generazione*. Ed. Maria Teresa Mori, Alessandra Pescarolo, Anna Scattino and Simonetta Soldani. Roma: Viella, 2014: 121–35.

Miniati, Monica. *Le "emancipate." Le donne ebree in Italia nel XIX e XX secolo.* Roma: Viella, 2008.

"Una moderna educatrice della donna italiana III." *Civiltà cattolica*. Vol. 1, series 8. Firenze: Luigi Manuelli Libraio 1871: 669–83.

Molinari, Maurizio. *Ebrei in Italia. Un problema di identità, 1870–1938.* Firenze: Giuntina, 1991.

Molmenti, Pompeo Gherardo. *Erminia Fuà Fusinato e i suoi ricordi*. Milano: Treves, 1877.

Mori, Maria Teresa. *Figlie d'Italia. Poetesse, patriote nel Risorgimento (1821–1861)*. Roma: Carocci, 2011.

Mortara, Lodovico. "Pagine autobiografiche." Salvatore Satta, ed., *Quaderni del diritto e del processo civile*. Padova: Cedam, 1969. 34–65.

Orvieto, Laura and Angiolo. *Leone da Rimini*. 1907. Ed. Caterina Del Vivo. Livorno: Salomone Belforte, 2016.

Pascolato, Alessandro. *Erminia Fuà Fusinato. Commemorazione.* Venezia: Tipografia del Rinnovamento, 1876.

Pes, Luca. "Erminia Fuà Fusinato." *Dizionario biografico degli Italiani*. Roma: Istituto dell'Enciclopedia italiana, 1998. 653–55.

Pesci, Ugo. *I primi anni di Roma capitale 1870–1878*. Firenze: Bemporad, 1907.

Piazza, Rosa. *Della educazione ed istruzione della donna italiana*. Padova: Fratelli Salmin, 1871.

———. *Erminia Fuà Fusinato: Commemorazione di Rosa Piazza letta nel Veneto Ateneo nella tornata ordinaria del 15 febbraio 1877*. Venezia: Reale Tipografia di Gio. Cecchini, 1877.

Pincherle, Giacomo di Emilio. "Del matrimonio misto." *Vessillo israelitico* 46.10 (October 1898): 340.

Pirandello, Luigi. "Un goj." 1922. *Novelle per un anno*. Vol. 1. Ed. Piero Gibellini. Firenze: Giunti, 1994. 465–71.

Pisa, Beatrice. *Venticinque anni di emancipazionismo femminile in Italia. Gualberta Alaide Beccari e la rivista "La Donna" (1868–1890)*. Roma: Quaderni della FIAP, 1982.

Poppi, Mario. *Istituto magistrale statale di Amedeo Savoia, Duca d'Aosta di Padova*. Padova: Daigo Press, 2012.

Savini, Marta. "Come il geranio notturno. Lirica, poetica, pedagogia di Erminia Fuà Fusinato (1834–1876)." *Presenze femminili tra Ottocento e Novecento: abilità e saperi*. Napoli: Liguori, 2002. 41–64.

Schächter, Elizabeth. *The Jews of Italy 1848–1915. Between Tradition and Transformation*. London, Portland (OR): Vallentine Mitchell, 2011.

Segre, Renata, ed. *Gli ebrei a Venezia 1938–1945. Una comunità tra persecuzione e rinascita*. Venezia: Il Cardo, 1995.

Seymour, Mark. *Debating Divorce in Italy. Marriage and the Making of Modern Italians. 1860–1975*. New York: Palgrave Macmillan, 2006.

Simone, Giulia, and Fabio Targhetta, *Sui banchi di scuola tra fascismo e Resistenza*. Padova: Padova UP, 2016.

Tabarrini, Marco. *Ad Erminia Fuà Fusinato. Inaugurandosi il monumento nel campo santo di Roma*. Roma: Mario Armanni, 1882.

Tagliaferri, Maurizio. *L'unità cattolica: studio di una mentalità*. Roma: Editrice Università Gregoriana, 1993.

Taradel, Ruggiero, and Barbara Raggi. *La segregazione amichevole. "La civiltà cattolica" e la questione ebraica 1850–1945*. Roma: Editori Riuniti, 2000.

Toscano, Mario. *Ebraismo e antisemitismo in Italia. Dal 1848 alla guerra dei giorni*. Milano: FrancoAngeli, 2003.

Ungari, Paolo. *Storia del diritto di famiglia in Italia 1796–1875*. Bologna: Il Mulino, 2002.

Vitale, Micaela. *Il matrimonio ebraico. Le ketubbot dell'Archivio Terracini*. Torino: Silvio Zamorani, 1997.

Volpicelli, Luigi. "I primi anni della scuola italiana a Roma dopo il 1870." *Paedagogica historica* 3.2 (1963): 390–419.

Waddington, Patrick. "Julie Schwabe (1818–1896)." *Oxford Dictionary of National Biography*. Oxford: Oxford UP, 2004. http://www.oxforddnb.com/view/article/56325, accessed 22 Oct 2017.

White Mario, Jessy. *La miseria in Napoli*. Firenze: Le Monnier, 1877.

Alberto Cavaglion

Ebraismo e patriottismo del paesaggio

> Ho ereditato da mio padre una tomba al cimitero ebraico di Torino e la foresteria di un castello nell'Albese. In tutti questi anni la prima non ha fatto che salire di valore, la seconda che perderne.
>
> (Vittorio Dan Segre, *Storia di un ebreo fortunato*, 1985)

Sinossi: Tra le conseguenze del processo di emancipazione nell'Italia unita occupa un posto particolare la conquista del paesaggio. L'articolo prende in esame alcune forme ottocentesche di un fenomeno, a- o pre-politico, che si potrebbe definire "patriottismo del paesaggio" e riguarda scrittori e studiosi come Graziadio I. Ascoli, Alberto Cantoni, Giacomo Lumbroso e Tullo Massarani. Questo attaccamento alle bellezze naturali e monumentali della Nuova Italia si spezza già prima della Grande Guerra, se si osserva la ricezione di un'opera di poesia come *Edmenegarda* di Giovanni Prati. La metamorfosi è narrata, nei suoi risvolti storici, soprattutto da Giorgio Bassani, ma è un fenomeno che ritroviamo anche in importanti pagine autobiografiche di Vittorio Foa, Carlo e Primo Levi.

Parole chiave: Giorgio Bassani, Primo Levi, Giovanni Prati, Alberto Cantoni, paesaggio, emancipazione, cimiteri, Lido di Venezia.

Premessa: dépaysement o identificazione fra gli Ebrei della Nuova Italia?

Il fenomeno di straniamento che va sotto il nome di *dépaysement*, ossia il sentirsi lontani dalla propria *Heimat*, non è detto che nell'Italia della seconda metà dell'Ottocento sia incisivo quanto lo è stato in Europa centro-orientale fra gli *Ostjuden*. Da noi la "lontananza da dove", come scrive Claudio Magris (7), si è capovolta troppo spesso in una "vicinanza a qualche cosa". Il "non trovare la forza di allontanarsi da qui", di cui parla Yosef Yerushalmi, e il "sentirsi a casa proprio dentro l'esilio" (68), sono una caratteristica ebraico-italiana che richiede di essere analizzata meglio.

Non è un discorso che valga soltanto per la letteratura. Le meraviglie del paesaggio riempiono le corrispondenze private, le autobiografie, i diari, la memorialistica famigliare. La bellezza delle coste, delle montagne, dei laghi, dei fiumi occupa uno spazio preponderante nella documentazione giunta fino a noi. Gli ebrei italiani si sono dimostrati a tal punto innamorati del paesaggio in cui si sono trovati immersi, da perdere di vista la ragione del loro essere eguali agli altri, con diritti e doveri. Verrebbe spontaneo chiedersi se essere distratti da questo meraviglioso spettacolo (Moretti) non li abbia resi impreparati di fronte alle tragedie che la storia riserverà loro nel xx secolo.

La dimostrazione di un eccessivo coinvolgimento la si osserva ancora alla fine di un lungo ciclo storico, nato nella speranza e terminato nell'orrore. Valga per tutti il nodo strettissimo che lega l'editore Formiggini (Modena, 21 giugno 1878–Modena, 29 novembre 1938) a un fazzoletto di piazza che racchiude la statua di Tassoni alla Torre della Ghirlandina, da dove si lascerà cadere, dalla torre del duomo, il 27 novembre 1938. "Il tovagliolo di Formiggini", Formiggini avrebbe desiderato che si chiamasse. Lo riferisce lui stesso nell'ultimo messaggio scritto poco prima di suicidarsi: "Addio, miei cari concittadini: il piccolo spazio che c'è fra la Ghirlandina e il monumento al Tassoni lo chiamerete *al Tvajol ed Furmajin* per indicare la limitatezza dello spazio, non direte *sudario* perché *tvajol* è parola più allegra e simposiale" (56).

Spesso, il nesso patriottico non concerne la Nazione in quanto tale, ma una porzione minima di essa, un micropaesaggio: il tasso di patriottismo lo si può misurare a patto di aguzzare la vista, di posizionare il nostro sguardo in dettagli interstiziali, circoscritti, più che scene aperte e orizzonti larghi. Visioni di esterni, campagne verdeggianti, mari aperti non mancano, ma la verità è, come sempre, nei dettagli. Gli ebrei italiani dell'Ottocento legano la propria identità a qualche "tovagliolo": uno scoglio, un vicolo, una bottega, le tende di un mercato.

Viene in mente, come primo esempio ottocentesco, l'omaggio reso ad una celebre cartoleria storica situata in Galleria De Cristoforis a Milano. La "contrada di vetro", la chiamavano i milanesi, che univa corso Vittorio Emanuele II con via Montenapoleone: un classico *passage* commerciale, detta anche la "galleria vecchia", per distinguerla da quella nuova che unisce piazza Duomo a piazza della Scala. Qui Graziadio Isaia Ascoli compra l'agenda alla quale affiderà le sue *Note letterarie-artistiche minori durante il viaggio nella Venezia, nella Lombardia, nel Piemonte, nella Liguria, nel Parmigiano, Modenese e Pontificio* (G. I. Ascoli). Il suo "viaggio in Italia" è legato al ricordo di molti amici e colleghi sparsi per l'Italia, ma è ancorato saldamente ad alcuni punti precisi di una mappa identitaria, che coinvolgerà spesso la memoria delle generazioni successive: "Si può perdonare tutto ai milanesi", commenterà molti anni più tardi Cesare Cases (Milano, 24 marzo 1920–Firenze, 27 luglio 2005), dopo aver letto la mirabile edizione delle *Note* ascoliane (Timpanaro), "ma non di aver distrutto la Galleria De Cristoforis" (39).

1. Un dolce stilnovo ebraico nella Nuova Italia

In ogni città, dove è fiorita una comunità, l'incantesimo di questi dettagli potrà fornire materiale per un sorprendente e inatteso baedeker dentro la Nuova Italia. L'inebriatura ha prevalso sullo stato di precarietà. Osservando la natura non ci si sentiva più in bilico. Anche nel momento estremo della tragedia, nei giorni dello sfollamento e della clandestinità, i luoghi d'incanto diventeranno le baite di montagna, le case in collina saranno qualcosa di stabile à quoi s'en tenir. La legittimazione del paesaggio, attraverso le parole degli ebrei che lo hanno immortalato, ha prodotto risultati talora più alti di quelli raggiunti dagli altri cittadini-scrittori. Credenti e agnostici che fossero, non fa differenza; anzi accadrà più di una volta di constatare come sia il legame con il territorio a unire chi si avvia alla secolarizzazione e chi rimane legato alla tradizione dei Padri: si potrebbero citare, a titolo di esempio, le descrizioni nostalgiche delle Alpi nelle *Poesie* di Lelio Della Torre (Cuneo, 11 gennaio 1805–Padova, 9 luglio 1871), metterle accanto all'autobiografia di un Rabbino, Marco Momigliano, e di un primo ministro in età giolittiana, Luigi Luzzatti.

Gli storici si sono a lungo interrogati sulla natura del "patriottismo" degli ebrei italiani. La spiegazione più diffusa riguarda le modalità di applicazione dello Statuto Albertino: un diritto di cittadinanza riconosciuto dall'alto, *octroyé*, subìto più che richiesto o reclamato (Luzzatto Voghera, Ferrara Degli Uberti). Quando la libertà non si acquisisce, al termine di un processo, come risultato di una rivendicazione politica, ma la si ottiene per generosa donazione delle autorità sovrane, è evidente che l'atteggiamento dei neo-emancipati risulterà sempre condizionato da un elevato sentimento di gratitudine, pre-politico o a-politico. Di qui discende un eccesso di zelo, che di norma sigilla ogni patriottismo degno di questo nome: un debito di gratitudine sproporzionato, un legame affettivo protrattosi in non pochi casi anche dopo il 1938, fino a infrangersi nell'8 settembre 1943.

Una emancipazione, quella toccata in sorte agli ebrei d'Italia, calata dall'alto, si potrebbe dire formalmente "impolitica", nel senso che i sottomessi si trovarono liberi senza maturare la consapevolezza necessaria per comprendere il cambiamento normativo ed esistenziale in corso. Una emancipazione di "liberti", prima che di uomini liberi; in altri termini una integrazione incompiuta (128), come fa notare Alessandro Levi (Venezia, 19 novembre 1991–Berna, 6 settembre 1953).

Ciò che gli storici non hanno messo a fuoco è che, stando così le cose, quella devozionalità per crescere o conservarsi doveva pur nutrirsi di qualche cosa. Se la politica non attraeva, era necessario girare lo sguardo altrove. La mera riconoscenza non basta infatti a caratterizzare tanto fervore e tanta facondia. È a questo punto che subentra come nuovo fattore di lealtà la scoperta del paesaggio, tanto inebriante da far passare in secondo piano il primato che la politica e il diritto dovrebbero avere in un processo di integrazione.

Mancano purtroppo studi sull'ordinamento interno delle comunità ebraiche dopo l'emancipazione. Non risulta al momento chiarito dalla ricerca storiografica — anzi il problema pare essere stato rimosso — in che misura l'acquisizione dei diritti politici abbia modificato al suo interno l'ordinamento della vita comunitaria.poco o nulla sappiamo di come venisse scelta ed eletta la classe dirigente, attraverso quali meccanismi selettivi, né conosciamo quale fosse la rappresentanza nei consigli di tutte le componenti, né come avvenisse la scelta dei rabbini, dei docenti nelle scuole. Si ha la sensazione che in queste comunità, pur dopo l'emancipazione, abbia continuato a prevalere una sorta di *ancien régime*, un sistema di amministrazione e di governo di tipo familistico-oligarchico. A reggere le comunità ebraiche sono ancora alla fine dell'Ottocento alcuni gruppi famigliari, poiché infatti fatica ad affermarsi un sistema elettivo, di tipo democratico, capace di fornire rinnovamento e ricambio gestionale alla leadership. La volontà politica, la passione e pure la militanza avevano modo di manifestarsi fuori dalle comunità, come dimostra il numero alto di consiglieri comunali, poi anche deputati, sia nei partiti liberali sia in quelli democratici e socialisti, ma è un'evoluzione che avviene *extra moenia*, al di fuori delle stesse comunità ebraiche. Ne consegue che le regole della società liberale, in virtù delle quali gli ebrei erano diventati cittadini come gli altri, faticavano ad essere applicate all'interno della stessa società ebraica, creando un preoccupante vuoto ideologico e lasciando invariato lo spazio per una sorta di generica e romantica "nostalgia del ghetto".

Eguale sensazione si prova osservando i discorsi di politica o le riflessioni degli stessi rabbini sul loro status giuridico: un dibattito animato, ma caratterizzato da indecisioni, incertezze, rinvii continui, tanto è vero che per vedere affermarsi un ordinamento unitario che regolasse complessivamente la vita nazionale dell'ebraismo italiano bisogna attendere il 1931 e la legge voluta da Mussolini dopo il Concordato, la cosiddetta legge sui "culti ammessi" ovvero un accordo fra lo Stato e le comunità ebraiche e il sorgere dell'Unione delle Comunità Israelitiche Italiane. Nel lungo periodo che precede il 1931 ci troviamo di fronte ad una varietà di ordinamenti giuridici, di consuetudini eterogenee, di progetti di riforma enunciati e discussi, ma non attuati, in una continua politica del rinvio e nella perenne attesa che il cambiamento giungesse come sempre dall'esterno, dalla volontà dello Stato. Questa insicurezza diffusa si osserva negli scritti presenti nella stampa ebraica del tempo: palpabile è la difficoltà per esempio nel riconoscere quali garanzie avrebbe potuto offrire la liberal-democrazia. Alla fine del XIX secolo il diffondersi dell'antisemitismo, dopo l'esplosione del caso Dreyfus, aveva messo in luce la situazione pericolosa in cui gli ebrei europei venivano a trovarsi, il rischio che si correva. La possibilità di un ritorno delle interdizioni antiche non fu percepito come un vero pericolo dalla classe dirigente dell'ebraismo italiano. Solo una piccola minoranza di amministratori locali prese coscienza di questa situazione a rischio e la denunciò. La maggioranza preferì tenersi lontana dalla discussione politica e dunque non fu in grado di distinguere quali erano le forze politiche italiane capaci di garantire maggiore sicurezza e protezione.

Senza fare chiarezza su questo deficit di politica non si riuscirà mai a capire perché nel Novecento così tanti ebrei italiani aderiranno al fascismo e prima ancora al partito nazionalista. La spiegazione è ovvia: lacunosa e fragile era stata la loro formazione e consapevolezza politica.

Ecco allora la mia ipotesi: ritengo che la bellezza del paesaggio, la felicità di esserne parte, abbia funzionato da surrogato della politica — una proposta non priva di fascino e da indagare più a fondo. Resta evidente che il fascino anche estetico per la suggestione della natura ha prevalso sulla condivisione dei princípi cardine su cui il giovane Stato post-unitario andava costruendo le proprie fondamenta. Invece che ai princípi essenziali della società liberale il mondo ebraico scelse di conformare se stesso al paesaggio circostante, calandosi in una nuova realtà, felice di esserne parte e di contribuire alla sua conservazione. Una scelta consapevole, non di ripiego. Vi furono, ovviamente, eccezioni, fra gli intellettuali e gli stessi più avveduti figli del ghetto: a partire da Isacco Artom, Alessandro D'Ancona giù fino a Luigi Luzzatti, alcune menti più illuminate, cui pure non difettò l'amore per i luoghi delle rispettive origini, compresero che solo attraverso una diretta partecipazione alla vita pubblica — con una fusione totale che eliminasse ogni differenza — la libertà avrebbe potuto rinsaldarsi. La maggioranza degli altri, di coloro che non ricoprivano pubblici incarichi, sia che intraprendessero la strada della secolarizzazione, sia che rimanessero fedeli alla tradizione, esplorarono una via all'integrazione di diverso tipo. L'"idea di nazione", che avevano in mente, non rimandava a Renan o a Mazzini: assomigliava di più ad un quadro dei macchiaioli e poi degli impressionisti, piuttosto che ad un programma di emancipazione.

Dal punto di vista espressivo potremmo parlare di un "dolce stil novo" del paesaggio, dove ad essere angelicata non è la "bella ebrea", immortalata nei classici romanzi di appendice, ma la natura. Una "assimilazione naturalistica", verrebbe la tentazione di dire.

L'amor di Patria, fragile com'era, se non avesse conosciuto la forza propulsiva di questo idillica scenografia sarebbe stato schiacciato dalle ambiguità tipiche del suo contrario: la "nostalgia del ghetto", che a quell'incantamento con ogni forza s'opponeva, invitando i neo-emancipati a ri-considerare i cunicoli, i corridoi e le corti rumoreggianti dei ghetti come l'unico paesaggio sostenibile, di contro a una natura esterna, maligna e nemica.

Osservare invece l'Italia come un "Paradiso in terra", una Terra Promessa è stato un modo alternativo e coraggioso di superare il passato, di allargare il varco e attraversare le strettoie dell'oppressione in vista di un futuro migliore.

2. I caseifici di Pomponesco

Alla luce di queste osservazioni generali andrebbe anche ripensato il patriottismo ebraico-italiano, il celebrato "lealismo ebraico", di cui sempre si parla, ma che si configura in primis come devozione verso la casa Savoia. Questo sentimento non è assimilabile in alcun modo ad una forma di piena e matura consapevolezza politica: si esaurisce spesso in una forma retorica, con preghiere di omaggio al sovrano, volumi sulla casa Savoia anche importanti, ma nella seconda metà dell'Ottocento rimane un esercizio puramente formale, non privo di ingenuità, come se dichiararsi fedeli al Re esonerasse da ogni altra forma impegno. Al sorgere del fascismo nel 1922 non stupisce il vedere gli ebrei italiani impreparati e dunque indifesi. Il "sentirsi a casa" discendeva dunque da altri sentimenti, da un altro modo di sentirsi legati alla Nazione: sentimenti che prescindono dal rapporto con i governi e con le leggi.

In nessun altro paese come in Italia la dialettica esilio-domicilio, individuata dallo storico Yosef Hayim Yerushalmi (1932–2009) — ovvero "la simultanea consapevolezza dell'essere in esilio ma di coltivare un profondo senso di attaccamento alla terra e al posto in cui si vive" (59) — ha funzionato egualmente bene, con la vittoria schiacciante del Domicilio sull'Esilio. Non si spiegherebbe in altro modo la natura composita del processo di integrazione degli Ebrei italiani e le varie, successive articolazioni della identità ebraica, dall'Unità all'avvento del fascismo e oltre.

Non è stata nemmeno — questa assimilazione naturalistico-impressionistica — un segnale naïf, come gli storici sono abituati a ripetere, calcando la mano sull'esito funesto che le persecuzioni nazifasciste riservarono a quelle speranze che infantili non erano o non volevano essere. Speranze vitali e sogni realistici di una felicità a portata di mano semplicemente non si incanalarono nella direzione della politica, ma scelsero una strada alternativa. Nei processi di integrazione non ci si deve mai fermare alla superficie, bisogna indagare le ambivalenze e non liquidare l'immaturità politica come un segno di debolezza. Spesso il matrimonio fra desiderio di libertà e ingenuità poetica fa figli bellissimi. Ed è quanto accade nei primi decenni, quando le descrizioni del paesaggio italiano dalla pura contemplazione, dalla astratta teoria, passano alla buona pratica della progettualità, del restauro, della bonifica.

Liquidare come estetizzante o decadenstistico questo patriottismo solo perché fu pre- o a-politico, sarebbe eccessivo. Lo si potrebbe chiamare "patriottismo del paesaggio" ossia un attaccamento alla geografia prima che alla storia d'Italia, con una forte accentuazione delle varietà regionali. Un patriottismo *unico* non poteva esistere, così come non ha senso parlare di una sola storia degli ebrei nella Nuova Italia, ma di molteplici storie (e geografie) regionali. Il pensiero degli ebrei italiani, su ali dorate, come nel coro verdiano di *Nabucco*, "si posa sui rivi e sui colli" della Toscana, del Piemonte, della Lombardia, del Veneto, di Roma e di Napoli, ma non a scopo meramente contemplativo. L'occhio cade sulla valorizzazione dei manufatti, della coltivazione del baco da seta e la nascente industria serica in Piemonte o dell'assetto urbano dei monumenti e delle torri.

Oggetto di questi encomi è non soltanto la variegata morfologia della penisola — i monti, i fiumi, i laghi, le coste — , ma anche la natura trasformata dall'uomo nel corso dei secoli: la realtà dei borghi, dei cento campanili, dei palazzi storici conquistati si potrebbe dire nel momento in cui si diventava cittadini e si imparava a considerare quei monumenti, quei castelli, quelle piazze, quei palazzi un patrimonio comune. Penso al legame quasi fisico con le pubbliche biblioteche dove operarono figure come Isaia Ghiron alla Biblioteca di Brera a Milano o Salomone Morpurgo alla Nazionale di Firenze. Soprattutto si guardava con speranza a quelle antiche sale dei manoscritti, a quegli edifici storici, a quei siti archeologici, come ad elementi capaci di restituire forza a chi era stato inerte e vitalità a chi era stato escluso da quegli sguardi: una speranza concreta in luogo di un sogno proibito.

Un elemento di vitalità subentra alla malinconia della reclusione. Una rivincita della vita sulla morte. La speranza nasce dal fatto che ora si può vedere con gli occhi ed essere autorizzati a modificare, a migliorare ciò che per lungo tempo è stato visibile soltanto attraverso i cancelli dei ghetti. È, fra i tanti, esemplare il caso di Marco Treves architetto (Vercelli 1814- Firenze 1879). Dopo un periodo di studio e attività a Parigi, si stabilì a Firenze, dove dal 1879 fu professore all'Accademia. Le sue opere principali (oratorio israelitico di Pisa; sinagoga di Firenze 1874-82) sono tra i suoi lavori principali, ma va anche ricordato come ideatore di un apprezzato, anche se non vincente progetto di restauro del Duomo di Firenze (Canestrelli).

La simbiosi, naturalmente, non è solo italiana, ma in Italia ha avuto dimensioni più affascinanti che altrove, che meritano di essere indagate. Quello che segue non vuole essere un panorama esaustivo: l'indagine richiederebbe altri spazi e altre energie. Quello che qui si intende con semplicità formulare è in primo luogo l'ipotesi di lavoro che ho proposto sopra.

L'attaccamento al paesaggio è infatti totale: non esclude le scenografie più povere, malsane perché malariche o ebraicamente "impure" perché contigue ad una terra come la pianura padana dominata dall'allevamento dei suini.

Pomponesco, poco distante da Mantova, nell'Ottocento era zona malarica; con i cascami del latte s'allevava nei caseifici una grande quantità di maiali. Qui, per curiosa legge del contrappasso, è nato e cresciuto il maestro segreto di Luigi Pirandello (che gli dedica *Il fu Mattia Pascal*), lo scrittore Alberto Cantoni (1841-1904). Per tutta la vita Cantoni non si mosse dal suo paese natale: "Debbo aggiungere", scrive ad un amico, "che sto in campagna e che i viaggi da Pomponesco, dove dimoro, sono rimasti molto scomodi a malgrado dei trams, che si sono scordati di arrivare fin là", come scrive il filosofo e storico Alberto Jori (12).

Per Cantoni i caseifici della Bassa Padana fanno parte di un paesaggio famigliare quanto il Palazzo del Te a Mantova, dov'è ambientato il racconto intitolato "Israele italiano": "Pomponesco è sotto Mantova e come tutta la provincia è compreso nella zona malarica, purtroppo". Poco importa che nel paesaggio non si possa evitare di gettare uno sguardo sui "numerosi porci che ne circondano" (Providenti, 196). Quasi un migliaio, "per la grande estensione che ha preso l'industria del latte". "Sia benedetto Mosé che li ha proibiti", soggiunge sorridendo, come leggiamo in una delle sue lettere a Luigi A. Villari (Providenti 196). La vicinanza sacrilega non impedisce di apprezzare come se fosse un Eden "quella punta della provincia di Mantova" dove lo scrittore amava andare a sedersi ogni giorno, imitando consciamente o non consciamente Leopardi sul colle di Recanati: in quella punta, il senso dell'infinito è dato dal fiume Po e dalla sua ultima grande ansa, che lo sguardo esclude: "Raccolte dalla opposta riva le torbide acque dell'Enza", il Po "si getta a un tratto verso settentrione gettando il suo ultimo sguardo di addio alla catena delle Alpi" (F. Barilli- M. Bianchi 111).

Nec spe nec metu è l'insegna riprodotta nello studiolo di Isabella d'Este, in Palazzo Ducale a Mantova: né con speranza, né con paura. A questo equilibrio rinascimentale s'ispira Cantoni, nel tardo Ottocento forse lo scrittore ebreo che ha saputo analizzare meglio di chiunque altro, con la lucidità di un sapiente, ma senza farsi illusioni, la condizione ebraico-italiana all'inizio della modernità.

Un equilibrio, sul finire dell'Ottocento, pareva ancora possibile. La speranza alleviava il timore. La novella "Israele italiano" è ambientata nella Sala dei Giganti del Palazzo Te a Mantova: tenendosi a debita distanza l'uno dall'altro un ragazzo ebreo e un ragazzo cristiano danno vita a un dialogo amplificato dall'eco lungo la volta della sala. Per il ragazzo ebreo è come se quella insegna, *Nec spe nec metu*, sorvegliasse la conversazione dei due adolescenti in lotta fra loro affinché ogni contrasto venisse sanato. Un omaggio volutamente simbolico ad un palazzo meraviglioso, qualcosa di simile al sogno dell'architetto Marco Treves di contribuire al restauro del Duomo di Firenze. Per Treves, come per Cantoni, significa essere parte di una stagione in cui la speranza, per gli ebrei d'Italia, sembra scorrere nell'esistenza degli individui, di ogni italiano, con la stessa serena naturalezza delle acque del Po a Mantova.

3. Le rotte di Po

Altri esempi di un paesaggio che guarda alla vita e non alla morte, alla speranza che cancella il timore, si trovano ovunque.

A Livorno, per il rabbino Elia Benamozegh (1822–1900), che amava autodichiararsi un "elitropio", cioè un fiore volto per natura ad Oriente e Gerusalemme, il paesaggio rimane sempre, come Pomponesco per Cantoni, la vecchia Livorno dei vicoli e del porto, come più tardi, identico simbolo di vita saranno i cipressi carducciani di Bolgheri descritti dal drammaturgo e scrittore Sabatino Lopez (Livorno, 10 dicembre 1867–Milano, 27 ottobre 1951).

A Firenze, per Angelo (Firenze, 18 giugno 1869–Firenze, 1967), fondatore de *Il Marzocco*, e Laura Cantoni Orvieto (Milano, 7 marzo 1876–Firenze, 9 maggio 1953), stessa funzione vitalizzante è assolta dal paesaggio toscano, in particolare dal Casentino, che fa da sfondo al romanzo a quattro mani rimasto incompiuto, *Leone da Rimini*. Per il protagonista, il Casentino, con le sue vallette, i poggi, le borgate e i castelli, "tocca il fondo dell'anima, dove, sotto le tradizioni famigliari, le formule religiose, le costrizioni quotidiane vivevano mute e confuse aspirazioni: sciogliere l'ansia dell'anima in un'azione eroica, in una parola di luce, in qualche cosa di grande per gli uomini e per l'avvenire!" (L. Orvieto-A. Orvieto 100).

Il patriottismo del paesaggio conserva caratteristiche di ottimismo e di fiducia anche fuori della letteratura, in un terreno confinante a quello dell'impegno militante, ma non sovrapponibile ad esso. Nell'Ottocento, più che con la politica tout court, ci scontriamo con un altro comportamento, molto diffuso fra gli ebrei appena emancipati, che consiste nella difesa e tutela del paesaggio dalle calamità naturali, dalle esondazioni dei Po, "le rotte di Po", si diceva a quell'epoca. La difesa del paesaggio, l'attaccamento ad esso dimostrano *a fortiori* la natura "patriottica" del paesaggismo ebraico: nelle forme diverse in cui per così dire "si mise in movimento" esso rappresenta un raro caso in cui la contemplazione del paesaggio si eleva dal piano meramente descrittivo a un naturale sbocco politico, sia di riforma urbanistica sia di rivoluzione agraria.

Primo senatore ebreo, nominato dal Re nel 1876, Tullo Massarani (Mantova, 3 febbraio 1826 - Milano, 3 agosto 1905), come già nel 1872, così nel 1879, si trovò a coordinare—praticamente da solo—i soccorsi e le opere che oggi diremmo di protezione civile. Da vero difensore del territorio, Massarani non si riferiva "ai danni passati, ma agli avvenire" e si volgeva così ad eliminare le cause dei disastri in una vasta area fra Modena, Mantova e Ferrara, "per mancanza di sufficienti scoli e per gli acquitrini che se ne ingeneravano" (112). Non dovrebbe essere un caso se l'incarico di queste imprese nel sud o nelle terre malariche fu assunto molto spesso da studiosi ed economisti ebrei: penso, per il sud, alle celebri inchieste di Sidney Sonnino (Pisa, 11 marzo 1847- Roma, 23 novembre 1922) e Leopoldo Franchetti (Livorno, 31 maggio 1847- Roma, 4 novembre 1917), per l'Abruzzo all'inchiesta di Cesare Jarach (Casale Monferrato, 2 ottobre 1884- 3 novembre 2016; si veda Disegni). Per Franchetti sono da ricordare inoltre le scuole per l'infanzia fondate nell'alta Val Tevere. Stesso risultato si trova nella partecipazione di molti ebrei alla bonifica dell'Agro Pontino e alle scuole per l'infanzia: tutti episodi che documentano il ruolo costruttivo, e non meramente decorativo, che il patriottismo del paesaggio seppe svolgere a cavallo dei due secoli in non pochi scrittori ebraici. Ritroveremo questa funzione di tutela del paesaggio nell'attività e nella autentica missione morale portata innanzi da Giorgio Bassani, co- fondatore di "Italia Nostra".

Ciò che non affiora dalla storia dell'arte e dell'architettura, emerge nella prosa dei diari, nelle corrispondenze private, nelle scelte professionali di tanti insegnanti ebrei di fine Ottocento trasferiti d'ufficio in Sardegna perché socialisti, più tardi negli ebrei antifascisti spediti al confino nelle isole o in Basilicata: prima ancora che nella letteratura, un fenomeno comparabile a questo lo si ritrova nella storia dell'economia e, più tardi, nella storia del paesaggio agrario, disciplina che si può dire sia stata inventata dal fratello di Enzo Sereni (Roma, 17 aprile 1905–Campo di concentramento di Dachau, 18 novembre 1944), Emilio (Roma, 13 agosto 1907–Roma, 20 marzo 1977), cui dobbiamo un volume sulla storia del paesaggio (*Storia del paesaggio agrario italiano*) ancora oggi insuperato e gradevole a leggersi, fra l'altro con un apparato iconografico dove la bellezza dei terreni agricoli è testimoniata dalla riproduzione di alcuni capolavori della pittura medievale e rinascimentale.

4. Le vetrate del Palazzo Papale in Vaticano
Che si guardi in astratto alla bellezza del paesaggio dove si è nati o ci si inchini, con senso di *pietas*, ad un qualsivoglia scenario dell'Italia unita, diventato "nostro" in seguito al processo risorgimentale e quindi si ritenga doveroso bonificarlo per poterlo restituire alla sua originaria bellezza rimane un dato egualmente cruciale.

Il patriottismo ebraico del paesaggio non si ferma davanti a nulla, nemmeno davanti ad un paesaggio che avrebbe potuto essere ritenuto ostile, nemico. Come ogni forma di lealismo, questo approccio verso il paesaggio "trasgredisce", nel senso letterale del termine: cioè "va oltre" il suo mandato. Non si ferma davanti ai luoghi della cristianità, alle chiese, ai conventi, ai palazzi arcivescovili, agli stessi palazzi vaticani, a quello insomma che Bassani chiamerà "il patrimonio architettonico guelfo", frequentato, amato e quindi più protetto del patrimonio ghibellino. Lasciatoci in eredità dalla "rea progenie degli oppressori" salvo rare eccezioni, questo secondo patrimonio è costretto ad andare in rovina come se non appartenesse a nessuno (Bassani 1337). Il patriottismo ebraico ottocentesco non amava andare per il sottile e non distingueva fra patrimonio guelfo o ghibellino: li amava e li proteggeva entrambi, anzi, proprio a sottolineare il lealismo, in un paese prevalentemente cattolico, non sono infrequenti i casi in cui scrittori ebrei si fermano a magnificare gli edifici di culto cristiano. Dello spirito costruttivo dell'architetto Treves, che progetta sinagoghe e in contemporanea si candida per progettare il restauro del Duomo di Firenze, s'è detto. Nel romanzo di Enrico Castelnuovo (Firenze, 8 febbraio 1839–Venezia, 22 gennaio 1915), *I Moncalvo*, lo scenario è quello della Roma papalina descritta dalla piccola borghesia ebraica. Nella descrizione della campagna attraversata dalla via Nomentana, l'automobile che s'affianca alle mandrie nel percorso verso Mentana ha il compito principale di ricondurre ai momenti eroici dell'epica garibaldina.

Si potrebbe citare infine il caso emblematico di Giacomo Lumbroso, papirologo e studioso di folklore oltre che di storia antica. Nato a Tunisi nel 1844, morì a Rapallo nel 1925, ma visse quasi tutta la sua vita a Roma, nella sua casa di Passeggiata Ripetta, dove si trovava assai bene, a due passi dal centro della cristianità, di cui ci ha lasciato descrizioni, quasi in estasi. In una sua lettera, edita dalla figlia, si legge: "Non il tramonto, ma il sorgere del sole, quale lo potevo contemplare dalle nostre finestre di Passeggiata di Ripetta, nell'effetto che produceva sui tanti vetri del Palazzo Papale in Vaticano. Quelle cento finestre parevano in fiamme" (109). Quelle vetrate in fiamme può darsi che rendano manifesto un inconscio desiderio di rivalsa contro le secolari persecuzioni causate dalla Chiesa, di certo mirano a evidenziare la grandiosità di uno spettacolo quotidiano, domestico ancorché solenne.

5. Cimiteri, nature morte, gas inerti, ville in disuso
C'è un luogo-simbolo, nella geografia letteraria e nel patriottismo del paesaggio, che nella prima fase, post-emancipazione, non era rappresentabile, per rispetto e decoro.

Ad un certo punto della storia degli ebrei d'Italia questo luogo, antico e nuovo, entra in scena sbaragliando gli altri: il "camposanto abbandonato". Il primo a descriverlo, a Trieste, è Umberto Saba, nei versi su via del Monte: "Pure, a fianco dell'erta, è un camposanto abbandonato, ove nessun mortorio entra, non si sotterra più, per quanto io mi ricordi: il vecchio cimitero degli ebrei, così caro al mio pensiero, se vi penso i miei vecchi, dopo tanto penare e mercatare, là sepolti, simili tutti d'animo e di volti" (89–90).

Non è soltanto Saba a guidarci nel mutato paesaggio. C'è un secondo scrittore che, servendosi di tombe, mausolei famigliari e lapidi (*Una lapide di via Mazzini*), ci aiuta a descrivere il tramonto di una stagione: Giorgio Bassani. E tramite Bassani, grazie al suo profondo senso della storia, abbiamo la possibilità di risalire all'indietro nella vicenda dei "camposanti abbandonati" per cercare di capire come mai un paesaggio, che era di vita, lentamente trapassa in un paesaggio di nostalgia e di morte.

Prima assente dall'immaginario collettivo ebraico, nel Novecento, il cimitero diventa adesso una metafora dell'esistenza. Più è antico e abbandonato, maggiore è la sua forza evocatrice. Immaginare una pagina di Cantoni sul cimitero ebraico di Mantova o di Formiggini per Modena o di Angiolo Orvieto per Firenze, è impensabile.

È possibile identificare una data che segna il momento in cui gli ebrei italiani cessano di credere nelle suggestioni vivificatrici del paesaggio? Rispondere al quesito dicendo che tutta la responsabilità sia da attribuire alle persecuzioni razziali e alla Shoah sarebbe semplicistico: non aiuterebbe a comprendere una trasformazione che ha origini più lontane, collocabili con ogni probabilità nel primo decennio del Novecento. La chiave interpretativa necessaria a capire la domanda e trovare una possibile risposta la fornisce proprio Bassani, quando ci suggerisce di indagare sulla fortuna di un'opera dell'Ottocento: un'opera di poesia, ambientata appunto in un cimitero "storico", quello del Lido di Venezia, l'*Edmenegarda* di Giovanni Prati (Comano Terme, 27 gennaio 1815–Roma, 9 maggio 1884), in cui farebbe da catalizzatore della memoria un cimitero. Di tutti quelli che si conoscono, forse il più importante oltre che il più suggestivo sarebbe per l'appunto il cimitero ebraico del Lido di Venezia. La casa dei morti, ma anche "la casa dei vivi", come esigono la tradizione dei Padri e il mito di Eros e Thanatos, entrano così in letteratura e, parallelamente, nella memoria degli scrittori ebrei nel momento in cui Giovanni Prati ha reso negli endecasillabi sciolti del suo poema la storia della bella Edmenegarda e ha raccontato come il suo amore fosse nato proprio durante un incontro fatale, una passeggiata tra le vecchie tombe del Lido.

Il ruolo di questa nuova, inedita presenza, nella letteratura italiana contemporanea, è legato al suo perdurare nel tempo: basti qui ricordare che la poesia del Lido si prolunga fino agli ultimi anni dell'autore di *Se questo è un uomo*, cui si devono alcune pagine suggestive di ricordo di un classico luogo della memoria.

Il cimitero di Venezia, quale appariva nei primi anni Trenta dell'Ottocento, quando Prati inizia a narrare gli amori dei due infelici giovani, non rivela soltanto i tratti dello scrittore decadente, che qui interessano meno, ma è una fonte preziosa per lo storico del paesaggio ebraico-italiano nella contemporaneità.

Bassani nasce nel 1916: il personaggio del suo romanzo maggiore, *Il giardino dei Finzi-Contini*, che ci viene più utile per datare il momento della transizione è il padre di Micòl, il professore Ermanno. La generazione della svolta è la sua e non quella dello scrittore. Il processo di secolarizzazione si è ormai concluso, il professore Ermanno dimostra il suo attaccamento all'ebraismo nello studio del passato, e in particolare nello studio delle lapidi del cimitero del Lido o nella ricezione della Edmenegarda di Prati. Gli amori di Micòl, che proprio a Venezia andrà a concludere i suoi studi, e la sua stessa tenerezza tardo-romantica, rimandano allusivamente a Edmenegarda, ma per noi il personaggio centrale è suo padre, che sulle lapidi del cimitero veneziano e sui versi di Prati ha compiuto i primi passi di ricercatore: "In qualche modo, decifrando ad una ad una le lapidi del cimitero, di cui molte risalgono al Cinquecento, e sono scritte in spagnolo e portoghese, continuavo all'aperto il mio lavoro d'archivio"(400). Un tempo emblema colorato di suoni, di speranze e di immersioni naturalistiche, nei primi anni del XX secolo — dove realisticamente possiamo collocare gli studi giovanili del professor Ermanno — il patriottismo ebraico cede le armi e, diventando una ingiallita carta di archivio, svanisce per sempre. Il declino è bene riassunto nelle prime pagine del *Giardino*, dove si narrano le alterne fortune degli antenati di Micòl. Una ammirevole sintesi di storia dell'Ottocento ebraico, culminante però nella descrizione di un mausoleo, fatto costruire e collocato nella quiete agreste da Moisé Finzi-Contini, bisnonno paterno di Micòl. Nato nel 1863, poco dopo l'annessione dei territori delle Legazioni pontificie al Regno d'Italia, Moisé Finzi-Contini è descritto da Bassani, in una manciata di pagine: ne viene fuori una biografia sotto forma di saggio storiografico sull'emancipazione degli ebrei a Ferrara. Elegante nella forma, ma ruotante intorno all'"incredibile" pasticcio architettonico della tomba "in cui confluivano gli echi del mausoleo di Teodorico di Ravenna, dei templi egizi di Luxor, del barocco romano, e persino, come palesavano le tozze colonne del peristilio, della Grecia arcaica di Cnosso" (323–24).

Che cosa resta dunque, alla morte di Mosé Finzi-Contini, dei cipressi, degli alberi frondosi, delle vecchie botteghe milanesi in Galleria De Cristoforis, della facciata del Duomo di Firenze, da far ritornare al suo originario splendore, delle anse, ma anche delle "rotte" del Po fra Mantova e Ferrara? Un mausoleo pasticciato, delle lapidi antiche, delle impolverite carte archivistiche. Ora lo sguardo si volge ad immagini di un passato sepolto nella memoria.

La domanda da formulare è dunque semplice. Rileggendo *Il giardino dei Finzi-Contini*, ha ancora un senso adoperare la parola "patriottismo"? Si può dire ancora che appartengano al genere del "patriottismo del paesaggio", riscontrato negli autori poc'anzi citati, i versi dedicati da Saba al camposanto abbandonato di via del Monte?

Conclusione

Sono trascorsi non molti anni, eppure il paesaggio è mutato al punto di diventare irriconoscibile. Dalla natura verdeggiante del Casentino, dalle vetrate fiammeggianti dei palazzi Vaticani si trascorre al vecchio cimitero abbandonato, alle lapidi spezzate del Lido di Venezia o, per dirla con Primo Levi, all'uso di "parole fossili" per descrivere il passato prossimo degli antenati (963–66).

La differenza è immensa, il passo sorprendentemente breve. Un tempo convinti di essere parte di un paesaggio rigoglioso, esuli diversi dagli altri esuli, quei personaggi ottocenteschi li ritroviamo in Bassani, e soprattutto in Levi, fossilizzati nei loro ruoli, *figés dans une attitude* (868).

L'ebraismo praticato nella sua quotidianità non perderà le sue melodie: vi era chi lo salvaguardava, con legittimo orgoglio, ma, a partire da una certa data, che precede la Grande Guerra, si spezza il dialogo tra intellettuali e mondo della tradizione. Il solco era stato scavato assai prima che Bassani e Levi diventassero scrittori, ma la questione diventa nelle loro opere più leggibile. Non è più la speranza che vince sul timore, come ai tempi di Cantoni e della prima emancipazione, cioè la stagione che aveva segnato la fortuna economica dell'avo di Micòl. Adesso si scava nel profondo, ma senza più trovare appigli vitali.

Nella scena della benedizione ai figli sotto il manto dei padri, Bassani è consapevole della natura residuale del suo ebraismo, che ormai si trasforma in una etichetta psicologica astratta: "qualcosa di più intimo", come si legge nel celebre avvio del cap. IV del *Giardino* (341). Un omaggio, questo della intimità ebraica, nemmeno troppo velato a Giacomo Debenedetti, a un famoso passaggio di *Otto ebrei*, su cui Bassani deve avere meditato a lungo: "Che cosa sia l'ebraismo negli ebrei, è questione da non venirne così facilmente a capo. In ogni caso, *si tratta d'una faccenda di stretta intimità*" (81). La strada dell'ebraismo come "intimità complice" si prolunga, senza modifiche sostanziali, all'incipit di un celebre e molto discusso articolo di Natalia Ginzburg: "Se mi succede di incontrare in qualche luogo una persona che scopro essere ebrea, istintivamente ho la sensazione di avere con essa qualche affinità. Dopo un minuto magari la trovo odiosa, ma permane in me un senso di segreta complicità" (174–75). L'intimità si richiude negli interni famigliari, il paesaggio evapora.

Nel primo Ottocento, nel mezzo delle lotte risorgimentali, il patriottismo degli ebrei era stato un attaccamento a luoghi ridenti, ora il lessico famigliare si riempie di vocaboli di inerzia, di inoperosità. Il topos di un mondo spento, privo di vitalità, non diverso dalla scelta, per certi versi provocatoria, dello stesso Primo Levi di eleggere un "gas inerte", Argon, a simbolo dei suoi Lari e Penati, burattini abbandonati di un mondo che non esiste più.

Ritroviamo sentimenti analoghi nelle nature morte di Carlo Levi, che con gli occhi del pittore trasferisce dalla tela alla pagina autobiografica le scomposte parti di una realtà ormai priva di gioia e di guizzi vitali: "Non sono ancora arrivato al punto di intenerirmi come certi vecchi Ebrei, davanti a una carpa in gelatina o a un arrosto di agnello, o di condire con le lagrime una minestra di azzima [...]", scrive in una lettera dal carcere ai famigliari del 27 marzo 1934. Rinchiuso in prigione, dolendosi che la finestra della sua cella "sia quadrata, e non abbia invece il contorno curvo dell'architettura moresca, di prammatica negli edifici ebraici", Carlo Levi penserà alla sinagoga come al luogo di una memoria "chiusa" per antonomasia, una cella che non prevede evasioni, del corpo, ma nemmeno della mente (36).

Questa sensazione di abbandono e di non-vitalità è, infine, bene riassunta in una lettera dal carcere di Vittorio Foa (Torino, 18 settembre 1910–Formia, 20 ottobre 2008) datata 16 ottobre 1938:

> Per noi completamente assimilati alla cultura e alla mentalità razionalista ed immanentistica di questi ultimi trecento anni la religione tradizionale è un po' come una di quelle grandiose case di campagna, ville e castelli del Settecento, agli occhi del suo proprietario inurbato e tutto assorbito dalla vita industriale. [...] A tenerla in piena efficienza occorrono capitali, d'altra parte si ha un certo ritegno a disfarsene per il rispetto della tradizione avita e per un certo qual sincero attaccamento a quelle mura che conobbero fasti e nefasti, gioie e dolori dei nostri padri. E allora ci si barcamena: la si tiene ma ci si spende il meno possibile e si lascia che la polvere si addensi sui mobili e sulle stoffe pregiate, che la muffa invada i muri e che la verde e livellata *pelouse* del parco, che già accolse gli amorosi sussurri e le festose grida delle brigatelle, sia ormai un'erbaccia buona solo a pascolare la capra del contadino. Non vendere diventa quasi un punto d'onore anche se l'utile che se ne ritrae è nullo o persino negativo. Pure talvolta in momenti di sfiducia e di stanchezza, la vecchia casa, spolverata alla meno peggio, par quasi accogliente, e non mancano i proprietari che decidono di passarvi gli ultimi loro anni e di morirvi, coll'idea di non interrompere una tradizione che va mantenuta.
>
> (501)

La bambina che nel preambolo del *Giardino* chiede ingenuamente perché il dolore procurato dai morti lontani nel tempo come gli etruschi sia più tollerabile del dolore provocato da perdite recenti, con la sua voce argentina, esprime una lezione di metodo.

Significativo — per concludere — è, in Bassani, il ricordo di una consuetudine plurisecolare ferrarese, forse portata in città dagli ebrei fuggiti dalla Spagna. Un tentativo estremo, ormai disperato di legare, nel paesaggio agreste, la morte alla vita: "Nei mesi estivi l'erba cresceva con forza selvaggia. Per vecchia consuetudine la comunità israelitica di Ferrara era solita cedere a una azienda agricola cittadina quell'erba nutrita dai suoi morti" (867).

Università di Firenze

Opere citate

Ascoli, Graziadio I. *Note letterarie-artistiche minori durante il viaggio nella Venezia, nella Lombardia, nel Piemonte, nella Liguria, nel Parmigiano, Modenese e Pontificio*. A c. di Sebastiano Timpanaro. "Annali della Scuola Normale Superiore di Pisa", serie II, XXVIII (1959), 151-91.

Barilli F.-Bianchi M. *Alberto Cantoni nello specchio infranto*. Mantova: Il cartiglio mantovano, 2005.

Bassani, Giorgio *Opere*. A c. e con un saggio di Roberto Cotroneo. Milano: Mondadori, 1998.

Canestrelli, Antonio. *Commemorazione dell'architetto Marco Treves, letta nell'adunanza del 24 febbraio 1898 del collegio degli architetti ed ingegneri di Firenze*. Firenze: Tip. G. Carnesecchi e Figli, 1898.

Cantoni, Alberto. "Israele italiano." In Jori, *Identità ebraica*, 29-39.

Cases, Cesare e S. Timpanaro. *Un lapsus di Marx. Carteggio 1956-1990*. A c. di Luca Baranelli, Pisa: Edizioni della Normale, 2004.

Castelnuovo, Enrico. *I Moncalvo*. Milano: Treves, 1908.

Debenedetti, Giacomo. *Otto ebrei*. In *Saggi*. A c. di A. Berardinelli, Milano: Mondadori, 1999, 65-91.

Della Torre, Lelio. *Poésies hébraïques*. Padova: presso l'autore, 1868.

Del Vivo, Caterina. *Laura Orvieto: per una biografia*. In *Laura Orvieto. La voglia di raccontare le "Storie del mondo"*. Atti del convegno, "Antologia Vieussex", XVIII, 53-54, maggio-dicembre 2012, 5-26.

Disegni, Manuel (a c. di). *Cesare Jarach. Un economista nella Prima Guerra Mondiale*. Torino: Zamorani, 2017.

Ferrara Degli Uberti, Carlotta. *Fare gli ebrei italiani: autorappresentazioni di una minoranza (1861-1918)*. Bologna: Il Mulino, 2011.

Foa, Vittorio. *Lettere della giovinezza. Dal carcere 1935-1943*. A c. di Paola Montevecchi, Torino: Einaudi, 1998.

Formiggini, Angelo F. *Parole in libertà*. A c. di Margherita Bai. Modena: Edizioni Artestampa, 2009.

Ginzburg, Natalia. *Gli ebrei. Riflessioni di una scrittrice*. in "La Stampa", 14 settembre 1972. (ora in *Vita immaginaria*, Milano: Mondadori, 1974, pp. 174-75.)

Jori, Alberto. *Identità ebraica e sionismo nello scrittore Alberto Cantoni (1841-1904)*. Firenze: Giuntina, 2004.

Levi, Alessandro (pseud. Alfa Lamda). *Possono gli ebrei fare dell'anticlericalismo?* In "L'Idea Sionista", VII, 12, dicembre 1907, p. 128.

Levi, Carlo. È questo il "carcer tetro"? Lettere dal carcere 1934–35. Genova: Il melangolo, 1991.
Levi, Primo. *La comunità ebraica di Venezia e il suo antico cimitero*. In *Opere*. A c. di Marco Belpoliti. Torino: Einaudi, 2017, II, pp. 1700–703.
Luzzatti, Luigi. *Memorie autobiografiche e carteggi*. Bologna: Zanichelli, 1900.
Luzzatto Voghera, Gadi. *Il prezzo dell'eguaglianza. Il dibattito sull'emancipazione degli ebrei in Italia (1781–1848)*. Milano: F. Angeli, 1998.
Magris, Claudio. *Lontano da dove*. Torino: Einaudi, 1976.
Maroni Lumbroso M. (a c. di). *Le maiuscole del Nonno. Lettere di Giacomo Lumbroso 1902–1924*. Roma: Centenaio, 1970.
Massarani, Tullo. *Una nobile vita*. Firenze: Le Monnier, 1909.
Momigliano, Arnaldo. *Pagine ebraiche*. A c. di Silvia Berti. Nuova ed. Roma: Edizioni di Storia e Letteratura, 2015.
Momigliano, Marco. *Autobiografia di un Rabbino italiano*. Palermo: Sellerio, 1998.
Moretti, Franco. *La letteratura vista da lontano*. Torino: Einaudi, 2005.
Orvieto, Angelo e Laura Orvieto. *Leone da Rimini*. A c. di Caterina Del Vivo. Livorno: Belforte, 2017.
Pezzino, Paolo e Alvaro Tacchini (a c. di). *Leopoldo e Alice Franchetti e il loro tempo*. Città di Castello: Petruzzi, 2002.
Prati, Giovanni. *Edmenegarda*. A c. di Emilio Torchio. Napoli: Salerno, 2016.
Providenti, Elio. *Lettere di Alberto Cantoni a Luigi A. Villari (1895–1903)*. Roma: Herder, 1993.
Romano, Giorgio. *Sabatino Lopez nel centenario della nascita*. Livorno: Benvenuti & Cavaciocchi, 1967.
Saba, Umberto. *Il Canzoniere*. Torino: Einaudi, 1961.
Segre, Vittorio Dan. *Storia di un ebreo fortunato*. Milano: Bompiani, 1986.
Sereni, Emilio. *Storia del paesaggio agrario italiano*. Bari: Laterza, 1961.
Yerushalmi, Yosef H. *Verso una storia della speranza ebraica*. Firenze: Giuntina, 2016.

Elèna Mortara

Cronache e *performances*, 1858–1860: il caso Mortara nei diari e documenti ebraico-italiani dell'epoca

Sinossi: Questo saggio concerne la ricezione ebraico-italiana del caso Mortara negli anni 1858–1860 e i collegamenti tra le battaglie per l'emancipazione di una minoranza oppressa con le lotte in corso del Risorgimento italiano. I primi documenti esaminati sono documenti privati, carte di famiglia, per quanto prodotte da personalità con un ruolo di leadership religiosa. Si passa poi a considerare documenti provenienti dalla stampa ebraica italiana dell'epoca e ad indagare in carte comunitarie d'archivio, destinate a procurare qualche sorpresa. Si considererà, infine, il doppio tipo di alleanze venutesi a creare intorno al caso Mortara, quelle interne al mondo ebraico diasporico al di là delle frontiere nazionali, e quelle tra ebrei e liberali non ebrei, nelle battaglie in corso per l'Emancipazione, nazionale e non solo; e si accennerà ai primi echi letterari suscitati dal caso e al contributo performativo di queste rappresentazioni sulla scena internazionale.

Parole chiave: Edgardo Mortara, emancipazione, comunità ebraiche italiane, Risorgimento, rabbini, diari, periodici, Angelo Citone, Giacobbe Fasani, Salomone Olper, David Rabbeno, Victor Séjour.

Introduzione: cronache e rappresentazioni

Due rabbini capi di Roma e uno di Torino, un giornalista di Parma, un commediografo creolo di New Orleans emigrato a Parigi: sono queste alcune delle personalità di cui si occuperà questo scritto, dedicato agli echi contemporanei del caso Mortara, con particolare riferimento all'ambiente ebraico italiano di metà Ottocento e ai collegamenti tra le battaglie per l'emancipazione di una minoranza oppressa con le lotte in corso del Risorgimento italiano.

Il saggio muove innanzitutto dal desiderio di approfondire la conoscenza delle iniziative interne al variegato mondo ebraico italiano in risposta a quello che nelle cronache dell'epoca e in quelle successive è divenuto noto come "il caso Mortara": la drammatica vicenda del bambino ebreo bolognese di sei anni, Edgardo Mortara (1851–1940), battezzato clandestinamente all'età di due anni dalla domestica cattolica e nel giugno del 1858 brutalmente sottratto alla sua famiglia per ordine dell'Inquisizione. Il fatto suscitò enorme scalpore internazionale ed ebbe conseguenze politiche nella storia ebraica e in quella italiana, all'epoca del Risorgimento italiano e delle diverse lotte per l'emancipazione ebraica di metà Ottocento. Nella prima parte di questo studio, i documenti esaminati, riguardanti la ricezione ebraico-italiana del caso Mortara, saranno documenti privati, carte di famiglia, per quanto prodotte da personalità con un ruolo di leadership religiosa abbastanza importante all'epoca. Proseguendo nell'indagine, verrà ampliata la conoscenza delle reazioni pubbliche del mondo ebraico italiano agli eventi che tanto scandalo stavano creando nell'intero mondo occidentale: dalle carte private, passeremo ad esaminare documenti provenienti dalla stampa ebraica italiana dell'epoca; e indagheremo in documenti di archivio, destinati a far conoscere personaggi impegnati nelle lotte di quei tempi. Infine, si accennerà agli echi letterari della vicenda nello scenario internazionale contemporaneo e alle diverse alleanze sorte in conseguenza del caso. Dall'insieme dello studio emergerà il modo in cui la lotta per i diritti violati di una famiglia e di una minoranza si intrecciò con la storia di una nazione, contribuendo al formarsi di un paese più giusto.

Storia ebraica e storia italiana nel diario di un rabbino di Roma
Poco dopo la liberazione di Roma dal potere papale del 1870 e a una decina di anni di distanza dai fatti, è con parole cariche di pathos e solenni che, in un diario di famiglia ebraica romana ora pubblicato con il titolo *Le "Croniche" della famiglia Citone*, ha inizio il resoconto dei fatti avvenuti a Bologna nel 1858:

> Un brutto fatto è accaduto al nostro tempo, e chiunque lo udirà gli si drizzeranno le orecchie. Nell'anno 5618 dalla Creazione, nella città di Bologna risiedeva una famiglia di nome Mortara in mezzo agli altri fratelli, i figli di Israele. Avvenne un giorno che si ammalò quasi al punto di morire Gad Yosef figlio di Miriam il quale ancora succhiava il latte delle mammelle di sua madre. Appena la domestica non ebrea vide che stava sul punto di morire, gettò le inique acque sulla sua fronte allo scopo di convertirlo, e non rivelò a nessuno quanto aveva fatto. Con l'aiuto di Dio, il fanciullo sopravvisse alla sua malattia. Dopo cinque anni la domestica si ricordò di quanto aveva fatto al fanciullo e andò, la malvagia prostituta, a confessare secondo le leggi dei cristiani senza alcun rimorso per la sua anima, e disse al prete quello che le sue mani avevano compiuto. Subito il confessore scrisse all'Inquisizione per chiedere cosa avrebbe dovuto fare al fanciullo convertito e gli risposero che doveva allontanare il fanciullo da suo padre e da sua madre, e condurlo immediatamente a Roma. Egli non tardò ad eseguire tutto quanto gli era stato ordinato.

Inviò delle guardie che circondarono la casa e intimarono "Dateci Gad Yosef che ci appartiene!". Quando i suoi genitori udirono queste parole, il loro cuore venne meno dentro di loro trasformandosi in pietra [...].

(Foà, *Le "Croniche"* 182)

Preceduta dal motto propiziatorio "Con l'aiuto del Signore", la cronaca prosegue con la descrizione dei fatti successivi: lo sbigottimento, la disperazione e la reazione della famiglia, il trasferimento forzato del bambino — il "fanciullo rapito" — portato in carrozza a Roma ("il luogo dell'iniquità") nella casa dei Catecumeni "per fargli studiare la religione di Gesù" e i vani tentativi fatti dai genitori per ottenere la restituzione del figlio, fino alla supplica inoltrata al Pontefice per iscritto, in nome dei valori della giustizia e della misericordia, dagli stessi capi della Comunità ebraica di Roma. Conclude il resoconto: "Ogni fatica, parole e tempo furono spesi invano. [...] Iddio misericordioso ci salvi dalle calunnie e dalle false testimonianze, dalla malalingua e da ogni decreto duro e cattivo che circoli per il mondo. Amen, così sia fatta la Sua volontà" (184).[1]

La cronaca del "brutto fatto" contemporaneo ha il sapore di un racconto biblico impregnato di un profondo sentimento religioso, redatto da una prospettiva di plurimillenaria vita ebraica diasporica. L'estensore del racconto è il rabbino Angelo Mordechai Citone (1813–1894), dall'età di ventotto anni insegnante e direttore della scuola di Talmud Torà della Comunità ebraica, allora detta Università Israelitica, di Roma, e successivamente facente funzione, senza titolo ufficiale, di rabbino capo della stessa "Università" a partire dal 1866 fino al 1890.[2]

Redatte in corsivo ebraico con l'inserimento di alcune parti in italiano e qui riportate nella traduzione italiana di Alberto A. Piattelli, le "*Croniche*" della famiglia Citone raccolgono i ricordi di oltre un secolo di storia di famiglia ebraica romana a partire dal 1779 fino all'ultimo decennio dell'Ottocento. Continuando la tradizione iniziata dal nonno Giacobbe e proseguita dal padre Isacco, ma consapevole anche del suo ruolo di testimone e di guida spirituale nella Comunità, Angelo Citone, autore della parte più ampia e ricca di contenuti di queste cronache, "allarga la scarna struttura del libro di famiglia, mutandolo in una cronaca di vicende per metà personali e per metà comunitarie" (Sermoneta viii-ix). Nella parte scritta da Angelo Citone (che interviene con sue aggiunte anche sulle sezioni scritte dai suoi predecessori), infatti, non sono più soltanto riportati in

---

[1] Nelle pagine 183 e 185 vi è lo stesso testo nell'originale ebraico.

[2] Per un profilo storico sui rabbini di Roma nell'Ottocento, si veda Di Segni 131–62.

successione cronologica gli eventi delle nascite, dei matrimoni, delle morti dei membri della famiglia, come avviene nelle sezioni iniziali e come tradizionale in molti libri di preghiere di famiglie ebraiche italiane, ma vengono anche registrati, e spesso rievocati in ordine cronologico non sequenziale, eventi che hanno contato nella vita della Comunità e di cui lo scrivente è stato testimone, nell'arco di tempo che va dagli anni Quaranta agli anni Novanta dell'Ottocento: anni di grandi trasformazioni e sommovimenti di portata storica nell'Italia che stava vivendo il suo "Risorgimento" nel travaglio per diventare una nazione unitaria.

Nella sua prefazione all'edizione italiana delle *"Croniche" della famiglia Citone*, Giuseppe Sermoneta, dopo aver evidenziato l'allargamento della struttura del libro di famiglia operato da Angelo Citone, sottolinea però la scarsità di "avvenimenti di rilievo, che appartengono alla 'storia esterna', alla storia che si svolge fuori del Ghetto" (xiii), ricordati in queste cronache di vicende famigliari e comunitarie. Sono soltanto quattro, rileva Sermoneta, gli eventi "esterni" alla vita comunitaria citati: innanzitutto l'episodio del fallito tentativo della presa di Roma da parte dei garibaldini nel 1867; poi, nel 1870, il fondamentale episodio della presa di Roma da parte delle truppe del re d'Italia Vittorio Emanuele II, con la fine del potere temporale del papa; infine, il ricordo dei festeggiamenti romani per due visite di esponenti di potenza straniera al successivo Re Umberto I, nel 1887 e nel 1889.

L'episodio della presa di Roma da parte del Re d'Italia Vittorio Emanuele II il 20 settembre 1870 (con la conseguente fine del potere temporale del Papa e "il radicale rovesciamento della condizione civile e umana della comunità ebraica romana") è, osserva Sermoneta, forse "l'unico avvenimento in cui, nella relazione di Citone, tempo interno ed esterno coincidono" (xiii). "In questo giorno, ventiquattro del mese di Elul dell'anno 5630, il 20 settembre 1870": questa è la data dell'ingresso nella città dei soldati italiani guidati da Cadorna, così come specificata nel testo di Citone. Nel brano, le due modalità di indicazione temporale, quella tradizionale ebraica, che iscrive ogni evento a partire dalla creazione del mondo, e quella del calendario civile di matrice cristiana, vengono affiancate amichevolmente, senza alcuna contrapposizione. Nelle altre cronache della famiglia Citone, invece, a marcare il senso di isolamento e di conflitto con il mondo circostante, le date vengono normalmente indicate, o, più frequentemente, con la sola data del calendario ebraico, oppure con la datazione ebraica seguita dall'anno civile, introdotto però con la formula contrastiva "secondo il loro conto" (Foà, *Le "Croniche"* 160, 166). La mancanza di questa formula altrove ricorrente indica uno spartiacque: la presa di Roma rappresenta il momento in cui il tempo ebraico e quello del mondo circostante possono convivere in pacifica coesistenza; anche l'ebreo si sente finalmente parte e componente integrale del più ampio contesto cittadino, potendo godere, con particolare intensità, della gioia di una intera città di fronte ad una comune liberazione.

Una nuova testimonianza rabbinica
Tra gli avvenimenti di rilievo occorsi nell'arco di tempo tra il 1840 e il 1890, e riguardanti la storia che si svolge "fuori del Ghetto" registrati nei diari di Angelo Citone, Sermoneta non include le pagine dedicate al caso Mortara, nonostante l'ampia cronaca fattane in questo libro di famiglia e l'eco internazionale che la vicenda suscitò anche nel mondo non ebraico. Tale omissione può essere letta come indicativa di una certa disattenzione di una parte della storiografia italiana ed ebraico-italiana rispetto all'importanza della vicenda nel contesto della storia risorgimentale.[3] La non inclusione, tuttavia, qui può essere giustificata dal fatto che si tratta pur sempre di un avvenimento scoppiato all'interno del mondo ebraico, ed entro i confini di quello Stato della Chiesa di cui faceva parte anche il Ghetto di Roma; ed è appunto in questa ottica esclusivamente "interna", di sopruso che riguarda "i figli di Israele" sottoposti alle angherie di un potere opprimente, che il caso viene raccontato dal testimone ebreo romano e rappresentante della gerarchia religiosa ebraica dell'epoca. In questo resoconto, l'anno in cui ha luogo la sottrazione del bimbo alla famiglia, il 1858 dell'era volgare, viene indicato secondo la dimensione temporale dell'anno ebraico come anno 5618. E il fanciullo vittima del sopruso e la sua mamma non vengono mai chiamati con i loro nomi italiani ben noti alle cronache, ma secondo i corrispondenti ebraici di tali nomi: il piccolo non è Edgardo figlio di Marianna, bensì "Gad Yosèf figlio di Miriam".

Manca, in questa rievocazione degli eventi redatta a qualche anno di distanza, il riferimento al padre del bambino, Momolo (Salomone) Mortara (1816–1871), che fu per molti anni grande protagonista della battaglia per il ritorno del figlio in famiglia, e il cui nome compare, invece, in un altro importante documento coevo: il *Sèfer toledòt Ya'kòv Yosèf* (La storia di Ya'kòv Yosèf) di Giacobbe Giuseppe Fasani (altrimenti detto Jacòb Josèf o Jaacov Josef Fasano) (1790–1866), cronaca-diario ancora inedito di colui che svolgeva le funzioni di rabbino capo a Roma all'epoca degli eventi. Il manoscritto, redatto come quello della famiglia Citone in caratteri ebraici corsivi con qualche parte in italiano,

---

[3] A questo riguardo, vedasi le riflessioni di Kertzer 299–304. Nelle citazioni da questo testo, qui e in seguito, la numerazione si riferisce all'ed. americana del 1998 (tranne che ove diversamente segnalato).

contiene diverse pagine dedicate al caso Mortara, e la loro scrittura sembra risalire al luglio-settembre 1858 (Di Segni 140).[4]

Come nel resoconto di Citone, anche nel diario di Fasani il bambino viene denominato più volte con il nome ebraico, come "Gad Yosèf figlio di Miriam" (*Gad Yosèf* ben Miria*m*), ma in un caso viene pure aggiunto tra parentesi il nome italiano di "Edgardo". Quanto al padre, viene citato inizialmente con il solo nome proprio ebraico di "Shelomò" (Salomone), seguito dal doppio cognome "Mortara haLevì". In un brano successivo, dopo il suo nome ebraico viene posto tra parentesi anche il diminutivo italiano di "Momolo", con cui l'uomo era solitamente chiamato, seguito dai due cognomi indicati nell'ordine inverso; il nome completo qui risulta pertanto "Shelomò (Momolo) haLevì Mortara". Questa alternanza di nomi ben evidenzia la complessa dialettica identitaria dell'ebreo italiano, propria di quegli anni di nascente emancipazione.

Dal diario di rav Fasani apprendiamo di una pubblica riunione svoltasi a Roma una domenica, circa un mese dopo il rapimento, il 25 luglio 1858 (14 di Av 5618), e dei salmi che vi furono recitati; viene anche trascritto il testo di una lunga preghiera recitata allora, probabilmente composta dallo stesso Fasani. Apprendiamo poi di una analoga riunione nel giorno successivo, e di altre preghiere elevate quasi giornalmente almeno fino al 15 settembre 1858 (7 di Tishrì 5619), e di come i capi della comunità, tentando di reagire al sopruso e supportati dalle preghiere della comunità, fossero andati a parlare con il Papa, con vescovi e cardinali, perorando la causa della restituzione del bambino alla famiglia, senza ottenere alcun risultato. Tutta la drammatica vicenda viene vista in un'ottica interna al mondo ebraico romano, come storia di un conflitto tra la Comunità e il suo potente governo persecutore, e raccontata con spirito di addolorata partecipazione e di forte sdegno ("Vergogna a loro!", viene chiosato in un passaggio ove si riferisce dell'imposizione dell'educazione cattolica al bambino

---

[4] Il manoscritto è custodito presso "The Central Archives for the History of the Jewish People" di Gerusalemme (CAHJP, sede nel campus di Givat Ram della Hebrew University), numero di catalogo: CAHJP HM/4908. David Gianfranco Di Segni e Angelo Piattelli ne stanno curando la pubblicazione. Ringrazio il rabbino Gianfranco Di Segni per avermi segnalato le pagine di questo diario relative al caso Mortara (ivi, pp. 327–49, *passim*), e avermene fornito una versione in caratteri ebraici dattiloscritti desunta dal manoscritto inedito, oltre che una copia delle pagine manoscritte. Ringrazio anche Angelo Piattelli a Gerusalemme e Tami Siesel del CAHJP per avermi aiutato nella ricerca. Le pp. relative al caso Mortara tratte da questo diario sono presenti in copia anche nell'Archivio Storico della Comunità Ebraica di Roma (ASCER), fasc. Battesimi forzati, caso Mortara 1858 (fonte d'ora in poi indicata con l'abbreviazione: ASCER, fasc. Battesimi forzati, Mortara 1858). Quanto alle due versioni del cognome del rabbino Fasani (o Fasano), nel mio testo ho optato per quella con desinenza "i", e con nome proprio in versione italiana, rispettando la firma dello stesso autore in *L'educatore israelita* (Fasani). Segnalo, tuttavia, che il cognome "Fasano" viene invece adottato nell'edizione delle *"Croniche" della famiglia Citone* (xix, nota 22), oltre che nel suddetto archivio CAHJP di Gerusalemme.

rapito), ma senza alcuna apparente consapevolezza di quant'altro avvenisse nel mondo esterno. Questa era la situazione nella Roma ebraica, così come registrata nelle carte dei suoi leader religiosi.

L'Università Israelitica di Roma e il "ciarlismo" dei giornali
Per comprendere quanto fu travagliato il cammino verso la conquista dell'uguaglianza dei cittadini all'epoca del caso Mortara, è bene concentrare ancora l'attenzione sulla Comunità israelitica che si trovava più delle altre "al centro del ciclone" nel diretto rapporto di sudditanza con la Santa Sede, la Comunità israelitica di Roma. È del resto a Roma, e alla Casa dei Catecumeni di via della Madonna dei Monti preposta alla preparazione dei "neofiti" convertiti alla religione cristiana, che era stato portato il piccolo Edgardo nel giugno 1858.[5]

Già abbiamo avuto modo di entrare nei ricordi dei leader religiosi di questa comunità attraverso la lettura dei diari dei rabbini Fasani e Citone. La personalità di maggior prestigio nella comunità ebraico-romana in quegli anni fu quella di Samuele Alatri (1805-1889), membro del consiglio dell'Università Israelitica dal 1828 al 1889. L'altra figura di rilievo nella vita comunitaria dell'epoca era quella del giovane segretario dell'Università, Sabatino Scazzocchio (1828-1880). È l'Università Israelitica di Roma che dovette, per consuetudine derivante dalla sudditanza diretta al potere pontificio, prima fra tutte le comunità ebraiche dello Stato, farsi tramite dei rapporti con la Santa Sede, ed è il segretario Scazzocchio che nei convulsi mesi successivi al rapimento si trovò al centro del turbinio di lettere e sollecitazioni provenienti da Bologna e da altre parti del mondo ebraico, dentro e fuori lo Stato della Chiesa, e che, rispondendo a tali sollecitazioni, cercò di gestire le trattative col Papa e il suo Segretario di Stato cardinale Antonelli, in un delicato equilibrio tra il desiderio di risolvere il caso e la necessità di non pregiudicare i rapporti con il potente potere supremo del capo dello Stato, il Papa Re Pio IX.

All'inizio di dicembre 1858 la Chiesa aveva manifestato ormai in varie forme, sia a voce nei contatti diretti che ufficialmente sulla stampa cattolica (di fondamentale importanza l'articolo uscito il 30 ottobre 1858 su *La civiltà cattolica*),[6] il suo *Non possumus* alla restituzione del bambino alla sua famiglia. Era nel

---

[5] Sulla lunga tradizione dei battesimi forzati e i suoi fondamenti ideologici nella Roma dei Papi, si veda Caffiero. Sul contesto ebraico-italiano dell'epoca, si veda Calimani.

[6] *Il piccolo neofita Edgardo Mortara*, "La civiltà cattolica", 30 ottobre 1858. Si vedano anche gli articoli usciti sul quotidiano cattolico "L'armonia" (sottotitolo, "della religione colla civiltà"), in particolare *L'ebreo di Bologna*, 6 ottobre 1858: 1-2, e *Notizie del giovinetto cristiano Mortara*, 16 ottobre 1858: 1-2.

frattempo scoppiato in tutta Europa e in America il "caso Mortara" che riempiva di sé le pagine dei giornali con scandalizzate notizie sul fatto di Bologna.[7] È allora che proprio dell'"indiscreto ciarlismo di tanti giornali" si lamenta Scazzocchio in una lettera inviata a Momolo Mortara, per ragguagliarlo sulla situazione dopo il suo ritorno da Roma. Sono, secondo Scazzocchio, "l'indiscreto ciarlismo" della stampa e il conseguente peso dell'opinione pubblica il principale motivo degli insuccessi fino ad allora ottenuti nella "causa" per cui stavano combattendo:

> In quanto alla causa non mi resta che ripeterle ciò che il Sig. S. Alatri e tutti noi abbiamo detto insieme le mille volte; che l'indiscreto ciarlismo di tanti giornali, i quali traggono da qualsivoglia avvenimento esca alle passioni politiche che rappresentano, hanno avvelenato la quistione; mentre se avessero lasciato a noi la cura delle nostre cose, la linea di condotta legale sempre seguita come nostra divisa forse ci avrebbe fatto raggiungere il tanto desiderato scopo, vista l'indole benigna e caritatevole di chi siede in alto.[8]

Se "avessero lasciato a noi la cura delle nostre cose", commenta sconsolato Scazzocchio. Abituati alla sottomissione, alla deferenza, ad implorare segretamente concessioni di diritti non in quanto diritti, ma in quanto benevole regalie elargite dall'alto (basti leggere con quali formule di "genuflessione" e totale subalternità erano costretti e usi a rivolgersi al Papa nelle corrispondenze), i responsabili della Università Israelitica erano sempre stati contrari alla politica di coinvolgimento del mondo esterno, auspicata invece dalla famiglia, come si può dedurre fin dalla prima lettera ricevuta da Scazzocchio il 9 luglio 1858, a firma del fratello di Marianna, Angelo Padovani.[9]

È noto quello che avvenne poi all'inizio del 1859 quando, il 3 gennaio, la Delegazione dell'Università Israelitica di Roma si presentò alla tradizionale udienza privata di ogni inizio d'anno, e l'ira di Pio IX si riversò su Scazzocchio e sugli altri delegati, in quanto rei di aver "messo sottosopra l'Europa per la causa

---

Vedere anche la lettera del 22 ottobre 1858 di Momolo Mortara al Direttore di "L'armonia", in risposta all'articolo del quotidiano del 16 ottobre, ASCER, fasc. Battesimi forzati, caso Mortara 1858. Gli argomenti a giustificazione del rapimento espressi all'epoca da "La civiltà cattolica" e "L'armonia" vengono ancora difesi e condivisi ai nostri giorni da Messori 7–70.

[7] Vedasi anche Volli 1960, 1961 e 1962.

[8] Lettera di Sabatino Scazzocchio a Momolo Mortara, 7 dicembre 1858, ASCER, fasc. Battesimi forzati, caso Mortara 1858; citata in Kertzer 162.

[9] Lettera di Angelo Padovani a Sabatino Scazzocchio del 9 luglio 1858, ASCER, fasc. Battesimi forzati, caso Mortara 1858.

Mortara!"[10] Dopo quell'incontro difficile e umiliante (che pare sia stato motivo di un successivo esaurimento nervoso per il povero Scazzocchio), non risulta che da parte della Comunità ebraica di Roma vi siano stati altri interventi diretti significativi nella vicenda.

Il caso Mortara continuava, però, con grande dolore e preoccupazione per la Chiesa, ad essere oggetto di pubbliche attenzioni e di interventi provenienti da altre parti del mondo occidentale e della stessa Italia. Ed è su queste ultime, le altre iniziative di parte italiana, che ora ci soffermeremo. Infatti, mentre gli archivi storici del centro Italia, in particolare di Roma e Bologna, sono stati ormai abbondantemente esplorati dagli studiosi, portando alla luce in maniera dettagliata l'intreccio di corrispondenze e iniziative sviluppatesi in quei contesti (e dei manoscritti in ebraico dei suoi rabbini ivi contenuti abbiamo ora dato conto), è soprattutto attraverso le scoperte provenienti da altri contesti che possono aggiungersi nuovi tasselli, nel mosaico delle nostre conoscenze sulla vicenda e sul periodo.

Il caso Mortara nella stampa ebraica italiana: 1858-1859

All'epoca del caso Mortara esisteva in Italia un solo periodico ebraico: "L'educatore israelita", pubblicato nel liberale Piemonte e più precisamente nella città di Vercelli, sede dal 1829 di un centro di studi ebraici, il Collegio israelitico Foa. Era stato un rabbino di idee liberali e docente di questa scuola, Giuseppe Levi (1814-1874), che nel 1853 aveva fondato il mensile, associando nella direzione anche il collega nella stessa scuola Esdra Pontremoli (1818-1888). L'impresa aveva ricevuto pure l'incoraggiamento del rabbino maggiore di Torino e del Piemonte, Lelio (Hillel) Cantoni (1802-1857). È in questo periodico che nel 1856 erano uscite le corrispondenze sulla storia degli ebrei di Roma del romano Crescenzo Alatri, così "pateticamente reticenti" (Di Porto 90) nel descrivere la condizione degli ebrei romani sotto i Papi fino all'epoca contemporanea che la Direzione del giornale aveva sentito la necessità di pubblicarle con l'aggiunta di due note redazionali di distanziamento rispetto agli apprezzamenti dell'autore

---

[10] ASCER, 1 H12, *Documenti del Vaad [Consiglio] dell'Università. Registro delle deliberazioni adottate dal 18 gennaio 1837*, p. 232r. Verbale del 3 gennaio 1859. Le riunioni della "Congrega" dell'Università degli Ebrei di Roma in cui venne affrontato il caso Mortara sono otto: cioè tutte quelle tenutesi da luglio a novembre 1858 (20 luglio, 28 luglio [erroneamente verbalizzato come "aprile"], 11 settembre, 23 ottobre, 20 novembre e 26 novembre 1858), e le prime due del 1859 (2 gennaio e 3 gennaio 1859). I relativi verbali sono alle pagine 228v-232v del suddetto Registro, su entrambe le facciate dei fogli (r= recto, v= verso).

(Alatri 1856: 262–66; 1857: 9–12).[11] È dunque sulle pagine di "L'educatore israelita", unica voce giornalistica collettiva dell'ebraismo italiano dell'epoca, aperta alle più diverse opinioni, che ho cercato di indagare quali fossero state le reazioni registratevi riguardo al caso Mortara, per cogliere l'eco pubblica della vicenda all'interno del mondo ebraico italiano.

Il primo articolo redazionale sull'avvenimento, intitolato *Il fatto di Bologna*, vi compare nell'autunno 1858. Dall'incipit veniamo a scoprire che un Supplemento del periodico interamente dedicato al caso era già stato inviato agli abbonati "separatamente dal Giornale" e che in esso la Direzione aveva "lungamente discorso di questo deplorabile fatto". Di quale fatto si tratti non è neppure necessario specificarlo, tale lo scandalo suscitato. Basta a richiamarlo il titolo: è *Il fatto di Bologna*.

Il FATTO di BOLOGNA

> [. . .] [L]a Comunione di Torino, la prima, e con esse concordi tutte le Comunioni consorelle, hanno promosso l'energica azione dei Concistori francese e inglese. Egli è con questa speranza, che per opera del dottor Philippson, quaranta Rabbini prussiani hanno presentato una supplica allo stesso Sommo Pontefice. I. Rothschild, Sir Moses Montefiore, il dottore Albert Cohn, il Rabbino inglese Adler, ecc. spiegano uno zelo degno del loro nome e della loro fama. Tutti i governi civili ne hanno preso interessamento, e l'Imperatore dei Francesi nella sua risposta al Concistoro ne espresse sommo rincrescimento. La destinazione del fanciullo è ancora incertissima, ma noi abbiam luogo a sperare che il Sommo Pontefice provvederà in modo per l'avvenire, da ridonare la quiete alle turbate famiglie israelitiche e fare che i sacri diritti della paternità restino inviolati.[12]

La vastità dello scandalo internazionale creato dal "fatto di Bologna", e il clima di ansiosa attesa di una soluzione del caso vissuto dalle Comunità ebraiche, non solo italiane, a pochi mesi dal rapimento di Edgardo, sono ben sintetizzate nelle righe di questo testo. In esso troviamo enumerate alcune delle iniziative di protesta messe in atto fuori e dentro l'Italia, nei mesi estivi e autunnali successivi al fatto: innanzitutto la mobilitazione delle molte Comunità Israelitiche del Piemonte, che, riunitesi in agosto ad Alessandria, avevano rivolto una vibrante

---

[11] Le note della Direzione compaiono in calce, all'inizio di ciascun articolo.

[12] *Il fatto di Bologna* 312. Il Supplemento citato, purtroppo, non è risultato finora reperibile, non essendo rilegato nelle annate del periodico custodite negli archivi di Roma, Torino, e Cambridge MA (Centro Bibliografico dell'UCEI a Roma, Biblioteca Artom della Comunità Ebraica di Torino, Biblioteca della Harvard University) consultati a questo scopo.

richiesta di supporto alle Comunità francesi ed inglesi; quindi, le forti reazioni di supplica al Papa e di protesta messe in atto con "energica azione" dagli organi rappresentativi delle principali comunità ebraiche europee e per iniziativa di alcune delle figure più eminenti del mondo ebraico diasporico. Vengono qui citati in particolare il rabbino Ludwig Philippson, figura di rilievo dell'ebraismo tedesco, fondatore e direttore del periodico ebraico "Allgemeine Zeitung des Judenthums", che in settembre fu promotore di una petizione al Papa sottoscritta da oltre quaranta rabbini prussiani, e poi altre personalità del mondo ebraico francese ed inglese — dal filantropo francese Albert Cohn, al rabbino capo dell'Impero Britannico Nathan Adler, ai principali esponenti della famiglia Rothschild che subito si attivarono nel far pressioni sul Vaticano (James Rothschild, capo del ramo francese della famiglia, cui potrebbe far riferimento l'errata iniziale del nome, inviò da Parigi una lettera di protesta al Segretario di Stato Vaticano, Cardinale Giacomo Antonelli, già il 17 luglio 1858, e altrettanto fece il 24 agosto da Londra Lionel Rothschild, primo ebreo ammesso al Parlamento britannico proprio in quell'anno; Kertzer 89-90; Scalise 75-75), al noto filantropo inglese Sir Moses Montefiore, presidente dell'organismo rappresentativo degli ebrei britannici (il Board of Deputies of British Jews), che nel 1859 verrà personalmente a Roma per perorare in Vaticano la causa della famiglia Mortara. Viene poi sottolineato l'interessamento di "[t]utti i governi civili", ad indicare uno spartiacque tra l'atto *incivile* del rapimento e la *civiltà* dei governi laici del tempo, che non erano rimasti indifferenti di fronte al fatto; e viene in particolare evidenziato il ruolo di Napoleone III Imperatore dei francesi, di specifico rilievo visto il compito ufficiale che all'epoca avevano le truppe francesi nella difesa del potere temporale del papa e dell'integrità territoriale del suo Regno. Un ruolo, quello di Napoleone III, di cui ancora non si conoscevano tutti i contorni, ma che appare oggi ancor più significativo alla luce dell'accordo di Plombières, l'alleanza segreta, concordata tra Napoleone e Cavour, il presidente del Consiglio dei ministri del Regno di Sardegna-Piemonte a nome del Re Vittorio Emanuele II, il 21 luglio del 1858, nemmeno un mese dopo lo scoppio del caso Mortara: accordo che avrebbe portato nella primavera dell'anno successivo alla Seconda Guerra d'Indipendenza italiana e alla successiva unità del paese conseguita nel 1861.

Dal punto di vista della conoscenza delle reazioni internazionali, il quadro di riferimento di questa nota redatta in territorio piemontese è molto più ampio e informato di quello che abbiamo riscontrato nei diari dei rabbini di Roma. Il fatto "deplorevole" è suscitatore di ansia per il mondo ebraico e di generale riprovazione, ma, nell'auspicio di un "rassicurante scioglimento", i riferimenti al Pontefice sono caratterizzati da grande rispetto, onde non pregiudicare l'esito ancora incerto della vicenda. Proprio per poter manifestare "fiducia" in un esito positivo, viene sottolineata la "bontà e giustizia" di un Pontefice che aveva in effetti suscitato, al momento della sua elezione al soglio Pontificio oltre un decennio prima, grandi speranze di cambiamento nell'opinione pubblica liberale.

Sempre nello stesso anno 1858, un breve aggiornamento viene dato dal periodico due numeri dopo, in un articolo non firmato intitolato *Fraterne interventioni israelitiche*, ove vengono riferite notizie da tutto il mondo ebraico. Per quanto riguarda l'Italia, si legge: "Continua vivissima l'aspettazione e la polemica in tutta la stampa del mondo civile sul doloroso fatto di Bologna. L'*Associazione Generale Cristiana* che ha per iscopo di promuovere la libertà di coscienza, ha presentato un rispettoso memoriale al Sommo Pontefice" (339). Il problema in gioco, su cui si concentra il forte sostegno offerto dalla *Evangelical Alliance* fondata a Londra nel 1846, è, come risulta da questa nota, quello della libertà di coscienza, tutt'altro che garantita in uno stato come quello della Chiesa, che discriminava tra i suoi cittadini in base alla religione, giungendo persino alla sottrazione di un figlio alla famiglia in nome di superiori principi religiosi imposti per legge.

Nei numeri successivi del periodico ebraico piemontese il caso Mortara risulta menzionato solo incidentalmente quale paradigma dei "dolorosi fatti" che ancora possono succedere agli ebrei discriminati in varie parti dell'Italia — viene infatti citato in relazione a un nuovo episodio avvenuto a Trieste (La Direzione 249) —,[13] o se compare in forma più diretta per aggiornamenti sulla vicenda è solo per notizie che giungono dalla stampa estera quale il "Jewish Chronicle" e da varie parti del mondo occidentale (Inghilterra ripetutamente, Francia, Stati Uniti, Germania, Olanda),[14] mentre l'attenzione è soprattutto presa dai grandiosi eventi della Seconda Guerra d'Indipendenza, con totale identificazione nella causa nazionale, per la quale si combatteva in quei mesi, con ampia partecipazione anche ebraica (come viene insistentemente sottolineato), sui campi di battaglia.

Una chiara testimonianza di questo sentimento di identificazione è data da un articolo di *Cronaca italiana* firmato da "La Direzione", uscito nell'estate 1859, alla conclusione degli eventi di quella guerra cruenta, svoltasi dal 27 aprile al 12

---

[13] Qui, nel riferire di un "altro doloroso fatto" di tentata conversione di un ragazzo, vien detto che "per poco non si rinnovò il caso Mortara".

[14] Vedere *Inghilterra* 57–58; *Francia* 86; *Inghilterra. Londra* 88; *Ammirabile attività del Dottore S. Philippson* 113; *Notizie. Inghilterra. Londra* 317–18; *Notizie. Ci scrivono da Amsterdam* 26.

luglio 1859, con la partecipazione diretta di Napoleone III Imperatore dei francesi a fianco del re di Sardegna-Piemonte Vittorio Emanuele II di Savoia contro l'Austria dell'Imperatore Francesco Giuseppe degli Asburgo-Lorena, il cui dominio si estendeva allora anche sul territorio italiano del Lombardo-Veneto. I direttori della rivista si sentono quasi in difetto nell'avanzare le proprie richieste di uguaglianza e segnalare i problemi ancora esistenti per la minoranza ebraica nel momento in cui si sta combattendo la comune causa dell'intera nazione. Il sentimento è quello di una *fratellanza* che abbraccia tutti i cittadini, ed è appunto la parola *fratelli* che ritorna in questo editoriale ad indicare, da un lato i propri correligionari, definiti come "i nostri confratelli di fede", dall'altra gli altri italiani tutti, i "nostri fratelli di patria", di cui ci si sente parte nel comune impegno per la "cara patria comune", "la cara patria italiana" (245). È l'uguaglianza di *tutti* i cittadini davanti alla legge quella per cui fondamentalmente combattono i concittadini ebrei nel loro sentimento di identificazione con la causa italiana, uniti in quel sentimento di fratellanza nazionale che trova la sua più duratura espressione nell'inno risorgimentale che diventerà inno nazionale nella futura Italia repubblicana, l'Inno di Mameli o "Canto degli italiani", composto dal giovane patriota Goffredo Mameli e musicato dall'amico Michele Novaro nel 1847, che si apre nel canto con il celebre verso: "Fratelli d'Italia".

Nella sua accurata e avvincente ricostruzione storica del caso Mortara, David I. Kertzer dedica un intero capitolo all'insurrezione di Bologna avvenuta nel corso della Seconda Guerra d'Indipendenza, il 12 giugno 1859, e apre il capitolo con una domanda che concerne l'impatto avuto dal caso Mortara sugli storici eventi di quei giorni: "Può la vicenda di una servetta analfabeta, di un droghiere [il droghiere di via Vetturini che, secondo Anna Morisi, l'avrebbe istigata al battesimo, istruendola sulla procedura] e di un bambino ebreo di Bologna aver modificato il corso della storia italiana e della storia della Chiesa?" (Kertzer 1996, 256).[15] Si tratta di una domanda fondamentale per chi si occupi della vicenda di Edgardo Mortara nel suo contesto storico: ed è un interrogativo a cui Kertzer, supportato dalla testimonianza di giornalisti contemporanei e di storici successivi, offre una esplicita risposta positiva, da me condivisa (256–58; 437–44). Sta di fatto che fu proprio Bologna, dove era nato il caso Mortara suscitando uno scandalo ampiamente sentito da buona parte della popolazione, la prima città dei Legati Pontifici a ribellarsi al potere temporale della Chiesa e a chiedere l'*annessione* (parola-chiave di quell'epoca) al Regno di Sardegna-Piemonte, la prima a riconoscere quale suo Re non più il Papa, ma re Vittorio

---

[15] Sul droghiere citato, Cesare Lepori, si veda Kertzer 139–42.

Emanuele II, il sovrano impegnato in una guerra di liberazione e unificazione di quanta più ampia parte possibile dell'Italia tutta, di cui si apprezzava il regime costituzionale già presente nel suo Regno.

All'inizio di agosto 1859, mentre a Zurigo iniziavano i lavori della Conferenza di pace, nell'Italia centrale, ove si erano ormai ribellate ai vecchi regimi autoritari, oltre a Bologna, anche altre città della Romagna e dell'Emilia (tra cui l'ex ducato di Modena, la città da cui originariamente proveniva Marianna Padovani, madre di Edgardo, e Reggio Emilia, da cui originariamente proveniva il padre Momolo), il nuovo Governatore Generale delle Romagne inviato dal Regno di Sardegna-Piemonte, Luigi Carlo Farini, in uno dei suoi primi atti ufficiali proclamava il fondamentale principio della *uguaglianza di tutti i cittadini* davanti alla legge, "senza distinzione di culto": principio che era stato già immediatamente sancito dal governo provvisorio creatosi dopo la rivolta. È ciò che viene con enorme soddisfazione sottolineato nell'editoriale di *Cronaca italiana* uscito nell'estate 1859 su "L'educatore israelita", da cui siamo partiti in questa ricostruzione degli eventi risorgimentali e della loro eco nel mondo ebraico piemontese:

> A Bologna fu subitamente dichiarata l'uguaglianza di tutti i cittadini in faccia alla legge. Non molto tempo dopo il Governatore Generale delle Romagne "considerando che l'uguaglianza di tutti i cittadini in faccia alla legge è la base fondamentale d'ogni libero ordinamento decreta. Nelle Romagne tutti i cittadini senza distinzione di culto sono eguali dinanzi alla legge e nello esercizio dei diritti civili e politici".
>
> (La Direzione 247)

Questo principio, dell'uguaglianza di fronte alla legge di tutti i cittadini senza distinzione di culto, era ciò per cui avevano lottato i molti ebrei attivi nel Risorgimento italiano, in quegli anni di profondi rivolgimenti politici e di travagliato procedere verso la libertà e l'uguaglianza.[16] Come chiaramente espresso nella formulazione del decreto, ed evidenziato da quello che viene definito il "nobile *considerando*" (La Direzione 247) di cui si compiacciono i direttori del periodico ebraico di Vercelli, non vi poteva essere libertà senza uguaglianza, e questa non poteva essere disgiunta dalla libertà di coscienza e dalla libertà di religione.

---

[16] Sul "prezzo dell'uguaglianza" quale tema del dibattito interno al mondo ebraico, si veda Luzzatto Voghera, 1998 (con breve riferimento alla questione dei battesimi forzati e al caso Mortara, pp. 93-94). Su ebrei e Risorgimento, si veda Foà, 1978; Sofia; F. Tagliacozzo; Beer e Foa. Per una sintesi storica sugli ebrei in Piemonte, si veda Cavaglion.

Il caso Mortara: Cronache e *performances*, 1858–1860 · 207

Fatti meno noti: un pamphlet e il suo anonimo autore
È nel cuore politico del Risorgimento italiano in corso, a Torino, nella città che già dal 1848 aveva ufficialmente concesso l'emancipazione ai suoi cittadini di religione non cattolica, ebrei e valdesi, e da cui erano subito partite tempestive iniziative di protesta politica per il caso Mortara, è lì che nel 1859 esce la principale pubblicazione italiana contemporanea dedicata alla vicenda: un libretto di piccolo formato di 133 fittissime pagine, intitolato *Roma e l'opinione pubblica d'Europa nel fatto Mortara. Atti, documenti, confutazioni*, in cui vengono raccolti tutti i principali atti e documenti prodotti fino a quel momento in risposta al rapimento, a partire dalla istanza dei Mortara al Pontefice del 27 agosto 1858, insieme a una raccolta di articoli usciti sui giornali d'Europa, e alla pubblicazione integrale in prima traduzione italiana del pamphlet *Il diritto canonico e il diritto naturale*, pubblicato a Parigi dall'abate André Vincent Delacouture, "antico professore in teologia", nel 1858: un testo di parte cattolica, di forte critica al rapimento su basi dottrinali, il cui titolo compare sulla stessa copertina di un verde chiaro e nel frontespizio di questo volume, a completamento del titolo già citato. Questa raccolta, pubblicata dalla Unione Tipografico-Editrice di Torino (la storica UTET, appena fondata nel 1854), è ormai introvabile nel mercato librario italiano e internazionale, e davvero necessiterebbe di essere riedita oggi, per far conoscere "in presa diretta" quale fu il sollevamento dell'opinione pubblica d'Europa di fronte al caso, e quanto intenso fu il dibattito interno anche al mondo cattolico dell'epoca.

Nel volume compaiono pure alcuni testi non firmati, premessi al resto da chi ha compilato l'opera: innanzitutto una introduzione, intitolata *Ai rappresentanti delle potenze nel futuro congresso sulla quistione italiana*, che chiarisce gli intenti della raccolta e i destinatari del messaggio, seguita poi, dopo l'*Indice della materia*, da una *Prefazione* di varie pagine, e infine da una lunga e dettagliata *Risposta all'articolo della Civiltà Cattolica 'Il piccolo neofita Edgardo Mortara'* (Anonimo 3-59). Il libro è uscito anonimo, e come tale viene ancor oggi registrato nelle biblioteche ove viene conservato. Ma chi ne è stato l'autore ed esattamente quando, in che mese di quell'anno importante nella storia d'Italia, è stato pubblicato? Chi ha sentito l'esigenza morale e politica di risvegliare alla memoria, a ormai molti mesi di distanza, un fatto che, viene detto, era stato già giudicato severamente dalla pubblica opinione indignata, per porlo di fronte al "tribunale della diplomazia" internazionale quale esempio di "tutte le piaghe che tormentano l'Italia" (3)?

Grazie a una serie di documenti rinvenuti, sono ora in grado di rispondere a questi interrogativi e di "rivelare" l'identità dell'estensore di queste note, facendo uscire dall'ombra una figura di grande interesse. La prima informazione viene dalle pagine del prezioso "L'educatore israelita". Qui, in un numero della primavera 1859, sotto il titolo *Annunzii*, leggiamo:

> Il sig. David Rabbeno di Parma ha fatto stampare in Torino una operetta importantissima e che noi raccomandiamo caldamente. Egli ha raccolto in un bel volumetto tutti i documenti più interessanti, riguardanti il doloroso affare Mortara. È questo il compimento di un desiderio che era nell'animo di tutti.
>
> (128)

Segue l'indicazione del costo del volumetto e della casa editrice cui rivolgersi. Dell'opera viene qui indicato il curatore, ma non il titolo. È da una seconda fonte dell'epoca che possiamo desumere il dato bibliografico più completo, insieme alla modalità della circolazione della raccolta in ambito ebraico piemontese. Si tratta di un documento proveniente da Asti, in Piemonte, e conservato presso "The Central Archives for the History of the Jewish People" di Gerusalemme. È una circolare inviata da Torino al Consiglio Amministrativo dell'Università Israelitica di Asti, contenente una lettera datata 5 aprile 1859, firmata da S. Salomone Olper, rabbino maggiore di Torino. In questa lettera, il rabbino capo di Torino, rivolgendosi a uno "Stimatissimo Signore", esprime apprezzamento per la "raccolta dei principali Documenti che riguardano il doloroso fatto del fanciullo Mortara" in corso di stampa per iniziativa e a spese di questi, e viene anticipata la raccomandazione rivolta ai Consigli Amministrativi delle Università piemontesi di dare "la maggior diffusione" a quest'opera. Si trattava di acquistarne un discreto numero di copie, per favorirne la distribuzione e coprire una parte delle spese di stampa. Nella stessa missiva viene acclusa anche la lettera, sempre da Torino e in data 5 aprile 1859, di colui che aveva deciso di "ridestare ancora una volta la memoria del deplorevole fatto Mortara, [...], denunziando alla diplomazia un atto di ingiustizia e di barbarie" in una "operetta", come viene modestamente definita per le sue dimensioni, dal titolo *Roma e l'Opinione pubblica in* (sic) *Europa nel fatto Mortara*. La lettera è conclusa dalla firma: David Rabbeno.

Si notino i nomi e le date. Il rabbino capo di Torino e del Piemonte, Samuele Salomone Olper (1811–1877), veneto di origine e laureatosi rabbino presso il Collegio rabbinico di Padova, di sentimenti repubblicani (all'epoca della Repubblica di San Marco capeggiata da Daniele Manin era stato segretario del Governo provvisorio instaurato a Venezia dopo la insurrezione antiaustriaca del marzo 1848), e già rabbino maggiore a Casale Monferrato dal 1857 al 1859, il 1 aprile 1859 era divenuto rabbino maggiore a Torino, succedendo a Lelio

Cantoni in questa importante carica, che ricoprì fino alla morte nel 1877.[17] La data del suo insediamento a Torino e del suo discorso di inaugurazione è del 1 aprile 1859, quella della sua circolare per la diffusione del libro sul caso Mortara è di soli quattro giorni successivi. Ecco un rabbino di spirito risorgimentale a cui, tanto più nel contesto piemontese, ci si poteva rivolgere per cause di protesta ebraico-italiana, fiduciosi di una risposta positiva.[18]

Chi è invece il misterioso David Rabbeno? Un personaggio assai meno noto oggi in ambito ebraico, David Rabbeno (1815–1882) era stato un membro attivo nella comunità ebraica emiliana negli anni '40 dell'Ottocento.[19] Già collaboratore della "Rivista israelitica", primo periodico ebraico d'Italia pubblicato a Parma tra il 1845 e il 1847,[20] Rabbeno era un giornalista, attivo nei moti risorgimentali preunitari, e uno studioso di problemi economici, che negli anni '60, dopo l'Unità di Italia, assunse dei ruoli assai importanti nella città di Parma. Dal 1 ottobre 1862 al 1876, infatti, fu il direttore della "Gazzetta di Parma", il quotidiano della città. Fece anche parte della Commissione Provinciale di Statistica parmense, collaborando al rapporto sulle industrie di Parma 1861–1864, pubblicato a Firenze nel 1866; e ancor prima, nel 1861, fu autore di uno studio sul Comune parmense di Salsomaggiore, recentemente ripubblicato come "primo modello di statistica comunale nel Regno dopo l'Unità d'Italia" (Rabbeno 2010; Molossi e Rabbeno). Personalità poliedrica, nel 1863 fu anche autore di un melodramma tragico in musica, *Beatrice Cenci*, musicato dal maestro triestino Giuseppe Rota e andato in scena al Regio Teatro di Parma nel Carnevale 1863 (Rabbeno, *Beatrice Cenci*).[21] Il libretto di questa sua opera è ora reperibile in varie biblioteche e i suoi studi di statistica, riediti, sono ancora sul mercato. Quello che non era noto finora, invece, tranne che all'interno del mondo

---

[17] Su S. Salomone Olper, si veda Luzzatto Voghera, 2013, 183–84. Per la data dell'insediamento, si veda Olper, *Discorso d'ingresso*.

[18] Tra le carte giunte a supporto della battaglia in corso all'Università Israelitica di Roma nell'autunno 1858, va segnalata anche una lunga lettera di tre pagine di Abraham Lattes (1809–1875), rabbino maggiore di Venezia noto per le sue idee liberali, cui la comunità romana si era evidentemente rivolta per consigli (lettera di Abraham Lattes indirizzata a "Pregiatissimo Signore", probabilmente il segretario Scazzocchio, datata da Venezia, 22 novembre [scritto "9bre"] 1858, ASCER, Fasc. Battesimi forzati, caso Mortara). Anche Lattes, di origini piemontesi, aveva studiato al Collegio rabbinico di Padova e si era distinto per il suo supporto alla Repubblica veneziana di Manin nel 1848–49: su questo, si veda Ottolenghi; Foà, 1978, 48; Tagliacozzo 120.

[19] Si veda lettera di Samuele Liuzzi, Emanuele Modena e David Rabbeno, in S. C., *Di un Istituto d'Istruzione Femminile in Reggio*, "Rivista israelitica", 1.3–4, marzo-apr. 1846: 508–10.

[20] Sulla "Rivista israelitica", si veda l'apparato critico di Magrini, Maugeri, e Di Porto nella riedizione in vol. della rivista, a cura di Camurani, 2014.

[21] Sull'opera, si veda Sirtori, 2016.

ebraico-piemontese contemporaneo, è che fosse lui il promotore e curatore della più importante raccolta di documenti sul caso Mortara uscita in Italia all'epoca degli eventi.

Come il medico modenese Cesare Rovighi (1820–1890), che interruppe la pubblicazione della "Rivista israelitica" da lui fondata perché coinvolto nelle vicende patriottiche della sua città e della nascente nazione (nel 1848 fu segretario del governo provvisorio in Modena ed in seguito ufficiale dell'esercito piemontese negli anni della Seconda Guerra d'Indipendenza), così anche il giornalista coetaneo David Rabbeno manifestò i suoi ideali e il suo impegno di ebreo italiano dapprima prevalentemente all'interno del mondo ebraico, e poi, specie dopo lo spartiacque della conquistata unità d'Italia, nel più ampio contesto della vita pubblica cittadina. Il volume sul caso Mortara, da lui pubblicato nell'aprile 1859 mentre era in corso la Seconda Guerra d'Indipendenza italiana e se ne preannunciava la conclusione, necessariamente seguita da Congresso internazionale per concordare il futuro del paese al centro del conflitto, è la più esplicita manifestazione di quanto profondo e vitale fosse il rapporto tra la "questione ebraica" e la "questione italiana". I destini del mondo ebraico perseguitato e alla ricerca della parità dei diritti — quei diritti basilari così evidentemente violati dal comportamento della Chiesa nel caso del piccolo sottratto alla famiglia —, si legavano indissolubilmente con quelli degli altri fratelli italiani, a loro volta politicamente oppressi, in cerca di libertà, indipendenza e di una patria capace di offrire emancipazione e uguaglianza a tutti i suoi cittadini.

1859–1860. Desideri e alleanze

"Cristiani ed ebrei / semo tuti fradei, / ebrei e cristiani / semo tuti italiani." Questi versi in dialetto veneto attribuiti al futuro rabbino capo di Torino Salomone Olper, che con tali parole nel 1848 avrebbe incitato alla ribellione il popolo veneziano,[22] esprimono quei valori di fratellanza, al di là delle differenze di religione, che furono alla base delle idealità e aspirazioni dei patrioti ebrei attivi nel Risorgimento italiano. Ed è sul terreno della comune lotta per un'Italia liberale e di un mondo occidentale "civile", capace di assicurare "emancipazione" ed uguaglianza di diritti a tutti i suoi cittadini, che si inserì il caso Mortara, creando uno scandalo internazionale destinato a contribuire alle lotte risorgimentali e alla battaglie per l'emancipazione ebraica, non solo in ambito italiano.

---

[22] Attribuzione a S. Olper in Perini-Bembo 810.

Tra le esigenze emerse nel corso della disperata battaglia per la restituzione di Edgardo alla famiglia, particolarmente sentita fu quella che spinse alla creazione di organizzazioni unitarie del mondo ebraico, al di là delle frontiere nazionali: la più nota di queste fu la *Alliance Israélite Universelle*, sorta a Parigi nel 1860. Meno noto è il fatto che una analoga esigenza venne espressa anche all'interno della frammentata realtà ebraica italiana, suscitando una riflessione che avrebbe portato negli anni successivi alla creazione di una Unione delle Comunità israelitiche italiane, come reso manifesto da un importante documento dello stesso anno in cui nacque l'Alliance. Mi riferisco al lungo testo di un giovane, ma già apprezzato esponente della Comunità ebraica di Ferrara, Leone Ravenna (1837–1920), redatto nel giugno 1860 e pubblicato su "L'educatore israelita", in cui, sotto il titolo *Desiderii*, con molto equilibrio venivano evidenziati i limiti della pur generosa azione in difesa della famiglia Mortara tentata dai fratelli ebrei italiani, rispetto a quanto erano riusciti a fare i correligionari degli altri paesi, che "meglio di noi propugnarono la causa comune", proprio perché dotati di organismi di potere centrale, che avevano permesso di dare valore ufficiale alle loro iniziative (Ravenna 203).[23] Il fallimento della battaglia per la liberazione di Edgardo veniva dunque in parte collegato alla debolezza degli organismi ebraici locali, mentre al carattere ufficiale delle proteste dei correligionari di Parigi e Londra veniva attribuito un ruolo di grande significato: la possibilità che queste forti proteste avessero "anch'esse contribuito all'affrettare gli avvenimenti onde fu teatro testé la nostra Penisola" (214).[24]

La consapevolezza di doversi alleare all'interno del disperso mondo ebraico diasporico in difesa delle comunità più oppresse non fu, tuttavia, che uno dei corollari del caso Mortara. Ancora più importante fu il ruolo che questa vicenda ebbe nel favorire alleanze, non più soltanto interne al mondo ebraico, ma tra ebrei e liberali non ebrei, sul terreno delle comuni battaglie per la creazione di società liberali, capaci di garantire i diritti ugualitari di tutti i cittadini; e ciò a partire innanzitutto dai luoghi che erano stati al centro della vicenda: i diversi stati di una Italia in gestazione, al culmine di un suo grandioso e travagliato processo di Risorgimento nazionale. Sull'impegno di esponenti del mondo cristiano e anche cattolico in queste battaglie libertarie, e sul ruolo specifico che, a partire dalla Francia, ebbero a questo scopo anche la letteratura e il teatro, ho avuto modo di occuparmi a fondo in un mio libro uscito in America,

---

[23] Su Ravenna, si veda Fondo "Leone e Felice Ravenna", Archivio della Fondazione CDEC a Milano.

[24] Una polemica tra gli "Archives israélites" e "L'educatore israelita" riguardo all'impegno ebraico italiano in difesa dei Mortara è registrata in "L'educatore israelita" 7 (1859): 120–21.

Writing for Justice: Victor Séjour, the Kidnapping of Edgardo Mortara, and the Age of Transatlantic Emancipations (2015). Sul caso di Victor Séjour, scrittore di teatro, "uomo libero di colore" nativo di New Orleans ed esule in Francia, cattolico, che per primo, anticipando i lavori teatrali di Herman M. Moos negli Stati Uniti e di Riccardo Castelvecchio in Italia, mise in scena la vicenda del rapimento nel suo melodramma teatrale di grande successo del 1859 *La Tireuse de cartes* (L'indovina), sulle rappresentazioni della sua opera teatrale in Francia, Italia,[25] Inghilterra, Stati Uniti d'America, e sull'intreccio di scenari transnazionali propri di quella che ho definito "l'Età delle Emancipazioni" (declinate al plurale), non posso che rimandare a quel mio studio per ulteriori approfondimenti.

Università di Roma Tor Vergata

Opere citate

Alatri, Crescenzo. *Gli Israeliti a Roma.* "L'educatore israelita" 4 (1856): 262–66; 5 (1857): 9–12.

Ammirabile attività del Dottore S. Philippson. "L'educatore israelita" 7 (1859): 113.

Anonimo [Rabbeno David] (a c. di)· *Roma e l'opinione pubblica d'Europa nel fatto Mortara. Atti, documenti, confutazioni. Il diritto canonico e il diritto naturale, per l'abate Delacouture, antico professore in teologia.* Torino: Unione Tipografico-Editrice, 1859.

Annunzii. "L'educatore israelita" 7 (1859): 128.

Appendice. Rivista drammatica. Teatro Carignano. "La Tireuse de carte." Dramma del sig. V. Séjour. "L'opinione" 13.37.6 (1860): 1–2.

ASCER = Archivio Storico della Comunità Ebraica di Roma.

Beer, Marina, e Anna Foa (a c. di). *Ebrei, minoranze e Risorgimento. Storia, cultura, letteratura.* Roma: Viella, 2013.

Caffiero, Marina. *Battesimi forzati. Storie di ebrei, cristiani e convertiti nella Roma dei papi.* Roma: Viella, 2004.

CAHJP = The Central Archives for the History of the Jewish People, Jerusalem.

Calimani, Riccardo. *Storia degli ebrei italiani. Nel XIX e XX secolo.* Vol. 3. Milano: Mondadori, 2015.

Camurani, Ercole (a. c. di). *Rivista israelitica. Riedizione con indici di tutto il pubblicato 1845–1847.* 1885. Nota intr. Sabina Magrini, Vincenza Maugeri; postfaz. Bruno Di Porto. Fidenza: Mattioli, 2014.

---

[25] Sulle rappresentazioni torinesi del 1860, si veda in "L'opinione", *Appendice. Rivista drammatica. Teatro Carignano. La Tireuse de cartes. Dramma del sig. V. Séjour* 1–2; in "L'educatore israelita", *Cronaca Mensile* 24; e Mortara 93–97.

Castelvecchio, Riccardo. *La famiglia ebrea* ("Dramma in quattro atti ed un prologo"). Milano: Libreria di F. Sanvito succ. a Borroni e Scotti (Florilegio drammatico, fasc. n. 409), 1861.

Cavaglion, Alberto. *Gli ebrei in Piemonte. Lezioni di Alberto Cavaglion*. A c. di Amicizia Ebraico Cristiana Torino. Acqui Termi (AL): Impressioni Grafiche, 2016.

Cronaca mensile. "L'educatore israelita" 8 (1860): 24.

Delacouture, Abbé André Vincent. *Le Droit canon et le droit naturel dans l'affaire Mortara*. Paris: E. Dentu, 1858. Trad. it. in Anonimo [Rabbeno David] (a c. di). *Roma e l'opinione pubblica d'Europa nel fatto Mortara* 93–133.

Di Porto, Bruno. *Il giornalismo ebraico in Italia*. In *"L'educatore israelita" (1853–1874)*. "Materia giudaica" 6 (2000): 60–90.

———. *La "Rivista israelitica" di Parma. Primo periodico ebraico italiano.* "Materia giudaica" 5 (1999): 33–44.

La Direzione. *Cronaca italiana*. "L'educatore israelita" 7 (1859): 245–53.

Di Segni, David Gianfranco. *I rabbini di Roma nell'Ottocento e agli inizi del Novecento*. In Procaccia 131–62.

Fasani, Giacobbe (Giacobbe Giuseppe) (Jaacov Josef). *Sèfer toledòt Ya'kòv Yosèf*. Manoscritto presso CAHJP, Gerusalemme, numero di catalogo: CAHJP HM/4908, cartella Jaakov Josef Fasano.

Il fatto di Bologna. "L'educatore israelita" 6.19 (1858): 312.

Foà, Salvatore. *Gli ebrei nel Risorgimento italiano*. Roma: Carucci, 1978.

Foà, Simona (a c. di). *Le "Croniche" della famiglia Citone*. Trad. di Alberto A. Piattelli, Roma: Edizioni di Storia e Letteratura, 1988.

Francia. "L'educatore israelita" 7 (1859): 86.

Fraterne intervenzioni israelitiche. "L'educatore israelita" 6.21 (1858): 339.

Inghilterra. "L'educatore israelita" 7 (1859): 57–58.

Inghilterra. Londra. "L'educatore israelita" 7 (1859): 88.

Kertzer, David I. *The Kidnapping of Edgardo Mortara*. 1997. New York: Vintage, 1998.

———. *Prigioniero del Papa Re*. Trad. [di *The Kidnapping of Edgardo Mortara*] di Giorgio Moro e Brunello Lotti. Milano: Rizzoli, 1996.

Luzzatto, Voghera Gadi. *Olper, Samuele Salomone*. "Dizionario biografico degli Italiani." Vol. 79. Roma: Istituto della Enciclopedia Italiana Treccani, 2013.

———. *Il prezzo dell'uguaglianza. Il dibattito sull'emancipazione degli ebrei in Italia (1781–1848)*. Milano: Franco Angeli, 1998.

Messori, Vittorio. *"Io, il bambino ebreo rapito da Pio IX." Il memoriale inedito del protagonista del "caso Mortara"*. Milano: Mondadori, 2005.

———. *Kidnapped by the Vatican? The Unpublished Memoirs of Edgardo Mortara*. Trad. [di *"Io, il bambino ebreo rapito da Pio IX"*] di Michael J. Miller. Intr. Roy Schoeman. San Francisco: Ignatius, 2017.

Molossi, Lorenzo, David Rabbeno, et al. *Le industrie di Parma 1861–1864: la prima statistica industriale in Italia dopo l'Unità*. Riedizione e intr. a c. di Ercole Camurani. Pref. Andrea Zanlari. Fidenza: Mattioli 1885, 2011. (Riprod. facsimilare di: *Statistica del Regno d'Italia. Industria. Industrie manuali della provincia di Parma*. Firenze: Tip. Tofani, 1866).

Moos, Herman M. *Mortara: Or, the Pope and His Inquisitors; a Drama, Together with Choice Poems*. Cincinnati: Bloch & Co., 1860.

Mortara, Elèna. *Writing for Justice: Victor Séjour, the Kidnapping of Edgardo Mortara, and the Age of Transatlantic Emancipations*. Hanover, NH: Dartmouth College Press, 2015.

Notizie. Ci scrivono da Amsterdam. "L'educatore israelita" 8 (1860): 26.

Notizie. Inghilterra. Londra. "L'educatore israelita" 7 (1859): 317–18.

Olper, Samuele Salomone. *Discorso d'ingresso alla cattedra rabbinica dell'Università israelitica di Torino il giorno 1 aprile 1859 nell'oratorio maggiore di rito italiano*. Torino: Vincenzo Bona, 1859.

———. *Lettera al Consiglio Amministrativo dell'Università Israelitica di Asti*. "Circolare riguardante la pubblicazione di documenti sull'affare Mortara, con raccomandazione di Salomone Olper, Rabbino Maggiore a Torino. 1859 (Stampa, pp. 3)" [5 aprile 1859]. In CAHJP, Gerusalemme, codice CAHJP IT/As 10, Lettere e circolari, inserti: 1858–60, da Fondo Università Israelitica di Asti.

Ottolenghi, Adolfo. *Abraham Lattes nei suoi rapporti colla Repubblica di Daniele Manin*, "La rassegna mensile di Israel" 5.1 (1930): 3–13.

Perini-Bembo Federico Augusto. *Giuseppe Giacomo Dalmedico "garibaldino di vecchio stampo"*. "Rassegna storica del Risorgimento" 44.4 (1957).

Procaccia, Claudio (a c. di). *Ebrei a Roma tra Risorgimento ed emancipazione (1814–1914)*. Roma: Gangemi, 2013.

Rabbeno, David. *Beatrice Cenci*. "Melodramma tragico in tre atti, parole di Davide Rabbeno; musica del maestro Giuseppe Rota, scritta espressamente pel Regio Teatro di Parma. Da rappresentarsi nel Carnevale 1862–63." Parma: Tip. della Gazzetta di Parma, 1863.

———. *Salsomaggiore: il primo modello di statistica comunale nel Regno dopo l'unità d'Italia*. A c. di Ercole Camurani. Fidenza: Mattioli 1885, 2010.

(Riprod. facsimilare di: *Delle condizioni delle statistiche nell'Italia centrale e delle Commissioni di statistica nell'Emilia, con un modello di statistica del Comune parmense di Salso Maggiore*. Parma: Rossi-Ubaldi, 1861).

Ravenna, Leone. *Desiderii*. "L'educatore israelita" 8 (1860): 201–14.

Scalise, Daniele. *Il caso Mortara*. Milano: Mondadori, 1997.

Séjour, Victor. *The Fortune-Teller*. Trad. ingl. [di *La Tireuse de cartes*] di Norman R. Shapiro. Intr. M. Lynn Weiss. Urbana: University of Illinois Press, 2002.

———. *L'indovina*. Trad di *La Tireuse de cartes* di Luigi Enrico Tettoni. Milano: Libreria di F. Sanvito succ. a Borroni e Scotti (Florilegio drammatico, fasc. n. 391–392),1860.

———. *La Tireuse de cartes* ("Drame, en cinq actes et un prologue, en prose. Par Victor Séjour"). Paris: Michel Lévy Frères, Libraires-Éditeurs, 1860.

Sermoneta, Giuseppe. Prefazione. In Foà (a c. di). *Le "Croniche" della famiglia Citone* v–xix.

Sirtori, Marco. *Un caso giudiziario di fine Cinquecento: Beatrice Cenci nell'opera romantica*. In Camillo Faverzani (a c. di). *Sì canta l'empia. . . .. Renaissance et Opéra / Rinascimento e Opera. Seminari "L'Opéra narrateur" 2013–14*. (Saint-Denis, Université Paris 8-Paris, Institut National d'Histoire de l'Art). Lucca: Libreria musicale italiana, 2016. 337–56.

Sofia, Francesca. *La nazione degli ebrei risorgimentali*. "La rassegna mensile di Israel" 76.1–2 (2010): 95–112.

Tagliacozzo, Franca. *Gli ebrei italiani tra Risorgimento ed emancipazione*. In Erminia Ciccozzi, Liliana Di Ruscio e Rita Gravina (a c. di). *L'Italia tra '800 e '900. Ipotesi di percorsi*. Roma: Publiprint Service, 2013. 99–147.

Volli, Gemma. *Alcune conseguenze benefiche dell'"Affare Mortara"*. "La rassegna mensile di Israel" 28.3–4 (1962): 309–20.

———. *Il caso Mortara nel primo centenario*. Roma: "La rassegna mensile di Israel", 1960. Ristampa anastatica de Il caso Mortara. Il bambino rapito da Pio IX. Intr. Ugo Volli. Firenze: Giuntina, 2016.

———. *Il caso Mortara nell'opinione pubblica e nella politica del tempo*. "Bollettino del Museo del Risorgimento" 5.2 (1960): 1087–152. Bologna: Azzoguidi, 1961.

Michael Sherberg

Habeas corpus:
American and Italian Responses to the Mortara Affair

Abstract: Papal authorities removed six-year-old Edgardo Mortara from his Jewish family in 1858, after word spread that his nanny had baptized him. The event provoked reactions throughout Europe and the United States as individuals and governments decried the Church's abduction of the Jewish boy. This essay addresses two such contemporary responses. The first is found in the pages of *The New York Times*, which covered the story in depth and advocated for Edgardo's return to his family. The second came in the form of a play by Riccardo Castelvecchio, *La famiglia ebrea*, which was based loosely on the events of the Mortara affair, and which envisioned how the religious tensions at the bottom of the scandal could be resolved in Unification.

Keywords: Edgardo Mortara; *The New York Times*; Riccardo Castelvecchio; *La famiglia ebrea*; Jews in Italy.

The Mortara Affair

The Mortara affair, as it came to be known, erupted in 1858, when on 28 June the Jewish child Edgardo Mortara, age six, was seized by papal authorities after his Catholic nanny disclosed that she had secretly baptized him. As David I. Kertzer, Professor of Social Science, Anthropology and Italian Studies at Brown University, has argued, the affair was more than an Italian event; it quickly became an international scandal that changed, to a certain extent, the course of Italian political history. At its core this is the story of a custody dispute over a child, with conflicting parental claims asserted by Edgardo's biological father, who denied the legitimacy of the secret baptism, and Pope Pius IX, his adoptive father, who affirmed it. The Church's rationale followed deeply embedded Christian notions according to which the sacrament of baptism, as a gateway to eternal life, transcends that of circumcision, which symbolizes subjugation to

God's law and affirms mortality.[1] As defenders of each side lined up against one another, the boy's body became a site of ramifying symbolic value, first condensing a rehearsal of centuries of antisemitism and later representing the possibility of a new order that could transcend prejudice in the form of a liberal state.

The New York Times Speaks

So compelling was young Edgardo's story that it drew the repeated attention of *The New York Times*, which offered regular reporting between November 1858 and February 1859. The newspaper followed legal efforts in Bologna to recover the child and the assistance offered by the most prominent Jew at the time, Moses Montefiore,[2] and it paid close attention to protests organized by Jewish communities in New York City, Philadelphia, and San Francisco. Occasionally the newspaper even reported an unfounded rumor, as when on 1 January 1859, in a column of news bits entitled "Personal," it announced that "the father of the Jewish child Mortara is about to settle in France." On 4 December 1858, referring to "the abduction of Mortara's child," it announced an upcoming meeting at Mozart Hall, which it called upon "Christians of every shade of religious belief" to attend in solidarity with Jews ("The Mortara Case Again").

The *Times*'s reporting deserves attention, as it testifies not only to the reach of the scandal but to the moral contours of the response to it, recorded in real time. The first published reference appears in a "News of the Day" column on 3 November 1858: "The Emperor has remonstrated with the Papal Government in regard to the baptism of the Hebrew child of the Mortara family." On that same day, in a digest of European newspapers entitled "Europe. Arrival of the Fulton. Details of Foreign Intelligence," it published a lengthy paragraph from

---

[1] This is Paul's point in Galatians, where, after a paragraph comparing the circumcised Jews to the uncircumcised Gentiles, he affirms, "We ourselves are Jews by birth and not Gentile sinners; yet we know that a person is justified not by the works of the law but through faith in Jesus Christ" (2.15). In other words, despite having been initiated into the law through circumcision, Paul and the new Christians believe that their status as righteous men descends not from Jewish law but from faith in Jesus. He makes this same point in Romans, where he denies the value of physical circumcision in the absence of faith: "[...] a person is a Jew who is one inwardly, and real circumcision is a matter of the heart — it is spiritual and not literal" (2.29). He further establishes that baptism shall be the means of initiation into the new religious community rooted in identification with Jesus, whose experience of baptism anticipated not just his death but also his resurrection (Romans 6.1–14). Immersion no longer denotes purification in the context of Jewish practice, but rather conversion to a religious doctrine according to which the law enacted through circumcision can be transcended.

[2] Born in Livorno to British parents, Moses Montefiore grew up in England and went on to become a leading Jewish financier, philanthropist, and activist for Jewish causes, including the promotion of Jewish settlements in Palestine. For details see Green's biography, which also addresses his role in the Mortara affair (258–82), as does Kertzer, ch. 16.

the French *Constitutionnel* in which the author conceded that Edgardo's baptism could not be undone but augured that this "deplorable affair" would not be repeated. Six days later there appeared in *The New York Times* a longer piece, "Abduction a Christian Duty," that expanded on the details of the case. At this point the reporting gained momentum and became infused with editorializing. On 12 November the paper reported that "the intelligence received by the *Asia* [a vessel carrying newspapers] puts a new and even more revolting face on the Mortara affair" ("The Mortara Case Again"). That face, as gleaned from the Parisian *Siècle*, which presumably arrived on the boat, was that "the Jewish child was never really baptized according to the ritual of the Roman Catholic Church, but only 'had Christian ["holy"] water thrown by the nurse upon its face when ill of a fever, at one year of age.'" These clarifications reflect the *Times*'s increasing control of the details and a growing awareness of a core issue in the case, the legitimacy of the baptism. The paper went on to observe, presciently, that "we do not believe that this question will be allowed to drop," and that the abduction "discloses pretensions of extreme danger to public right." The reference to public right alludes to growing tensions between a notion of human rights that transcend state power and the claims that would compromise this notion. Understanding this affair to represent a dispute between family rights and state power, the paper lobbied for a solution that would curtail the encroachments of the Papal States as part of a broader global program aimed at affirming the rights of vulnerable minorities.

The sense of moral opprobrium escalated. In a 4 December 1858 article about events organized by the local Jewish community, the *Times* reported that the meeting would be attended by "our Jewish fellow-citizens," a pointed affirmation of the status of Jews in the United States, in contrast to that of Jews in the Papal States, where Edgardo and his family lived when he was taken. In that same article the *Times* made its point of view clear, before giving a capsule summary of the events surrounding Edgardo's capture:

> This is not a sectarian question by any means. It more nearly affects the Jews than it does any other case of religionists, because the family who are the victims of the tyranny of the Inquisition belong to that people; but the violation of one of the most sacred natural rights of man is a question for mankind, without exception of race or creed.

After the initial flurry of reports, news trailed off until a short notice appeared 15 years later in 1874 to the effect that Edgardo, by then an ordained Augustinian priest, had delivered his first sermon. The paper also noted, in reviewing

Edgardo's life over the previous years, that he had rebuffed his father's efforts to see him. Finally, in 1897, under the headline "Strange Story of a Priest," the *Times* reported on a sermon Edgardo delivered in the Church of Sts. Peter and Paul in Brooklyn.

Not only did the *Times* report and comment on the Mortara story, it also influenced American Jewish activism in response to it. One key Jewish leader at the time of the kidnapping was the president of Congregation Mickveh Israel in Philadelphia, Abraham Hart, who managed to catch the attention of Secretary of State Lewis Cass.[3] Cass wrote two letters to Hart that the *Times* published and on which it commented. In the first, dated 21 November 1858 and published on 30 November, Cass tried to shed some light on the role of the government in the case: "This occurrence took place within the territories of an independent power, and without affecting the rights of any American citizen. It is the settled policy of the United States to abstain from all interference in the internal concerns of the country" ("The Mortara Case — Letter from Secretary Cass"). The paper mentioned the letter in a news summary published the same day, and on 2 December 1858, in a piece entitled "The Papal Abduction," it editorialized about it, pointing out the error in Cass's position in tones that leave no doubt about the writer's opinion of Cass:

> But the Secretary of State is not as correct as a Secretary of State should be, when he insinuates that there is no precedent for such action as the Administration has just been solicited to take in the Mortara business. It will be remembered that a precisely similar memorial from a meeting of Israelites in this City, in the year 1840, on the subject of the persecution of the Jews in Damascus, was replied to by Mr. Forsyth — then occupying the place which General Cass now holds — with the satisfactory announcement that the President has even anticipated the wishes of the memorialists. The persons who were then suffering under tyrannical oppression were not citizens of the United States. They were simply what Momola [*sic*] Mortara is — subjects of a foreign country; yet Mr. Van Buren deemed their sufferings a sufficient plea for the aid which the moral support of the United States could afford [...].[4]

---

[3] Mickveh Israel is the oldest congregation in Philadelphia and the oldest continuous synagogue in the United States. On its website it boasts that it is the "synagogue of the American revolution" (http://www.mikvehisrael.org/e2_cms_display.php?p=past_our_history). Its venerable status may have helped Hart in his outreach to Cass.

[4] Momolo Mortara — not Momola — was Edgardo's father.

The incident here referenced involved the arrest and torture of members of the Damascus Jewish community, accused of murdering a Christian monk in a blood libel.[5]

Hart then wrote a second letter to Cass, to which the Secretary of State again responded; the *Times* published Cass's response ("The Mortara Case — Second Letter from Gen. Cass"). In this letter Cass argued that the American government's intervention in the Damascus affair constituted an exception to long-standing policy that in no way altered that same policy: "I think it proper to observe that this single action, on the part of the Government, can scarcely be said to change that character of national reserve which I attribute to our foreign policy." One can only infer that Hart had cited Damascus, influenced perhaps by what he had read in the *Times*. Cass's letter drew an irate rebuke from an increasingly impatient *Times*, published the very next day. Picking up on the distinction between the Damascus case, in which the American government had intervened, and the Mortara affair, which Cass preferred to leave to "the action of individuals, and the expression of public opinion," the paper railed against the hypocrisy of Cass's position, particularly in light of the fact that the U.S. government was currently considering a number of interventions in Central and South America. Then came this:

> It will be necessary for American friends of humanity, in future, to prepare for themselves a scale of the evils which it is in the power of despotism and superstition to inflict, in order to know how far fanatic tyranny must go in order to bring itself under the reprehension of the United States. And a similarly graduated schedule might be found useful to all the barbarous Governments of the world, as enabling them to commit what enormities they please, without the fear of a remonstrance from this quarter, so long as they keep within the limits prescribed by Mr. Buchanan's Secretary of State.
> ("Gen. Cass and the Mortara Case")

The editorial concludes by praising those European governments that had taken up the Mortaras' cause, stepping into the moral void left by the American government.

The *Times*'s statement displays a chilling clairvoyance. Later opportunities would arise for American administrations to assist Jews abroad, and Buchanan's

---

[5] For a thorough account of the Damascus affair see Frankel.

response in the Mortara case seems to have set a precedent.[6] Franklin Roosevelt would have done well to study the Damascus affair when the German ocean liner *St. Louis* came to port carrying its cargo of Jewish refugees.[7] It seems unlikely that the *Times*'s writer could have imagined in the mid-nineteenth century the level of depravity of which humankind would later show itself capable. The moral cowardice of the American government in the Mortara affair may have involved a fear of offending conservative American Catholics, and Buchanan already had enough domestic political problems to worry about. Whatever the reasons, Cass's recalcitrance looked singularly bad by comparison to responses from governments across Europe, Catholic and Protestant alike, condemning the abduction.

That governments should intervene on behalf of the Mortara family is a marker of the flow of history. The Catholic Church represented a last vestige of an absolutist model that had given way to liberalism, even in countries with majority Catholic populations. At stake in these two conflicting models was the question of where the boundary lay between state power and family rights. Both Roman and Germanic common-law traditions endowed fathers with authority over their children (Bonfield 151), so the Church needed an argument that effectively nullified paternal rights. It found it in the alleged baptism which, according to the Church, precluded Edgardo from remaining with his Jewish family. Meanwhile, for Jews all too aware of their history in the ghetto, the Mortara affair renewed the lesson about the contingency of freedom as it related to their minority status. Edgardo's capture showed that under papal governance Jews effectively had no rights whatsoever. It seems a bit harsh to

---

[6] Buchanan himself addressed the affair in a letter to Benjamin Hart, secretary to the Board of Representatives of the United Congregations of Israelites of the City of New York, sent on 4 January 1859 and published in the *Times* on 14 January. Hart had written Buchanan wondering why the community had not received any reply to letters sent to the president back in November; evidently Buchanan felt compelled finally to answer. In his reply he stated that the letters had gone to the State Department, where Cass had handled them. He then reiterated the position expressed by Cass, adding: "We ourselves would not permit any foreign power thus to interfere with our domestic concerns and enter protests against the legislation or the action of our Government toward our own citizens." He admitted that this was a case "well calculated to enlist our sympathies," and concluded, "Had Mamola [*sic*] Mortara been a citizen of the United States, the case would have been very different. The Israelitish citizens of the United States have had occasion to know that I have not been regardless of their rights in foreign countries, and they may rest assured that they shall receive the same protection when domiciled abroad, during my Administration, which is extended to all other citizens of our common country." (I am unaware of the use of this extraordinary adjective, Israelitish, in other contexts.)

[7] The ship left Hamburg on 13 May 1939 with 937 passengers, mostly Jews, destined for Havana. The Cuban government admitted only a few and the remainder returned to Europe and found refuge in other countries. About a quarter of the passengers eventually perished in the Holocaust. Efforts to convince Roosevelt to admit the passengers, who sailed close to Miami as they left Cuba, fell on deaf ears.

second Abigail Green's observation that the American response showed the "institutional immaturity of American Jewry" (269). It was perhaps more the sort of conditioned response of deference by a people that had been powerless for too long.[8] Moses Montefiore understood perfectly what was at stake and said as much in a letter to the president of the Hebrew Congregation of the United States, first published in the *Jewish Messenger* and then reprinted in the *Times*: "You cannot fail to perceive that this is a matter affecting not the Jews alone, but *also every other denomination of faith, except the Roman Catholic*; further, that it cannot be regarded exclusively under a religious aspect, but as placing in peril personal liberty, social relations, and the peace of families" ("The Mortara Case — Movement of the Jews").

The reporting and editorializing in the *Times* — it is difficult to separate the two — suggest as well how deeply the Mortara affair affected people around the globe. In 1858 the paper was relatively young, having been founded only seven years earlier, and was still under the control of its original owners, Henry Jarvis Raymond and George Jones. Like many who joined voices to condemn the kidnapping, these men were not Jews, but clearly they had absorbed the lessons of human rights that came down from the Enlightenment and that were percolating with particular vigor in the years prior to the Civil War. This coincidence becomes transparent in another "Personal" column, dated 18 January 1859, that reported that the Prince Regent of Prussia had declined to intervene with the Vatican with regard to the Mortara affair, and then, three paragraphs later, announced that the child actress Cordelia Howard would play Eva in a New Haven stage production of *Uncle Tom's Cabin*.

And yet, curiously enough, when the issue of slavery arises in these same pages, the *Times*'s response is much more restrained; one does not find the sort of heated rhetoric there that appears in the columns devoted to the Mortara affair. The paper did not discuss the question of slavery as a human rights problem, but rather as a national problem that required a solution short of war. In one column it attacked the *New York Herald*, widely circulated in the south, for publishing incendiary speeches by Abolitionists and stirring up southern tensions ("The Southern Abolition Organ"). Elsewhere it counseled that the best approach to the slavery question would be for people in the north to stop talking about it and let southerners consider their options over time ("The Abolition of Slavery"). So while the *Times* appeared to agree with the moral position of

---

[8] This was also very much the response of the Roman Jewish community, as Kertzer details (see for example 159–61). While American Jews remained unequivocal in their objection to the kidnapping, in Italy local conditions and interests, particularly those in Rome, complicated relations among Jews.

the Abolitionists, it saw their agitation as more dangerous than constructive. In the Mortara case there was understandably little at stake for the United States, beyond its own moral position, and so the case became a vehicle for the paper to vent its outrage about human rights abuses.

In other words, the Mortara affair offered an opportunity for some parties, including the *Times*, to assume positions that put them at little risk. The case also gave individuals and groups an opportunity to show that they had shed their historical antisemitism. While the *Times*'s outrage was doubtless sincere, it is nevertheless true that its vision of justice, as filtered through the Mortara affair, remains idealistic in the face of its own powerlessness to effect the outcome of the case. Jews understood this story to typify their lived experience over centuries, and in the sad fact that Edgardo never returned home they were reminded that moral arguments wither in the heat of state power.

As the *Times*'s response suggests, the Mortara affair quickly crossed the borders of the Italian peninsula. In the context of a journal issue dedicated to the topic of the New Italy and the Jews, this account may seem out of place; after all, Edgardo was kidnapped before Italy had become new, and *The New York Times* was not an Italian newspaper. Kertzer argues eloquently, however, for the political impact of Edgardo's kidnapping, which was perhaps hastened by Italy's Unification.[9] In its own way, it certainly drove the logic of Unification by exposing the moral bankruptcy of the papacy and disqualifying it from secular political leadership on the peninsula. Moreover, by recording the drama of the scandal as it unfolded, the *Times* offered a rare opportunity to understand the impact of events before anyone knew what their final outcome would be. The paper spoke out strongly in part because it wanted to affect the outcome of the affair while there was still a chance that Edgardo could return home. At that same time, back in Italy, not everyone appeared to share the paper's confidence in that possibility.

An Italian Response: Castelvecchio's *La famiglia ebrea*

One of the singular documents to emerge from the Mortara affair combines the seemingly disparate issues of family and nation-building into a meditation on politics and identity that assumes, quite tragically, that Edgardo would never

---

[9] The Mortara affair certainly did not hasten changes in Catholic doctrinal policies toward Jews. The Church continued to baptize Jewish children at least until World War II, and it eliminated the prayer for the conversion of the Jews, *Pro perfidis Judaeis*, only in the 1960s, with the Second Vatican Council.

return home. Published in 1871,[10] Riccardo Castelvecchio's play *La famiglia ebrea* wades into the troubled waters of the Mortara affair and attempts to find a way to reconcile this ugly story with the aspirations of the New Italy.[11] Its implicit premise — that Edgardo would be lost to his family, and that the Church's steel grip on this child's body would not be loosened — leads one to wonder whether at an ocean's distance the *Times*'s faith in the possibility of rescue was little more than a pipe-dream; closer to home, at least one man, and perhaps more, could not summon optimism.

Composed of a prologue and four acts, the play is set in Bologna, historical epicenter of the Mortara affair.[12] The prologue is dated 1830 and lays the groundwork for the ensuing action with details that evoke Edgardo's story. The nanny, Giuditta, anticipating future events, confesses that she had baptized the sick baby, here named Beniamino, with water from a nearby pitcher; the detail that she did not use holy water may have aimed at subverting claims to the legitimacy of Edgardo's baptism, even though holy water (that is, water previously blessed by a priest) was never a requirement for the sacrament's legitimacy. She confides her action to the child's doctor, who also happens to be the doctor for the papal legate, whom he promptly informs of the child's baptism. Elsewhere Castelvecchio signals that he is not so much retelling the Mortara story as fashioning one of his own. By the end of the prologue the baby has been seized, causing his mother, Rachele, to collapse, and the nanny to show signs of incipient

---

[10] WorldCat gives a publication date of 1871. My personal copy, however, which bears no date, includes a "Diffida" signed by Castelvecchio and dated 20 June 1861, in which he forbids any performances of the play without his permission. One is led to conclude that the play in fact may have been published in 1861; in any event, it was certainly completed by 20 June of that year.

[11] Castelvecchio was born Giulio Pullé in Verona in 1814 and died in Legnano in 1894. Before becoming a playwright and adopting his pen name, he first studied law in Padua and then served in the Austrian administration in northern Italy. He published his first book, *Canti pel popolo veneziano*, along with co-author Jacopo Vincenzo Foscarini, in 1844. The 1935 entry for Pullé in the *Enciclopedia italiana* details a varied career, with some early failures (*Nostalgia, Giulia ovvero una passione sfortunata*, and *Ugo Foscolo*) and later successes (*La cameriera astuta, La notte di San Silvestro*, and *La donna romantica e il medico omeopatico*). His prolific playwriting career included some 35 works in a variety of genres, mostly social comedies. He also executed some translations, including three plays by Molière (*Il misantropo, I dispetti amorosi* [*Le dépit amoureux*], and *La scuola delle mogli* [*L'École des femmes*]), as well as a translation of a theatrical adaptation of Victor Hugo's *Les Misérables*. With *La famiglia ebrea* he turned to a different genre, penning what one might call a history play, though it was still technically a comedy given its happy ending. The 1935 entry in the *Enciclopedia italiana* singled out *La famiglia ebrea* as belonging to the genre "che si potrebbe chiamare poliziesco," a curious designation phrased in such a way as to suggest that the author of the piece was not himself clear about how to classify it. Suffice it to say that the play is anything but a police procedural, but the fact that it earned mention suggests that, as far as the *Enciclopedia* was concerned, this was an extraordinary work.

[12] This was not the only play to come out of the Mortara affair. For an extensive treatment of Victor Séjour's 1859 play *La Tireuse de cartes* (The Fortune-teller), see Mortara 31–169.

madness after Beniamino's father, the rabbi Abramo Nefeg, casts a curse on her. Nefeg is active in efforts aimed at redeeming — his verb — Italy; he has already been arrested twice, a detail that suggests that the boy's kidnapping may have more to do with his father's politics than with the alleged baptism. Indeed, at the end of the prologue he is again under arrest, charged this time with conspiracy.

The remainder of the play takes place 29 years later, in 1859, roughly one year after Edgardo's kidnapping. The baby Beniamino, now renamed Gregorio, is a lay secretary to the papal legate, and his superior has set about to find him a wife. This comic subplot both reflects Castelvecchio's own inclinations as a playwright and serves to cast those characters aligned with the pope — the doctor and the legate in particular — as ridiculous and unprincipled, capable among other things of committing fraud to achieve their purposes. Meanwhile Nefeg, who had been exiled to London, has returned to Bologna on the urging of Gregorio. Nefeg is secretly working for Italian independence, and he is yet again under arrest. He had been carrying a Bible, which comes into Gregorio's hands, and which conceals a sheet of paper recording verses from Exodus. These narrate the suffering of the Israelites in Egypt and God's eventual recognition of their suffering (1.14–15 and 2.23–24). The play in fact relies heavily on biblical imagery, though of course this is hardly the first time that imagery from Exodus had been invoked with reference to the liberation of Italy. (For a reference to the sufferings of the Jewish people in Egypt, one need only read the final chapter of Machiavelli's *Prince*, which advocates for an expulsion of foreign armies that would only take place three centuries later with Unification.) In any event, reading the verses, Gregorio, who has adopted the name Aristide in his covert political activities, realizes that the man under arrest is the contact he had summoned, though we do not yet fully understand their connection.

Act II features two important scenes. First, in the presence of Gregorio, the papal legate interrogates Nefeg, who has been captured. Then, Gregorio reveals to Nefeg that he is the Aristide who had recalled him from exile. The two embrace, unaware that they are father and son. Act III reunites Nefeg and the by-now deranged nanny Giuditta; her husband Antonio is also part of the underground liberation network that includes Nefeg and Gregorio. In a moment of lucidity the nanny discloses enough information that Gregorio, who is present, realizes his true identity and tells Nefeg that he knows the rabbi's son. He promises his father that the two will be reunited: "Quando cristiani ed ebrei si chiameranno fratelli davanti alla patria libera!" (III.6).

At the beginning of Act IV, Gregorio, borrowing a page from Hamlet, frets over whether to embrace Judaism when all he knows is Christianity; I shall return to the problem of Gregorio's religion later. The rest of the act, which takes place on the day the papal army flees Bologna — therefore around 12 June 1859 — ties up loose ends. The nefarious doctor who first reported Beniamino's baptism loses all his money in a retaliatory scheme hatched by Gregorio. Gregorio reveals his true identity to his father. The legate and the doctor are dispatched from Bologna, and the play ends with a celebration of Italy's Unification.

The sentimental core of the play lies in the unfolding relationship between father and son; Rachele, Beniamino/Gregorio's mother, disappears at the end of the prologue and never reappears. As this is a play about the *patria,* the focus on the father/son relationship makes a certain sense. The imagined ending to its Edgardo-like story, which coincides here with Italy's Unification, draws on the strategies of romance for its power. I am thinking here specifically of the quest romance, which involves the pursuit of a lost object of desire whose reacquisition leads to the restoration of a lost order. In advancing this argument, I rely on Northrop Frye's discussion of romance in *The Anatomy of Criticism,* as modified by Fredric Jameson. Frye analogizes romance to the wish-fulfillment dream, noting its "extraordinarily persistent nostalgia, its search for some kind of imaginative golden age in time or space" (186). In the present case that nostalgia consists of a dreamed-for reunification of the Nefeg family, which would itself constitute a recreation in miniature of that Paradise that the papal authorities had sundered.

For Frye the key plot element of romance is adventure, which he divides into three stages: *agon,* or conflict, *pathos,* or death-struggle, and *anagnorisis,* or recognition. These three stages actually conform strikingly to the plot of *La famiglia ebrea.* It begins with *agon,* the conflict between the Jewish family and the Catholic church and the sundering of the Nefeg family. It then moves on to *pathos,* both in Nefeg's endangerment and in Beniamino/Gregorio's conflict over his religious identity, and ends with *anagnorisis,* the recognition of the heroes Nefeg and Beniamino/Gregorio. This recognition, however, does not lead to the restoration of a lost order but rather to the creation of a new one, a new Golden Age. These modifications are key to understanding how the play attempts to reconcile the interests of the Mortara family with the greater interests of the New Italy.

Jameson modifies Frye's argument by focusing on the centrality of the conflict between good and evil. He argues — and this is important for the play — that "the concept of evil is at one with the category of Otherness itself: evil characterizes whatever is radically different from me, whatever by virtue of precisely that difference seems to constitute a very real and urgent threat to my existence"

(140). As is clear from Jameson's statement, which applies equally to *The New York Times*'s coverage of the case, the identification of the Other always depends on one's subject position ("*my* existence"). The play delves into the problem of shifting subject positions and the identification of the Other. As it begins, Nefeg and the promoters of Italian liberation must struggle with their designation as Other by a Church that locates itself at the moral and political center. By play's end, however, those Catholics who have resisted Unification assume the mantle of Other, as the play's — and history's — moral and political center shifts to the liberators.

What both Frye's and Jameson's theories share implicitly is an association of the romance plot with the interests of justice, understood generically as the restoration of an idealized lost order. The return to a lost Golden Age effects justice by restoring humanity to a time, before the fall, of perfect harmony and fulfilled desire. Romance equates desire with a loss that is understood to be unjust. In the case of Castelvecchio's play, that loss is embodied in Beniamino/Gregorio, for whom Nefeg is searching, and in Italy's statelessness, which Nefeg working to remedy. As a Jew, he is uniquely positioned to filter the Risorgimento's aspirations through a Jewish lens, and vice-versa. The play thus advances the theory that Unification will lead as well to an end to antisemitism.

As a rabbi, Nefeg is well-schooled to refute the precepts of Catholic antisemitism. In his encounter with the openly antisemitic papal legate ("sento l'odio e il ribrezzo che mi desta la razza cui tu appartieni" II.2), he defends Judaism with biblical citations and attacks the temporal power of the Church as aberrational among the world religions, both eastern and western, that he studied while in exile. He also eloquently recapitulates the history of the Inquisition:

> Il tribunale della santa inquisizione! A tempo lo nominasti: esso rammenta in qual modo voi avete un giorno convertito una religione d'amore in una religione di sangue! la civiltà ha spento i roghi infami dell'Auto-da-Fè, ma voi inventaste in loro vece un supplizio mille volte peggiore, le torture dell'anima: oh siete sempre i degni successori del Torquemada!
>
> (II.2)

The speech turns the Church's mission of conversion on its head, as Nefeg argues that it is the Church itself that has been converted, abandoning its theological roots in Christ's love for the sword.

Nefeg's quest, which in the prologue had been purely political, has become personal, as he searches for his lost son. He worries that the boy might have been brainwashed: "Beniamino, cosa hanno fatto di te quei barbari? Stai tu dalla parte dei giusti o da quella dei prevaricatori? Ci scontreremo noi colla spada in mano [o] coll'ulivo della fratellanza e della pace?" (II.1). Gregorio's uncertain status complicates his father's desire, because Nefeg does not know whether what he is seeking to reacquire, his own son, will lead him to a restored Golden Age or to disaster. In his subsequent conversation with the papal legate, he invokes his son and seeks his whereabouts, to which the legate responds only that Gregorio has fulfilled God's wish that he be a *vaso d'elezione*. The metaphor aligns him with St. Paul, the original *vas electionis* (Acts of the Apostles 9.15), who was chosen by Christ to receive the Holy Spirit, converting from Judaism to Christianity, and who, like Beniamino, substituted a new name for his original Jewish name. In the present context, the language also plays on the historic status of the Jews as the chosen people, suggesting how a different choice, that of the Holy Spirit, has supplanted the original one of the Jewish covenant.

The encounter with the legate underscores the historical Jewish resistance to conversion. In response to the father's question about whether his son has become a Jesuit, the legate recognizes that unfulfilled desire can be a source of suffering: "[. . .] non te lo voglio dire: resta col tuo dubbio, animo indomabile, e che questo sia il principio della tua punizione" (II.2). The reference to Nefeg as an *animo indomabile* reflects the legate's frustration with his resistance while acknowledging that any attempt to win him over will be fruitless. It encapsulates as well a conflict that lies at the core of the Mortara affair as Castelvecchio translates it for his audience: a conflict over dominion, in which the interests of Italy's Jews have come to coincide with those of the Risorgimento. An audience sympathetic to Unification will sympathize with the Jewish family as well.

This strategy recurs elsewhere as Castelvecchio prepares the ground for a conclusion that does not restore the old order but rather affirms the new one. As I discussed above, at one point Nefeg and Gregorio/Beniamino meet and talk while unaware of each other's true identity. The audience is likewise in the dark, so to speak — and in fact this dramatic scene occurs in darkness. By withholding this key information, Castelvecchio stimulates a double desire in the audience: to know whether this character is in fact Beniamino, and to see the father and son reunited. In so doing he engages the same psychological dynamic for the audience and, by extension, the sympathetic Italian public. By first acknowledging a natural desire to see this family reunited, Castelvecchio gains the trust of his audience so that he can lead it away from the original, timeless Golden Age to a new one, rooted in history.

The story of Edgardo Mortara lies beneath these plot complications like a palimpsest. By making Nefeg a militant for Italian independence, the play identifies Italian Jews as loyal to the cause, therefore suitable for embrace by the New Italy. The Mortara story is the story of a family that has been demonized as irredeemably Other by hegemonic Catholicism. The play subverts this paradigm by putting the patriarch of its imaginary Mortara family at the center of a movement that aims to dismantle Catholic domination represented by the Papal States. The Jew Nefeg is as essential to the cause of Italian unification as any liberal Catholic active in the movement. Indeed, he identifies the Exodus as a model for the cause of Italian deliverance from Church enslavement. At one point, "con accenno profetico" he says, "Sono la colonna di fuoco che precede l'uscita del popolo d'Israele dalla servitù d'Egitto" (II.2). He thus suggests that he sees himself as an instrument of divine will in a story that is repeating itself.[13] By having Nefeg invoke the deliverance of the Israelites from bondage in Egypt as the foundational myth of his story, Castelvecchio suggests that the Jewish family *is* the Italian family; in Castelvecchio's world, Italians dedicated to the cause of secular nationhood are all Jews, because their story is the Jewish story. For the duration of the play the audience is effectively and uniformly Jewish, in addition to being Italian. In its collective desire to see the Nefeg family reunite as an allegory for Unification itself, the audience becomes a family, singular in its purpose and united in its values.

The play, however, does not deliver the outcome it appears to offer, in part because its audience, which is invited to identify with the Jewish people while in the theater, will revert to Christianity once it leaves. The Jewish family cannot be reunited because the son, Beniamino/Gregorio, does not wish to recover his birthright as a Jew. His speech recapitulates the conflict between the religion into which he was born and the one in which he was raised:

> Sì, non v'ha più dubbio alcuno, io sono il figlio di Nefeg; tutto me lo prova; il giorno della mia nascita, il nome di Gregorio che mi hanno imposto, debbo la mia salute eterna alla nutrice: io sono quel fanciullo ebreo che nacque e fu battezzato in questa casa. Oh mirabili decreti della provvidenza! Eppure ella è bella e santa questa religione di Cristo, poichè da lei sola mi venne l'impulso a tutto il bene che io ho fatto alla patria ed ai miei oppressi fratelli!
>
> (IV.1)

The speech offers subtle clues to Gregorio's alienation from Judaism. Rather than refer to himself as Beniamino, he calls himself "il figlio di Nefeg." Indeed, he

---

[13] The reference is to the *columna ignis* of Exodus 13.21, which guided the Israelites at night as they escaped Egypt.

carries three names in the play: the one his parents gave him, the one the Church gave him, and the one he took for himself upon entering the resistance. His challenge at this moment is to decide which name suits him, and he chooses Gregorio. He reads his life story as providential; by his account it was his destiny to be born a Jew but to live as a Christian. He affirms the added value of Christianity, eternal life, which Judaism does not promise. Beniamino/Gregorio's notion of his life story in fact evokes the history of Christianity itself, which narrates its origins among a group of Jewish followers of a Jewish dissenter and over time became something else, a separate religion. Moreover, Gregorio attributes his Italian patriotism to his Christian background, even going so far as to affirm the legitimacy of his much-contested baptism. He ignores the fact that his birth father, a Jew, is just as patriotic as he, a Christian, is. By inserting this element into Gregorio's speech, Castelvecchio reminds his audience that the Church is not monolithic when it comes to political ideology.

Castelvecchio thus takes care not to deny the validity of Christianity even as he identifies the rot at the center of contemporary Catholicism. That the new Italy will include a young Catholic born a Jew signals a return to the foundational principles of Christianity that have been corrupted over time. The play's romance impulse lies precisely in its notion that the damage of history can be transcended, and that Italy can locate its new Golden Age not in a pre-lapsarian Eden but in the early days of Christianity, when a Jewish Saul converted to Christianity and took the name Paul. By doing so he embodied the genetic line between Judaism and Christianity that the play likewise affirms.

Castelvecchio might argue that to the extent that the new nation will offer a sort of secular religion, a tent enclosing all the various religions of Italy, it does not matter which specific religion Gregorio chooses to practice. This is Nefeg's point when, confronted by the papal legate who rejoices that his family remains in "discordia: il padre ebreo, il figlio cristiano" (IV.7), replies:

> Tu dimentichi che l'astro della libertà è sorto; le nebbie del pregiudizio e dell'ignoranza fuggono dinanzi alla sua luce: cristiani ed ebrei, protestanti e cattolici formeranno quind'innanzi una sola famiglia; essi si stringeranno la mano sull'altare della patria, e non avranno che un solo nome. *Italiani!*
>
> (IV.7)

The national solution respects religious difference—Christians and Jews, Protestants and Catholics—while creating a single civic identity, Italian. It invites Italians of all faiths to wear the new secular mantle of Italian nationalism. By having Nefeg give voice to this new ideology, Castelvecchio suggests that the millennial problem of Jewish resistance to conversion might be resolved in this new common identity and participation in the national project. The polarizing paradigm of alterity will yield to a paradigm of identity.

The play thus presents a solution to the problem of what has become of Edgardo Mortara's body. It addresses the kidnapping by affirming that an adult Edgardo will be free to choose for himself how to live his life, and that he may be able to reconcile his trauma and his Christianity. It also addresses the metaphysical problem of the boy's body, how it has become a locus of dispute over the legitimacy of two sacraments. The Mortara family claimed the boy on the basis of both heredity and biblical covenant, a Judaism affirmed not just through birth but through initiation via circumcision. The Church, on the other hand, effectively invoked the old legal adage, *lex posterior derogat priori*: a later law repeals an earlier one. In the end, though, resolution of this dispute depends not on theology but on custody, on who possesses the body. As long as the Church can claim the body, it can control the boy or, for that matter, it can lay claim on every individual.

As we know, the real story of Edgardo Mortara did not have the happy ending that the play imagined, or *The New York Times* had advocated. His father sought him out after the fall of Rome in 1870, long after the *Times* had lost track of him, but Edgardo slipped out of the city to avoid seeing him. In that moment he simultaneously affirmed his own agency while showing himself to be quite the opposite of what Castelvecchio had imagined he might become. We can only imagine the fear, shame, and confusion that might have motivated him. History had played its cards well, and the aspirations of romance turned out to be little more than a chimera.

Washington University in St. Louis

Works Cited

"Abduction a Christian Duty." *The New York Times*, 9 November 1858, http://query.nytimes.com/mem/archivefree/pdf?res=9B0DE5D61131EE34BC4153DFB7678383 649FDE

"The Abolition of Slavery." *The New York Times*, 19 January 1859, http://query.nytimes.com/mem/archive-free/pdf?res=980CE4DC1E31EE34BC4152DFB7668382649FDE

Bonfield, Lloyd. "European Family Law." *Family Life in the Long Nineteenth Century 1789–1913*. Ed. David I. Kertzer and Marzio Barbagli. *The History of the European Family*. Vol. 2. New Haven: Yale UP, 2002. 109–54.

Castelvecchio, Riccardo [Giulio Pullè.]. *La famiglia ebrea. Dramma in quattro atti e un prologo.* Milano: Sanvito, 1872.

"Europe. Arrival of the Fulton. Details of Foreign Intelligence." *The New York Times*, 3 November 1858. http://query.nytimes.com/mem/archive-free/pdf?res =9A0CEFD 71131EE34BC4B53DFB7678383649FDE

Frankel, Jonathan. *The Damascus Affair: "Ritual Murder," Politics, and the Jews in 1840.* Cambridge: Cambridge UP, 1997.

Frye, Northrop. *Anatomy of Criticism: Four Essays,* Princeton: Princeton UP, 1973.

"Gen. Cass and the Mortara Case." *The New York Times*, 16 December 1858, http://query.nytimes.com/mem/archive-free/pdf?res=9901E4DE1E31E E34BC4E52DFB 4678383649FDE

Green, Abigail. *Moses Montefiore: Jewish Liberator, Imperial Hero.* Cambridge, MA: Harvard UP, 2010.

Jameson, Fredric. "Magical Narratives: Romance as Genre." *New Literary History* 7 (1975):135–63.

The Jewish Annotated New Testament. New Revised Standard Version Bible Translation. Ed. Amy-Jill Levine and Mark Zvi Brettler. Oxford: Oxford UP, 2011.

Kertzer, David I. *The Kidnapping of Edgardo Mortara.* New York: Vintage Books, 1997.

Manzi, Alberto. "Pullé, Giulio." *Enciclopedia italiana,* Treccani, 1935. http://www.treccani.it /enciclopedia/tag/giulio-pulle/

"The Mortara Case." *New York Times*, 4 December 1858. http://query. nytimes.com/mem/archive-free/pdf?res=9A06E0DF1E31EE34BC4C53 DF B467838 3649FDE

"The Mortara Case Again." *The New York Times*, 12 November 1858. http:// query.nytimes.com/mem/archive-free/pdf?res=9805E2D61131EE34 BC4A52DFB7678383649FDE

"The Mortara Case — Letter from Secretary Cass." *The New York Times*, 30 November 1858. http://query.nytimes.com/mem/archive-free/pdf?res= 9C0CE3DF1E31EE34 BC4850DFB7678383649FDE

"The Mortara Case. Letter from the President Refusing to Interfere." *The New York Times*, 1 January 1859. http://query.nytimes.com/mem/archive-free/pdf?res=9D0CE5DD1E31EE34BC4953DFB766838264 9FDE

"The Mortara Case — Movement of the Jews." *The New York Times*, 22 November 1858, https://timesmachine.nytimes.com/timesmachine/185 8/11/30/78880490.html?pageNumber=5

"The Mortara Case — Second Letter from Gen. Cass." *The New York Times*, 15 December 1858. http://query.nytimes.com/mem/archive-free/pdf?res=9901E4DE1 E31EE34BC4E52DFB4678383649FDE

Mortara, Elèna. *Writing for Justice: Victor Séjour, the Kidnapping of Edgardo Mortara, and the Age of Transatlantic Emancipations*. Hanover, NH: Dartmouth College Press, 2015.

"News of the Day." *The New York Times*, 3 November 1858. Online.

"The Papal Abduction." *The New York Times*, 2 December 1858. http://query.nytimes.com/mem/archive-free/pdf?res=9F05E1DF1E31EE34BC4A53 DFB46783 83649FDE

"Personal." *The New York Times*, 1 January 1859. http://query. nytimes.com/mem/archive-free/pdf?res=9F0CE5DD1E31EE34BC4953DFB766838 2649FDE

"Personal." *The New York Times*, 18 January 1859. http://query.nytimes.com/mem/marchive-free/pdf?res=9D07E4DC1E31EE34BC4052DFB7668 382649FDE

"The Southern Abolition Organ." *The New York Times*, 29 December 1859. http://query.nytimes.com/mem/archive-free/pdf?res=9802E6DB1630 EE34BC4151 DFB4678382649FDE

Jesse Rosenberg

Guilt and Operatic Atonement in Post-Holocaust Italy

Abstract: This essay is intended to fill an important lacuna in musical, historical, and cultural scholarship: the ways in which Jewish themes and characters were handled in Italian opera during the first quarter-century following the Holocaust. Out of a sizable group of such operas, three representative works are selected for close analysis: Sandro Fuga's *Confessione* (completed in 1960 but premiered eleven years later), Mario Castelnuovo-Tedesco's *Il mercante di Venezia* (1961), and Franco Mannino's *La speranza* (1970). Of the three composers, only Castelnuovo-Tedesco was Jewish, but all of these works were shaped by the tragedy which convulsed Italian Jews from the late 1930s through the Nazi occupation. At the same time, the differing emphases of these operas underscore the breadth and complexity of Jewish identity as reflected in this most characteristic of Italian art forms in the post-Holocaust generation.

Keywords: Mario Castelnuovo-Tedesco, Sandro Fuga, Franco Mannino, Luigi Malerba, Eriprando Visconti, Gian Francesco Malipiero, Ildebrando Pizzetti, Teatro alla Scala, Post-Holocaust, *The Merchant of Venice*

Introduction

How did Italian opera, one of Italy's most characteristics contributions to world culture, respond to the murder of six million Jews at the hands of the Nazis? In sharp contrast to postwar Italian literature, in which the Holocaust writings of Primo Levi, Giorgio Bassani, and Elsa Morante earned an honored place and an international readership, the Italian operatic response to the Holocaust has remained largely unexplored and unknown. This neglect is partly due to the notable ossification of a standard repertoire dominated by nineteenth- and early twentieth-century titles, in the face of which it grew increasingly difficult for contemporary opera composers to gain a hearing. The latter development, already evident before Second World War (though somewhat camouflaged by protectionist arts policies of the Fascist years such as the *Teatro delle novità* in Bergamo, established in 1937 for the purpose of premiering new Italian operas), had become glaringly obvious by the 1950s. The postwar years of Italian opera may have been a Golden Age so far as performance was concerned — we think of the stunning achievements of singers like Renata Tebaldi and Tito Gobbi — but were a time of growing challenge and crisis for the creation of new works. This phenomenon was far from exclusively Italian, but other, subtler factors peculiar to Italy also contributed to the generally muted quality of this response.

The Table at the end of the essay presents a selective list of Italian operatic works on Jewish themes, or having Jewish characters, from the end of the war to the present. These titles would appear to be the likeliest ones to examine for traces of post-Holocaust awareness within the genre in its mother country. They constitute far too varied a group to admit of easy generalization, but one fact fairly leaps out at us: the composers listed in the left-most column include a number who have a Jewish background: Livio Luzzatto, Mario Castelnuovo-Tedesco, and several others. An additional sprinkling of Jewish figures is found among the librettists, as well as the German-born Jewish stage director Margherita Wallmann, who designed the productions of *David* by the French Jewish composer Darius Milhaud (a work written to commemorate the 3000 years since the founding of Jerusalem), given its world premiere as a staged opera at the Teatro alla Scala in Milan, and Franco Mannino's *La stirpe di Davide*. Finally, the literary and dramatic sources indicated in the second column include works by Isaac Lieb Peretz, Anne Frank, Paul Celan, Allen Ginsberg, and Irwin Shaw, as well as various passages from Jewish sacred scripture. Although the list has plenty of Gentile names as well, it is clear that a significant Jewish presence amid these premieres is very much part of the picture — something quite unprecedented in Italian opera.

A closer look reveals a more complicated picture, beginning with the notable delay, in some cases extreme, between the composition and first performance of several of these works. The operas themselves, extending over a range of nearly 70 years, are of many types. They belong, first of all, to different subgenres of opera, staged, radiophonic, and *melologo*, in which spoken lines are instrumentally accompanied. More important, they differ in their relation both to Jewish identity (some have Biblical settings while others treat of secular or modern Jews) and to the concept of the "post-Holocaust." The latter term sometimes refers to the immediate aftermath of the Holocaust, that is, a circumscribed period roughly equivalent to "postwar," and to some extent it is in this restricted sense in which I will use it in this essay, which focuses on several works after WWII and prior to the year 1970. But the same term is also used, with good reason, as a designation for the permanent, or at least ongoing, post-Holocaust period — the one in which we are still living. For this reason, it seemed advisable to include in the Table several more recent Italian operas dealing in some way with Jewish identity. In addition to these two different chronological delineations, we also have the *conceptual* post-Holocaust as manifested in religion, political thought, the arts, and so forth — the attempts within these varied fields to process what happened and formulate a response to it. These differently defined post-Holocausts overlap only in part, and this overlap applies to opera as much as to any other field of activity related to the Jewish experience. An opera may bear the unmistakable marks of having been created under the historical shadow of the Holocaust, even while lacking all explicit reference to it (as in the two *Merchant of Venice* operas I have listed, both by Jewish composers). In fact, only a few of the compositions listed in the Table (the Anne Frank works, for example, or Giancarlo Colombini's conservatively melodramatic *Il ghetto, Varsavia 1943*) deal directly with the Nazi program to exterminate the Jewish population of the territories they occupied. It would be a grave mistake, however, to conclude that the remaining operas are unrelated to the Holocaust, which, to the attentive listener and reader, reverberates insistently around the circumstances of the creation and reception of these postwar operas about Jews, as I hope to illustrate in what follows.

At the same time, just because an operatic work with one or more Jewish characters belongs to the immediate post-Holocaust in the chronological sense, it hardly follows that it is conceptually related to the Holocaust save obliquely. A case in point is Gian Francesco Malipiero's opera *Il marescalco,* with a libretto directly drawn by the composer from the play by Pietro Aretino (1492–1566), which it closely follows. Although this opera received its premiere in 1969 at the Teatro Comunale in Treviso, the first act had been completed in 1960, as meticulously noted by Malipiero in the autograph score (*Il marescalco* 75), and it is Act I which introduces a Jewish personage on stage. This character, designated simply "il Giudeo," is a talkative peddler who tries to sell various items to the Marescalco, recommending them as gifts for his wife: a necklace, a perfumed fan, bracelets, a diamond. From the outset the Marescalco makes it clear that he is not interested, but that does not stop "il Giudeo." The Jew's advertising is not only insistent, but absurdly overstated: every trinket he has for sale is a marvel, and every price he quotes is a bargain. He is also more than willing to come to amicable terms (if you are not able to pay me now, you can pay me in six months or in a year). The more he talks, the more irritated the Marescalco becomes, and finally the Jew departs (Malipiero, *C'era una volta* 105–06).

So far as anti-Jewish stereotypes are concerned, we have all seen worse than this comic caricature. But to encounter a stereotypical depiction in such a source hardly occasions surprise; we do not expect to find enlightened perspectives on Jews in a sixteenth-century comedy. Nor is there anything anomalous in Malipiero's utilization of a 400-year-old text, by which he simply continues along the aesthetic lines that he shared in the pre-war period, generally nationalist in character, with Alfredo Casella, Ottorino Respighi, and composers reaching back to the pre-Romantic past for inspiration. So how does the Holocaust come into Malipiero's *Il marescalco*? Perhaps in no way at all, save for the dismay of those like myself, who struggle to understand how someone as gifted and cultured as Malipiero, one of Italy's most illustrious twentieth-century composers, could have imagined — in 1960, amid newspaper headlines about the arrest of Adolf Eichmann in Argentina — that this was the kind of scene he should be writing. The result is pure paradox. Malipiero's *Il marescalco* contains no account of the Holocaust but by virtue of that very omission, testifies to a strain of persistent, cowardly obliviousness, itself an important cultural feature of post-Holocaust Italy, the background of silence upon which Levi and Bassani detonated their literary explosives.

The Table, therefore, presents a list which may appear to err on the side of inclusiveness, making room for certain operas having nothing to do with the Holocaust, at least on the surface, although in some cases this absence can be a difficult determination to make. What follows below is a descriptive analysis of three of the operas listed, selected in part to illustrate a diversity of approaches and solutions. While the differences among these works are notable, they share an underlying pattern of creation by which each composer-librettist team shaped an opera involving Jewish identity in accordance with their own post-war perspectives on the persecution of the Jews. Significantly, these individuals had witnessed, either directly or indirectly, the tragic events of the Italian Racial Laws and the German occupation as they unfolded.

Mario Castelnuovo-Tedesco's *Il mercante di Venezia*

At the time when Mario Castelnuovo-Tedesco was forced into exile in 1939, he was one of the most successful composers in Italy. It was during his long career in the United States, largely taken up with film music in Hollywood, that he completed, at the end of 1956, *Il mercante di Venezia*, his operatic version of Shakespeare's *The Merchant of Venice*, and submitted it to a competition sponsored by Campari. The first prize, which went to Castelnuovo-Tedesco's opera, was supposed to be a premiere performance at the Teatro alla Scala in Milano, a theater which had never before staged a work by the composer, an honor which was itself the primary reason he decided to enter the competition. Winning first prize was a remarkable vindication for the composer, given how shabbily he had been treated in Italy following the promulgation of the Racial Laws, including the outlawing of all performances of his music. It may also be viewed as an Italian attempt to find atonement for that very treatment, with Castelnuovo-Tedesco serving as a convenient stand-in for persecuted Italian Jewry generally. But much to the composer's anger, the promised performance at La Scala never took place. The premiere was given instead at another high-profile venue, the Maggio Musicale Fiorentino, several years later (25 May 1961). The basic facts of the case have been thoroughly set forth in earlier publications (Rossi 110–16; Malorgio 79–117), but a central question continues to pose itself with some insistence: Why would a Jewish musician want to make an opera out of material so disturbing and potentially offensive to Jews? To the composer, the question was easily answered:

> [M]olti (specie fra i miei correligionari) ritengono che questo sia un dramma antisemita; e si meraviglieranno che io ebreo (avendo conosciuto il tragico periodo delle persecuzioni razziali) abbia prescelto di musicare questo lavoro, in cui il protagonista, ebreo, incorre in una triste fine. Risponderò che, proprio per questo (per essere io, ad un tempo, ebreo e italiano), ho sempre pensato di poter esprimere, forse meglio di chiunque altro (mi si perdoni l'immodestia!), l'angoscioso dualismo di questo dramma: che non è antisemita (come alcuni, a torto, ritengono), ma è piuttosto il dramma della incomprensione e intolleranza di due mentalità diverse.
> (Castelnuovo-Tedesco, *Una vita* 590–91)

The explanation is problematic in the extreme. In the first place, surely it is not just because Shylock "comes to an unhappy end" that the play has long been viewed as anti-Jewish, but because that protagonist is a heartless, bloodthirsty villain, convincingly presented as meriting (as Castelnuovo-Tedesco states later on in his memoirs) the ignominious punishment he receives. Second, Castelnuovo-Tedesco's claim to the privileged status of a mediator between two distinct communities,—the Jewish and the Italian, which he sees himself as uniquely equipped to bridge—rests on the essentialist assumption that these two groups embody two disparate "mentalities," in effect conceding the validity of anti-Jewish persecution as the defense of Italian racial identity against a foreign element. Third, the composer in this paragraph neglects to mention his decision to remove an important part of the story. In Shakespeare's play, Shylock is forced to undergo conversion to Christianity, but in the opera that element is dropped (Cohen 409). Castelnuovo-Tedesco's Shylock never abandons his faith, in contrast to his daughter Jessica, a convert to Christianity by the end of the story. Having altered this crucial detail, he naturally found it much easier to deny the anti-Jewish sentiment in Shakespeare's play. The same omission naturally also deprived the composer of the opportunity to clarify his views, within the work itself, regarding forced conversion, a notable contrast to those twentieth-century stagings which laid critical emphasis on it (Shapiro 10–12).

This essay is not the place to survey the vast literature of commentaries and interpretations of Shakespeare's *The Merchant of Venice*. In the present context it will be well to keep in mind Harold Bloom's paradoxical insight that the problematic nature of the play as anti-Jewish is reinforced rather than mitigated by its outstanding qualities. A similar observation could be made with regard to Castelnuovo-Tedesco's opera, the troubling qualities of which are not necessarily adduced for the purpose of denigrating or dismissing an exceptionally fine work. To Bloom, it was precisely Shylock's eloquence, which manifests "a spirit so potent, malign, and negative as to be unforgettable," that is bound to defeat any attempt to justify the defects of his character, which far from being personal (i. e., restricted to him as a flawed individual), dovetail all too neatly with classic anti-Jewish stereotypes (Bloom, *Shakespeare: The Invention* 174, and *Shakespeare's* The Merchant 6). Bloom therefore showed no patience for more benign readings of the play or stagings which strove to mitigate Shylock's outrageousness, either by bringing out the contemptible qualities of the Gentile characters and emphasizing Shylock's sympathetic traits, or by highlighting his status as a victim of hatred and persecution, as if this could provide adequate balance for his monstrousness. Nor is he moved by Shylock's famous monologue ("Hath not a Jew eyes?"), since that speech "is now of possible interest only to wavering skinheads and similar sociopaths" (Bloom, *Shakespeare's* The Merchant 14). There is, in fact, no possibility to gainsay the grisly nature of Shylock's desire to extract a pound of flesh from Antonio, a task for which he comes prepared with a knife, which he whets on the sole of his shoe, and a scale to measure the weight precisely; or his flat rejection of appeals to mercy in favor of strict adherence to the Law which, to his enormous satisfaction, has judged his argument to be sound, in the face of, and in the strongest possible contrast to, Portia's noble speech about pity. Much of Bloom's argument for the irreducible antisemitism of the play centers on the extreme nature of the punishment that Shylock is forced to accept: not only does he lose his daughter Jessica to a Gentile, he also loses his fortune, his means of earning a living, and must furthermore renounce his own Jewish faith and convert to Christianity as his daughter has done. But the tone of Bloom's opening salvo ("One would have to be blind, deaf, and dumb not to recognize that Shakespeare's grand, equivocal comedy *The Merchant of Venice* is nevertheless a profoundly antisemitic work") is maintained consistently throughout his discussion of the play. At the same time, while his pronouncement that the work is "unplayable" has often been cited, it is also frequently decontextualized. In Bloom's critique, it is the Holocaust which renders the work unplayable. Presumably this statement means that if European history had taken a radically different turn in the 1930s and 1940s, the play could still be performed. On the other hand, condemnation is probably more rhetorical than practical on Bloom's part. His was not an explicit call to ban performances of a play which is, in brief, too important a monument of the theatrical canon for it to disappear from the stage. And even if he judges *The Merchant of Venice* to be "unplayable," Bloom evidently considered it readable, as shown by his decision to permit his essay on the play to be reprinted as a preface to the Penguin edition of the full text of the work.

Mario Castelnuovo-Tedesco's work on this opera extended over several different periods of his life.[1] One important alteration which Castelnuovo-Tedesco made to his source has already been mentioned: in his opera, Shylock is not obligated to convert to Christianity as part of his punishment. Another alteration worth mentioning, no less crucial in this context, is that the composer originally planned for the opera to end with Shylock's defeat, that is, to remove Shakespeare's final scene in Belmont, with the two sets of lovers happily paired off, Portia with Bassanio and Jessica with Lorenzo. This final scene, Castelnuovo-Tedesco opined on more than one occasion, lacks a truly dramatic interest, especially with regard to the trial scene which precedes it. Only reluctantly and under pressure did he agree to provide a happy ending by adding the final Belmont scene to his opera, an addition which he later decided to cut.

Castelnuovo-Tedesco himself provided divergent accounts as to the reason for including, against his better judgment, the final scene in Belmont. His letter to Alfredo Sangiorgi of 1 January 1957 indicates that his wife Clara preferred the inclusion of this scene as truer to Shakespeare's original (Malorgio 184), a point which he readily granted even while expressing his strong preference for ending the opera with Shylock's humiliating defeat. In another letter to Sangiorgi (25 February 1957) he reiterated that it was to satisfy Clara that he

---

[1] He began the opera well before the onset of official antisemitic persecution in Italy and then, following a lengthy interruption coinciding with the initial phase of his American exile, resumed composition in the 1950s; between these two phases he brought forward, in 1933, a *Mercante di Venezia* overture, with musical themes later reutilized in the completed work (Castelnuovo-Tedesco, "Confessioni" 23).

included a final scene in Belmont (Malorgio 185–86). But the essay he wrote for the program of the Maggio Musicale Fiorentino festival of 1961 includes no specific mention of Clara, instead referring to the Belmont finale as an accommodation to "puristi" (quotation marks in the original; Castelnuovo-Tedesco, "Confessioni" 26). In his memoirs, on the other hand, the composer refers to his having been seized by "scrupoli legittimisti," without referring to any outside pressure at all (Castelnuovo-Tedesco, *Una vita* 594). Finally, in an interview he granted around the time of the premiere of the English-language version in Los Angeles, the composer seems to suggest that it had been the management of the Maggio Musicale which requested the inclusion of the Belmont finale: "In Florence they asked for a more lyrical finale, and I complied" (Bernheimer N2). The evidence of the English-language libretto published by Ricordi in 1966, in any case, is unequivocal: it omits the final Belmont scene, in accordance with what the composer himself repeatedly insisted was the preferred and definitive version of the work. This restored original conception was adhered to in the performances of the work that same year by the Pacific Coast Opera Company, as the lone surviving recording attests. By contrast, the piano-vocal score published in 1961, the year of the premiere performance in Firenze, had included the final Belmont scene.

Faced with this multiplicity of conflicting accounts, the critic is tempted to consider another, more unconscious motivation for the composer's reiterated preference for omitting the happy denouement in Belmont. In reading Castelnuovo-Tedesco's autobiographical account of the difficult mid-century years, what emerges above all is the pain of being forced out of the country with which he identified so passionately. It is never once acknowledged that this very exile helped to guarantee his own survival as well as that of his family during the period of the German occupation, and nowhere in his voluminous memoir is there any mention of the Nazi program to annihilate the Jewish population of Europe. To be sure, the composer was not directly touched by that program, and it is only natural that his memoirs would concentrate on what he personally remembered, rather than what he had merely heard or read about while living in the United States. But his silence on the topic seems almost too total to be accounted for by such reasoning, and it may well be that the choice of a proper finale for *Il mercante di Venezia* will be better considered against the background of this complex of issues. An emphasis on the Holocaust in the memoirs would have shifted attention towards the Germans and away from Italians, who in a sense would therefore have been let off the hook, avoiding the heavy judgment which they deserved. This explanation may account for the evident importance to Castelnuovo-Tedesco that the opera, with its exclusively Italian setting, conclude on a disturbing note. It was imperative that the moneylender's downfall not function as the preliminary condition of a happy ending, but be darkly tragic in itself, leading only to the "perorazione" of the choral-symphonic "elegia per Shylock" which concludes the trial scene, as the composer put it in his memoirs (Castelnuovo-Tedesco, *Una vita* 594). His defiant insistence on this point is thus characteristically post-Holocaust: a Jewish Italian composer wins a competition with an opera about a reviled Jew, then stages it in the country which had booted him out more than twenty years earlier, derailing his career: the same opera in which he now asserts his right to shape the treatment of the dramatic subject, before an Italian audience, in accordance with his hard-won experience, pointedly rejecting the all's-well-that-ends-well conclusion found in Shakespeare's own final scene.

Integral to this interpretation is the aftermath of the composition, i.e., the humiliating decision made by the management of the Teatro alla Scala, under Pizzetti's prompting, not to perform Castelnuovo-Tedesco's opera, despite the fact that the publicity surrounding the competition highlighted such a performance as a principal benefit of the first-place award. It has been established that Castelnuovo-Tedesco squarely placed the blame for this humiliation on the composer Ildebrando Pizzetti, who had presided over the jury of the Campari competition, and was now involved behind the scenes at the Teatro alla Scala.[2] Pizzetti, Castelnuovo-Tedesco's erstwhile teacher at the Conservatorio di Firenze, had carried out a lengthy correspondence with the younger composer during the long years of his American exile. Though scrupulously maintaining the *Lei* form when addressing one another, the two remained on the same respectful and cordial terms which had marked their association from the beginning. Further evidence buried in the correspondence between Castelnuovo-Tedesco and Pizzetti contextualizes and strengthens the case against the latter. Malorgio's treatment of the episode is admirably thorough: an essential reading for anyone interested in the explosion surrounding *Il mercante di Venezia*, which was completed in the years 1957–1961, including the question of professional jealousy in Pizzetti's criticism of Castelnuovo-Tedesco's facile melodic vein, so different from his own declamatory musical settings. But in my view Malorgio fell to a questionable level of thoroughness when citing epistolary evidence. His transcription of Castelnuovo-Tedesco's letter to Pizzetti of 25 January 1961

---

[2] Castelnuovo-Tedesco's letters to Alfredo Sangiorgi on this matter are cited by earlier authors (Rossi 112–13; Malorgio 103–04).

(104) is limited to the brief excerpt which the composer himself had reproduced in his memoirs. Malorgio thus omits the most blistering passages found in the autograph letter, in which Castelnuovo-Tedesco sarcastically compares Pizzetti's dishonorable comportment with that of the saintly Archbishop of Canterbury (a dig at Pizzetti's recent opera *L'assassinio nella cattedrale*, after T. S. Eliot), angrily rejecting Pizzetti's self-serving claims that he has been indulgent with the younger composer.[3] But Pizzetti's dishonest dealings with regard to *Il mercante di Venezia* might be best explained by another, much earlier letter sent to him by Castelnuovo-Tedesco, likewise unknown to Malorgio. Dated 12 June 1939, two weeks before he and his family sailed from Trieste to the United States, it begins by congratulating Pizzetti for his recent nomination to the Accademia d'Italia, and then moves on to the sadder subjects of his imminent departure from Italy and his uncertainty as to what awaits him in America. Like most of his letters to Pizzetti, it is filled with expressions of utmost devotion, but in the following passage the devotion veers off into something closely resembling bitterness:

> Mi voglia bene, caro Maestro, e mi ricordi, e mi scriva qualche volta. . . anche se troverà degli altri allievi più bravi di me!. . . Ma non ne troverà dei più affezionati! Io porto con me la Sua musica (fra la pochissima che mi seguirà) e il ricordo, indimenticabile, di Lei, della Sua integrità artistica, e dei Suoi preziosi insegnamenti. La auguro ogni bene, caro Maestro: per Lei, per la Sua famiglia, per il Suo lavoro (che, più fortunato di me, potrà continuare a dedicare al paese dov'è nato. . .).[4]

In view of later events, this apparently innocent reference to Pizzetti's good fortune may be seen as amounting to a pitilessly biting observation that Pizzetti is "more fortunate" because he is not Jewish, and therefore not subject to the persecutory measures of the Racial Laws. Had Pizzetti not been an "Aryan," his enormously successful career, marked by prestigious appointments and commissions, would have been interrupted, just as Castelnuovo-Tedesco's had been; he certainly would not have been named an *Accademico*. If this reading is correct, it is likely that Pizzetti's *amour propre* was offended by the suggestion that something else besides the assiduous cultivation of his own gifts had led to his preeminent position in Italian musical life. The "more fortunate" phrase is also an implied criticism of Pizzetti's public silence in the face of the Racial Laws

---

[3] The autograph letter is preserved in the library of the Istituto dell'Enciclopedia Italiana, Fondo Ildebrando Pizzetti, ante 1883–1985, scatola 3, fascicolo 39, Mario Castelnuovo-Tedesco.

[4] Same reference as in previous note.

and, by extension, his strong support for the regime more generally, a support which seemed all the more questionable in the aftermath of Italy's occupation by Mussolini's German allies. Robbing the younger composer of his La Scala premiere may very well have been — at least in the present author's view — Pizzetti's long-awaited revenge for this insult.

Sandro Fuga's *Confessione*

We take a large step closer to the Holocaust with *Confessione* by Sandro Fuga (1906–1994), with a libretto by his brother and fellow musician Iginio Fuga (1909–1961). The subject is derived from a short story by the American Jewish writer Irwin Shaw, first published in 1945. Shaw sets his brief narrative in occupied France, where the two main characters, who are close friends, are active members of the anti-German resistance. One of them, Maurice, is a devout Roman Catholic; the other, Solomon, is a Jew who for years has disguised himself as a priest, partly to protect himself, but also to be able to coordinate actions without coming under scrutiny. The crucial scene of the opera is the fourth and last, set in a prison cell. Maurice has been arrested and beaten by the Nazis, and now awaits execution. He asks to see a priest, and the Nazi guards, while not usually receptive to such requests, take advantage of the availability of a priest nearby to make this accommodation; that "Priest" is Solomon (Shaw 20–25). The irony of Shaw's title is evident inasmuch as Solomon is merely disguised as a priest, and the absolution that he grants is not sacramentally valid; nevertheless Maurice, who recognizes his friend, takes his own confession very seriously, and the scene plays out in music of quiet intensity. The strong implication is that despite the unorthodox nature of Maurice's confession, something deeply spiritual in fact transpires, as the two friends are united by a bond far deeper than whatever divides them.

Sandro Fuga, though remaining largely aloof from active political opposition to the Fascist regime, had played a crucial role, in February of 1944, in securing the release from prison of the Jewish resistance fighter Alfredo Pescarolo, subjected to torture by the Germans for his refusal to disclose the whereabouts of his wife (Milano 177). Ten years after the Liberation, Fuga received an official expression of gratitude from the Jewish community of Torino for his courageous assistance in this episode. It is easy to see why he found the subject of Shaw's story, with its themes of the German occupation, imprisonment, torture, and the unified efforts of Jews and Gentiles in the Resistance, so compelling a subject for operatic treatment. Indeed, the concise plot summary given above applies equally to Shaw's story and to Fuga's one-act opera, *Confessione,* derived from it, save for the fact that in the libretto the name Maurice is Italianized into Maurizio. Yet the opera and its literary source diverge at numerous points. The first concerns a particular operation to be carried out by the group of resistance fighters to which both Maurice and Solomon belong. Shaw's story begins with a dialogue in a cafe in Besançon between the two friends, as Maurice delivers information important for their work: the location of a hidden cache of weapons for them to use and other details concerning a planned attack on a German gasoline convoy that will be passing on a certain road the following night. Solomon, having received this information from Maurice, is to communicate it to another comrade, Philip. The attack, however, never actually takes place within the bounds of the story, although we are left with the distinct impression that it will be carried out as planned. The opera, by contrast, *opens* with the attack on the German convoy. The chronology of "The Priest" is thus curiously reversed in *Confessione,* where the concluding prison cell "confession" unfolds after the attack rather than before, the arrest of Maurizio being a response to that attack instead of a preventive measure.

This significant alteration necessitated another one, within the confession itself. At the conclusion of Shaw's story, when the prison guard returns to tell the "priest" that it is time for him to leave, Solomon thumbs through his breviary, mumbles something in Latin, and makes a vague gesture that he hopes will look authentic. Maurice then addresses his friend for the last time:

> "I am very happy, Father," he said courteously as the Germans bound his hands, "that you were here tonight. I hope it has not interfered too much with your business in these parts." Solomon stared at the Germans, knowing that Maurice was telling him he had not broken, that he had told the Germans nothing, that no plans were invalidated by his death. "It has not interfered, son," he said.
>
> (Shaw, *The Priest* 24)

The coded imparting of strategic information about the planned attack on the German convoy carries two significant implications for the operatic dramatization of Shaw's story. Obviously, this exchange is no longer necessary in the opera, where the attack has already taken place, so its omission is perfectly logical. But in Shaw's vision, the exchange is also integral to the closing dialogue, with its quasi-religious implications. The deep spiritual meaning of a devout Christian's final confession of sin before a Jewish comrade dressed as a priest is in fact sealed by that very exchange. The attack that they briefly discuss in code exemplifies actions arising from the deepest moral imperatives, and the fact that the attack will go ahead as planned is therefore part of what raises the moment to the level of the holy, a quasi-sacrament if not a real one by doctrinal standards. But in omitting this part of the dialogue, the Fuga brothers — the composer and the librettist — needed to determine another means by which to accomplish this aim.

To understand their solution to this problem, one needs to return to the initial conversation between the two friends in Shaw's story, a conversation that involves much more than a plan to attack a German convoy. In Shaw's telling it becomes a way to reveal important things about the friendship between the devout Catholic and the Jewish skeptic. Maurice's religious sincerity is expressed early in the opening dialogue, immediately after important information has been communicated about the German convoy: "'Tell Philip I pray that God smiles upon the enterprise,' said Maurice very seriously" (20). This statement leads to a characteristically ironic reply from Solomon: "I will pass on yours and God's good wishes." Solomon's disguise as a priest arouses in Maurice a certain discomfort, ostensibly on account of his doubts about the effectiveness of the disguise itself. In order for Solomon to enact the part of a priest convincingly, he would need to know many things about Catholic belief and ritual of which he is in fact altogether ignorant to such an extent that it would not be difficult for someone else to recognize the imposture. Maurice frets without finishing the sentence: "Any curé with his eyes half open — any sudden or unexpected situation..." (21). Solomon, however, intuits, and explicitly refers to, a deeper reason for his friend's unease: Maurice's Catholic sensibilities are wounded by such a disguise. This conclusion leads Solomon to put forth a frank, good-natured, and self-effacing defense of his priestly attire. If not for his being disguised as a priest, he would look all too much like a Jewish caricature — swarthy, with thick lips and a hooked nose — whereas his cassock (which provides a handy hiding place for his pistol) is enough for all of this to pass unnoticed.

These references to religious differences provide an essential backdrop to the second dialogue in Shaw's story, which unfolds in the prison cell where Maurice, soon to be led away to execution, has asked to see a priest. It is not the disguised Solomon whom he expects to be led into the cell, but when a "priest" is brought before him — Solomon has been arrested in a round-up — Maurice, while recognizing his friend, has no hesitations about initiating his confession. Shaw presents their dialogue as uneven, as Maurice lists his sins, untroubled by the deception, while Solomon, distracted by the obvious signs that Maurice has been tortured, is hardly able to attend to his friend's confession. Indeed, in

Shaw's story the actual contents of Maurice's confession, heavily filtered through Solomon's jumbled mental associations as he listens, are only summarily alluded to at the outset: he "confessed to the sin of doubt, the sins of anger and murder, the sins of envy and desire, the sin of despair" (23). For the rest, we read of how Solomon's mind wanders while he listens "as the voice went on" and he thinks back to the death of another friend (23). In sharp contrast to this version, Iginio Fuga's libretto introduces a lengthy confession for Maurizio, which deserves to be quoted in full:

> Maurizio
> Non mi sono mai allontanato dalla Fede,
> Ma ho peccato, Padre:
> ho anche più volte dubitato di Dio
> di fronte a tanto odio,
> a tanta crudeltà
> e a tanta ingiustizia:
> ho peccato d'ira contro chi ha lasciato
> che ciò accadesse
> ho peccato d'invidia, Padre.
> Padre, ho anche ucciso!
> Ho voluto e saputo uccidere,
> perché gli uomini hanno distrutto il valore della vita.
> Chissà chi ho ucciso?
> Forse, se l'avessi conosciuto lontano da qui,
> in altri tempi, ci saremmo amati fraternamente.
> Ma, per la sua uniforme,
> per ciò che faceva,
> io l'ho ucciso, senza rimorso, quasi con gioia.
> È orribile, ma è così!
> Per tutta la mia vita,
> l'altra,
> ho eguito le leggi umane dell'onore e dell'amore,
> e se non fossi vissuto in questo terribile momento
> mai avrei potuto immaginar
> di dover vivere e morire così. . ..
> Non ho altro da dire, Padre,
> e non attendo ormai più nulla.
> Potrò essere perdonato?
> Perdonato da tutti?

Solomon
E tu, puoi perdonare a tutti?

(Fuga, *Confessione* 204–10)

In contrast to Maurice's simple confession as recounted in Shaw's story, in Fuga's opera it is a long list of sins to which Maurizio confesses. Parts of it appear to justify, or at least contextualize, the actions for which he expresses remorse, as he points to the terrible times which led him to engage in violence. But Solomon's response suggests some kind of absolution by insisting that Maurice's real challenge is not to be forgiven so much as to forgive others for what has been done to him. All that is lacking is the clause "for they know not what they do." In the hands of the Fuga brothers, the operatic Solomon's rhetorical question becomes Christlike, even if only subconsciously. In the opera, this aspect underscores the religious affinity that unites the comrades despite their differences. Sandro Fuga's music emphasizes the religious importance of Solomon's unanswered question, for the latter is followed in the score by two full minutes of purely orchestral writing, marked "Andante religioso (corale)," which indeed features the stately, solemn rhythms we associate with a Bachian chorale, clearly recognizable beneath the romantic harmonic language to which it is gently updated (Fuga 212–15). The Italian Catholic creators of the opera have placed the skeptical Jew into something not far removed from the great twentieth-century theologian Karl Rahner's category of the "anonymous Christian," justified by the grace of Christ despite his being outside the church (Rahner 280–94). The confession scene of the opera, wholly unlike Shaw's story in this respect, will lead not to human action (in the form of a violent attack by resistance fighters), but to atonement. Maurizio, far from having to plead for forgiveness for his role in a necessarily violent resistance, should instead occupy himself with the question of forgiving others for what they have inflicted on him. The agnostic overtones hovering above a story by and about an assimilated Jew are now changed into religious ones safe for Roman Catholic consumption.

Confessione, too, cannot be characterized a "Holocaust opera," since Solomon is presented exclusively as a resistance fighter, and it is his Gentile friend who is victimized. While retaining the Jewish identity of Solomon as an element of the plot, the opera removes a number of significant particulars regarding this identity. Shaw's Solomon has little or no connection with religious faith, as his ironic comments attest, and at the point when he is awakened in his cell by a German jailer, Solomon has just been dreaming of "a warm, peppery soup and lobster with tomato sauce." But he has also preserved a kind of ancestral or cultural memory of what he considers to be a characteristically Jewish way of facing death, entering it "as if to a roaring battle," utterly different from Maurice's calm confession.

One striking departure by the Fuga brothers in their adaptation of the literary source was to give voice, as well as a name, to the character of Maurizio's wife, Maria, only fleetingly mentioned in Shaw's story. In another level of irony, this role of "Maria" — a speaking part — was performed in 1971 by the soprano Magda Olivero, by far the most celebrated singer in the cast. Maria appears at the beginning of each of the four scenes that comprise the opera, reading aloud from, and reacting to, the letter which Maurizio asked Solomon to deliver to her after his death. The other character added is Antonio, a drunkard detained in the same prison as Maurizio, whose darkly disturbing drinking song constitutes the principal musical content of Scene 3. But it is the first half of the opera which presents the most drastic departures from Shaw's story. Except for the spoken introductions by Maria, there are no vocal parts at all, whether spoken or sung, in scenes 1 and 2, which unfold entirely in pantomime to an orchestral accompaniment. Scene 1 shows Maurizio and his fellow partisans in action, preparing to sabotage the convoy carrying gasoline. Maurizio calls a temporary halt to the operation when a Nazi guard appears, and then kills the guard; the operation is resumed, and the gasoline tanks explode into flames. The second scene follows Maria's reminiscing of her last furtive encounter with her husband, directly after the act of sabotage presented in the previous scene. In dumb show she awaits him, and is then overjoyed to see him, bloodied as he is; one of his comrades then appears and Maurizio must take his leave.

What kind of opera consists of four scenes, two of which contain no singing at all, while a third introduces a character who is not only secondary but entirely extraneous to the main outlines of a slender plot? The answer can only be as follows: an opera that aims to thwart the expectations attendant upon traditional opera. Although the Fuga brothers may be categorized as traditionalists who stood aloof from the ferment of musical experimentation evident in the works of contemporaries such as Luigi Nono, Luciano Berio, and Bruno Maderna, they nevertheless conceived a striking departure from traditional opera, in which extraordinary tension is created by postponing the singing of major protagonists — the main event, to most opera goers — until the final scene and, when the latter finally unfolds, reversing expectations once more by making this climactic moment so anticlimactic. At the same time, they remain strongly rooted in the religious tradition which shaped them. In no previous Italian opera had Gentile authors engaged so seriously and respectfully with a modern Jewish literary work, even though it is above all their Catholic sensibilities which prevail in *Confessione*.

Franco Mannino's *La speranza*

Franco Mannino's *La speranza* stands out from the other works considered thus far for its frank consideration of Italian responsibility for the fate of the Jews in the Second World War. Although it has not been possible to determine all the reasons for the lengthy delay between the first completion of the score (1956) and the premiere performance at the Teatro Comunale Giuseppe Verdi in Trieste on Feb. 14, 1970, the extensive revisions it underwent must certainly account for at least part of this delay. Originally the work bore the title *Hatikva* (Hope) followed by the subtitle *La speranza*, a direct translation of "Hatikva" into Italian, owing in part to the prominent use in the score of the song of that title, now the Israeli national anthem. In the opera, the words of this Zionist anthem, which express the Zionist hope of return to the promised land, are never sung, but only the melody is quoted. Manuscript copies of the orchestral score and the piano-vocal reduction of this earlier version are preserved in the Archivio Musicale of the Fondazione Teatro alla Scala in Milano. The version which was performed and published, by contrast, drops the Hebrew title in favor of the Italian *La speranza*, although the Hatikvah melody is still explicitly indicated in the revised version (Mannino 125). A comparison between the two versions offers some clues as to the difficulty and delicacy of a mid-1950s opera which takes on the anti-Jewish persecution of the later Fascist era.

Hatikva is set in Parma, and the choice was not random: Parma was for many years following Italian unification the location of a training school for military officers in the infantry, the same Scuola di Applicazione which figures heavily in the plot of the opera. Act III actually takes place on the premises of the training school. Another specific location was prescribed for the second scene of Act II: the historic Caffè Tanara, in one of the central squares of Parma, Piazza Garibaldi. These locational details were rendered considerably more generic in *La speranza*, where the opera is simply set "in a provincial city," Piazza Garibaldi now being reduced to "una piazza." The change required light alterations in the text of the opera. Whereas the military officers in Act II of *Hatikva* sing the words, "Noi siamo gli ufficiali della città di Parma, nessuno ci fermerà" ("We are the officers of the city of Parma, no one will stop us"), the corresponding text of *La speranza* reads, "Noi siamo pronti a tutto, decisi a far la guerra, nessuno ci fermerà" ("We are ready for everything, determined to make war, no one will stop us").

Another change in the direction of generality is the absence of surnames in the revised version of the opera which *Hatikva* had provided ("Marchesi" for Pia and Luisa, "Maffei" for Walter and Paolo, "Ferrari" for Andrea). These surnames were never sung in *Hatikva* but merely indicated in the cast of characters, so the difference may appear somewhat trivial. But to readers of the projected libretto and score, Paolo's Gentile-sounding surname would have made the revelation of his Jewish identity more shocking. The later decision to provide first names only also has the subtle effect of bringing out the Germanic overtones of the *first* name of Paolo's brother Walter, a captain and enthusiastic supporter of the war and the Italian alliance with Germany, evident in his predilection for barking out the marching order "Marsch!" One final change from specificity to generality, more apparent than real, is the time at which the plot unfolds. Act I of *Hatikva* takes place in June of 1940, while in *La speranza* the month and year are unmentioned; we are told only that it takes place on the eve of the Second World War ("alla vigilia della seconda guerra mondiale"). But that modicum of historical context is enough to clarify that Act I is set some time before June 10, when Italy declared war against France and Great Britain. The remaining two acts unfold after that date, when the Italian war effort is under way.

Unlike most operas, *La speranza* is not based on any pre-existing material. In the original conception, the plot was devised for a film by the two librettists: Luigi Malerba, later to achieve renown as a writer of experimental novels, and the film director Eriprando Visconti, the nephew of the famous Luchino Visconti. But as the project metamorphosed into an opera, Mannino himself made a decisive intervention in the story. From the first act of the completed work our attention falls on Paolo, a soldier-in-training, and his older half-brother, Walter, a captain who treats his brother abusively. According to the composer's notes on the opera, included in the printed program for the Trieste premiere in 1970, the character of Paolo was not present in the earliest versions of the libretto by Visconti and Malerba, but was introduced at the behest of Mannino:

> Non esisteva nella prima stesura dei miei librettisti. Li pregai di aggiungerlo prendendo a modello un episodio reale. Fin dalla prima giovinezza ebbi compagno di studi a Roma al Conservatorio di Santa Cecilia, un giovane straordinariamente dotato per la composizione. Si chiamava Donato Di Veroli ed era israelita. Allo scoppio della guerra tutti i suoi ideali se li vide frantumare. Si sentiva profondamente italiano, e dovette nascondersi sotto falso nome. Scriveva musica e non ebbe mai la gioia di ascoltarla. [. . .] Non supportò tutto questo

stato di cose. Un giorno mi cercò, ci incontrammo e piansi, con grande dignità; stemmo insieme varie ore fino allo scoccare del coprifuoco. Mi risuona ancora la sua voce accorata fra le orecchie, e le sue parole erano indirizzate verso una ricerca della verità e di una speranza che purtroppo gli venne meno. [...] Partii per Napoli. Andai per effettuare un concerto tutto di musiche di Gianfranco [Gian Francesco] Malipiero. Al mio ritorno, seppi che mi aveva cercato e poi la mostruosità. In quello stesso giorno che mi aveva cercato era disperato ed aveva bisogno di persona amica per conforto. All'imbrunire si uccise. Aveva vent'anni. Alcune parole che dice Paolo al momento della sua morte sono parole che mi disse Donato Di Veroli nel nostro ultimo incontro: "Passata questa tempesta, un mondo nuovo si aprirà, un mondo di pace e di serenità."

(Mannino, *La speranza*. Programma di sala)

Thus, a central character of the opera was devised not by the writers officially credited with the libretto, but by the composer — and out of a clear sense of guilt. In the same way that Andrea is too busy and distracted to spend time with Paolo in Act III, comforting him, Mannino had not been by Di Veroli's side during an hour of acute need.

This was not the only example of a direct parallel between the opera and the real-life experience of one of the creators of the work. As a teenager, the librettist Luigi Malerba had likewise been directly touched by the experience of persecution of Italian Jews during the war, as he explained in a 1999 interview:

[Mio padre n]on sentiva affatto l'autorità politica: non era antifascista attivo; tuttavia molti amici nostri son stati messi in prigione; e durante la guerra abbiamo ospitato degli ebrei: il professor Carma, l'oculista di Parma, famoso, perseguitato, è venuto ad abitare in casa nostra.

(Malerba 188)

Although we know who introduced the character of Paolo into the plot in the opera, it is less clear who was responsible for the decision to make him a stepbrother of Walter, a powerful symbol of the close relations between Italian Jews and the Gentile neighbors who failed them. Paolo is treated brutally by Walter, but we do not learn the reason until Act II, when Paolo confides to his friend Antonio that he has been keeping his Jewish identity a secret. Walter, who had a different, non-Jewish mother, fears his close relation to someone so vulnerable as a Jew who has hidden his background in order to enter a military training school. In the last act, however, Paolo publicly refuses to take part in the war, and declares to one and all that he is a Jew, to Walter's utter distress. *La speranza* ends with Paolo's suicide and Andrea's remorse over not having been more attentive to Paolo, the first of many victims of the war. Intertwined with this central plot are two amorous situations: the love between Luisa and Andrea (who impatiently cuts short Paolo's attempt to take him into his confidence, because he awaits Luisa), and the fleeting attachment between Walter and Luisa's widowed mother Pia, who feels ashamed when her daughter sees her kissing Walter (he later disowns Pia in any case). Romantic love is thus represented rather negatively in the opera. Had Andrea not been so smitten with Luisa, he might have heard out his friend Paolo, and a disaster could have been avoided. Thus, the lesson of the opera works on the level of a national *j'accuse*: had Italians been more attentive to the dangers which threatened the Jews in their communities, the latter would have been spared immense destruction and suffering, while the Italians preferred to lose themselves in ephemeral raptures.

Mannino found an ingenious way to depict Paolo's self-revelation as a Jew through musical means: the well-known melody *Hatikvah*, appearing in strategically determined guises. We don't hear the melody at all in Act I, undoubtedly because it has not yet been revealed that Paolo is Jewish. In Act II, we hear the melody sounded briefly in the orchestra while Paolo shares his secret with Antonio, but the quotation is so fleeting, so fragmented, and so submerged beneath the vocal writing that it will hardly be recognized by anyone who is not looking for it. The melody is sounded quite broadly in the prelude to Act III, that is, in the orchestra alone. Soon after appears the successive and final iteration of *Hatikvah*, where the melody is present both in the orchestra and in Paolo's vocal line, which rises to a stunning climax at the moment of his grand assertion of Jewish identity ("Sono ebreo!"), ending on an F# above middle C — quite high for a baritone. Paolo rushes off stage and shoots himself, devastating his brother Walter, who realizes that he is responsible for his brother's death, while Antonio states that Paolo is the first victim of the war which has now begun, with many more deaths to follow. Italians must confront the grave responsibility which they themselves bear for a tragic story which encompasses a destructive war, the death of a single Jew, and the deaths of countless other Jews. (In a telling omission which can only have been deliberate, no Nazi figure upon whom some of the blame might be deflected appears in the opera, or is even mentioned.) The deaths of Jews also go unmentioned in the opera, but were obviously on the minds of most, or all, people in the audience at the Teatro Verdi in Trieste, five kilometers from the Risiera di San Sabba concentration camp in the same city, where hundreds of Jews had been put to death towards the end of the war in continuity with the official antisemitic measures of 1938.

Conclusion

The days when opera stood at the center of Italian cultural life, serving as the vehicle of the most progressive aspirations of educated Italians, were already long past when these works were performed. The impact of the powerful works by Castelnuovo-Tedesco, Fuga, and Mannino discussed above was limited at best, while later operatic attempts to grapple with Jewish identity in the shadow of the Holocaust seem to have had even less effect on the Italian attitudes about Jews. These three operas nevertheless represent the first genuine opening on the part of Italian operatic culture to a consideration of the recent tragic history of Jews in their midst. Castelnuovo-Tedesco, the only Jewish composer of the three, reframed his bitterness over the Racial Laws in Shakespearian terms, but was sharply limited by his faithful adherence to a problematic and classic text. The other two composers created their "Jewish" operas under the direct influence of what they had witnessed and processed through their consciences. Ironically, although Fuga's *Confessione* was based on a story by a Jewish author, Irwin Shaw's Jewish voice is considerably muffled in the opera. It forms in this sense a mirror image of Castelnuovo-Tedesco's *Mercante*, in which the Jewish voice is largely obscured by the literary source material. Mannino, by contrast, gave full voice to post-1938 Jewish desperation in *La speranza*, based on a personal experience, in a way which pointed a sharp accusatory finger at the cowardice and moral compromise of his fellow Italian Gentiles. That all three operas, despite their considerable merits, faded so rapidly from view following their first productions reminds us that works of high artistic achievement can expose the moral and political failings of a society even when it pays them no heed.

Northwestern University

Works Cited

Bernheimer, Martin. "Castelnuovo-Tedesco's Birthday Gift to Los Angeles." *Los Angeles Times* 3 April 1966: N2.

Bloom, Harold. *Shakespeare: The Invention of the Human*. New York: Riverhead Books, 1998.

———. *Shakespeare's* The Merchant of Venice. New York: Riverhead Books, 2005.

Castelnuovo-Tedesco, Mario. "Confessioni di un autore: Il Mercante di Venezia." *XXIV Maggio Musicale Florentino, 1961*. Firenze: Ufficio stampa e pubbliche relazioni del Teatro Comunale di Firenze, 1961. 23–26.

———. *Il mercante di Venezia / The Merchant of Venice*. Milano: Ricordi, 1961.

―――. *The Merchant of Venice*. Composed by Mario Castelnuovo-Tedesco. New York: Ricordi, 1966.

―――. *Una vita di musica: un libro di ricordi*. Ed. James Westby. Fiesole: Edizioni Cadmo, 2005.

Cohen, Judah. "Shylock in Opera, 1871–2014." Nahshon and Shapiro 381–412.

Fuga, Sandro. *Confessione. 4 quadri di Iginio Fuga tratti dalla novella "Il prete" di Irwin Shaw*. [Partitura autografa.] Milano: Archivio Storico Ricordi, Musica ms. Part. 01902. 1960.

Malerba, Luigi. *Parole al vento. Interviste*. Ed. Giovanna Bonardi. San Cesario di Lecce: Piero Manni, 2008.

―――, and Eriprando Visconti. *La speranza: melodramma in tre atti (cinque quadri)*. Composed by Franco Mannino. Milano: Casa Musicale Sonzogno di Piero Ostali, 1969.

Malipiero, Gian Francesco. *Il marescalco*. Heliographic copy of the autograph score. Venezia: Fondazione Giorgio Cini, Fondo Gian Francesco Malipiero, 1960.

―――. *C'era una volta un musicista: tabù e idiosincrasie registiche negli scritti ineditti*. Ed. Carmelo Alberti. Costabissara: Angelo Colla Editore, 2003.

Malorgio, Cosimo. *Censure di un musicista: la vicenda artistica e umana di Mario Castelnuovo-Tedesco*. Milano: Paravia Bruno Mondadori, 2001.

Mannino, Franco. *La speranza: melodramma in tre atti (cinque quadri)*. Milano: Sonzogno, 1965.

―――. *La speranza*. Programma di sala. Trieste: Teatro Comunale Giuseppe Verdi, 1970.

Milano, Maria Teresa. *Salvatori e salvati: le storie di chi salvò gli ebrei nella seconda guerra mondiale in Piemonte e in Valle d'Aosta*. Aosta: Le Chateau, 2013.

Nashon, Edna, and Michael Shapiro, eds. *Wrestling with Shylock. Jewish Responses to* The Merchant of Venice. Cambridge: Cambridge UP, 2017.

Rahner, Karl. "Observations on the Problem of the 'Anonymous Christian.'" *Theological Investigations*. Trans. David Bourke. Vol. 14. New York: Crossroad, 1979. 280–94.

Rossi, Nick. "A Tale of Two Countries: The Operas of Mario Castelnuovo-Tedesco." *Opera Quarterly* 7.3 (1990): 89–122.

Shapiro, Michael. "Literary Sources and Theatrical Interpretation of Shylock." Nahshon and Shapiro 3–32.

Shaw, Irwin. "The Priest." *The New Yorker* 7 April 1945: 20–25.

Table
Premieres of Italian Operas on Jewish Themes or with Jewish Characters, 1945–present

Composer	Librettist	Title	Premier, notes
Aldo Finzi	Arturo Rossato, Aldo Finzi (after Shakespeare)	Shylock	2008 (Marseille), composed 1945
Livio Luzzatto	Livio Luzzatto	Bersabea	1950 (Bergamo), composed 1927
Agostino Zanchetta	Agostino Zanchetta	David	1950 (Reggio Emilia)
Lorenzo Perosi	Don Teodoro Onofri	Il Nazareno	1950 (Milano, Teatro alla Scala)
Luigi Dallapiccola	Luigi Dallapiccola	Job	1950 (Roma, Teatro Eliseo)
Franco Vittadini	G. Adami, G. Forzano	Fiammetta e l'avaro	1951 (Brescia, Teatro Grande)
Nino Cattozzo	Nino Cattozzo	I misteri gloriosi	1952 (Venezia, Teatro La Fenice)
Sebastiano Caltabiano	G. Adami	La figlia di Jefte	1953 (Lucca, Teatro del Giglio)
Vittore Gnecchi	Luigi Illica	Judith	1953 (Salzburg, Mozarteum)
Virgilio Mortari	Corrado Pavolini	La figlia del diavolo	1954 (Milano, Teatro alla Scala)
Darius Milhaud	Armand Lunel	David	1955 (Milano, Teatro alla Scala)
Mario Castelnuovo-Tedesco	M. Castelnuovo-Tedesco, after Shakespeare	Il mercante di Venezia	1961 (Firenze, Maggio Musicale)
Franco Mannino	Vittorio Viviani	La stirpe di Davide	1962 (Rome, Teatro dell'Opera)
Sandro Fuga	Iginio Fuga, after Irwin Shaw's "The Priest"	Confession	1962 (RAI Torino broadcast, stage premiere Torino 1971)
Gian Carlo Menotti	Gian Carlo Menotti	L'Ultimo Selvaggio	1964 (Venezia, Teatro La Fenice, Italian premiere in the original Italian)

Jan Meyerowitz	Fedele d'Amico, Suso Cecchi d'Amico	*I Rabbini*	1964 (RAI Torino broadcast)
Giorgio Gaslini	Roberto Lerici, after Allen Ginsberg's *Kaddish*	*Ode per Naomi*	1969 (Lecco, Teatro della Società)
Gian Francesco Malipiero	G. F. Malipiero, after Pietro Aretino	*Il Marescalco*	1969 (Treviso, Teatro Comunale)
Giancarlo Colombini	Dino Borlone	*Il Ghetto: Varsavia 1943*	2014 (Pisa, Teatro Verdi), composed 1970
Franco Mannino	Eriprando Visconti, Luigi Malerba	*La speranza*	1970 (Trieste, Teatro Verdi), composed 1956
Gian Francesco Malipiero	Gian Francesco Malipiero, after J. H. Wilson's *Iscariot's Bitter Love*	*Iscariota*	1971 (Siena, Teatro dei Rinnovati)
Lorenzo Ferrero	Lorenzo Ferrero, Floriano Bossi	*Marilyn*	1980 (Roma, Teatro dell'Opera)
Sergio Liberovici	Sergio Liberovici, after Isaac Lieb Peretz's *Bontsche Schweig*	*Bonce*	1981 (RAI Torino broadcast)
Luciano Berio	Talia Pecker Berio, after after Talmud / Paul Celan, and Marina Tsvetayeva	*Cronaca del Luogo*	1999 (Salzburg Festival),
Leopoldo Gamberini	Leopoldo Gamberini, after diaries of Anne Frank	*Anna Frank*	2000 (Milano, Conservatorio), composed 1960
Gilberto Bosco	Sandra Reberschak, after the book of Esther	*Il gioco delle sorti*	2003 (Torino, Piccolo Teatro Regio "G. Puccini")

Giulio Castagnoli	Giulio Castagnoli, after diaries of Anne Frank	Anna e Davide	2003 (Casale Monferrato, Sinagoga)
Flavio Testi	André Gide	Saül	2003 (French Radio Broadcast, stage premiere Macerata 2007)
Carlo Pedini	Giorgio Pressburger, after his own novel *Nel regno oscuro*	La Pietra	2007 (Spoleto Teatro Sperimentale)
Francesco Cilluffo	Franco Cilluffo, Luca Valentino, after David Kertzer, *Prigioniero del Papa Re*	Il caso Mortara	2010 (New York, Da Capo Opera)
Paolo Marzocchi	Guido Barbieri	Il viaggio di Roberto	2014 (Ravenna, Teatro Dante Alighieri)
Claudio Rastelli	Guido Barbieri (after George Tabori's *Cannibals*)	Sopravvissuti	2015 (Modena, Teatro Comunale)

Alessandro Grazi

Divergent Jewish Approaches
to Italian Nationalism and Nation-Building

Abstract: The question of the contribution of Italian Jews to the Italian Risorgimento and nation-building cannot be answered univocally. This essay studies the Italian Jews' role in the Risorgimento and its immediate aftermath by means of a contrast between two distinct regional and often strongly divergent approaches to Italian nationalism and nation-building. Specifically, it examines the life and writings of two prominent Jewish intellectuals of the time: David Levi (1816–1898) from French-oriented Piedmont, and Samuel David Luzzatto (1800–1865) from the German-oriented Italian regions under the Habsburg Empire. Without being directly compared, the two authors are invoked here to distinguish between the cultural contexts of Piedmont and Habsburg Italy, as reflected in the Jewish cultural milieu of their respective regions. Their lives and works will be utilized to answer the following questions: What impact did the different socio-political situations and cultural orientations of these regions have on these authors' concepts of Jewish *and* Italian identity? How did this impact determine their attitudes toward the Risorgimento?

Keywords: David Levi; Samuel David Luzzatto; Risorgimento; Italian and Jewish identity; nationalism; trans-regional approach.

Jews and Judaism in Pre-Unification Italy: A Methodological Premise
Scholarship on Italian Judaism has rested upon the idea of the uniqueness of Italian Jewry. According to this theory, Italian Jews represented an exceptional case in the history of integration in their host lands because of their widespread use of the Italian language and their deep participation in Italy's general culture. Through a more attentive analysis of documentary and literary sources, however, recent historiography has developed the awareness that this idea of uniqueness was partly created by nineteenth-century Jewish literary constructions, specifically authors who were eager to emphasize the Italian Jews' strong

patriotism and loyalty to their host society (Ferrara degli Uberti 19–22). Recent investigations have shown how these misconceptions can be addressed better by problematizing the very concept of Italian Jewry and adopting a trans-regional and trans-national approach, and by focusing more closely on individual experiences rather than on Italian Jewry as a monolithic block independent from international networks and influences (Facchini 33; Luzzatto Voghera, *Il prezzo* 19). Two key elements that make Italian Jewry's place in Italian culture so intriguing and complicated are the heterogeneous composition of the Jewish population and the different socio-political environments of the regions that hosted Jewish communities, thus making the concept of "uniqueness" problematic. Naturally, this issue was particularly true in the pre-unification period. For this reason, it would be more accurate to talk about Italian Jewries in the plural.

Building upon this historiographic trend, this study presents two distinct, regional, and often strongly diverging aspects of Italian nationalism, nation-building, and of Judaism itself centered in Piedmont and in the Italian portion of the Habsburg Empire[1], specifically its main Jewish cultural center in the Rabbinical College of Padua. In demographic and cultural terms, the three main Jewish areas of the Italian peninsula in the 1800s were Habsburg Italy, Tuscany, and Piedmont (Bachi 268–87), but only the first two have received relevant scholarly attention. While the social and legal aspects of Piedmont have been sufficiently studied, the cultural milieu of the time has been almost entirely ignored, as pointed out by Luzzatto Voghera, who defines it as the "other side of the world" from a Jewish perspective in relation to Habsburg Italy ("Aspetti" 1216). Therefore, Piedmont appears to be an apt region to contrast with the better-known milieu of Padua's Rabbinical College. It is my contention that regional differences consisted not only of distinct legal or historical features, but also impacted the socio-cultural lives of the Jewish communities in those regions. Piedmont's French-oriented cultural environment favored a more direct link to the universalistic values of the Enlightenment, which also filtered through local Jewry, and its prominent political role in the Risorgimento was reflected in a stronger presence of themes related to Italian nationalism. The German-oriented Italian regions of the Habsburg Empire, on the other hand, offered its Jewry a different environment in which priority was given to other

---

[1] For the period preceding the annexation of 1866, I refer here to the north-eastern Italian areas roughly including today's regions of Veneto and Friuli-Venezia-Giulia, particularly the cities of Padua, Venice, Trieste and Gorizia, although the last two cities join the Kingdom of Italy at a later phase. I do not include the region of Lombardy in this analysis.

aspects of Jewish life, such as the reform of the educational system, aimed at a preservation of Orthodox Judaism in its encounter with modernity.

This paper thus aims to reconstruct the cultural context of Piedmont and Habsburg Italy both from a general standpoint and from a more specifically Jewish perspective. The reconstruction of these diverging environments has been supported by the works of two prominent Jewish intellectuals: David Levi (1816–1898), hailing from Chieri in Piedmont, and Samuel David Luzzatto (1800–1865) of Trieste, in Habsburg Italy. The two authors are by no means directly comparable because there are sharp differences in their socio-cultural backgrounds and religious trajectories (secular and Orthodox, respectively), but they are invoked here to distinguish between the cultural backgrounds of their respective regions. Levi and Luzzatto will be utilized to answer the following questions: What impact did the different socio-political situations and cultural orientations of these regions have on their concepts of Jewish and Italian nationalism? In turn, how did their concept of Jewish and Italian nationalism determine their views of Italy and Judaism? In attempting to answer these questions, I hope to contribute to the longstanding discussion of modern Jewish identity, a sphere of investigation that transcends Italian borders and extends to more general approaches to Jewish modernity. This discussion has its roots in the constant tension between religious and secular aspects of Jewish identity, and in its various facets: traditional, cultural, even ethnic and national. Finally, when we observe Levi and Luzzatto beyond the Jewish realm, they provide useful tools for analyzing different regional perspectives vis-à-vis the Risorgimento.

In addition to examining many facets of the Italian Risorgimento, recent historiography has also started to focus on regional approaches, thanks to the increased awareness that Italy's fragmentation requires an analysis of regional perspectives, which is indispensable to formulating a more exhaustive picture of the Risorgimento. In fact, global analyses of the historical, social and economic aspects of the Risorgimento tend to offer generalized answers, focusing on themes such as duration of the phenomenon, causes, consequences, its extent and participation, and the role of the bourgeoisie. Unfortunately, in some cases, a univocal answer, while it may be desirable, does not take into account the diversity that existed in the pre-unification States. While previous historiography may not have fully recognized this approach, recent studies have given it greater prominence and the attention it merits (Laven; Cole). This paper will expand on this more regional approach to the Risorgimento.

French-Oriented Enlightenment: David Levi's Cultural Well

Piedmont's French-oriented culture manifested itself through a diffused use of the French language among intellectual elites, frequent references to French thinkers, and high esteem for Enlightenment values. These feelings were also shared by the Jewish elites, at least by those few families that enjoyed certain legal "privileges," thanks to their economic role in society. Piedmont's Jews had enjoyed a brief period of legal equality during Napoleon's conquest of the region between 1796 and 1799 and between 1800 and 1814, the years of the so-called "first emancipation." During that period and up to the Restoration of 1815, as an integral part of French Jewry, they briefly enjoyed the same good life standards as their transalpine fellow Jews. For this reason, after the Restoration, they concentrated their efforts on reclaiming their full civil rights (Luzzatto Voghera, "Aspetti" 1239).[2]

With the 1815 Restoration, the Jews' legal situation regressed to that of the pre-Napoleonic period, although a few families, including the Levis, were allowed to retain their land and businesses. The condition of Jews in Piedmont prior to their full emancipation in 1848 was among the worst in the Italian peninsula. They did not have access to a wide range of professions and could not attend public universities. The Levi family was mainly active in the textile sector with the trade and production of silk and cotton, but they also owned land and a bank. It is therefore no surprise that David grew up in a highly acculturated environment where Enlightenment values played a fundamental role and the Napoleonic era was a shared positive family memory. This setting translated into strong support for the Risorgimento movement, which was seen by David's family and by many other Jews of the time as an opportunity to remove all legal obstacles to the achievement of full civil emancipation. For Levi, as for Italian Jews in general, the quest for civil equality coincided with the stirrings of the Risorgimento.

David Levi was born in 1816 and was raised in a traditional and religious family. He received an education that combined the elements of Jewish tradition with those of a typical bourgeois middle-class Italian family from Piedmont, in which patriotic values and the Risorgimento rhetoric were prominent. Levi attained this type of dual education not only within his family, but also at the

---

[2] The family of David Levi was one of the few wealthy Jewish families that took great advantage of the "first emancipation" and could keep enjoying certain "privileges" even after the Restoration. During the first emancipation, David's grandfather, David Levi senior, attained the important political post of vice-mayor of their hometown Chieri, close to Turin, and was appointed as one of Piedmont's representatives at the Napoleonic Sanhedrin of 1807.

Foa Institute of Vercelli where, in addition to studying Hebrew and Jewish subjects, he acquired a deep knowledge of Italian history and literature. The Enlightenment became the core of his thought. As a young man, he abandoned the traditional and religious dimensions of Judaism; nevertheless, he remained strongly attached to his Jewish identity throughout his life, a fact that clearly emerges from his oeuvre. He constantly (and successfully) tried to amalgamate the Italian and the Jewish sides of his identity. Moreover, in the face of the rising anti-Semitism of the last quarter of the nineteenth century, Levi proved a strenuous secular defender of Judaism. He was also an important politician, one of the first Jewish members of the parliament of unified Italy. His active participation in the Risorgimento took place primarily through intelligence tasks he performed as a member of Giovine Italia and the Freemasons. He was initiated into both associations during his early years in Tuscany, particularly in Livorno (Grazi "David" 21).

Enlightenment Meets Risorgimento: Levi's Cosmopolitan Nationalism
Levi's magnum opus, *Il profeta*, is a theatrical play set at the time of the prophet Jeremiah and the Jews' captivity in Babylon. Most likely using Giuseppe Verdi's famous *Nabucco* as a blueprint, it seeks to recall Risorgimento themes of liberation and inspire the entire Italian population, Jewish and non-Jewish alike, with its nationalism. In spite of never having been performed in theaters, *Il profeta* established Levi within the republic of letters as a Risorgimento poet. In the play, the relationship between Jewish civil emancipation and the Risorgimento is explicitly spelled out by Jeremiah:

> *Jeremiah.*
> E libertade in breve colmerà le tue coorti;
> D'ogni uomo un cittadino oggi facesti?
> Per la patria ciascun eroe diventa.
>
> (*Il profeta* 102)

Jeremiah clearly associates the acquisition of freedom with liberation of the homeland (Risorgimento) and the formation of equal *citizens* — an anachronism for Babylon, yet perfectly suited for the situation of Jews following unification. As in *Nabucco*, the suffering of the Italian people oppressed under a foreign yoke is equated with the suffering of the Jews under Babylonian rule. He also indirectly evokes the condition of Italian Jews in the pre-unification Italian period, when they lacked civil rights:

Jeremiah.
Assai soffrimmo!
Assai dall'unghie di stranier cavallo
Giacque Giuda calpesto.

(27)

Clearly, it is not only Giuda — the Jews — who lie "calpesti" under foreign oppression; moreover, it echoes the "calpesti e derisi" of Goffredo Mameli's "Il canto degli Italiani" (1847). Here Levi creates a bridge between Jewish and non-Jewish Italian citizens.

In *Il profeta* as well as in his journal articles, essays and other poems, Levi's nationalism and patriotism were not of the kind that considered one people hierarchically and morally superior to another nor did they aim for one people's domination over other populations. Rather, Levi adapted the sort of Enlightenment-based "cosmopolitan nationalism" common among many liberal thinkers in nineteenth-century Europe. In Italy, this nationalism was epitomized in the Mazzinian brotherhood of free and independent nations. The Jew, according to Levi, is an excellent embodiment of an apparently paradoxical concept:

> È questa un'altra delle accuse, che si suole scagliare contro gli Ebrei. Essi non hanno patria, sono cosmopoliti. Invano hanno però dimostrato coi fatti in tutto il secolo come sono affezionati al paese dove nacquero e hanno pugnato al fianco dei loro concittadini [...]. Devoti al paese in cui sono nati, essi mirano tuttavia più alto e più lontano. Dopo il cittadino havvi l'uomo, dopo la patria, l'umanità. Questo sentimento di cosmopolismo [sic], che favela pure nel cuore di ogni uomo di alto sentire presso ogni nazione, è come ingenito nella razza ebrea [...].

("Ahasvero" 35)

While, on the one hand, Levi rejects the detractors' accusation of disloyalty to the host land, on the other he is convinced there is an innate Jewish sense of cosmopolitanism. His lexical choices are also noteworthy, not because they are exceptional, but exactly because they mirror the rhetoric of the time. Therefore, along with words like *patria* and *nazione*, we also have *cosmopolismo*, a term which had been rather diffused in Europe during the Enlightenment that had not yet evolved into today's *cosmopolitismo*, or *razza*, which did not yet possess the current negative connotation.

Enlightenment universalist values permeated all of Levi's writing, including his views on patriotism and nationalism. Levi's Jewish Enlightenment of reference was not the religious approach of Moses Mendelssohn and Naphtali Herz

Wessely, the fathers of the *Haskalah* — the German Jewish Enlightenment — but rather the secular French *Lumières*. Levi's enlightened universalist values were strongly influenced by his studies in Tuscany and Paris during the 1830s and 1840s. Tuscany was the setting of his early encounter with his political-philosophical creed, the socialist-utopian Saint-Simonian ideas of Giuseppe Montanelli's circle and his affiliation with Freemasonry and Giovine Italia. Saint-Simonism — a form of radical utopian socialism that aimed at creating a free, equal, and just society in which women, artists and scientists would play a prominent role — constituted Levi's political framework throughout his entire life (Grazi, "David" 21–27; Sofia, "Gli Ebrei" 253.) According to the doctrine, as it was called, peoples would be united following a universal "religion of humanity," which Saint-Simon called "The New Christianity." Levi was interested in both the social and the religious aspects of this doctrine, but he focused on the universal nature of this new religion. In so doing, he once again placed himself within an existing contemporary trend of scholars, both Jews and Christians who, inspired by Enlightenment ideals, wished to rewrite the history of religions (Facchini 18–20), including Ernest Renan and Joseph Salvador, who were Saint-Simonians and provided important cultural resources for David Levi.

Freemasonry and Giovine Italia played an important role during the Risorgimento to liberate and unify Italy. Levi and other Italian Jews found Freemasonry an ideal milieu for their aspirations to equality and civil emancipation, since they saw in secret societies the best means to attain both an independent democratic Italy and a state that would grant them equal civil rights (Grazi, "The Role" 77–96; Catalan 214–31; Sofia, "Gli Ebrei" 244–65.) Levi was also attracted to their universalist theoretical views, which had tangible consequences: "[...] capitani di bastimenti, marinai, viaggiatori d'ogni nazione: Francesi, Inglesi, Levantini vi capitavano ogni giorno e trovavano nelle Logge asilo, sussidi, amici, consigli, che la Massoneria è cosmopolita; suo principio e scopo è l'affratellamento di tutti i popoli senza distinzione di razze, di credenze religiose" (Levi, "La carboneria" 8.)

At the time and place in which the encounter between David Levi and both Freemasonry and Saint-Simonism took place, i.e., Tuscany in the 1830s, the two circles certainly had different political purposes, but shared similar universalist views including that of a religion of humanity. According to Levi, Freemasonry also "era un'associazione umanitaria, che mirava pure a fondare una nuova religione umana, contrapposta alle antiche [...]" ("La Carboneria" 4). In a word, both Saint-Simonism's and Freemasonry's concept of a "Religion of Humanity" helped Levi create a synthesis between the Enlightenment's aspirations to universalism and the Risorgimento's cosmopolitan nationalism.

Levi's View of Judaism

In Paris, Levi followed courses at the Collège de France by renowned scholars such as Pierre Paul Royer-Collard, Pellegrino Rossi, Edgar Quinet, and Jules Michelet. These philosophers enriched his socio-political ideas, reinforcing his Saint-Simonism and Enlightenment universalism. Most important, they fundamentally influenced his views on the history of Judaism and the historical Jesus, and they would also have a strong impact on his approach to Judaism. Having abandoned religious Judaism, Levi not only embraced some of the religious aspects of Freemasonry and Saint-Simonism; he also developed a deep interest in the history of religions, first and foremost Judaism. The amalgamation of his Enlightenment approach and his study of Judaism is evident in his conviction that Enlightenment values pre-existed the Enlightenment itself and were already present in original Judaism, whose principles were preserved and announced by the prophets. In his unpublished comedy, "Il mistero delle tre melarancie," notably, Levi expresses this concept in a poetic form (Grazi, "In Quest" 105–06.) His character Isaac Laquedem, a personification of the Wandering Jew who here represents Judaism in general, describes the establishment of ancient Israel as a territorial entity and its fight against the local peoples:

> *Isacco Laquedem.*
> Vano riusciva il richiamarli
> alla ragione. Li combattei nelle loro città, nelle
> case e nei templi, rovesciai gli altari di topazio e
> di sangue e nella loro rovina sollevai il tempio al
> Dio di giustizia, fratellanza e pace, al Dio uno, aperto
> a tutti i popoli della terra.
>
> ("Il mistero" 105)

The influence of the French Revolution's slogan, *Liberté, Egalité, Fraternité*, can be heard here along with other Enlightenment emphases on reason and principles "open to all Peoples of the Earth."

In the introduction to his *Ahasverus*, Levi maintains that these same principles were then spread around Europe and the world by the American and French revolutions and constituted the "religious and social essence" of Judaism: God, the Law and the People (22.) The main characteristic of these three founding elements of Judaism and of modern society is their universal dimension, which makes them valid "for every race, for every time," in the words of Levi's character Ahasverus (*Ahasvero* 19). While it is true that the French Revolution was secular by default and respected all religions, Levi writes in this introduction, it is also true that it contemplated the existence of one superior being, "One God," maker of the universe. The cult of the Revolution was the Law, which orders the universe by pursuing equality and justice and by tearing down the barriers of difference among the citizens. By abiding by these convictions, Levi argues, ancient Israel became the "Switzerland, the Holland, [. . .] the first real democracy of antiquity," in words that echo Michelet and Renan (*Ahasvero* 13).[3] Thus the Jews did not encounter Enlightenment values for the first time via the Revolution, but already possessed them within their own tradition: "Avvenne quindi, che alla proclamazione dei principi della Rivoluzione, l'Ebreo acquistò più viva la coscienza di sè stesso, vide in essi la riprova e la confermazione di quella fede religiosa sociale, che fu la sua forza durante i secoli e, diremmo, la ragione della sua durata" (*Ahasvero* 23). In this way, Levi tackles one of the issues that had been the common denominator of all debates among European Jews throughout the entire century: Is the essence of Judaism defined by nation or religion? It is defined by neither, he concludes. The Italian intellectual offers a normative and idealist definition of Judaism as a set of universal principles, re-awakened and reiterated by the French Revolution.

Samuel David Luzzatto's National Judaism

As a way of characterizing the cultural atmosphere of the Jews in Habsburg Italy and showing a diametrically opposed approach to Judaism and Italian nationalism, I now turn to the figure of Samuel David Luzzatto (known as Shadal). Unlike Piedmont, this part of the Italian peninsula presents a further problem for scholars analyzing local Jewry: it did not constitute an independent political entity, like the Kingdom of Sardinia (albeit with strong foreign influence), but it belonged to the Austrian crown. Luzzatto himself — who was born in 1810 and died in 1865 shortly before the annexation of these entities to the Kingdom of Italy in 1866 — was never an Italian citizen although he certainly felt Italian. The issue of establishing the actual extent of Italian patriotism and support for the Risorgimento for both the Jewish and Christian population, is complicated by the key role that Austrian censorship had in controlling official documents,

---

[3] The idea of Israel as the first democracy of antiquity was not only present in the cited Michelet and Renan but was a common feature in the French historiography of the time.

correspondence and literary works. Anything that had a public dimension, particularly if printed, could not by default show enthusiasm and support for the Risorgimento cause. Although secret shelters hosted conspiracy activity against the occupiers, the public atmosphere in Habsburg Italian cities seems to have been different from that of Turin or other European cities. David Levi, for instance, described Venice, as a "sleepy city" in comparison with Turin and Paris ("Vita" 163). A further complicating element is that thanks to the Patent Letters issued by Joseph II in 1782, the condition of the Jewish communities under Austrian rule gradually improved, especially in comparison to other regions of the Italian peninsula. This improvement created a socio-cultural environment, at least for the economic and cultural elites, favoring a shift in priorities away from emancipation and towards a deeper re-assessment of Judaism and Jewish identity in light of modernity (Berengo 62–103; Ioly Zorattini 7–11).

Luzzatto was the leading figure of Italian Jewish intellectual life of his day, reaching the highest degree of international fame because of the depth, variety, and abundance of his research and writings. Born and raised in Trieste, he worked most of his life in Padua. He applied a scholarly scientific approach to the various texts of Jewish tradition, in line with the nineteenth-century methodology proposed by the mostly German participants in the movement known as Wissenschaft des Judentums (science of Judaism or scholarly study of Judaism). While sharing their scientific methodology, however, Luzzatto never felt part of the movement and harshly criticized its approach to Judaism itself, as opposed to the study of Judaism. In fact, unlike many of the members of the Wissenschaft des Judentums, he remained strongly attached to Jewish tradition and faithful to Orthodoxy. Luzzatto's career is directly connected to the institution of Padua's famous Rabbinical College, where he taught from its very foundation in 1829 until his death in 1865. The Rabbinical College was the first officially recognized institution of higher education for the preparation of rabbis in Europe, combining the study of Jewish traditional subjects with secular elements. A state institution, it was approved and controlled by the Habsburg crown (Del Bianco Cotrozzi 25–26).

Shadal, the acronym by which he was known, did not give priority in his work to the popular themes of the day: emancipation, Risorgimento, and Italian nationalism. Instead, his main goal was the preservation and study of Judaism. In his view, *chemlah* ("pity," "mercy," or in Italian "misericordia"), and not emancipation or science, should be at the center of a Jew's life. In an 1838 letter to his friend Isacco Samuele Reggio, he argued over the distinction between *razionalismo* and *soprannaturalismo*, which in current terms we would define as a contrast between the Enlightenment and the Romantic approaches, in general philosophical terms and within Judaism as well. Luzzatto's discussion of these concepts reveals that the importance placed on emancipation was, for Shadal, a matter of different priorities. He clearly illustrates the features (and their hierarchy) of each concept:

> Tra noi il Razionalismo va unito ad un alto disprezzo della propria nazione, di tutto ciò, che porta l'impronta del pretto Giudaismo [. . .]. Tra noi il Razionalismo va unito al più vivo desiderio di vedere i nostri Correligionari rendersi paralleli alle circonvicine nazioni civilizzate; [. . .] l'educazione, i costumi, la vita, la morte dei Giudei imitare e pareggiare quelle dei Cristiani. L'Emancipazione, ecco il sommo bene per gli Ebrei razionalisti. [. . .]Il Soprannaturalismo, tutt'al contrario, è tra noi congiunto ad un alto orgoglio nazionale, alla persuasione dell'originalità, della divinità del Giudaismo, della sua superiorità a qualsiasi cultura e civilizzazione [. . .]. Esso è congiunto alla venerazione dell'antica rozzezza; alla diffidenza verso tutto ciò che sa di moderno [. . .]. L'emancipazione esteriore non è il bene sospirato dai nostri Soprannaturalisti, ma sì l'emancipazione interna, ossia la liberazione dall'influenza dell'Esoticismo.
> ("Epistolario" 265–66)

Despite Luzzatto's inclination towards the Romantic view of the *soprannaturalisti*, we find elements on the supernaturalists' side that cannot be recognized in his *Weltanschauung*. For instance, if the concept of "chosen people" is present in his thought, nowhere do we find the idea that the Jews are not only chosen, but even superior to other cultures or civilizations. Furthermore, Luzzatto's traditionalism and conservativism are never brought to the extreme consequences of a total rejection of anything "modern," so that the admiration for Judaism's origins is also coupled with the term *rozzezza*, which has an unequivocally negative connotation. In fact, he clarifies his position within this debate at the beginning of the same letter:

> Ma a dirvi la cosa schietta e netta, com'io la penso, la gran lotta non deve terminarsi con la vittoria dell'un partito e la disfatta dell'altro, ma con l'indebolimento di amendue: la gran lite non deve finire con la condanna dell'un de' due litiganti, ma con un amichevole accomodamento. Conciossiachè entrambe le parti hanno spinto le loro pretensioni a segno d'aver torto amendue, e nessuna di esse è degna d'intera condanna, e nessuna di esse è degna d'intero trionfo.
> ("Epistolario" 265)

Luzzatto claims to take a middle ground between the two approaches: emancipation should be neither a top priority (as rationalists claim), nor completely dismissed (as supernaturalists request). In brief, emancipation is welcome, if granted by the authorities, but not indispensable for a Jew.

For Shadal and Jews living in Habsburg Italy, the themes of Jewish emancipation and Risorgimento nationalism were not as intrinsically intertwined as they were in other Italian regions, including Piedmont, and for other Jewish intellectuals. As we have seen, for David Levi the Risorgimento and emancipation essentially coincided, and as such, the former was considered a means for the achievement of the latter, thus the debate about these two subjects went hand in hand. There could not be Jewish emancipation without a liberation, unification, and consequent democratization of Italy. For the Jews in Habsburg Italy, the situation was slightly different. As I have noted above, even without full civil equality, their living conditions were considerably better than in other regions of the Italian peninsula; for that reason, the fight for civil emancipation was a less urgent matter, at least for the economic and cultural elites who did not experience particularly oppressive restrictions. Strong patriotic feelings, however, and a wish for belonging to a future unified Italy were also present among Jews living in the Italian portion of the Habsburg Empire. Consequently, Jewish emancipation and Risorgimento could be discussed separately. For Luzzatto, it was possible to have pride in his Italian identity and wish for the success of the Risorgimento—though in his public role he could not openly manifest these feelings—without at the same time lingering on the urgency of Jewish civil equality. Consequently, some scholars argue, I believe erroneously, that Jewish emancipation was of no importance whatsoever for Shadal or even that he rejected it completely (Harris 228.) Insofar as the determination with which Luzzatto emphasized that civil emancipation was not a Jew's priority, it is understandable how past scholarship interpreted it as outright opposition. This view, however, fails to grasp an important nuance. While Shadal did not believe that the Jews should not be emancipated in the sense of achieving equal civil rights, they nevertheless should keep pursuing their goal—the preservation of Judaism and a life founded on compassion—independent of the presence of civil rights. He was afraid that civil emancipation would weaken the sense of national belonging to Judaism among his Jewish compatriots, since it would confine Jewish identity exclusively to the religious sphere. In response to a letter from his pupil and friend Samuele Vita Zelman, who suggested Luzzatto move to France, Shadal replied that he preferred to stay in Padua since "Io qui fo del bene, ravvivo i sentimenti nazionali in un paese, ove essi non sono del tutto spenti mediante l'emancipazione" ("Epistolario" 239.)

Perhaps the misconception of past scholars that Shadal opposed emancipation *tout court* also has something to do with the inconsistency in the usage of the term "emancipation," which historically has come to assume a variety of meanings, ranging from legal equality to total assimilation with rejection of Jewish identity (Grazi and Dagnino xix-xxi). Here we adopt the connotation that Luzzatto attributes to the Italian term *emancipazione*, that is, civil equality or legal emancipation. The doubt as to whether these national feelings refer to the Italian or the Jewish nation is dispelled by the contrast with the event of emancipation. In Luzzatto's view emancipation could only curb the sense of Jewish nationhood, but certainly not the Italian Jews' aspirations at the basis of Risorgimento. Therefore, emancipation was not negative per se, but only insofar as it became an obstacle to the preservation of a Jewish national character. What Luzzatto indeed opposed was not legal equality, but seamless assimilation into the host society and the complete abandonment of a sense of Jewish nationhood (though not of a Jewish state) and tradition, as can be noted in the previously cited excerpt from his letter to Reggio.

Despite the limited presence of the Risorgimento in Luzzato's writings (and his favorable opinion of the Austrian rulers), we do know it had a positive appeal to him.[4] For instance, in an essay written in Hebrew on Luzzatto and the 1848–49 revolutions, published in 1953, the Jewish historian Salo Baron contends that emancipation and the Risorgimento were relevant for Luzzatto particularly around 1848, according to some of his correspondence in Hebrew around those years (40–63).[5] For the Austrian censure, it would have been more difficult to understand letters written in Hebrew, of course, even if they were able to intercept and check them. Shortly after this period, his enthusiasm seems to have faded away and to have gone back to its original low level. One should always keep in mind, nevertheless, that this enthusiasm for emancipation and the Risorgimento was also curbed by his institutional role. Because Padua's Rabbinical College was a state-controlled institution, assuming an overtly pro-Risorgimento position could have resulted in the loss of his job or even imprisonment.

---

[4] Again, we cannot forget Luzzatto's prominence in public life and the fact that his opinions on the Austrian rulers, albeit possibly slightly positive, were expressed with greater emphasis on public occasions, including published articles or letters.

[5] Baron reports in particular a letter Shadal sent to the Hungarian Jewish intellectual David Schwarz, in which he praised the imminent arrival of Piedmont's army, wishing to liberate Veneto from Austrian domination.

A sense of Italian identity is as prominent in Luzzatto's writings as is also his interest in themes related to the Risorgimento. Although he was never formally an Italian citizen, we have indirect evidence that he took pride in his Italian identity and in Italian culture. In the introduction to Luzzatto's posthumous anthology of letters not written in Hebrew, his son Giuseppe emphasized that "l'onore del nome italiano" was one of his father's main goals, along with preserving the greatness of Judaism ("Epistolario" iv.) If adhesion to Jewish Orthodox tradition characterized his family life, support for the Risorgimento and Italian ideals seem to have been more present in Shadal's private circles than what actually emerges in his oeuvre and public life. The recent discovery of 11-year-old Giuseppe Luzzatto's private journal sheds some light on the kind of education Shadal's children must have received (Pontecorvo and Salah 60–62). In this journal, it emerges how, in addition to a firm Orthodox upbringing, the Risorgimento and Italian identity, too, played a role in Luzzatto's family.

The fact remains, however, that Luzzatto had other priorities in his life, such as the preservation of Judaism — specifically neo-Orthodox Judaism — in the face of modernity and the fulfillment of *mitzvoth* the precepts of Jewish life. Although he supported integration in his host land — he himself and his family were highly integrated in Padua's non-Jewish society — he had no doubt about where he stood in the vibrant debate about the national or simply religious nature of Judaism: the Jews are a nation. This belief emerges constantly throughout his writings. His view of Judaism as a nation and his deep appreciation of medieval poets like Yehuda Halevi, who often yearned for a return to the Holy Land in his poems, earned Luzzatto the label of Zionist *ante litteram* or proto-Zionist (Abrahams 195.) However, this title is disputable for it does not take into account the full picture of Shadal's *Weltanschauung* and dismisses several aspects of his thought. Luzzatto's belief in the national dimension of Judaism was not rooted in political convictions, but rather stemmed from his views as a traditionalist. He expounded on this topic several times, not only through his various works on Judaism, but also in Italian Jewish journals meant for a wider audience. However, he did not promote the creation of a political entity, a Jewish State, in Palestine or anywhere else (Margolies 73.) On the contrary, several times in his works Luzzatto clarified that the Jewish nation (intended as Jewish People) could and should live harmoniously with the laws and customs of their host country without forfeiting their Jewish traditions and identity.

In his *Il giudaismo illustrato*, a pamphlet addressed to a non-Jewish public and written in Italian with slightly apologetic intentions, Luzzatto reiterates an idea he had already expressed several times, with a different emphasis, in his Hebrew writings:

> [...] le speranze degli Israeliti non sono speranze politiche ma religiose — che la rigenerazione da essi aspettata non è la sola materiale loro riunione in Palestina, ma è la rigenerazione del genere umano [...] che la fondazione di un regno giudaico in Palestina sotto il protettorato delle potenze non formerebbe il compimento delle profezie e l'adempimento delle speranze degli ebrei [...] e che in qualunque caso gl'israeliti non hanno altra patria che quella ove son nati, o dove hanno stabile dimora.
>
> (*Il giudaismo* 25)

In 1848, Luzzatto felt the need to reassert the Jews' loyalty to a generic "patria [...] ove son nati, o dove hanno stabile dimora," a deliberate phrasing aimed at not enraging the Austrians, while clearly involving other Italians. This necessary contextualization, nevertheless, explains only the emphasis of Luzzatto's word; it does not dismiss the notion that the author was indeed in favor of the Jews' integration (not seamless assimilation) into their host society.

Luzzatto's Ethical View of Judaism

In Shadal's view, Jews are a nation that can adapt to the customs and culture of the host society. They demonstrate their loyalty to it while remaining strongly anchored to their Jewish identity and traditions. However, one question remains: What exactly is Judaism for Luzzatto? His answer is explicit:

> Il Giudaismo è una dottrina teorico-pratica, religioso-morale. Esso è una dottrina, un insegnamento ma non è una scienza. È un insegnamento teorico pratico, tende cioè ad inspirare certe idee e certi affetti, per cui l'uomo sia portato ad agire in un determinato modo, anziché in un altro. [...] Il Giudaismo è una dottrina religioso-morale. Egli è un insegnamento relativo alle idee religiose ed ai fatti morali.
>
> ("Il giudaismo" 2)

Luzzatto's description of Judaism is diametrically opposed to that of David Levi. Judaism is not an idea with historical development, but its theoretical elements are the foundations and inspiration for people's ideas and behavior. It has a practical significance, since this moral compass has to be expressed in a person's everyday life and actions. In Luzzatto's argument, the guiding principles of the theoretical and practical aspects of Judaism, that is, the attributes that constitute it, are providence and compassion. Providence refers to the religious sphere of Judaism's essence and is the reminder that the positive and negative things that happen to people are not the fruit of random destiny but God's punishment or reward for our behavior. Compassion (*misericordia, chemlah*), instead, concerns the moral-practical aspects of life and should be the final goal of all our actions: good behavior for its own sake and not for a personal reward. In fact, Shadal maintains that compassion has always been a characteristic of the Jewish people, ("Il giudaismo" 11). The concept stands at the core of his philosophy (Gopin 173). One common element between Levi and Luzzatto, however, is a sense of universalism about Judaism's principles. While for Levi Judaism's universalism is intended as the sum of the principles that constitute Judaism as a whole and that will be the base for a future religion of humanity, for Luzzatto Judaism is divided in two parts, of which only one has a universal dimension:

> La misericordia dal Giudaismo raccomandata è universale. Si estende, come quella di Dio, a tutte le sue creature. Nessuna razza è fuori dalla Legge, poiché gli uomini tutti, secondo ch'il Giudaismo insegna, sono fratelli, sono figli d'uno stesso padre, e sono creati ad immagine di Dio.
>
> ("Il giudaismo" 11)

In Shadal's view the Abrahamic pact and the Mosaic Law are a "patrimonio speciale dei figli di Giacobbe." They constitute the second part of Judaism, which is not universal but has a national and special character ("Il giudaismo" 12). Luzzatto's dedication to a national interpretation of Judaism, his lack of emphasis on the theme of emancipation, and his orthodox views all distance him from Enlightenment concerns. His methodological tools, however, are "modern" in all respects and based on the Enlightenment principle of rational inquiry. As we have seen, scientific methodology is something Shadal shares with the German Jewish scholars of the Wissenschaft des Judentums, whose personal behavior he often criticized.[6]

The "natural" focus of Luzzatto's connections is the German-speaking world, primarily within the Habsburg Empire but also with other German-speaking Jewries spread around central Europe. Not unlike Piedmont's relation to France, the northeastern Italian regions were under German influence as a

---

[6] The alleged discrepancy between Luzzatto's scientific approach and his conservative thought has generated multiple debates among recent scholars, who have attempted to come up with different definitions for his original approach. For instance, Luzzatto's amalgamation of Enlightenment tools and the authority of the Jewish tradition created what Sylmovics called a "liberal Orthodoxy" (94), or what Rudavsky has termed "neo-Orthodoxy" (21).

consequence of their geopolitical location within the Habsburg Empire, and as a result of a shared culture, both of which promoted the diffusion of the German language. The political elites, including the most prominent Jewish legal and intellectual personalities, had to be able to communicate in German with the central authorities.[7] From a strictly Jewish standpoint, the cultural compass was oriented towards Berlin, where the main circles of both Haskalah — again, the German Jewish Enlightenment — and Wissenschaft des Judentums were located, and also towards the main intellectual centers of the Habsburg empire: Vienna, Prague, and Budapest. In fact, in these latter communities, the main language of communication of Jewish elites apart from Hebrew was German.[8]

Conclusion

I have presented the strongly diverging cultural environments of the Kingdom of Sardinia (French oriented) and the Italian regions of the Habsburg Empire (German oriented). These differences emerge through the lives and writings of two Jewish intellectuals, David Levi and Samuel David Luzzatto. While a comparison focused exclusively on the two authors would be neither feasible nor useful insofar as the former was a secular politician and the latter an Orthodox rabbinical teacher, the examination of their divergent but deep attachments to Jewish identity allows us to envision some salient features of cultural Judaism in Piedmont and in Habsburg Italy. Levi manifests a secular approach to Judaism that is deeply rooted in the Enlightenment values of French origin, and that in

---

[7] German was taught also at Padua's Rabbinical College starting from 1835, to conform to new Habsburg regulations (Del Bianco Cotrozzi 25–26).

[8] Luzzatto had frequent connections with all the most important Jewish intellectuals of the Germanic world of the time, including Leopold Zunz, Markus Jost, Moritz Steinschneider, Abraham Geiger, and Heinrich Graetz. Although he did not feel his German was good enough to discuss deep philosophical matters, he did communicate with these scholars in either Hebrew or French, and at times in Italian. It is well known that Luzzatto's relationship to the members of Wissenschaft des Judentums circles is ambivalent. On the one hand, he admired their scholarly endeavors and methodology, but at the same time he despised their personal attitudes towards Judaism and the Hebrew language (Rosenbloom 15; Margolies 3). These international networks consisted not only of epistolary correspondence but also of frequent collaborations with the main Jewish journals of the Austrian empire, such as *Kerem Chemed* [The pleasant vineyard], *Bikkure' ha'ittim* [First fruits] and *Bikkure' ha'ittim ha-Chadashim* [The new first fruits]. These journals were often the favorite scholarly communication platforms of another circle of Jewish intellectuals that was based in the Habsburg Empire, the so-called Galician *maskilim*, Jewish intellectuals from Galicia, a peripheral area of the Habsburg Empire situated in a border area between today's Poland and Ukraine. The Jewish intellectuals of Habsburg Italy (first of all Luzzatto and Reggio) and the Galician *maskilim* are viewed as one "cultural community" by modern scholarship, not only because of their frequent communication, but also for the affinity of their approaches to Judaism and modernity, both conservative and Orthodox, though using modern scientific tools in their scholarship (Feiner 131.)

turn shares its foundations with the principles of original Judaism. From Levi's viewpoint, Judaism constitutes a set of universal ideas which would become the basis for a future religion of humanity. Jewish civil emancipation and the ideals of Risorgimento represented the main tools to achieve this goal. His thought was permeated by a sense of cosmopolitan nationalism.

With Shadal, by contrast, Enlightenment values were only present as far as his scientific methodological approach to Judaism was concerned, an approach based on rational scientific enquiry. These values did not constitute Luzzatto's moral or ideological compass, which was traditional and dictated by his Orthodox viewpoint. Civil emancipation, though in his view not negative per se, was not his main priority. In his personal hierarchy, the preservation of Judaism formed the summit, supported by the fulfillment of his religious duties together with a moral behavior based on compassion. The analysis of Shadal's feelings on Italian identity and support of the Risorgimento is more complicated. While literary and archival documents do not present strong evidence on this matter, correspondence in Hebrew and personal testimonies by his family members attest to his strong pride for anything Italian.

The different regional contexts in which Levi and Luzzatto were immersed no doubt had a strong impact on their approach to both Jewish and Italian identity. Although not directly comparable, both men are suggestive of the two regional cultures in which they were active. The terrain for the growth of Levi's strong affinity with Enlightenment values was already made "fertile" by Piedmont's French-oriented society. His status as part of a wealthy bourgeois Jewish family in this region doubled his exposure to the French *Lumières*. As part of the growing bourgeoisie, he was taught to value the economic privileges his family had enjoyed during the Napoleonic conquest and also the additional opportunities they would be offered by a unified Italy, which would not impose taxation on trade among the different Italian regions. Levi held these positive elements in extremely high esteem from a Jewish perspective as well. Thanks to his first-hand experience of what it meant for his family to profit from the legal equalization offered by the first emancipation and the highly patriotic education he received within Foa College, his strong support for the Risorgimento was all but inevitable. Piedmont's cultural framework also favored his future Tuscan and Parisian experiences through strong proximity to Enlightenment ideals and Risorgimento activists. It was not by chance that Levi made certain choices and felt attracted by certain milieus and associations and found an affinity with values and ideals in all of them. In spite of the innumerable differences from Luzzatto, we should not forget that Levi, too, came from a deeply traditional and religious family. His Enlightenment-based secular trajectory was the fruit of entirely deliberate decisions, dictated by his particular character, and also substantially favored by Piedmont's cultural orientation.

Luzzatto's geographical location, too, had a decisive impact on his relationship to Judaism and Italian identity. We have seen how his cultural point of reference was much more the German Jewish world, which steered his attention to the circles of the Wissenschaft des Judentums and the Haskalah. This same political context helped Luzzatto divert his attention away from Jewish civil emancipation and focus instead on other concepts and ideas, as I have described above. There is no doubt that Luzzatto's public avoidance of notions connected with Risorgimento-was influenced by his position with a public institution controlled by the enemies of the Italian national movement, but, nonetheless, it did not suppress his private enthusiasm for Italian patriotic causes. His patriotic urges generally manifested themselves in a more subdued way in this area of the Italian peninsula than in Piedmont, the leading engine of the Risorgimento.

Their personal differences and contrasting backgrounds alone do not account for Levi's and Luzzatto's contrasting approaches to Judaism and Italian identity. Their regions of provenance and activity were determining factors as well. The kind of regional comparison adopted here adds a fundamental perspective to scholarly discussions of Italy's nation-building process. Regional perspectives are crucial to the study of the movement leading to Italian unification and can help achieve a more nuanced understanding of the ways in which support for the movement did vary significantly according to the microcultures of regional populations.

Leibniz Institute for European History, Mainz

Works Cited

Abrahams, Israel. "Samuel David Luzzatto as Exegete (Continued)." *The Jewish Quarterly Review* 57.3 (1967): 179–99.

Bachi, Roberto. "La demografia dell'Ebraismo italiano prima dell'emancipazione." *Rassegna mensile d'Israel. Studi in onore di Dante Lattes* (1938): 256–320.

Baron, Salo Wittmayer. "Shadal weha-mahapepekah bi-shnot 1848–49." Simha Assaf Jubilee volume. Ed. Moshe David Cassuto and Joseph Klausner. Jerusalem (1953): 40–63.

Berengo, Marino. "Gli Ebrei dell'Italia asburgica nell'età della Restaurazione." *Italia* 6.1–2 (1987): 62–103.

Catalan, Tullia. "Italian Jews and the 1848–49 Revolutions: Patriotism and Multiple Identities." *The Risorgimento Revisited. Nationalism and Culture in Nineteenth-Century Italy*. Ed. Silvana Patriarca and Lucy Riall. Basingstoke: Palgrave McMillan, 2012. 214–31.

———, and Cristiana Facchini, eds. *Quest. Issues in Contemporary Jewish History. Journal of Fondazione CDEC* 8 (2015). [are these two people editoros of this volume of a journal?]

Cole, Laurence, ed. *Different Paths to the Nation. Regional and National Identities in Central Europe and Italy, 1830–1870*. Basingstoke: Palgrave McMillan, 2007.

Dagnino, Roberto, and Alessandro Grazi, eds. *Believers in the Nation: European Religious Minorities in the Age of Nationalism (1815–1914)*. Groningen Studies in Cultural Change LII. Leuven: Peeters, 2017.

Del Bianco Cotrozzi, Maddalena. *Il Collegio Rabbinico di Padova. Un'istituzione religiosa dell'Ebraismo sulla via dell'emancipazione*. Firenze: Olschki, 1995.

Facchini, Cristiana. *David Castelli. Ebraismo e scienze delle religioni tra Otto e Novecento*. Brescia: Morcelliana, 2005.

Feiner, Shmuel. *Haskalah and History. The Emergence of a Modern Jewish Historical Consciousness*. Oxford: The Litman Library of Jewish Civilization, 2004.

Feiner, Shmuel, and David Sorkin. *New Perspectives on the Haskalah*. Oxford: The Littman Library of Jewish Civilization, 2004.

Ferrara degli Uberti, Carlotta. *Fare gli Ebrei italiani. Autorappresentazioni di una minoranza (1861–1918)*. Bologna: Il Mulino, 2011.

Gopin, Marc. "An Orthodox Embrace of Gentiles? Interfaith Tolerance in the Thought of S. D. Luzzatto and E. Benamozegh." *Modern Judaism* 18.2 (1998): 173–95.

Grazi, Alessandro. "David Levi: A Child of the Nineteenth Century." Catalan and Facchini 21–27.

———. "In Quest of a (Jewish) Identity: David Levi's Il mistero delle tre melarancie." *Zutot. Perspectives on Jewish Culture* 9 (2012): 97–110.

———. "The Role of Italian Jews in Freemasonry and Secret Societies during the Risorgimento." Dagnino and Grazi 77–96.

———, and Roberto Dagnino. "Religious Minorities' Adaptation Strategies in the Nineteenth Century." Dagnino and Grazi ix-xxvi.

Harris, Monford. "The Theologico-Historical Thinking of Samuel David Luzzatto." *The Jewish Quarterly Review* 52.3 (1962): 216–44.

Ioly Zorattini, Pier Cesare, ed. *Gli Ebrei a Gorizia e a Trieste tra ancien régime ed Emancipazione.* Udine: Del Bianco, 1984.

Laven, David. *Venice and Venetia under the Habsburgs, 1815–1835.* Oxford: Oxford UP, 2002.

Levi, David. *Ahasvero nell'isola del diavolo: versi, preceduti da uno studio sull'ebraismo e la rivoluzione francese.* Torino: R. Streglio, 1898.

———. "La carboneria." Folder 30.6.14 (2). Museo Nazionale del Risorgimento, Torino.

———. "Il mistero delle tre melarancie." Folder 31.4–12. Museo Nazionale del Risorgimento, Torino.

———. "Prima fase del socialismo in Italia: il Sansimonismo." *Nuova antologia* 69, Serie 4, Fascicolo 1 (1897): 432–458.

———. *Il profeta, o la passione di un popolo: drama.* Torino: Unione Tipografico-Editrice, 1884.

———. *Vita di pensiero: ricordi e liriche.* Milano: N. Battezzati, 1875.

Levi, Fabio, ed. *Gli Ebrei e l'orgoglio di essere italiani. Un ampio ventaglio di posizioni fra '800 e primo '900.* Torino: Silvio Zamorani Editore, 2011.

Luzzatto, Samuel David. *Autobiografia.* Padova: Crescini, 1882.

———. *Epistolario italiano, francese e latino.* Padova: Salmin, 1890.

———. *Il giudaismo illustrato nella sua teorica, nella sua storia e nella sua letteratura.* Padova: A. Bianchi, 1848.

Luzzatto Voghera, Gadi. "Aspetti della cultura ebraica in Italia nel secolo XIX." *Storia d'Italia. Annali 22. Gli Ebrei in Italia.* Ed. Attilio Milano. Torino: Einaudi, 1997. 1215–44.

———. *Il prezzo dell'uguaglianza. Il dibattito sull'emancipazione degli Ebrei in Italia (1781–1848).* Milano: Franco Angeli, 1998.

Margolies, Morris B. *Samuel David Luzzato: Traditionalist Scholar.* New York: Ktav, 1979.

Mola, Aldo Alessandro. "Ebraismo italiano e massoneria". *Rassegna mensile d'Israel* 47 (1981): 120–27.

Pontecorvo, Clotilde, and Asher Salah, eds. *Diari risorgimentali: due ragazzi ebrei si raccontano. Libro delle cronache (1861–1862) di Giuseppe Luzzatto. Giornale ebdomadario (1863–1864) di Amalia Cantoni.* Livorno: Salomone Belforte, 2017.

Rosenbloom, Noah H. *Luzzatto's Ethico-Psychological Interpretation of Judaism. A Study in the Religious Philosophy of Samuel David Luzzatto.* New York: Yeshiva University, 1965.

Rudavsky, David. "Samuel David Luzzatto and Neo-Orthodoxy." *Tradition* 7.3 (1965): 21–44.
Slymovics, Peter. "Romantic and Jewish Orthodox Influences in the Political Philosophy of S. D. Luzzatto." *Italia* 1.4 (1985): 94–126.
Sofia, Francesca. "Gli Ebrei risorgimentali fra tradizione biblica, libera muratoria e nazione." *La massoneria. Storia d'Italia. Annali 21*. Ed. Gian Mario Cazzaniga. Torino: Einaudi, 2007. 244–65.
———. "Il vangelo eterno svelato: David Levi e la massoneria." *Massoneria e Unità d'Italia. La libera muratoria e la costruzione della nazione*. Ed. Fulvio Conti and Marco Novarino. Bologna: Il Mulino, 2011. 203–22.

Matteo Perissinotto

Il difficile equilibrio tra identità ebraica e patriottismo durante la Grande Guerra[1]

Sinossi: Il saggio indaga i comportamenti pubblici e l'autorappresentazione dell'ebraismo italiano durante la prima guerra mondiale attraverso l'analisi della stampa ebraica, dei sermoni rabbinici e delle iniziative del Comitato delle comunità ebraiche italiane. Sono state prese in esame anche le posizioni assunte dal movimento sionista e da alcuni esponenti di origine ebraica. Dopo una prima fase di incertezze dovute alla neutralità del Regno d'Italia, l'ebraismo italiano si prodigò a sostegno dello sforzo bellico, ma non mancarono le preoccupazioni e i timori di possibili accuse di scarso patriottismo. Il rapporto tra l'identità ebraica e quella italiana variò nel corso del conflitto, in particolare con l'entrata in guerra del Regno d'Italia e in occasione degli eventi del 1917. Solo in seguito alla Dichiarazione Balfour vi fu una rivendicazione pubblica di un'identità ebraica vissuta come compatibile e complementare a quella italiana. Sono state analizzate anche le celebrazioni e la monumentalizzazione della guerra nelle comunità ebraiche.

Parole chiave: Ebrei italiani, Grande Guerra, Patriottismo, Balfour, Caporetto, Neutralità, Interventismo, Rabbini, Militari, WWI, Sionismo.

Preambolo

La prima guerra mondiale rappresenta anche per l'ebraismo una cesura fondamentale. Come fu vissuta dall'ebraismo italiano quest'epoca di profonde trasformazioni? Cosa rappresentò il periodo bellico per gli ebrei del Regno d'Italia che uscì vincitore dal conflitto? Quali furono le modifiche alla percezione di sé e della propria appartenenza ebraica?

Vista la composizione dell'ebraismo italiano, la risposta a queste domande non può essere univoca. Dalla seconda metà dell'Ottocento l'ebraismo italiano stava affrontando una crisi religiosa che portò a duri scontri in particolare tra i

---

[1] Il presente saggio è frutto di una rielaborazione parziale della tesi di dottorato dell'autore di prossima pubblicazione.

sionisti promotori di una "rigenerazione culturale", i rabbini timorosi di perdere il loro ruolo di maestri e guide delle comunità, e le dirigenze comunitarie composte da laici integrati nello Stato liberale e nel tessuto urbano e istituzionale, poco attenti agli aspetti legati al culto e alle tradizioni.[2] Dal 1911 all'interno di questa complessa dialettica si inserì il Comitato delle Università Israelitiche che si proponeva di fungere da mediatore tra le varie comunità delle Penisola e le istituzioni statali.[3] Da questo quadro emerge un ebraismo italiano tutt'altro che monolitico, ma pervaso da divisioni interne, da particolarismi e da diverse tensioni tra le sue componenti. Inoltre a livello individuale la frammentazione della minoranza ebraica corrispondeva a quella della società italiana dell'epoca, divisa tra i diversi tipi di interventismo, neutralismo e pacifismo.

Per comprendere queste dinamiche è necessario innanzitutto definire il soggetto della ricerca. In questo saggio con l'uso del termine "ebreo" ci si riferirà non solo agli ebrei praticanti e iscritti alle comunità, ma anche a quelli che Simon Levis Sullam ha definito "sottogruppo ebraico", ovvero coloro i quali, seppure non frequentando la sinagoga, non rispettando le prescrizioni religiose e non appartenendo ufficialmente alle comunità ebraiche, erano uniti da un substrato culturale e spirituale in grado di mantenere "un flebilissimo legame ebraico, che rientrava ancora in quei vincoli di parentela, di affinità di amicizia, attraverso cui ciascuno è ricondotto alle più o meno lontane e sentite origini comuni" (16–17).

Il presente studio si propone di individuare le modalità con cui gli ebrei italiani rivendicarono pubblicamente la propria identità e le pratiche attraverso cui riuscirono a far convivere il sentimento patriottico con la fede dei padri. Si vogliono inoltre analizzare i risultati dell'emancipazione, facendo emergere come e quanto gli ebrei si erano integrati nella società liberale, ma anche quali erano le difficoltà e i possibili elementi di incomprensione e contrasto tra l'identità italiana e quella ebraica tradizionale.[4]

---

[2] Alla vigilia della guerra aderivano al movimento sionista italiano circa 700–800 persone, in gran parte favorevoli a un "sionismo filantropico". Nei mesi della neutralità erano tre i periodici sionisti pubblicati: *Il giovane Israele*, espressione delle istanze del gruppo sionista milanese; *La settimana israelitica* che faceva riferimento al gruppo sionistico fiorentino; *Il corriere israelitico* che, seppure pubblicato a Trieste, allora parte dell'Impero austro-ungarico, si rivolgeva all'ebraismo italiano. Questi ultimi due si fusero nel 1916 dando vita ad *Israel*, periodico sionista pubblicato a Firenze e diretto da Dante Lattes e Alfonso Pacifici. Si veda Bencich, *Protagonisti e correnti del sionismo italiano* 41–144.

[3] Catalan, "L'organizzazione delle comunità ebraiche italiane" (1272–1276). Il Comitato fu costituito dopo lunghe trattative nel 1911 e si dotò di uno Statuto nel 1914.

[4] Come ha notato Mario Toscano, la quasi totale assenza di episodi di antisemitismo ha indotto la storiografia a dedicare pochi studi al ruolo degli ebrei italiani nella Prima guerra mondiale, dando spesso per scontata la tesi dello storico Attilio Milano (Roma, 12 agosto 1907 – Hod HaSharon, 22 giugno 1969) nella sua *Storia degli ebrei in Italia*, per il quale gli ebrei italiani "si comportarono esattamente

Si metteranno pertanto in evidenza i compromessi e le tensioni che scaturirono fra gli ebrei in un periodo in cui l'adesione alla causa nazionale e al linguaggio patriottico erano i cardini del discorso pubblico e della tenuta stessa del "fronte interno". L'ebraismo italiano, infatti, dovette cercare di trovare un compromesso tra l'identità ebraica e quella nazionale per evitare qualunque particolarismo, ritenuto una minaccia all'"Unione Sacra" della nazione. Oltre ai rapporti con la società maggioritaria, verranno prese in esame le tensioni interne al mondo ebraico, tra rabbini e dirigenti comunitari, tra questi ultimi e il neonato Comitato delle Comunità Israelitiche Italiane,[5] e tra sionisti, antisionisti e asionisti.[6] Come ha notato Carlotta Ferrara degli Uberti, "le istanze sioniste contribuirono a esplicitare alcune aporie insite nella narrazione del rapporto fra ebrei e nazione, fra ebrei e patria" (215).

L'analisi del rapporto tra identità ebraica e italiana degli ebrei durante la prima guerra mondiale permette di cogliere le speranze e i risultati che caratterizzarono l'adesione degli ebrei al conflitto. Sintomatica è la costante presenza nelle memorie, nei diari e nelle testimonianze del racconto degli anni del conflitto, in particolare della "Disfatta di Caporetto" nel 1917, vissuto come momento di massimo incontro tra gli ideali nazionali e l'identità ebraica, come un periodo di intenso e convinto coinvolgimento degli ebrei italiani nelle sorti della nazione.[7]

Si vogliono indagare i comportamenti pubblici e l'autorappresentazione dell'ebraismo italiano durante la prima guerra mondiale, attraverso lo studio

---

come gli altri" (390). Questa considerazione è stata messa in discussione proprio da Mario Toscano alla fine degli anni Ottanta, nel suo pionieristico studio "Gli ebrei italiani e la prima guerra mondiale" al quale sono seguiti diversi articoli dello stesso studioso che si concentra in particolare sul rabbinato, oltre a capitoli dedicati in volumi di lungo periodo sulla storia degli ebrei nella penisola.

[5] La legge Rattazzi del 1857 prevedeva la creazione di un ente di coordinamento tra le varie comunità. Vista la gelosia per la propria autonomia e la differente legislazione che regolava la vita delle singole comunità, i primi due congressi del 1863 e 1867, svoltesi rispettivamente a Ferrara e Firenze non portarono alla costituzione di un comitato. Solo nel 1911 si riuscì finalmente a porre le basi per la nascita del Comitato, a cui però non era obbligatorio aderire. Il Comitato tentò sin dalla sua costituzione di divenire un interlocutore con il governo e di estendere il suo controllo sulle comunità libiche. Nel 1920 con Decreto Reale il Consorzio delle comunità israelitiche italiane fu riconosciuto come Ente Morale. Nel 1930 con la "Legge Falco" il Consorzio fu trasformato nell'Unione delle comunità israelitiche italiane, con l'obbligo di adesione per tutte le comunità del Regno. Si veda Ester Capuzzo, "Sull'ordinamento delle comunità ebraiche dal Risorgimento al Fascismo"; Tullia Catalan, "L'organizzazione delle comunità ebraiche."

[6] Seconda Carlotta Ferrara degli Uberti il dialogo tra queste tre componenti "influenzò l'andamento del laboratorio identitario" dell'ebraismo italiano (206).

[7] Oltre a opere edite sono state individuate una dozzina di diari e memorie presso l'Archivio Diaristico Nazionale di Pieve Santo Stefano (AR). Sono quasi tutte stati redatti dopo la seconda guerra mondiale e sono segnati dal trauma della Shoah e dalla volontà di raccontare in particolare modo le persecuzioni e lo sterminio.

dei sermoni rabbinici, con l'analisi delle iniziative organizzate dalle comunità e prestando attenzione agli orientamenti del Comitato delle Comunità e della stampa ebraica. Come ha evidenziato Ferrara degli Uberti, va tenuto presente che la stampa e la pubblicistica ebraica assumono delle posizioni più estreme rispetto alle discussioni interne al mondo ebraico italiano, il quale era poco numeroso — vi erano circa 36.000 ebrei — e caratterizzato da strette relazioni amicali e parentali (213).

I mesi della neutralità italiana

Dal momento della dichiarazione di guerra dell'Austria-Ungheria alla Serbia, il 28 luglio 1914, all'entrata in guerra del Regno d'Italia, il 24 maggio 1915, i cittadini italiani di religione ebraica si schierarono in base alle proprie inclinazioni politiche, mentre la stampa ebraica, così come gli esponenti delle istituzioni ebraiche, evitarono accuratamente di intervenire nel dibattito tra interventisti e neutralisti che divise l'opinione pubblica nazionale (Pavan, "Cingi, o prode" 336–39). Se il silenzio delle riviste in questo dibattito va inserito all'interno di una prassi che aveva visto i periodici ebraici trattare solo vicende che fossero direttamente collegate con gli ebrei e l'antisemitismo, l'atteggiamento cauto delle istituzioni ebraiche fu dovuto alla volontà di evitare possibili nuove accuse di cosmopolitismo e di "doppia fedeltà", così come era avvenuto in occasione del conflitto italo-turco del 1911–12 (Ferrara degli Uberti 225; Pavan, "Cingi, o prode" 337). Immediatamente però le testate ebraiche si ersero in difesa dei diritti dei correligionari coinvolti nel conflitto, in particolare denunciando la violazione dei diritti nell'Impero zarista e ribadendo la necessità a fine conflitto di stabilire la piena emancipazione per gli ebrei in tutta Europa (Perissinotto, *La stampa ebraica e il "nemico"* 234–38).

In quei mesi la maggioranza dei rabbini delle comunità italiane e *Il vessillo israelitico*, la rivista ebraica più diffusa nella penisola e quella che rappresentava le istanze e le posizioni della maggioranza dell'ebraismo italiano, cercarono di propagandare il "tradizionale compito della religione mosaica di predicare e amare la pace, rivendicando all'ebraismo un connaturato pacifismo" (Pavan, "Cingi, o prode" 338). Dall'agosto del 1914 *Il vessillo israelitico* inoltre propose una nuova rubrica intitolata "La guerra" dove venivano riportate non solo le notizie riguardanti le comunità ebraiche coinvolte nel conflitto, ma anche le conferenze organizzate nel Regno, i sermoni e le preghiere composte dai rabbini italiani.

Nelle preghiere e nei sermoni del rabbinato italiano si trovano molteplici elementi di convergenza con le preghiere cattoliche per la pace, segno di angoscia e inquietudine della popolazione che voleva opporsi alla guerra e al massacro (Cammarano 12). In questa produzione rabbinica erano costanti i richiami alla pace e alla fratellanza universale, valori condivisi anche dalle comunità e dai loro dirigenti.[8] Sintomatico di questa incertezza e preoccupazione che animavano gli ebrei italiani fu l'aumento di fedeli nelle sinagoghe del Regno nei mesi della neutralità, dato costante durante i primi mesi subito dopo l'inizio dell'intervento italiano nella guerra (Toscano, *Ebraismo e antisemitismo* 117).

I rabbini italiani nei loro sermoni evocarono diverse tematiche tratte sia dalla loro formazione che dal dibattito pubblico: tra i più vicini al movimento sionista predominava il discorso della "guerra fratricida" mentre altri erano più vicini alle posizioni patriottiche. Tutti però erano accomunati dal desiderio di pace e giustizia e indicavano nel Regno d'Italia il modello da seguire per l'ordine postbellico, rimarcando l'assenza di discriminazioni e il positivo rapporto che vi era tra l'ebraismo italiano e lo Stato.

Già in questa fase di neutralità i rappresentanti dell'ebraismo si posero subito al servizio della Patria, rivendicando sì i temi della pace e della fratellanza, come fecero anche i cattolici e i socialisti, ma con un tratto specifico: da un lato, esaltando la partecipazione e gli atti di coraggio e sacrificio dei correligionari; dall'altro, denunciando gli atti di antisemitismo e discriminazione e rivendicando la volontà di estendere l'emancipazione concessa agli ebrei italiani a tutti i paesi al termine del conflitto (Perissinotto, "La stampa ebraica e il 'nemico'" 234–48).[9] Secondo i sionisti la guerra avrebbe fatto prendere coscienza agli ebrei occidentali del fatto che il "problema ebraico" era di fatto un "problema nazionale" e la fine del conflitto avrebbe non solo significato la liberazione dei correligionari perseguitati, ma avrebbe favorito negli ebrei assimilati il risveglio della fede (Ottolenghi; Momigliano).

Risulta quindi evidente come il risveglio di coscienza iniziato con la diffusione del movimento sionista nella penisola e le varie iniziative messe in campo nei due decenni precedenti il conflitto avessero influenzato i membri più giovani e attivi del movimento. In particolare si voleva evidenziare come la guerra fosse una "guerra fratricida" per i "duecentomila figli dello stesso popolo costretti oggi a scendere in campo gli uni contro gli altri" ("Nell'ora della nostra tragedia", *La settimana israelitica* 5.32, 7 agosto 1914, 1). E nel farlo rivendicavano il diritto all'emancipazione dei fratelli oppressi e la necessità di un'autonomia politica per i correligionari in Palestina.

---

[8] "La guerra," *Il vessillo israelitico* 19 (1914): 525.

[9] Si veda ad esempio *Anno LXIII, Il vessillo israelitico* 1 (1915): 3–5.

In questo clima il ruolo del Comitato delle Comunità Israelitiche Italiane fu caratterizzato da un lato dal non intervento nel dibattito tra neutralisti e interventisti, viste le differenti posizioni dei singoli ebrei; dall'altro nel proseguire la sua opera di coordinamento tra le iniziative che si svilupparono a favore della causa ebraica. Fin dall'inizio del 1915 nacquero una serie di Comitati a favore degli "ebrei oppressi", che videro il coinvolgimento di molti esponenti "gentili" allo scopo di sensibilizzare l'opinione pubblica su tematiche ebraiche (Toscano, "Il movimento 'Pro causa ebraica'"). Queste iniziative non furono inizialmente coordinate a causa dei particolarismi delle comunità ebraiche della penisola e delle gelosie insorte tra i vari comitati promotori.[10] A mio avviso la cosa particolarmente interessante in queste iniziative è la connessione che il Comitato riuscì a costruire tra le rivendicazioni identitarie dei giovani ebrei e dei sionisti con gli esponenti del mondo politico e culturale della società maggioritaria.

Con l'inizio della mobilitazione nei primi giorni di maggio 1915, le posizioni dell'ebraismo ufficiale e del rabbinato subirono una netta virata in senso patriottico a cui si adeguò anche il movimento sionista (Pavan, "Cingi, o prode" 355–58; Perissinotto, *Gli ebrei italiani di fronte alla grande guerra* 114). Ciononostante, i cittadini italiani di origine ebraica furono presenti individualmente in tutte le correnti dell'opinione pubblica che stavano dividendo il Paese in quei fatidici mesi. Questa frammentazione delle posizioni era il risultato dell'alto livello di integrazione degli ebrei italiani, della comunanza di ideali con lo Stato laico e liberale e dell'alto livello di istruzione, fattori che avevano permesso alle élites ebraiche una veloce ascesa sociale arrivando a ricoprire incarichi a tutti i livelli politici, militari e della pubblica amministrazione e in diversi casi a essere protagonisti del dibattito culturale nazionale. La popolazione ebraica era fortemente urbanizzata e risiedeva nelle principali città della penisola, un fatto, questo, che la portò ad essere tempestivamente coinvolta in quelle piazze che furono il centro della vita pubblica nel primo conflitto mondiale. Va ricordato che nel processo di nazionalizzazione l'appartenenza ebraica, soprattutto tra gli ebrei più integrati, era relegata alla sfera privata e alcuni avevano deciso di lasciare la fede dei padri per abbracciare la "fede della Patria", arrivando in alcuni casi a una vera e propria assimilazione attraverso la conversione al cattolicesimo.[11] Questo

---

[10] Nacquero dei Comitati "Pro causa ebraica" a Milano e Firenze; fin dal marzo 1915 nacque il comitato romano che avrebbe dovuto coordinare l'attività degli altri due ed essere il punto di riferimento per le istituzioni del Regno; nel marzo 1917 nacque un comitato a Napoli (Perissinotto, *Gli ebrei italiani di fronte alla grande guerra* 116–23; Toscano, "Il Movimento 'Pro causa ebraica'" 57–72; Comitato Pro Causa Ebraica, *Il parlamento italiano e la questione ebraica. Risposte al referendum*.

[11] Per il caso degli irredentisti si veda Catalan, *La comunità ebraica di Trieste* 306–324.

però non portò a una negazione delle proprie origini, che emergevano e venivano rivendicate con orgoglio nei momenti in cui veniva messa in discussione la fedeltà della minoranza alla nazione o qualora bisognasse tutelare i diritti dei correligionari.[12]

Data la formazione familiare legata agli ideali del Risorgimento e alla memoria del volontarismo degli avi, non stupisce ritrovare molti esponenti di origine ebraica nel campo interventista democratico (ad esempio i fratelli Rosselli insieme alla madre Amelia, Angiolo e Laura Orvieto e Gina Lombroso) e rivoluzionario (Angelo Oliviero Olivetti), ma anche tra i volontari garibaldini in Francia[13] e tra gli irredentisti che lasciarono già dal settembre 1914 l'Impero austro-ungarico per rifugiarsi in Italia, fiduciosi in una guerra contro la "matrigna Austria".[14] Gli industriali, i gruppi editoriali e le case editrici guidate da esponenti dell'ebraismo italiano seguirono le istanze dei gruppi di interesse di cui facevano parte, i quali avevano forti interessi economici nel favorire l'entrata in guerra del Regno, e guidarono l'opinione pubblica che con il passare dei mesi vide sempre più protagonisti gli interventisti.[15]

Tra i neutralisti invece un ruolo di primo piano lo ebbero alcuni esponenti di origine ebraica: basti pensare alla *leadership* che ebbero nel gruppo parlamentare socialista Giuseppe Emanuele Modigliani, Claudio Treves ed Elia Musatti; e all'azione di Angelica Balabanoff a livello internazionale con l'organizzazione delle conferenze pacifiste durante il conflitto (Perissinotto, *Gli ebrei italiani di fronte alla grande guerra* 87–103).[16]

Le motivazioni delle scelte interventiste furono dettate da contingenze di varia natura e durante i mesi della neutralità le posizioni assunte allo scoppio

---

[12] Si pensi ad esempio a Luigi Luzzatti e alla sua opera in difesa dei correligionari rumeni (Facchini, "Luigi Luzzatti and the Oriental Front" 227–45).

[13] Tra i circa 1900 volontari, almeno cinque erano di origine ebraica: Giorgio Melli, Gino Finzi, Guido Bauer, Emilio Albino e Guido Levi (morto nel dicembre 1914 nella battaglia al Bois de Bolante (Perissinotto, *Gli ebrei italiani di fronte alla grande guerra* 44–50).

[14] Furono diverse decine i volontari di origine ebraica che disertarono l'esercito austriaco per arruolarsi come volontari nel Regno d'Italia. Importante fu la rete di accoglienza organizzata dagli irredentisti della prima generazione (Salvatore Barzilai, Giacomo Venezian, Salvatore Segrè Sartorio) per sostenere i giovani volontari Catalan, *La comunità ebraica di Trieste* 303–24; Perissinotto, *Gli ebrei italiani di fronte alla grande guerra*, 51–63.

[15] Si pensi alla "Società editoriale italiana" presieduta da Giuseppe Pontremoli e Luigi Dalla Torre o agli editori Treves. Tra gli imprenditori ricordiamo le figure di Gino Olivetti e la famiglia Jarach.

[16] Nata in Russia, Angelica Balabanoff (1878–1965) dal 1912 al 1917 fece parte della Direzione del PSI. Dopo la guerra fu segretaria della III^a Internazionale (1919–1920). Giuseppe Emanuele Modigliani (1872–1947) nel 1913 venne eletto alla camera tra i riformisti turatiani. Elia Musatti (1896–1936), dopo la seconda elezione alla Camera nel 1913, fu nominato segretario del gruppo parlamentare del Partito Socialista.

della guerra nell'agosto del 1914 subirono mutamenti a seconda delle situazioni nazionali e internazionali. Tali casi si registrarono anche nell'ebraismo: non solo tra i socialisti rivoluzionari, si pensi a Margherita Grassini e il marito Cesare Sarfatti, vicinissimi alle posizioni di Benito Mussolini; ma anche tra i neutralisti più accesi, come ad esempio la socialista Anna Kuliscioff, che all'inizio del 1915 disse di ritenere inevitabile la guerra e pertanto sarebbe stato meglio combatterla in opposizione agli Imperi centrali per evitare il rafforzamento, in campo internazionale, delle forze militariste e reazionarie (Casalini, 6–20; Pillitteri, 196–7).

La piena condivisione delle sorti della Nazione (1915–1916)

Dopo le "radiose giornate di Maggio" e l'entrata in guerra del Regno d'Italia l'ebraismo ufficiale sostenne con entusiasmo lo sforzo bellico: diversi rabbini italiani composero subito una serie di preghiere per benedire i soldati in partenza per il fronte e per la vittoria delle armi italiane (Pavan, "Cingi, o prode" 339); i dirigenti e le élite comunitarie si adoperarono per fornire assistenza al fronte ai correligionari, in particolare attraverso l'istituzione del rabbinato militare e la fondazione di comitati interni alle comunità per l'assistenza alle famiglie dei soldati. Il sostegno della guerra non si limitò soltanto ai soli correligionari, ma vide una forte presenza ebraica, spesso femminile, nei comitati cittadini per il sostegno dello sforzo bellico e del "fronte interno", nonché la presenza di molte ebree nell'assistenza sanitaria (Miniati 223–47).

Il conflitto in molti casi accelerò e consolidò l'integrazione nelle strutture politiche, economiche e sociali del Regno d'Italia e portò a una rivendicazione della propria identità nell'esercito, nelle istituzioni statali e nell'organizzazione di cerimonie pubbliche. La guerra rappresentò un banco di prova per le istituzioni ebraiche, in particolar modo per il neonato Comitato delle Comunità Israelitiche Italiane, per capire fino a che livello le loro rivendicazioni avrebbero potuto trovare accoglimento presso le istituzioni statali, compreso l'esercito, cercando inoltre, sulla spinta del movimento sionista e parzialmente anche del rabbinato, di trovare una soluzione equilibrata in cui far convivere la fede mosaica e la religione della Patria.

Emerge così un rapporto costante e basato sulla fiducia nelle istituzioni dello stato liberale, attraverso la continua mediazione tra gli esponenti ebrei, le istituzioni comunitarie e il rabbinato con i Ministeri e l'Esercito. Il Comitato, oltre ad assumere in questi anni il ruolo di stabile rappresentante ufficiale dell'ebraismo italiano, fu abile a coordinare queste iniziative coinvolgendo e mobilitando gli esponenti di origine ebraica presenti nelle diverse istituzioni del Regno.

La stampa ebraica e il rabbinato fin dall'inizio presentarono la guerra come la tappa finale del processo di emancipazione: gli ebrei italiani avrebbero dimostrato in modo inequivocabile la coincidenza degli interessi della minoranza con quelli dell'Italia e di Casa Savoia. Il "sangue sacrificato" per la Patria avrebbe sancito da un lato il completamento del processo risorgimentale con l'annessione degli ultimi territori "irredenti" e dall'altro avrebbe completato in modo definitivo il processo di emancipazione non solo dei correligionari sotto il dominio austro-ungarico ma di quelli di tutta l'Europa.

Per le élites ebraiche la guerra rappresentava sì la prova corale di una nazione che era ancora in cerca della sua identità, ma la guerra era vista dagli ebrei italiani come il banco di prova per dimostrare il loro coinvolgimento nel processo di nazionalizzazione e di adesione agli ideali liberali, includendo in questo loro scopo anche gli ebrei più poveri e gli ebrei delle colonie, in particolare della colonia libica (De Felice 47–81).

Il vessillo israelitico pubblicò costantemente notizie sui correligionari che partivano per il fronte, sui decorati, i feriti e i caduti, concedendo a questi ultimi maggiore attenzione e ampio spazio nelle notizie. Venivano inoltre riportate tutte le iniziative avviate e sostenute dagli ebrei italiani per aiutare lo sforzo bellico. Si voleva in tal modo dimostrare il sacrificio di sangue del mondo ebraico italiano per la Patria e l'unione indissolubile degli ebrei italiani con i destini del Regno d'Italia e con Casa Savoia.

Per raggiungere questo sincretismo tra fede e patria, rabbini e stampa ebraica usarono un linguaggio che, come rilevano Ilaria Pavan e Ferrara degli Uberti, era mutuato da quello cattolico, in continuità con una pratica già avvenuta nel corso del Risorgimento. Si usavano concetti e simbologie completamente assenti dall'ebraismo, come ad esempio il termine di "martire", personaggi biblici venivano paragonati ai sovrani e ai generali italiani e si stabilivano paralleli tra la storia del popolo ebraico e il Regno d'Italia. Il Re e la Patria venivano presentati come campioni di libertà e portatori di quegli ideali di uguaglianza e civiltà di cui il mondo aveva bisogno (Ferrara degli Uberti 236–44). Questa mutuazione dal linguaggio cattolico aveva lo scopo di "sacralizzare il conflitto", dimostrando come la minoranza ebraica fosse fortemente integrata al punto da condividere l'uso del linguaggio propagandistico della maggioranza, anche se declinato in chiave ebraica attraverso l'uso di immagini e personaggi ripresi dalla Bibbia (Pavan, "Cingi, o prode" 339–42).

In questo quadro di accentuato patriottismo il movimento sionista visse una seconda crisi dopo quella avvenuta in occasione della guerra libica (settembre 29, 1911 – ottobre 18, 1912). Il sionismo, come tutti gli internazionalismi, aveva subito un duro colpo a causa dello scoppio della prima guerra mondiale e infatti i vari comitati nazionali avevano interrotto le collaborazioni a livello internazionale per appoggiare le rivendicazioni della propria patria. Con l'entrata in guerra dell'Italia anche il sionismo della penisola italiana ridimensionò la sua visibilità.

Il giovane Israele decise di cessare le pubblicazioni poiché molti dei giovani che lo animavano partirono per il fronte, ma probabilmente anche per evitare accuse da parte dei nazionalisti (Bencich, "Bernardo Dessau"). Il gruppo fiorentino che faceva capo a *La settimana israelitica* sostenne la partecipazione italiana alla guerra, presentando il conflitto come una "guerra giusta" perché avrebbe portato all'emancipazione dei fratelli oppressi dell'Europa dell'est. L'editoriale con cui *La settimana israelitica* annunciava l'entrata in guerra dell'Italia con il titolo emblematico "L'ora della prova" (28 maggio 1915, 1), secondo Mario Toscano "racchiudeva inconsapevolmente in sé i nodi fondamentali della storia presente e futura di una comunità sospesa fra ebraicità e italianità" ("Gli ebrei italiani e la prima guerra mondiale" 113). Il sionista Dante Lattes, direttore del periodico triestino *Il corriere israelitico*, rilevava, seppur con un certo disagio, che "la guerra aveva messo in luce come per gli israeliti della diaspora l'identità religiosa fosse oramai divenuta un valore subalterno rispetto all'identità nazionale" ("La vita comincia domani", 15 agosto 1915).[17] Carlotta Ferrara degli Uberti ha posto in evidenza come, attraverso le novelle e i racconti pedagogici, i sionisti cercarono di fornire strumenti didattici appropriati dato che "la vulnerabile ebraicità rischiava di soccombere nell'ubriacatura patriottica" (230).

Seppure caratterizzate da visioni diverse, le testate ebraiche del Regno d'Italia smisero, durante le prime settimane di guerra, di denunciare gli episodi di antisemitismo che avvenivano in Russia, scelta, questa, che ritroviamo anche sfogliando i periodici ebraici inglesi e francesi, a testimonianza della volontà di non mettere in cattiva luce l'alleato dell'Italia. Questo atteggiamento fu però transitorio, dato che, poche settimane dopo, *La settimana israelitica* sosteneva la necessità di far conoscere questi episodi malgrado questa alleanza e *Il vessillo israelitico* chiese ai Parlamentari del Regno di aderire ad una petizione per difendere i diritti dei "fratelli oppressi" (Perissinotto, "La stampa ebraica e il 'nemico'" 238–42). Seppur appoggiando incondizionatamente lo sforzo bellico e le rivendicazioni italiane, l'opinione pubblica ebraica continuava nella sua opera di denuncia e di sensibilizzazione appoggiando l'opera dei comitati a favore degli ebrei oppressi.

---

[17] In seguito al rientro obbligato nel Regno di Dante Lattes in quanto cittadino italiano, il *Il corriere israelitico* cessò le pubblicazioni. Dal 1916 Lattes e Alfonso Pacifici diressero *Israel*.

Il Comitato delle Comunità fu impegnato già dai primi giorni del conflitto nell'opera di tutela della libertà religiosa dei correligionari, non solo al fronte, ma anche nelle retrovie, con particolare attenzione verso i più vulnerabili: i feriti, le vedove e gli orfani. Queste categorie erano le più soggette a possibili episodi di discriminazione e le più esposte a tentativi di conversione che si verificarono, seppur in pochi casi accertati, durante il conflitto (Pavan, "Cingi, o prode" 351–52; Perissinotto, *Gli ebrei italiani di fronte alla grande guerra* 191–202).

Attraverso l'istituzione del rabbinato militare, le celebrazioni al fronte, l'invio delle azzime ai soldati in occasione delle festività pasquali e la sostituzione della croce da porsi sulle tombe con la stella di Davide, il Comitato voleva fornire punti di riferimento ai correligionari al fronte e tutelare l'uguaglianza e l'immagine dell'ebraismo nei confronti della maggioranza cattolica. Mentre lo stato liberale e l'esercito tentavano di garantire la piena libertà religiosa, dall'altra parte le istituzioni ebraiche premevano perché questa garanzia trovasse piena applicazione nella realtà.

Questa tutela e rivendicazione dei propri di diritti erano però limitate dalle contingenze della guerra. Ad esempio, per i soldati al fronte non erano previsti né una dieta kasher né il riposo sabbatico, anche se vi era anche la volontà di molti ebrei di non manifestare esplicitamente la loro fede dando così vita a quel fenomeno descritto come "mimetismo" (Toscano, "Religione, patriottismo, sionismo" 92–93). Questo fenomeno era condannato soprattutto dal rabbinato sia per motivi pratici, che rendevano difficile l'individuazione dei correligionari al fronte e negli ospedali, sia per motivi religiosi e identitari, ma era tuttavia accettato da diverse comunità e dalle famiglie le quali volevano che non vi fossero distinzioni nell'esercito e per questo motivo si preferiva che la fede rimanesse un fatto privato.

Al fronte l'appartenenza all'ebraismo emergeva invece in occasione delle festività le quali, autorizzate e organizzate dalle autorità militari, erano un momento di coesione non solo tra i soldati ebrei, ma anche tra i combattenti e le comunità che ospitavano questi eventi. Le celebrazioni in questione erano presiedute dai rabbini militari e furono caratterizzate durante il conflitto da una crescente partecipazione e da una sempre maggiore attenzione alla cura dei soldati fornendo loro cibo kasher e alloggio.

Con correligionari e giovani rabbini, molti dei quali formatisi sotto la guida di rav Samuel H. Margulies a Firenze e quindi vicini agli ideali di rinnovamento sionisti, questi incontri funsero anche come centri di diffusione degli ideali sionisti e delle istanze di rinnovamento uscite dai Convegni giovanili.[18]

Oltre a queste iniziative che potremmo definire ufficiali, moltissime furono quelle individuali, in particolare promosse da parte di personalità appartenenti all'alta borghesia ebraica, che videro protagoniste le donne ebree impegnate in prima linea nell'assistenza dei correligionari ma anche nella Croce Rossa Italiana e in tutte quelle opere filantropiche a sostegno dello sforzo bellico e del "fronte interno" (Miniati 211-45; Perissinotto, *Gli ebrei italiani di fronte alla grande guerra* 203-14). Secondo Monica Miniati non si può separare l'opera delle donne ebree da quella delle donne nelle varie città italiane, ma le ebree costituirono gruppi uniti e solidali che agirono in diverse istituzioni (220). Queste opere erano sintomo di una forte integrazione, e in alcuni casi di assimilazione, delle élites borghesi che non volevano dimostrare il particolarismo della minoranza e limitare il loro sforzo ai correligionari, ma affermare la loro generosità a tutti i cittadini del Regno. Allo stesso tempo era anche vero che proprio questa tendenza assimilazionista veniva attaccata dalle pagine dei periodici ebraici, come si legge in un articolo di Colombo ("Facciamo le donne").

Nonostante questa piena adesione della minoranza alla guerra, non mancarono tensioni interne dovute alla presenza di due rabbini di origine tedesca: Samuel Hirsch Margulies e Heimann Rosenberg, il primo rabbino capo a Firenze e il secondo ad Ancona (Perissinotto, *Gli ebrei italiani di fronte alla grande guerra* 150-61; Toscano, "Gli ebrei italiani e la prima guerra mondiale" 114). In realtà la presenza di rabbini stranieri era avversata già dalla fine dell'Ottocento, ma dato il clima creato dalla propaganda antitedesca a causa della guerra, i due furono oggetto di pressioni dell'opinione pubblica cittadina e dei correligionari, i quali volevano evitare di essere accusati di scarso patriottismo o addirittura di complottare con il nemico. La comunità di Ancona decise di sospendere Rosenberg, mentre a Firenze Margulies rimase al suo posto a motivo della sua levatura culturale, l'incarico di primo piano che ricopriva e il suo coinvolgimento nella formazione di parte del rabbinato italiano, inclusi anche molti rabbini militari. In questa sede non possiamo ricostruire l'interessante e complesso dibattito che si sviluppò nel mondo ebraico che coinvolse tutte le istituzioni e che proseguì

---

[18] I convegni giovanili si svolsero tra il 1911 e il 1914 per poi interrompersi con la guerra e riprendere nel 1919 fino all'ultimo incontro di Firenze del 1925. I convegni organizzati su iniziativa del gruppo sionista fiorentino che faceva capo a *La settimana israelitica*, avevano lo scopo di valorizzare la cultura, la storia e la lingua ebraica, di favorire una rinascita culturale e spirituale dell'ebraismo italiano combattendo l'antisemitismo e l'assimilazione. Si veda Toscano, "Fermenti culturali ed esperienze organizzative della gioventù ebraica italiana (1911-1925)."

anche dopo la guerra con lo scopo di creare un rabbinato italiano che potesse garantire una totale dedizione alle istituzioni del Regno.[19]

Anche a livello individuale persistevano alcune resistenze al conflitto, soprattutto negli ambienti vicini al socialismo che con il trascorrere della guerra sarebbero diminuite fino a includere la maggior parte dei neutralisti nel sostegno allo sforzo bellico nazionale. Esempio emblematico del permanere di posizioni di opposizione al conflitto è offerto da Consolina Segre, madre dei socialisti Mario e Rita Montagnana, lettrice di *Israel*, la quale dopo la benedizione delle armi da parte del rabbino di Torino Bolaffio decise di non frequentare più il tempio (Arian Levi e Montagnana 16). Sicuramente altri ebrei italiani non sostennero la partecipazione al sanguinoso e lungo conflitto che stava uccidendo parenti e amici, ma di loro, probabilmente appartenenti ai ceti più poveri delle comunità, ci rimangono solo poche testimonianze.

I grandi avvenimenti del 1917 e la rivendicazione pubblica dell'identità ebraica

L'anno 1917 fu fatidico per le sorti della guerra italiana a causa della più grande sconfitta registrata dall'esercito italiano, passata alla storia come "la rotta di Caporetto", che vide tra l'ottobre e il novembre di quell'anno un arretramento del fronte di centinaia di chilometri e la conseguente occupazione di diverse province italiane da parte degli Imperi Centrali. Caratterizzato da una campagna propagandistica senza precedenti, questo avvenimento segnò il momento in cui la popolazione italiana reagì in modo compatto e iniziò a appoggiare completamente la guerra nonostante i malumori per il proseguimento del conflitto annunciato all'inizio di breve durata e nonostante la voglia di pace che iniziava ad incrinare il "fronte interno". Dopo la disfatta, anche a livello individuale le posizioni dei più rigidi neutralisti cambiarono e diversi di questi, come ad esempio Claudio Treves, decisero di appoggiare lo sforzo bellico perché da quel momento fu ritenuta una guerra difensiva vista l'invasione del territorio nazionale da parte del nemico.

Nel primo editoriale dopo la disfatta *Il vessillo israelitico* invitò i correligionari a impegnarsi per salvare la Patria dal nemico che aveva violato il sacro suolo patrio. Emerge da questo articolo la totale identificazione con la nazione italiana dato che in esso si legge che gli ebrei italiani sarebbero stati pronti a centuplicare il loro sforzo "perché non vogliono che un lembo solo della loro patria

---

[19] Queste tensioni, unite alle istanze di rinnovamento e alla volontà del rabbinato di essere autonomo rispetto ai consigli comunitari in materia religiosa, portarono nel 1916 alla nascita della Federazione Rabbinica Italiana (Catalan, "L'organizzazione delle comunità ebraiche" 1288; Piattelli).

dilettissima sia mantenuto dai barbari" (21-22 [1917]: 458). La redazione del periodico invitava i correligionari a lasciare da parte tutte le rivalità e le discussioni che dividevano l'ebraismo italiano per convogliare tutte le energie a sostegno dello sforzo bellico.

La disfatta portò a una mobilitazione generale per sostenere l'esercito e il "fronte interno", innanzi tutto attraverso lo smistamento e l'accoglienza degli oltre 600.000 profughi che lasciarono le terre invase dal nemico. Tra questi vi erano anche le comunità ebraiche di Venezia, Verona e Padova (Perissinotto, *Gli ebrei italiani di fronte alla grande guerra* 169–91). Il Comitato delle Comunità Israelitiche Italiane e i dirigenti delle singole comunità attivarono immediatamente la loro rete di conoscenze politiche. Un ruolo di primo piano lo ebbe il senatore Vittorio Polacco. Questi riuscì a ottenere diverse agevolazioni per i correligionari poveri che erano stati costretti a lasciare i luoghi di origine e non avevano né i mezzi economici né i contatti per poter essere ospitati in qualche città dove fosse presente una comunità ebraica. Il pericolo delle conversioni, la volontà di far proseguire gli studi presso scuole ebraiche, la necessità di particolari norme alimentari e igieniche che rispettassero la kasherùt, la volontà di mantenere unita la comunità in modo da poter gestire eventuali problemi e di fornire assistenza materiale e spirituale, fecero optare i dirigenti per concentrare i correligionari presso Livorno, dove la comunità locale diede disponibilità di spazio e di assistenza. Seppur mossi da un sentimento di solidarietà ebraica, nel contempo i dirigenti comunitari livornesi fecero presente più volte alle autorità locali la loro possibilità di ospitare anche profughi non ebrei, rimarcando il fatto che la solidarietà della comunità dovesse essere rivolta a tutti i cittadini italiani senza distinzione di religione.

In queste circostanze tragiche anche i sionisti vennero coinvolti. La loro consapevolezza di appartenere al popolo d'Israele era maturata anche alla luce dell'opera del comitato italiano del Maghen David Rosso (Perissinotto, *Gli ebrei italiani di fronte alla grande guerra* 137–50; Capuzzo 137–8). Questa istituzione fu fondata nel Regno d'Italia nell'aprile 1916 per volontà del rabbino di Verona Dario Disegni con l'appoggio del Comitato delle Comunità allo scopo di fornire assistenza spirituale e materiale ai prigionieri di guerra di fede ebraica presenti nel territorio italiano e allo stesso tempo di fornire informazioni sui correligionari internati in Austria-Ungheria. Come ha notato Mario Toscano, il contatto con i correligionari prigionieri fece prendere consapevolezza ai rabbini della diffusione degli ideali sionistici, della volontà di studiare l'ebraico e di rispettare le tradizioni, in netta controtendenza quindi con i fenomeni di "mimetizzazione" e assimilazione degli ebrei italiani ("Religione, patriottismo, sionismo" 104–05).

In un contesto così articolato dove, per usare le parole di Mario Toscano, "tra crisi religiosa ebraica, fremiti nazionalisti italiani, debolezza culturale tradizionale, scollamento organizzativo comunitario, e primo baluginare — per gli ebrei italiani — di un sionismo che poteva essere qualcosa di più concretamente e direttamente vivibile di una semplice filantropia utile a costruire alibi morali" (*Ebraismo e antisemitismo in Italia* 126), il Comitato delle Comunità decise di indire un'inchiesta per comprendere quale fosse lo stato dell'ebraismo nel Regno d'Italia, con particolare attenzione alla situazione delle scuole ebraiche, delle Opere Pie e alla tutela dei beni culturali ebraici della Penisola, e quindi anche un'attenzione alla formazione dei giovani e allo studio della storia della presenza ebraica in Italia. Come scrive Toscano, il rinnovamento "era ostacolato dalla ristrettezza di vedute dei consigli comunitari, soventi guidati da elementi areligiosi, sostenitori del primato dell'amministrazione sull'ebraicità, frequentemente dilaniati da conflitti con l'elemento rabbinico" (*Ebraismo e antisemitismo in Italia* 133).

A livello internazionale l'evoluzione del conflitto fece invece ben sperare l'ebraismo italiano: la rivoluzione russa del febbraio 1917 accese le speranze di emancipazione dei correligionari, speranze che si concretizzarono però solo nell'ottobre con la rivoluzione bolscevica e l'equiparazione tra tutti i cittadini; nell'aprile vi fu anche l'intervento nel conflitto degli Stati Uniti, considerati protettori dei diritti delle minoranze e la terra della piena emancipazione ebraica. Questi due eventi furono letti dalla stampa ebraica come dimostrazione della "guerra giusta" che l'Italia stava combattendo.

All'inizio del 1917 entrò nel vivo anche la Campagna del Sinai e della Palestina contro le forze ottomane, che fu coronata con l'entrata a Gerusalemme delle truppe guidate dal generale Edmund Allenby nel dicembre dello stesso anno. Ovviamente l'evento che catalizzò le speranze e le richieste, in particolar modo del movimento sionista, fu la dichiarazione Balfour del 2 novembre 1917 che vide l'appoggio ufficiale da parte della diplomazia italiana pochi mesi dopo.[20] Questo avvenimento, celebrato in tutte le comunità del Regno, diede legittimità alle istanze sioniste e offrì la possibilità di rivendicare pubblicamente l'adesione al movimento. L'Italia insieme ai paesi dell'Intesa si fece garante della tutela dei diritti delle minoranze e appoggiò il progetto inglese di creare un "focolare

---

[20] La dichiarazione Balfour è una lettera inviata il 2 novembre 1917 dal primo ministro inglese Arthur Balfour a Lord Rothschild. In questo documento il governo inglese vede con favore la creazione di una "national home for the Jewish people" in Palestina. Vista la sua voluta ambiguità, la dichiarazione fu considerata da parte del movimento sionista come l'autorizzazione inglese all'emigrazione in Palestina in vista della creazione di uno stato ebraico.

nazionale" in Palestina per gli ebrei perseguitati. In questo contesto la dimostrazione pubblica della propria identità ebraica non avrebbe più attirato le accuse di "doppia fedeltà" e di "cosmopolitismo", tanto che nel settembre 1918 si ricostituì ufficialmente a Bologna la Federazione Sionistica e ripresero le pubblicazioni del *Giovane Israele* ("La ricostituzione della Federazione Sionistica", *Il giovane Israele* 3 [1918]: 37).

Questo nuovo quadro che si delineò nel corso del 1917 ebbe ripercussioni anche sulle celebrazioni nelle sinagoghe e al fronte. Proprio le celebrazioni del Kippur del 1917, organizzate dai rabbini militari, furono la dimostrazione di questo sincretismo tra fede e patria: comparve la bandiera sionista vicino a quella del Regno e l'inno sionista fu suonato insieme alla marcia reale (Capuzzo, 128; Toscano, "Religione, patriottismo, sionismo" 121–25). Fu questa una fusione di simboli che ritroviamo anche nelle celebrazioni nelle sinagoghe italiane in occasione del primo anniversario della dichiarazione Balfour nel novembre del 1918.

La fine della guerra e la memoria del conflitto

La fine della guerra fu festeggiata in tutte le sinagoghe del Regno alla presenza di autorità civili. I rabbini tennero sermoni dai forti toni patriottici e in molte città vi furono espliciti riferimenti alla Dichiarazione Balfour [V.I., 21–22 (1918); e V.I., 23–24 (1918)].

Nell'editoriale di apertura dell'anno 1919 *Il vessillo israelitico* aprì con un titolo emblematico "l'anno della pace" e, ponendosi quale portavoce dell'ebraismo italiano, sosteneva la necessità di coniugare religione e patria (1–2 [1919]: 3–4). Secondo la stampa ebraica, al tavolo della pace l'Italia avrebbe dovuto appoggiare le rivendicazioni della nazione ebraica, sostenendo la necessità di estendere a tutti i paesi l'emancipazione degli ebrei, in particolare agli stati nati dalla disgregazione degli Imperi ("Verso la vittoria," *Israel* 3.43–44, 11 novembre 1918).

Nelle celebrazioni per la vittoria una delle costanti fu il richiamo al sangue versato per la Patria dai correligionari: si voleva in tal modo legittimare la partecipazione ebraica al conflitto. Gli ebrei italiani alla vigilia della guerra erano circa 36.000; di questi i combattenti furono circa 5.500, i morti furono tra i 450–500 e i decorati 700 per un totale di oltre mille decorazioni (Briganti 381): una percentuale di onorificenze molto elevata rispetto al numero non ingente dei partecipanti che in parte dipende dall'alto numero di volontari provenienti da territori irredenti, i quali ricevettero decorazioni anche a motivo del valore simbolico della loro scelta derivante anche da una partecipazione sentita, diffusa e vissuta come una missione.[21] Oltre a numerosi volumi "in memoria di" pubblicati dalle famiglie dei caduti, molte comunità e associazioni ebraiche pubblicarono pamphlet e volumi commemorativi.[22] Poche settimane dopo la fine del conflitto, *Il vessillo israelitico* ospitava la proposta di pubblicare un album dal titolo "Gli israeliti italiani nella guerra di redenzione" (21–22 [1918]: 420–21).

Vi fu ben presto nelle diverse comunità la volontà di erigere monumenti o lapidi a ricordo dei caduti per la patria. Il 26 gennaio 1919, a pochi mesi dalla fine della guerra, a Ferrara venne inaugurata la prima lapide (*Il vessillo israelitico* 1–2 [1919]: 29). Nei mesi e negli anni successivi furono poste targhe o eretti monumenti nelle comunità di Ancona, Bologna, Casale Monferrato, Firenze, Genova, Livorno, Padova, Pisa, Roma, Torino, Trieste, Venezia e Verona (Briganti, 219–38).[23] Anche in questo caso le cerimonie di inaugurazione avvennero alla presenza delle autorità civili e militari; ad una di queste cerimonie a Roma, ad esempio, nel 1920 partecipò addirittura il Re Vittorio Emanuele III ("Echi della guerra," *Il vessillo israelitico* 3–4 [1920]: 52–53). Tutto questo ci permette di cogliere il ruolo che veniva riconosciuto dalle istituzioni dell'Italia liberale alla minoranza ebraica e al supporto da essa dato nel conflitto.

L'ideazione di monumenti, l'erezione di lapidi, le cerimonie di inaugurazione e le modalità con le quali furono selezionati i nomi dei correligionari ricordati meriterebbe uno studio approfondito. Risulta ad esempio interessante la decisione della comunità ebraica di Trieste di non inserire tra i nominativi il medico Giulio Ascoli, lasciatosi morire di fame mentre si trovava confinato in Austria e considerato dalla pubblicistica nazionalistica come uno dei "martiri" della guerra (Perissinotto, "Il personale medico triestino fra lealismo all'Austria e irredentismo" 67–76). Annoverando tra i propri caduti anche una figura così importante nel panorama nazionale, la comunità ebraica giuliana avrebbe potuto usare il nome di Ascoli allo scopo di dimostrare la propria italianità. Inoltre la comunità giuliana inserì nell'elenco dei caduti non solo i nominativi degli irredentisti che si erano arruolati come volontari, ma anche quello dei correligionari di cittadinanza italiana nati o cresciuti nelle stesse località irredente, cancellando

---

[21] Con il termine "irredenti" si intendono i cittadini austro-ungarici che abitavano nei territori rivendicati dal Regno d'Italia al momento dell'entrata in guerra, ovvero coloro che abitavano nella Venezia Giulia, in Istria e Dalmazia.

[22] Si veda, per esempio, *Gli israeliti italiani nella guerra 1915–1918*; Paggi, *Discorso commemorativo per gli Ebrei caduti in guerra*; *La comunità ebraica di Firenze ai suoi figli caduti per la patria*; *Gli ebrei di Firenze per la più grande Italia (1915–1922)*; *Commemorazione dei defunti. I valorosi che caddero per la Patria*.

[23] L'unico caso studiato fino a questo momento è quello di Venezia, su cui si veda Sullam, *Una comunità immaginata* 261–62.

così dalla memoria comunitaria, come era avvenuto in tutta la città di Trieste, i morti che avevano combattuto per l'Austria-Ungheria. Tale decisione fu probabilmente motivata dalla volontà della comunità appena "redenta" di dimostrare la propria italianità e il legame che la univa al Regno.

Il 10 giugno 1919 il Comitato delle Comunità Israelitiche Italiane invitava le diverse comunità che avevano "avuto l'onore di avere tali eroi, di porre ciascuno per suo conto e nel luogo ove più crede opportuno il ricordo ai propri soldati caduti gloriosamente sul campo dell'onore e della civiltà" *(Il vessillo israelitico* 11–12 [1919]: 247). Con questa dichiarazione il Comitato respingeva l'idea di costruire un monumento nel giardino della Sinagoga di Roma a ricordo di tutti gli israeliti italiani caduti nel conflitto.[24]

Conclusione

Da questa ricostruzione emerge come le istituzioni e i diversi esponenti derivanti soprattutto dalla parte più integrata dell'ebraismo italiano siano stati molto attenti nel voler dimostrare la piena identificazione della minoranza ebraica con le sorti della nazione. Si voleva in tal modo dimostrare la solidità di quel legame con il Re e l'Italia liberale che era nato con il Risorgimento, nonché fugare qualsiasi dubbio sulla lealtà della minoranza alla nazione e respingere definitivamente le accuse di "cosmopolitismo" e "doppia fedeltà". Emblematiche della visione del conflitto sono le parole di Anselmo Colombo pochi mesi dopo la fine della guerra: "Chi pensa che non sia possibile una perfetta corrispondenza fra il sentimento di buon ebreo e di buon italiano, deve essere un cattivo italiano e un pessimo ebreo." ("Facciamo gli ebrei italiani," *Il vessillo israelitico* 17–18 (1919): 361).

Centrale nel contesto bellico fu l'opera del Comitato delle Comunità ebraiche e del rabbinato, che nonostante i contrasti interni riuscirono a coordinare le attività e le iniziative sia in sostegno dello sforzo bellico, sia di solidarietà verso i correligionari non solo italiani, i prigionieri e gli ebrei dell'Europa dell'est.

Queste iniziative dimostrano inoltre come l'attività del movimento sionista, nonostante il duro colpo subito in seguito allo scoppio del conflitto, proseguì anche durante la guerra. La Dichiarazione Balfour segnò indubbiamente un punto di svolta poiché rese possibile una rivendicazione pubblica dell'identità ebraica senza che questa entrasse in contrasto o in competizione con quella italiana. Purtroppo la speranza di essere finalmente diventati cittadini a pieno titolo

---

[24] La proposta era stata avanzata già all'inizio del conflitto dal gruppo sionistico milanese e riproposta nel 1916 da Angelo Federico Montel in una lettera a *Il vessillo israelitico* (citata in Briganti 219).

del Regno d'Italia fu del tutto distrutta nel 1938 con l'emanazione delle "Leggi razziali".

University of Ljubljana

Opere citate

L'apporto degli ebrei all'assistenza sanitaria sul fronte della Grande Guerra. A cura di R. Supino e D. Roccas. Torino: Zamorani, 2017.

Bencich, Marco. "Bernardo Dessau." In *Portrait of Italian Jewish Life (1800s-1930s)*. A cura di Tullia Catalan e Cristiana Facchini. *Quest. Issues in Contemporary Jewish History. Journal of Fondazione CDEC* (8 November 2015). Http//:www.quest-cdecjournal.it/focus.php?id=366.

———. *Protagonisti e correnti del sionismo italiano fra Otto e Novecento*. Tesi di dottorato. Trieste: Università degli Studi di Trieste, 2013.

Briganti, Pierluigi. *Il contributo militare degli ebrei italiani alla Grande Guerra, 1915-1918*. Torino: Silvio Zamorani, 2009.

Cammarano, Fulvio (a c. di). *Abbasso la guerra! Neutralisti in piazza alla vigilia della Prima guerra mondiale in Italia*. Firenze: Le Monnier Università; Mondadori Education, 2015.

Capuzzo, Ester. *Gli ebrei nella società italiana. Comunità ed istituzioni tra Ottocento e Novecento*. Roma: Carocci, 1999.

———. "Sull'ordinamento delle comunità ebraiche dal Risorgimento al Fasciamo," in *Italia Judaica IV*, 186–205

Casalini, Maria. *La signora del socialismo italiano. Vita di Anna Kuliscioff*. Roma: Editori Riuniti, 1987.

Catalan, Tullia. *La comunità ebraica di Trieste (1781-1914). Politica, società e cultura*. Trieste: LINT, 2000.

———. "L'organizzazione delle comunità ebraiche italiane dall'Unità alla prima guerra mondiale." In Corrado Vivanti (a c. di), *Storia d'Italia Annali 11 – Gli ebrei in Italia*. Vol. II. Torino: Einaudi, 1997. 1245–90.

Colombo, Anselmo. "Facciamo gli ebrei italiani." *Il vessillo israelitico* 17–18 (1919): 361.

———. "Facciamo le donne." *Il vessillo israelitico* 19–20 (1916): 508–09.

Comitato Pro Causa Ebraica (a. c. del). *Il parlamento italiano e la questione ebraica. Risposte al referendum*. Milano: G. Franchetti, 1916.

Commemorazione dei defunti. I valorosi che caddero per la Patria. Roma: Tipografia Sabbadini, 1938.

La comunità ebraica di Firenze ai suoi figli caduti per la patria. Firenze: La Poligrafica, Firenze, 1928.

Danzetti, Stefania. *L'autonomia delle comunità ebraiche italiane nel Novecento. Leggi, intesi, statuti, regolamenti*. Torino: G. Giappichelli Editore, 2008.

De Felice, Renzo. *Ebrei in un paese arabo. Gli ebrei nella Libia contemporanea tra colonialismo, nazionalismo arabo e sionismo (1835–1970)*. Bologna: Il Mulino, 1978.

Gli ebrei di Firenze per la più grande Italia (1915–1922). Firenze: Industrie grafiche Cassuto & Amati, 1931.

Gli ebrei italiani nella Grande Guerra (1915–1918). A cura di C. Quareni e V. Maugeri. Firenze: Giuntina, 2017.

Facchini, Cristiana. "Luigi Luzzatti and the Oriental Front: Jewish Agency and the Politics of Religious Toleration." In *The Jews and the Nation-States of Southeastern Europe from the 19th Century to the Great Depression. Combining Viewpoints on a Controversial Story*, 227–45.

Ferrara degli Uberti, Carlotta. *Fare gli ebrei italiani. Autorappresentazioni di una minoranza (1861–1918)*. Bologna: Il Mulino, 2011.

———. *Italia Judaica IV. Gli ebrei nell'Italia unita (1870–1945). Atti del 4. Convegno internazionale, Siena, 12–16 giugno 1989*, Ministero per i beni culturali e ambientali, Ufficio centrale per i beni archivistici: Roma, 1993.

———. *Gli israeliti italiani nella guerra 1915–1918*. Torino: F. Servi, 1921.

———. *The Jews and the Nation-States of Southeastern Europe from the 19th Century to the Great Depression. Combining Viewpoints on a Controversial Story*. A cura di Tullia Catalan e Marco Dogo. Newcastle: Cambridge Scholars Publishing, 2016.

Fratelli al massacro. Linguaggi e narrazioni della Prima Guerra Mondiale. A cura di Tullia Catalan. Roma: Viella, 2016.

Levi, Arian e Giorgina e Manfredo Montagnana. *I Montagnana. Una famiglia ebraica piemontese e il movimento operaio (1914–1948)*. Firenze: Giuntina, 2000.

Levis Sullam, Simon. *Una comunità immaginata. Gli ebrei a Venezia (1900–1938)*. Milano: Edizioni Unicopli, 2017.

Milano, Attilio. *Storia degli ebrei in Italia*. Torino: Einaudi, 1992.

Miniati, Monica. *Le "emancipate". Le donne ebree in Italia nel XIX e XX secolo*. Roma: Viella, 2003.

Momigliano, Fernanda. "Guerra civile." *Il giovane Israele* 2.3: 22–23, 19 novembre 1914.

Ottolenghi, Giuseppe. "Encenie." *Il giovane Israele* 2.3: 17–19, 19 novembre 1914.

Paggi, Mario. *Discorso commemorativo per gli Ebrei caduti in guerra*. Siena: Opificio Grafico Artistico, 1922.

Pavan, Ilaria. "'Cingi, o prode, la spada al tuo fianco'. I rabbini italiani di fronte alla Grande Guerra." *Rivista di storia del cristianesimo* 3.2 (2006): 335–58.

Perissinotto, Matteo. *Gli ebrei italiani di fronte alla Grande Guerra (1914–1919)*. Tesi di dottorato. Trieste: Università degli studi di Trieste, 2015.

——. "Il personale medico triestino fra lealismo all'Austria e irredentismo." *L'apporto degli ebrei all'assistenza sanitaria sul fronte della Grande Guerra*. 67–76.

——. "La stampa ebraica italiana e il 'nemico' durante la Prima guerra mondiale." *Fratelli al massacro*. 229–54.

Piattelli, Angelo Mordekhai. "Angelo Sacerdoti: la Federazione rabbinica italiana e il Collegio rabbinico italiano." *Rabbini di Roma nel Novecento. Vittorio Castiglioni, Angelo Sacerdoti, David Prato. Rassegna Mensile di Israel* 79 (2013): 71–92.

Toscano, Mario (a c. di). *Ebraismo e antisemitismo in Italia. Dal 1848 alla guerra dei sei giorni*. Milano: Franco Angeli, 2003.

Toscano, Mario. "Fermenti culturali ed esperienze organizzative della gioventù ebraica italiana (1911–1925)." In Toscano, *Ebraismo e antisemitismo in Italia* 69–109.

——. "Gli ebrei italiani e la prima guerra mondiale," in *Italia Judaica IV*, 285–302.

——. "Il Movimento 'Pro causa ebraica' tra filantropia e politica (1915–1918): note e problemi di ricerca." *Gli ebrei italiani nella Grande Guerra (1915–1918)*. 57–72.

——. "Religione, patriottismo, sionismo: il rabbinato militare nell'Italia della grande guerra (1915–1918)." *Zakhor* 8 (2005): 77–133.

PAOLO PELLEGRINI

Jews Ennobled by the Savoys:
The Role and Relationships of a Minority in Unified Italy

Abstract: This essay focuses on Jewish ennoblements in the Kingdom of Italy. In general, these patents of nobility were a reward for the role played by Jews in building the new state and consolidating it both domestically and internationally. The acknowledgment of Jewish patriotism is an indicator that the House of Savoy and the liberal government class were not affected by antisemitic feelings, at least not after 1848. Furthermore, the entry of Jews into the establishment of unified Italy can be regarded as a step towards the secularization of Italian society begun in 1861. In fact, especially in the liberal period (1861–1922), the Savoys and their governments granted the largest number of hereditary honors to their Jewish subjects among all European states. The situation changed radically with the advent of Fascism and the subsequent dismantling of the liberal state with the endorsement of the Savoy monarchy.

Keywords: Italian Jewish nobility, Jewish emancipation in Italy, Jewish ennoblements, Jews in liberal Italy, the Savoys and the Jews.

Introduction

Access of unconverted Jews to the ranks of the aristocracy is a phenomenon observed in various kingdoms of Europe. Beginning in the late eighteenth century, these ennoblements represent perhaps the most significant example of the opportunities given to European Jewry after emancipation, at least symbolically. Indeed, although the end of the old regime resulted in a loss of the aristocracy's past prerogatives and privileges, hereditary honors were still perceived as a sign of social distinction until the first world war; thus, being a member of the nobility retained its value as "symbolic capital" (de Saint Martin 25–29).

Scholarship to date on ennoblements of Jews has focused on Austria-Hungary, Prussia, the Wilhelmine Empire, and the Netherlands. In-depth analyses on other countries is limited (Marrus 51–53; Endelman 514; Drewes). Overall, it is well established that European states, as Huibert Schijf writes, "showed a strong reluctance, inspired by anti-Semitism or otherwise, to ennoble Jews in the nineteenth and early twentieth centuries" (68). In Italy, however, a very different picture emerges. In a country where the Jewish community never exceeded one or two thousandths of the total population from the end of the eighteenth to the mid-twentieth century, especially during the liberal period (1861–1922), Jews constituted a significant percentage of the nobility in the new Kingdom. The large number of Jews ennobled by the Savoys lends support to the claim that the Italian case was unique among the old continent monarchies.

The first purpose of this essay is to demonstrate the political meaning of these ennoblements, in particular their connection to the role of Italian Jewish elites in building and consolidating the new state. Despite the fact that decorations in official documents were generally granted in exchange for charitable acts — which eventually led to the purchase of patents of nobility —the conferring of hereditary honors was a reward for patriotic gestures, while philanthropic acts were only a means to initiate the ennoblement process. For instance, the oldest examples of ennoblement were often related to people actively participating in conspiracies or funding military campaigns during the course of the Risorgimento. It is well known that Italian Jews gave great impetus to the struggle for political unification and national independence in Italy (Foà; Di Porto, "Apporti"; Camurani). Their enthusiastic participation in the Risorgimento derived not only from a shared ideology of freedom, but also from the awareness that only a unified country, freed from the control of reactionary forces, would allow Jewish people to regain the equality of rights achieved in the Jacobin and Napoleonic periods before they were rescinded during the Restoration. Besides, wealthy Jewish families, to which the new aristocrats belonged, shared with the Gentile bourgeoisie the same interest in the creation of a national market as a basis for their future evolution and in a form of government that could meet their ambitions (Toscano 21).

Jews elevated to the nobility by the Savoys included entrepreneurs and businessmen who had invested heavily in the Kingdom of Italy. In such cases, the honor was a consequence of the search for financial resources to modernize the Italian economy and society. The direct recipients of the donations made by these individuals were almost always public structures such as hospitals, welfare institutions, and schools. No less appreciated were the efforts of those who could put their networks of relationships into the service of Italy's international interests, while titles granted as a reward for services offered personally to the king were rare.

The numerous Jewish ennoblements in liberal Italy also demonstrate how the highest political powers of the new kingdom took a secular and bourgeois attitude towards the "Jewish Question." The second aim of this paper is to show that the granting of nobility reflected the lack of anti-Jewish prejudice on the part of the liberal ruling class. Even the frequency with which ministers, senators, deputies, and other notables supported Jewish would-be noblemen is paradigmatic of a culture, as Cristina Bettin writes, "dominated by positivism, scientism, Darwinism, laicism and agnosticism, which considered the essential elements of a nation to be the existence of a territory, of a tradition and a common language" (53). Obviously, all this does not mean that antisemitism had disappeared from nineteenth-century Italy. Prejudices also survived in the liberal party itself. Even so, these were "sporadic outbreaks of anti-Semitism" (Bettin 56) and one cannot deny that similar opinions were rejected by the vast majority of those who directed the unification process and took on the national political leadership after 1861. Politicians and intellectuals based their idea of Risorgimento on a liberal, democratic, and secular option, and they bound the concept of national independence to the defense of freedom and the equality of rights. Accordingly, both they and their political heirs pursued the ideal of an inclusive nation-state, able to mend the geo-cultural and religious differences existing in Italy. Many Jews supported the struggle for Italian unification for precisely the purpose of creating this kind of state, often feeling that they were "non solo sudditi ma padri fondatori del nuovo regime nazionale" ("not only subjects but also founding fathers of the new national regime" Segre, *Storia* 41). As exponents of a minority that had been denied citizenship for centuries, the ennobled Jews can be seen as an expression of the liberal ideology accompanying the birth of unified Italy.

Finally, my essay focuses on another key issue: the over-representation of Jews in the new Italian aristocracy. If we consider that, at least until the advent of Fascism, the king retained firm control of the Italian ennoblement policy based on article 79 of the Albertine Statute (Cardoza 598), the ennoblements provide a useful means of understanding the Savoys' attitude towards their Jewish subjects. The relationship between the Savoys and Italian Jewry has never been studied in depth, and historiography has greatly focused on Vittorio Emanuele III's betrayal of Italian Jews in 1938, when he promulgated Mussolini's racial laws. However, before that grave decision, the Italian monarchy had never demonstrated an antisemitic attitude. On the contrary, several cases are known of Jews who maintained closed relations with the Italian sovereigns or royal family members. In the 1910s and 1920s, moreover, Vittorio Emanuele III himself appointed Luigi Luzzati as Prime Minister, named more than 20 senators of Jewish origin or religion, and chose Vittorio Polacco, a university professor teaching civil law in Modena, Padua, and Rome, as teacher of juridical subjects for his heir, Prince Umberto (Sarfatti).

Consequently, the ennoblements of Jews do not seem to serve any specific purpose and are rather indicative of an unprejudiced attitude towards the Jewish minority. If we also consider that both Vittorio Emanuele II and Umberto I were strongly anticlerical (Fiorentino 182; Pellegrino 88), one can reasonably suppose that these ennoblements reflect the Italian society's secularization process after Unification. The two kings enforced legislative measures that widened the gap between the Savoy Kingdom and the Church of Rome while, at the same time, making the juridical position of non-Catholic minorities more secure.

A "Handsome Proportion" of the New Italian Nobility

Published in 1925, Samuele Schaerf's *Appendice su le famiglie nobili ebree d'Italia* (*Appendix on the Noble Jewish Families of Italy*) is one of the first works on Jews ennobled by the Savoys. Not much is known about the author except that he was born in Romania and lived in Italy at least until 1938. Coming from a country which, at that time, was among the most antisemitic in Europe, he was astonished by the approximately twenty co-religionists elevated to the rank of baron, count, and marquis in Italy. With ill-concealed pride, he underlined that these "blueblood" Jews represented a "bella proporzione" ("handsome proportion" 71) of the new Italian nobility.

In point of fact, the families reported by Schaerf were only a part of those already decorated by the House of Savoy. Assuming a commonly accepted definition of *Jew* based on religion, culture, and ethnic affiliation, we can estimate the number of Jews ennobled by the Savoys (first as kings of Sardinia and then as kings of Italy) at 44. Of these, three received the title before Unification and 41 after it. We can also attribute to the Savoys six decorations that, although conferred by others — the city of Reggio Emilia, the Austrian Empire, and the Republic of San Marino — were acknowledged by the Italian sovereigns despite the laws prevailing in the kingdom.

Overall, the Savoys elevated at least 50 Jews to the nobility between 1855 and 1946:

Sovereigns	Ennobled Jews	Period
Vittorio Emanuele II as King of Sardinia	3	1855–1860
Vittorio Emanuele II as King of Italy	20	1862–1877
Umberto I	16	1883–1899
Vittorio Emanuele III	10	1900–1933
Umberto II	1	1946

The table above shows the chronology of concessions and especially their concentration. Almost 50 percent (23 out of 50) were granted in the period 1855–1877. The years at issue are those of the preparation for and completion of national unification and then of the consolidation of the new state — not only from the institutional and administrative point of view, but also as far as the economic system and infrastructure were concerned. The new nobles of those years were mainly bankers from Northern Italy and Tuscany, who could provide the necessary funds for the completion of such a historic venture.

It is noteworthy that the number of noble titles conferred on Jews decreased only slightly under Umberto I. This fact is telling when one considers that in the final decades of the nineteenth century there was a vigorous resurgence of Catholic-influenced antisemitism in Italy, in the context of the Dreyfus affair and the circulation of racist theories. This point raises the question as to whether the king and the Italian governments did want to implement their secularization program for the country including also the ennoblement policy. This process was strongly supported by the party of the Historical Right that had resumed the anticlerical, if not anti-Catholic, policies enforced in the Sardinian state, where by the 1840s "anticlericalism became a mass movement" (Borutta 194). With less intensity, the secularization of Italian society was pursued by the Historical Left governments that came to power in 1876. Between 1876 and 1890 laws were enforced to secularize the judiciary, abolish the teaching of religion in primary schools, and force public welfare institutions to work with no distinction of religion. Furthermore, the criminal code of 1889 recognized religious freedom as a subjective right (Ghisalberti 26–27).[1]

The number of ennoblements of Italian Jews is in itself remarkable, all the more so when we consider that the kings "exercised enormous restraint in

---

[1] These measures stirred considerable resistance from the most conservative Catholic exponents, including, for example, the "Collegio Araldico Romano."

the creation of new titles" (Cardoza 598). Between 1861 and 1922 Vittorio Emanuele II, his son, and his grandson nominated a total of only 278 new nobles (Jocteau, *Nobili* 25), 42 of whom were Jews, as I indicated above: 20 were ennobled by Vittorio Emanuele II, 16 by Umberto I, and six by Vittorio Emanuele III. This meant that about 15 percent of noble titles created by the Italian Kingdom — that is, of those titles conferred by the new state and therefore truly Italian and Savoy — went to Jewish families.

This very high percentage was probably never achieved in other European kingdoms. A comparison can be made with the Austro-Hungarian Empire, about which several works have been published (McCagg, *Jewish* and "Austria's Jewish"; Drewes; Županič). William O. McCagg, the first historian to deal with this subject, spoke of a distribution of Jewish ennoblements that was "unique in Europe" ("Austria's Jewish" 163). He reported that from the mid-eighteenth century to 1918, the Habsburgs ennobled 326 Jewish families in Austria — who received a total of 443 individual concessions — and approximately 350 in Hungary. While it is true that the Jews accounted for a very high percentage of the merchants, bankers, and industrialists ennobled by the Danubian monarchy, their presence seems much less significant considering the number of all the new nobles created in those years. McCagg has also noted that, "[o]f 12,414 elevations in rank distributed in the Habsburgs' Austrian crown-lands between 1701 and 1918, only 443 went to Jews" (i.e., approx. 3.5 percent) and "in Hungary, where during the Monarchy's last years, ennoblement was considerably more frequent than in Austria, among very many thousands of ennoblements, only some 350 went to Jews" (167). These numbers suggest that there was considerable resistance in the Habsburg Empire to the ennoblement of Jews, a fact confirmed by an event that occurred in 1885, involving the governments of Rome and Vienna. Agostino Depretis, the Italian Minister of the Interior, decided to support the request by Carlo Marco Morpurgo de Nilma, living in Trieste, to be appointed count. However, because the aspiring nobleman was an Austrian citizen, Depretis asked the Italian ambassador in Vienna to collect information on how the Austrian government would react to this decoration. The ambassador's reply was unequivocal: the imperial government was opposed to the ennoblement of its subjects in foreign states, especially in the case of Jews.[2]

The reason that this opposition was not present in liberal Italy may be less a reflection of antisemitism than the different role that Jews were allowed to play

---

[2] Rome, Archivio centrale dello Stato, Presidenza del Consiglio dei ministri, Consulta araldica, Fascicoli nobiliari e araldici delle singole famiglie (ACS, PCM, CA, Fascicoli), b. 235, fasc. 1687, letter of the Italian ambassador in Vienna to the Foreign Minister, 9 May 1885.

in the Savoy Kingdom. In the Austro-Hungarian Empire and Germany, where out of 1443 new nobles between 1798 and 1918 only 55 were Jews (Schijf 72), a conservative aristocracy, sometimes overtly antisemitic (Wank; Cattaruzza 437–38; Becker 276–77), "still dominated the political scene leaving Jews to play major roles in the economy" (Bernardini 299). By contrast, in unified Italy, the Jewish population shared the bourgeois values that had contributed to the creation of the new state and therefore they could play a political role, made stronger by their ennoblement. A large number of Jews who were elected to parliament already held government positions and some of them were appointed mayors in important towns, including Rome. Furthermore, from 1888 to 1938, more than forty Jewish generals and admirals served in the Italian armed forces, a much higher number than in any other army at the time, even in nations with much larger Jewish communities. As Elizabeth Schächter has observed, "By the end of the nineteenth century the Jewish elite had penetrated the upper echelons of Italian society" (21). Significantly, those who opposed the Piedmontese leadership during the Risorgimento judged the Kingdom established in 1861 to be a Jewish victory. For example, the Tuscan antisemitic politician Francesco Domenico Guerrazzi, according to Wyrwa, "despised Cavour, partly because of his Jewish collaborators" (22–25). When Guerrazzi "heard of Tuscany's union with Piedmont and Cavour's role in the process, he wrote in a letter that he took up a clod of earth, threw it away and shouted: *Oh, Jew, now you won.*"

Noble titles not only fulfilled the desire of a part of the Italian Jewish oligarchy to attain visibility and socio-economic status by exhibiting a prestigious honor; they also became one of the tools used by the House of Savoy and the liberal Italian governments to underline and strengthen the link between newly ennobled Jews, on the one hand, and the Crown and the State on the other. The procedures for the awarding of titles also confirm the favor with which kings and governments have long considered Jewish elevations. With a certain frequency, the Jews were decorated by *motu proprio*, an act that expressed the king's personal will. As a royal initiative, the *motu proprio* made it possible to circumvent the obstacles imposed by the Consulta Araldica del Regno (Royal College of Arms), an entity established at the end of 1869 to advise the government on nobility titles, coats of arms, and other public honors (Tournon; Jocteau, "Un censimento" 115–24; Pezzana).

Finally, it is worth stressing the significant number of titles in the highest heraldic classes. For instance, the Habsburgs only ennobled their Jewish subjects with the minor titles of *Edler* (noble), *Ritter* (knight), and *Freiherr* (baron). In contrast, the Savoys did not limit themselves to conferring baronetcy (26 titles conferred between 1855 and 1946). They also named 15 counts and two marquises. Out of the 92 counts created from 1861 to 1900, 12 were Jews (13 percent), and the 12 marquises who received such an honor during that forty-year period included two Jews.

Making Italy

Criteria for ennoblement were of three basic types: participation in the Risorgimento struggles, investment in economic development and modernization, and defense of Italian interests internationally. These criteria were not mutually exclusive. The case of Giuseppe Raffaele Vitta is paradigmatic of the kind of merits acquired by those belonging to the first group of ennoblements. In 1855, Vitta was appointed baron as a sign of gratitude for the subscription launched to help the wounded soldiers of the Piedmontese army during the Crimean War (1853–1856). The same title, transmissible by hereditary continuity of masculine primogeniture, was conferred to his second child twelve years later.[3] Giacomo Giorgio and Angiolo Adolfo Levi, who became barons in 1864, could also boast a patriotic past. These two brothers financed the expatriate Italian community in Egypt, where they had both lived from 1849 to 1861; they had fled there to escape the retaliation of the Viennese government after the fall of Daniele Manin's Republic, which they had openly supported.[4]

The ennoblements of Vitta and the Levi brothers are among the earliest; but newer nobles, created in the last decades of the nineteenth century and at the beginning of the twentieth century, often came from families that could boast the same merits as those nominated in the previous phase. Their patriotism, for obvious generational reasons, had to take different forms, but followed the same patriotic traditions. This was the case for Leonetto Ottolenghi from Asti, who was made count in 1899. He turned his faith in Risorgimento ideals into an intense support of Umbertinian Italy. In 1898, on the fiftieth anniversary of the enactment of the Albertine Statute, Ottolenghi offered his city a monument dedicated to the Risorgimento and supported almost all costs for the Wine and Viticulture Exhibition in Asti in connection with Turin's General Exhibition (Rocco). Finally, the title of count awarded to Salvatore Segrè Sartorio in 1919

---

[3] ACS, PCM, CA, Fascicoli, b. 34, fasc. 236.

[4] ACS, PCM, CA, Fascicoli, b. 35, fasc. 241, letter of the Director of the Istituto Sacra Famiglia in Turin to the Ministry of the Royal House, 20 February 1864; ACS, Ministero dell'Interno, Direzione Generale della Demografia e Razza, Fascicoli personali (1938–1944), b. 67, fasc. 4793, letter of Anthony Levi to the Department of Demography and Race, 12 December 1938.

was an explicit recognition of his commitment in the battle for Trieste's annexation to Italy. As reported in the press of that time, this fervent irredentist was a symbol of Italianness. In bestowing his title, Vittorio Emanuele III rewarded Segrè Sartorio's total and absolute dedication to the cause of Italian unification, something impossible to achieve without the "restitution" of the city that was the epitome of the *terre irredente* ("unredeemed lands," Pellegrini 287–88).

Abraham Franchetti provides a good example of an individual who received a noble title thanks to his contribution to Italian economic and infrastructural development. Franchetti became a baron in 1858, no doubt in recognition of his role in securing the participation of the Rothschilds in the construction of the Piedmont railway network. His mediation was facilitated by the imminent marriage between his son Raimondo and Sara Louise de Rothschild (Scardozzi 714).

Finally, the ennoblements of Sebastiano Mondolfo, Giacomo Castelnuovo, and Giorgio Levi demonstrate that noble titles could be conferred as a reward for commitment to the House of Savoy on an international level. Mondolfo, who became a count in 1864,[5] was a banker who founded the first construction company for the Lombardo-Veneto railway and other companies for navigation on the Lombardy lakes. However, this was only one of the reasons he received such a prestigious title. He was born in Trieste and as a young boy he moved to Milan. Consequently, he was an Austrian citizen until 1859, and he maintained good relations with the government of Vienna (Levati 225). All this did not prevent him from supporting the cause of Italian independence. After the defeat of the Piedmontese army in Novara (23 March 1849), he was a member of the delegation of the Kingdom of Sardinia at the peace negotiations with the Habsburg Empire.

Giacomo Castelnuovo, who received the title of baron in 1868, belonged to the large group of Italian physicians who had settled in Egypt and Tunisia since the 1820s. In 1851 he became the chief medical examiner of the Bey in Tunis, and was named attending physician to the Egyptian viceroy seven years later (Di Porto, "Giacomo" and "Castelnuovo"). Castelnuovo's participation in the second Italian War of Independence (1859) brought him to the attention of Vittorio Emanuele II, whose personal physician Castelnuovo became in 1860. While his contribution to the national unification process and his personal relations with the king certainly played a role in his ennoblement, the esteem he gained from the king and his court helped him in establishing profitable relations in Tunisia.

[5] ACS, PCM, CA, Fascicoli, b. 5, fasc. 51.

Based on this relationship with the Tunisian establishment, the Italian government sent him to Tunis in 1867 to settle a dispute concerning Italian receivables endangered by the Tunisian financial crisis. Thanks to his mediation, on 8 September 1868 Italian and Tunisian representatives signed a trade and navigation treaty opening up new work opportunities for Italian companies in Tunisia (Di Porto, "Giacomo" 380–81).

The case of Giorgio Levi from Venice, who became a baron in 1899 and was a distant relative of Giacomo Giorgio and Angiolo Adolfo Levi, is an interesting example of how important international relationships were built through family connections. In 1895, Levi had married Xenia, the daughter of Lazzaro Poliakoff, railway magnate in the Russian Empire, aulic counselor of the czar, and consul general for Turkey and Persia in Moscow. Furthermore, with his marriage Levi became related to other important members of European Jewry connected to the Poliakoffs, such as James de Hirsch de Gereuth, the younger brother of Baron Maurice de Hirsch, and Reuben Gubbay, the successful grandson of an Iraqi businessman (Grange 40–41). His ennoblement was supported by his cousin Cesare Augusto Levi, a well-known scholar and archaeologist (Busetto 15). The latter informed the Consulta Araldica del Regno that the Levi family branch to which Giorgio belonged deserved to be included in the Italian Kingdom's aristocracy, pointing out all the advantages that such elevation would bring to the country. Indeed, Levi's father-in-law would demonstrate his gratitude, having already expressed his intention to sign an agreement with the Italian government for the foundation of an Italian-Russian People's Bank in Rome, thus fostering the development of trade and agriculture in Italy.[6]

Influential Friendships

The role of the Consulta Araldica del Regno was to express an opinion on whether those who wished to enter the ranks of the nobility in the Kingdom of Italy met all requirements. But this was just one of the steps in the ennobling process. Excepting noble titles granted on the initiative of the king or the government, this bureaucratic procedure involved several phases. First, the party concerned, or a sponsor, submitted a title request to the Ministry of the Interior or the Presidency of the Council. Then the request was discussed by the Consulta once the latter had gathered information on the would-be nobleman from various sources (prefects, ambassadors, and others). Finally, based on the Consulta's

---

[6] ACS, PCM, CA, Fascicoli, b. 361, fasc. 2418, memory of Cesare Augusto Levi, 20 November 1898.

opinion, the candidate was heard by the king, who would give his final approval, set all terms and dates, and sign the ennoblement decree (Jocteau, *Nobili* 35–38).

Apart from the candidate and the king, the ennobling process involved a varied number of individuals, although their participation was not always part of the official procedure. These provided information about the extent to which the aspiring noble was connected to his city, how much he was valued by the local society, and whether he had positively integrated into the related community. Those people intervening in the ennobling process, sometimes to support or accelerate a procedure informally, also showed the network of relationships surrounding the applicant and, in the case of Jews, the mentality and attitude of sponsors towards the Jewishness.

It is not by chance that the first Jews to be ennobled were all in contact with Count Camillo of Cavour and his family members, exponents of a secular and positivist culture that considered religiosity "an archaic relic, part of a traditional culture that was incapable of modernization or adaptation" (Bettin 53). For instance, Giuseppe Raffaele Vitta was a close acquaintance of Marquis Michele, Camillo Cavour's father. Exempted from anti-Jewish laws in the Kingdom of Sardinia since the 1820s, Vitta had become a large landowner. His estate in Leri, a hamlet in the municipality of Trino Vercellese in Piedmont, bordered the Cavour estate. Vitta was Marquis Cavour's trusted banker, and they were also business associates, founding the first ferryboat company on the Lago Maggiore in 1825 (Romeo 173–77). Marquis Michele was an anomalous noble for his times: he did not belong to the most ancient aristocracy — the Cavours were ennobled in 1649 — and was involved in several commercial and industrial activities. The antisemitic attitude shown by many members of his class hardly took root in him. He was, rather, an important modern entrepreneur who transferred good business acumen and also "una certa dose di opportunismo" ("a certain amount of opportunism" Scalera 138) to his son Camillo.

Count Cavour inherited both pragmatism and a total lack of antisemitic prejudices from his father. He was among the first signatories of a petition presented by Roberto d'Azeglio to Carlo Alberto on 23 December 1847 for the emancipation of Jews in the Subalpine Kingdom. He surrounded himself with Jewish collaborators, including Isacco Artom as his private secretary and Giacomo Dina as government speaker (Bedarida 221; Loevinson; Talamo). Significantly, he showed benevolence ("benevole intenzioni") towards the ennoblement of Abraham Franchetti (Scardozzi 714); Jacob Abram Todros probably also owed him his title. Cavour's link with Todros was personal and dated back to at least the 1840s. The two men deeply respected one another and often exchanged views on important economic issues (Chiala 151–53; Cavour 631; Sanzin 251). Cavour's philosemitism extended to his elder brother Gustavo, who sponsored the ennoblement of Sebastiano Mondolfo in 1863.

These relations were the fruit of the political climate of the 1840s in Italy, marked by the beginning of the neo-Guelfism and the moderate-liberal era. After Unification, these movements led to liberalism, often mixed with the anti-clericalism typical of the establishment of the new state. An interesting sample of this ruling class, whose interests were associated with those of Italian and foreign financial and entrepreneurial groups, is offered by the "amici" ("friends") of Adolf Reinach mentioned in a letter of 1866 in which Oscar Reinach, Adolf's son, asked Vittorio Emanuele II to award his father the title of baron. In addition to former Finance Minister Quintino Sella and Francesco Crispi—at that time a member of parliament who was to become President of the Council of Ministers—the group included Marquis Gaspare Trecchi, former adjutant to Garibaldi and middleman to Vittorio Emanuele II; Cesare Correnti, who was to become the most trusted advisor to Agostino Depretis during the first years of government of the Historical Left (Montaldo 142); and a certain Mr. Mancini, possibly Pasquale Stanislao Mancini, a several-time minister of Public Education and Foreign Affairs. All of them had supported the ennoblement of Adolfo Reinach and all of them were from those Italian regions that had benefited from Reinach's investments: Sella and Correnti from Lombardy, Trecchi from Emilia, Mancini from Campania, and Crispi from Sicily. Adolfo Reinach's funds were probably channeled to these areas with the mediation of politicians interested in the development of their own regions and aware of the importance of this kind of operation to build consensus.

The Ottolenghi family from Asti also had very good connections with local and national politicians, as shown by the many authorities who rallied to promote the ennoblement to count of Leonetto. Among his supporters were the prefect of Asti, Edoardo Giovannelli, a member of parliament from Asti, and Tommaso Villa, a well-known lawyer and politician in *fin-de-siècle* Italy. Villa was appointed Minister of the Interior (1879) and of Justice (1879–1881) and later President of the Chamber of Deputies (1895–1897 and 1900–1902); he was thus a reference point for all those aspiring to the nobility (Montaldo 171). After Leonetto's death in 1904, the connections of the Ottolenghi family proved very useful. Leonetto's nephews Alfredo and Umberto succeeded in inheriting their uncle's title of count, as he had left no direct descendants. While Alfredo's request was supported by the "affettuosa e gentile iniziativa" ("affectionate and kind initiative") of Prime Minister Giovanni Giolitti,[7] Umberto's application was promoted by Edoardo Giovannelli, who did not fail to mention the several public services performed by Umberto Ottolenghi which had fully integrated him in the local power system. From the parliamentarian Giovanelli's letter we learn that Umberto was chairman of the liberal monarchical association in Asti and of the committee for workers' pension fund, hospital administrator in Milan, and alderman in Asti.

During the Fascist era as well, the involvement of influential friends was an element that could influence the ennoblement process. After 1922, however, none of the three title concessions to subjects of Jewish origin or religion (Alessandro Artom, Valerio Artom di Sant'Agnese, and Carlo Franchetti) seems to have been facilitated by the regime's more or less notable exponents. For instance, a close relationship with royal family members seems to be the case for Carlo Franchetti.[8] The intervention of a Savoy family member in 1934 may also have helped Giorgio Chayes from Livorno to overcome the impasse he had been in since 1927. Appointed count by Manuele II, the king of Portugal, in 1924, Chayes applied for the accreditation of his title in Italy three years later, but his request remained long blocked by bureaucratic complications, despite the pressures exerted on the Consulta Araldica del Regno by such influential personalities as Costanzo Ciano, the Minister of Communications and future father-in-law of Edda Mussolini, and Giacomo Suardo, the Under Secretary of the Presidency of the Council. His request was finally accepted only thanks to the mediation of Mariano D'Amelio, the President of the Court of Cassation.[9] While this high magistrate did not reveal the origin of pressures in the letter, the tone he used suggests they may have come from a royal family member. Indeed, when Princess Maria Pia, a daughter of Vittorio Emanuele II, married Louis I of Braganza, the Savoys became related to the Portuguese sovereigns. In this complicated situation, Vittorio Emanuele III could not possibly ignore that Chayes's title had been granted by one of his relatives.

---

[7] ACS, PCM, CA, Fascicoli, b. 427, fasc. 2764, letter of MP Edoardo Giovannelli to the President of the Council of ministers, 19 April 1904.

[8] ACS, PCM, CA, Fascicoli, b. 270, fasc. 1937, letter of the Undersecretary for Agriculture to the first adjutant of the king, 28 October 1931.

[9] ACS, PCM, CA, Fascicoli, b. 1174, fasc. 7103, letter of the first President of the Court of Cassation to the Registrar of the Royal College of Arms, 7 December 1931.

A Philosemitic Monarchy?

It is well known that Vittorio Emanuele III used to say that Jews never betray (Segre, "L'ascesa" 143). Apart from this phrase, uttered by the same king who later betrayed his subjects "of Jewish race" by signing the racial laws of the Fascist era, there is no other declaration from Italian sovereigns expressing their feelings towards Jews. Despite the lack of an explicit declaration of support towards the Jews, some political acts, including ennoblements, show that the Savoys were not antisemitic. The longer history of ennoblements, however, demonstrates that this attitude was not typical of their dynasty. Indeed, it was only in 1855, and thus later than in other pre-unification states, that the first Jews in Piedmont received a noble title.[10] The fact that Jewish ennoblements came so late in the Kingdom of Sardinia can be explained by the legal status of Jews until 1848. After the Congress of Vienna in 1815, Vittorio Emanuele I was among the Italian rulers who very diligently restored the anti-Jewish laws abolished by the Jacobins and Napoleon. He reenacted the royal patents of 1770, obligating the Jews to live in ghettos and wear a distinctive sign. In addition, he reinstated the prohibition to own immovable properties, although the richest Jews sometimes were granted special exemptions (Arian Levi and Disegni 30–35).

This situation did not improve when Carlo Felice acceded to the throne or in the first phase of Carlo Alberto's reign. Gioacchino Volpe, a historian sympathetic to the monarchy, described Carlo Alberto as a Catholic traditionalist, a sworn enemy of the Enlightenment and Revolution, and a supporter of absolute monarchy (84–88). However, he made a decision that marked a turning point in the relations between House of Savoy and Italian Jewry. In the mid-1840s, he became persuaded that only a less conservative policy would allow his State to come out of international isolation and lead Italy's unification process. Thus, in the autumn of 1847 Carlo Alberto started a period of reforms culminating in the enactment of the Albertine Statute (4 March 1848). In practice, the Subalpine Kingdom continued to resemble an absolutist monarchy, but reforms and the new "Constitution" laid down the basis for a "vero e proprio patto di alleanza" ("true pact of alliance" Mazzonis 33) between the dominant groups of Piedmontese society and the Crown. Thus, on the one hand, the bourgeoisie and liberal aristocracy fostered the creation of a state more responsive to

---

[10] In Modena, the duke conferred upon Elia Pisa the title of baron in 1796, and Raffaele Vita Treves de' Bonfili received the same title from the duke of Lucca in 1833. Even in the Republic of San Marino (the only republic in Europe granting patents of nobility) the ennoblement of Jews began earlier than in the Kingdom of Savoy; in fact, Bonaiuto Paris Sanguinetti, the first Jew to obtain a noble title, was ennobled in 1844.

their interests; on the other, the Savoys pressed to become Italy's sovereigns in exchange for their support of the new state. While its first article proclaimed the inequality between Catholicism, the state religion, and other merely tolerated religions, the Albertine Statute established the equality of rights for non-Catholic minorities as a constitutional principle. Besides, after Unification this ambiguity was resolved by laws that, by creating a secular legal system in Italy, at least formally removed the obstacles to the full integration of Jews into the national community. The liberal policies enacted in 1848 no doubt induced some Jews to abandon republicanism in favor of the monarchy. After the failure of the insurrectionary uprisings in the 1830s and 1840s, many Jewish and non-Jewish patriots became convinced that Italian unification would remain a mirage without the involvement of the Savoys. For some, including Jacob Abram Todros and Giacomo Castelnuovo, it was the apparently philosemitic changeover of Carlo Alberto that made them change their minds.

The perception of the House of Savoy as a dynasty freed from antisemitic prejudices, a feeling that some Jews continued to share even after 1938 (Mola 204–05), was probably based on their contacts with the sovereigns or their close relatives. Besides the examples already given, we can mention the case of General Giuseppe Ottolenghi, who was responsible for the military training of the future Vittorio Emanuele III. In 1902, Ottolenghi was also appointed Minister of War. As this title was granted personally by the king, it can be assumed that he was selected by Vittorio Emanuele III for the qualities the sovereign had appreciated during his long relationship with his former preceptor (Crociani).

Other ennoblements reveal how indifferent Italian sovereigns were to the antisemitism sometimes expressed by the Consulta Araldica. The strongest resistance came from Baron Antonio Manno, who was appointed king's commissioner of the Consulta by Crispi in 1887 and who remained an absolute arbiter of the Italian ennoblement policy until the eve of World War I (Jocteau, *Nobili* 17). Manno's most frequent accusation against Jews who aspired to become nobles was that they had grown rich through usury. With reference to the ennoblement to baron of Moisè Iacout Levi De Veali in 1892, he said that the majority of the population and especially the aristocracy opposed the elevation of Jews.[11] A few years later, he used the same argument against Leonetto Ottolenghi, saying that Jewish wealth was the fruit of their families' past usury.[12] Despite the strong

---

[11] ACS, PCM, CA, Fascicoli, b. 292, fasc. 2060, letter of king's commissioner of the Royal College of Arms to the President of the Council of Ministers, 17 November 1892.

[12] ACS, PCM, CA, Fascicoli, b. 427, fasc. 2764, letter of king's commissioner of the Royal College of Arms to the to the Minister of the Interior, 23 April 1898.

opposition from Manno, both Levi De Veali and Ottolenghi were ennobled and in both cases their decoration was a *motu proprio* from Umberto I.

The unbiased attitude of the Savoys towards the entry of Jews into the new Italian aristocracy in the nineteenth century is confirmed by Adalberto di Savoia, the Duke of Bergamo and second cousin of the king. In March 1938, he supported the elevation of Arturo Benvenuto Ottolenghi to count, by submitting a presentation of all the patriotic and Fascist merits of this Jew from Acqui.[13] Nevertheless, this document contains a note — possibly handwritten by Mussolini himself — stating that the candidate was Jewish, although a nonpractitioner. Today we can clearly understand why, in a country where Vittorio Emanuele III was about to enact the "Provvedimenti per la difesa della razza italiana," the infamous Laws for the Defense of the Italian Race, the concern for Jewish identity of would-be noblemen prevailed over any patriotic merit. Indeed, Ottolenghi's application was ultimately rejected.

This long-established philosemitism of the House of Savoy can help explain the bitterness and disappointment of Italian Jews in reaction to the promulgation by Vittorio Emanuele III of Mussolini's racial laws. Many historians have stressed that the king was in opposition to the persecution of the Jews (Katz 365; De Felice 491–92; Mola 200–05). He had not forgotten the honors that many of them had earned in service to the nation; and, when the *duce* told him that thousands of Italians felt compassion for these victims of persecution, the king replied he was one of those Italians (Katz 365).

Those feelings, however, did not give Vittorio Emanuele III the strength to stand up against Fascist antisemitism. On this occasion the Crown showed the same submissiveness that allowed Fascism to dismantle progressively the liberal state that the monarchy had supported for more than sixty years. The enactment of the racial laws and Italy's entry into war on the side of Nazi Germany were the most severe consequences of this complicity, and the price the Savoys had to pay was very high: the loss of their kingdom for whose establishment and preservation they had long striven.

Conclusion

The significant number of ennobled Jews in Italy testifies to the financial, military, and diplomatic contribution of Italian Jewish elites first to the Risorgimento and then to the consolidation of the new state both domestically and internationally.

---

[13] ACS, PCM, CA, Fascicoli, b. 813, fasc. 4847, "Informative notes to the Podestà of Acqui by HRH the Duke of Bergamo," undated.

At the end of a process for legal and civil equality, Italian Jews became, as Shira Klein writes, "a seamless part of the Italian bourgeoisie. The more their lives improved, the more patriotic Jews became, crediting the Kingdom of Italy with their good fortune" (9). Their deep belief in the political project for the creation of the Italian State fostered the entry of many Jews into the country's ruling class, which to a certain extent was ratified by their ennoblements and by the assignment of leading roles, an unimaginable achievement in other European states (Segre, "L'ascesa" 143).

This process of integration into the establishment of the new nation also reveals the substantial indifference of the liberal government and the House of Savoy to the antisemitism that still permeated some sectors of Italian society. The Italian Jews' proximity to the Crown and respect for it, possibly based on feelings of gratitude for the emancipation granted to them in 1848, may have worked as an additional nationalizing agent for Italian Jewry, given the monarchy's central role in the creation of a national conscience, as historians have recently highlighted (Mazzonis; Brice; Ridolfi and Tesoro 43–63).

An interesting aspect of the interaction of Italian Jews with political power in the nineteenth century and early twentieth century is their peculiar relationship with Vittorio Emanuele II and his successors, which eventually was disrupted by the dismantling of the liberal system. This history thus diverges from the model proposed by Yosef Hayim Yerushalmi, who considered the passage from the alliance with the sovereign to the alliance with the state as the salient feature of the political history of European Jewry after emancipation (48). Whereas Italian Jews strongly identified with the liberal state, their devotion to the king and the royal family was equally strong because the birth of an independent state in Italy coincided with that of a national monarchy.

Finally, noble titles reinforced the perception of the higher social status of certain individuals in their respective communities and helped enable them to take a leading and even controlling role with respect to community institutions. Owing to their proximity to public authorities and to the extensive network of their relations, further consolidated by their noble titles, these individuals and others of a similar profile also acted as mediators between their original group and the surrounding society, serving as a link between different worlds. In some ways, ennobled Jews became guarantors towards the whole Italian society of the deep Italianness of their coreligionists and, to an extent, they helped to downplay the antisemitic stereotype of Jews as a minority alien to the body of the nation.

Università "La Sapienza", Roma

Works Cited

Arian Levi, Giorgina, and Giulio Disegni. *Fuori dal ghetto. Il 1848 degli Ebrei.* Roma: Editori Riuniti, 1988.

Becker, Winfried. "A Catholic International of Aristocratic Conservatives. The German Participants in the Geneva Committee (1870–1878)." *The Black International / L'internationale noire. 1870–1878. The Holy See and Militant Catholicism in Europe / Le Saint-Siège et le Catholicisme militant en Europe.* Ed. E. Lamberts. Leuven: Leuven UP, 2002. 273–98.

Bedarida, Guido. *Ebrei d'Italia.* Livorno: Società Editrice Tirrena, 1950.

Bernardini, Paolo. "The Jews in Nineteenth-Century Italy: Towards a Reappraisal." *Journal of Modern Italian Studies* 1.2 (1996): 292–310.

Bettin, Cristina M. *Italian Jews from Emancipation to the Racial Laws.* New York: Palgrave Macmillan, 2010.

Borutta, Manuel. "Anti-Catholicism and the Culture War in Risorgimento Italy." *The Risorgimento Revisited. Nationalism and Culture in Nineteenth-Century Italy.* Ed. S. Patriarca and L. Riall. Houndmills: Palgrave Macmillan, 2012. 191–213.

Brice, Catherine. *Monarchie et identité nationale en Italie (1861–1900).* Paris: École des Hautes Études en Sciences Sociales, 2010.

Busetto, Giorgio. "La Biblioteca della Fondazione Ugo e Olga Levi." *Ricordi della musica per film nelle raccolte di casa Levi.* Ed. G. Busetto. Venezia: Fondazione Levi, 2011. 15–25.

Camurani, Ercole. *La tradizione liberale degli Ebrei nel Risorgimento tra Cavour e Mazzini con Garibaldi nell'età di Vittorio Emanuele II.* Fidenza: Mattioli, 2014.

Cardoza, Anthony L. "The Enduring Power of Aristocracy: Ennoblement in Liberal Italy, 1861–1914." *Les Noblesses européennes au XIXe siècle.* Roma: École Française de Rome, 1988. 595–605.

Cattaruzza, Marina. "Tra logica cetuale e società borghese: il "Casino Vecchio" di Trieste (1815–1867)." *Quaderni storici* 77 (1991): 419–50.

Cavour, Camillo. *Diari (1833–1856).* Vol. 2. Ed. A. Bogge. Roma: Ministero per i Beni culturali e ambientali, 1991.

Chiala, Luigi. *Lettere edite ed inedite di Camillo Cavour.* Vol. 1. Torino: Tipografia Roux e Favale, 1883.

Crociani, Piero. "Ottolenghi, Giuseppe." *Dizionario biografico degli italiani.* LXXIX. http://www.treccani.it/enciclopedia/giuseppe-ottolenghi_(Dizionario-Biografico)/.

De Felice, Renzo. *Mussolini il duce*. II. *Lo stato totalitario 1936–1940*. Einaudi: Torino, 1981.
de Saint Martin, Monique. *L'Espace de la noblesse*. Paris: Métailié, 1993.
Di Porto, Bruno. "Giacomo di Castelnuovo e il suo diario di guerra del 1866." *Rassegna storica del Risorgimento* 60.3 (1973): 376–418.
———. "Castelnuovo, Giacomo." *Dizionario biografico degli italiani*. XXI. Roma: Istituto della Enciclopedia Italiana, 1978. 821–25.
———. "Apporti e posizioni di ebrei nella vita e nella cultura politica italiana." *Isacco Artom e gli Ebrei italiani dai risorgimenti al fascismo*. Ed. A. A. Mola. Bastogi: Foggia, 2002. 59–100.
Drewes, Kai. *Jüdischer Adel. Nobilitierungen von Juden im Europa des 19. Jahrhunderts*. Frankfurt am Main: Campus Verlag, 2013.
Endelman, Todd M. "Communal Solidarity and Family Loyalty among the Jewish Elite of Victorian London." *Victorian Studies* 28.3 (1985): 491–526.
Fiorentino, Carlo Maria. *La corte dei Savoia, 1849–1900*. Bologna: il Mulino, 2008.
Foà, Salvatore. *Gli Ebrei nel Risorgimento italiano*. Roma: Carucci, 1978.
Ghisalberti, Carlo. "Sulla condizione giuridica degli Ebrei in Italia dall'emancipazione alla persecuzione: spunti per una ricostruzione." *Italia Judaica. Gli Ebrei nell'Italia unita 1870–1945*. Roma: Ministero per i beni culturali e ambientali, 1993. 19–31.
Grange, Cyril. *Une Élite parisienne. Les familles de la grande bourgeoisie juive (1870–1939)*. Paris: CNRS, 2016.
Jocteau, Gian Carlo. "Un censimento della nobiltà italiana." *Meridiana* 19 (1994): 113–54.
———. *Nobili e nobiltà nell'Italia unita*. Roma: Laterza, 1997.
Katz, Robert. *La fine dei Savoia*. Roma: Editori Riuniti, 1975.
Klein, Shira. *Italy's Jews from Emancipation to Fascism*. Cambridge: Cambridge UP, 2018.
Levati, Stefano. "Per una definizione del notabilato Lombardo-Veneto: ordini cavallereschi imperiali e sudditi 'italiani' in età preunitaria (1815–1859)." *Abruzzo contemporaneo* 10–11 (2000): 207–32.
Loevinson, Ermanno. "Camillo Cavour e gli Israeliti." *Nuova antologia. Rivista di lettere, scienze ed arti* 45.927 (1910): 453–64.
Marrus, Michael R. *Les Juifs de France à l'époque de l'affaire Dreyfus*. Paris: Calmann-Lévy, 1972.
Mazzonis, Filippo. *La monarchia e il Risorgimento*. Bologna: il Mulino, 2003.

McCagg, William O. *Jewish Nobles and Geniuses in Modern Hungary*. New York: Columbia UP, 1972.

———. "Austria's Jewish Nobles, 1740–1918." *Leo Baeck Institute Year Book* 34.1 (1989): 163–83.

Mola, Aldo A. *Declino e crollo della monarchia in Italia. I Savoia dall'Unità al referendum del 2 giugno 1946*. Milano: Mondadori, 2006.

Montaldo, Silvano. *Patria e affari. Tommaso Villa e la costruzione del consenso tra Unità e Grande Guerra*. Roma: Carocci, 1999.

Pellegrini, Paolo. "Ebrei nobilitati e conversioni nell'Italia dell'Ottocento e del primo Novecento." *Materia giudaica. Rivista dell'Associazione italiana per lo studio del giudaismo* 19.1–2 (2014): 267–89.

Pellegrino, Tommaso. *La tiara e la corona. Quasi un secolo di amore-odio tra Papato e monarchia sabauda*. Collegno: Chiaramonte, 2014.

Pezzana, Aldo. "Storia della Consulta Araldica." *Alle radici dell'identità nazionale. Prosopografie storiche italiane. Libro d'oro della nobiltà (I-II)*. Ed. E. Cuozzo and G. de' Giovanni-Centelles. Roma: Società Italiana di Scienze Ausiliarie della Storia, 2009. 21–35.

Ridolfi, Maurizio, and Marina Tesoro. *Monarchia e repubblica. Istituzioni, culture e rappresentazioni politiche in Italia (1848–1948)*. Milano: Bruno Mondadori, 2011.

Rocco, Andrea. "Leonetto Ottolenghi e la celebrazione del Risorgimento ad Asti." *Il Risorgimento nell'Astigiano, nel Monferrato e nelle Langhe*. Ed. S. Montaldo. Asti: Fondazione Cassa di Risparmio di Asti, 2010. 196–205.

Romeo, Rosario. *Cavour e il suo tempo*. Vol. 1. Roma: Laterza, 1969.

Sanzin, Luciano Giulio. *Federico Seismit-Doda nel Risorgimento*. Bologna: Cappelli, 1950.

Sarfatti, Michele. "Vittorio Emanuele III nel settembre 1910 voleva sostituire Luigi Luzzatti perché ebreo?" *Documenti e commenti* 9 (upload July 3, 2017; last update August 11, 2017). http://www.michelesarfatti.it/documenti-e-commenti.

Scalera, Italo. *I grandi imprenditori del XIX secolo. Centocinquant'anni di storia d'Italia, di scoperte, di invenzioni, di impresa, di lavoro*. Padova: CEDAM, 2011.

Scardozzi, Mirella. "Una storia di famiglia: i Franchetti dalle coste del Mediterraneo all'Italia liberale." *Quaderni storici* 114 (2003): 697–740.

Schächter, Elizabeth. *The Jews of Italy 1848–1915. Between Tradition and Transformation*. London: Mitchell, 2011.

Schaerf, Samuele. *I cognomi degli ebrei d'Italia con un'appendice su le famiglie nobili ebree d'Italia*. Firenze: Israel, 1925.
Schijf, Huibert. "Titled Outsiders. Jewish Nobility in the Nineteenth and Early Twentieth Centuries." *Nobilities in Europe in the Twentieth Century. Reconversion Strategies, Memory Culture and Elite Formation*. Ed. Y. Kuipers, N. Bijleveld, and J. Dronkers. Leuven: Peeters, 2015. 53–72.
Segre, Vittorio. "L'ascesa e il tramonto politico e culturale dell'ebraismo italiano: 1845–1945." *Appartenenza e differenza: ebrei d'Italia e letteratura*. Ed. J. Hassine, J. Misan-Montefiore and S. De Benedetti Stow. Firenze: Giuntina, 1998. 135–45.
———. *Storia di un ebreo fortunato*. Milano: Bompiani, 1990.
Talamo, Giuseppe. "Artom, Isacco." *Dizionario biografico degli italiani*. IV. Roma: Istituto della Enciclopedia Italiana, 1962. 361–64.
Toscano, Mario. *Ebraismo e antisemitismo in Italia. Dal 1848 alla guerra dei sei giorni*. Milano: Angeli, 2003.
Tournon, Paolo. "Note sulla Consulta Araldica e sull'Ufficio araldico." *Rassegna degli Archivi di Stato* 49.2 (1989): 432–36.
Volpe, Gioacchino. *Casa Savoia*. Milano: Luni, 2000.
Wank, Solomon. "A Case of Aristocratic Antisemitism in Austria. Count Aehrenthal and the Jews." *Leo Baeck Institute Year Book* 30 (1985): 435–56.
Wyrwa, Ulrich. "Jewish Experiences in the Italian Risorgimento: Political Practice and National Emotions of Florentine and Leghorn Jewry (1849–1860)." *Journal of Modern Italian Studies* 8.1 (2003): 16–35.
Yerushalmi, Yosef Hayim, *"Servitori di re e non servitori di servitori." Aspetti della storia politica degli ebrei*. Firenze: Giuntina, 2013.
Županič, Jan. "Nobility and Jewish Society in the Habsburg Monarchy." *Jewish Studies in the 21th Century: Prague - Europe - World*. Ed. M. Zoufalá. Wiesbaden: Harrassowitz Verlag, 2014. 85–93.

Ernest Ialongo

Nation-Building through Antisemitism: Fascism and the Jew as the Internal Enemy

Abstract: In 1938, Italian Fascist dictator Benito Mussolini institutionalized antisemitism in his country with the Racial Laws, setting in motion events that culminated in the Holocaust in Italy. Scholars have put forward a number of reasons for this new policy. However, all such reasons are specific to the life of Fascism itself. This article proposes that Mussolini's attack on the Jews was also rooted in longer-term trends in modern Italy since its unification in 1861, wherein the state sought to bolster a weak national consciousness by rallying the nation against internal enemies. The persecution of Italian Jews was thus disturbingly similar to the Liberal government's marginalization and assault on southern Italian rebels in the 1860s, anarchists in the 1870s, and Sicilian rebels and the radical left in the 1890s.

Keywords: Fascism, Jews, Antisemitism, Nation, Risorgimento, Anarchism, Socialism, Fasci, Mezzogiorno

Introduction

The persecution of the Jews in Italy during the Fascist era has received increasing attention in the last generation, and the historiography has profoundly changed as a consequence. The older literature held that antisemitism in Italy had no real roots, that the Racial Laws were introduced because of the requirements of the alliance with Nazi Germany, that the Italian people were not in favor of the imposition of the Racial Laws, that the Church sought to help Italian Jews, and that the German occupiers were predominantly responsible for the rounding up and ultimate extermination of Italian Jews between September 1943 and May 1945 in the Republic of Salò in northern Italy (e.g., De Felice; Michaelis). None of these basic tenets have withstood the latest historical investigations. Scholars now argue that antisemitism had clear domestic roots in long-standing Catholic antisemitism (Kertzer), in the population policies of the Fascist regime to improve the "race," and in the anti-miscegenation laws introduced after the conquest of Ethiopia (Ipsen). Scholars have also noted that Mussolini's anti-semitism pre-dated the Racial Laws (Sarfatti; Fabre), that Italians were hardly hostile to the imposition of such laws (Visani), and the Church is now viewed as having been distressingly quiet during the persecution of the Jews in Italy, and in the face of the broader Holocaust (Kornberg; Miccoli). Finally, scholars have shown that during the period of German occupation the Italian police were deeply involved in rounding up Italian Jews and setting them on the road to Auschwitz (Levis Sullam).[1]

With this growing consensus over the origins, centrality, and severity of the persecution of the Jews to Fascism, we may now be able to push the historiography further. Specifically, how does the regime's persecution of the Jews as an internal enemy fit within the broader context of Italian history since unification in 1861? What one finds is that this persecution, in addition to all the reasons put forward by recent scholars, was in fact part of a longer-term trend in Italian history wherein internal enemies were consistently targeted for the purpose of nation-building. Specifically, to compensate for a weak Italian national identity after unification, the Italian state, both Liberal and Fascist, sought to rally the nation to the state's leadership by focusing its attention on its enemies and distracting it from its numerous divisions and weaknesses.[2]

Since its unification, Italy struggled with how to "make Italians". That is, the nation was territorially unified between 1861 and 1871, but the people themselves lacked a national identity. Divisions existed between the north and south, Church and state, the radical left and the bourgeoisie, rich and poor, the city and the country. On the occasion of the 50th anniversary of unification, when the state sought to glorify the unity of the people behind their state, most obviously with the inauguration of the monument to King Victor Emmanuel II in 1911, many saw this effort as a sham celebration covering over many difficulties. As Benedetto Croce wrote at the time,

> I believe that any careful and unprejudiced observer of Italy's present spiritual life cannot but be struck by the evident decadence in the feeling for social unity. The high-sounding words that expressed this unity — king, fatherland, city, nation, Church and humanity — have become cold and rhetorical, as

---

[1] For good overviews of the historiography, see Pavan 2010 and 2013.

[2] My work on the internal enemy builds on the work of such scholars as Angelo Ventrone, Rosario Forlenza, and Marla Stone. These scholars focus on the 20th century, whereas I seek to place the idea of the internal enemy as beginning with the unification of Italy.

they sound false, we avoid pronouncing them, almost as if an intimate sense of decency warns us not to name sacred things in vain.

(Gentile, *La Grande Italia* 54)

After unification, one means of creating a national identity was through war. The belief was that a common struggle against a common enemy on behalf of the nation would eradicate the various divisions amongst Italians. This was part of the motivation behind Italy's various colonial adventures, it unified political activists of various stripes to support Italian intervention in World War I and was a central tenet of Fascist ideology.[3]

This belief in a struggle against a shared foe to strengthen national unity, however, was not confined to foreign enemies. It manifested itself in a consistent targeting of internal enemies as well. And when faced with an enemy at home, the state invariably used such a threat to extend its authority to crush it. We see this pattern in the 1860s against southern rebels (or *briganti* as they were called), in the 1870s against the anarchists, in the 1890s against the Sicilian *Fasci* and the radical left, and then against Italian Jews starting in 1938. In each case, the "enemy" was denationalized, deemed outside the nation, and potentially working with outside groups conspiring against Italian interests. In this way the state legitimatized the extreme measures used to eradicate its perceived enemies. Regardless of the objective, real threat each of these groups posed to the nation and to the state's authority — and Italian Jews were in no way a threat to the state, unlike the brigands, anarchists, and the Sicilian *Fasci* — the fact that all were represented in the same fashion, and that overwhelming force was used against all of them, marks a disturbing continuity from Liberal to Fascist Italy.[4]

---

[3] Richard Drake and John Thayer have shown that in the last quarter of the nineteenth century there was a broad belief amongst politically active intellectuals that the so-called Post-Risorgimento was failing to live up to the hope that Italy would re-create the glories of ancient Rome. Mario Isnenghi and Ernest Ialongo ("Solving the Nation's Ills Through War") have demonstrated that war was the consistent solution offered across the political spectrum to unify and strengthen the nation; and Mussolini's definition of Fascism explicitly endorsed war as a means of creating a truly national identity.

[4] By placing the persecution of the Jews within the broader context of Italian history, I do not seek to question the unprecedented nature of the Holocaust, as defended by Omer Bartov, amongst others (Rosenfeld). However, the debate over the Holocaust's uniqueness has yielded valuable insights and methodological approaches, which I have adopted here. Following the path of Genocide Studies scholars, I argue that the persecution of the Jews in Italy was part of the European-wide process of nation-building and "people-making" from the mid-nineteenth century onward that sought national purity on racial, ethnic, or political grounds (Moses, "Conceptual Blockages" 33–34; Dan Stone 128; Bloxham). Furthermore, as Moses has argued, and as I claim in this paper, the state's *perception* of a threat from an internal enemy, and their foreign allies, was far more important than the reality, and was used to legitimate their persecution ("Paranoia" 572). Finally, I believe it is critical to view Italian Jewish history within the context of Italian history, and not only within the context of broader European Jewish history,

The South after Unification

The concern for a viable Italian national consciousness was evident even before the unification of the peninsula. In 1854, Count Camillo di Cavour, one of the architects of unification, wrote: "The history of all ages proves that no people can reach a high level of intelligence and morality without strongly developed national feelings" (Gentile, *La Grande Italia* 21). Upon territorial unification, however, Massimo D'Azeglio noted to the Senate in 1864: "What is the goal towards which we are all striving? To make Italy once again into one body, one nation. Which is easier to unite: divided cities and provinces or divided hearts and minds? In the case of Italy in particular, I think the second is far harder than the first" (Duggan, *Force of Destiny* 217).

When the Italian peninsula was first unified in 1861, the problem of an incomplete national identity was immediately apparent. The extension of Piedmontese administrative, trade, and tax policies to the entire country had adverse effects. Poor southerners found free trade ruinous to their crafts, and the taxes particularly onerous. They resisted, and the result was a full-blown civil war that lasted until 1865, with sporadic uprisings thereafter. The state reacted quickly, and overwhelmingly, to this internal threat to its nascent, and still very tenuous, acquisition of national power. Constitutional liberties were suspended, and 120,000 soldiers — half the army — occupied the south and Sicily. By one account, by 1863 nearly 3,500 southerners had been either summarily shot for having weapons or were killed on the battlefield, and another 2,768 imprisoned (Mack Smith 73, 75, 83–84).

This level of force could only be justified by the perception that southern brigands were a clear threat to the newly formed nation. It was exacerbated by two other factors. First, there was a belief that somehow the southern uprising was being orchestrated by outside agitators, either Italian democrats that resisted Cavour's settlement for a united Italy, or the Church that resented its loss of lands to the new state. According to John Davis, however, "The fears of democrat and clerical subversion provided justification for the use of arbitrary and exceptional measures in the south, even though the fear was not only exaggerated but often misplaced" (170). Second, the state's brutality stemmed from the belief that the south was not part of the "civilized," modern, liberal Italy envisaged by the state. As Nelson Moe notes in his study of perceptions of the south after unification, though some felt the south's backward condition had been determined by years

---

as Blatman argued when seeking to understand the national origins and dynamics of the Holocaust in Poland.

of despotic rule under the Bourbon monarchy, in the letters between Cavour and his agents in the south, "one often detects a crucial slippage from a historicizing perspective to one that posits southerners and the south as essentially different. As Cavour puts it on one occasion, the Neapolitans are corrupt 'to the marrow'" (162). In a report to parliament on brigandage, Giuseppe Massari, a Neapolitan exile, flatly declared that "brigandage [. . .] is the struggle between barbarism and civilization; it is robbery and murder raising the standard of rebellion against society" (Dickie 32).[5] And southerners were viewed as not having any idea of the new national identity. Tommaso Sorrentino, a Neapolitan lawyer and patriot, informed the secretary of the lieutenant-general in charge of the administration of the Neapolitan provinces that the north was completely different: "In the north patriotism predominates, in the south self-interest; there [in the north] sacrifice is spontaneous, here one works out of egoism" (Moe 171).

Anarchism in the 1870s
In the 1870s the state had a new threat to contend with: anarchism. Economic imbalances continued to roil the south, but also spread across the country. Italy witnessed a growth in workers' associations, urban bread riots, wage strikes, and protest demonstrations (Davis 188). The social unrest gave birth to Italy's anarchist movement, the impetus being the Paris Commune of 1871. As Davis notes, "the anarchist threat quickly came to obsess the official mind, and the free-thinking atheist revolutionary soon personified the principal threat to state and society. The sense of alarm," he continues, "was well captured by the Florentine daily paper *La nazione* when it warned its readers in May 1871: 'socialism, communism and all the deliria of the most advanced political sects are now openly threatening society'" (194).

Consequently, the state acted promptly and ruthlessly to crush anarchism in its infancy. In March of 1873, the anarchist Italian Federation of the International Workers Alliance sought to hold their national congress at Mirandola in Emilia Romagna and capitalize on the wave of strikes and enthusiasm for anarchism that gripped Italy. The government prohibited such a meeting, arrested the anarchists who attended, dissolved the section, and occupied the city. The anarchists who were still free convened in Bologna a few days later. The police raided their headquarters, arrested the leaders Carlo Cafiero, Andrea Costa and Errico

---

[5] On this issue more generally, see Patriarca.

Malatesta, and liquidated the Bologna federation as well as a number of others (Pernicone 72). It is worth noting that illegal acts had yet to be committed.

Similar harsh measures were replicated in ever more extreme fashion the following year. The police had uncovered and stopped a planned uprising for August (Pernicone 90–95). Yet, fear of the anarchists led to even broader state repression than before with the dissolution of every section of the Italian Federation across the country, the placement of numerous anarchists under *ammonizione* (surveillance and restriction of movement), and then their condemnation to *domicilio coatto* (internal exile) for violating the stringent terms of their *ammonizione*. As none of these punitive measures allowed the accused to defend themselves in court, they proved particularly effective in targeting suspected revolutionaries based on suspicion alone (Pernicone 95). As Richard Bach Jensen writes, the state was gripped by a fear that "was due to fantastic ideas, sometimes spread even on the floor of Parliament, about the inhuman crimes [the anarchists] wished to commit [. . .]. Since the anarchists were spread throughout the world, constantly being forced to cross continents and oceans to escape the authorities, the illusion was created in the public's mind of a dangerous international conspiracy against the established order" (*Liberty and Order* 85).

Whether this fear of anarchism's power was wholly genuine, however, or simply gave the state the excuse to expand its authority and pose as the nation's savior is worth pondering. Andrea Costa himself observed that the government of the Historical Right in the early 1870s "had a certain interest in leaving a shadow of life to the International, the name of which it used as a bugaboo to keep itself in power" (Pernicone 130).

By 1880, the Italian Federation of the International was finished. After a series of unconnected attacks on government leaders across Europe by anarchists in 1878, including Italy's King Victor Emmanuel II (Bach Jensen, *Battle against Anarchist Terrorism* 23–24), the government of Prime Minister Agostino Depretis used this purported threat of an international anarchist uprising to unleash the public security state. On the manufactured principle that all anarchists were simply common criminals, or *malfattori*, every anarchist leader was arrested, all anarchists were put under *ammonizione*, and eventually thousands of people were put in prison or sent to internal exile, "not for illegal acts," Nunzio Pernicone notes, "or even the intent to commit them, but solely for the ideas they professed" (155).

The Sicilian Fasci and Radical Left in the 1890s

In the 1890s, the Sicilian *Fasci* and the radical left, anarchists and socialists, became the new internal threats targeted by the state, especially after the foundation of the Italian Socialist Party in 1892.

The disturbances began in Sicily in 1893 with the emergence and rapid expansion of the *Fasci*, the first organized proletarian movement in Sicilian history, spreading from the cities to the countryside. The island suffered from perpetual poverty, underdevelopment, and exploitation from absentee landlords, had little loyalty to the distant national government that perpetuated this misery, and was now suffering from high food costs owing to a tariff war with France. In September, agrarian strikes swept through the island, membership in the *Fasci* exploded to include 70% of all the peasants, and landowners were caving in to pressure to sign more equitable contracts with their workers. Prime Minister Giovanni Giolitti had already begun arresting leaders and members of the *Fasci* in the summer, using the accusation that they were *malfattori*, as Depretis had done with the anarchists. By November, 800 members and leaders were arrested simply for membership in the movement, while incidents of troops opening fire on public demonstrations were increasingly common (Bach Jensen, *Liberty and Order* 74–76, 79–80).

Though the Sicilian uprisings were not part of any broad revolutionary upheaval orchestrated by the radical left in Italy, Prime Minister Francesco Crispi exploited the growing fear of the latter to justify his return to power in December 1893, using extreme measures to stamp out the perceived threats to state authority and national unity. As Crispi noted in Parliament, these new enemies were not real Italians. "Socialism," he declared, "was unpatriotic, indistinguishable from anarchism, and signified the end of all liberty" (Mack Smith 175). Crispi sent 50,000 troops to occupy Sicily, introduced martial law, imposed censorship, and arrested thousands of people. When marble workers in Carrara in Tuscany attacked local barracks a few weeks later, protesting their recruitment in the fight against the *Fasci*, Crispi assumed a broad conspiracy was afoot in which even French socialists and anarchists may have been funding the Sicilians. As a result, he declared a state of siege for Carrara and sent in 1500 troops; the ensuing clash resulted in 11 dead and numerous wounded (Bach Jensen, *Liberty and Order* 81). According to Crispi's most recent biographer, however, while there may have been some links between the French anarchists and socialists and the Sicilian *Fasci*, "how systematic and serious they were is another matter. For Crispi, though, the important point was not the reality or otherwise of plots, but rather [. . .] to use talk of plots to justify courses of action and influence public opinion" (Duggan, *Francesco Crispi* 641). Using the bogey of anarchism and of the radical left in general as justification, Crispi dissolved the Socialist party, prosecuted its leaders, curbed the press, and introduced anti-subversive laws (Mack Smith 176; Bach Jensen, *Liberty and Order* 85).

Italian Jews as the Internal Enemy
As we move forward to the late 1930s, when Italy was under a Fascist regime, we find that a new internal enemy, the Jews, was identified by the state and was similarly represented as outside the nation and working with foreign agents against Italian interests.[6] As in the periods surveyed above, this depiction was used to legitimate the state's persecution of this group, and was explicitly used to further the development of a national consciousness by focusing attention on the threat from within.

Scholars have investigated the motives and uses of portraying Italian Jews as internal enemies. The developing consensus is that by the late 1930s Italian Fascism was in need of a boost, a means to re-invigorate the people's commitment to the Fascist state, a way to complete the totalitarian reorganization of society and the formation of the Fascist new man — one who would be shorn of the decadent, individualistic materialism that had corrupted the Italian bourgeoisie and had blunted its warrior instinct. To this end, the identification of Italian Jews as the "other" capitalized on and magnified the antisemitism that already existed within Italy, certainly within the Fascist Party, and was viewed as a mobilizing tool for those who were recognized as members of the Italian nation, the so-called Aryans. As Emilio Gentile pointed out in *The Sacralization of Politics*, Fascism mobilized its people through a variety of myths: the myth of the promise of Fascism, and the myth of the Duce who could do no wrong, but also negative myths that accounted for all of the evils in the contemporary world, especially in Italy (156). More specifically, as Marie-Anne Matard-Bonnucci recently wrote, Fascist

---

[6] Certainly, there are instances of the state targeting internal enemies in the first two decades of the twentieth century, such as the syndicalists of the pre-World War I years, the Socialists and Communists of the immediate post-war years, and, under Fascism, the broad and diverse political opposition at home defined simply as anti-Fascist. For the purposes of this paper, however, I limit myself to the examples analyzed here.

propaganda fece dell'ebreo il negativo dell'uomo nuovo italiano. Un uomo nuovo che si sarebbe organizzato attraverso l'opposizione e la lotta, che in questo caso significava discriminare e perseguitare.

(128)

The seeds for this direction in the scholarship may have been planted long before by Enzo Collotti, who noted in 1989 the clear political uses of the Racial Laws:

> Essa fu il momento centrale dello sforzo di cementare all'interno il livello del consenso con un processo massiccio di emarginazione delle diversità, intese come possibile potenziale di dissenso. La polarizzazione verso il diverso aveva quindi la funzione di accelerare la concentrazione di tutte le energie in una direzione unica. L'obiettivo immediato del bombardamento propagandistico e delle misure restrittive era l'ebreo, ma i destinatari di messaggi che l'operazione aveva di mira erano tutti coloro che non si identificavano ancora con il regime fascista.

(56)

As to why Italian Jews were used as a means to mobilize the nation, there has been some movement in the historiography. As noted earlier, after an earlier generation of scholars who argued Fascist antisemitism was a direct result of the Axis alliance, and thus mitigated the Italian responsibility for the Holocaust, more recent scholars have focused on a variety of longer-term, domestic reasons for the implementation of the Racial Laws in 1938. Other scholars, however, pushing back at this exclusion of the German influence on Fascist antisemitism, have argued that the biological racism introduced with the Manifesto of Race and the Racial Laws was fundamentally different and new in the history of Italian racism, and thus was a consequence of this German influence. They claim, rightfully I believe, that in addition to the domestic origins of Italian antisemitism, Mussolini and the Fascist elite were profoundly impressed with the successes of the Nazi regime in Germany by 1938, most especially the complete totalitarian control Hitler had imposed over German society. In light of the Nazis' accomplishments, and in the context of rising antisemitism across Europe, Italy, with the hope of maintaining its once uncontested position as *the* fascist state, now turned to antisemitism to complete its totalitarian project (Matard-Bonucci 122–24; Germinario 58).[7]

---

[7] I use Fascism to refer to Italian Fascism, and fascism to refer to the more general term in its various international incarnations.

The theme of the Jew as the internal enemy runs through two of the leading antisemitic works of the late thirties: Paolo Orano's *Gli ebrei in Italia* (1937) and Telesio Interlandi's *Contra judaeos* (1938). Orano argued for a spiritual racism, which on some level allowed for the Jews to be incorporated into the Italian nation if they would renounce their religion and customs and embrace Christianity and Fascism. Interlandi offered a more stringent, biological racism that did not allow for such unity, insofar as the Jews, he argued, could not change their racial otherness, regardless of what behaviors they adopted. Yet, despite their differences, these writers were united by the belief that inside Italy there was a group that was different, and dangerous. Among their common themes, two are pronounced: first, that Italian Jews are a self-segregating people and, second, that Italian Jews form a part of an international Jewish network that is ultimately anti-Fascist.

For Orano, Italian Jews had persistently isolated themselves from mainstream Italian society, beginning with their refusal to accept Christianity, which, according to Orano, had always been synonymous with Italy, most especially after the Lateran Treaty of 1929 (34). Jews, he went on to say, who no longer practiced their religion, but insisted on keeping their identity as a separate "race" and refused to assimilate, brought trouble on to themselves, as "L'antisemitismo è uno dei modi con cui si manifesta il principio di nazionalità" (95). Their persistent separation was evident in the support they provided for Zionism and a Jewish homeland in Palestine. He thought this support was problematic on two levels. In the first place, how could one be a loyal Italian and Fascist, who prioritized fealty to the nation, when one had split loyalties to both Italy and Israel? Second, as the formation of Israel was actually a British initiative whose government was run by Jewish financiers, the formation of this new country would thus imperil Italian imperial ambitions in the eastern Mediterranean (74, 80, 85–86). Interlandi similarly focused on the issue of self-segregation, putting emphasis on the words of Italian Jewish leaders to make his point. He quoted the Chief Rabbi David Prato who, he claimed, counseled against inter-marriage with non-Jews (31). Interlandi also enumerated a list of rabbis who declared that Jews were a race apart with no interest in assimilation (67–68). Again, this putative resistance to assimilation was rooted in the expectation of a Jewish homeland to be created by the Jewish-run British government (36–38).

Both authors also saw an international Jewish, anti-Fascist conspiracy at work. Orano argued that Italian Jews should disassociate themselves publicly from this conspiracy, and that they had yet to do so. Interlandi believed such a renunciation was impossible to expect, as Italian Jews owed their ultimate allegiance to the international Jewish network. Orano further maintained that Jewish leaders and financiers controlled government policies in Britain, which resisted Italian expansion in the Mediterranean and Ethiopia; in France, where the Jewish Popular Front leader Léon Blum was allied with Soviet Russia against Nazi Germany and supported the anti-fascist government in Spain; and in Russia, where the Jews controlled the Bolshevik Party that sought European dominance and opposed fascism throughout the continent (86–87, 112, 147, 165, 167). Interlandi went even further, adding to the list of anti-fascist conspirators the Jews of America, who led the fight against fascism in defense of democracy, and even Czechoslovakia, an ally of France which, at the time he was writing in 1938, was resisting Hitler's demand for control of the German-speaking Czechoslovakian borderlands known as the Sudetenland. In the face of this supposed conspiracy, Interlandi unreservedly deemed Italian Jews the internal enemy, regardless of what they said or did (36, 38, 83, 84, 86, 89).

Orano's and Interlandi's interventions were emblematic of the broader themes of Italy's turn to antisemitism and its pitfalls. Certainly, it is not difficult to find within the national state archives and in the press of the time an enthusiasm to identify Italian Jews as an internal enemy. However, the dissonance between Orano and Interlandi also reveals the rather haphazard nature of Italy's adoption of state-backed antisemitism. In the months leading up to the Racial Laws and thereafter, there was an ongoing debate over how to implement this new policy and who exactly was Jewish. Orano's and Interlandi's differences over a spiritual versus a biological racism were not a unique instance of disagreement as the state pursued a new enemy.

Once the decision had been made to implement state-backed antisemitism — first with the publication of the Manifesto of Race (July 14, 1938) and then with the Racial Laws (November 17, 1938) — the government recognized it had to develop a coherent strategy on how to educate Italians about the new enemy in their midst, unwittingly admitting that this new racial policy was hardly expected by the nation-at-large. Just two weeks after the publication of the Manifesto of Race, Giuseppe Bottai, the Minister of National Education, wrote to all university rectors and directors of high schools that "il movimento razzista italiano, iniziatosi il 14 luglio quando fu resa nota la 'dichiarazione' dei docenti fascisti [referring to the Manifesto of Race], entra nella fase concreta dell'azione." To this end, the Duce wanted the schools to be the "depositario di questo canone fondamentale e la tutrice del patrimonio intellettuale e morale che il popolo ripete da Roma." As such, he recommended that his subordinates avail themselves of the virulent antisemitic journal *La difesa della razza,* and that

"Ogni biblioteca universitaria dovrà esserne provvista e i docenti dovranno leggerlo, consultarlo, commentarlo per assimilarne lo spirito che lo informa, per farsene i propagatori e i divulgatori."[8] In a subsequent memo on the same day, he informed his subordinates that his goal was to reach back as far as the elementary schools, as well as middle schools and high schools, and to offer guidance on how to teach antisemitism to students at every level of education.[9]

Beyond Bottai's initiative in the schools, the Fascist Party was planning a far more ambitious outreach program through the National Institute of Fascist Culture. The institute was to be responsible for propagating a series of themes that would define exactly what the turn to antisemitism meant in Italy, and why it had occurred. In an article in *Il messaggero* on August 13, 1938, the Secretary of the Fascist Party, Achille Starace, specified that the institute would spread the idea of the continuity of the Italian race and its culture from the Roman era to the present day. The intent was to build a racial, or national, consciousness and pride. Additionally, the institute would highlight the continuous actions of the regime in defense of the race, such as its demographic policy and the Opera nazionale maternità e infanzia (aimed at reducing the number of infant deaths), thus positing that the new racial policy was part of a long-standing goal of improving the race and not simply an attempt to ape German policy, as some had suggested. The state, he continued, must now be more vigilant when it came to the Italian race, because of the creation of the empire, the proximity to the Ethiopians, the need to preserve Italian colonial superiority, and finally because of the Jewish problem that the state was now focusing on. The goal of this initiative was to build a new Fascist man. "Individuare i caratteri tipici e permanenti della razza italiana da Roma ad oggi significa non solo approfondire un problema di alto interesse scientifico," he concluded, "ma diffondere fra tutti gli italiani, specie fra quelli della nuova generazione, quell'orgoglio di razza che è uno dei presupposti di una politica di grandezza e di potenza."[10]

---

[8] Giuseppe Bottai to all University Rectors and Directors of Istituti superiori, "Rivista 'La Difesa della Razza'-Diffusione," 6 August 1938, Archivio Centrale dello stato (ACS), Ministero dell'Interno (MIN), Direzione generale per la Demografia e la Razza (Demorazza), Affari Diversi, 1938–1945, Busta (B.) 11, fascicolo (f.) 26, sottofascicolo (sf.) "Iniziative e Provvedimenti...il problema della Razza c) Ministero Educazione Nazionale."

[9] Giuseppe Bottai to all "Regi provveditori agli studi" and the Presidents of the Istituti d'istruzione artistica, "Rivista 'La Difesa della Razza'-Diffusione," 6 August 1938, ACS, MIN, Demorazza, Affari Diversi, 1938–1945, B. 11, f. 26, sf. "Iniziative e Provvedimenti [...] il problema della Razza c) Ministero Educazione Nazionale."

[10] "I capisaldi della politica razzista nell'indicazione del Segretario del Partito all'Istituto Nazionale di Cultura Fascista," *Il messaggero*, 13 August 1938, found in ACS, MIN, Demorazza, B. 1, f. 1 Commenti alle questioni sulla razza.

Following the examples laid out by Orano and Interlandi, the surest way of developing the desired race consciousness in Italians was to identify the Jews as outsiders working against Italian interests. Using a not uncommon strategy of the antisemitic press, supposedly "secret" documents were published to show the great Jewish anti-fascist international network at work. For instance, in the journal *Razzismo* a document was reprinted that was purportedly from the Central Committee of the Petrograd Section of the International Jewish League and addressed to all the other sections of the league. It declared:

> Figli d'Israele! L'ora della nostra suprema vittoria si approssima. Noi siamo sulla soglia del domino del mondo [. . .]. La Russia è conquistata ed inchiodata al suolo, sotto le nostre calcagna, ma non dimenticate un solo istante che bisogna essere attenti e prudenti. La cura sacra della nostra sicurezza non ci permette di esercitare né la pietà, né il perdono [. . .]. Dobbiamo distruggere i cosiddetti migliori elementi del popolo russo, perchè questo paese non possa trovare più dirigenti. Gli toglieremo, così, ogni possibilità di resistere al nostro potere.[11]

But, beyond the Jews' alleged conquest of Russia, this document also purportedly revealed how the Jews had similarly overtaken the capitalist nations of the West:

> La guerra, la lotta di classe, distruggeranno la cultura dei popoli cristiani. Ma, Figli d'Israele, siamo prudenti e riservati. La nostra vittoria è prossima, poiché la nostra potenza politica ed economica, come anche la nostra influenza sulle masse, fanno rapidi progressi. Noi siamo padroni delle finanze e dell'oro dei governi e, per conseguenza, siamo onnipossenti sulle borse degli stati.[12]

In another notorious antisemitic journal, *Il Tevere*, the reader was told: "Gli ebrei sono stati durante sedici anni all'avanguardia dell'anti-fascismo internazionale: è questa la proposizione che ci spiega nella maniera la più eloquente il razzismo fascista e le misure prese dal Gran Consiglio avverso i giudei."[13] The Jews in charge of the plutocratic West not only obstructed Italy in Ethiopia, but this international anti-fascism further extended to the Spanish Civil War: "E

---

[11] "Giudei e Bolscevici," *Notiziario d'informazioni: dedicato al problema della razza*, 1 September 1938, found in ACS, MIN, Demorazza, Affari Diversi, 1938–45, B. 12, f. 29 (i), sf. "Notiziario 'Razzismo' (Catanzaro).

[12] Stesso riferimento della nota precedente.

[13] "Senza eccezione," *Il Tevere*, reprinted in *Razzismo: Notiziario quindicinale d'informazioni*, 1 November 1938, found in ACS, MIN, Demorazza, Affari Diversi, 1938–45, B. 12, f. 29 (i), sf. "Notiziario 'Razzismo" (Catanzaro).

quanto nella Spagna martoriata l'Italia fascista si schierò, in nome della civiltà, contro i negatori della religione [a reference to the Soviet-backed Republicans in the conflict], il giudaismo internazionale, affiancandosi al bolscevismo, alla massoneria e a tutta la feccia del fronte popolare, si mise ancora di contro, non con le schiere dei suoi combattenti ma con l'elargizione del suo oro. Ed è stato sotto i colpi pagati dall'alta finanzia ebraica che i nostri legionari d'Africa e di Spagna immolarono la loro giovinezza."[14] *Regime fascista* reminded its readers that President Roosevelt was surrounded by Jews, who coordinated the international anti-fascist campaign from Washington and who counseled him to oppose the Axis nations.[15] And to make clear that Italian Jews were not exempt from this denunciation, *Il Tevere* declared: "Abbiamo finalmente conosciuto il vero volto di Israele ed in quel volto raffiguriamo, senza alcuna eccezione, tutti i giudei."[16]

But the international band of Jews was not the only threat. After the Racial Laws, the antisemitic press was filled with warnings specifically about Italian Jews. In February/March 1939 *Antieuropa* published an open letter to Bottai informing him that "parecchi ebrei levantini, originari di Salonico e di Stambul, dopo aver assunto da qualche anno la cittadinanza italiana e dopo essere riusciti a ottenere l'iscrizione al Partito, si sono anche intrufolati nel corpo degli insegnanti delle nostre scuole all'estero." *Il telegrafo* noted "il riprovevole comportamento di alcune aziende lavoranti per la Marina e per l'Escercito, che mantengono ancora degli ebrei in posti di responsabilità."[17] Two weeks later the same journal and the *Corriere adriatico* lamented the various ways Jews tried to avoid the Racial Laws, such as changing their names to Aryan ones.[18] *Il popolo di Trieste* publicly requested that the Ministry of the Interior publish the names of Jews who had asked for exemption from the Racial Laws so to avoid their future "tricks." Another local paper, *Il piccolo di Trieste,* alerted its readers to the notable percentage of Jews in all professions, while *Il popolo di Brescia* wrote of

---

[14] Stesso riferimento della nota precedente.

[15] "Ebraismo e antifascismo di Roosevelt," *Regime fascista*, 21 August 1939, found in ACS, MIN, Demorazza, Affari Diversi, 1938–45, B. 12, f. 29 (i), sf. Problemi demografici e razziali all'estero.

[16] "Senza eccezione," *Il Tevere*, reprinted in *Razzismo: Notiziario quindicinale d'informazioni*, 1 November 1938, found in ACS, MIN, Demorazza, Affari Diversi, 1938–45, B. 12, f. 29 (i), sf. "Notiziario 'Razzismo" (Catanzaro).

[17] Report for the week of 26 February to 4 March, 1939, ACS, MIN, Demorazza, Affari Diversi, 1938–45, B. 12, f. 29 (i), sf. Rapporto Settimanale del Ministero Cultura Popolare.

[18] Report for the week of 12 to 18 March, 1939, ACS, MIN, Demorazza, Affari Diversi, 1938–45, B. 12, f. 29 (i), sf. Rapporto Settimanale del Ministero Cultura Popolare; 29 April 1939, in the report for the week of 16 April to 22 April, 1939, ACS, MIN, Demorazza, Affari Diversi, 1938–45, B. 12, f. 29 (i), sf. Rapporto Settimanale del Ministero Cultura Popolare.

"l'enorme influenza avuta dagli ebrei nelle professioni libere in Italia e particolarmente nell'avvocatura."[19] *La vita italiana* warned its readers that all the recent conversions of Jews to Catholicism could not possibly be sincere, as there were so few conversions in the nineteenth century.[20] Once the war started, *Il telegrafo* warned that "gli ebri cercano, profittando del momento, di rialzare la testa; e che è necessario sorvegliarli."[21] And once Poland had fallen, *Il popolo di Brescia* declared that "anche questa roccaforte dell'ebraismo è crollata e [the journal] ritiene che l'attuale conflitto dovrà essere la premessa necessaria alla radicale e definitiva sistemazione e soluzione del problema ebraico."[22]

Yet, for all the effort to convince non-Jewish Italians that their Jewish neighbors were to be feared, marginalized, and were a problem that required a definitive solution, the state, at first, was incapable of coming up with a definition of who exactly was a Jew, whether Italian racism was to be strictly biological or of the spiritual/cultural variety that held out some possibility of assimilation, or if the Italian race was Aryan or Mediterranean. This confusion was, in fact, inherent in the formal announcement of Italy's turn to antisemitism in the Manifesto of Race. The document forthrightly declared that the different races were a fundamental and defining characteristic of humanity; that race was not simply common language and history but was biologically defined; that the Italians were part of the Aryan race, tracing their origins to the Lombard invasions, and that their racial stock had retained its purity since then. "That being the case, the manifesto argued that the time had come for Italians to recognize their racial distinctiveness, and their superior racial distinctiveness at that" (Ialongo, *Filippo Tommaso Marinetti* 261). The manifesto explicitly rejected that Africans had any connection to the roots of Europe, or that "Semites" were part of a common Mediterranean civilization. Specifically, the manifesto pointed out that the "Jews do not belong to the Italian race." Yet, immediately contradicting the claim that race was biologically defined, the manifesto argued that the Jews were not part of the Italian race because they had never assimilated, leaving open the question

---

[19] 20 May 1939, in the report for the week of 30 April to 6 May, 1939, ACS, MIN, Demorazza, Affari Diversi, 1938–45, B. 12, f. 29 (i), sf. Rapporto Settimanale del Ministero Cultura Popolare.

[20] 27 May 1939 in the report for the week of 14 to 20 May 1939, ACS, MIN, Demorazza, Affari Diversi, 1938–45, B. 12, f. 29 (i), sf. Rapporto Settimanale del Ministero Cultura Popolare.

[21] 4 October 1939, in the report for 17 September to 23 September 1939, ACS, MIN, Demorazza, Affari Diversi, 1938–45, B. 12, f. 29 (i), sf. Rapporto Settimanale del Ministero Cultura Popolare.

[22] 7 December 1939, in the report for the week of 12 November to 18 November 1939, ACS, MIN, Demorazza, Affari Diversi, 1938–45, B. 12, f. 29 (i), sf. Rapporto Settimanale del Ministero Cultura Popolare.

of what to do with Italian Jews that converted, married a Christian, and/or were not connected to any of the Jewish communities in Italy (Ialongo, *Filippo Tommaso Marinetti* 261).

This initial confusion was mirrored in the press. In the months after the Racial Laws were implemented, the *Giornale di Genova* reported that it had investigated the origins of the ancient Ligurians and rejected that the first Italian, ethnic stratum was possibly of African origins and criticized the usage by many of the expression "Mediterranean civilization," which was likely to cause confusion.[23] Nevertheless, within a few days of this clear enunciation in defense of a biological and Aryan definition of race, *La tradizione* published "alcune frasi tolte da discorsi del Duce per concludere che la dottrina del Regime [on race] è spiritualista e che quindi bisogna farla finita col razzismo materialista [or biological racism]."[24] The journal *Liguria* responded directly to the *Giornale di Genova* and published a chapter of a book that affirmed that "secondo gli ultimi risultati della scienza – i Liguri si devono considerare un popolo *non* ariano almeno un popolo misto. L'azione di Roma fu esagerata perchè la coscienza etnica di Roma creava una unità ideale della patria romana che non era però la realtà biologica di una nazione."[25] In the summer just before the war, two journals took a hardline biological stance, with *Il popolo di Trieste* declaring "che bisogna sempre tener presente che gli ebrei discriminati [exempted from the Racial Laws], di qualunque gradazione, sono sempre ebrei," and *Il telegrafo* noting that "gli 'ebrei benemeriti' non dimenticano di essere fratelli anche dei non discriminati," and insisted that all Jews must be watched.[26] Yet, *Dottrina fascista* seemed to cast off all definitional restrictions and firmly came down on the side of a spiritual/cultural definition of racism, noting that "il nostro razzismo deve essere non di isolamento, ma razzismo espansivo, cioè veramente imperiale; e [the journal] osserva come la nostra razza possa a giusta ragione essere chiamata italiana, superando così qualsiasi concetto di mediterraneità, dinamicità, nordicità, ecc."[27]

---

[23] Report for the week of 26 February to March 4, 1939, ACS, MIN, Demorazza, Affari Diversi, 1938–45, B. 12, f. 29 (i), sf. Rapporto Settimanale del Ministero Cultura Popolare.

[24] Ibid.

[25] Report for the Week of 19 March to 25 March, 1939, ACS, MIN, Demorazza, Affari Diversi, 1938–45, B. 12, f. 29 (i), sf. Rapporto Settimanale del Ministero Cultura Popolare.

[26] 5 June 1939 in the report for the week of 21 May to 27 May, 1939, ACS, MIN, Demorazza, Affari Diversi, 1938–45, B. 12, f. 29 (i), sf. Rapporto Settimanale del Ministero Cultura Popolare.

[27] Report for the week of 18 June to 24 June 1939, ACS, MIN, Demorazza, Affari Diversi, 1938–45, B. 12, f. 29 (i), sf. Rapporto Settimanale del Ministero Cultura Popolare.

The Direzione Generale della Demografia e Razza — the so-called Demorazza office set up in the Ministry of the Interior to implement the persecution of the Jews — was at the center of the efforts to eliminate this confusion over just how to define the Jewish enemy. In a document entitled "Definizione di ebreo," which appeared well after the Manifesto of Race had been released, and before the implementation of the Racial Laws, the office was still seeking to clarify how to categorize a Jew. The document stated, mimicking Germany's Nuremberg Laws of 1935, that having 3 or 4 Jewish grandparents qualified you as Jewish. If, however, you had 2 or fewer Jewish grandparents, you would still be labeled Jewish, and not Italian, if you joined a Jewish community after January 1938; professed the Jewish faith after April 21, 1931; married a Jewish woman after October 1, 1938; raised practicing Jewish children after October 1, 1938; or had clear evidence of "attività nel campo ebraico."[28] The actual Racial Laws adopted this logic and simplified it, declaring that you were Jewish if you had Jewish parents, even if you did not practice the religion; if your mother was Jewish and your father's identity was unknown; or if you had one Jewish parent and were a practicing Jew as of October 1, 1938.[29]

However, once this definition of a Jew had been worked out on fairly aggressive biological lines, as Michele Sarfatti rightly points out (133), a pronounced exemption was carved out for Jewish family members of dead veterans of Italy's 20th century wars and for those that had fallen for the Fascist cause, as well as for still living Jewish veterans of the same wars, and Jews who were part of the Fascist Party between 1919 and 1922, during the second half of 1924 (when many members had abandoned the Party over the Matteotti crisis), had been legionnaires in Fiume, or had been granted exemption by a committee set up in the Ministry of the Interior.[30] As such, the definition of the Jewish enemy became muddled in these early months of the persecution. While broadly biological in definition, a space was opened up for Jews who had performed exceptional service to Italy and the Fascist Party, and would thus be considered virtually part of the nation. The result was a veritable avalanche of requests for exemption,

---

[28] "Definizione di ebreo," ACS, MIN, Demorazza, B. 1, f. 1 Commenti alle questioni sulla razza, f. 2 Questioni razziali da risolvere, Legislazione razziale nei vari paesi d'Europe [note these separate *fascicoli* were mixed within the *busta*].

[29] "DECRETO-LEGGE 17 novembre 1938-XVII, n.1728," http://www.apav.it/mat/ tempolibero/cinemaematematica/adolescenza/leggirazziali.pdf (accessed 10 October 2017).

[30] "DECRETO-LEGGE 17 novembre 1938-XVII, n.1728," http://www.apav.it/mat/ tempolibero/cinemaematematica/adolescenza/leggirazziali.pdf (accessed 10 October 2017).

or "discrimination," from the laws, leaving the antisemitic journals to lament, as noted above, that all Jews must be treated alike, regardless of their merits.[31]

And, the state was simply unready for this radical shift in policy against Italian Jews. Not only were the foundational documents of this shift, the Manifesto of Race and the Racial Laws, not altogether clear as to how to definitively identify this new enemy, the bureaucracy itself could not carry out the investigations necessary to determine who was a Jew. For instance, Chief of Police Carmine Senise complained to the Demorazza itself that there were far too many requests made to the various local police offices for confidential investigations into someone's race. These were impossible to carry out unless the police demanded the requisite documents from the accused, thus eliminating any confidentiality. Beyond that problem, he added, "il numero delle richieste è talmente elevato da paralizzare quasi ogni altra incombenza degli Uffici di Polizia."[32]

Yet, despite bureaucratic unpreparedness, and the determined, yet somehow contingent, biological definition of what a Jew was, as well as the continuing discussion of how the Italian race came into being, one conclusion cannot be denied: as the Racial Laws were implemented, the position of Jews in Italy immediately worsened. Jewish children and teachers were pulled out of state schools, marriages between Jews and non-Jews were banned, Jews could not serve in the military or have contracts with it, nor could they work for the state. Furthermore, limits were placed on property Jews owned and on the size of their businesses, their citizenship was revoked if acquired after 1918, and foreign Jews were forced to leave the country with few exceptions (Ialongo, *Filippo Tommaso Marinetti* 262; Sarfatti 138).

The Fascist government moved quickly, even before the Racial Laws were formalized, to begin the process of persecuting the Jews. The Demorazza office sent out a directive to all ministries on August 11, 1938 requesting a list of what they were doing to implement the goal of marginalizing the Jews in Italian society. The result was an immediate purge of Jewish civil servants throughout the state. For instance, the Ministry of Foreign Affairs reported to the Demorazza that they had begun a census of all personnel to determine their race, and had initiated the process of firing Jewish employees at home and abroad as well as investigating the wives and husbands of their employees, "al fine di evitare

---

[31] 15,000 people submitted roughly 9,000 applications for exemptions, out of a total Jewish population in Italy of c. 50,000 in 1938 (Sarfatti 137).

[32] Capo della Polizia Carmine Senise to MIN, Demorazza, 9 November 1938, "Informazioni sull'appartenenza ad una data razza," ACS, MIN, Demorazza, Affari Diversi, 1938–1945, B. 11, f. 26, sf. "Disposizione concernenti la Razza, b) Disposizioni concernenti la razza."

quell'ibridismo familiare che all'estero darebbe impresione che i principî in materia adottati dal Regime non hanno categorico valore."[33] These actions were dutifully replicated throughout the state's ministries.

Conclusion

The end result of Fascism's persecution of the Jews in Italy, despite the chaotic first few months of the new policy, was staggering: 8,529 Jews perished, or 26.24% of the 33,000 Jews that were caught in northern Italy after the Republic of Salò was established by the occupying German forces (Picciotto 220–21). The road to Auschwitz was set in the period leading up to the release of the Manifesto of Race, wherein the Fascist regime decided to target Italian Jews as internal enemies. One of the goals of this persecution was to address what was believed to be a weak national identity, and to revive it on racist lines aimed at the Jews. Italian Jews were marginalized, deemed outside the nation, and accused of working within a Jewish, anti-Fascist, and thus anti-Italian, international movement. Such representation was used to legitimate their initial persecution and later extermination.

The Fascists, however, did not originate the targeting of internal enemies as a means of nation-building. Concern for a weak national identity had already led Italian governments of the Liberal era to similarly target and ruthlessly eliminate their perceived internal enemies. This persecution was evident in the brutal treatment of the southern rebels of the 1860s, the anarchists of the 1870s, and the Sicilian *Fasci* and radical left of the 1890s. Regardless of the real threat each and all of these groups posed to the nation, the state invariably resorted to overwhelming force against them, precisely because of the persistent fear that the nation had not yet achieved a strong national consciousness, and that the process of "making Italians" was still incomplete.

As we look beyond the Liberal and Fascist era, it is worth asking if the representation of the migrant "crisis" in the Italy of 2018 is in some fashion a legacy of this penchant to identify an evolving list of internal enemies that are somehow always threatening the nation, a nation that is always somehow in crisis. In Italy's newest neo-Fascist incarnation, the *Casapound Italia* unambiguously declares: "L' infernale meccanismo immigratorio di massa è uno dei principali vettori di sradicamento e impoverimento sociale, culturale ed esistenziale a danno di tutte

---

[33] Ministro degli Affari Esteri to Guidi Buffarini Guidi, Sottosegretario di Stato per l'Interno, 17 August 1938, ACS, MIN, Demorazza, Affari Diversi, 1938–1945, B. 11, f. 26, sf. "Ministero Affari Esteri disposizioni concernenti la razza."

le popolazioni coinvolte, siano esse ospiti o ospitanti."[34] To deal with this new internal enemy, the party calls for the suspension of the Shengen Accords to stop the free flow of peoples into Italy, and the immediate expulsion of illegal immigrants.

More disturbing, because of his party's electoral strength, is the policy of Matteo Salvini. Having abandoned the separatist and anti-southern policies of the Northern League, he seeks to unite Italians on a populist, anti-migrant platform in the re-named "League." He has had some success. One of his southern coordinators declared: "Getting rid of the north on the sign [of the party] allowed a lot of us to get closer to the League. Because of the immigrants," he added, "we have come together."[35] In the March 4, 2018 general elections, the League, with its "Italians first" policy, and the 5 Star Movement that similarly exploited concerns over the migrants, triumphed at the polls and decimated the ruling Centre-left coalition.[36]

It would seem, then, that some Italians still seek to complete the process of "making Italians," or possibly re-making them, and thus re-making the nation, by identifying, and targeting, a new group that is deemed irredeemably outside of the nation.

Hostos Community College, CUNY

---

[34] "Una Nazione. Il programma politico di Casapound Italia," http://94.23.251.8/~casapoun/images/unanazione.pdf (accessed November 8, 2017).

[35] Jason Horowitz, "Anti-Migrant Anger Boils in Italy, and Populists Fan Flames," *The New York Times*, Tuesday, February 6, 2018, p. A4.

[36] "Italian General Elections, 2018," https://en.wikipedia.org/wiki/Italian_general_election,_2018 (accessed March 14, 2018).

Works Cited

Bach Jensen, Richard. *The Battle against Anarchist Terrorism: An International History, 1878–1934*. New York: Cambridge UP, 2013.

———. *Liberty and Order: The Theory and Practice of Italian Public Security, 1848 to the Crisis of the 1890s*. New York: Garland Publishing, 1991.

Bartov, Omer. "Genocide and the Holocaust: What Are We Arguing About?" *Gewalt und Gesellschaft; Klassiker modernen Denkens neu gelesen*. Ed. Uffa Jensen, Habbo Knoch, Daniel Morat, and Miriam Rürup. Göttingen: Wallstein Verlag, 2011.

Blatman, Daniel. "Holocaust Scholarship: Towards a Post-Uniqueness Era." *Journal of Genocide Research* 17.1 (2015): 21–43.

Bloxham, Donald. *The Final Solution: A Genocide*. New York: Oxford UP, 2009.

Collotti, Enzo. *Fascismo, fascismi*. Firenze: Sansoni, 1989.

Davis, John A. *Conflict and Control: Law and Order in Nineteenth Century Italy*. Atlantic Highlands, NJ: Humanities Press International, 1988.

De Felice, Renzo. *The Jews in Fascist Italy: A History*. Trans. Robert L. Miller and Kim Englehart. New York: Enigma Books, 2001.

Dickie, John. *Darkest Italy. The Nation and Stereotypes of the Mezzogiorno, 1860–1900*. New York: St. Martin's Press, 1999.

Drake, Richard. *Byzantium for Rome: The Politics of Nostalgia in Umbertian Italy, 1878–1900*. Chapel Hill, NC: U of North Carolina P, 1980.

Duggan, Christopher. *The Force of Destiny: A History of Italy since 1796*. Boston: Houghton Mifflin, 2008.

———. *Francesco Crispi 1818–1901: From Nation to Nationalism*. Oxford, UK: Oxford UP, 2010.

Fabre, Giorgio. *Mussolini razzista: dal socialismo al fascismo, la formazione di un antisemita*. Milano: Garzanti, 2005.

Forlenza, Rosario. "The Enemy Within: Catholic Anti-Communism in Cold War Italy." *Past and Present* 235 (May 2017): 207–42.

Gentile, Emilio. *La Grande Italia: The Myth of the Nation in the 20th Century*. Madison, WI: U of Wisconsin P, 2009.

———. *The Sacralization of Politics in Fascist Italy*. Cambridge, MA: Harvard UP, 1996.

Germinario, Francesco. *Fascismo e antisemitismo: progetto razziale e ideologia totalitaria*. Roma: Laterza, 2009.

Ialongo, Ernest. *Filippo Tommaso Marinetti: The Artist and his Politics*. Madison, NJ: Fairleigh Dickinson UP, 2015.

———. "Solving the Nation's Ills Through War: Italy, the Great War, and Nation Building." *Peace and Change* 40.2 (2015): 234–43.

Interlandi, Telesio. *Contra judaeos*. Roma: Tumminelli, 1938.

Ipsen, Carl. *Dictating Demography: The Problem of Population in Fascist Italy*. New York: Cambridge UP, 1996.

Isnenghi, Mario. 1970. *Il mito della grande guerra*. Milano: Il Mulino, 2014.

Kertzer, David. *The Popes against the Jews: The Vatican's Role in the Rise of Modern Anti-Semitism*. New York: Alfred A. Knopf, 2001.

Kornberg, Jacques. *The Pope's Dilemma: Pius XII Faces Atrocities and Genocide in the Second World War*. Toronto: U of Toronto P, 2015.

Levis Sullam, Simon. *I carnefici italiani: scene dal genocidio degli ebrei, 1943–1945*. Milano: Feltrinelli, 2015.

Mack Smith, Denis. *Italy: A Modern History*. Ann Arbor: U of Michigan P, 1959.

Matard-Bonnucci, Marie-Anne. *Italia fascista e la persecuzione degli ebrei*. Bologna: Mulino, 2015.

Miccoli, Giovanni. *I dilemmi e i silenzi di Pio XII: Vaticano, Seconda guerra mondiale e Shoah*. Milano: BUR, 2007.

Michaelis, Meir. *Mussolini and the Jews: German-Italian Relations and the Jewish Question, 1922–1945*. New York: Oxford UP, 1979.

Moe, Nelson. *The View from Vesuvius: Italian Culture and the Southern Question*. Berkeley, CA: U of California P, 2002.

Moses, A. Dirk. "Conceptual Blockages and Definitional Dilemmas in the 'Racial Century': Genocides of Indigenous Peoples and the Holocaust." *Patterns of Prejudice* 36.4 (2002): 7–36.

———. "Paranoia and Partisanship: Genocide Studies, Holocaust Historiography, and 'Apocalyptic Conjuncture.'" *The Historical Journal* 54.2 (2011): 553–83.

Mussolini, Benito. *The Political and Social Doctrine of Fascism*. Trans. Jane Soames. London: The Hogarth Press, 1933.

Orano, Paolo. *Gli ebrei in Italia*. Roma: Pinciana, 1937.

Patriarca, Silvana. *Italian Vices: Nation and Character from the Risorgimento to the Republic* New York: Cambridge UP, 2010.

Pavan, Ilaria. "Fascism, Anti-Semitism, and Racism: An Ongoing Debate." *Telos* 164 (Fall 2013): 45–62.

———. "Gli storici e la Shoah in Italia." Ed. Marie-Anne Matard-Bonucci et al. *Storia della Shoah in Italia*. Vol. 2. Torino: UTET, 2010.

Pernicone, Nunzio. *Italian Anarchism, 1864–1892*. Princeton, NJ: Princeton UP, 1993.

Picciotto, Liliana. "The Shoah in Italy: Its History and Characteristics." *Jews in Italy under Fascist and Nazi Rule, 1922–1945*. Ed. Joshua D. Zimmerman. New York: Cambridge UP, 2005.

Rosenfeld, Gavriel D. *Hi Hitler! How the Nazi Past is Being Normalized in Contemporary Culture*. New York: Cambridge UP, 2015.

Sarfatti, Michele. *The Jews in Mussolini's Italy: From Equality to Persecution*. Madison: U of Wisconsin P, 2006.

Stone, Dan. "The Historiography of Genocide: Beyond 'Uniqueness' and Ethnic Competition." *Rethinking History* 8.1 (2004): 127–42.

Stone, Marla. "The Changing Face of the Enemy in Fascist Italy." *Constellations* 15.3 (2008): 332–50.

Thayer, John A. *Italy and the Great War: Politics and Culture, 1870–1915*. Madison: U of Wisconsin P, 1964.

Ventrone, Angelo. *Il nemico interno: immagini, parole e simboli della lotta politica nell'Italia del Novecento*. Roma: Donzelli, 2005.

Visani, Alessandro. "Italian Reactions to the Racial Laws of 1938 as seen through the Classified Files of the Ministry of Popular Culture." *Journal of Modern Italian Studies* 11.2 (2006): 171–87.

Gabriele Boccaccini

Luigi Ferri: il bambino scomparso di Auschwitz

Abstract: Luigi Ferri è un bambino italiano, figlio di matrimonio misto, sopravvissuto ad Auschwitz e quindi misteriosamente resosi irreperibile nel dopoguerra. Analizzata alla luce di documenti finora inediti, la sua "scomparsa" si rivela il risultato ultimo di un processo progressivo di alienazione dalle sue origini ebraiche cui il bambino è sottoposto fin dalla sua nascita. Nato nel 1932, Luigi era, da parte paterna, il discendente di una famiglia ebraica austriaca di Leopoli. Alla nascita diviene "Ferri" per l'italianizzazione del suo cognome, e cattolico con il battesimo. Orfano di padre, nel 1938 risulta "ariano" in virtù di una clausola liberatoria delle leggi razziali fasciste, che favorisce i battezzati. Una volta giunto ad Auschwitz dovrà ulteriormente distaccarsi dalla propria "ebraicità" di fronte alla minaccia dalla legislazione nazista che, nonostante il battesimo, altrimenti lo classificherebbe come *Mischling* di primo grado e quindi soggetto a sterminio. Passo dopo passo, Luigi Ferri "scompare": il bambino ritorna da Auschwitz con una nuova identità che cancella del tutto i suoi legami con il passato e con la sua origine ebraica.

Key Words: Olocausto, ebraicità, arianità, leggi razziali, Mischling, Auschwitz, Luigi Ferri, Otto Wolken.

Preambolo

Luigi Ferri è uno dei soli 25 bambini italiani di età inferiore ai 14 anni sopravvissuti ad Auschwitz dei 776 che vi furono deportati (Maida 25), ed è il protagonista di una vicenda singolarissima. I dati essenziali della sua storia sono quelli ripetuti ogni giorno dalle guide ai visitatori di Auschwitz, in particolare alle scolaresche italiane, e recentemente riproposti dallo studioso Bruno Maida nel libro *La Shoah dei bambini*.

Luigi Ferri è un bambino cristiano ed "ariano" ma al momento dell'arresto della sua nonna ebrea a Trieste nell'estate 1944 si trova in sua compagnia e per un atto di amore si rifiuta di lasciarla. Deportato non ancora dodicenne ad Auschwitz-Birkenau (dove la nonna viene uccisa) sopravvive soltanto perché protetto da un medico ebreo austriaco, come lui prigioniero del campo, il dott.

Otto Wolken, il quale lo "adotta" come proprio figlio e riesce a tenerlo con sé fino alla liberazione del campo il 27 gennaio 1945. Il 21 aprile dello stesso anno Luigi Ferri depone davanti ad un tribunale di inchiesta a Cracovia, fornendo una delle prime accurate testimonianze delle camera a gas e delle atrocità commesse ad Auschwitz. Di quella deposizione esiste il verbale,[1] assieme ad una straordinaria serie di fotografie che lo mostrano serio e un po' impacciato di fronte alla commissione di inchiesta e quindi allegro e felice in collo al suo salvatore Otto Wolken.[2]

Quella di Luigi Ferri è una delle storie più drammatiche e toccanti della Shoah italiana e una delle più rilevanti dal punto di vista documentario. Eppure è anche una delle più misteriose, perché dopo essere stato protagonista di quegli eventi, "Luigino" sembra sparire nel nulla, scomparso per sempre dalla storia, l'unico bambino italiano sopravvissuto del quale si siano perse completamente le tracce nel dopoguerra (o così almeno si è ripetuto).

Il caso è ben noto nella letteratura internazionale dell'Olocausto per le straordinarie circostanze legate alla sua deportazione e alla sua sopravvivenza, che lo rendono nelle pubblicazioni ufficiali del Museo di Auschwitz l'italiano più citato dopo Primo Levi. In particolare, il volume quarto, a cura dello studioso polacco Henryk Swiebocki, incentrato sui "movimenti di resistenza" all'interno del campo, riserva ben due pagine al suo caso, presentato come "un esempio di efficace solidarietà" (56–57). Al bambino scomparso di Auschwitz, Maida dedica la prefazione del proprio libro, facendone il "simbolo di una ricerca che si ha il dovere di proseguire [...]. Non conosciamo qual è stato il suo dopoguerra, se oggi è ancora vivo [...], se ha voglia di raccontare la sua infanzia e la sua deportazione, oppure se ha chiuso in altri modi i conti con il suo passato di sofferenza" (25).

Ad un esame più accurato, la vicenda di Luigi Ferri si rivela molto più complessa, come il presente articolo intende mostrare sulla base di documenti e informazioni finora mai discussi. Nei resoconti contemporanei si accavallano spesso dati imprecisi e contraddittori.[3] Nessuno in realtà, né in Italia né all'estero, si è mai preoccupato di mettere insieme le numerose testimonianze, di far

---

[1] Vorrei ringraziare il professor Bruno Maida che mi ha fornito il testo in traduzione italiana della deposizione di Luigi Ferri (d'ora in poi citata come "Ferri 1945").

[2] Le fotografie conservate negli archivi del Museo dell'Olocausto di Washington e al Centro di Documentazione Ebraica Contemporanea di Milano sono facilmente consultabili anche in rete.

[3] La scheda sintetica di *Il libro della memoria* di Liliana Picciotto, ad esempio, riporta a pagina 280 la data di nascita del bambino ("09.09.1932"), la data di arresto a Trieste ("maggio 1944") e la data di arrivo ad Auschwitz ("agosto 1944, convoglio 35T") in forma incorretta, come si mostrerà nel seguito dell'articolo.

interagire la documentazione internazionale con le fonti italiane e di verificare i dati della vicenda, a cominciare dai dati biografici del bambino, l'identità della "nonna" di cui tutti parlano ma della quale nessuno sembra conoscere il nome, la data dell'arresto e della deportazione ad Auschwitz, le circostanze della sua "scomparsa" nel dopoguerra, fino alla sua tanto conclamata "arianità."

I ritrovamenti più eccezionali sono quelli di un decreto pubblicato sulla Gazzetta Ufficiale del 1934, che permette finalmente di chiarire il mistero sulla famiglia ebraica paterna di Luigi,[4] e quello di una serie di documenti e fotografie del 1967 che sfatano l'idea che di Luigi non si sappia più nulla nel dopoguerra, gettando una luce nuova anche sul suo "silenzio."[5]

Evidentemente sono ancora tante e sorprendenti le cose che di Luigi Ferri non sappiamo e che di lui dovremmo sapere al fine di comprendere meglio la sua vicenda, a cominciare dal suo nome che non era Luigi Ferri, ma che era (o meglio sarebbe dovuto essere) Luigi Leone Frisch.

Rampollo della famiglia Frisch di Leopoli

Nel linguaggio burocratico della deposizione a Cracovia, il "testimone Luigi Ferri" è introdotto come "l'ex deportato del campo di concentramento di Auschwitz n. B 7525 [...], nato a Milano il 9.11.1932, figlio di Giulio e Lina Koppe, di fede cattolico romana, italiano, residente a Roma in via Pellegrino Matteucci 1G, allievo della prima ginnasio, attualmente residente ad Auschwitz" (Ferri 1945). A colpire è soprattutto quell'inciso finale, "attualmente residente ad Auschwitz," che evidenzia come non esista linguaggio "normale" a descrivere l'eccezionalità dell'esperienza vissuta da Luigi, quasi che tutto potesse essere riassunto e risolto in un temporaneo cambio di residenza.

Luigi Ferri nasce a Milano il 9 novembre 1932,[6] figlio di un matrimonio misto. Entrambi i genitori erano di Fiume, oggi Rijeka in Croazia, ma allora centro dei territori italiani nell'Adriatico orientale. La madre apparteneva ad una famiglia istriana, italiana e cattolica. Il padre invece era ebreo. Il suo nome era "Giulio Ferri", o meglio — come apprendiamo dalla Gazzetta ufficiale n. 184 del 7 agosto 1934 — "Julio Frisch", nato a Leopoli il 10 febbraio 1899, figlio di

---

[4] Gazzetta Ufficiale del Regno d'Italia n. 184 del 7 agosto 1934 (3640).

[5] Si tratta in particolare di un articolo del 1967 che contiene una sua lunga intervista rilasciata assieme al dott. Wolken ad una rivista illustrata della Germania Est, *Freie Welt* (d'ora in poi citato come "Ferri-Wolken 1967").

[6] La data diventa il 9 settembre 1932 in *Il libro della memoria* e in altre fonti per un errore di trascrizione.

Giuseppe (Josef) Frisch e Laura Appermann, entrambi ebrei.[7] Il padre di Luigi era dunque un ebreo austriaco, nato in Galizia, quella che era allora una prospera provincia dell'Impero austro-ungarico, a Leopoli (oggi Lviv in Ucraina), città cosmopolita, allora uno dei principali centri della presenza ebraica nella regione (Bartal e Polonski). Alla nascita Julio era rimasto orfano di madre e il padre lo aveva affidato al fratello e alla cognata, che lo stesso anno lo avevano "adottato" come proprio figlio e portato a vivere con loro a Fiume, allora parte dell'Impero austro-ungarico. Per quanto ci è dato di capire dalle fonti, né Julio né Luigi Ferri avranno nella loro vita alcun contatto o conoscenza del "nonno" di Leopoli che nella città della Galizia esercita la professione medica, si risposerà, vivrà e perirà con tutta la famiglia Frisch durante l'Olocausto.[8] Gli zii (e genitori adottivi) del padre, Leone (Leo) Frisch e sua moglie Rosalia (Rosa) Gizelt, saranno le uniche persone che Luigi conoscerà come i suoi "nonni" paterni.

I dati di archivio e genealogici relativi alle comunità ebraiche di Leopoli e Fiume ci permettono di ricavare informazioni dettagliate riguardo alla famiglia ebraica di Luigi. Leo Frisch (1862–1934), "dentista di corte" ai tempi dell'Impero asburgico, aveva lo studio ad Abbazia. Morì nel 1934 quando Luigi era ancora piccolo e fu sepolto nel cimitero ebraico di Cosala (tomba n. 114). Sua "nonna" invece sarà una presenza importantissima nella sua vita — sarà sempre per lui la sua amata "nonna Rosa". Anche Rosa era nata a Leopoli, il 30 luglio 1870. Era figlia di Josef Gizelt (1834–1888), di professione medico, che aveva lavorato anche a Fiume e a Rutki, e Fanny Hoth Gizelt (1840–1917). Rosalia Gizelt Frisch è descritta come "casalinga, a Fiume dal 1899, di cittadinanza polacca, e residente in Via G. Mazzini, 1 e poi via G. de Ciotta, 1" (oggi via Barčić). La vedova di Leo Frisch viveva a Fiume un'agiata vita di ricca possidente in un'elegante via del centro di Fiume, nei pressi della grande sinagoga della città. A Fiume risiedeva anche il fratello minore di Rosalia, Massimiliano Gizelt (1874–1946), anch'egli dentista, con la moglie Erna Wolfsohn Gizelt (1878–1961) e i tre figli Oscar (1907–1971), Carlo (1914–1998) e Liselotte (1915–1959).[9] I parenti paterni di Luigi, i Frisch e i Gizelt, erano una rispettata famiglia ebrea di dentisti.

---

[7] Gazzetta Ufficiale del Regno d'Italia n. 184 del 7 agosto 1934 (3640).

[8] Dai dati della comunità ebraica di Leopoli risulta che il "dott. Josef Frisch" muore il 13 agosto 1942 ed è sepolto il 16 agosto 1942 nel cimitero di Leopoli.

[9] Il sito "Le comunità israelitiche di Fiume e Abbazia tra le due guerre mondiali" (https://www.bh.org.il/jewish-spotlight/fiume/) a cura di Federico Falk, pur offrendo dati talora incompleti o incorretti, riconosce la presenza di tutti i componenti della famiglia Frisch a Fiume.

Figlio di matrimonio misto

Essendo Julio Frisch ebreo non battezzato, il matrimonio si svolge con rito civile in comune a Milano il 6 febbraio 1932. Quando Luigi nasce i genitori concordano su due decisioni che avranno una profonda influenza nella vita del bambino. Decidono in primo luogo (e le leggi dell'epoca lo consentono, anzi lo favoriscono) che il suo cognome sia fin da subito italianizzato in "Ferri," ancor prima che il padre ottenga legalmente il permesso di farlo egli stesso.[10] Decidono quindi che il bambino sia battezzato nella fede cattolica. Unica concessione all'ebraicità di Luigi è quel secondo nome "Leone" che viene aggiunto a Luigi secondo la tradizione ebraica di dare al nipote il nome del nonno e che lo lega alla memoria della famiglia paterna (Barissever).

L'italianizzazione di Luigi Ferri

Soprattutto nei territori di confine dell'Istria e della Dalmazia il fascismo promuoveva un'attiva politica di italianizzazione dei nomi. L'italianizzazione del cognome quindi non solo era permessa, ma incoraggiata. Specie nel riguardo delle popolazioni slave della regione, tale politica si manifestava in forma coercitiva, volta a cancellare la loro diversità etnica e culturale (Parovel). Non era così però nei confronti della numerosa popolazione ebraica dell'area. L'italianizzazione del nome non era in alcun modo vista dagli ebrei stessi come una negazione della propria ebraicità. Moltissimi ebrei residenti a Trieste e in Istria lo avevano fatto volontariamente ancor prima dell'era fascista per manifestare la loro adesione agli ideali del nazionalismo italiano, a cominciare dallo scrittore Aron Hector Schmitz, divenuto *Ettore Schmitz*, *Ettore Samigli* e quindi *Italo Svevo* (Cavaglion).

All'epoca della nascita di Luigi Ferri nel 1932, nel fascismo esisteva già allora una forte fazione antisemita, guidata da figure come Giovanni Preziosi, Paolo Orano, Roberto Farinacci e Telesio Interlandi, ma essa era ancora minoritaria e lo stesso Benito Mussolini aveva più volte ribadito in quegli anni la propria avversione alle politiche razziste d'oltralpe (Canosa). L'ebreo Guido Jung era allora Ministro delle Finanze (dal 1932 al 1935). La fiorente comunità ebraica di Fiume viveva felicemente integrata con la popolazione italiana locale, raccolta attorno alla Sinagoga monumentale di via Pomerio inaugurata nel 1903

---

[10] Il cognome del padre è ufficialmente italianizzato in Ferri con decreto del 6 novembre 1933 del "Prefetto della Provincia del Carnaro", pubblicato sulla Gazzetta Ufficiale del Regno d'Italia n. 184 del 7 agosto 1934 (3640).

su progetto del celebre architetto ungherese Leopold Baumhorn.[11] Nel 1928 il regime aveva dato il suo beneplacito anche alla costruzione di una piccola sinagoga ortodossa, così come nel 1935 autorizzerà la costruzione della sinagoga grande di Genova. Per il piccolo Luigi come per il padre Julio l'italianizzazione del cognome avrebbe potuto segnare solo un ulteriore passo nel loro processo di integrazione nella società italiana di cui erano parte integrante come ebrei. Ciò che si voleva occultare era non tanto l'identità ebraica quanto l'origine "straniera" della famiglia paterna. E anche così, nell'ambiente cosmopolita di Fiume, il cambiamento del nome non impediva di preservare l'eredità culturale e linguistica, cioè quella conoscenza della lingua, della cultura e della disciplina tedesche che ad Auschwitz si dimostreranno fondamentali alla sopravvivenza di Luigi.

Il battesimo di Luigi Ferri

Il battesimo invece ha conseguenze più dirette sull'identità ebraica di Luigi in quanto come cattolico egli viene separato in modo netto dalla comunità cultuale e culturale ebraica. Nella comprensione religiosa del tempo l'essere cattolico era visto come totalmente antitetico all'essere ebreo. Ma nel 1932 il battesimo ha acquisito anche nuove implicazioni. Con il concordato del 1929 il regime fascista ha deciso di ridisegnare l'identica etnica italiana in senso nazionalistico-religioso, ponendo fino all'esperienza "paritaria" del Risorgimento. Il legame tra polemica antimazziniana e antigiudaismo cattolico è l'elemento che più risalta nel famigerato necrologio scritto da Padre Agostino Gemelli all'indomani della morte di Felice Momigliano sulla rivista *Vita e Pensiero* dell'agosto 1924:

> Se insieme con il Positivismo, il Socialismo, il Libero Pensiero, e con il Momigliano morissero tutti i Giudei che continuano l'opera dei Giudei che hanno crocifisso Nostro Signore, non è vero che al mondo si starebbe meglio? Sarebbe una liberazione, ancora più completa se, prima di morire, pentiti, chiedessero l'acqua del Battesimo.[12]

La vena antirisorgimentale e lo spirito di rivincita del cattolicesimo reazionario dell'epoca rendono molto labile il confine tra antigiudaismo e antisemitismo. Si guardava di fatto di buon occhio alla restrizione dei diritti civili degli ebrei, considerati un corpo estraneo alla nazione italiana, a cui la rivoluzione liberale del Risorgimento aveva impropriamente dato diritti egalitari a scapito della

---

[11] Sempre nel sito "Le comunità israelitiche di Fiume e Abbazia tra le due guerre mondiali".

[12] *Vita e pensiero* 10.8 (1924): 506.

maggioranza cattolica. Il Concordato veniva ora a rimettere le cose al loro posto, restaurando il cattolicesimo come religione di Stato e relegando l'ebraismo a culto ammesso, assieme a tutti gli altri culti. Già nel 1932 in Italia "l'acqua del battesimo" separava Luigi Ferri non solo religiosamente dall'ebraismo ma lo rendeva "un po' più italiano" dei propri familiari ebrei.

L'infanzia tra Fiume e Roma

> Dopo la morte [di mio padre] avvenuta nel 1936 [in realtà nel 1937], assieme a mia madre ci trasferimmo a Roma. A Roma, mia madre si risposò nuovamente.
>
> (Ferri 1945)

Qui Luigi Ferri offre nella sua deposizione un quadro molto semplificato della propria infanzia. Luigi non ha ancora compiuti i 5 anni quando il padre, Giulio Ferri, muore il 7 ottobre 1937 a Firenze, dove viene sepolto nel cimitero ebraico della città. Rimasto privo di un genitore, Luigi viene accolto in casa della "nonna" ebrea, proprio come era successo al padre prima di lui. Nell'ambiente cosmopolita di Fiume, il piccolo Luigi frequenta la scuola pubblica di via Carducci e cresce bilingue, italiano e tedesco.

Nel 1938, a differenza dei propri familiari ebrei, Luigi non è in alcun modo colpito dalle leggi razziali. Nel suo caso il nesso di continuità tra Concordato e leggi razziali si rivela pienamente. Luigi Ferri è figlio di matrimonio misto, ma nella versione clerico-fascista delle leggi razziali italiane, i figli di matrimonio misto battezzati prima del 1936, secondo le leggi razziali del 1938, sono considerati a tutti gli effetti "ariani" e immuni da alcun provvedimento discriminatorio. Nel contesto post-concordatario di quegli anni "l'acqua del battesimo" ha "purificato" Luigi non solo dalla religione del padre, ma anche dall'ereditarne l'identità "razziale".

Nel 1941 la madre di Luigi si risposa a Roma. Il bambino a questo punto si trasferisce con la nuova famiglia. Nell'agosto del 1941 la madre ottiene che "con decreto del Ministero dell'interno n. 18305 del 20 maggio 1941-XIX", al figlio sia legalmente cancellato il cognome Ferri "ai sensi dell'art. 3 della legge 13 luglio 1939-XVII, n. 1055."[13] In questo modo, approfittando dell'italianizzazione già avvenuta del cognome paterno e della morte del padre, la madre di Luigi riesce non solo a confermare l'arianità del figlio ma a distanziarlo ulteriormente da ogni residua traccia delle sue origini ebraiche. Per quanto il bambino continui a

---

[13] Gazzetta Ufficiale del Regno d'Italia n. 189 del 12 agosto 1941 (3189).

Fiume e ad Auschwitz a usare il cognome paterno, "Luigi Ferri" è già legalmente "scomparso", cancellato per decreto governativo, prima ancora della sua "scomparsa" ufficiale nel dopoguerra. A ricordare l'ebraicità di Luigi non rimane altro che il nome "Leone" acquisito alla nascita in onore del "nonno" paterno.

A Roma la nuova famiglia abita in via Pellegrino Matteucci 1G, nel quartiere adiacente alla stazione Ostiense; è l'indirizzo che Luigi Ferri indicherà come sua ultima residenza ufficiale anche di fronte alla commissione d'inchiesta di Cracovia. Il fronte di guerra però si avvicina. Il 10 luglio 1943 gli alleati sbarcano in Sicilia e il 19 luglio Roma è soggetta al primo pesante bombardamento. Si decide che sia meglio che Luigi lasci Roma e torni a vivere dalla nonna a Fiume, regione considerata allora più lontana dalle zone di combattimento e più sicura dai bombardamenti.

Se il ritorno del bambino a Fiume dalla nonna lo salva dai bombardamenti (la sua casa romana sarà in effetti distrutta il 17 febbraio 1944), si rivela tuttavia una decisione fatale. Luigi è lì quando l'8 settembre 1943 l'Italia del centro nord è occupata dalle truppe naziste. Presto anche Fiume sarà colpita dalle operazioni militari e da pesanti bombardamenti e, cosa dalle conseguenze ancor più gravi, è ora direttamente soggetta alle politiche razziali del Terzo Reich.

Ariano in Italia, "Mischling" in Germania

Quello che il piccolo Luigi non poteva sapere (e che anche la sua famiglia sembra completamente ignorare) è che la situazione personale del bambino era radicalmente cambiata con l'annessione del territorio di Fiume al Terzo Reich e che ora lui si trovava in grave pericolo di vita. Secondo le leggi razziali fasciste Luigi Ferri era "ariano" (ma solo perché battezzato). Tale clausola liberatoria tuttavia non si applicava alle leggi razziali naziste, per le quali il bambino era un *Mischling* di primo grado e quindi potenzialmente soggetto a deportazione e sterminio. Nei territori occupati dell'est europeo i *Mischlinge* di primo grado (anche cristiani) erano assimilati senza distinzione agli ebrei e trattati come tali (Meyer). Così avveniva anche alla Risiera di San Sabba, terminale delle deportazioni dalla Croazia. Ovviamente le autorità naziste non potevano sapere dello stato del bambino e avrebbero continuato ad ignorarlo in mancanza di una denuncia specifica. In teoria Luigi come *Mischling* non avrebbe potuto neppure iscriversi a scuola, ma a Fiume egli era conosciuto come "ariano" e nessuno fa caso alla complessità della sua situazione. Egli frequenta senza problemi "la prima ginnasio", come dirà di aver fatto di fronte alla Commissione d'inchiesta di Cracovia.

L'ambiguità della posizione di Luigi Ferri si rivela pienamente al momento dell'arresto della nonna nel giugno 1944. Per cercare di evitare la cattura e i bombardamenti sempre più intensi a Fiume, la nonna si era trasferita con il bambino in una pensione a Trieste in "via della Zonta 4". Gli ebrei di Fiume erano ormai in una fuga disperata per la loro vita. Nel gennaio 1944 la sinagoga grande di Fiume era stata incendiata e distrutta. Nell'estate 1944 ogni illusione di immunità era svanita.

Al contrario della nonna, il bambino non risultava nelle liste dei ricercati che erano basate sugli elenchi redatti sulla base delle leggi razziali fasciste. I "poliziotti italiani" che nel corso di una retata arrestarono la "nonna" assieme ad altre tre persone consigliarono al bambino di rimanere a casa: "[...] a me venne detto che potevo rimanere nella casa, in quanto ariano e che la nonna avrebbe presto fatto ritorno" (Ferri 1945).

In base ai documenti legali in suo possesso Luigi avrebbe anche potuto affermare di non avere alcun diretto legame di parentela con la sig.ra Rosalia Gizelt, che di fatto era solo una prozia, per giunta acquisita (ma questo Luigi evidentemente non lo sapeva). Il bambino tuttavia si rifiutò di lasciare la "nonna". Non aveva alcun altro posto dove andare ed ogni separazione dalla nonna era per lui inconcepibile: "A Trieste non avevo né familiari né conoscenti, e non potevo tornare da mia madre a Roma, poiché già occupata dagli inglesi" (Ferri 1945). Siamo dunque dopo il 4 giugno 1944. Roma è stata appena liberata dagli Alleati.

Le persone arrestate vennero condotte "in direzione di una chiesa distante circa 100m", la Chiesa di San Antonio Taumaturgo in fondo a via della Zonta, "davanti alla quale era fermo un autocarro". Per loro si aprono le porte della Risiera di San Sabba. Ciò che il bambino ignorava è che una volta datosi in mano ai tedeschi come "nipote" dell'arrestata, egli si era in quel modo autodenunciato, condannando se stesso alla medesima sorte. Per quanto egli continui a dichiararsi "ariano" e cristiano e non si senta in alcun modo "ebreo", il funzionario tedesco lo zittisce immediatamente, ricordandogli con brutalità la logica delle leggi razziali naziste: "Wenn in deiner Familie ein Schwein ist, dann bist du auch ein Schwein" ("Quando nella tua famiglia c'è un maiale, allora anche te sei un maiale") (Ferri-Wolken 1967). L'idea comunemente ripetuta che Luigi fu deportato benché fosse "ariano" solo per la sua insistenza di rimanere con la nonna, è vera per quanto riguarda l'arresto da parte della polizia italiana ma cessa di esserlo dal momento in cui il bambino è preso in consegna dalla polizia tedesca. Avendo Luigi per sua stessa ammissione dichiarato che sua "nonna" è ebrea, egli è un *Mischling* di primo grado e quindi come tale "legalmente" soggetto ad arresto e deportazione.

La famiglia di Massimiliano Gizelt nel frattempo fu più fortunata. Oscar Gizelt era emigrato negli Stati Uniti già nel 1939 e in quegli stessi giorni del giugno 1944 partecipava allo sbarco in Normandia nei ranghi delle forze alleate. Gli altri componenti della famiglia trovarono rifugio e salvezza a Mantova in casa di amici non-ebrei (la famiglia Rampi che dopo la guerra sarà per questo insignita della onorificenza di "giusti tra le genti").[14] Per Rosa Gizelt e Luigi si apriva invece il tragico capitolo della deportazione.

La deportazione

Luigi e la nonna rimangono alla Risiera per una settimana. Anche dopo aver conosciuto Auschwitz, Luigi ne parla come di un'esperienza terribile: "Tutti gli arrestati venivano picchiati e presi a calci, buttati a terra e trascinati per i capelli [...]. Molti bambini morirono" (Ferri 1945). Arianna Szörényi, un'altra bambina sopravvissuta ad Auschwitz, ricorda di aver incontrato Luigi durante la sua prigionia alla Risiera, tra il 16 e il 22 giugno 1944: "Ricordo un bambino della mia stessa età, con cui avevo fatto amicizia. Si chiamava Luigino [...] lo rividi poi al campo di Auschwitz" (Morgani 84–86).

Non è stato finora mai chiarito con quale trasporto siano partiti per Auschwitz Luigi e la nonna. Arianna parte con il trasporto 29T del 22 giugno 1944 ma i tempi del viaggio e la descrizione degli eventi all'arrivo non corrispondono a quelli offerti da Luigi. Sembra quindi certo che Luigi e la nonna siano partiti con il trasporto successivo (il 30T), che si sa giunto ad Auschwitz il 1 luglio 1944 e la cui data di partenza — finora ignota — deve ora essere identificata, sulla base della testimonianza di Luigi, come il 24 giugno 1944, dopo "un viaggio di 8 giorni e 7 notti".[15] Di quel terribile trasporto, dove "in media ogni due giorni, ricevevamo solo un pezzo di pane e facevamo i nostri bisogni all'interno del carro" (Ferri 1945), Luigi ricorda la presenza di "prigionieri di sesso maschile, femminile e bambini" e due anziani prigionieri triestini in particolare

---

[14] Sempre nel sito "Le comunità israelitiche di Fiume e Abbazia tra le due guerre mondiali" sono riportate informazioni dettagliate sui membri della famiglia Gizelt.

[15] Certamente errata è la notizia che Luigi Ferri sia stato arrestato in maggio, riportata in *Il libro della memoria*, e sia arrivato ad Auschwitz il 3 giugno (trasporto 26T da Trieste), riportata da Peter Langwithz Smith, *Auschwitz: Koncentrationslejren 1938–1945* (189). Il dato è chiaramente contraddetto dalla testimonianza di Arianna, giunta alla Risiera il 16 giugno. Luigi stesso afferma di essere stato arrestato dopo il 4 giugno (liberazione di Roma) e di essere rimasto alla Risiera di San Sabba solo una settimana. Che Luigi e la nonna siano giunti con il trasporto 35T da Trieste del 18 agosto 1944 è il frutto di una confusione tra la data di arrivo di Luigi (il 1 luglio) e la data in cui, come vedremo, egli sarà immatricolato (il 18 agosto). Sui trasporti da Trieste per Auschwitz, vedi Liliana Picciotto Fargion, "Italien," in Benz, *Dimension des Völkermords* (199–227).

che vi persero la ragione, "Mario Levi"[16] e "Guido Roberti",[17] dei quali finora si ignoravano le circostanze esatte del loro arrivo ad Auschwitz.

Poiché Luigi afferma di essere rimasto alla Risiera esattamente "una settimana", l'arresto di Luigi e della "nonna" deve essere avvenuto la notte del 16 giugno, quando anche Arianna giunge alla Risiera con la famiglia.

Figlio adottivo del dott. Otto Wolken
Luigi e la nonna arrivano dunque ad Auschwitz la sera del 1 luglio 1944. A questo punto comincia il capitolo più conosciuto della vicenda di Luigi Ferri. Sfuggito per puro caso allo sterminio degli altri componenti del trasporto, essendo rimasto per sbaglio con il gruppo delle donne, la mattina successiva il bambino ne viene brutalmente separato. Si ritrova a vagare da solo per il campo di quarantena (B II a), invocando la nonna, con i Kapos che lo prendono crudelmente in giro, finché non si rivolge al medico delle SS Heinz Thilo, ingenuamente in cerca di aiuto.

Il dott. Thilo non ha dubbi. La permanenza al campo è consentita solo a coloro che siano immatricolati. Non esserlo, come Luigi, significa non aver superato la selezione. Il bambino deve essere inviato quanto prima alle camere a gas. Per fortuna la sua presenza non è passata inosservata al dottore ebreo-austriaco Otto Wolken, un veterano sin dal 1938 dei lager nazisti e responsabile ad Auschwitz dell'infermeria nel settore-quarantena, il quale ne ha compassione e da allora lo prende sotto la sua personale protezione.

Per curiosa coincidenza, anche la famiglia di Wolken è originaria di Leopoli. Le mansioni di dottore e la sua qualifica di politico lo rendono poi una persona con una qualche influenza al campo. Come politico egli svolge un ruolo attivo all'interno della resistenza politica clandestina, che sia pure non così forte come in altri campi (Buchenwald in primo luogo), ha anche ad Auschwitz un certo peso. Come medico partecipa al mercato nero attraverso il quale i Kapos (e alcuni prigionieri) si scambiano cibo, sigarette, medicine e favori di ogni tipo.

Grazie a queste rete di complicità e di interessate connivenze, Otto Wolken riesce a "comprare" ciò di cui ha bisogno: il silenzio dei Kapos e cibo per il suo

[16] "Mario Levi, nato a Trieste il 04.06.1885, figlio di Moisè e Trobse Giuseppe, coniugato con Goriup Emma. [...] Arrestato a Trieste il 04.06.1944 da ***. Detenuto a S. Sabba campo. Deportato da Trieste il *** ad Auschwitz. Immatricolazione dubbia. Deceduto in luogo ignoto in data ignota." (Picciotto, *Il libro della memoria*, 402)

[17] "Guido Roberti, nato a Trieste il 30.05.1877, figlio di Emanuele e Valenzin Luigia, coniugato con Pieri Gianna. [...] Arrestato. Detenuto a ***. Deportato da Trieste nell'agosto 1944 ad Auschwitz. Matricola n. B-7534. Deceduto ad Auschwitz il 28.08.1944." (Picciotto, *Il libro della memoria*, 536).

Luigi e a tenerlo nascosto al campo per oltre 6 settimane. Poiché non è immatricolato, l'identità ebraica o "ariana" di Luigi è in questa fase del tutto irrilevante. Il bambino deve solo "sparire", nascosto all'interno delle baracche. Tenerlo all'aperto, anche in presenza di altri bambini, è troppo rischioso (Ferri-Wolken 1967).

Wolken attende solo l'occasione giusta per "legalizzare" la presenza di Luigi nel campo, riuscendo a farlo passare clandestinamente come componente di un qualche trasporto. L'occasione arriva con il trasporto 35T del 18 agosto 1944, un trasporto di ebrei italiani da Rodi (Ferri-Wolken 1967).

Il dottore ha in mente un piano preciso. Il passo successivo è quello di farselo assegnare ufficialmente come fattorino (*Läufer*) all'infermeria. Luigi ha tutte le necessarie qualità: si presenta bene, è ben educato, come figlio unico ha una dimestichezza nel trattare con gli adulti, unita ad una capacità naturale di farsi benvolere. Soprattutto conosce il tedesco. Arianna lo dirà chiaramente: "Siccome il bambino parlava tedesco, era stato scelto per fare il portaordini del campo" (Beccaria Rolfi e Maida 183).

Ottenute le necessarie autorizzazioni, Luigi (che ha ora tatuato sull'avambraccio il n. B 7525) può finalmente muoversi con una certa libertà all'interno del campo. Il bambino seguirà Wolken anche nel novembre 1944 quando l'infermeria del settore quarantena (B II a) viene smantellata e i malati assieme al personale sono trasferiti all'ospedale (B-II-f). Wolken ha raggiunto il suo obiettivo. Ormai egli vive il proprio rapporto con Luigi come una vera e propria assunzione di responsabilità paterna, una ragione di vita, un impegno cui non verrà mai meno: "Da allora in poi sono stato in grado di tenere Luigi con me all'ospedale. Ho avuto un figlio, un figlio del lager" (Ferri-Wolken 1967).

Piccolo attendente ad Auschwitz

Per quanto straordinaria, la vicenda di Luigi Ferri non è completamente unica. "Eccezionalmente alcuni bambini venivano temporaneamente mantenuti in vita per svolgere incarichi particolari, come portare ordini o lettere nei vari settori del campo, fungere da mascotte" (Pezzetti 338). La presenza di questi piccoli attendenti (o "portaordini", *Läufer*) è ben documentata, infatti si conoscono anche le vicende di alcuni di essi che come Luigi Ferri sopravvissero ad Auschwitz ed hanno poi raccontato da adulti le loro esperienze: Beni Virtzberg,[18] Thomas Buergenthal,[19] Hellmuth Szprycer,[20] Michal Kraus,[21] e altri.

Per quanto riguarda Luigi si fa normalmente riferimento alla testimonianza di Arianna Szörényi che al campo rivide l'amichetto conosciuto alla Risiera di San Sabba. Approfittando della sua libertà come portaordini, Luigi la aiutò anche a consegnare un suo bigliettino alla mamma e alle sorelle confinate in una zona diversa del campo (Beccaria Rolfi e Maida 183–84).

Essere portaordini, avere quindi un lavoro, era elemento indispensabile alla sopravvivenza e faceva di Luigi in buona misura un privilegiato, anche se non era condizione sufficiente per metterlo al sicuro dallo sterminio. Bisognava puntare su qualcosa di più convincente e ecco allora che il problema del grado di "arianità" di Luigi torna a farsi rilevante, spingendolo ancora una volta nella direzione di una negazione sempre più radicale della propria ebraicità.

Il triestino Bruno Piazza, prigioniero anch'egli all'ospedale di Birkenau, ricorda il suo incontro con Luigi nelle sue memorie scritte di getto nell'estate del 1945 all'indomani del suo rientro in Italia.[22] Si tratta di un ritratto vivo ed eccezionale, ed è sorprendente che nessuno lo abbia finora mai messo in relazione diretta con i racconti di prigionia di Luigi Ferri e Otto Wolken, con i quali Bruno Piazza condivise la stessa baracca negli ultimi mesi di vita del campo fino alla liberazione:[23]

---

[18] Beni Virtzberg (1928–1968) lavora come portaordini di Josef Mengele. Il suo libro di memorie pubblicato originariamente in ebraico nel 1967, esce nel 2017 anche in edizione inglese (Virtzberg, *From Death to Battle*).

[19] Thomas Buergenthal (n. 1934) è impiegato come portaordini dalle SS. Racconta la sua esperienza nel libro: *A Lucky Child*. Da adulto Buergenthal diverrà un giudice della Corte Internazionale dell'Aia.

[20] Hellmuth Szprycer (n. 1929) deve la sua sopravvivenza alle sue qualità vocali e musicali che lo fanno impiegare come mascotte nell'orchestra del campo (Kacer, "The Whistler: Hellmuth Szprycer's Story").

[21] Michal Kraus (n. 1930) arriva nel dicembre 1943 al campo per famiglie di Theresienstadt ad Auschwitz-Birkenau. Alla liquidazione del settore nel luglio 1944 viene risparmiato per servire come portaordini (*Läufer*) per le SS. Sopravvissuto alle marce della morte, completa nel 1945–47 un diario illustrato della sua esperienza (*Drawing the Holocaust*).

[22] Bruno Piazza (1889–1946), ebreo triestino, fu arrestato il 13 luglio 1944 e deportato ad Auschwitz il 31 luglio come "politico" (Picciotto, *Il libro della memoria*, 500). La qualifica di "politico" gli garantì paradossalmente la sopravvivenza ad Auschwitz, in quanto non fu inviato direttamente alle camera a gas, come avveniva di norma a tutti gli ebrei di età superiore ai 50 anni. Nel novembre del 1944 fu trasferito all'ospedale del campo dove visse nella stessa baracca di Luigi Ferri e Otto Wolken fino alla liberazione. Rientrato a Trieste già nel maggio del 1945, nel giugno-luglio dello stesso anno scrisse un libro di memorie, *Perché gli altri dimenticano*, che sarà pubblicato nel 1956, dieci anni dopo la sua morte per un attacco cardiaco.

[23] Risa Sodi, che in *Narrative and Imperative* analizza le memorie di Bruno Piazza, non conosce la deposizione di Luigi Ferri, mentre Bruno Maida, che in *La Shoah dei bambini* dà risalto alla deposizione di Luigi Ferri, ignora la testimonianza di Bruno Piazza.

> Nel campo di concentramento non era mai dato di vedere nulla di buono, di grazioso, di gentile [...]. Mi sorprese quindi, pochi giorni dopo il mio arrivo al lazzaretto, il sorriso di un giovinetto italiano. Diceva di essere il figlio di alto magistrato di Milano, ma aveva abitato a Trieste con la nonna israelita e, quando le SS la portarono via, volle seguirla, sebbene fosse ariano. La povera vecchia era stata eliminata subito al suo arrivo ad Auschwitz, ed egli era rimasto solo nella bolgia. Si chiamava Luigi Ferri, ma tutti lo conoscevano come Luigino. Un medico viennese che si era già fatto un buon nome al Lager si prese cura del ragazzo [...]. Otto Wolken si chiamava il medico che ad Auschwitz divenne il papà di Luigino. E questo fu un vantaggio per il ragazzo, che fu nominato ufficialmente "corriere" (*Läufer*) prima nell'ambulanza e poi nel lazzaretto, dove lavorava il dottor Wolken.
>
> Questo giovane italiano, intelligente e svelto, divenne mio amico. Aveva un solo difetto la vanità [...]. A Luigino piaceva sfoggiare stivali lucidi, soprabiti finissimi, calzoncini larghi da cavallerizzo. Al magazzino del Lager poteva rifornirsi di tutto: tanti altri giovani della sua età e della sua statura erano stati asfissiati al loro arrivo al campo, e Luigino non aveva che l'imbarazzo della scelta.
>
> Come *Läufer* godeva di una certa libertà di movimento e l'alto personale del lager lo aveva preso a benvolere e lo favoriva. Gli stessi nazisti non avevano motivo di odiarlo. Non era ebreo, non aveva nessuna accusa politica, ed era un bel ragazzo, con lunghi occhi scuri ed un sorriso simpatico, sempre sulle labbra. Quello di Luigino anzi era l'unico sorriso, fra quei visi ghignanti [...].
>
> Luigino godeva di un trattamento analogo a quello dei capi e si comportava anche adeguatamente. Gli piaceva comandare e, finché lo lasciavano fare, spadroneggiava, ma in maniera infantile, quasi giocando e chiedendo scusa per quello che si permetteva.
>
> Con me fu sempre molto cortese e mi fu utile in quell'ambiente ostile. Quando gli capitava l'occasione, mi portava qualche supplemento di zuppa o di pane ed io, per contraccambiare, gli raccontavo aneddoti e barzellette che lo facevano ridere. Ma veramente prezioso egli mi era soprattutto come informatore, perché mi dava notizie sugli avvenimenti del campo e mi diceva in anticipo le disposizioni dei capi.
>
> (Piazza 145–48)

La testimonianza di Bruno Piazza conferma come l'arianità di Luigi fosse diventata ad Auschwitz il perno della strategia di autodifesa del bambino, da lui stesso ripetuta a tutti come giustificazione del suo diritto alla "sopravvivenza", tanto più urgente adesso che l'immatricolazione lo identificava come "ebreo": "avevo il numero destinato agli ebrei" (Ferri 1945). Indipendentemente da quello che Luigi Ferri credesse o gli fosse lasciato credere di essere o gli altri come Piazza pensassero ("non era ebreo"), egli era — come abbiamo visto — un *Mischling* di primo grado, il che nelle gerarchie di Auschwitz non era poi cosa molto diversa dall'essere "ebreo". A differenza dell'Italia dove il battesimo aveva fatto di Luigi un "ariano", ad Auschwitz la rivendicazione dell'identità cattolica non era sufficiente a fare la differenza (forse solo nei confronti di alcuni Kapos polacchi, educati ad un antisemitismo di impronta più religiosa). Perché agli occhi dei nazisti il bambino risultasse un po' "meno ebreo" occorreva affermare che già la "nonna" ebrea avesse avuto un marito "ariano" e che il padre dunque fosse un *Mischling* di primo grado, cosicché Luigi risultasse un *Mischling* di secondo grado, per giunta cattolico e quindi "praticamente ariano". Queste condizioni — come abbiamo visto — non sussistevano: i genitori del padre erano entrambi ebrei e il padre non era battezzato ed era nato, vissuto e morto da ebreo. Eppure anche di fronte alla commissione d'inchiesta a Cracovia Luigi ripeterà che "mia nonna era ebrea e suo marito era ariano. Nonostante mio padre provenisse da un matrimonio promiscuo, si considerava sempre ariano e la religione che veniva rispettata nella nostra casa era la religione cattolico romana" (Ferri 1945).

Il piccolo Luigi non ha mai veramente conosciuto il padre; quanto ripete deriva totalmente da ciò che gli adulti gli avevano riferito. Orfano di padre, continuamente confonde a quale "padre" egli si riferisca, se al padre morto, al padrino di battesimo, o al patrigno. A Bruno Piazza dirà di essere "figlio di alto magistrato di Milano" che alla commissione d'inchiesta diverrà "il presidente della Corte d'Appello a Milano", ad altri dirà che era "di nobile famiglia". Nessuna di queste notizie è corretta se riferita a Giulio Ferri, anche se potevano esserlo in riferimento al padrino di battesimo o al patrigno.

D'altro lato l'affermazione che il marito della "nonna" ebrea fosse "ariano" e che quindi il padre fosse un *Mischling* di primo grado (per giunta cristiano) appare troppo precisa e circostanziata, e così ben mirata nei suoi effetti legali, da poterla attribuire semplicemente ad una casuale confusione nei ricordi del bambino. Non sappiamo quando e da chi questa versione, che egli evidentemente ripete in buona fede, sia stata suggerita a Luigi. È improbabile che sia stata la mamma o la nonna (che evidentemente consideravano che il nipote in quanto provato "ariano" dalle leggi razziali italiane fosse al sicuro da ogni male). È più probabile che l'informazione gli sia stata in qualche modo instillata dopo l'arrivo al campo da qualcuno che conoscesse le leggi razziali naziste, e cioè dal dott. Wolken. Non avendo alcuna conoscenza diretta del padre, il bambino la prese per buona, tanto da ripeterla in tutta buona fede come vera anche di fronte alla commissione d'inchiesta a Cracovia a guerra finita. Luigi sapeva bene che l'antisemitismo polacco era una minaccia non meno temibile e ancora presente; ne aveva fatto esperienza ad Auschwitz. Tutti coloro che erano stati ad Auschwitz lo sapevano bene; anche il piccolo Thomas Buergenthal di *A Lucky Child: A Memoir of Surviving Auschwitz*, una volta liberato dopo il trasferimento a Sachsenhausen, deciderà che era meglio farsi passare per un orfano polacco (117–133) e che il "non sembrare ebreo" aveva i suoi vantaggi (142).

Sopravvissuto ad Auschwitz

Nonostante si senta sicuro al campo, protetto dalla sua arianità e dalle cure del dott. Wolken, Luigi è cosciente che le sue probabilità di sopravvivenza rimangono comunque molto basse. Sa che la sua sicurezza è solo temporanea. I nazisti forse non lo uccideranno perché "ebreo" ma lo faranno certamente in quanto scomodo testimone.

Per questo il periodo più critico viene nelle ultime settimane con l'avvicinarsi delle truppe sovietiche e il tentativo di liquidazione del campo. Ricorda ancora Bruno Piazza:

> I nazisti avevano decretato che chi fosse entrato una volta nei campi non avrebbe più dovuto uscirne a raccontarne gli orrori. [...] Fu [Luigi] ad avvertirmi che i russi stavano per arrivare e che le SS si preparavano a fuggire. "Ma ho paura", aggiunse, "che non ci lasceranno in vita, né te né me. Le SS non vogliono che qualcuno possa narrare ai russi quello che hanno fatto quaggiù".
> (Piazza 146–47)

Anche in queste drammatiche circostanze, Otto Wolken non perde il controllo della situazione. Conscio dei suoi doveri di medico e di leader politico e delle sue responsabilità personali verso Luigi, decide di restare al campo, rifiutando di obbedire all'ordine di evacuazione:

> Uno dei prigionieri era Luigi, un italiano, che avevo salvato dalla morte nella camera del gas. Ero riuscito a salvarlo fino a quel momento, ero per lui come un nuovo padre e non volevo abbandonarlo. Il ragazzo non sarebbe stato in grado di marciare nella neve alta fino al ginocchio. Avrebbe iniziato a piangere, che non poteva continuare. Io avrei cercato di portarlo sulle spalle, ma per quanto tempo sarei riuscito a farlo? Non pesavo più di 38 chilogrammi. Esausto e disperato mi sarei seduto in mezzo alla neve e una delle SS avrebbe estratto la pistola e mi avrebbe sparato [...] Avevo vissuto tutta questa scena durante la notte nei miei pensieri e forse anche nei miei sogni. No, affrontare la marcia era fuori questione. Mi dovevo in qualche modo nascondere.
> (Wolken 100)

Seguono giorni e notti di terrore, dei quali Luigi conserva un ricordo indelebile (Ferri 1945). Ormai tutti gli schemi sono saltati e a questo punto il dott. Wolken e Luigi sono solo due "ebrei" (tali li identificano i loro numeri tatuati) condannati a morte, due scomodi testimoni che cercano disperatamente di non farsi uccidere, due esseri umani che lottano disperatamente contro la fame, il freddo e gli ultimi raid delle SS. In più di una occasione Luigi crederà di aver perso il suo protettore o rischierà egli stesso di essere ucciso ma poi sempre i due si ritrovano, incredibilmente vivi all'arrivo delle prime pattuglie russe il 27 gennaio 1945 (Ferri 1945; Ferri-Wolken 1967).

Con parole di grande ammirazione Bruno Piazza ricorderà l'impegno del dott. Wolken che anche in quelle circostanze si preoccupa di organizzare i prigionieri superstiti al fine di garantirne la sopravvivenza:

> Le SS fuggendo ci avevano lasciati senza viveri, senza carbone, senza luce, senz'acqua [...]. Non sapevamo quando sarebbero arrivati i russi [...]. Allora in tutta quella confusione assunse il comando della baracca uno dei medici (il dott. Wolken) che aveva preferito rimanere con noi [...]. Ci dividemmo in squadre, macilenti gruppetti di uomini e donne stremati dalle sofferenze [...]. Eppure sembravamo tutti pervasi da un'energia miracolosa, rinnovata quasi dal prodigio del lavoro libero.
> (Piazza 176–77)

Anche dopo la liberazione, il dott. Wolken continua a svolgere un ruolo di primo piano, con responsabilità crescenti. Si prodiga come sempre a fornire l'aiuto possibile, coordina il gruppo di medici e sanitari presenti, preoccupandosi al tempo stesso che le prove dei crimini commessi non vadano perdute (Czech 231). Il piccolo Luigi resta costantemente al suo fianco. Ricorda il dott. Wolken:

> Per me è stata una gioia incredibile rendermi conto che Luigi era ora libero e che sarebbe vissuto. Eppure lui era terrorizzato. Giorno e notte non si staccava dal mio fianco. Restammo un altro mese a Birkenau, fino alla evacuazione totale del campo, perché volevo aiutare il personale sanitario sovietico a salvare i prigionieri malati".
> (Ferri-Wolken 1967)

Il 14 febbraio 1945 l'ospedale è trasferito ad Auschwitz I, dove ci sono strutture in muratura e migliori condizioni igienico-sanitarie. Nel famoso documentario girato dai russi sulla liberazione di Auschwitz (in realtà sulla evacuazione del campo di Birkenau il 14 febbraio) la cinepresa si sofferma ad inquadrare Luigi mentre cammina in prima fila tra i prigionieri che abbandonano il campo, seguito a breve distanza dal dott. Wolken. Luigi appare in buone condizioni fisiche, con indosso gli stivali e i pantaloni alla zuava che già al campo costituivano la sua "uniforme." Il dott. Wolken ha al braccio la fascia che lo distingue come medico. Auschwitz I è il luogo dell'ultimo incontro tra Bruno Piazza e Luigino:

> Vidi per l'ultima volta Luigino ad Auschwitz I, dove aveva seguito il padre adottivo dopo l'arrivo dei russi. "Hai visto", gli dissi, "che le SS se ne sono andate e che noi siamo vivi?" Sorrise, col quel suo bel sorriso che mi era tanto piaciuto la prima volta che lo vidi. Ma ormai sorridevano tutti.
>
> (Piazza 148)

Il testimone scomparso

"Infine venimmo trasferiti a Cracovia dalla Commissione davanti alla quale sto deponendo questa testimonianza." Così si conclude la deposizione di Luigi Ferri. Siamo nell'aprile 1945. Wolken riporta a questo punto uno dei suoi ricordi più toccanti, a sottolineare i risvolti privati, nascosti dell'evento, come del momento in cui Luigi si rende finalmente conto di avercela fatta, di essere salvo e che vivrà:

> Abbiamo dormito all'Hotel Franzuski [a Cracovia]. La prima notte dopo anni passata in un letto con le lenzuola bianche, pulite. Dopo una piacevole colazione Luigi improvvisamente mi abbracciò e sorrise. Per la prima volta lo vedevo senza paura. Quante persone hanno rischiato la loro vita per il suo bene? Ne valeva la pena.
>
> (Ferri-Wolken 1967).

Al processo, la deposizione di Luigi si rivela subito una importantissima testimonianza di quanto avvenuto nel campo:

> Si tratta di una delle prime testimonianze in assoluto, che descrivono il procedimento della "doccia" e dell'immatricolazione, del tatuaggio del numero sul braccio, il ruolo dei medici SS e quello dei medici prigionieri all'interno del campo, più in generale, la disciplina, le vessazioni, insomma la sopravvivenza e la morte ad Auschwitz-Birkenau.
>
> (Picciotto Fargion, "La ricerca del Centro di Documentazione Ebraica Contemporanea" 59)

Quella di Luigi è la prima testimonianza scritta resa da un deportato italiano nei campi di sterminio nazisti. Ed è in assoluto una delle pochissime voci di bambino/a giunteci in tempo reale, ancora "incontaminate" da conoscenze e rielaborazioni interiori successive, su come essi abbiano allora vissute quelle esperienze.

Per avere le stesse sensazioni occorre rileggere la decina di interviste registrate e trascritte dallo psicologo americano David P. Boder nel 1946, in particolare tra i bambini sopravvissuti a Buchenwald (Boder). In tutti gli altri casi, la voce dei bambini dell'Olocausto ci è giunta in età matura e in anni recenti, filtrata dalle loro esperienze di vita successiva al campo, dalla loro consapevolezza sulle dimensioni collettive dell'Olocausto e spesso dalla loro sofferta decisione di rompere il silenzio sulla loro vicenda.

È in questa occasione che vengono scattate le foto di Luigi e del dott. Wolken davanti alla commissione d'inchiesta. Il fotografo è Fieda Fisz Greespan, un'altra sopravvissuta da Auschwitz che evacuata dal campo nel gennaio 1945, fu liberata il 21 febbraio e conobbe Luigi nell'aprile dello stesso anno nei giorni della sua deposizione a Cracovia.[24]

Luigi e il dott. Wolken continuano ancora a esercitare il loro ruolo di testimonianza il 29 maggio 1945 allorché il Dean di Canterbury, Hewlett Johnson, visita Auschwitz. Luigi e Wolken lo accompagnano come testimoni e compaiono in alcune fotografie scattate per l'occasione dal fotografo polacco Stanislaw Kolowka (Struk 147). Nella sua autobiografia Johnson ricorderà di essere rimasto molto colpito dall'aver incontrato ad Auschwitz "un dottore austriaco che ha trascorso sette anni nei campi di concentramento" e un "bambino italiano di nobile famiglia la cui nonna ebrea è stata una delle vittime" (Johnson 207).

Otto Wolken rientra a Vienna nel luglio 1945. Nella sua città natale riannoda immediatamente i suoi contatti politici e professionali. Forte della sua esperienza ad Auschwitz, continua la sua azione a favore dei rifugiati dai campi di concentramento (Ouzan e Gerstenfeld 51–52).

Luigi arriva a Vienna con il dott. Wolken; cosa sia di lui nei mesi e negli anni successivi non è tuttavia documentato. Di sicuro Luigi non rientra a Fiume, dove invece rientrerà (e morirà nel 1946) solo il fratello della nonna, mentre gli altri componenti della famiglia Gizelt emigreranno un po' alla volta tutti in America. Di sicuro Luigi non eserciterà più il ruolo di testimone, al contrario di Otto Wolken che fino alla sua morte nel 1975 rimarrà una importante figura nella vita politica e sociale austriaca e sarà uno dei testimoni chiave nel processo di Norimberga del 1945–46 e in quello su Auschwitz, svoltosi nel 1963 nella Germania Ovest (Wittmann 145–47).

Sappiamo però che Luigi rimane legato al dott. Wolken con il quale torna a visitare Auschwitz, vent'anni dopo la liberazione, il 14 aprile 1967

---

[24] La data del 21 febbraio, talora erroneamente riportata come quella in cui la fotografia fu scattata e quindi fu resa la testimonianza, si riferisce invece alla data in cui l'autrice della foto fu liberata dalla prigionia.

per l'inaugurazione del monumento alle vittime. Per l'occasione Luigi rompe il silenzio. Si tratta in primo luogo di una breve dichiarazione di circostanza, riportata dall'International Polish Press, a commento di una foto che lo ritrae assieme al dott. Wolken.[25] Segue la lunga intervista in tedesco alla giornalista Carla Wurdak, pubblicata il 2 settembre 1967 sulle pagine del *Freie Welt*, e corredata da quattro foto che lo ritraggono con il dott. Wolken in visita al campo di Auschwitz-Birkenau (Ferri-Wolken 1967). Tutta incentrata sul passato, l'intervista non offre purtroppo dettagli sulla vita del giovane di 34 anni se non che egli è ora sposato e con prole, e parla correntemente quattro lingue (tedesco, inglese, francese e italiano).

L'intervista mostra che se solo lo avesse voluto, a Luigi non sarebbero certo mancate le occasioni e i mezzi di rifarsi vivo in tempi più o meno recenti, dovunque nel mondo egli sia vissuto, invece di rendersi irreperibile ad ogni ricerca. Se dunque non è corretto affermare che di lui si siano perse completamente le tracce nel dopoguerra, il suo "silenzio" è già cominciato, rotto solo nell'occasione della visita ad Auschwitz con il dott. Otto Wolken. Luigi del resto è abituato a periodi di silenzio e clandestinità: lo ha dovuto fare due volte all'inizio e alla fine della sua permanenza a Auschwitz, lo farà nel dopoguerra e ancora per il resto della sua vita adulta dopo la morte del dott. Wolken. "Scomparire" non è poi così difficile: il bambino sopravvissuto ad Auschwitz è da tutti conosciuto e ricordato come Luigi Ferri, ma legalmente Luigi Ferri non esiste più dal 1941.

Nelle sue modalità e nei suoi tempi, il "silenzio" di Luigi presenta tutte le caratteristiche di una scelta volontaria di rottura con il proprio passato. Il suo caso ricorda molto da vicino quello di Mary Berg, una ragazzina che si trovò catapultata al centro dell'attenzione pubblica mondiale come autrice nel 1944 di un diario dal ghetto di Varsavia che per primo rivelava i crimini ivi commessi. Approfittando di essere conosciuta solo attraverso il suo pseudonimo, per il resto della propria vita si rese irreperibile rifiutando ogni intervista e negando persino di fronte ai propri familiari (figli e nipoti) di essere l'autrice di quel diario.[26]

---

[25] *Contemporary Poland (Polish Agency Interpress Information)* 9 (1967).

[26] Miriam Wattenberg (1924–2013), ebrea di cittadinanza americana, ma cresciuta in Polonia, riesce a raggiungere gli Stati Uniti con la propria famiglia il 19 marzo 1944 grazie ad uno scambio di prigionieri. Con sé ha un diario nel quale ha annotato le sue esperienze nel ghetto di Varsavia che lei pubblica sotto lo pseudonimo di Mary Berg, mettendosi per un po' al centro del dibattito politico mondiale sull'Olocausto. Nel dopoguerra approfitta del fatto di non essere conosciuta con il suo vero nome per recidere completamente ogni legame con il proprio passato (*The Diary of Mary Berg*).

Conclusione

L'esperienza di Luigi Ferri che qui abbiamo ricostruito nei suoi aspetti più inediti ci permette non solo di arricchire e precisare meglio i dati biografici già in nostro possesso ma anche e soprattutto di collocarli in un contesto che travalica i confini individuali della vicenda, inquadrandoli nelle dinamiche complesse dell'identità ebraica e cristiana e delle divisioni etniche e razziali nell'Italia fascista. In questo quadro acquista significati più complessi anche la "scomparsa" di Luigi Ferri. Sul piano personale essa è il frutto della decisione (del tutto legittima e umanamente comprensibile) di un individuo di "rimuovere" il proprio passato di sofferenza e di poter costruire il proprio futuro senza essere vittima della curiosità o della compassione altrui. Se Luigi Leone Frisch alla fine però "scompare," è anche perché il suo nome, la sua identità paterna, sono stati progressivamente smontati e cancellati, pezzo per pezzo, fin dal momento della sua nascita dalla particolare congiuntura storica nella quale si è trovato a vivere. A ciò si aggiunge la sua particolare situazione familiare di bambino orfano, senza padre e al tempo stesso con tanti padri: un padre prematuramente scomparso, un padrino, un patrigno, un padre adottivo. Luigi Leone Frisch è sottoposto ad un continuo processo di obliterazione: italianizzato, cristianizzato, arianizzato, ridotto a numero, "adottato" fino a che nulla resta delle sue radici paterne, come se mai fossero esistite, fino a che il suo nome stesso scompare ed egli risulta irreperibile.

Non è noto come Luigi Ferri abbia vissuto (o forse ancora oggi viva) la sua esperienza, sappiamo però abbastanza per capire che nel dopoguerra egli ha deciso di rimuovere la propria identità e tenere soppresse le proprie memorie. L'assunzione da parte di Luigi Ferri di una "nuova" identità non può essere attribuita solo alle conseguenze del trauma subito ad Auschwitz; la sua biografia dimostra che ciò è il risultato di un lungo processo che lo ha progressivamente estraniato dalle proprie radici, un processo di rimozione e repressione delle proprie origini ebraiche che è cominciato ancor prima della sua nascita e che si è profondamente radicato fin nella sua autocoscienza di bambino. Allo scopo di proteggerlo i membri stessi della sua famiglia lo hanno coscientemente educato a non sentire l'ebraicità come qualcosa che lo riguardi personalmente. Il cognome Frisch, divenuto Ferri alla nascita, è stato legalmente cancellato per decisione della madre e decreto governativo già nel 1941. Le circostanze drammatiche della sua esperienza ad Auschwitz gli hanno poi insegnato che è bene che sia così se vuole sopravvivere. Fosse nato in altra epoca e in altre circostanze Luigi Leone Frisch avrebbe portato senza problemi e con il dovuto orgoglio di fronte al mondo la coscienza della propria identità paterna, dell'essere il discendente di generazioni di stimati medici e dentisti ebrei austriaci. E invece il fu Luigi Ferri, che pure da bambino non si era vergognato del suo amore verso la nonna ebrea e ad un ebreo deve la propria sopravvivenza ad Auschwitz, da adulto si ritrova con un'identità dimezzata e un nuovo nome che lo mettono sì convenientemente al riparo dal suo passato ma lo lasciano orfano di una parte fondamentale di sé e tragicamente solo con le sue memorie.

University of Michigan

Opere Citate

Bartal, Yisrael and Antony Polonski. *Focusing on Galicia: Jews, Poles and Ukrainians, 1772-1918* (London: Littman Library of Jewish Civilization, 1996).

Barissever, Rivka. *L'educazione nella famiglia ebraica moderna*. Tesi di laurea, Università Cattolica del Sacro Cuore, Facoltà di Scienze della Formazione, 2001.

Beccaria Rolfi, Lidia e Bruno Maida (a cura di). *Il futuro spezzato. I nazisti contro i bambini*. Firenze: Giuntina, 1997.

Berg, Mary. *The Diary of Mary Berg: Growing Up in the Warsaw Ghetto*. Ed. Susan Lee Pentlin. Oxford: Oneworld, 2006.

Boder, David P. *I Did Not Interview the Dead*. Urbana: University of Illinois Press, 1949.

Buergenthal, Thomas. *A Lucky Child: A Memoir of Surviving Auschwitz*. London: Profile, 2009.

Canosa, Romano. *A caccia di ebrei: Mussolini, Preziosi e l'antisemitismo fascista* Milano: Mondadori, 2006.

Cavaglion, Alberto. *Italo Svevo*. Milano: Bruno Mondadori, 2000.

Czech, Danuta, et al. *Auschwitz, 1940-1945: Central Issues in the History of the Camp*. Vol. V. *Epilogue*: Oswiecim: Auschwitz-Birkenau State Museum, 2000.

Ferri 1945. Deposizione di Luigi Ferri. (Traduzione inedita di Victoria Musiolek del testo originale nell'Archivio del museo statale di Auschwitz-Birkenau.) Archiwum Panstwowego Muzeum Auschwitz-Birkenau (APMAB), Proces Höß, vol. I, pp. 68–71.

Ferri-Wolken 1967. Intervista a Luigi Ferri e Otto Wolken. "Luigi war ein Lagersohn."

Di Carla Wurdak. *Freie Welt* 37 (2. September-Hefte 1967), pp. 14–15. (Traduzione di Gabriele Boccaccini.)

Gemelli, Agostino. "Necrologio Felice Momigliano." *Vita e pensiero* 10.8 (1924): 506.
Johnson, Hewlett. *Searching for Light: An Autobiography*. London: Joseph, 1963.
Kacer, Kathy. "The Whistler: Hellmuth Szprycer's Story." *Whispers from the Ghettos*. Ed. Kathy Kacer and Sharon McKay. Toronto: Puffin Canada, 2009.
Kraus, Michal. *Drawing the Holocaust: A Teenager's Memory of Terezin, Auschwitz and Mauthausen*. Cincinnati: Hebrew Union College Press; Pittsburgh: University of Pittsburgh Press, 2016.
Maida, Bruno. *La Shoah dei bambini*. Torino: Einaudi, 2013.
Meyer, Beate. *Jüdische Mischlinge. Rassenpolitik und Verfolgungserfahrung 1933-1945*. Hamburg: Dölling und Galitz Verlag, 1999.
Morgani, Teodoro. *...Quarant'anni dopo*. Roma: Carucci, 1986.
Ouzan, Françoise S. e Manfred Gerstenfeld, eds. *Postwar Jewish Displacement and Rebirth, 1945-1967*. Leiden: Brill, 2014.
Parovel, Paolo. *L'identità cancellata. L'italianizzazione forzata dei cognomi, nomi e toponimi nella "Venezia Giulia" dal 1919 al 1945, con gli elenchi delle province di Trieste, Gorizia, Istria ed i dati dei primi 5300 decreti*. Trieste: Eugenio Parovel Editore, 1985.
Pezzetti, Marcello. *Il libro della Shoah italiana*. Torino: Einaudi, 2009.
Piazza, Bruno. *Perché gli altri dimenticano*. Coll. Universale economica n. 216. Milano: Feltrinelli, 1956.
Picciotto, Liliana. *Il libro della memoria. Gli ebrei deportati dall'Italia (1943-1945)*. Milano: Mursia, 2002.
Picciotto Fargion, Liliana. "Italien." In *Dimension des Völkermords: Die Zahl der jüdischen Opfer des Nationalsozialismus*. Ed. Wolgang Benz. Berlin: Walter de Gruyter, 1991.
Picciotto Fargion, Liliana. "La ricerca del Centro di Documentazione Ebraica Contemporanea." *Storia e memoria della deportazione: modelli di ricerca e di comunicazione*. A cura di Paolo Momigliano Levi. Firenze: Giuntina 1996.
Rosen, Alan. *The Wonder of Their Voice: The 1946 Holocaust Interviews of David Boder*. New York: Oxford University Press, 2010.
Smith, Peter Langwithz. *Auschwitz: Koncentrationslejren 1938-1945*. Copenhagen: Gyldendal A/S, 2004.
Sodi, Risa. *Narrative and Imperative: The First Fifty Years of Italian Holocaust Writing, 1944-1994*. New York: Peter Lang, 2007.
Struk, Janina. *Photographing the Holocaust: Interpretations of the Evidence*. London: I. B. Tauris, 2004.

Swiebocki, Henryk. *Auschwitz, 1940–1945: Central Issues in the History of the Camp*, vol. IV: *The Resistance Movement*. Oswiecim: Auschwitz-Birkenau State Museum, 2000.

Virtzberg, Beni. *From Death to Battle*. Jerusalem: Yad Vashem, 2017.

Wittmann, Rebecca. *Beyond Justice: The Auschwitz Trial*. Cambridge, MA: Harvard University Press, 2012.

Wolken, Otto. "Liberation of the Auschwitz-Birkenau Concentration Camp." *Auschwitz Anthology*. A cura di Jerzy Rawicz. Warsaw: International Auschwitz Committee, 1971. 97–102. (Traduzione di Gabriele Boccaccini.)

JONATHAN DRUKER

Primo Levi's Editions of *Se questo è un uomo* and the Evolution of Italian Holocaust Memory, 1947–1958

Abstract: Although brutal, the definitive 1958 edition of Primo Levi's canonical Holocaust memoir, *Se questo è un uomo*, is less uniformly bleak than the story told in the first edition, published in 1947. This article argues that the later version's most significant additions introduce notes of optimism which affect how this essential book has been interpreted. Furthermore, the 1958 edition registers a shift in Levi's previous focus, from a nearly exclusive interest in documenting Nazi crimes against humanity, to a bifurcated approach that incorporates more autobiographical elements and commemorations of individual victims. The added passages, amounting to thousands of words, include several humane encounters and instances of altruistic friendship that stand in marked contrast to the Darwinian aspects of Auschwitz strongly emphasized in the 1947 edition. These positive elements, each resulting from empathy and successful acts of communication, constitute important exceptions to the rules governing human behavior in the camps, which Levi himself described.

Keywords: Auschwitz, autobiography, commemoration, friendship, "The Gray Zone," Holocaust literature, memory, testimony.

Introduction[1]

Few readers of Primo Levi's *Se questo è un uomo* (*If This Is a Man*) realize that they have in hand the second edition of this canonical memoir, published in 1958 by Einaudi, and that its account of life in camps, while extremely brutal, is less uniformly bleak than the story told in the first edition, published in 1947 by a small press called De Silva.[2] This article highlights some of the later version's most

---

[1] This article was made possible, in part, by a 2012 stipend from the Devers Program in Dante Studies, University of Notre Dame, which enabled my visit to the Hesburgh Library where I consulted the Primo Levi Collection.

[2] The De Silva edition had a limited impact, selling only about 600 copies. It is noteworthy that Levi's contract with Einaudi was signed in July 1955, but a financial crisis at the press delayed the publication

important additions and shows how these changes introduce notes of optimism into a book — one widely read by middle and high school students — which exerts a strong influence on how the Holocaust has been understood and remembered in Italy. I argue that the definitive '58 edition registers a small but significant shift in Levi's focus, from a nearly exclusive interest in documenting Nazi crimes against humanity, to a bifurcated approach that also incorporates more autobiographical elements and commemorations of individuals who suffered in the camp with him. My approach seeks to unsettle the tendency to read Levi's oeuvre as monolithic and internally consistent by demonstrating that some of his ideas and concerns changed appreciably over time.

Apart from a few words, the '58 edition retains everything that Levi wrote in the first one. Even though he stood by his work of a decade earlier, the newly added material modifies the overall shape of the book. The most important additions, amounting to thousands of words, include several humane encounters and notable instances of altruistic friendship that stand in marked contrast to the Darwinian aspects of Auschwitz strongly emphasized in the '47 edition. These positive moments, each resulting from empathy and successful acts of communication, constitute an important exception to the rules governing human behavior in the camps which Levi himself described. In fact, they add a layer of ambiguity to Levi's representation of Auschwitz since they often contradict his own account of the camp's norms. He wrote in both editions of *Se questo è un uomo* that newcomers found little friendship or solidarity with other prisoners. Rather, they encountered what he later called "la zona grigia" ("the gray zone"), a morally ambiguous world without clear distinctions between friends and enemies, where "il 'noi' perdeva i suoi confini" ("La zona grigia" 1018; "there was no clearly defined 'us'", "Gray Zone" 2431), where privileged prisoners, having been drawn into a web of complicity with the SS, were the chief victimizers of their peers.[3]

The motives and circumstances that impelled Levi to expand and thus alter his second edition are many and, in some cases, unknowable. Some of them are of a more personal nature and have been dealt with by his biographers Ian Thomson (258–65) and Carole Angier (503–06). Here, I wish to make the case that the revisions — especially the more thorough integration of commemoration and testimony — reflect the evolution of Holocaust memory in Italy in the

---

of the second edition until June 1958, which gave Levi more time to consider his revisions. For a detailed account of the history and reception of both editions in Italy, see Belpoliti 23–71.

[3] For a detailed account of "la zona grigia," see Druker, "Ethical Grey Zones."

first dozen years after the war. The rise of Holocaust literature in the mid-1950s not only renewed interest in Levi's memoir, creating the opportunity to republish and revise it, but also shifted his self-perception to some extent from "witness" to "author." Moreover, the tenth anniversary of the defeat of Fascism, 1955, was a watershed year for the expansion of Holocaust memory in Turin and elsewhere as interest in Levi's book and his personal story increased significantly. His '58 revision appears to register these evolving circumstances by putting individual human faces on the victims described in his memoir; by offering a somewhat more redemptive account of Auschwitz that is more optimistic about the possibilities for gaining knowledge from these atrocities; and by providing more background information for his broader audience.

Several researchers compared the two editions of Levi's memoir and found no truly significant differences between the two versions. While they note that Levi filled out some details in the '58 edition, and developed numerous brief portraits of distinct individuals, these scholars do not remark on the notable shift from "witness" to "author" or on the uplifting tone produced by the added passages. Moreover, they do not connect Levi's revisions to the historical context in which they occurred.

Giovanni Tesio wrote the first scholarly article on the variants in the two editions. While he offers many useful observations, Tesio rules out the possibility that, after a decade, Levi might have shifted his position on any aspect of life and death in Auschwitz. Instead, Tesio concludes, the additions more completely realize the book Levi had in mind from its first conception:

> I nuovi contributi non modificano profondamente, ma tendono a sviluppare aspetti prima non abbastanza espliciti oppure ad offrire qualche ulteriore elemento di testimonianza che si amalgama perfettamente, anche nella misura stilistica, con il precedente assetto del libro.
>
> (278)

> (The new passages do not profoundly modify the text, but tend to develop aspects that were not explicit enough before, or to add details to Levi's testimony which blend perfectly, even in terms of style, with the previous arrangement of the book.)
>
> (My translation)

More recently, Domenico Scarpa, writing in Norton's 2015 *Complete Works of Primo Levi*, endorsed Tesio's view.[4] A study by Franco Baldasso reached a similar conclusion:

> In fact, these added elements do not impact the general assessment and description of the internal functioning and the daily routine of the Lager, including the moral verdict on gratuitous violence and atrocious absurdities orchestrated by the Nazis. Apart from linguistic and stylistic revisions, all the new passages [. . .] better define the contours of Primo's experience in the camp, through memorable meetings, conversations and characters.
>
> (180)

However, Marco Belpoliti, editor of Einaudi's authoritative *Opere*, has a more nuanced view of the impact of the added passages: although he sees the majority of them as "arrotondamenti" that "round out" the '47 edition rather than modify it (51–55), he notes that added passages relating to Alberto Dalla Volta, discussed below, significantly lighten the overall tone of Levi's memoir (57), a judgment that I share.

Adding Historical Context and Autobiographical Elements

While the book's title, preface, and epigraphic poem remain unchanged, dramatic differences between the '47 edition of *Se questo è un uomo* and the definitive '58 edition present themselves on the first page of the first chapter, "Il viaggio." The '47 edition opens *in medias res*, in the middle of February 1944 at the detention camp at Fossoli in Northern Italy. Its first paragraphs describe the shared dread of the imprisoned Jews who will soon be deported by German SS troops. Speaking in the voice of a collective "noi," much of Levi's account in this chapter reads like a statement for a tribunal in which the individual witness's experience is less important than the disaster befalling the community. Levi makes sure that his personal story is secondary.

In the '58 edition, Levi removes none of this material, but begins his narration two months earlier, in December 1943. With the addition of some 500 words, he describes briefly, and in the first-person singular, his life under the antisemitic Racial Laws, which were imposed by the Fascist regime in 1938. Now, for the first time, Levi narrates his fleeting, naïve association with a fledgling

---

[4] In his "Notes on the Texts," Scarpa accepts Tesio's judgment that "the work of revision [. . .] appears to follow the sole criterion of adhering more closely to the testimonial and psychological truth of the material" (2829).

partisan band and his capture in the mountains. He explains his difficult decision to admit to his captors that he was a "cittadino italiano di razza ebraica" (8; "Italian citizen of Jewish race" 10),[5] a spurious racial-juridical category invented by the Fascists which served as the legal justification for his imprisonment and deportation: "come ebreo, venni inviato a Fossoli" (8; "as a Jew, I was sent to Fossoli" 10). Like many other Italian Holocaust memoirs, the '58 edition links the deportations of the Jews with the partisan struggle against Fascism, and, implicitly, with the post-war project of building a new nation out of the ruins left by the war.[6]

How do we explain the addition of these new autobiographical, literary and historical details, and the partial shift in narrative voice from "noi" to "io"? Moreover, how do these supplements affect the way we read Levi's memoir? Likely, with the passage of time, Levi began to come to terms with his experience, which enabled him to narrate it in a more personal fashion. However, one can also surmise that external factors must have been equally important. First, we should note the gradually spreading interest in Holocaust memory and history in Italy and their dissemination during the decade after the war. In effect, Levi's audience broadened but was also less informed. In the late 1940s — he later wrote in 1966 — *Se questo è un uomo* was read "in un ambiente ristretto di lettori particolarmente sensibili o toccati di persona" ("Nota" 1160; "among a narrow group of readers who were particularly sensitive or had been personally affected" "Note" 1174). However, by the 1950s, "si ricominciò a parlare di campi di concentramento, con maggior distacco e sotto un angolo più ampio, come oggetto di storia, non più di una cronaca concitata" (1160; "people started to talk again about concentration camps, with greater detachment and from a broader perspective, as part of a history and no longer as an emotional chronicle" 1174).

This wider perspective was in evidence at the 1955 commemoration in Turin marking the tenth anniversary of the Liberation, the defeat of Fascism and

---

[5] Throughout this article, I quote from Stuart Woolf's corrected English translation of *Se questo è un uomo*, titled *If This Is a Man* and published in *The Complete Works of Primo Levi*. It is far more accurate than Woolf's own 1959 translation and should now be the standard text for anglophone readers. In North America, Levi's book is still widely known as *Survival in Auschwitz: The Nazi Assault on Humanity*, a misleadingly optimistic title. This version uses Woolf's less-than-optimal 1959 translation. When paraphrasing Levi's text, I have cited the page number of the definitive Italian edition, followed by a slash, and then the page number for the English translation.

[6] We should note that among early Italian Holocaust memoirs the '47 edition was atypical. According to Robert Gordon, many such accounts stressed the continuity or similarity between the battle for survival in the camps and the partisan fight against Fascism: "Deportation is experienced in large measure in these texts as resistance truncated," Gordon writes. "The camp inmate shapes his identity and strategy for survival by holding onto his identity as a partisan" (Gordon, "Holocaust Writing in Context" 34).

the triumph of the Resistance, where Levi was stunned by the public's interest in his memoir, especially by younger people who bombarded him with questions.[7] It seems clear that Levi ventured to answer some of them in the '58 edition by providing more historical context than was called for in 1947. For example, to understand that the Holocaust in Italy was not merely a Nazi crime, but a Fascist one as well, this younger, more varied audience would need to know about the Racial Laws and the Italian Jews' precarious second-class status under Fascism.

A similar desire to inform younger readers might have compelled Levi to recount his decidedly unheroic experience as a partisan in the '58 edition of his memoir.[8] Perhaps, too, the story became less humiliating to the author with the passage of time. No doubt his new readers wished to understand the circumstances of Levi's arrest, while his earliest readers knew very well the history of the partisans in Piedmont. In fact, the publishing house for the '47 edition, De Silva, was founded by Franco Antonicelli, an ex-partisan and former president of the Comitato di Liberazione Nazionale del Piemonte (Belpoliti 38).

The added autobiographical and consciously literary elements suggest that Levi now thought of himself as an author with an individual voice and a relevant personal history that was determined, in part, by his Jewish identity and his Holocaust experience. Although the collective "noi" remains crucial in the '58 edition, it is striking that Levi used first-person singular verbal forms ten times on the new first page, but only twice in the first seven pages of the '47 edition.[9] One explanation for this development may be the rise of what we now call Holocaust literature. In the 1950s, several important Holocaust texts were translated and published by Einaudi, including first-person narrations by Robert Antelme and Anne Frank. The success of these books would certainly have given Levi, who harbored literary ambitions even before the war, the sense that he, too, was an author of Holocaust literature, and not only a witness (Thomson 294–95).

It is worth noting that the new opening sentence in the '58 edition — "Ero stato catturato dalla Milizia fascista il 13 dicembre 1943" (7; "I was captured by the Fascist Militia on 13 December, 1943" 9) — echoes the first line of Silvio Pellico's *Le mie prigioni* ("My Prisons"), the classic 1832 memoir recounting

---

[7] Levi describes this new attention in "Itinerario" (1220–21/2647). His remarks at the 1955 commemoration were published as "Deportati. Anniversario."

[8] For more on Levi's stint as a failed partisan, see Luzzatto, particularly 61–92.

[9] However, there was already a significant tension between "noi" and "io" in the preface to the '47 edition, as Harrowitz notes, "between the text's obligation as testimony and its obligation as autobiography, conceived as a more personal witnessing" (48). For further discussion of Levi's "we," also see Druker, *Primo Levi and Humanism after Auschwitz* 56–59.

the harsh imprisonment suffered by an Italian nationalist under Austrian rule.[10] By linking his narrative to Italy's patriotic literature of resistance to the foreign occupier, Levi seems to announce greater literary ambitions for his revised book than he could have imagined in the first edition. One measure of his success in this regard is that many of his most compelling phrases first appeared in the '58 edition. Often quoted in analyses of Auschwitz, for example, is the camp guard's gruff reply when Levi questions a pointless prohibition: " — Hier ist kein warum — (qui non c'è perché)" (23; "there is no why here" 25). For many scholars, this statement — whether the guard's exact words or Levi's skillful literary distillation of them — encapsulates perfectly the radical nihilism that is the very essence of the Holocaust.

In sum, the numerous additions and revisions to the first chapter alter significantly the reader's impression of who Levi was and what he meant to achieve with his testimonial narrative. That said, it is certainly true that some of the additions do not change the course of the book, but only serve to reaffirm the choices made in the '47 edition. For example, on the new first page Levi eloquently reemphasizes a previously articulated concept: the Darwinian doctrine of the Lager by which prisoners live and die, "secondo la quale primo ufficio dell'uomo è di perseguire i propri scopi con mezzi idonei" (7; "according to which man is bound to pursue his own ends by all possible means" 9).

Initiation to Auschwitz: On Dignity, Survival, and Testimony

The approximately five pages added to chapter two, "Sul fondo," not only enhance the documentary and analytical aspects of Levi's revised account, but also supply indelible images that illustrate the new prisoners' painful introduction to the strange, brutal environment in Auschwitz. For example, there is more information about the degrading practice of tattooing prisoners, and the tragic story their numbers tell: "si compendiano le tappe della distruzione dell'ebraismo d'Europa" (22; "they epitomize the stages of destruction of European Judaism" 24). Also, there is an instructive new paragraph on the peril of ill-fitting shoes, a seemingly mundane problem which can lead to an inmate's death (28–29/30); and there is a haunting description of the broken-down prisoners whose sorry physical and moral condition foretells Levi's own future: "camminano con un'andatura strana, innaturale, dura. Come fantocci rigidi fatti solo di ossa" (24;

---

[10] "Il venerdì 13 ottobre 1820 fui arrestato a Milano, e condotto a Santa Margherita" (Pellico 1; "I was arrested in Milan and conducted to the Santa Margherita prison on 13 October 1820"; my translation). Thomson was among the first scholars to identify the Pellico reference (258).

"they walk with an oddly unnatural, stiff gait, like rigid puppets made only from bones" 26).

Even more important to my argument than the supplemental material mentioned above is the entirely new four-page chapter Levi added to the '58 edition. In "Iniziazione," now chapter three, he writes in the first-person singular about his first confused, anxious night in Auschwitz. His many questions will remain unanswered, not only because "they" — the veteran prisoners — have no sympathy for the befuddled new arrivals, but also because of linguistic incomprehension in the concentration camp. While the failure to communicate was mentioned in the '47 edition, it now becomes a central element in every prisoner's alienation, one which Levi will continue to discuss in later works:[11]

> La confusione delle lingue è una componente fondamentale del modo di vivere di quaggiú; si è circondati da una perpetua Babele, in cui tutti urlano ordini e minacce in lingue mai prima udite, e guai a chi non afferra a volo.
> (32)

> (The confusion of languages is a fundamental component of the way of life here: one is surrounded by a perpetual Babel, in which everyone shouts orders and threats in languages never heard before, and you're in trouble if you fail to grasp the meaning [immediately].)
> (34)

"Iniziazione" also introduces an important new character, Steinlauf, a resilient 50-year-old Austrian veteran of the Great War who embodies personal dignity in the face of Nazi dehumanization. Levi's heartening encounter with him is thought by many readers to contain one of the most uplifting moments in *Se questo è un uomo*. Recounted in indirect discourse (since Levi did not remember his exact words), Steinlauf explains the importance of daily bathing in the camp for the maintenance of one's dignity and self-esteem — even though the water was putrid and there was no soap. Then, Steinlauf delivers a powerful lecture on how and why the prisoners must survive Auschwitz. Above all, they must strive to preserve their human dignity so as to disprove the Nazi assertion that Jews are subhuman. Furthermore, they must survive so as to testify to the great crimes perpetrated by the Third Reich:

---

[11] See, for example, the 1986 essay titled "Comunicare," where Levi discusses, among other topics, the great disadvantage of not understanding spoken German in Auschwitz. To the SS soldiers, not knowing their language meant that the prisoner was hardly more than an animal and would be treated as such (1061/2474).

Appunto perché il Lager è una gran macchina per ridurci a bestie, noi bestie non dobbiamo diventare; che anche in questo luogo si può sopravvivere, per raccontare, per portare testimonianza; e che per vivere è importante sforzarci di salvare almeno lo scheletro, l'impalcatura, la forma di civiltà. Che siamo schiavi, privi di ogni diritto, esposti a ogni offesa, votati a morte quasi certa, ma che una facoltà ci è rimasta, e dobbiamo difenderla con ogni vigore perché è l'ultima: la facoltà di negare il nostro consenso.

(35)

(Precisely because the Lager was a great machine to reduce us to beasts, we must not become beasts; that even in this place one can survive, and therefore one must want to survive, to tell the story, to bear witness; and that to survive we must force ourselves to save at least the skeleton, the scaffolding, the form of civilization. We are slaves deprived of every right, exposed to every insult, condemned to almost certain death, but we still possess one power, and we must defend it with all our strength, for it is the last — the power to refuse our consent.)

(37)

Lacking this memorable character and his rousing call for self-discipline and resistance, the '47 edition of *Se questo è un uomo* is certainly a darker book than the one familiar to us. Although Levi is somewhat skeptical of Steinlauf's Prussian rigidity, his words of encouragement seem to increase markedly the sense that something positive can be reclaimed from Levi's experience in the camp, and that humanity can withstand even these terrors. Whether intentional or not, Steinlauf offers readers a powerful exception to Levi's representation of Auschwitz, in which humiliation, failed communication, and the absence of solidarity usually dominate. Instead, at the end of the "Iniziazione" chapter, the redemptive forces of friendship, communication, and human dignity are undeniably tangible.

Levi could not help but be uplifted by Steinlauf's speech, which so effectively challenges the nihilism registered a few pages earlier when the camp guard declared of Auschwitz, "— Hier ist kein warum — (qui non c'è perché)" (23). Now, for the first time in the book, the prisoners have an urgent purpose beyond their personal survival: they have a solemn obligation to bear witness. This sense of purpose even touches Levi's readers, who, more than in the '47 edition, are called upon, just as Steinlauf calls upon Levi, to bear witness to the witnesses, so that the very act of reading Levi's memoir and, in turn, of speaking and writing about it, partially restores the humanity of the victims.

We can only speculate about why Levi did not include the seemingly indispensable material of "Iniziazione" in the '47 edition, especially the compelling link between survival and testimony. As immediate memories of the Holocaust gradually faded in the first decade after the war, survivor-writers like Levi developed an even deeper commitment to bearing witness, to memorializing the victims, and to uncovering the universal significance of their suffering. Anna Baldini's somewhat different explanation for the new material in the second edition is persuasive as well:

> It is probably not coincidental that such a vibrant affirmation [of testimony] is found in a chapter added between 1955 and 1958: the past decade had most likely matured in Levi the awareness both of the meaning of what he had experienced as well as of how writing could be an instrument of communication and knowledge.

Memorializing the Victims

Both editions of *Se questo è un uomo* describe how Auschwitz methodically destroyed the humanity of its victims, who were stripped of community, family, possessions, dignity, and even of their own names. In a haunting passage, Levi observed that most prisoners were so physically and mentally reduced by the camp that they completely lost their narratable, individual identities: "non hanno storia" (86; "they have no story" 85). In the '58 edition, however, Levi added many passages that serve to deflect the camp's dehumanizing function by offering touching tributes of victims he knew, including Steinlauf. Narrating their individual stories in a few concise paragraphs, Levi thus restores their dignity and names to the community's collective memory. At the same time, he increases the autobiographical dimension of his book, a goal discussed above, since he now focuses more than previously on his personal encounters with, and recollections of, these admirable people.

In the '47 edition, many individual victims were named and described in only a sentence or two. Of course, there may have been personal motives that compelled Levi to write about them with less specificity at that time. For example, his biographer Ian Thomson suggested that Levi may have omitted important information on some individuals to protect the victims' families, for whom the wounds inflicted by the Holocaust were too fresh (259).[12]

---

[12] It is important to note that even in the '58 edition, Levi often elected to protect the victims' privacy by referring to them with abbreviated names or even fictitious ones (Cavaglion 171n43).

Now, a decade later, what motivates Levi to more thoroughly memorialize the lives of several prisoners who suffered in the camp with him? It seems clear that, with the passage of time, the commemorative function of his book grew in importance while its status as a witness-statement remained crucial. It is possible, too, that Levi felt he was engaged in a satisfying form of post-hoc resistance to the Nazis' attempt to obliterate all memory of their victims and of their unprecedented crimes against humanity. Moreover, the growing national and international interest in the Holocaust certainly influenced Levi's revisions. In public discourse in Italy the period of silence and amnesia regarding the deportations and the camps started to end in the mid-1950s, as Robert Gordon has documented (*The Holocaust in Italian Culture* 56–57).

Speaking at the 1955 event in Turin commemorating the tenth anniversary of the defeat of Fascism, Levi affirmed the importance of remembering the victims by lamenting the dreadful effects of forgetting them:

> A dieci anni dalla liberazione dei Lager, è triste e significativo dover constatare che, almeno in Italia, l'argomento dei campi di sterminio, lungi dall'essere diventato storia, si avvia alla piú completa dimenticanza.
> ("Deportati. Anniversario" 1113)

> (Ten years after the liberation of the Lagers, it's remarkable and sad, to have to observe that, at least in Italy, the subject of camps, far from becoming history, is starting to be completely forgotten.)
> ("The Deported. Anniversary" 1127)

Despite Levi's apprehension, the occasion of his remarks and the renewed interest in his book actually signaled an upsurge in Holocaust memory.

Using the same sophisticated rhetorical strategy in the '58 edition, Levi demonstrates the importance of remembering the individual victim by invoking his anguish at forgetting some details of Steinlauf's compelling speech in the "Iniziazione" chapter:

> Ho scordato ormai, e me ne duole, le sue parole diritte e chiare, le parole del già sergente Steinlauf dell'esercito austro-ungarico, croce di ferro della guerra '14-'18. Me ne duol, perché dovrò tradurre il suo italiano incerto e il suo discorso piano di buon soldato nel mio linguaggio di uomo incredulo.
> (35)

> (It grieves me that I have forgotten his plain, clear words, the words of ex-Sergeant Steinlauf of the Austro-Hungarian Army, Iron Cross in the 1914–18 war.

It grieves me because it means that I have to translate his uncertain Italian and his quiet speech, the speech of a good soldier, into my language of an incredulous man.)

(37)

Of course, even as Levi claims that he is pained by the failure of his memory, he deploys his pen with confidence and skill to effectively memorialize the good and heroic qualities of Steinlauf, whose name will now be remembered as long as Levi's canonical book continues to be read.[13]

I have already mentioned the chilling documentary information added to the '58 edition of chapter two, "Sul fondo," but have not yet discussed the page there devoted to an entirely new character. Barely more than a child when Levi encounters him in Auschwitz in late February 1944, the Yiddish-speaking Schlome is nevertheless a veteran inmate who has already survived three years in the camp. Struggling to communicate in pidgin German — illustrating the camp's alienating "perpetua Babele" — the two prisoners overcome the language barrier with mutual sympathy. In their brief conversation, Schlome, who is amazed to learn that Jews live in Italy, dispenses a useful warning to Levi, still a newcomer, about the camp's poisonous drinking water.

Having exchanged these few kind and helpful words, Levi recounts what happened next:

> [Schlome] mi si avvicina e mi abbraccia timidamente. L'avventura è finita, e mi sento pieno di una tristezza serena che è quasi gioia. Non ho più rivisto Schlome ma non ho dimenticato il suo volto grave e mite di fanciullo, che mi ha accolto sulla soglia della casa dei morti.
>
> (25)

> ([Schlome] approaches, and timidly embraces me. The adventure is over, and I am filled with a serene sadness that is almost joy. I never saw Schlome again, but I have not forgotten his serious and gentle child's face, welcoming me on the threshold of the house of the dead.)
>
> (27)

After one brief encounter with Schlome, more than a dozen years earlier, it is remarkable how effectively Levi memorializes and humanizes him with just a

---

[13] For Levi, another victim who embodies dignity is Chajim, mentioned in passing in the '47 edition, but memorialized more fully in the '58 edition. Now, Levi extols Chajm as exceptionally trustworthy and still in possession of his confidence and self-respect because he holds down a job as a skilled mechanic at the camp factory (41/44).

few words. The gentle, pathos-tinged exchange between the two of them, which constitutes an uplifting moment of solidarity and empathy absent from the '47 edition, stands in contrast to the brutal environment and frenetic activity described both before and after this passage.

The expression "la casa dei morti" at the end of the citation above is a clear allusion to *Memorie di una casa morta* (*The House of the Dead*), the Italian title for Fyodor Dostoevsky's 1862 semi-autobiographical novel about convicts in a Siberian prison camp. Newly translated in 1950, this book belongs to a body of literature on political imprisonment that would now also include *Se questo è un uomo*. As mentioned above in relation to Pellico's *Le mie prigioni*, the uplifting of tone of the second edition is also supported by the insertion of more literary references and higher-flown rhetoric intended to give the reader reason to believe that something of redemptive value, whether truth or art or the persistence of virtue, can be recovered from Levi's Auschwitz experience.[14]

Stressing Schlome's tender age, Levi reminds us that the Nazis deported and murdered even children, victims who were particularly vulnerable and less able than others to leave behind an account of themselves. Perhaps this circumstance lends a heightened sense of pathos to the paragraph Levi added to the '58 edition, which concisely memorializes the life of three-year-old Emilia Levi (no relation), who was "una bambina curiosa, ambiziosa, allegra e intelligente" (14; "a curious, ambitious, cheerful, intelligent child" 16). We are all the more outraged to be reminded that her senseless deportation and death were legitimated by the repugnant racial ideology of the Nazi state. As Levi explains bitterly, "ai tedeschi appariva palese la necessità storica di mettere a morte i bambini degli ebrei" (14; "the historical necessity of killing the children of Jews was self-evident to the Germans" 16). Here Levi makes explicit what may have escaped readers of the '47 edition: that the Nazis were indeed thorough in trying to fully realize the genocide of European Jewry. Of course, denouncing the murder of children might have become even more urgent for Levi because, in the intervening ten years since the book's first publication, he himself had become a father twice over.

On Alberto and Friendship in the "Gray Zone"
The most extensive additions, and those that truly transform the tone of Levi's book, are the new pages devoted to Alberto Dalla Volta, a 22-year-old Italian mentioned several times in the '47 edition. Alberto is one among several

---

[14] For a full accounting of Levi's literary sources, many of them added in the '58 edition, see Cavaglion's extensive notes to Levi's *Se questo è un uomo*. On *Memorie di una casa morta* specifically, see 179–80.

innocent victims memorialized more fully in the '58 edition, but he is also someone even rarer in Auschwitz: a friend. In the added passages Alberto acts in solidarity with Levi, and he fights for survival without entering the "gray zone" of moral compromise. In effect, he is the exception to the law of the camp that Levi described in *Se questo è un uomo* and further analyzed in his "zona grigia" essay. In Auschwitz, Levi observed a "spietato processo di selezione naturale" (vol. I, 85; "pitiless process of natural selection" vol. I, 84), where "la lotta per sopravvivere è senza sosta, perché ognuno è disperatamente ferocemente solo" (84; "the struggle to survive is without respite, because everyone is desperately and ferociously alone" 83). In this Darwinian world, those who would be saved were compelled to set aside all solidarity with their fellow prisoners. But not the good Alberto.

One of the two pages added to chapter five, "Le nostre notti" ("Our Nights"), introduces Alberto with a lengthy, almost hagiographic portrait:

> Alberto è il mio migliore amico. Non ha che ventidue anni, due meno di me, ma nessuno di noi italiani ha dimostrato capacità di adattamento simili alle sue. Alberto è entrato in Lager a testa alta, e vive in Lager illeso e incorrotto. Ha capito prima di tutti che questa vita è guerra. [. . .] Lotta per la sua vita, eppure è amico di tutti. [. . .] Eppure (e per questa sua virtú oggi ancora la sua memoria mi è cara e vicina) non è diventato un tristo. Ho sempre visto, e ancora vedo in lui, la rara figura dell'uomo forte e mite, contro cui spuntano le armi della notte.
> (51)

> (Alberto is my best friend. He is only twenty-two, two years younger than me, but none of us Italians have shown an equal capacity for adaptation like his. Alberto entered the Lager head high, and lives in the Lager unscathed and uncorrupted. He understood, before any of us, that this life is war. [. . .] He fights for his life but remains everybody's friend. [. . .] Yet (and it is for this virtue of his that his memory is still [today] dear and close to me) he did not become corrupt himself. I always saw, and still see in him, the rare figure of the strong yet gentle man against whom the weapons of the night are blunted.
> (54)

Knowing that this passage was added in 1958 alerts the reader to the precise meaning of the words "oggi ancora": even a dozen years after he last saw Alberto, Levi still cherishes the memory of his strong, incorruptible friend to whom he now pays lavish homage. The evil that Alberto defeats, "le armi della notte," surely refers to *Les Armes de la nuit*, a French concentration camp novel by

Vercors (the pen name for Jean Bruller).[15] The story illustrates how otherwise honorable prisoners were coerced into betraying one another, precisely what Alberto successfully resists. Of course, the reader is left to wonder whether this overgenerous praise of Alberto also reflects Levi's sense of survival guilt, increasing with the passage of time, since his friend never returned from Auschwitz.

As both a friend and a virtuous person, Alberto earns yet more praise in chapter fifteen, "*Die drei Leute vom Labor*." According to the norms of Auschwitz, prisoners envy their peers who obtain any advantage, but Alberto, a free spirit said to prefer improvisation to stable employment, is genuinely pleased to learn that Levi, trained as a chemist, has been assigned to a plum laboratory job. Levi's depiction, in this same passage, of the deep solidarity between the two prisoners, who share a "strettissimo patto di alleanza" (134; "a very close alliance" 132), is truly rare in Auschwitz survivor memoirs. Episodes like this one are touchstones for scholars looking for rays of light in the dark literature of the Holocaust. For a final example of how the new material on Alberto brightens the overall tone of Levi's memoir, we need only read the uplifting anecdotes added to the otherwise melancholic chapter sixteen, "L'ultimo" ("The Last One"). Described with both humor and delight, in about 700 words, the two friends invent three creative schemes for selling contraband, thereby modestly increasing their chances for survival (142–44/139–41).

In sum, I agree with Marco Belpoliti who argues that Alberto

> è la gioia di vivere, l'elemento con cui Levi sembra correggere la maggior cupezza dell'edizione De Silva in quella Einaudi.
>
> (57)
>
> (Alberto is the joy of living, the element with which, in the Einaudi edition, Levi seems to moderate the pervasive gloom of the De Silva version.)
>
> (My translation)

Furthermore, Belpoliti points out, Alberto is now praised so extravagantly that he has become "il vero eroe dell'intero racconto" (57; "the true hero of the entire story"; my translation). Without reference to the '47 edition, Robert Gordon reads Alberto's role in the '58 edition in the same way: "Alberto [. . .] stands like few others as a hero in the antiheroic camp world: for his constructive optimism, his resistance to the camp system, at once both reasoned and instinctive"

---

[15] As previously mentioned, the literary references deployed here provide evidence that Levi blended the literary and testimonial to elevate the tone in the '58 edition. For more discussion on Levi's use of *Les Armes de la nuit*, see Cavaglion 191.

(*Ordinary Virtues* 189). Precisely because of the depiction of Alberto's incorruptible optimism and goodness, Tzvetan Todorov, the influential scholar and author of *Facing the Extreme*, offered Levi's book as evidence that life in Auschwitz was not entirely bleak (34). However, it seems clear that Todorov's reading of *Se questo è un uomo*, and, therefore, his general characterization of the concentration camps, would have been different, had he read the '47 version instead of the '58 edition. In other words, Levi's revisions, especially those regarding Alberto, have had consequences far beyond the covers that enclose his testimonial narrative.[16]

Conclusion

The definitive '58 edition, with its relatively optimistic tone and content, has been very important in shaping how the Holocaust is remembered and studied in Italy. While Levi worked in many contexts to impart the lessons of Auschwitz — writing essays and books, giving speeches and interviews — his most important arena of influence, according to Robert Gordon, "came through school editions of his works" (*The Holocaust in Italian Culture* 67). Gordon adds: "Perhaps most important of all for his capillary presence in the field [...] was the experience of reading Levi at school, often at middle school, shared by a large number of Italian children from the 1960s onward" (68). In 1973, Einaudi reissued *Se questo è un uomo* in its "Readings for Middle School" series, along with pedagogical supplements, keeping it in print for over twenty years. This edition, Gordon argues, was "a crucial means [...] for the capillary dissemination of [Levi's] voice on the Holocaust to a broad readership" (69).

We should not forget that the '47 edition of *Se questo è un uomo* is a remarkable literary work, written when the tragic dimensions of the Holocaust were hardly known. With little time for reflection, Levi managed to explain a bizarre and terrifying world with clarity and sensitivity, grasping immediately many of the ways in which the Holocaust's dark legacy would shape our modern world. Indeed, this prescient book contains concepts and turns of phrase that are still

---

[16] This article has discussed most of the longer passages added to the '58 edition. There are also cases where, with just a few words, Levi turns his text in a more hopeful direction. For example, the one long sentence added to the famous chapter eleven, "Il canto di Ulisse" ("The Canto of Ulysses"), provides a priceless though momentary sense of liberation as Levi and his friend Jean, two Jewish prisoners condemned to die in Auschwitz, find the audacity to contemplate the exercise of free will and the power of creative thinking as embodied by Dante's Ulysses. Levi hopes Jean has understood that Ulysses' speech "riguarda tutti gli uomini in travaglio, e noi in specie; e che riguarda noi due, che osiamo ragionare di queste cose" (110; "has to do with all men who toil, and with us in particular; and that it has to do with us two, who dare to talk about these things" 108).

essential today in how we talk about what the Holocaust was, and what it means for our future. Having said that, it should now be evident that the '58 edition was the product of later time, and that Levi's agenda for the book had evolved.

The newly added final words of the '58 edition, "Avigliana-Torino, dicembre 1945-gennaio 1947" (169/165), are both informative and misleading. Even without these dates, knowledgeable readers of the '47 edition could see that this first testimonial narrative was retrospective, that it was written soon after the events occurring between December 1943 and January 1945. Now, at the end of the '58 edition, it made sense to state clearly that the republished book was an artifact of another time. Yet, by stressing the earlier dates of composition, Levi also leaves us with the mistaken impression that the added passages merely rounded out and more faithfully completed the project as it was initially conceived. In effect, he misled his readers by not acknowledging openly his process of revision and expansion, from 1955 to 1958, during a time in Italy when the shocked silence that had surrounded the Holocaust began to recede, when reflection on the meaning of Auschwitz outstripped the documentary urge, and when the most expressive and well-written survivor memoirs coalesced into a literature of the Holocaust.

What motivated Levi to obscure the second period of composition? We can surmise that he wished for his testimonial memoir to be read as a coherent narrative written from a singular point of view — in a word, definitive, certainly as far as he was concerned. In the case of serious historical narrative, readers demand this level of coherence. Yet, *Se questo è un uomo* is the hybrid product of two distinct historical moments, a masterpiece of Holocaust literature, which, we now know, was not born whole and complete. Bearing in mind the shifting perspectives contained within this one volume, we might wonder whether even the '58 edition can be considered truly "definitive." After all, Levi wrote and rewrote the Holocaust almost obsessively, in series of books, essays and poems extending over three more decades, until his death in 1987.

Illinois State University

Works Cited

Angier, Carole. *The Double Bond, Primo Levi: A Biography.* New York: Farrar, Straus & Giroux, 2002.

Antelme, Robert. *L'Espèce humaine.* Paris: Éditions de la Cité universelle, 1947.

———. *La specie umana.* Torino: Einaudi, 1954.

Baldasso, Franco. "The Other as the Judge: Testimony and Rhetoric in Primo Levi's *Se questo è un uomo*." *MLN* 128.1 (2013): 166–84.

Baldini, Anna. "Primo Levi and the Italian Memory of the Shoah." *Quest: Issues in Contemporary Jewish History. Journal of the Fondazione CDEC.* Number 7 (July 2014). http://www.quest-cdecjournal.it/focus.php?id=361.

Belpoliti, Marco. *Primo Levi di fronte e di profilo.* Milano: Ugo Guanda Editore, 2015.

Cavaglion, Alberto, ed. and comm. Levi. *Se questo è un uomo.* Torino: Einaudi, 2012.

Dostoevsky, Fyodor. *Memorie di una casa morta.* Trans. Alfredo Polledro. Milano: Rizzoli, 1950.

Druker, Jonathan. "Ethical Grey Zones: On Coercion and Complicity in the Concentration Camp and Beyond." *The Wiley-Blackwell Companion to the Holocaust.* Ed. Simone Gigliotti and Hilary Earl. Oxford: Blackwell (forthcoming 2019).

———. *Primo Levi and Humanism after Auschwitz: Posthumanist Reflections.* New York: Palgrave Macmillan USA, 2009.

Frank, Anna. *Diario.* Torino: Einaudi, 1954. (1st Dutch ed., 1947.)

Gordon, Robert S. C. *The Holocaust in Italian Culture, 1944–2010.* Stanford, CA: Stanford UP, 2012.

———. "Holocaust Writing in Context: Italy 1945–47." Leak and Paizis 32–50.

———. *Primo Levi's Ordinary Virtues: From Testimony to Ethics.* Oxford: Oxford UP, 2001.

Harrowitz, Nancy. *Primo Levi and the Identity of a Survivor.* Toronto: U of Toronto P, 2016.

Leak, Andrew, and George Paizis, eds. *The Holocaust and the Text: Speaking the Unspeakable.* London: Palgrave Macmillan, 1999.

Levi, Primo. *The Complete Works of Primo Levi.* Vol. I-III. Ed. Ann Goldstein. New York: Norton, 2015.

———. "Comunicare." *I sommersi e i salvati. Opere.* Vol. II, 1059–72. ("Communication." *The Drowned and the Saved. The Complete Works of Primo Levi.* Vol. III, 2472–85.)

———. "Deportati. Anniversario." *Opere,* Vol. I, 1113–15. ("The Deported. Anniversary." *The Complete Works of Primo Levi,* Vol. II, 1127–29.)

———. "Itinerario d'uno scrittore ebreo." *Opere.* Vol. II, 1213–29. ("The Path of the Jewish Writer." *The Complete Works of Primo Levi.* Vol. III, 2639–55.)

———. *I sommersi e i salvati*. *Opere*. Vol. II, 995–1153. (*The Drowned and the Saved*. Trans. Michael F. Moore. *The Complete Works of Primo Levi*. Vol. III, 2405–574.)

———. "Nota alla versione drammatica di *Se questo è un uomo*." *Opere*. Vol. I, 1158–62. ("Note on the Dramatized Version of *If This Is a Man*." *The Complete Works of Primo Levi*. Vol. II, 1172–76.)

———. *Opere*. Vol. I-II. Ed. Marco Belpoliti. Torino: Einaudi, 1997.

———. *Se questo è un uomo*. *Opere*. Vol. I, 1–169. Torino: De Silva, 1947. (2nd ed. Torino: Einaudi, 1958) (*If This Is a Man*. Trans. Stuart Woolf. *The Complete Works of Primo Levi*. Vol. I, 1–165.)

———. *Se questo è un uomo*. Ed. and comm. Alberto Cavaglion. Torino: Einaudi, 2012.

———. *Se questo è un uomo*. Pref. and notes Primo Levi. "Letture per la scuola media." Torino: Einaudi, 1973.

———. *Survival in Auschwitz: The Nazi Assault on Humanity*. [*Se questo è un uomo*. 1958.] Trans. Stuart Woolf. New York: Simon & Schuster, 1996.

———. "La zona grigia." *I sommersi e i salvati*. *Opere*. Vol. II, 1017–44. ("The Gray Zone." *The Drowned and the Saved*. *The Complete Works of Primo Levi*, Vol. III, 2430–56.)

Luzzatto, Sergio. *Primo Levi's Resistance: Rebels and Collaborators in Occupied Italy*. Trans. Frederika Randall. New York: Metropolitan Books, 2016. Translation of *Partigia: una storia della Resistenza*. Milano: Mondadori, 2013.

Pellico, Silvio. *Le mie prigioni*. Ed. and intro. Giuseppe Morpurgo. Verona: Edizioni Scolastiche Mondadori, 1962.

Scarpa, Domenico. "Notes on the Texts." *The Complete Works of Primo Levi*. Vol. III, 2816–81.

Tesio, Giovanni. "Su alcune giunte e varianti di *Se questo è un uomo*." *Studi piemontesi* 6.2 (November 1977): 270–78. [Reprinted in Giovanni Tesio. *Piemonte letterario dell'Otto-Novecento (da G. Faldella a Levi)*. Roma: Bulzoni, 1991. 173–96.]

Thomson, Ian. *Primo Levi: A Life*. New York: Metropolitan Books, 2002.

Todorov, Tzvetan. *Facing the Extreme: Moral Life in the Concentration Camps*. Trans. Arthur Denner and Abigail Pollak. New York: Metropolitan Books, 1996.

Vercors (Jean Bruller). *Les Armes de la nuit*. Paris: Éditions de Minuit, 1946. [*Le armi della notte*. Trans. Natalia Ginzburg. Torino: Einaudi, 1948.]

ALEXIS HERR

Fossoli di Carpi and the Many Faces of Holocaust Memory in Postwar Italy

Abstract: The postwar restructuring of Italy elevated national narratives that recast Italian participation in the Holocaust as minor and not worthy of condemnation. As a result, an accurate memory of Italy's role in the Nazi genocide all but evaporated, and, in the absence of facts, a celebratory myth took hold that stereotyped Italians as *brava gente*. By examining the postwar functions of Fossoli di Carpi, the Holocaust era deportation camp from which the Germans and their Italian accomplices deported nearly one-third of all Italian Jews murdered during the Holocaust, this article scrutinizes how pressing social, economic, political, and religious contexts informed and shaped Holocaust memory in Italy from 1945 to 2001.

Key Words: Memory, Holocaust, Italy, Fascism, Nazism, Identity, Fossoli di Carpi, *brava gente*

Introduction

For decades after World War II, the myth of the Italian as good folk, *brava gente*, dominated the landscape of Italian Holocaust memory and historiography, continuing to do so, according to some scholars, until the watershed moment of 1989 and the collapse of Italy's First Republic (Gordon 145). While many Italians collaborated first in Benito Mussolini's Fascist project and later in the persecution and annihilation of Italian Jews during the Holocaust, popular memory of these actions was distorted to suit the various reconstructive needs of postwar Italy. Italy's fragile economy and political strife after the war, combined with the British and American Allies' ever-increasing war against communism, facilitated a post-Holocaust narrative that favored Italian benevolence over one that accurately addressed Italians' multifaceted actions during the genocide. As a result, Italy's wartime history was transmuted into a collective memory that left out its genocidal past and made excuses for its role in the Judeocide.

The following analysis deploys a microhistory of the postwar uses of Fossoli di Carpi — the jointly run Italian-German camp that processed one-third of all of the Jews deported from Italy — to consider how pressing social, economic, political, and religious contexts informed and shaped Holocaust memory in Italy from 1945 to 2001. In so doing we shall respond to the following question: How did the physical and social recasting of the Fossoli camp after the war function to erase a symbol of Italian involvement in the genocide and, in so doing, defer the lessons that might have been learned from the Judeocide in Italy? Furthermore, the answers to this specific question will also help us address broader questions: How did Italians experience the Holocaust in Nazi-occupied Italy and what distinguishes Italian Jewish persecution from the oppression directed against Italian anti-Fascists? How did the anemic memory of Italian Gentiles' participation in this persecution influence Holocaust memory and misremembering in Italy? How did Italy's failure to confront its genocidal past impact Italian-Gentile and Italian-Jewish identity for the past seven decades?

The Wartime History of Fossoli di Carpi

In *La guerra della memoria: la Resistenza nel dibattito politico italiano dal 1945 a oggi*, Filippo Focardi describes postwar memory of World War II as fractured (3). Indeed, Italians did not share one common memory of the Holocaust because of Italy's complex wartime history. From the time Mussolini joined forces with Nazi Germany — first with a treaty on May 22, 1939, and militarily on June 10, 1940 — until the end of the war in 1945, Italians had countless wartime experiences, some of which seem contradictory. For example, from the beginning of the war, until September 8, 1943 when Italy ceased hostilities against the Allies, Italian soldiers fought alongside Nazi soldiers. Then, after October 13, 1943, when Italy declared war on Germany, many of the Italian soldiers who had not fallen prisoners of the Nazis took up arms against the Germans alongside Allied troops advancing from the south. Also, as a consequence of the German occupation of central and northern Italy in September 1943, some Italians formed partisan bands and fought against Germans while Italian Fascists continued collaborating with the Nazis. Furthermore, in Nazi-occupied Italy, from September 1943 until the end of the war, some Italians (soldiers as well as civilians) aided in the arrest and deportation of Jews while, simultaneously, other Italians hid and rescued them. In short, throughout Italy's wartime experience, Italians were victims, bystanders, upstanders, perpetrators, collaborators, and everything else in between. Despite the multiplicity of Italian actions and experiences, postwar propaganda painted the "average" Italian as a co-belligerent of the Allies, as an anti-Fascist friendly to Jews, and as a victim of Nazi persecution, while hardly any distinction was made between Jewish and Gentile victims. And yet, the wartime history of Fossoli di Carpi contradicts this selective portrayal of the Italians' role during the Holocaust (Focardi 3–18).

The postwar image of Italy as aligned with the Allies obscures the fact that Italy actually interned Allied prisoners of war (POWs), as is customary during all wars, until Italy's surrender to the Allies toward the end of 1943. By joining the Axis in 1939 and entering the war alongside Germany on June 10, 1940, Italy was thrust into World War II and sent troops to North Africa (as well as to several other fronts) to fight alongside German soldiers against Allied troops. It was this warfare that necessitated the creation of POW Camp 73 in Fossoli in the summer of 1942 to house Allied soldiers — predominately British POWs — captured in the North Africa campaign. From the summer of 1942 until October 1943, the camp housed more than 5,000 POWs.

While postwar narratives of the Holocaust typically portray Italians as anti-Fascist and anti-Nazi, the use of Fossoli as a POW camp elucidates how Italians, thousands of miles removed from the front lines, became involved in the Fascist and Nazi war effort. During its phase as POW Camp 73, officials in the neighboring town of Carpi, administratively responsible for the much smaller Fossoli, were charged by the Italian government with overseeing, constructing, supplying, and guarding the camp. Carpi's municipality thus hired and paid locals to build, staff, and supply Fossoli.[1] The camp-town dynamic established during Fossoli's period as a POW camp continued for the rest of the war and took on new meaning when the POWs were replaced with Italian Jews rounded up in Nazi-occupied Italy.

Following the Nazi occupation of central and northern Italy in 1943, after Italy's surrender to the Allies, Germans arrived in Fossoli and in less than two weeks deported some 5,000 Allied POWs to forced labor camps in Germany or Germany-occupied territories.[2] The following month, German authorities conducted so-called lightning round-ups of Jews in Rome, Florence and the rest of Tuscany, Bologna, Turin, Genoa, and Milan, which resulted in the deportation

---

[1] Archivio storico del comune di Carpi (ASCC), Campo di Concentramento di Fossoli, Atti dal 1942 al 1949, b. 1, fasc. 1, campo di concentramento prigionieri di guerra (n. 73) dal 1942, sf. 1/1, 1, "prot. 14139, oggetto: descrizione sommaria delle carte" (May 28, 1942).

[2] ASCC, Campo di Concentramento di Fossoli, Atti dal 1942 al 1949, B. 1, Fasc. 1, campo di concentramento prigioni di guerra (n. 73) dal 1942, sfasc. 1/1, atti 1943, 1o, "prot. 9967, oggetto: campo concentramento prigionieri di guerra N. 73 in Fossoli (Carpi Prov. Modena)" (September 24, 1943).

of some 1,400 Jews to Auschwitz in less than three months (Longerich 401; Picciotto, *Il libro della memoria* 858–74). Alongside German police, Italian police and the Fascist militia also hunted down and arrested Jews during this period.

Had the rapid round-ups continued working, Fossoli might have never become a central deportation camp in the Nazi system; however, that was not the case. By January 1944 the element of surprise waned, and the German high command pursued a different method of capturing and deporting Jews, which involved arresting Jews and sending them to transit camps in Italy to await deportation to forced labor and annihilation sites in Germany and other occupied territories.

The slowing of arrests and deportations in Italy resulted in the second wartime utilization of Fossoli as a concentration and transit camp for Jews to death camps, and, later, for non-Jewish civilians to forced labor camps in the Reich. This function of Fossoli di Carpi elucidates the ways in which ordinary Italians in the towns around the Fossoli camp played a role in, and profited from, the arrest, internment, and deportation of Italian and foreign Jews within Italy to camps in northern Europe, including Bergen Belsen, Auschwitz, Buchenwald, and Ravensbrück (Herr 66). Despite the dominant portrayal of all Italians as victims of the Nazi occupation, in this case we can observe how some Italians benefited from the joint German-Italian persecution of Jews.[3]

As Jews arrived, they presented an opportunity for financial compensation. My research shows that since the first Jews arrived at Fossoli on December 5, 1943 until the last Jews departed in August 1944, some 2,757 of them passed through Fossoli on their way to concentration and annihilation camps (Herr 66–67).[4] Italian leaders in Carpi hired local companies to transport Jews and supplies to and from the train station and camp.[5] Each prisoner presented a need

---

[3] While examples of civilians rescuing Jews from Fossoli do not exist, we can identify instances wherein locals assisted POWs (Herr 36–7).

[4] In addition to the estimated 2,757 Jews deported from Fossoli, at least nine additional Jews perished in the camp: Giulia Consolo (66 years old at the time of death), Roca Doczi (84), Carlina Jesi (85), Pacifico di Castro (40), Teodoro Sacerdoti (85), Magneta Nissie (92), Arturo Morsello (59), Leone di Consiglio (age unknown), and Giulio Venna (71). This list of names was compiled by Carpi officials in 1949 and is located in ASCC, Campo di Concentramento di Fossoli, atti dal 1942 al 1949, Fasc. 2, campo concentramento ebrei, sf. 2/7, 1, "Elenco ebrei deceduti."

[5] The Archivio Storico Comunale di Carpi contains a log of payments made by the local Carpi company to car companies moving supplies and people between the camp and town. Autoservizi Ditta Valenti-Carpi, for example, was the transportation company hired to transport 517 Jews (Primo Levi among them) from Fossoli to the Carpi train station on February 22, 1944. It took the company fifteen separate trips to transport such a large number of people and Autoservizi Dita Valenti-Carpi earned 4,500.00 lire for this task, which breaks down to 8.70 lire per Jew. ASCC, "Economato Copie Fatture," 1944–5, Trasporti diversi, gennaio-luglio 1944, "PG 1871-N47."

for food which was purchased from local bakeries (Picciotto Fargion, *L'alba ci colse come un tradimento* 243–49). And the arrival of the Jews following the removal of the POWs two months earlier, necessitated updates to the camp facilities which were accomplished by the same construction company that first built the camp in 1942.[6] Likewise, many of the Jews arriving from all over Nazi-occupied Italy had been arrested by Italian Fascist police and then handed over to Nazi officials. After the Germans deported the last Jews from Fossoli, the town oversaw the dismantling of the camp for raw materials, which were sent on to Modena for the Germans to repurpose (Herr 70–81), thus effectuating the gradual disappearance of the camp from history and memory.

To further elucidate the complexity of non-Jewish Italians' actions during the Holocaust, one should note that while Italian police hunted down and deported Jews, members of the Italian Resistance (the so-called *partigiani*) as well as anti-Fascist Italian civilians were also arrested and sent to Fossoli di Carpi. However, although Italian civilians were deported to forced labor camps, one should avoid conflating Jewish and non-Jewish victimization, as was all too common in the postwar era, in order not to obscure important distinctions.

On the one hand, Italian and German perpetrators targeted Jews for complete annihilation, thus sending many Italian Jews to annihilation centers where they were murdered upon arrival. On the other hand, many Gentile Italians — anti-Fascists, Resistance fighters, POWs (without mentioning the thousand Italian civilians murdered by the retreating Nazi troops) — died in labor camps. However, the historical evidence is that the Italians' fate was not sealed like that of the Jews. My intent here is not to construct a hierarchy of suffering, but instead to clarify that Jews were victims of genocide, while non-Jews were not.

This is all to say that while you did not have to be a Jew in Europe to be a victim during World War II, you did have to be a Jew to be a victim of genocide.

We can identify additional distinctions between Jewish and non-Jewish victims at the Fossoli camp by examining the directives set in place by the Nazis through Mussolini's Repubblica Sociale Italiana (RSI), to suppress the Resistance. The week following the Germans' arrival at Fossoli, Carpi's municipal prefect (*Commissario prefettizio*) Romolo Vezzani (who shortly afterward became mayor, *podestà*) made known that he had been charged by the Germans to warn civilians that any attempt to conduct acts of sabotage at the camp would

---

[6] ASCC, Campo di Concentramento di Fossoli, Atti dal 1942 al 1949, B. 1, Fasc. 1, campo di concentramento prigioni di guerra (n. 73) dal 1942, sfasc. 1/1, atti 1943, 14, "prot. 10215" (October 7, 1943).

result in prison sentences or even execution.[7] He also instructed all Carpi citizens to relinquish their weapons to the town mayor, who would then surrender the arms to the German authorities. And lastly, he communicated that "the local police and town leaders would be held accountable for the full execution of these orders."[8] These directives, and subsequent ones, demonstrate that any acts of resistance could (and would) be cause for arrest, imprisonment, deportation, or even execution. No such words of warning or threat were issued to the Jews; in fact, all Jews were persecuted because of their "race," not their actions.

In sum, the microhistory of the wartime uses of the Fossoli camp as a prison for POWs and later a deportation camp for Italian Jews and non-Jews provides valuable insight into how Italians fared in the German-occupied zone and illustrates key differences between the Nazi and Fascist persecution of Jews and non-Jews. The camp's history thus includes examples of Italians as resisters, bystanders, witnesses, collaborators, compensated compliers, perpetrators, Fascists, anti-Fascists, and victims. By offering a detailed history of Fossoli and, thus, a more complex representation of Italians' actions during the Holocaust, the present article counters the image of the *brava gente* propagated in the postwar era and sustained thereafter.

1945–1946: Foundations of the "Brava gente" Myth

Pressing postwar politics played out on the grounds of the Fossoli camp. In the immediate postwar, the reutilizations of the Fossoli camp, first as an Allied prison for German criminals and collaborators (spring-summer 1945) and second as an Italian Interior Ministry jail for Fascists awaiting trial (winter 1945-spring 1946), reflect the political and social circumstances that created the fertile ground for the myth of the *brava gente* to take root. As a consequence, Italy was never compelled to acknowledge publicly its role in the Judeocide and it thus largely avoided its racist and antisemitic past.

At first, Great Britain had intended to hold Italy responsible for its wartime alliance with Nazi Germany. The Allies arrived in Modena (Fossoli's and Carpi's province town) and the surrounding area in April 1945 and, shortly thereafter, their forces revived the Fossoli camp, this time as a prison to hold Italian sympathizers linked to the RSI as well as German criminals and collaborators

---

[7] ASCC, Categ. 1, avvisi vari pubblicati all'albo pretorio, Fasc. 3, "prot. 9326" (September 17, 1943).

[8] Archivio dell'Instituto per la storia della Resistenza, Modena, Fondo 16 "Messerotti" numero Fasc. 1–17, Fasc. 14, Sfasc. IIV 31/3, "Stemma comunale col fascio-Comune di Modena" (September 20, 1943).

(Klinkhammer 48–69). At least for now, the archives do not reveal much about the camp at this time and no list of prisoners has surfaced. Instead, we are left to analyze the implications of the Allies' early pursuit, arrest, and imprisonment of German Nazis and Italian Fascists in the summer of 1945. At first, the British had ample motivation to pursue trials in postwar Italy. Unlike the U.S., who entered WWII in December 1941, Great Britain had been at war with Italy since Mussolini first aligned Italy with Nazi Germany.

At first, members of the *Comitato di liberazione nazionale alta Italia* or CLNAI (National Liberation Committee for Northern Italy) championed Great Britain's drive to turn Fossoli into a prison and petitioned that custody of such prisoners be left to the Italians, of whom the CLNAI became the most vocal applicant. The CLNAI had waged a substantial eighteen-month civil war against the RSI and had lost thousands of partisans to enemy forces, mostly Fascist and Nazi soldiers, occasionally also Italian civilians. Historians Giorgio and Paolo Pisanò have identified the names of 3,976 partisans killed in Emilia-Romagna from September 1943 to May 1945. Within the province of Modena alone, 1,228 partisans perished from September 19, 1943 to June 4, 1949 (407). It is only logical that the survivors of the Resistance would want to see the killers of their comrades brought to justice.

The decision to hand over the prison to leaders of the CLNAI mirrors, on the micro-historical level, how the *brava gente* myth came to take hold nationally. During the Holocaust and the war, the country was, as Rosario Forlenza argues, "simultaneously loser, occupied, resister, [and] victor." According to Forlenza, "this situation accounted for the variety of conflicting and fragmented memories and identities that emerged after the war" (74). While the reality of Italian actions during the Holocaust encompassed bystanders, perpetrators, victims, witnesses, and accomplices, the dominant and hence collective memory of the war highlighted the Resistance narratives of the Catholic, communist, socialist, liberal, and moderate Italians as a whole, even including anti-Fascists (Klinkhammer; Peli).

The transfer of the Fossoli prison to the CLNAI Resistance group shows one way in which the partisans became a symbolic member of the Allies in early formations of Italian collective memory. To be explicit, the repurposing of the camp over-wrote the memory of the site's role in the Holocaust in Italy. Great Britain had initially pushed for tighter control over Italy after the war and insisted that Italy not be considered a member of the Allies. The Americans, on the other hand, sought a political solution to Italy's problems and endeavored to influence Italian politics to its advantage. In the end, the Americans won out as the Israel-Palestine conflict demanded Great Britain's full attention. Thus, when the CLNAI received approval from the Allied command in Milan to "use the Fossoli concentration camp to intern former Republican Fascists [members of the RSI], dangerous social elements, or transitionally as a clearing house for political refugees," the Italian Resistance group assumed a role previously held by an Allied liberator.[9] This change of command confirmed that the Resistance had won the *guerra civile*, and thus implied that the partisans, like the Allies, were the victors.

Although the Resistance was promoted as a counter narrative to the actions of Italian Fascists, a role which the partisans played to an extent, the Allies soon helped blur the need for such distinctions. Despite Great Britain's early intention to hold trials of Italian Fascist collaborators like those held after the war in Nuremberg, Germany, the threat of communism within Italian politics persuaded the Allies to grant a widespread amnesty to Italian Fascists in 1946 (Battini; Franzinelli 2006; Pezzino and Schwarz). The Allies feared that holding trials would only elevate the status of "red" (communist) partisans (who accounted for a majority of the 35,000 Resistance fighters murdered by the Nazi and Fascist forces during the war) and thus push the country towards communism instead of democracy (Herr 94–98; Ventresca 25–28). With the first open election for the Italian parliament in decades scheduled for June 2, 1946, the Allies feared a red victory. The Allies' and the Holy See's concerns were valid given that by the end of 1945 the Partito Comunista Italiano (PCI) had 1.7 million members, making it the largest communist bloc outside the Soviet Union (Brogi 14–16). The Allies and the Holy See, worried about the growing popularity of the PCI and the Partito Socialista Italiano (PSI), threw their considerable weight behind the main Catholic party, Democrazia Cristiana (DC).

The decision not to hold large-scale trials meant that Italians never had to address the Fascist racial and antisemitic policies that drove Mussolini to enter the war alongside Nazi Germany in 1940. Italy's racist and xenophobic Fascist past was consequently excused as a product of Nazi Germany, not of Italian Fascism. As historian Guri Schwarz argues in his research on the *brava gente* myth, "by avoiding trials against Italian war criminals [...] the government and state apparatus helped lay the foundations on which the national community could gaze at itself in the distorted mirror of the 'myth of the good Italian' for over forty years" ("On Myth Making and Nation Building" 117).

---

[9] ACS, PCM 1994–46, f. 21.3 42896 CLNAI, as reproduced in Di Sante 29.

By not holding trials, Italian civil servants in Carpi and throughout Italy who had been active during Fascism managed to continue working in government after the war. The Pietro Badoglio government commission tasked with unearthing and removing Fascists from the civil service closed its operations in March 1946. As a result, almost every mid-level bureaucrat during the Fascist era was rehired afterwards and avoided paying any fine. As late as 1960, 62 of the 64 Italian prefects and all 135 police chiefs had previously held office during the Fascist period (Judt 48n1).

Again, what happened on a national level influenced events in the town of Carpi and Fossoli. In the spring of 1946 the Fossoli camp released all of its 130 Fascist inmates awaiting trial or charges. Despite that number accounting for a small percentage of the total number of those imprisoned after the war — 43,000 Italian civilians were arrested after the war, of whom the amnesty freed 23,000 and another 14,000 were released for various reasons — its impact on the local community was considerable (Franzinelli, *L'amnistia Togliatti* 259). The lack of a national reckoning meant that local businesses and leaders, including regional and provincial police and mayors in and around Carpi, never had to face or acknowledge their involvement — which included staffing, supplying the camp, coordinating the arrival of Jews arrested by Italian police throughout the occupied zone — in the jointly run German and Italian camp that saw nearly one-third of all Jews sent to the Nazi camps from Italy. Instead, Italians in Carpi and elsewhere adopted the national narrative as their own: all of the crimes were committed by Nazis along with a small number of hard-core Italian Fascists. Consequently, officials in the local government who had facilitated the genocide remained by and large in their positions after the war.

In less than a year, Italian politicians and the Allies had gone from charging Fascists with war crimes to blaming Nazi Germany and the RSI leadership for Italy's wartime offenses. Absolving Italian Fascists of their complicity in atrocities reduced Italy's complex wartime experience to either victim or heroic resister. As a result, the experience of Italian Jews persecuted by Italian Fascists was rendered immaterial (Schwarz, "Appunti" 759–63).

1946–1947: The Refugee Crisis

The Fossoli camp's third postwar transformation into a refugee camp, from 1946 to 1947, demonstrates how heightened social and political pressures throughout Italy solidified into a positive portrayal of the Italians. Ultimately, in order to deal with a mounting refugee crisis in Europe, the Allies and the Italian government channeled their energy and resources into serving the flood of refugees from border regions of Italy. Thus, relocating refugees took precedence over all else, including addressing Italy's complex wartime history.

The tragedy of refugees and displaced persons that followed the war opened up additional ways in which Italy came to rewrite its history through further association with the Allied victors. Fossoli began operating as a *Centro raccolta profughi stranieri* (a camp for refugees and displaced persons) in February 1946 to accommodate the vast number of political refugees from the eastern European countries and non-Italian Jewish Holocaust survivors because, after the war, some 40 million people found themselves uprooted by the war and forced deportations. Italy's geographical location and its active ports made it a prime destination for refugees and survivors seeking to emigrate abroad or resettle in other countries of Europe after the war. Likewise, many former Fascist and Nazi war criminals clandestinely arrived in Italy looking to escape abroad in order to avoid capture (Steinacher 1–43). Italian management of camps like Fossoli di Carpi, which came to house such individuals, meant that the Italian police now took on the role of caretaker, facilitator of immigration needs, and provider for former allies and enemies, Nazi Germans, as well as their Jewish and non-Jewish victims.[10]

National and international political and economic demands influenced the Allies' decision to hand over control of Fossoli to the Italians. Initially, the Allies had been reluctant to give Italians oversight of wartime prisoners. For this reason, Italians were excluded from managing refugees immediately after the war. In less than a year, however, the intensity and volume of refugees prompted the British to ask for Italian assistance to monitor the national borders, stave off the influx of undocumented immigrants, assume positions as camp and prison guards, and staff camps for displaced persons. Furthermore, the Allies were anxious to be relieved of the financial burden that caring for such a large and diverse population required.[11] By the end of 1946 there were still 158,000 refugees and

---

[10] Italian governmental documents from this time often refer to the persons held at the camp as *stranieri indesiderabili* (undesirable foreigners). Such descriptions of refugees were often used to refer to single women and persons suspected of criminal activity (such as theft or prostitution). Interestingly, former German soldiers who had ended up at Fossoli and awaited repatriation were typically not referred to as *stranieri indesiderabili* (Di Sante 59–62).

[11] In 1946, Great Britain and the US led the charge to abandon the United Nations Relief and Rehabilitation Administration, which they had formed in November 1943, and replace it with the International Refugee Organization to invite greater international support and involvement in the refugee resettlement project (Barnett and Finnemore 79–80).

so-called displaced persons in Italy, of whom an estimated 20,000 were non-Italian Jews (Kochavi 247).

While it is logical that Italy participated in the reception, oversight, and care of refugees within its borders, these tasks deflected once again the spotlight from Italy's wartime activities.[12] Although Italy's Fascist government had pursued its own antisemitic agenda in the past — for example, by promulgating the 1938 Racial Laws and calling for the internment of all Italian and foreign Jews residing in Italy in 1943 — the resistance to the German occupation of northern Italy and the postwar amnesia regarding Italian participation in the genocide, fostered by the wide-spread amnesty in 1946, allowed the persecution of Jews within Italy to be remembered as a byproduct of Nazi policy (Gordon 148–50). Thus, even though Italian collaborators — the very same Fascist police officers and politicians — were put in charge of assisting Jews in Fossoli with immigration and visa paperwork, the Italian people were viewed as helpers, not persecutors. But, in reality, they had been both and everything in between.[13]

1947–1970: Repositioning Italian Benevolence as the Dominant Narrative
In 1947 Fossoli underwent further transformations, being first repurposed as a Catholic orphanage for war orphans (1947–1952) and second as a village for Italians (1955–1970) exiled from Istria and Dalmatia (Molinari). What becomes increasingly clear is that while Fossoli should have been a symbol of Italian Holocaust history, Italy itself, under pressure by many national and international circumstances, did not allow that to happen. Ultimately, in the postwar era people cared more about the present and future than the past.

The transformation of the Fossoli camp as the home for hundreds of orphans reflects how Italy's structure as a predominantly Catholic nation and its proximity to the Vatican, which sought to insert itself into Italy's politics, helped reinforce home-grown and international perceptions of Italians as *brava gente*. From 1947 to 1952, under the leadership of local priest Don Zeno Saltini, the former deportation camp for Jews was transformed into an orphanage, called

---

[12] For more on Italian antisemitic practices prior to the war and the country's treatment of Jews in the postwar years, see Pavan and Schwarz. For an overview of Jewish population statistics since the Jews first arrived in Italy in Roman times, see Della Pergola.

[13] For more on Italian involvement in the deportation of Jews from Italy, see Picciotto Fargion, "L'attività del Comitato Ricerche Deportati Ebrei."

Nomadelfia.[14] As images of war orphans repainting and rebuilding former barracks into school rooms, workshops, and a church circled the globe in the international press, Italy's international reputation was buoyed by a vision of Catholic charity and benevolence.

By the fall of 1946 only 150 people remained in a camp that had once housed thousands of displaced persons and refugees. Saltini and approximately 200 war orphans arrived at the Fossoli camp on May 19, 1947 and occupied a section of the refugee camp that was quartered off with barbed wire. Although Saltini had sought permission from Interior Minister Mario Scelba to utilize an empty portion of the camp as a home for war orphans, his requests were ignored (Rinaldi 15).

Local authorities distanced themselves from Saltini because of the Catholic priest's politics. Saltini spoke critically of the DC, the political party supported by both the Holy See and the Allies after the war. Post-Fascist Italian politics were dominated by the DC on one side and the PCI on the other. While these two camps seemed diametrically opposed, Saltini, just like the Movimento dei cattolici comunisti (MCC), viewed them as compatible. For its part, the Vatican newspaper *Osservatore romano* announced that one could not be both Catholic and communist and that one must choose. As a result, the MCC dissolved and its members either joined the DC or the Partito comunista italiano (PCI). In response to the *Osservatore romano* article, the PCI announced in January 1946 that it would welcome all members who supported the party's platform.

Saltini opposed the Vatican's polarizing approach to politics, an opinion he voiced in hundreds of public speeches. In them, and in a 1947 letter to Pius XII, he argues that by pushing communists and Catholics apart, the Church was supporting division in a society in need of unity (Saltini 125–27). In a letter to the bishop of Carpi, dated August 18, 1945, Saltini argued that although the Church viewed the rise in communism as a result of Russian meddling and an erosion of ethics, he viewed the surge in communist supporters as the result of many Italians feeling abandoned by the Church both during and after the war.[15] While the Church disapproved of Saltini's message and encouraged him to end

---

[14] The name "Nomadelfia" comes from the Greek words *nomos*, meaning law, and *adelfos*, meaning brother, which, when combined, mean, "the place where fraternity is law."

[15] Archivio Nomadelfia, lettera 18 agosto, 1945 di Don Zeno a Mons. Vigilio Federico Dalla Zuanna, Vescovo di Carpi.

his speaking tour, communists in Italy's "red" north applauded his attempt at inclusivity.[16]

Saltini's outspoken criticism of the DC and the Church's involvement in politics resulted in the regional Catholic leadership spurning the priest's requests to move his orphans into the Fossoli camp. In desperate need of more space for his growing orphan community, Saltini decided to take a gamble and simply turn up with trucks full of orphans singing songs at the camp gates in May 1947. Rather than be seen turning away orphans, the local leadership relented and granted Saltini access to the largely abandoned barracks.[17]

Much like Great Britain's stance on postwar trials of Fascists, the Church's early criticism of Saltini changed when doing so became politically opportune. Mounting communist support in the "red" north — as confirmed by the elections in April 1947 — had created political turmoil. On May 13, 1947, three days before Saltini and the war orphans moved into Fossoli, Alcide De Gasperi, prime minister and founder of the DC, dissolved his cabinet (May 13, 1947) primarily because of the pressure exercised on Italy by the United States to remove the communist party from his cabinet; in fact, De Gasperi was able to form a government without the PCI. In response, political upheavals took place and the so-called Red Scare — the fear that the Italian Communist Party would gain control of Italy — increased even more and, for weeks on end, PCI members staged strikes and demonstrations. In order to gain a footing in the politically volatile Emilia-Romagna region, the Vatican and the Allies backed Saltini, whose public speeches had made him popular among Catholics and communists alike. With the 1948 elections in sight, the DC gifted 13 million lira to Saltini and the U.S. government added an addition 80 million lira to fund the orphans' care (Morselli 108, 198; Taurasi 178).

A quick reading of national and international newspapers demonstrates how Saltini's work at Fossoli helped perpetuate the idealization of Italian benevolence at home and abroad. *Commonweal*, an American journal edited and managed by lay Catholics, published a long article on July 14, 1950 entitled, "A Kind of Miracle: Christian Charity in What Was Once a Concentration Camp," in which

---

[16] Saltini's speeches throughout Emilia-Romagna landed him on the agenda of the first postwar meeting of the episcopate in Emilia-Romagna on July 5, 1945. One of his main opponents, Bishop Vigilio Federico Dalla Zuanna, thus wrote a letter to Saltini on that same day asking him to suspend his public addresses. It was not until the Vatican finally buttressed the Bishop's requests that Saltini ended his speaking tour (Archivio Nomadelfia, CZ-AR45–1952, doc. 450627CZ.AR).

[17] Saltini was officially granted the camp a few months later when the remaining refugees departed. Ultimately it was Prime Minister Alcide De Gasperi who told Interior Minister Scelba to let Saltini stay at Fossoli's camp (Ciceri and Gazzi 217–18).

journalist Edward E. Swanstrom used the camp as a metaphor to elevate Saltini's brand of Catholic charity.[18] In Brazil, *A Gazeta-San Paulo* noted the Italian government's significant financial support of Saltini.[19] The American newspaper *Everybody* published an article, "Where They Are Happy," in which the author noted: "You cannot ignore a city of a thousand children who, in less than a year, have established their lives on ground dishonored by war. And who, with their own hands, have torn down the shed where five hundred Jews were murdered, and are using the same materials to build a Chapel upon the same site."[20] Although no such large-scale massacre had actually occurred, the buoyancy of his message of Catholic benevolence was clear and donations soon followed.

The Vatican's support of Saltini, however, was short-lived, and once again political posturing is to blame. In response to Pope Pius XII's threat, made July 14, 1947, to excommunicate Catholic communists worldwide, Saltini resumed his public addresses only a few months after having received donations from the DC and the United States. On February 9, 1952, with the DC fully in control and communist support in decline, Saltini reported to Archbishop Francesco Borgongini Duca, who read a decree from the Vatican that ordered the priest to leave Nomadelfia and move to a different parish. The Vatican planned to have Silesian priests take over what had become a robust community of orphans and their caretakers. Despite his personal feelings on the matter, Saltini did not think it was appropriate to defy the Pope's wishes (Rinaldi 235). In the end, the community of Nomadelfia decided to follow its leader and relocated to Grosseto, Tuscany, where Nomadelfia still resides.[21]

Saltini's five-year leadership of the orphanage at Fossoli was bookended by tumultuous political periods in Italy that had little to do with the camp's wartime past. Preserving a historical memory of the camp took a backseat to the pressing political, religious, and social needs of the Italian government and its western allies. Therefore, it is not surprising that the pressing needs of Italians forced to leave the border regions that Italy lost took precedence over confronting the nation's Holocaust history (Ballinger 716–20). Thus, from 1954 to 1970, Fossoli di Carpi became Villaggio San Marco, a resettlement community of Italian refugees from Istria and Dalmatia (Molinari), often referred to as the Exodus (Corni 71). In fact, between 1945 and the mid-1950s an estimated 250,000 Italians were

---

[18] Archivio Nomadelfia, "Campo di Fossoli, Memorie e Documenti," 15B-01, B.

[19] Same reference as above.

[20] Same reference as above.

[21] For more on present day Nomadelfia, visit www.Nomadelfia.it.

forced to abandon their homes located on the border of Italy along the eastern coast of the Adriatic Sea (Corni 71). Some of these Italians found temporary refuge at the former Fossoli camp. The Opera Assistenza Profughi Giuliano-Dalmati di Roma, with the support of the Interior Ministry, sought and received permission to rent living space in Fossoli starting in July of 1954. From 1954 to the late 1960s, 150 Italian families, comprising some 400 people, resided in the Fossoli camp. The exiled community picked up where Nomadelfia had left off by converting barracks into a post office, elementary school, and an outpatient clinic (Ori 55–56). Their time at Fossoli, however, was not permanent. By March 1970, the last family residing in Villaggio San Marco had been resettled elsewhere with the assistance of the Ente Comunale di Assistenza di Carpi (ECA).

The realistic and pressing need to provide for orphans, and, later, for Italian refugees, brought about the complete physical transformation of the Fossoli camp. Twenty-five years after the Holocaust, Fossoli's history had expanded and included much more than a deportation camp.

1955–2001: Constricted and Expanding Memories
As I have sought to illustrate, Italy's postwar context determined the many different utilizations of the camp from 1945 to 1970, which in turn took a toll on the historical memory and the original physical aspect of Fossoli. Barely four miles away from Fossoli, the much more populous Carpi, however, endeavored to remember and honor victims. Among the many projects carried out for this purpose, I will discuss three: the Muro del Ricordo (1955), the Museo Monumento al Deportato (1973), and the ex Campo di Concentramento di Fossoli (2001). Each reveals how Italy's early postwar politics substantiated a collective memory that simplified and concealed to an extent its wartime atrocities, responsibilities, and conflictual situations. Through an analysis of each site, we have also been able to gain a better appreciation of which people Italians viewed as "victims."

In the 1950s, the Carpi administration, led by Mayor Bruno Losi, began to discuss what they could do to preserve the memory of what had happened during World War II and the Holocaust. Losi created a committee composed of local authorities, members of the Jewish community, representatives from combat associations, and delegates from the Associazione Nazionale ex Deportati (ANED). Their first project came to fruition in 1955—the same year the first Italian refugees arrived at Villaggio San Marco—in the form of a monument erected outside the camp to honor the people first detained in, and later deported from, Fossoli. Known as the Muro del Ricordo, the monument consists of a stone wall with an urn on the right containing ashes from the crematoria of the Nazi camps and, on the left, an epitaph written by Piero Calamandrei, a prominent anti-Fascist during the war and a politician thereafter.[22]

The monument was created as a tribute to the partisan struggle in Carpi, to remember the horrors of war, and to honor the nearly 70 partisans murdered by the SS and buried in a mass grave outside the camp. While this monument clearly includes the Jews, its main function is to celebrate the Resistance. The conflation of political and "racial" victimhood was and remains a common thread in Italian memorials and monuments.

The bottom floor of the south-eastern wing of Palazzo dei Pio, a palace that frames one side of Carpi's main square, houses the Museo Monumento al Deportato, a thirteen-room museum intended to honor the victims deported to Nazi camps. Although the museum opened its doors in 1973, its creation was put into motion in the 1950s by Losi and was designed by architect Ludovico Belgiojoso.

The most profound and thought-provoking of all the exhibits is located in the last room in the so-called *Sala dei nomi* (Room of names). From floor to ceiling, the names of 14,314 Italian political and "racial" prisoners deported to Nazi death-camps are inscribed into the cement walls. The names included were chosen at random from the official list of 60,000 Italian deportees (*Le lettere graffite*). No distinction is made between Jewish and non-Jewish deportees, nor is any reference made to Italian participation in the arrest and deportation of Jewish and Gentile victims. From the Room of names, visitors exit the museum into a courtyard with 16 concrete monoliths about six meters high bearing the names of Nazi *lagers*. Much like the Muro del Ricordo outside the camp, this museum, situated in the city center, reinforces a collective memory of the Holocaust that focuses on Italians' shared victimhood or places non-Jewish, fallen Italian civilians and soldiers next to Jewish victims.

After the abandoned Fossoli camp had sat in disrepair for about thirty years, the town of Carpi decided to take action to preserve it. In January 1996, the municipality and the Associazione Amici del Campo di Fossoli e Museo Monumento al Deportato created the Fondazione ex Campo di Fossoli, which to this day has endeavored to keep the memory of the Holocaust alive through the preservation of the former camp, historical and documentary research,

---

[22] To read the complete epitaph and see photos of the monument, visit "27 Settembre: 60° della morte di Piero Calamandrei," last modified September 27, 2016, http://www.fondazionefossoli.org/it/news_view.php?id=399#.

educational initiatives, academic conferences, community events, and much more.[23]

One of its most important projects was also the restoration of a former Fossoli barrack in 2001, which now houses an exhibit on the camp's complete pre- and postwar functions. While touring this exhibit for the first time in 2005, I was struck by the honest, unbiased, and informed narrative it presented. Although the Museo Monumento al Deportato in Carpi relies on abstract symbolism such as a piece of barbed wire or a picture of Adolf Hitler behind glass that has a swastika on it, the exhibit at the former Fossoli camp offers a direct and factual retelling of events. Thanks to Fondazione ex Campo di Fossoli's impressive and sustained efforts to portray a realistic and historical narrative, visitors have the space to question whether Italians truly were *brava gente*.

Conclusion

Italy's national narrative of the Holocaust is intertwined with its postwar politics. The microhistory that emerged sculpted a national memory that camouflaged Jewish suffering inside a universal expression of Italian victimization under Nazi rule. When we reflect on the difference between the history of the Holocaust in Italy and popular memory of it, we can easily see how the postwar rebuilding of Italy pushed the two apart. In the end, the microhistory of Fossoli di Carpi shows us that identity is not planned but formed over time. Tracing the postwar evolution of the former deportation camp elucidates the greater social, religious, and political forces that shaped and determined how Italians speak about and understand the Holocaust and, thus, their role in it. Postwar politics bleached from public memory all traces of ordinary Italians' role in the Judeocide and, in so doing, fostered a shared perception of national innocence.

Holocaust Center of San Francisco

---

[23] Since 2009, the Fondazione has resided on via Rovighi 57 in Carpi, the site of a former nineteenth-century synagogue. With the Jewish community of Carpi no longer present, it seems fitting that the protectors of Holocaust memory reside in the community's former home. While I was conducting research on the camp, I benefited from the advice and guidance of its director, Marzia Luppi, for which I am forever grateful. For more information on the Fondazione and its important work, visit: "Fossoli Fondazione Ex-Campo," http://www.fondazionefossoli.org/it/index.php.

Works Cited

Ballinger, Pamela. "Borders of the Nation, Borders of Citizenship: Italian Repatriation and the Redefinition of National Identity after World War II." *Comparative Studies in Society and History* 49.3 (2007): 713–41.

Barnett, Michael N., and Martha Finnemore. *Rule for the World: International Organizations in Global Politics.* Ithaca, NY: Cornell UP, 2004.

Battini, Michele. *The Missing Italian Nuremberg.* New York: Palgrave Macmillan, 2007.

Brogi, Alessandro. *Confronting America: The Cold War between the United States and the Communists in France and Italy.* Chapel Hill: U of North Carolina P, 2011.

Capogreco, Carlo. *I campi del duce: l'internamento civile nell'Italia fascista (1940–1943).* Torino: Einaudi, 2004.

Ciceri, Gianni, and Edmea Gazzi, eds. *Un'intervista, una vita.* Firenze: Libreria Fiorentina, 1986.

Corni, Gustavo. "The Exodus of Italians from Istria and Dalmatia, 1945–56." *The Disentanglement of Populations.* Ed. Jessica Reinisch and Elizabeth White. London: Palgrave Macmillan, 2001. 71–90.

Della Pergola, Sergio. "La via italiana all'ebraismo: una prospettiva globale." *La rassegna mensile di Israel* 76.1/2 (2010): 19–54.

Di Sante, Costantino. *Il campo per gli "indesiderabili": documenti e immagini del "Centro Raccolta Profughi Stranieri" di Fossoli (1945–1947).* Torino: EGA Editore, 2008.

Ebner, Michael R. *Ordinary Violence in Mussolini's Italy.* New York: Cambridge UP, 2011.

Focardi, Filippo. *La guerra della memoria: la Resistenza nel dibattito politico italiano dal 1945 a oggi.* Roma: Laterza, 2005.

Forlenza, Rosario. "Sacrificial Memory and Political Legitimacy in Postwar Italy: *Reliving and Remembering World War II.*" *History and Memory* 24.2 (2012): 73–116.

Franzinelli, Mimmo. *I tentacoli dell'Ovra: agenti, collaboratori e vittime della polizia politica fascista.* Torino: Bollati Boringhieri, 1999.

———. *L'amnistia Togliatti, 22 giugno 1946: colpo di spugna sui crimini fascisti.* Milano: Mondadori Editore, 2006.

Ginsborg, Paul. *A History of Contemporary Italy: Society and Politics, 1943–1988.* New York: Penguin Books, 1990.

Gordon, Robert S. C. *The Holocaust in Italian Culture, 1944–2010.* Stanford, CA: Stanford UP, 2012.

Herr, Alexis. *The Holocaust and Compensated Compliance in Italy*. New York: Palgrave Macmillan, 2016.
Judt, Tony. *Postwar: A History of Europe since 1945*. New York: Penguin Group, 2005.
Klinkhammer, Lutz. *L'occupazione tedesca in Italia, 1943–1945*. Torino: Bollati Boringhieri, 1993.
Kochavi, Arieh J. *Post-Holocaust Politics: Britain, the United States, and Jewish Refugees, 1945–1948*. Chapel Hill: U of North Carolina P, 2001.
Longerich, Peter. *Holocaust: The Nazi Persecution and Murder of the Jews*. Oxford: Oxford UP, 2010.
Molinari, Maria Luisa. *Villaggio San Marco, Via Remesina 32, Fossoli di Carpi. Storia di un villaggio per profughi giuliani*. Torino: EGA, 2006.
Morselli, Giuseppe. *Dalla parte dei poveri: Don Zeno Saltini, il romanzo di un uomo*. Modena: Mundici e Zanetti Editori, 1981.
Museo Monumento al Deportato. *Le lettere graffite*. Carpi: n.p., n.d.
Ori, Anna Maria. *Il Campo di Fossoli. Da campo di prigionia e deportazione a luogo di memoria 1942–2004*. Carpi: Edizioni APM, 2008.
Pavan, Ilaria, and Guri Schwarz. *Gli ebrei in Italia tra persecuzione fascista e reintegrazione postbellica*. Firenze: La Giuntina, 2001.
Pavone, Claudio. *Una guerra civile: saggio storico sulla moralità della Resistenza*. Torino: Bollati Boringhieri, 1994.
Peli, Santo. *La Resistenza in Italia: storia e critica*. Torino: Einaudi, 2004.
Pezzino, Paolo, and Guri Schwarz. "From Kappler to Priebke: The Holocaust Trials and the Seasons of Memory in Italy." *Holocaust and Justice: Representation and the Historiography of the Holocaust in Post-War Trials*. Ed. David Bankier and Dan Michman. Jerusalem: Yad Vashem, 2010. 229–328.
Picciotto, Liliana. *Il libro della memoria*. Milano: Mursia, 1991.
Picciotto Fargion, Liliana. *L'alba ci colse come un tradimento: gli ebrei nel campo di Fossoli, 1943–1944*. Milano: Mondadori, 2010.
———. "L'attività del Comitato Ricerche Deportati Ebrei. Storia di un lavoro pionieristico (1944–1953)." *Una storia di tutti. Prigionieri, internati, deportati italiani nella seconda guerra mondiale*. Istituto Storico della Resistenza in Piemonte. Milano: Angeli, 1985. 75–96.
Pisanò, Giorgio, and Paolo Pisanò. *Il triangolo della morte: la politica della strage in Emilia durante e dopo la guerra civile*. Milano: Mursia, 1992.
Rinaldi, Remo. *Storia di Don Zeno e Nomadelfia*. Vol. 2 (1947–62). Roma: Fondazione Nomadelfia, 2003.

Saltini, Zeno. *Don Zeno di Nomadelfia: lettere da una vita.* Vol. 1. *1990–1952.* Bologna: Edizioni Dehoniane, 1998.

Sarfatti, Michele. *The Jews in Mussolini's Italy: From Equality to Persecution.* Trans. John and Anne C. Tedeschi. Madison (WI): The U of Wisconsin P, 2006.

Schwarz, Guri. "Appunti per una storia degli ebrei in Italia dopo le persecuzione." *Studi storici* 41.3 (2000). 757–97.

———. "On Myth Making and Nation Building: The Genesis of the 'Myth of the Good Italian,' 1943–1947." *Yad Vashem Studies* 1 (2008): 111–43.

Steinacher, Gerald. *Nazis on the Run: How Hitler's Henchmen Fled Justice.* Oxford (UK): Oxford UP, 2011.

Taurasi, Giovanni. "Mondo cattolico e mondo comunista a Carpi nel secondo dopo guerra." Tesi di laurea all'Università di Bologna, 1995–1996.

Ventresca, Robert. *From Fascism to Democracy: Culture and Politics in the Italian Election of 1948.* Toronto: U of Toronto P, 2004.

Marco Di Giulio

Negotiations of Jewish Memory: Rome's Holocaust Museum and the *Progetto Traduzione Talmud Babilonese*

Abstract: For nearly twenty years the city of Rome has been planning the construction of a National Museum of the Shoah, but practical difficulties and political controversy over the project have delayed its inception. Within the Jewish community itself, responses to the proposed museum have been mixed. Meanwhile, Jewish leaders have fully supported a state-sponsored project to complete a translation of the Babylonian Talmud into Italian, using the Progetto di Traduzione del Talmud Babilonese as an opportunity to address publicly historical tragedies such as the burning of the Talmud in the Campo de' Fiori in 1553 and the Fascist state's treatment of Italian Jewry in the 1930s-40s. This paper argues that Jewish leaders backed the Talmud translation project because it would allow the Jewish community to distance itself from the Shoah-inflected Jewish identity promoted by the museum by participating in an endeavor that signifies the reconstitution of Italian Jewry's cultural, intellectual, and religious heritage.

Keywords: Memory; Holocaust museum; Italian state; Italian Jews; Italian translation; Babylonian Talmud; Burning of Talmud; Riccardo Di Segni

Preamble

One of the cardinal principles of the constitution of the Italian republic, ratified on January 1, 1948, is to preserve the cultural and historical heritage of the country. Article 9 proclaims that "[t]he Republic shall promote the development of culture and of scientific and technical research. It shall safeguard the natural landscape and the historical and artistic heritage of the Nation." Although some framers of the constitution hesitated to include this statement in the document because they thought it redundant, it was retained to emphasize that culture, research, and preservation of historical heritage defined the core values of the nation (Ainis and Sgarbi 167–71). Forty years later, the state's commitment to the promotion and valorization of the Italian Jewish heritage in particular was enshrined in Article 17 of Law no. 101, 8 March 1989 (*Norme per la regolazione dei rapporti tra lo Stato e l'Unione delle Comunità Ebraiche Italiane*). This article states that the Italian Government and the Jewish community would collaborate in promoting and conserving the "historic and artistic, cultural, environmental and architectural, archaeological, archival and publishing heritage of Italian Judaism" ("patrimonio storico e artistico, culturale, ambientale e architettonico, archeologico, archivistico e librario dell'ebraismo italiano").[1] Projects such as the preservation of archeological sites, the restoration of synagogues, and the cataloguing of Hebraica collections in libraries have been carried out largely under this mandate (Procaccia 336–37).

The initiative to create an Italian museum commemorating the Holocaust, however, did not coalesce under the auspices of the state, but of the city of Rome. In the early 2000s, as public debate about the Shoah permeated national consciousness, city officials collaborated with the Jewish community of Rome to sponsor and plan the construction of a national Museum of the Shoah. This project was motivated by a perceived obligation on the part of the city and its Jews to preserve the memory of the persecutions and atrocities perpetrated against Jews during the Shoah while direct witnesses and survivors of the genocide were still alive and able to offer testimony. Despite the city's endorsement, the development of the museum has been delayed by practical hurdles, including financial complications and the choice of a site for the museum, as well as political controversy over the utilization of public funds (Gordon, *The Holocaust in Italian Culture* 14–24). In 2003, a committee in Ferrara, frustrated by the slow progress of the Rome project, developed a competing plan, with the support of the government of Italy, to build a Holocaust museum. This action led to a crisis over whether Rome or Ferrara should be home to the national museum of the Shoah in Italy. The Rome plan eventually prevailed, but to this day no foundation has been laid; meanwhile, the Ferrara museum was reconceived as a museum of Jewish-Italian heritage and construction began in 2010, with completion anticipated in 2020. A vestige of its original purpose survives in its official name: *Museo Nazionale dell'Ebraismo Italiano e della Shoah*.

In 2010–2011, while the museum projects were in development, a third endeavor to promote Jewish culture took shape: the Progetto Traduzione Talmud Babilonese (henceforth, Talmud project). Like the Ferrara museum, this ambitious project to publish the first complete Italian translation of the Babylonian Talmud — the primary repository of Jewish wisdom and law that has buttressed

---

[1] All translations from Italian sources are mine.

Jewish life for well over a thousand years—is also supported by the Italian state, with funding from the Ministry of Education, Universities and Research (Ministero dell'Istruzione, dell'Università e della Ricerca; henceforth MIUR). Organized by the Jewish community of Rome, the Talmud project aims to integrate a touchstone of Jewish heritage into Italian culture by making it accessible to all Italians. Jewish leaders have framed this landmark production as the beginning of Italian Jewry's cultural and intellectual revival. The contrast between the rapid formation and fulfillment of the Talmud project and the delay-ridden national museum of the Holocaust is striking. Indeed, to a certain degree the two projects are at odds with each other. Whereas the creators of the museum must reckon with the challenge of molding a national narrative of the Holocaust that will satisfy all citizens, the Talmud project can be viewed as an attempt to prevent the narrative of the Shoah from dominating the history of Italian Jews.

The first part of this essay reviews the project to erect in Rome a Holocaust museum, whose planning was affected by ideological tensions between the Right and the Left that developed within parliamentary debates over the public interpretation of history. Although some Jewish deputies advocated the creation of a national Holocaust Memorial Day in the late 1990s, the Jewish community as a whole was not directly represented in these debates (Clifford 171–74). In the second part, I discuss the emergence of the Talmud project and how it encouraged Jewish leaders to draw parallels between the sixteenth century, when the church's Inquisition drastically impacted the life of the Jews of Rome by burning the Talmud in the Campo de' Fiori in 1553, and the tragic events of the twentieth century. The Talmud project, while ostensibly redressing the condemnable burning of the Talmud in the sixteenth century, also afforded Jewish leaders a way to address the injustices of the recent past from a different perspective. Considered together, the museum project and the Talmud translation attest to Italian Jews' struggle to find an appropriate way to remember without creating a narrative forever based on victimhood so that they can reclaim what was wrongly denied to them during Fascism: an active, wholly justified, role in the present.

Museo della Shoah

Cultural politics played a minor role in shaping Italy's postwar national memory of the Jewish past until the Shoah began to penetrate collective consciousness in the 1990s (Consonni; Nattermann; Lucamante et al.). Prior to that, the nation did not possess a dedicated space or a repertoire of commemorative practices to encourage reflection on the Shoah. Beginning in the mid-1970s, the genocide was mostly memorialized at the sites of concentration camps or where exterminations had taken place, such as Ferramonti, Fossoli, and Carpi (Zevi 20). Even then, the Shoah was presented through the lens of the prevailing narrative of the Resistance, which hardly reflected the magnitude of its impact on Jewish history. Jewish museums provided visual and narrative expressions of the history of individual communities, but the Shoah was relegated to a corner of the exhibits (Procaccia 343).

Many factors impinged on a thoughtful engagement with the Shoah. Uneasiness with the country's Fascist past, the challenge it posed to myths of national character, and a deep embarrassment over the Racial Laws of 1938 were among the causes that prevented the nation from coming to grips with its legacy (Foa). The discriminatory statutes that the fascist regime had enacted to exclude Jews from participation in all spheres of state life directly affected the Jewish community of Italy. Many Jews experienced the Racial Laws as a "betrayal" that challenged their sense of belonging to the nation (Pavan). As part of a larger European process of confronting the shadows of the Shoah, Italy finally began to acknowledge the genocide in public discourse during the 1990s. This process culminated in 2000 with the institution of the *Giorno della Memoria* through a law of Parliament that designated 27 January as the national Holocaust Memorial Day (Law 211, 20 July 2000). But discourse around the Shoah was shaped by ideological divisions in post-cold war Italian politics (Bidussa; Gordon, "The Holocaust in Italian Collective Memory"; Turi). While the Left developed an increasingly pro-Palestinian stance in the wake of the Lebanon war of 1982, the Right sought to reconcile itself with the Jewish community in order to redeem itself from its anti-democratic, Fascist, and racist history (Luzzatto Voghera). In the period of the second republic especially, from the Berlusconi government onwards, center-right leaders openly apologized for Fascism's responsibility in the persecution of Italian Jews while developing overt pro-Israeli positions (Clifford 221–30; Carioti; Focardi, *La guerra della memoria* 63–73). It was at this historical juncture that the establishment of a national Museum of the Shoah was first discussed by the city administration in coordination with the Jewish community. Strongly promoted by Walter Veltroni, center-left mayor of Rome from 2001 until 2008, the Museum of the Shoah was conceived as a space for cultivating, researching, and acknowledging the memory of the Jewish genocide in Italy. However, after over a decade of planning, construction of the Museum of the Shoah has yet to begin as of 2018.

This museum was not originally conceived as a Holocaust museum, but more generally as a *Museo delle Intolleranze e degli Stermini* (Zevi, Pontecorvo, and Rossi-Doria). While the Shoah was slated to occupy a prominent place in this museum, it would have been situated within a broader history of genocides. In 2004, the plan was altered. Veltroni, who as minister of cultural heritage had fully endorsed the planned *Museo delle Intolleranze e degli Stermini*, decided to turn the project into a Holocaust museum after becoming mayor of Rome. At that time Berlin was building its own memorial to the Shoah — the Memorial to the Murdered Jews of Europe (*Denkmal für die ermordeten Juden Europas*) — as part of Germany's process of coming to terms with its past, and had inaugurated in 2001 its Jewish Museum, an embodiment of the epic and ultimate tragedy of German Jews. The German project rendered conspicuous the lack of a Holocaust museum in Italy, the first country to embrace Fascism and one of the first regimes to implement state-sponsored racist legislation in Europe. The Rome museum was planned to be the second-largest national Holocaust memorial in Europe.

Choosing a site for the Museum of the Shoah was not easy. Initially the municipal administration considered a historical building near the Colosseum, in Via Capo d'Africa, that was owned by the Regione Lazio. But the plan was stymied when Francesco Storace, rightist president of the region, objected to the eviction of the building's current occupants, a social center run by a far-right youth group (Di Tullio 125). In 2004, the municipal administration finally settled on an area adjacent to Villa Torlonia, which had served as Mussolini's residence from 1925 to 1943. Despite the spatial constraints imposed by the site and its association with Fascism, the Jewish community responded enthusiastically to the proposal. Indeed, Villa Torlonia is situated above the most ancient Jewish catacombs in Rome, which were under the control of the Holy See until 1984, when the Vatican transferred them to the Italian government.

While the ongoing restoration of the site has prevented the opening of the catacombs to the public, the prospect of building a Holocaust museum nearby promised to redeem the location from its Fascist past. The Jewish community has seen the choice of Villa Torlonia as an opportunity to highlight its own rootedness in Rome, suggesting that the evil of Fascism, embodied by Mussolini's adjacent residence, symbolized a rupture between past and present that the new museum is meant to acknowledge and memorialize.

Although the city council was able to reach a consensus over its construction in 2005, the Museum of the Shoah proved to be a divisive political issue. Right-wing parties pledged their support for the project only on the condition that the victims of Titoist Communists' mass killings during and after World War II in Istria be recognized in the museum (Gordon, *The Holocaust in Italian Culture*

21). However, the museum caused tension among politicians on the right as well, dredging up past rancor. In 2009, when the next mayor of Rome, Gianni Alemanno, decided to increase the 16-million-euro budget previously allocated by Veltroni to the Museum of the Shoah, Francesco Storace, a long-standing member of Alleanza Nazionale and a founder of the newly born La Destra, was outraged. He called the additional funding "a waste of public money" ("uno spreco di denaro pubblico") and condemned "remembering and squandering" ("ricordare e sperperare") ("Troppi 13 milioni"). But Alemanno remained firm in his decision, underlining the moral duty of supporting a museum whose value he fully recognized.

Even as the plan for the Museum of the Shoah in Rome was taking shape, a proposal to build a national Holocaust museum was materializing elsewhere. In 2001, the undersecretary of cultural heritage of the second Berlusconi government, Vittorio Sgarbi, promoted the creation of a National Museum of the Shoah in his own city, Ferrara (Sarfatti 53). Today the city of Ferrara counts only a small number of Jews, but in the early modern period it was home to thriving Jewish communities of different provenances who developed a flourishing tradition of Jewish scholarship. It is also the hometown of Giorgio Bassani (1916–2000), a celebrated Jewish author who made the Shoah the subject of much of his work. Even so, the choice of Ferrara was surprising. To build a museum of the Shoah in Ferrara would constitute a departure from the practice of establishing national Holocaust memorials in national capitals.

Yet the National Museum of the Shoah in Ferrara was unanimously approved by Parliament and financed with a 15-million-euro budget in 2003 (Law no. 91, 17 April). The republic's support of this museum inevitably generated antagonism between Rome and Ferrara, igniting a debate over which city had the right to represent the Shoah in Italy. An amendment to the Finance Act of 2007, however, unexpectedly rechristened the Ferrara museum as a *Museo Nazionale dell'Ebraismo Italiano*, robbing it of its status as the principal venue for the commemoration of the Shoah. This change corresponded to a government mandate to broaden the original focus of the museum to include the entire history of the Jewish presence in Italy. In the end, Ferrara was partly able to counter this move by naming its museum the *Museo Nazionale dell'Ebraismo Italiano e della Shoah*, a compromise that suggests that it is possible to draw a distinction between Jewish history and the Shoah (Law no. 296, 27 December 2006).

The Museum of the Shoah of Rome was a divisive issue within the Jewish community itself. Bureaucratic obstacles, financial problems, and political instability generated fear that the museum would never be built, or at least not in time to mark the 70th anniversary of the end of World War II. When the Jewish community demanded action, the city administration offered to set up a temporary museum in the Palazzo dell'Arte Moderna, a structure located in the EUR district that Mussolini developed in anticipation of hosting a World's Fair in 1942 to celebrate twenty years of Fascism. The former museum had recently been turned into a hip commercial space, but the retailer's bankruptcy provided an opportunity to return the building to its intended function as a museum.

The proposed change in location caused a rift within the Jewish community. As in the case of Villa Torlonia, some individuals saw the repurposing of the Palazzo dell'Arte Moderna as an opportunity to turn the Fascist monument on its head. After all, as Giorgio Israel noted, the modern EUR complex is home to several post-WWII "museums and institutions that counteract" ("musei e istituzioni che vanno in direzione tanto diversa") the claims implicit in Fascist architecture, citing the *Museo Etnografico Pigorini*, which "expresses a vision radically opposed to the racist one" ("esprime una visione radicalmente opposta a quella razzista") undergirded by Fascism (4). Others argued against building the Holocaust museum in Villa Torlonia because the presence of Mussolini's residence gave the site a far more negative historical resonance than the EUR location.

Not surprisingly, a fierce opponent of the EUR plan was Luca Zevi, who had collaborated with Giorgio Tamburini on the blueprints for the Museum of the Shoah in Villa Torlonia (Toscano). Zevi, the son of Bruno Zevi (1918–2000), the Jewish historian and critic of modern architecture, and Tullia Zevi (1919–2011), a former president of the Union of Italian Jewish Communities (1983–1998) who had publicly denounced the neglect of the Jewish catacombs of Villa Torlonia under Vatican control in the 1980s (Dello Russo), had already designed the *Memoriale ai caduti del bombardamento di San Lorenzo del 1943* in Rome. In Zevi and Tamburini's blueprints, the Museum of the Shoah seems to engage in a conversation, as it were, with the spaces and buildings of Villa Torlonia. Its proposed site is located just outside the Villa Torlonia Garden, tucked behind the Casina delle Civette (presently a museum), thus creating a jarring contrast between the towering lightness of the former residence and the grave appearance of the future Museum of the Shoah. Indeed, part of the planned museum would be located underground, establishing a symbolic relationship with the nearby Jewish catacombs. Access to the museum would be mediated by the Villa Torlonia, forcing visitors to pass through Mussolini's residence. At the end of a pathway that winds through the garden, visitors would then descend the Viale dei Giusti, a zig-zagging ramp honoring those who chose to save Jews at the risk of their own lives, before entering the museum. While the proposed entranceway signals the possibility of redemption from the evils of Fascism through moral courage, the exit from the museum leaves little hope: departing visitors would walk up a second ramp over which looms the edge of the upper floors of the museum — a rectangular prism of black stone that seems suspended in the air. Not only does the blackness of the stone symbolize the incumbency of evil; it also epitomizes the memory of what cannot be canceled: the names of the over 1,000 Roman Jewish victims of Nazi Fascism to be engraved on its surface (Zevi 30).

Year after year, politicians took advantage of the *Giorno della Memoria* to promise the imminent opening of the Museum of the Shoah. In 2006, Veltroni announced that the museum would be complete by 16 October 2008, so as to give the Jewish community a meaningful site to commemorate the 65th anniversary of the infamous roundup of 1943 (known as "sabato nero"), when over one thousand Jews were captured in Rome and sent to Auschwitz during the Nazi occupation of the city. Three years later, again on the *Giorno della Memoria*, Alemanno made a similar announcement, promising that the Museum of the Shoah would be opened in conjunction with the 150th anniversary of unification of Italy to be celebrated in 2011. Even the short-lived project to develop the Museum of the Shoah in the EUR district was dictated by time constraints, because repurposing a pre-existing space might allow the inauguration of the museum in time for the celebration of the 70th anniversary of the end of World War II. Roman Jews, however, did not celebrate the 70th anniversary of the end of the war at the coveted museum, but at the Casina dei Vallati, a historical building in the proximity of the ghetto that was chosen as a temporary home for the museum. It seems that, in 2018, Rome's Jews will have to commemorate the 80th anniversary of the enactment of the Racial Laws of 1938 — another landmark event — at the temporary site.

Planning and developing a Holocaust Museum is by no means a smooth process. Both the United States Holocaust Memorial Museum and the Memorial to the Murdered Jews of Europe in Berlin — two powerful efforts to memorialize the Shoah — weathered debates and controversies along the way and continued to inspire criticism after their completion (Knischewski and Spittler; Linenthal 72). The challenge of capturing the fragmented and diverse experiences of the past in architecture and exhibits is complicated by the difficulty of interpreting the "unimaginable" nature of the Holocaust. In Italy, ideological divisions and uneasiness about re-examining the recent past have heightened this difficulty. The struggle over the establishment of the museum has deflected attention away from its content and how it will interpret the Shoah. The city of Rome has portrayed the establishment of the Museum of the Shoah as a "moral duty" towards the Jewish community, whereas the Jewish community has seen it as an admonishment to future generations.

Moreover, the delays that continue to disrupt the construction of a national museum dedicated exclusively to the Shoah arise from a conflict between national and local interests, and the uncoordinated efforts to represent Italian complicity in the Shoah at the local and national level have resulted in two major museum projects. The ongoing construction of the *Museo Nazionale dell'Ebraismo Italiano e della Shoah* in Ferrara, which integrates the Holocaust into the larger history of Italian Jews, under national auspices — and far away from the internal strife of Rome's local politics — is an unobjectionable goal that Prime Minister Paolo Gentiloni has recently declared one of the "priorities of the government" ("priorità del governo"; Modonesi).

Another significant point is that the Rome museum planners did not assume their mandate arose from the previously mentioned Article 17 of Law no. 101. Indeed, the impetus for a national museum of the Shoah did not emerge from a stated need to preserve Jewish heritage, but primarily developed out of the particularistic desires of those members of the Jewish community who demanded a museum as a form of moral compensation, while local politicians saw the memorialization of the Shoah as a venue for continuing the debate between Right and Left over the uses of memory. Under these circumstances it is not surprising that the national museum of the Shoah has become a difficult project to realize. Whether explicitly invoked or not, Article 17 has determined how the state fulfills its duty to preserve Jewish heritage. With the creation of the *Museo Nazionale dell'Ebraismo Italiano e della Shoah* in Ferrara, the state has increasingly shifted its efforts away from an identification of the narrative of Italian Jews with the Shoah to embrace an approach that primarily values the celebration of Jewish culture. The state took this approach one step further when deciding to support the Italian translation of the entire Babylonian Talmud, a major multi-year cultural project with no obvious connection to the tragedy of the Shoah, that has been fully embraced by the Jewish community and its leaders.

Progetto Traduzione Talmud Babilonese
For nearly two decades, the state has dedicated increasing resources and effort to educating Italian youth about the Shoah. For example, the introduction of the "Viaggi della Memoria" program in 2000 has enabled thousands of school

students to visit the sites of the genocide in Europe, and selected teaching staff have been trained in Holocaust education. In 2010, Italy ranked third on the list of countries yielding the highest number of visitors to Auschwitz, after Poland and the United Kingdom, before Israel, Germany, and France (Fontana 94). Such a commitment on the part of the state led, in 2012, to an agreement with the Jewish community detailing their mutual commitment to Holocaust education.

The Talmud Babilonese project, however, has a different emphasis. It stands out as the first state-funded Jewish venture of a literary and religious character that is not associated with Holocaust education or commemoration of the Shoah. While the state has supported the Talmud Babilonese project, it was the Jewish community that provided the initial impetus. In 2010, Clelia Piperno, a legal scholar and a consultant at MIUR became fascinated with the possibility of accessing modern translations of the Talmud online and felt that Italian Jews should have their own translation. Piperno explored the availability of state funds as well as the state's willingness to sponsor the project while facilitating contacts between MIUR and the Jewish community, particularly with Riccardo Di Segni, the chief rabbi of Rome (Piperno; Stone). The gestation of the project lasted less than a year. On 20 October 2010, the minister of MIUR, Mariastella Gelmini, officially expressed interest in the project ("Incontro tra il ministro Gelmini e il Rabbino Capo Di Segni"), and on 21 January 2011, the deal was sealed. A protocol agreement that invoked the 1989 law pertaining to the preservation and promotion of Jewish patrimony formally guaranteed that the Presidency of the Council of Ministers, the MIUR, and the National Research Council (CNR) would collaborate with the Union of Italian Jewish Communities (UCEI) and the Italian Rabbinical College (CRI) to produce a translation of the Talmud.

One reason the Talmud project succeeded in receiving support so quickly, aside from its non-partisan nature, is that it dovetailed with the interests of a team of computer scientists at the CNR who had been developing a technology for the management of texts in ancient languages since the mid-1990s. Their latest achievement was the creation of a web-based application for the analysis of bilingual texts in Greek and Arabic, which was released while the Talmud project was in the works (Bozzi v-vi). The government recognized that the team could supply resources to help the Jewish community with the translation, while the Talmud itself was an ideal textual corpus on which the CNR team could test its technology. The first result of the project was the creation of *Traduco*, a software application that filled a void in the field of computer-assisted translation by providing the team of Talmud translators with a tool that facilitates collaboration on the enormous undertaking. Thus, the Talmud project advanced the ongoing research of the state-funded team of the CNR while delivering a culturally valuable product.

The Talmud project was not the first attempt by the Jewish community to complete a translation of a major rabbinical text. In 1999 the Assemblea Rabbinica Italiana began the publication of a new translation of the Mishnah, the collection of exegetical and legal texts that forms the core of the Talmud. In the early twentieth century, Vittorio Castiglioni (1840–1911) produced a complete translation of the Mishnah, but its second edition (*Mishnaiot*), published in 1962, had long been unavailable. Sponsored by the UCEI, the new Mishnah project (*Progetto Mishnà*) was meant to provide Italian Jews with a more modern translation of the complete rabbinical text. Under the supervision of Gianfranco Di Segni, coordinator of the rabbinical seminary in Rome, individual translators rendered single tracts into Italian. Printed by a minor Jewish press, Lulav, the Mishnah project has remained largely confined to the Jewish community. Because of scarce resources, the project has proceeded slowly and only a small portion of the whole Mishnah has been translated and published so far.[2]

The Talmud project is far more ambitious than the Mishnah project. Not only will it render the Mishnah into Italian; it will also translate the much more extensive commentary on the Mishnah itself, the Gemara, which was written in different Aramaic dialects between approximately the third and eighth centuries CE. To contextualize the scale of the project further, one should note that one of the traditional printed editions of the Talmud, the Vilna edition, contains 2,711 folios; one folio typically corresponds to six to eight printed pages in the Schottenstein English translation of the Talmud, which comprises seventy-three volumes. Despite the breadth of the project, the resources provided by the government make it likely to succeed. The *Traduco* software greatly increases the pace of the translation team, and the MIUR provided a five-million-euro budget to cover five years of work, beginning in 2011; in 2017 the grant was renewed for another five years. The recipients of the funding were specified as the Jewish community and the CNR, which together with the Council of Ministers and the MIUR are bound to collaborate in "promoting knowledge of Jewish culture in Italy, in particular through the gradual translation of the Babylonian Talmud into Italian" ("per promuovere la conoscenza della cultura ebraica in Italia, in particolare attraverso la progressiva traduzione in lingua italiana del Talmud babilonese," Protocollo di Intesa).

---

[2] Between 1999 and 2013, 17 tractates averaging 40 pages each were published.

The government's financial sponsorship of the project, perceived by the media as extraordinarily generous, was widely reported as soon as it was announced at the end of 2010, prior to the establishment of the protocol agreement. While the news sparked enthusiasm among the Jewish community, who saw the Talmud project as an unprecedented achievement, it also generated concern over its unintended negative consequences. At a critical moment of state austerity, especially in the field of education and research, some Jews voiced discomfort about this use of state resources. Expressing skepticism about the effectiveness of the Talmud translation as a means to encourage knowledge of Judaism, Dario Calimani, a Jewish academic and writer, addressed the thorny issue of state funds. He wondered, "Did we ask for this substantial state funding necessary for the project, or was it given to us? By whom and why?" ("Li abbiamo chiesti noi i sostanziosi fondi statali necessari all'impresa o ci sono stati offerti? Da chi e perché?"). In Calimani's view, the utilization of state resources for a Jewish project was at odds with Jewish ethical principles, including what he referred to as "disinterestedness" ("disinteresse"). He felt that a day of study coordinated by the rabbinical assembly would be a more worthwhile educational endeavor than a translation of the entire Talmud. Similar concerns had been articulated in an earlier article by Franco Bechis, a Jewish journalist writing for the independent newspaper *Libero*, who viewed the approval of the project as the result of political interests. Noting the speed with which funding was granted, the journalist reasoned that the state's backing of the project might have been motivated by Berlusconi's desire to secure the support of the Jewish community at a moment when his political position had become shaky (Bechis).

Whether or not these critiques were founded, they touched a nerve. For some, they evoked old negative stereotypes about Jews controlling finances and influencing politics. The president of the Union of Italian Jewish communities, Renzo Gattegna, requested that Bechis's article be withdrawn because it encouraged antisemitic sentiment (qtd. in "Vecchi stereotipi e offese sulle pagine di *Libero*"). But the strongest defense of the initiative came from the rabbinical leadership. Riccardo Di Segni, who would be appointed the chairman of the Talmud project, seized the opportunity to reject any speculation about political motives made by the press while unequivocally asserting the centrality of the Talmud to Jewish identity ("Perché dobbiamo tradurre il Talmud in italiano"). Responding to criticisms of the project raised by Bechis and others, Di Segni emphasized that it held special cultural significance in Italy because it would rectify a history of persecution that had put an end to a glorious local tradition of Talmudic studies. He recalled the 1553 burning of the Talmud in Rome and its disastrous consequences, but he also attributed the devalorization of the Talmud to Christian influence, which "recognizes the sacredness of the Bible but has trouble tolerating an autonomous and creative Jewish production after it branched off from its Jewish root."³

Di Segni then turned to the responsibility of the state for rectifying the wrongs of the past. In supporting the Talmud project, Di Segni asserted, the state would fulfill a moral duty towards the Jewish community by repairing the "enormous damage that has been done to Judaism, which does not bring honor to Italian history."⁴ Di Segni eschewed direct reference to the shameful state-sponsored racial legislation of 1938 that had wreaked havoc on the Italian Jewish community, leaving it buried in a few allusions. For other writers, however, the sixteenth-century burning of the Talmud primarily served as a reminder of the destruction of modern Italian Jewish culture at the hands of Nazi-Fascism. Clelia Piperno made this point explicitly, recalling how the persecutions begun in 1938 had destroyed the human and intellectual resources of Italian Judaism. While recognizing the upheaval caused by the Racial Laws of 1938, she also acknowledged the need to heal the past trauma through a symbolic cultural act that would link Judaism once again with Italian culture.⁵

The connection between the 1938 laws and the Talmud project, however, gained greater significance within the context of the 150th anniversary of Italian unification in 2011. This celebration resonated deeply with Italian Jews. For Italy's unification had been a transformative event for them because it meant the acquisition of civil rights and inclusion in Italian society. But the celebration of the *Giorno della Memoria* in January 2011 — six days after the signing of the Protocol Agreement — encouraged speakers to highlight the contrast between the Jews' devotion to the nation developed during the Risorgimento and the injury caused by the Racial Laws. Gattegna asked, "How did it happen that the small, civil, peaceful Jewish minority, who made such a great contribution to the unification of the country, could be betrayed, discriminated against,

---

³ "[Non dobbiamo neppure ignorare che l'idea della centralità della Bibbia rispetto alla tradizione orale dipende, da queste parti, anche dall'influsso cristiano che] riconosce sacralità alla Bibbia ma fa fatica a tollerare una produzione ebraica autonoma e creativa dopo l'evento che segna il suo distacco dalla radice ebraica."

⁴ "[divulgazione che possa riparare al] danno enorme che è stato fatto all'ebraismo e che non torna ad onore della storia italiana."

⁵ Piperno wrote: "Oggi siamo qui per riprendere in mano quel filo e riannodarlo strettamente, per riunire la cultura ebraica all'Italia" (8).

and persecuted just a few decades later?" (Efrati).⁶ Italy's president, Giorgio Napolitano, posed a similar rhetorical question, juxtaposing the highest and lowest points in Italian Jewish history. Minister of MIUR Gelmini, on the other hand, used the occasion to portray the return of the Talmud to the Italians as a meaningful gesture by the state that would mend the lasting harm caused to Italian Jews. A year later, she presented it as a "source of unification, dialogue, and reconciliation" ("fonte di unificazione, di dialogo, di pacificazione") in a Facebook post commemorating the *Giorno della Memoria* on January 27.⁷ Gelmini suggested that the Talmud project was an official act of reconciliation between the state and the Jewish community, emphasizing that it was part of the MIUR's larger program to fight antisemitism.

While the MIUR branded the Talmud project as another weapon against antisemitism, the Jewish community primarily viewed it as a means to popularize the study of the Talmud. In the English-speaking world, the process of popularization had started with the publication of the Schottenstein English edition of the Talmud between 1990 and 2005, but it was the Hebrew translation completed by Adin Steinsaltz that opened a new era for the popular study of the Talmud. Begun in 1965, this translation was conceived of as a tool to encourage reading of the Talmud beyond the specialized rabbinical academies and circles. Indeed, Steinsaltz provided Jews from all backgrounds with easy access to the Talmud by translating line after line into fluent Hebrew prose and adding a rich apparatus of exegetical notes. In contrast to the Schottenstein edition, Steinsaltz chose a modern typeface for the ancient Hebrew and Aramaic text and added vocalization to eliminate interpretive obscurities. Although some Jews believed that the easy access to the text provided by Steinsaltz posed a threat to the traditional mode of studying the Talmud by painstakingly dissecting every line, his Hebrew translation became so popular that it spurred other translations into modern languages, including English, Spanish, Russian, and French.

When the Steinsaltz translation began to appear in print, Italian Jewry was not yet ready for, or interested in, an Italian translation of the Talmud. The Italian Jewish community was still struggling to define its identity, learning how to negotiate with institutions and reorganize its own governing statutes and

---

⁶ "Come è potuto accadere [...] che la stessa piccola, civile, pacifica minoranza ebraica, che dette un così alto contributo all'unità della Patria, possa essere stata, solo pochi decenni dopo, tradita, discriminata e perseguitata [...]" (qtd. in Efrati).

⁷ The post is entitled, "Tradurre il Talmud per onorare la giornata della memoria" and is available at https://www.facebook.com/notes/mariastella-gelmini/tradurre-il-talmud-per-onorare-la-giornata-della-memoria/322137897830768/.

bodies. It took some time until the Talmud would resonate with Roman Jewish identity. In his 2002 inaugural address as the new chief rabbi of Rome, Riccardo Di Segni reminded his community that Talmudic culture was an essential feature in the history of Rome's Jews ("Discorso di insediamento, febbraio 2002"). Indeed, rabbis, Talmudists, and Jewish printing houses, as Di Segni stressed, had generated and sustained a flourishing tradition of Talmudic studies that came to an end in 1553, when copies of the Talmud were burned in the Campo de' Fiori. Not infrequently, the rabbinical leadership has cited the troubled history of the Talmud in Rome as a prism through which the local Jews could understand their history as a narrative of glories and misfortunes (Gianfranco Di Segni; Riccardo Di Segni, "Mai senza Talmud").

In 2010 the Jewish community of Rome used the completion of the Steinsaltz Talmud, which coincided with the public announcement of the Italian Talmud project, as an opportunity to revisit its past and imbue it with meaning. The Campo de' Fiori was transformed from a space associated with burning and destruction into one of celebration and rebirth, where the Jewish community now convened to celebrate Steinsaltz's achievement, with Steinhaltz himself and mayor Alemanno in attendance. Steinsaltz spoke of the meaning of fire in the Talmud, but his message clearly carried greater significance: while his words were a literal reference to the burning of the Talmud, they also evoked the destruction caused by the flames of the Shoah. The solemn ceremony served as a way to affirm that the Talmud had survived its destruction and was now returning to define the core of modern Jewish identity. On that occasion, Di Segni took the opportunity to announce that just a few days earlier a plan to translate the Talmud into Italian had received the support of the government.[8] Thus, in the very square where the Talmud had been burned in 1553, its return to Italy was announced.

Another significant moment in Italian Jewish history was recalled during the event at the Campo de' Fiori. Some weeks prior to the ceremony the Jewish community had adopted September 20 as a civic holiday. This date is of the utmost significance: it commemorates the capture of Rome from the Papal States and its incorporation into the Italian state in 1870, but it also calls to mind the subsequent emancipation of the city's Jewish residents. It is significant that during the 2010 ceremony in the Campo de' Fiori the president of the Jewish community, Riccardo Pacifici, announced the decision to memorialize the

---

[8] An audio recording of the complete ceremony is available at: http://he.danielventura.wikia.com/wiki/Ebrei_di_Roma_A_Ricordo_del_Rogo_del_Talmud

moment that had terminated the ghetto 140 years earlier: not only did the liberation of the Jews of Rome from church influence bring about civic emancipation; it also lifted the long-lived ecclesiastical interdiction on studying the Talmud. The capture of Rome opened up the possibility of restoring and reconstructing the Talmudic tradition in that city. The Talmud project was presented as the fulfilment of that possibility.[9]

Finally, the ceremony also provided an occasion to encourage participants to look beyond Rome for a source of modern Jewish identity. Pacifici claimed, "Just as we had the State of Israel after the Shoah, we in our community are living a true Jewish Risorgimento, after the Inquisition and all our history."[10] Here, the Shoah is compared to the church's Inquisition, and the creation of the State of Israel to the new Risorgimento of the Jews of Rome. Israel and Roman Jewry become linked through an affirmation of resilience, and the new "Risorgimento ebraico" is an echo of the Italian Risorgimento. Thus, the combined celebration of both the complete Steinsaltz Talmud and the budding Talmud project allowed Pacifici to underscore the Roman Jewish community's rejection of victimhood in order to restore its agency.

Although the 2010 ceremony honoring the Talmud signaled the beginning of a new era, it did not impress a tangible and permanent mark on the Campo de' Fiori to commemorate the destruction of the Talmud on 9 September 1553. That omission was redressed in 2011. As Italians celebrated the 150th anniversary of unification, the Jewish community reassembled in the square. On 18 September, two days prior to the new secular holiday commemorating the liberation of the ghetto, Di Segni unveiled a plaque laid in the pavement of the piazza, which resembled a *Stolperstein*, one of the many brass plaques installed throughout Europe to honor the memory of individual victims of the Shoah.[11] The inscription on the Campo de' Fiori plaque referred to a broader history of calamities: it bears a Talmud passage (Avodah Zarah 18a) alluding to the martyrdom of Rabbi Hanina ben Teradion who, in the second century CE, was burned in the parchments of the Torah ("I fogli bruciano ma le lettere volano"), and quotes the first line of a lamentation on the burning of the Talmud in Paris in

---

[9] Same as in the previous note.

[10] "Così come dopo la Shoah abbiamo avuto lo Stato d'Israele, dopo l'Inquisizione, dopo tutta la nostra storia, noi stiamo vivendo nella nostra comunità un vero e proprio Risorgimento ebraico."

[11] Literally, *Stolperstein* means "stumbling block." Since 2010, over 200 of these plaques have been placed near the residences of Roman Jews who perished in the Shoah.

1242 ("invoca la pace per chi piange il tuo rogo").¹² When unveiling the plaque, Di Segni stressed how the institution of the ghetto in 1555 had weakened the memory of the incident in 1553 ("'La pergamena brucia, ma le lettere volano via'"). With the plaque, a permanent reminder of the baleful date of 9 September was inserted into the physical space. The secular holiday of 20 September, inscribed in the calendar of the Jewish community, could be seen as its positive temporal counterpart.

This public memorialization of the burning of the Talmud was part of a broader process of erecting visible monuments to Jewish memory. The process has been driven by both the Jewish community's desire to remember the victims of Jewish history and its need to remind itself of its permanent and long-standing presence in Rome. Over the last decade, streets and squares have been named or renamed to commemorate events and figures that have marked the history of the Jewish community of Rome, including a strikingly designed bridge that was completed in 2012 and dedicated to Settimia Spizzichino, the only woman captured in the roundup of 16 October 1943, to come back from Auschwitz. The modest plaque installed in the Campo de' Fiori is another indication of the Jewish community's desire to insist on its Roman roots by laying claim to public spaces.

Six years after the celebration in the Campo de' Fiori, the first volume of the translated Talmud, containing the tractate Rosh Hashanah, appeared in print (*Trattato Rosh haShanà*). In April 2016, the volume was presented to the highest state officials during a formal ceremony at the Accademia Nazionale dei Lincei. Civic authorities and several members of the project delivered addresses.¹³ Almost no aspect of the project went unmentioned: its incorporation of technology, the support of state institutions, the use of the Talmud as an instrument to battle antisemitism, and the status of the Talmud as a work of universal ethics. All the presentations capitalized on the multivalence of the project to highlight its historical and cultural significance. More important, the release of the first volume of the Talmud was described as the culmination of a process of reintegrating Jewish culture into the national heritage. As the politician Giovanni Letta, who served as president of the Honors Committee of the Talmud project noted,

---

¹² The Hebrew lamentation is entitled "Sha'ali serufah ba-esh" ("Ask, you who have been burned in fire") and is authored by Meir of Rothenburg (1215–93).

¹³ The addresses, including those by Giovanni Letta, Alberto Quadrio Curzio, Alberto Melloni, and Riccardo Di Segni, are available at: http://moked.it/blog/2016/04/06/la-cerimonia-ai-lincei-con-il-capo-dello-stato-talmud-il-nostro-orizzonte/. A video recording of the ceremony is available at: http://www.radioradicale.it/scheda/471356/trattato-rosh-hashana-presentazione-del-primo-volume-del-talmud-babilonese-tradotto-in.

Jewish culture was central to Italy, and the Talmud — the book that characterizes its essence — was finally being made available to all Italians. Letta defined the event as the "Italian revelation" ("rivelazione italiana") of the Talmud, a text that had long remained unknown to Gentiles. Framed as a touchstone of universal knowledge, the Talmud was placed on the shelf of national literature alongside Dante and Primo Levi.

The presentations also situated the history of anti-Judaism and accusations against the Talmud in a broader European context. Some speakers pointed out that the Talmud was first persecuted outside Italy; a reference to the trial of the Talmud in Paris in 1242 provided a counterpart to the destruction of the Talmud of 1553 in Rome and a reminder that anti-Jewish hatred was not exclusive to the Italian context. References to contemporary history were made as well. Europe was described as a place that does not cultivate an awareness of its religious roots; consequently, knowledge of the Talmud could encourage a culture of tolerance that is especially needed at a time when coexistence between religious communities has become increasingly difficult. It is noteworthy that these claims were made while European states were confronting an erosion of the values of cooperation and hospitality during the refugee crisis provoked by the civil war in Syria. Thus, the history of antisemitism that the Talmud summoned up was paralleled by a sense of disunion, distrust, and hostility towards the "outsider" that was prevalent in contemporary Europe.

The Accademia Nazionale dei Lincei was a highly symbolic venue for the occasion. Its past members included many Jewish scientists who were expelled from the institution in 1938. Revisiting this dark moment, the president of the Accademia, Alberto Quadrio Curzio, recalled their contribution to Italian knowledge, suggesting a meaningful symmetry: it was to the temple of science from which Jews were ousted in 1938 that the Italian translation of the Talmud was now returning. In line with the message that Gelmini had conveyed on the *Giorno della Memoria* in 2011, Alberto Melloni, a church historian and member of the Honorary Committee of the Talmud project, stated that the publication of the first volume of the Talmud assumed the valence of an apology for the injustice of 1938, dispelling "the remaining shadows of the Racial Laws" ("le ultime ombre delle leggi razziste").

At the center of the ceremony was President of the Republic Sergio Mattarella, to whom all speeches were addressed, underlining that the Talmud was being given to the president of Italy and, by extension, to Italy. The presidential standard, and the Italian and European Union flags hanging behind the speakers, reinforced the message that the ceremony was an affair between the

Jewish community and the institutions. A presidential cuirassier stood by the podium, while no Jewish religious symbol was displayed. Even the billboard behind the speakers bore a slogan that made no explicit reference to Jewish tradition: "Un libro di vita, una traduzione che parla al futuro" ("A book of life, a translation that speaks to the future"). In addressing his words to the president, Di Segni called attention to Mattarella's mention, in his address on the day of his installation as president in 2015, of one of the most distressing events in the recent history of Rome's Jewish community. As no president of Italy before him had done, Mattarella reminded the nation of the recent intolerance, extremism, and wars plaguing the Middle East, Africa, and Europe by citing Stefano Gaj Taché's killing at the hands of Palestinian terrorists at the synagogue of Rome in 1982 as an exemplary loss inflicted on Italy by hatred and terrorism. The assassination of the young Jewish child, whom Mattarella described as "our child, an Italian child" ("un nostro bambino, un bambino italiano"), was an event that defines the identity of the Jewish community of Rome to this day—an event that Di Segni has recently called "a watershed in the history of this city and Community" ("uno spartiacque nella storia di questa città e Comunità"; Smulevich). The presentation of the volume to Mattarella was not only a sign of the reconciliation between Italy and Jews, but also a token of gratitude for giving the Jewish community of Rome due recognition.

The release of the first volume received unprecedented media coverage. The press described the combination of Jewish tradition and modern technology as the hallmark of this enterprise, but also emphasized the entry of a much-reviled work into Italian culture, echoing many of the themes brought up in the speeches at the Accademia Nazionale dei Lincei. Over ten thousand copies were sold, and three reprints had to be issued to meet the demands of readers. The publisher, La Giuntina, reported that 70 percent of the copies were purchased by non-Jews (Salom). Since Italy is at the forefront of the market for Israeli literature in translation, the commercial success of the inaugural volume may be attributed to the nation's broad interest in and curiosity about Jewish literature. From this point of view, the effort of the Jewish community and the state to bring the Talmud to a large readership can be deemed successful. Whether the publication of the Talmud will reduce anti-Jewish prejudice is something that remains to be seen. In the meantime, the Talmud project certainly occasioned an exchange of meaningful ceremonial gestures between the state and the Jewish community that had not been made before.

Conclusion

Over the last two decades, the national calendar of Italy has dramatically changed and expanded to include celebrations acknowledging national and transnational conflictual moments in history. Public remembrance of the victims of the Shoah, of the victims of the "foibe" in the north-eastern territories that Italy had to cede to Yugoslavia after WWII, and the Istrian and Dalmatian exiles during and after the war, of the victims of domestic terrorism, of populations oppressed by totalitarianism, and of military and civil personnel slain in peacekeeping missions — to name just a few of the groups singled out for commemoration — has been institutionalized through legislation (Stramaccioni xi-xiii). As Filippo Focardi has observed, this reshaping of the commemorative calendar has led to a "hypertrophic public use of history" ("ipertrofico uso pubblico della storia"), encouraging a "constant flow of often conflicting memories" ("flusso costante di memorie, spesso conflittuali," "Rielaborare il passato" 241, 242). But no day of remembrance has been ritualized to the extent of the *Giorno della Memoria* (Pisanty 1–6). The numbers are telling: while 95 events were held to commemorate the *Giorno della Memoria* nationally in 2001 (Clifford 232), in 2017 the City of Rome alone sponsored over 100 events over the course of ten days to mark the solemn occasion.

While the city of Rome has been willing to plow ample resources into the memorialization of the Shoah in the civic calendar, one cannot but wonder why the construction of a spatial counterpart has lingered in the planning stages for over a decade. Bureaucratic obstacles and economic complications can certainly be invoked to explain this delay. But a 2011 study commissioned by the Ministero dello Sviluppo Economico shows that cultural projects that cost less than 100 million euros are completed on average within 4.3 years of their inception (Ministero dello Sviluppo Economico). And yet, the never-begun, always-postponed, Museum of the Shoah, with its relatively modest 21-million-euro budget, stands out as an exception. It is not red tape but the collision of political and cultural interests that has obstructed the project. On the one hand, the construction of the Museum of the Shoah is portrayed as a "moral duty" and a monument that would forestall a repetition of genocide; on the other hand, it has also been used to political advantage by figures seeking to compensate for a Fascist past or to provide the Jewish community with a form of reparation. Thus, it is unclear whether the project demonstrates a long-term commitment by the city of Rome, and by extension the Italian nation, to a robust politics of memory, or whether institutional support is limited to the provision of financial resources and a steady supply of sympathetic rhetoric. In the meantime, the troubled genesis of the Museum of the Shoah has inspired a dystopian novel. Set in 2030, Alessandro Boni's *Il museo delle penultime cose* (2017) imagines a dysfunctional Holocaust museum in Rome that, after a period of successful activity, is affected by a financial crisis and no longer attracts visitors. The characters in the novel, who face resurgent antisemitism in a society dominated by populism and loss of democratic values, are crippled by their inability to recover the memory of the Shoah from the dim realm of the not-so-distant past, while the Holocaust museum serves as a metaphor for a general crisis of memory.

In recent years, especially as a result of the growing emphasis placed on the memory of Jewish victims through the *Giorno della Memoria*, Jewish identity has become increasingly linked to the Shoah. Voices in the Jewish community have expressed wariness about the excess of rhetoric surrounding the Shoah in public discourse, and a desire to mitigate a narrative increasingly based on victimhood. Riccardo Di Segni has explicitly made this point. In a recent interview, he warned against the impact that the Shoah has had on the perception of Jewishness, declaring that an identity "based only on the Shoah" is "a poisoned identity, an identity of death and not of life" ("un'identità avvelenata, un'identità di morte non di vita"; Rossini). This attitude suggests that the Talmud translation directed by Di Segni should be understood as an effort to restore balance to a Shoah-inflected modern Jewish identity. The Talmud serves both as a vehicle for rooting Jewish identity in tradition and as a means for reaffirming Jewish vitality and creativity. In post-Holocaust Europe, Jewish intellectuals and communities outside of Italy have turned to the study of the Talmud in order to reconstitute a modern Jewish identity and reassert Jewish resilience in the face of annihilation. Indeed, the introduction to the inaugural volume of the Talmud project invokes this tradition, describing the study of the Talmud as "part of Jewish identity and of the power of its survival" ("parte dell'identità ebraica e della forza della sua sopravvivenza," *Trattato Rosh haShanà (Capodanno* x).

Thus, the Talmud project provides the Jewish community with an opportunity to begin to move away from a narrative rooted in death and destruction. One step in this direction has been the addition of a new day of observance to the Jewish calendar alongside woeful commemorations such as the *Giorno della Memoria* and the anniversary of the Roundup of Rome's Ghetto. As noted above, the Jewish community of Rome has singled out 20 September in conjunction with the emergence of the Talmud project and the celebration of the 150th anniversary of the unification of Italy. Prior to this moment, the Jewish community paid little attention to that date as a landmark in its post-emancipation narrative, as Di Segni lamented ("20 settembre"). While the Talmud project has spurred the creation of a positive commemorative moment that underlines Jewish agency rather than Jewish passivity, it is hard to predict how the Italian Talmud will continue to send its message of vitality and creativity as a "translation that speaks to the future." The inaugural volume has certainly initiated that process. Now it is the task of the Jewish community and of the Italian state to ensure that this process continues.

Franklin & Marshall College

Works Cited

Ainis, Michele, and Vittorio Sgarbi. *La costituzione e la bellezza*. Milano: La Nave di Teseo, 2016.

Bechis, Franco. "Talmud tradotto. Così il Cav soffia gli ebrei al Fli." *Libero* (8 December 2010): 1–10.

Bidussa, David. "Attorno al giorno della memoria." *Storia della Shoah in Italia* 551–65.

Boni, Massimiliano. *Il museo delle penultime cose*. Roma: 66th and 2nd, 2017.

Bozzi, Andrea, ed. *Digital Texts, Translations, Lexicons in a Multi-modular Web Application: Methods and Samples*. Firenze: Olschki, 2015.

Calimani, Dario. "L'impossibile traduzione del Talmud." *Moked* (30 December 2010). http://moked.it/blog/2010/12/30/l%E2%80%99impossibile-traduzione-del-talmud/

Carioti, Antonio. "La lunga ambiguità. Neofascismo e antisemitismo nell'Italia repubblicana." *Storia della Shoah in Italia* 267–86.

Castiglioni, Vittorio. *Mishnaiot*. 5 vols. Roma: Sabbadini, 1962.

"La cerimonia ai Lincei con il capo dello Stato. 'Talmud, il nostro orizzonte.'" *Moked* (6 April 2016). http://moked.it/blog/2016/04/06/la-cerimonia-ai-lincei-con-il-capo-dello-stato-talmud-il-nostro-orizzonte/ (accessed 10/29/2017).

Clifford, Rebecca. *Commemorating the Holocaust: The Dilemmas of Remembrance in France and Italy*. Oxford: Oxford UP, 2013.

Consonni, Manuela M. "La Shoà, la memoria e il presente, 1945–2000." *Rassegna mensile di Israel* 77.1–2 (2011): 1–27.

Dello Russo, Jessica. "An Archival and Historical Survey of the Jewish Catacombs of the Villa Torlonia in Rome." *Roma Subterranea Judaica* 7 (2012): 1–24.

Di Segni, Gianfranco. "Bruciare le persone, bruciare i libri." *Moked* (16 February 2012). http://moked.it/blog/2012/02/16/bruciare-le-persone-bruciare-i-libri/ (accessed 10/4/ 2018).
Di Segni, Riccardo. "20 settembre." *Moked* (22 September 2008). http://moked.it/blog/ 2008/09/22/20-settembre/ (accessed 10/4/2018).
———. "Discorso di insediamento, febbraio 2002." *Comunità ebraica di Roma*. http:// www.romaebraica.it/wp-content/uploads/2010/12/insediamento-rc-febbraio-02.pdf
———. "'La pergamena brucia, ma le lettere volano via'. Una targa a Campo de' Fiori per ricordare il rogo del Talmud." http://www.zetema.it/wp-content/uploads/Campo-deFiori-domenica18-settembre.pdf
———. "Mai senza Talmud." *Comunità ebraica di Roma*, 19 June 2013. http:// www.romaebraica.it/mai-senza-talmud/.
———. "Perché dobbiamo tradurre il Talmud in italiano." *Moked* (1 May 2011). http://moked.it/blog/2011/05/01/perche-dobbiamo-tradurre-il-talmud-in-italiano/.
Di Tullio, Domenico. *Centri sociali di destra. Occupazioni e culture non conformi*. Roma: Castelvecchi, 2006.
Efrati, Lucilla. "Napolitano: 'Vegliare contro nuova intolleranza.'" *Moked* (27 January 2011). http://moked.it/blog/2011/01/27/memoria-napolitano-vigilare-contro-nuova-intolleranza/ (accessed 5/14/2018).
Foa, Anna. "Quando i cittadini tornarono paria: memoria e storia delle leggi razziste in Italia." Ed. M. Beer, A. Foa, and I. Iannuzzi. *Leggi del 1938 e cultura del razzismo. Storia, memoria, rimozione*. Roma: Viella, 2010. 125–32.
Focardi, Filippo. *La guerra della memoria: la Resistenza nel dibattito politico italiano dal 1945 a oggi*. Roma: Laterza, 2005.
———. "Rielaborare il passato: usi pubblici della storia e della memoria in Italia dopo la prima repubblica." *Riparare Risarcire Ricordare. Un dialogo tra storici e giuristi*. Ed. G. Resta, and V. Zeno-Zencovich. Napoli: Editoriale Scientifica Napoli, 2012. 241–71.
Fontana, Laura. "Memoria, trasmissione e verità storica." *Rivista di estetica* 45.3 (2010): 91–112.
Gordon, Robert S. C. "The Holocaust in Italian Collective Memory: Il Giorno della Memoria, 27 January 2001." *Modern Italy* 11.2 (2006): 167–88.
———. *The Holocaust in Italian Culture, 1944–2010*. Stanford: Stanford UP, 2012.

"Incontro tra il ministro Gelmini e il Rabbino Capo Di Segni." Roma, 20 October 2010. http://www.istruzione.it/archivio/web/ministero/cs201010.html.

Israel, Giorgio. "Museo della Shoah: un'attesa insopportabile." *Shalom* 48.10 (2014): 4–5.

Knischewski, Gerd, and Ulla Spittler. "Remembering in the Berlin Republic: The Debate about the Central Holocaust Memorial in Berlin." *Journal of Contemporary Central and Eastern Europe* 13.1 (2005): 25–42.

Linenthal, Edward Tabor. *Preserving Memory: The Struggle to Create America's Holocaust Museum*. New York: Columbia UP, 2001.

Lucamante, Stefania, Raniero Speelman, Monica Jansen, and Silvia Gaiga, eds. *Memoria collettiva e memoria privata: il ricordo della Shoah come politica sociale*. Utrecht: Igitur Utrecht Publishing and Archiving Services, 2008.

Luzzatto Voghera, Gadi. "La sinistra e la questione ebraica." *Storia della Shoah in Italia* 248–65.

Mattarella, Sergio. "Messaggio del Presidente della Repubblica Sergio Mattarella al Parlamento nel giorno del giuramento." http://www.quirinale.it/elementi/ Continua. aspx?tipo=Discorso&key=3 (accessed 4/12/2018).

Ministero dello Sviluppo Economico. "I tempi di attuazione delle opere pubbliche." June 2011.

Modonesi, Daniela. "Meis una priorità." *Moked* (20 July 2017). http://moked.it/blog/ 2017/07/20/meis-priorita-del-governo/ (accessed 10/29/2017).

Nattermann, Ruth. "Italian Commemoration of the Shoah: A Survivor-Oriented Narrative and Its Impact on Politics and Practices of Remembrance." *A European Memory? Contested Histories and Politics of Remembrance*. Ed. M. Pakier and B. Stråth. New York: Berghahn Books, 2010. 204–16.

"Noi ebrei italiani. La nostra memoria." *Moked* (27 January 2011). http://moked.it/ blog/2011/01/27/noi-ebrei italiani-la-nostra-memoria-2/ (accessed 10/29/2017).

Pavan, Ilaria. "An Unexpected Betrayal? The Italian Jewish Community Facing Fascist Persecution." *Holocaust Studies* 15.1–2 (2009): 127–44.

Piperno, Clelia. "Quando tradizione e innovazione si incontrano i risultati passano alla storia." *Shalom* 49.4 (2016): 8.

Pisanty, Valentina. *Abusi di memoria. Negare, banalizzare, sacralizzare la Shoah*. Milano: Bruno Mondadori, 2012.

"Presentazione del primo volume del Talmud Babilonese." http://www.radioradicale.it/scheda/471356/trattato-rosh-hashana-presentazione-del-primo-volume-del-talmud-babilonese-tradotto-in (accessed 10/29/2017).

Procaccia, Micaela. "Documentazione, esposizione, musealizzazione: mostre e musei dell'ebraismo italiano." *Rassegna mensile di Israel* 76.1–2 (2010): 323–50.

Protocollo di intesa fra Presidenza del Consiglio dei Ministri, MIUR, CNR, e UCEI-CRI. https://www.cnr.it/it/accordi-partnership/documento/126/pos-cnr-504–11-presidenza-cm-miur-talmud.pdf (accessed 10/4/2018).

Rossini, Stefania. "Il rabbino Di Segni: 'Noi ebrei esempio di integrazione.'" *L'Espresso*, 16 October 2015. http://espresso.repubblica.it/attualita/2015/10/16/news/il-rabbino-di-segni-noi-ebrei-esempio-di-integrazione-1.234970 (accessed 4/7/2018).

Salom, Paolo. "Gli italiani conquistati dal Talmud. Esaurita la prima edizione." *Corriere della sera* (21 April 2016). http://www.corriere.it/cronache/16_aprile_22/italiani-conquistati-talmud-61609d6c-07fe-11e6-baf8-98a4d70964e5.shtml (accessed 10/29/2017).

Sarfatti, Michele. "Die Shoah in Italien: Geschichte, Erinnerung, Geschichtesvermittlung, Musealisierung." *Die Shoah in Geschichte und Erinnerung. Perspektiven medialer Vermittlung in Italien und Deutschland.* Ed. C. Müller, P. Ostermann, and K. S. Rehberg. Bielefeld: transcript, 2015. 41–55.

Smulevich, Adam. "9 ottobre, Roma non dimentica." *Moked* (9 October 2017). http://moked.it/blog/2017/10/09/9-ottobre-roma-non-dimentica/ (accessed 10/29/2017).

Stone, Amy. "Clelia Piperno." *Lilith* (Winter 2016–2017). http://lilith.org/articles/clelia-piperno/ (accessed 10/30/2017).

Storia della Shoah in Italia: vicende, memorie, rappresentazioni. Vol. 2. Ed. M. Flores, S. L. Sullam, M. A. Matard-Bonucci, and E. Traverso. Torino: Utet, 2010.

Stramaccioni, Alberto. *Crimini di guerra. Storia e memoria del caso italiano.* Roma: Laterza, 2016.

Toscano, Daniele. "Abbandonare il progetto di Villa Torlonia? Una follia." *Shalom* 48.10 (2014): 6.

Trattato Rosh haShanà (Capodanno). Ed. Riccardo Di Segni. Firenze: Giuntina, 2016.

"Troppi 13 milioni: la destra contro il finanziamento." *Reporter nuovo* 4.14 (2011): 4.

Turi, Gabriele. "Il giorno e i giorni della memoria." *Belfagor* 66.2 (2011): 155–63.

"Vecchi stereotipi e offese sulle pagine di *Libero*." *Moked* (10 December 2010). http://moked.it/blog/2010/12/10/vecchi-stereotipi-e-offese-sulle-pagine-di-libero/ (accessed 10/29/2017).

Zevi, Luca. "Luoghi di una memoria (più o meno) ben temperata." *La rassegna mensile di Israel* 78.3 (2012): 15–36.

———, Clotilde Pontecorvo, and Anna Rossi-Doria, "Un museo delle intolleranze e degli stermini a Roma." *Europa Europe* 7.4–5 (1998): 191–214.